U0922586

浙江省统计局 国家统计局浙江调查总队 · 编
ZHEJIANG STATISTICS BUREAU NBS SURVEY OFFICE IN ZHEJIANG

2017 浙江统计年鉴

ZHEJIANG STATISTICAL YEARBOOK

图书在版编目（CIP）数据

浙江统计年鉴.2017 : 汉英对照 / 浙江省统计局,国家统计局浙江调查总队编.
-- 北京 : 中国统计出版社,2017.8
ISBN 978-7-5037-8213-8

Ⅰ.①浙…
Ⅱ.①浙… ②国…
Ⅲ.①统计资料 - 浙江 - 2017 - 年鉴 - 汉、英
Ⅳ.①C832.55-54

中国版本图书馆CIP数据核字(2017)第171444号

浙江统计年鉴——2017

作　者/ 浙江省统计局 国家统计局浙江调查总队
责任编辑/ 佘竞雄　胡　东
装帧设计/ 胡　东
出版发行/ 中国统计出版社
地　址/ 北京市丰台区西三环南路甲6号 邮政编码/100073
电　话/ 邮购（010）63376909 书店（010）68783171
网　址/ http://www.zgtjcbs.com
印　刷/ 杭州嘉业印务有限公司
经　销/ 新华书店
开　本/ 890mm × 1240mm 1/16
字　数/ 1300千字
印　张/ 38
印　数/1-2800册
版　别/ 2017年9月第1版
版　次/ 2017年9月第1次印刷
定　价/ 498.00元

本书附同版本CD-ROM一张，光盘内容以书面文字为准。
如有印装差错，由本社发行部调换。

《浙江统计年鉴－2017》编辑委员会和编辑部

Editorial Board and Editorial Department of Zhejiang Statistical Yearbook-2017

· 编辑说明 ·

一、《浙江统计年鉴-2017》是一部全面反映浙江国民经济和社会发展情况的资料性年刊，本年鉴收录了浙江及各市、县2016年经济和社会各方面大量的统计数据，以及改革开放以来浙江主要统计数据。

二、全书内容分为18部分，即：1.综合；2.人口和就业人员；3.固定资产投资；4.价格；5.人民生活；6.农业；7.工业和能源；8.建筑业；9.交通运输和邮电通信业；10.批发、零售贸易和餐饮业；11.对外经济贸易和旅游；12.财政、金融和保险；13.城市建设和生态环境；14.教育、科技、专利、测绘和标准计量；15.文化、体育和卫生；16.档案、司法、社会福利和工会组织；17.各市、县国民经济主要指标；18.附录（信心指数、产业集聚区统计情况、投入产出表）。为便于读者使用，部分统计表下作了简要注释，每篇章后附有《主要统计指标解释》。

三、本年鉴对过去发表的统计资料重新予以核实，凡与本年鉴数据有出入的，以本年鉴为准。

四、本年鉴凡带续表的资料，如有注解均注在最后一张续表的下方。

五、本年鉴中符号使用说明："…"表示数据不足本表最小单位数；"#"表示其中主要项；"空格"表示该项统计指标数据不详或无该项数据。

《浙江统计年鉴》自公开出版以来，受到了社会各界的关心和支持，对年鉴编辑工作提出了许多宝贵意见，对此我们深表谢意。为进一步提高统计年鉴的编辑水平，欢迎读者继续对年鉴的不足之处给予批评和指正。

· Preface ·

Zhejiang Statistical Yearbook 2017 is an annual statistics publication,which contains very comprehensive statistics of Zhejiang' s social and economic development in 2016 and selected data since China adopted the policy of reforming and opening to the outside world.

The yearbook is composed of 18 parts.1.General Survey 2.Population and Employment 3.Investment in Fixed Assets 4.Prices 5.People' s Livelihood 6.Agriculture 7.Industry and Energy 8.Construction 9.Transportation,Posts and Telecommunications 10.Wholesale and Retail Sale Trade and Catering Trade 11.Foreign Economy and Trade, Tourism 12.Public Finance,Banking and Insurance 13.City Construction and Environment 14.Education,Science,Patent,Surveying and Mapping and Standard Calculating 15.Culture,Sports and Public Health 16.Archives,Judicature,Social Welfare and Labour Union 17.Major Indicators of National Economy by City and County 18.Appendix（Confidence Index, Industry Cluster District,Input Output table）.In addition,brief notes are placed at lower part of some tables and explanatory notes on main indicators are provided at end of each part.

The statistics in former statistical yearbook have already been checked. The data in Zhejiang statistical yearbook 2014 shall be regarded as authentic ones.The footnotes are placed at the last page,if the table is a continued one.

Notations used in this yearbook:

"…" indicates that the figure is not large enough to be measured with the smallest unit in the table. "#" indicates the major items of the total. "blank" indicates that the data is unavailable.

Since published openly ,Previous Editions of Zhejiang Statistics Yearbook have enjoyed wide concern and support,all circles have made many valuable suggestions, and we express heartfelt thanks. In order to improve yearbook editorial level,we welcome all candid comments and criticism from our readers.

目录
CONTENTS

一、综 合
Chapter 1 GENERAL SURVEY

二、人口和就业人员
Chapter 2 POPULATION AND EMPLOYMENT

三、固定资产投资
Chapter 3 INVESTMENT IN FIXED ASSETS

四、价格
Chapter 4 PRICES

五、人民生活
Chapter 5 PEOPLE'S LIVELIHOOD

六、农业
Chapter 6 AGRICULTURE

七、工业和能源
Chapter 7 INDUSTRY AND ENERGY

八、建筑业
Chapter 8 CONSTRUCTION

九、交通运输和邮电通信业
Chapter 9 TRANSPORTATION,POSTS AND TELECOMMUNICATIONS

十、批发、零售贸易和餐饮业
Chapter 10 WHOLESALE AND RETAIL TRADE AND CATERING TRADE

十一、对外经济贸易和旅游
Chapter 11 FOREIGN ECONOMY AND TRADE,TOURISM

十二、财政、金融和保险
Chapter 12 PUBLIC FINANCE，BANKING AND INSURANCE

十三、城市建设和环境保护
Chapter 13 CITY CONSTRUCTION AND ENVIRONMENT

十四、教育、科技、专利、测绘和标准计量
Chapter 14 EDUCATION,SCIENCE,PATENT,SURVEYING AND MAPPING AND STANDARD CALCULATING

十五、文化、体育和卫生
Chapter 15 CULTURE，SPORTS AND PUBLIC HEALTH

十六、档案、司法、社会福利和工会组织
Chapter 16 ARCHIVES,JUDICATURE,SOCIAL WELFARE AND LABOUR UNION

十七、各市、县国民经济主要经济指标
Chapter 17 MAJOR INDICATORS OF NATIONAL ECONOMY BY CITY，PREFECTURE AND COUNTY

2017
浙江统计年鉴
ZHEJIANG STATISTICAL YEARBOOK

综 合
General Survey

1-1 国民经济和社会发展总量与速度
Main Aggregate Indicators of National Economic and Social Development and Their Related Indices

指标	Item	1978	1990	2000	2010	2011
人口	**Population**					
年末常住人口 （万人）	Total Population with Permanent Residence （10000 persons）		4238.00	4679.91	5446.51	5463.00
年末就业人员数 （万人）	**Year-end Employment （10000 persons）**	**1794.96**	**2554.46**	**2726.09**	**3636.02**	**3674.11**
全省生产总值 （亿元）	**Gross Domestic Product （100 million yuan）**	**123.72**	**904.69**	**6141.03**	**27747.65**	**32363.38**
第一产业	Primary Industry	47.09	225.04	630.98	1360.56	1583.04
第二产业	Secondary Industry	53.52	408.18	3273.93	14187.36	16331.27
第三产业	Tertiary Industry	23.11	271.47	2236.12	12199.74	14449.07
人均生产总值 （元）	**Per Capital GDP （yuan）**	**331**	**2138**	**13415**	**51758**	**59331**
交通运输	**Transportation**					
旅客周转量（亿人公里）	Turnover Volume of Passenger Traffic （100 million passenger-km）	66.68	257.29	606.73	1250.74	1296.25
货物周转量 （亿吨公里）	Turnover Volume of Freight Traffic （100 million ton-kil）	164.19	400.65	1199.74	7117.04	8634.82
固定资产投资总额 （亿元）	**Investment in Fixed Assets （100 million yuan）**				**11451.98**	**14077.25**
财政收支	**Finance**					
财政总收入 （亿元）	Financial Revenue （100 million yuan）	27.45	101.59	658.42	4895.41	5925.00
#地方财政收入 （亿元）	Local Financial Revenue （100 million yuan）	27.45	101.59	342.77	2608.47	3150.80
财政支出 （亿元）	Financial Expenditure （100 million yuan）	17.43	80.23	431.3	3207.88	3842.59

2012	2013	2014	2015	2016	指数 Indices(2016 年为以下各年%)(2016 as Percentage of the Following Years)			1979－2016 年平均增长(%)Average Annual Growth Rate (%)	2012－2016 年平均增长(%)Average Annual Growth Rate (%)
					1978	2011	2015		
5477.00	5498.00	5508.00	5539.00	5590.00		102.3	100.9		0.5
3691.24	**3708.73**	**3714.15**	**3733.65**	**3760.00**	**209.5**	**102.3**	**100.7**	**2.0**	**0.5**
34739.13	**37756.58**	**40173.03**	**42886.49**	**47251.36**	**7860.7**	**146.0**	**107.6**	**12.2**	**7.9**
1667.88	1760.34	1777.18	1832.91	1965.18	396.7	108.4	102.7	3.7	1.6
17000.09	18047.52	19175.06	19711.67	21194.61	15421.0	138.2	105.7	14.2	6.7
16071.16	17948.72	19220.79	21341.91	24091.57	10740.4	158.7	109.7	13.1	9.7
63508	**68805**	**73002**	**77644**	**84916**	**5279.1**	**143.2**	**106.8**	**11.0**	**7.4**
1317.58	1025.10	1056.99	1092.53	1074.99			98.4		
9183.30	8949.57	9548.09	9868.98	9788.76			99.2		
17095.96	**20194.07**	**23554.76**	**26664.72**	**29571.00**		**210.1**	**110.9**		**16.0**
6408.49	6908.41	7521.70	8549.47	9225.07	33543.8	153.2	107.7	16.5	8.9
3441.23	3796.92	4122.02	4809.94	5301.98	19238.2	167.7	109.8	14.8	10.9
4161.88	4730.47	5159.57	6645.98	6974.25	40012.9	181.5	104.9	17.1	12.7

续表 Continued

指标		Item		1978	1990	2000	2010	2011
贸易		**Trade**						
社会消费品零售总额	(亿元)	Total Retail Sales of Consumer Goods	(100 million yuan)	46.86	353.75	2553.59	10387.02	12532.80
进出口总额	(亿美元)	Total Imports and Exports Value	(USD100 million)	0.7	27.73	278.33	2535.33	3093.78
#出口总额	(亿美元)	Total Exports Value	(USD100 million)	0.52	21.89	194.43	1804.65	2163.49
价格指数		**Price Indices**						
居民消费价格指数(上年=100)		General Consumer Price Index(preceding year=100)			102.1	101.1	103.8	105.4
城乡居民收入		**Living Standard**						
城镇居民人均可支配收入	(元)	Per Capital Disposable Income of Urban Households	(yuan)	332	1932	9279	27359	30971
农村居民人均可支配收入	(元)	Per Capital Disposable Income of Rural Households	(yuan)	165	1099	4254	11303	13071
教育和文化		**Education and Culture**						
高等学校在校学生数	(万人)	Students Enrollment in Institutions of Higher Education	(10000 persons)	2.4	6	22.2	93.3	95.9
普通中学在校学生数	(万人)	Student Enrollment in Regular Secondary Schools	(10000 persons)	214.7	169.6	249.6	255.2	244.5
小学在校学生数	(万人)	Students Enrollment in Primary Schools	(10000 persons)	501.4	372.4	353.8	333.3	344.1
报纸出版数量	(万份)	Number of Newspapers Published	(10000 copies)	24080	66865	173526	325048	359090
杂志出版数量	(万份)	Number of Magazines Published	(10000 copies)	393	4716	8736	7201	8001
图书出版数量	(万份)	Number of Books Published	(10000 copies)	12033	19596	27014	28179	32608

注：1. 本表价值量指标按当年价格计算，发展速度按可比价格计算。
2. 城镇居民人均可支配收入，农村居民人均可支配收入发展速度均已扣除价格变动因素。
3. 2013 年起交通运输指标按新口径统计。
4. 从 2013 年起，国家统计局开展了城乡一体化住户收支与生活状况调查，与 2013 年前的分城镇和农村住户调查的调查范围、调查方法、指标口径有所不同(以后各表同)。农村居民人均可支配收入 2013 年前为农村居民人均纯收入。

2012	2013	2014	2015	2016	指数 Indices(2016 年为以下各年%)(2016 as Percentage of the Following Years) 1978	2011	2015	1979－2016 年平均增长(%)Average Annual Growth Rate (%)	2012－2016 年平均增长(%)Average Annual Growth Rate (%)
14199.59	15970.84	17835.34	19784.74	21970.79	46886.0	175.3	111.0	17.6	11.9
3124.03	3357.89	3550.49	3467.84	3365.00	480714.3	108.8	97.0	25.0	1.7
2245.19	2487.46	2733.29	2763.32	2678.64	515123.1	123.8	96.9	25.2	4.4
102.2	102.3	102.1	101.4	101.9		110.3	101.9		2.0
34550	37080	40393	43714	47237	1841.3	141.3	106.0	8.0	7.2
14552	17494	19373	21125	22866	2163.1	145.6	106.3	8.4	7.8
98.7	101.7	103.9	105.5	106.3	4389.9	110.8	100.8	10.5	2.1
236.9	232.2	229.0	225.3	226.9	105.7	92.8	100.7	0.1	-1.5
346.7	349.6	354.5	357.0	355.0	70.8	103.2	99.4	-0.9	0.6
347100	346280	337367	283634	261658	1086.6	72.9	92.3	6.5	-6.1
8312	8149	7765	7719	7690	1956.7	96.1	99.6	8.1	-0.8
37250	38491	36971	36663	39894	331.5	122.3	108.8	3.2	4.1

1. Figures in value terms are calculated at current price, while the indices and growth rates are calculated at comparable price.
2. Urban per capita disposable income and rural per capita disposable income growth factors have been deducted price change.
3. The data of transportation are adjusted since 2013.
4. National Bureau of Statistics of China strted an integrated households income and expenditure survey, including both urban and rural households since 2013. The coverage, the methodology and definitions used in the survey has been changed compared with before. The same applies to the relevant tables following. The data of per capita disposable income of rural households refer to the per capita net income of rural households before 2013.

1-2 国民经济社会发展结构指标
Structural Indicators on National Economic and Social Develpoment

单位:%(%)

指标	Item	1978	1990	2000	2010	2011	2012	2013	2014	2015	2016
人口	**Population**										
城乡结构	Urban and Rural Structure										
城镇	Urban	14.5	31.2	48.7	61.6	62.3	63.2	64.0	64.9	65.8	67.0
乡村	Rural	85.5	68.8	53.3	38.4	37.7	36.8	36.0	35.1	34.2	33.0
性别结构	Sexual										
男	Male	51.9	51.8	51.5	51.4	51.3	51.5	50.7	51.3	51.2	51.3
女	Female	48.1	48.2	48.5	48.6	48.7	48.5	49.3	48.7	48.8	48.7
就业	**Employment**										
产业结构	Industrial Structure										
第一产业	Primary Industry		53.2	35.6	16.0	14.6	14.1	13.7	13.5	13.2	12.4
第二产业	Secondary Industry		29.8	35.5	49.8	50.9	51.0	50.0	49.7	48.3	47.4
第三产业	Tertiary Industry		17.0	29.0	34.2	34.6	34.9	36.3	36.8	38.5	40.2
国民核算	**National Accounting**										
生产总值产业结构	Industrial Structure of GDP										
第一产业	Primary Industry	38.1	24.9	10.3	4.9	4.9	4.8	4.7	4.4	4.3	4.2
第二产业	Secondary Industry	43.3	45.1	53.3	51.1	50.5	48.9	47.8	47.7	46.0	44.8
第三产业	Tertiary Industry	18.7	30.0	36.4	44.0	44.6	46.3	47.5	47.9	49.8	51.0
居民消费结构	Structure of Resident Consumption										
农村居民	Rural Consumption	75.3	58.6	39.6	30.3	31.5	32.7	33.9	34.9	37.4	38.5
城镇居民	Urban Consumption	24.7	41.4	60.4	69.7	68.5	67.3	66.1	65.1	62.6	61.5
固定资产投资结构	Structure of Investment in Fixed Assets										
城镇	Urban		51.0	68.3	68.2	73.5	71.2	71.5	73.1		

续表 1 Continued 单位:%(%)

指标	Item	1978	1990	2000	2010	2011	2012	2013	2014	2015	2016
乡村	Rural		49.0	31.7	31.8	26.5	28.8	28.5	26.9		
财政	**Government Finance**										
财政收入结构	Strucure of Government Revenue										
中央	Central Enterprises			47.9	46.7	46.8	46.3	45.0	45.2	43.7	42.8
地方	Local Governments			52.1	53.3	53.2	53.7	55.0	54.8	56.3	57.2
产业	**Industrial**										
农业	**Agriculture**										
农林牧副渔业产值结构	Structure of Gross Output Value of Agriculture										
农业	Farming	77.4	59.4	49.3	47.9	45.4	46.3	47.1	48.7	48.9	48.4
林业	Forestry	3.0	4.7	5.2	5.5	5.3	5.3	5.0	5.2	5.2	5.0
牧业	Animal Husbandry	14.3	23.7	17.4	20.6	21.6	20.7	19.3	16.6	14.5	13.8
渔业	Fishery	5.3	12.2	28.1	24.0	25.9	25.8	26.7	27.4	29.2	30.6
农林牧渔服务产值	Services for Agriculture				1.9	1.8	1.9	1.9	2.1	2.2	2.2
工业	**Industry**										
规模以上工业总产值结构	Structure of Gross Output Value of Industry Above Designated Size										
轻工业	Light Industry	60.2	65.2	54.1	40.7	38.9	39.3	39.3	38.8	39.6	39.0
重工业	Heavy Industry	39.8	34.8	45.9	59.3	61.1	60.7	60.7	61.2	60.4	61.0
建筑业	**Construction**										
建筑业总产值结构	Structure of Gross Output Value of Construction										
国有企业	State - owned Enterprises		25.4	10.6	1.0	1.1	1.1	0.6	0.4	0.3	0.3
集体企业	Collective Owned Enterprises		74.6	28.6	1.1	1.0	1.1	0.9	0.8	0.9	0.9
其他	Others			60.8	97.9	97.9	97.8	98.5	98.8	98.8	98.8

续表 2 Continued 单位:%(%)

指标	Item	1978	1990	2000	2010	2011	2012	2013	2014	2015	2016
交通运输业	**Transportation**										
货运量结构	Structure of Freight Traffic										
按运输方式分	By Means of Transportation										
铁路	Railways	16.7	5.1	2.6	2.3	2.3	2.0	2.1	1.8	1.7	1.5
公路	Highways	31.8	68.3	73.5	60.6	58.5	59.4	57.1	60.1	61.1	62.3
水运	Waterways	51.5	26.6	23.9	37.1	39.2	38.6	40.8	38.1	37.3	36.2
国内商业	**Domestic Trade**										
社会消费品零售总额构成	Composition of Retail Sales of Comsumer Goods										
批发和零售业	Wholesale and Retail Trade	93.0	90.9	87.5	88.9	88.8	89.1	89.1			
餐饮业	Catering Services	3.9	4.5	9.3	10.3	10.4	10.6	10.3			
其他	Others	3.1	4.6	3.2	0.8	0.8	0.3	0.6			
对外经济贸易	**Foreign Trade**										
出口商品结构	Structure of Exports										
初级产品	Primary Goods		26.2	10.1	3.5	4.1	4.5	4.2	3.4	3.0	2.9
工业制成品	Manufactured Goods		73.8	89.9	96.5	95.9	95.5	95.8	96.6	97.0	97.1
进口商品结构	Structure of Imports										
初级产品	Primary Goods		17.8	24.2	26.3	30.0	31.2	32.8	34.1	33.9	36.3
工业制成品	Manufactured Goods		82.2	75.8	73.7	70.0	68.8	67.2	65.9	66.1	63.7
国际旅游	**International Tourism**										
来华旅游人数结构	Structure of Tourists										
外国人	Foreigners		23.5	57.2	65.3	66.6	65.9	66.6	66.0	66.4	65.3
港澳台同胞	Hong Kong and Macao Compatriots ,Taiwan Compatriots		69.0	42.8	34.7	33.4	34.1	33.4	34.0	33.6	34.7
教育、科技、文化	**Education,Science and Culture**										
在校学生结构	Structure of Student Enrollment										
大学生	College and University Students		1.1	3.2	13.7	14.0	14.5	14.9	15.1	15.3	15.4
中学生	Secondary School Students		32.9	43.9	37.4	35.7	34.7	34.0	33.3	32.8	33.0
小学生	Primary School Students		66.0	52.9	48.9	50.3	50.8	51.1	51.6	51.9	51.6
专任教师结构	Full - time Teachers By Type										
大学	University	1.9	4.6	5.8	12.6	12.8	13.0	13.3	13.4	12.4	13.4
中学	Secondary School	36.3	41.5	45.2	45.1	44.6	44.0	43.3	42.6	47.1	42.2
小学	Primary School	61.8	53.9	49.0	42.3	42.6	43.0	43.4	44.0	40.5	44.4

续表 3 Continued 单位:%(%)

指标	Item	1978	1990	2000	2010	2011	2012	2013	2014	2015	2016
生活	**People's Livelihood**										
城镇居民消费结构	Consumption Structure of Urban Residents										
食品	Food			39.2	34.3	34.6	35.1	28.2	28.3	28.2	28.2
衣着	Clothing			8.1	10.1	10.5	9.8	7.6	7.3	7.1	6.3
家庭设备用品及服务	Household Facilities, Articles and Services			9.4	5.1	5.4	5.4	5.1	4.9	4.8	4.7
医疗保健	Medical Services			7.7	5.8	6.1	5.7	5.3	5.6	5.4	5.6
交通和通讯	Transportation and Communications			8.9	19.2	18.2	19.2	15.0	16.5	16.6	17.0
娱乐教育、文化	Recreation, Education and Culture			13.1	14.5	13.8	13.9	9.9	9.7	10.3	11.5
居住	Residence			8.6	7.9	7.4	7.2	26.2	25.3	25.2	24.6
其他商品和服务	Others			5.1	3.1	4.0	3.7	2.7	2.3	2.4	2.1
农村居民消费结构	Consumption Structure of Rural Residents										
食品	Food			43.5	35.5	37.6	37.7	31.8	31.9	31.1	31.8
衣着	Clothing			5.2	6.3	6.9	7.1	6.3	6.1	5.9	5.5
家庭设备用品及服务	Household Facilities, Articles and Services			4.5	4.8	5.5	5.5	5.1	5.1	5.1	5.0
医疗保健	Medical Services			6.2	7.8	8.8	7.2	7.6	7.4	7.7	6.8
交通和通讯	Transportation and Communications			8.5	12.7	13.1	14.3	15.6	15.6	15.9	17.7
娱乐教育、文化	Recreation, Education and Culture			10.2	9.5	8.6	8.6	9.5	9.3	9.2	9.3
居住	Residence			18.0	21.4	17.2	17.3	22.1	22.8	23.2	22.3
其他商品和服务	Others			3.9	2.0	2.3	2.3	1.9	1.8	1.9	1.6

注：工业总产值 1978－1995 为乡及乡以下独立核算工业企业,2000－2015 年为规模以上工业企业。
The gross industrial output value from 1978 to 1995 is calculated by industrial enterprises at township level and above, and the figures from 2000 to 2015 refers to industrial enterprises above designated size.

1-3 人均主要工农业产品产量(1978-2016年)
Per Capita Output of Major Industrial and Agricultural Products(1978-2016)

年份 Year	粮食 (公斤) Grain (kg)	棉花 (公斤) Cotton (kg)	油料 (公斤) Oil-bearing Crops (kg)	糖料 (公斤) Sugar Crops (kg)	茶叶 (公斤) Tea (kg)	水果 (公斤) Fruit (kg)	猪牛羊肉 (公斤) Pork, Beef and Mutton (kg)	水产品 (公斤) Aquatic Products (kg)
1978	393.44	1.95	5.92	17.20	1.57	3.92	11.33	23.47
1980	376.81	2.18	7.58	15.43	1.98	5.91	18.52	21.46
1985	404.18	2.03	11.02	27.43	2.32	11.12	19.10	26.13
1986	396.34	1.87	10.60	32.63	2.58	12.85	20.03	28.94
1987	387.97	1.60	9.68	26.56	2.83	17.32	18.60	30.52
1988	374.78	1.05	10.39	20.01	3.09	12.45	19.56	30.92
1989	371.01	1.00	9.14	16.74	2.81	23.57	19.67	30.84
1990	375.68	1.52	11.45	14.87	2.77	25.35	20.28	32.92
1991	386.05	1.77	10.72	16.19	2.69	31.66	20.13	35.57
1992	363.51	1.39	11.72	17.55	2.79	23.95	22.73	39.72
1993	334.03	1.35	8.97	18.43	2.84	34.63	22.74	44.02
1994	324.46	1.28	7.99	16.21	2.47	40.64	22.68	59.62
1995	328.53	1.43	11.48	15.11	2.34	49.28	23.61	73.03
1996	345.91	1.56	11.88	14.57	2.26	51.91	16.85	78.03
1997	338.58	1.08	11.08	13.61	2.31	61.07	18.44	90.61
1998	323.64	1.46	8.02	13.97	2.55	46.55	19.05	95.33
1999	312.52	0.91	12.14	15.94	2.64	62.64	19.27	99.33
2000	266.91	0.65	12.91	21.97	2.60	84.89	22.65	104.70
2001	228.64	0.67	12.38	22.53	2.56	109.82	23.65	100.51
2002	201.87	0.47	9.88	23.87	2.91	105.39	25.12	101.14
2003	168.01	0.44	9.09	25.73	2.76	118.00	25.37	100.24
2004	173.82	0.47	9.97	21.73	2.84	129.23	26.93	100.91
2005	167.49	0.44	10.11	18.15	2.91	116.57	26.31	97.57
2006	156.12	0.47	7.08	17.39	3.03	128.00	21.65	83.08
2007	145.71	0.50	6.44	17.01	3.13	135.00	22.39	81.19
2008	149.61	0.54	7.96	16.48	3.13	144.28	25.02	76.89
2009	150.49	0.54	8.25	15.52	3.19	135.85	24.97	81.92
2010	143.75	0.55	7.36	13.86	3.04	130.82	25.17	89.15
2011	143.29	0.59	7.31	13.04	3.11	130.59	25.45	94.56
2012	140.55	0.55	6.99	12.81	3.19	128.45	26.02	98.52
2013	133.49	0.51	6.87	11.62	3.07	130.17	25.75	100.19
2014	137.51	0.45	5.57	11.38	3.00	129.78	23.58	104.40
2015	135.80	0.36	5.66	11.22	3.11	133.75	19.20	108.68
2016	134.56	0.30	5.20	11.11	3.08	129.57	16.80	112.87

续表 Continued

年份 Year	布 (米) Cloth (m)	纱 (公斤) Yarn (kg)	原煤 (公斤) Coal (kg)	发电量 (千瓦小时) Electricity (kw.h)	成品钢材 (公斤) Steel (kg)	水泥 (公斤) Cement (kg)
1978	9.28	1.95	42.71	135.66	8.58	48.54
1980	12.81	2.47	37.56	213.83	15.14	59.85
1985	21.79	3.93	37.55	329.14	15.80	199.44
1986	27.73	4.31	36.46	365.89	17.01	246.43
1987	27.64	4.89	35.23	422.43	18.70	296.90
1988	30.85	5.46	34.51	458.95	17.41	316.97
1989	29.91	5.15	34.30	478.23	18.36	307.44
1990	37.09	4.77	32.45	494.23	19.27	317.39
1991	31.85	4.78	32.76	570.41	21.80	381.81
1992	30.96	5.77	33.67	674.23	27.94	460.03
1993	41.03	5.53	32.24	717.55	32.15	517.72
1994	41.92	5.44	29.88	767.05	38.53	623.49
1995	74.55	6.51	28.76	921.77	61.13	749.64
1996	36.38	6.42	27.97	1022.52	53.47	808.92
1997	84.67	7.47	26.07	1101.22	61.53	777.57
1998	23.66	6.73	20.63	1109.71	57.33	771.21
1999	27.87	7.10	18.57	1185.80	59.92	851.53
2000	36.10	7.62	16.27	1393.36	65.15	944.64
2001	49.74	8.37	15.30	1516.66	78.78	1017.63
2002	67.21	10.14	15.47	1637.42	85.18	1208.35
2003	88.80	11.90	14.41	2060.89	109.42	1479.69
2004	178.84	18.76	11.51	2461.52	170.42	1788.19
2005	168.70	19.45	8.33	2728.81	144.61	1780.82
2006	193.73	23.02	2.68	3302.51	227.29	1977.02
2007	224.67	28.64	2.41	3688.68	310.70	2062.35
2008	263.29	32.44	2.53	3590.96	375.44	1960.54
2009	265.49	37.30	2.52	4182.48	449.93	2058.85
2010	296.57	40.08	2.81	4656.20	528.37	2103.21
2011	267.49	36.38	2.76	5078.13	574.96	2218.98
2012	261.49	42.22	2.74	4961.33	613.72	2106.92
2013	279.10	43.49		5244.82	695.42	2266.80
2014	283.68	41.75		5124.16	757.26	2245.37
2015	275.79	39.73		5245.10	730.77	2037.64
2016	266.91	38.60		5526.14	672.79	1931.40

注：2003 年起按常住人口计算。
Data in this table is calculated at permanent residence since 2003.

1-4 平均每天主要社会经济活动
Indicators of Average Daily Social and Economic Activities

指标		Item		1978	2000	2010	2011
平均每天创造财富		**Daily Production**					
生产总值	（亿元）	Gross Domestic Production	（100 million yuan）	0.34	16.82	76.02	88.67
第一产业		Primary Industry		0.13	1.73	3.73	4.34
第二产业		Secondary Industry		0.15	8.97	38.87	44.74
第三产业		Tertiary Industry		0.06	6.13	33.42	39.59
工业		Industry		0.13	8.07	34.18	39.37
财政收入	（亿元）	Financial Revenue	（100 million yuan）	0.08	1.80	13.41	16.23
粮食	（万吨）	Grain	（10000 tons）	4.02	3.28	2.11	2.14
棉花	（万吨）	Cotton	（10000 tons）	0.02	0.01	0.01	0.01
油料	（万吨）	Oil-bearing Crops	（10000 tons）	0.06	0.16	0.11	0.11
猪牛羊肉产量	（万吨）	Meat	（10000 tons）	0.12	0.28	0.37	0.38
水产品	（万吨）	Aquatic Production	（10000 tons）	0.24	1.29	1.31	1.41
发电量	（亿千瓦小时）	Electricity	（100 million km.h）	0.14	1.71	6.84	7.60
成品钢材	（万吨）	Steel Production	（10000 tons）	0.09	0.80	7.76	8.61
水泥	（万吨）	Cement	（10000 tons）	0.50	11.61	30.89	33.21
每天消费量		**Daily National Consumption**					
最终消费	（亿元）	Final Consumption Expenditure	（100 million yuan）	0.21	8.63	34.97	41.21
居民消费		Resident Consumption		0.20	6.39	26.84	31.90
#农村居民		Rural Residents		0.15	2.53	6.07	7.03

续表 1 Continued

指标		Item		1978	2000	2010	2011
城镇居民		Urban Residents		0.05	3.86	20.77	24.87
政府消费		Government Consumption Expenditure		0.02	2.24	8.13	9.31
社会消费品零售总额	(亿元)	Total Retail Sales of Consumer Goods	(100 million yuan)	0.13	7.00	28.46	34.34
每天其他经济活动		**Other Daily Economic Activities**					
资本形成总额	(亿元)	Gross Capital Formation	(100 million yuan)	0.09	7.27	35.48	40.39
固定资产形成		Fixed Capital Formation		0.06	6.21	33.15	37.87
存货增加		Changes in Stock		0.03	1.06	2.33	2.52
竣工住宅面积	(万平方米)	Residential Buildings Completed	(10000 sq. m)		17.61	25.14	11.57
客运量	(万人)	Passenger Traffic	(10000 persons)	56	340	624	635
货运量	(万吨)	Freight Traffic	(10000 tons)	23	205	467	509
沿海主要港口货物吞吐量	(万吨)	Cargo Handled at Principal Seaports	(10000 tons)	2.4	53.8	216.0	237.5
邮电业务量	(万元)	Business Volume of Postal and Telecom－munications Services	(10000 yuan)	19	8879	54026	24601
进出口总额	(万美元)	Total Imports and Exports	(USD 10000)		7625	69461	84766
出口总额		Exports			5327	49442	59277
进口总额		Imports			2298	20019	25490
实际利用外资额	(万美元)	Foreign Capital Actually Used	(USD 10000)		682	3624	4219
每天人口变动和婚姻		**Daily Population Changes and Marriages**					
出生	(人)	Births	(person)	1856	1318	1509	1415
死亡	(人)	Deaths	(person)	596	784	814	807
结婚	(对)	Marriages	(couple)		1052	1182	1208
离婚	(对)	Divorces	(couple)		56	240	248

续表 2　Continued

指标		Item		2012	2013	2014	2015	2016
平均每天创造财富		**Daily Production**						
生产总值	（亿元）	Gross Domestic Production	(100 million yuan)	95.18	103.44	110.06	117.50	129.46
第一产业		Primary Industry		4.57	4.82	4.87	5.02	5.38
第二产业		Secondary Industry		46.58	49.45	52.53	54.00	58.07
第三产业		Tertiary Industry		44.03	49.17	52.66	58.47	66.00
工业		Industry		40.83	43.39	45.95	47.17	51.11
财政收入	（亿元）	Financial Revenue	(100 million yuan)	17.56	18.93	20.61	23.42	25.27
粮食	（万吨）	Grain	(10000 tons)	2.11	2.01	2.08	2.06	2.06
棉花	（万吨）	Cotton	(10000 tons)	0.01	0.01	0.01	0.01	
油料	（万吨）	Oil - bearing Crops	(10000 tons)	0.10	0.10	0.08	0.09	0.08
猪牛羊肉产量	（万吨）	Meat	(10000 tons)	0.39	0.39	0.35	0.29	0.26
水产品	（万吨）	Aquatic Production	(10000 tons)	1.48	1.51	1.58	1.65	1.73
发电量	（亿千瓦小时）	Electricity	(100 million km.h)	7.44	7.90	7.73	7.96	8.46
成品钢材	（万吨）	Steel Production	(10000 tons)	9.21	10.48	11.43	11.09	10.30
水泥	（万吨）	Cement	(10000 tons)	31.62	34.14	33.88	30.92	29.58
每天消费量		**Daily National Consumption**						
最终消费	（亿元）	Final Consumption Expenditure	(100 million yuan)	45.23	48.60	53.06	57.36	62.33
居民消费		Resident Consumption		34.24	37.24	40.53	43.45	46.87
#农村居民		Rural Residents		7.66	8.46	9.27	10.47	11.28

续表 3 Continued

指标		Item		2012	2013	2014	2015	2016
城镇居民		Urban Residents		26.57	28.78	31.27	32.98	35.58
政府消费		Government Consumption Expenditure		11.00	11.35	12.52	13.91	15.47
社会消费品零售总额	（亿元）	Total Retail Sales of Consumer Goods	(100 million yuan)	38.90	43.76	48.86	54.20	60.19
每天其他经济活动		**Other Daily Economic Activities**						
资本形成总额	（亿元）	Gross Capital Formation	(100 million yuan)	42.36	46.92	48.84	51.72	58.61
固定资产形成		Fixed Capital Formation		40.02	44.22	46.58	49.90	56.65
存货增加		Changes in Stock		2.34	2.70	2.26	1.82	1.96
竣工住宅面积	（万平方米）	Residential Buildings Completed	(10000 sq. m)	11.44	12.86	14.75	15.33	17.48
客运量	（万人）	Passenger Traffic	(10000 persons)	642	375	361	346	294
货运量	（万吨）	Freight Traffic	(10000 tons)	523	515	534	550	589
沿海主要港口货物吞吐量	（万吨）	Cargo Handled at Principal Seaports	(10000 tons)	254.1	275.6	296.4	301.2	312.9
邮电业务量	（万元）	Business Volume of Postal and Telecom－munications Services	(10000 yuan)	28055	32290	46150	65537	101791
进出口总额	（万美元）	Total Imports and Exports	(USD 10000)	85590	92013	97274	95009	92191
出口总额		Exports		61512	68165	74885	75707	73387
进口总额		Imports		24078	23847	22389	19302	18804
实际利用外资额	（万美元）	Foreign Capital Actually Used	(USD 10000)	4445	3879	4328	4647	4816
每天人口变动和婚姻		**Daily Population Changes and Marriages**						
出生	（人）	Births	(person)	1517	1505	1584	1592	1710
死亡	（人）	Deaths	(person)	827	819	830	833	841
结婚	（对）	Marriages	(couple)	1211	1157	1197	1075	1005
离婚	（对）	Divorces	(couple)	269	296	304	315	337

注：1. 本表价值量指标按当年价格计算。The data in Value terms in the table are calculated at current price.
2. 邮电业务总量 1978—2000 年按 1990 年不变价计算，2001 年开始按 2000 年不变价计算，2011 年起按 2010 年不变价计算。Business volume of post and telecommunications from 1978 to 2000 were calculated at constant price of 1990, at constant price of 2000 from 2001 to 2010, at constant price of 2010 since 2011.
3. 2013 年起交通运输指标按新口径统计。The data of transportation are adjusted since 2013.

1－5 全省生产总值(1978－2016 年)
Gross Domestic Product(1978－2016)

年份 Year	全省生产总值(亿元) Gross Domestic Product (100 million yuan)	第一产业 Primary Industry	第二产业 Secondary Industry	第三产业 Tertiary Industry	工业 Industry	人均生产总值(元) Per capita GDP (yuan)
1978	123.72	47.09	53.52	23.11	46.97	331
1979	157.75	67.56	64.07	26.12	55.59	417
1980	179.92	64.61	84.07	31.24	73.71	471
1981	204.86	69.06	94.68	41.12	84.08	531
1982	234.01	84.88	98.44	50.69	87.21	599
1983	257.09	82.89	113.12	61.08	102.55	650
1984	323.25	104.40	141.48	77.37	127.91	810
1985	429.16	123.88	198.91	106.37	178.68	1067
1986	502.47	136.29	230.89	135.29	206.63	1237
1987	606.99	159.41	281.47	166.11	249.69	1478
1988	770.25	195.68	354.39	220.18	315.36	1853
1989	849.44	210.95	386.25	252.24	346.50	2023
1990	904.69	225.04	408.18	271.47	363.74	2138
1991	1089.33	245.22	494.11	350.00	438.36	2558
1992	1375.70	262.67	653.43	459.60	581.73	3212
1993	1925.91	315.96	983.96	625.99	876.26	4469
1994	2689.28	438.65	1398.12	852.51	1243.37	6201
1995	3557.55	549.96	1854.52	1153.07	1645.51	8149
1996	4188.53	594.93	2232.17	1361.43	1983.90	9552
1997	4686.11	618.90	2554.57	1512.64	2285.24	10624
1998	5052.62	609.30	2766.94	1676.38	2484.97	11394
1999	5443.92	606.31	2974.74	1862.87	2679.68	12214
2000	6141.03	630.98	3273.93	2236.12	2945.70	13415
2001	6898.34	659.78	3572.88	2665.68	3181.94	14664
2002	8003.67	685.20	4090.48	3227.99	3640.84	16841
2003	9705.02	717.85	5096.38	3890.79	4462.97	20149
2004	11648.70	814.10	6250.38	4584.22	5491.33	23817
2005	13417.68	892.83	7164.75	5360.10	6344.71	27062
2006	15718.47	925.10	8511.51	6281.86	7585.47	31241
2007	18753.73	986.02	10154.25	7613.46	9090.74	36676
2008	21462.69	1095.96	11567.42	8799.31	10328.72	41405
2009	22998.24	1163.08	11860.16	9975.01	10440.77	43857
2010	27747.65	1360.56	14187.36	12199.74	12477.11	51758
2011	32363.38	1583.04	16331.27	14449.07	14370.50	59331
2012	34739.13	1667.88	17000.09	16071.16	14902.22	63508
2013	37756.58	1760.34	18047.52	17948.72	15837.20	68805
2014	40173.03	1777.18	19175.06	19220.79	16771.90	73002
2015	42886.49	1832.91	19711.67	21341.91	17217.47	77644
2016	47251.36	1965.18	21194.61	24091.57	18655.12	84916

注：1. 本表按当年价格计算。2000 年以后人均生产总值均按常住人口计算。
The figures in this table are calculated at current price. The per capita GDP have calculated at permanent residence since 2000.
2. 从 2004 年起第一产业包括农林牧渔服务业。The Value Added of Primary Industry includes Services for Agriculture since 2004.
3. 2013 年起三次产业分类依据国家统计局 2012 年制定的《三次产业划分规定》,后表同。
Since 2013, Classification of three strata of industry is categorized of regulations formalated by National Bureau of Statistic of China in 2012. The same applies to the relevant tables following.
4. 2016 年起研发支出计入地区生产总值,后表同。
R&D expenditure is included in GDP since 2016. The same applies to the relevant tables following.

1-6 全省生产总值构成(1978-2016年)
Structure of Gross Domestic Product(1978-2016)

单位:%(%)

年份 Year	生产总值 Gross Domestic Product	第一产业 Primary Industry	第二产业 Secondary Industry	第三产业 Tertiary Industry	工业 Industry
1978	100	38.1	43.3	18.7	38.0
1979	100	42.8	40.6	16.6	35.2
1980	100	35.9	46.7	17.4	41.0
1981	100	33.7	46.2	20.1	41.0
1982	100	36.3	42.1	21.7	37.3
1983	100	32.2	44.0	23.8	39.9
1984	100	32.3	43.8	23.9	39.6
1985	100	28.9	46.3	24.8	41.6
1986	100	27.1	46.0	26.9	41.1
1987	100	26.3	46.4	27.4	41.1
1988	100	25.4	46.0	28.6	40.9
1989	100	24.8	45.5	29.7	40.8
1990	100	24.9	45.1	30.0	40.2
1991	100	22.5	45.4	32.1	40.2
1992	100	19.1	47.5	33.4	42.3
1993	100	16.4	51.1	32.5	45.5
1994	100	16.3	52.0	31.7	46.2
1995	100	15.5	52.1	32.4	46.3
1996	100	14.2	53.3	32.5	47.4
1997	100	13.2	54.5	32.3	48.8
1998	100	12.1	54.8	33.2	49.2
1999	100	11.1	54.6	34.2	49.2
2000	100	10.3	53.3	36.4	48.0
2001	100	9.6	51.8	38.6	46.1
2002	100	8.6	51.1	40.3	45.5
2003	100	7.4	52.5	40.1	46.0
2004	100	7.0	53.6	39.4	47.1
2005	100	6.7	53.4	39.9	47.3
2006	100	5.9	54.1	40.0	48.3
2007	100	5.3	54.1	40.6	48.5
2008	100	5.1	53.9	41.0	48.1
2009	100	5.1	51.6	43.4	45.4
2010	100	4.9	51.1	44.0	45.0
2011	100	4.9	50.5	44.6	44.4
2012	100	4.8	48.9	46.3	42.9
2013	100	4.7	47.8	47.5	41.9
2014	100	4.4	47.7	47.9	41.7
2015	100	4.3	45.9	49.8	40.1
2016	100	4.2	44.8	51.0	39.5

注:1.本表按当年价格计算。The figures in this table are calculated at current price.
2.从2004年起第一产业包括农林牧渔服务业。The Value Added of Primary Industry includes Services for Agriculture since 2004.

1-7 按行业和构成分的全省生产总值(2008-2012年)
Gross Domestic Product by Sector and Structure(2008-2012)

单位:亿元(100 million yuan)

指标	Item	2008	2009	2010	2011	2012
全省生产总值		21462.69	22998.24	27747.65	32363.38	34739.13
按行业分						
第一产业(农业)	Primary Industry	1095.96	1163.08	1360.56	1583.04	1667.88
第二产业	Secondary Industry	11567.42	11860.16	14187.36	16331.27	17000.09
工业	Industry	10328.72	10440.77	12477.11	14370.50	14902.22
建筑业	Construction	1238.70	1419.38	1710.25	1960.78	2097.86
第三产业	Tertiary Industry	8799.31	9975.01	12199.74	14449.07	16071.16
交通运输、仓储和邮政业	Transport, Storage and Post	843.20	891.55	1089.49	1233.44	1328.25
信息传输、计算机服务和软件业	Information Transmission, Computer Services and Software	482.28	522.78	607.81	759.98	885.76
批发和零售业	Wholesale and Retail Trade	1899.02	2162.16	2753.66	3491.36	3993.39
住宿和餐饮业	Hotels and Catering Services	388.01	425.17	541.09	664.92	730.68
金融业	Banking	1653.45	1880.69	2284.22	2676.44	2696.39
房地产业	Real Estate	1052.03	1323.40	1634.62	1710.55	1979.61
租赁和商务服务业	Renting and Business Services	338.74	377.98	477.38	615.29	708.68
科学研究、技术服务和地质勘查业	Scientific Research, Technic Service and Geological Prospecting	182.85	188.20	242.57	299.87	356.51
水利、环境和公共设施管理业	Water Conservancy, Environment and Public Utility	77.25	86.78	108.84	136.59	159.60
居民服务和其他服务业	Service for the Residents and Other	266.11	285.73	344.10	392.37	449.18
教育	Education	523.63	604.81	691.85	767.94	867.55
卫生、社会保障和社会福利业	Health Care, Sports and Social Welfare	294.18	335.63	395.56	487.49	580.94
文化、体育和娱乐业	Culture, Sports and Entertainment	121.99	135.76	163.33	208.59	239.24
公共管理和社会组织	Public Administration and Social Organization	676.56	754.39	865.23	1004.23	1095.38
按构成分						
劳动者报酬	Remuneration of Laborers	8852.48	9102.30	10789.15	13168.24	14563.03
生产税净额	Net-taxes on Production	3260.31	3421.08	4287.30	5270.37	5524.69
固定资产折旧	Depreciation of Fixed Assets	2906.36	2972.54	3334.67	3937.25	4525.55
营业盈余	Operating Surplus	6443.54	7502.32	9336.53	9987.52	10125.87

1-8 按新行业和构成分的全省生产总值(2013-2016年)
Gross Domestic Product by New Sector and Structure(2013-2016)

单位:亿元(100 million yuan)

指标	Item	2013	2014	2015	2016
全省生产总值	**Gross Domestic Product**	**37756.58**	**40173.03**	**42886.49**	**47251.36**
按行业分	By Sector				
农、林、牧、渔业	Farming, Forestry, Animal Husbandry and Fishery	1787.25	1806.60	1865.31	2000.23
工业	Industry	15837.20	16771.90	17217.47	18655.12
建筑业	Construction	2243.01	2467.10	2558.38	2610.72
批发和零售业	Wholesale and Retail Trade	4589.13	4911.71	5245.03	5754.19
交通运输、仓储和邮政业	Transport, Storage and Post	1427.52	1525.93	1631.88	1774.37
住宿和餐饮业	Hotels and Catering Services	768.64	884.91	995.02	1119.00
信息传输、软件和信息技术服务业	agmjjhyfz	1095.24	1355.19	1693.01	2239.90
金融业	Information Transmission, Software and Information Technology Services	2795.13	2767.44	2922.93	3050.61
房地产业	Real Estate	2229.69	2166.86	2351.42	2607.00
租赁和商务服务业	Renting and Business Services	859.05	967.33	1147.95	1341.06
科学研究和技术服务业	Scientific Research and Technical Services	441.32	497.74	550.21	691.80
水利、环境和公共设施管理业	Water Conservancy, Environment and Public Facilities Management	179.69	200.18	232.15	273.29
居民服务、修理和其他服务业	Service for the Residents, Repair and Others	492.23	538.89	621.63	724.19
教育	Education	980.66	1076.58	1212.73	1408.05
卫生和社会工作	Health Care and Social Work	569.43	673.66	842.65	929.11
文化、体育和娱乐业	Culture, Sports and Entertainment	267.20	291.71	344.05	385.44
公共管理、社会保障和社会组织	Public Administration, Social Security and Social Organization	1194.19	1269.30	1454.67	1687.28
第一产业	Primary Industry	1760.34	1777.18	1832.91	1965.18
第二产业	Secondary Industry	18047.52	19175.06	19711.67	21194.61
第三产业	Tertiary Industry	17948.72	19220.79	21341.91	24091.57
按构成分	By Structure				
劳动者报酬	Remuneration of Laborers	17898.75	18534.26	20573.26	22181.68
生产税净额	Net-taxes on Production	5711.10	6191.46	6238.29	6662.24
固定资产折旧	Depreciation of Fixed Assets	4663.63	5077.79	5427.75	6038.94
营业盈余	Operating Surplus	9483.10	10369.52	10647.19	12368.50

1-9 全省生产总值指数(1978-2016年)
Indices of Gross Domestic Product (1978-2016)

(上年=100)(preceding year=100)

年份 Year	全省生产总值 Gross Domestic Product	第一产业 Primary Industry	第二产业 Secondary Industry	第三产业 Tertiary Industry	工业 Industry	人均生产总值 Percapita GDP
1978	121.9	118.7	128.6	113.5	126.5	120.4
1979	113.6	110.8	118.0	108.1	117.1	112.3
1980	116.4	97.3	132.0	112.9	133.3	115.1
1981	111.5	104.7	111.3	126.1	113.1	110.5
1982	111.4	116.5	104.9	118.1	104.9	109.9
1983	108.0	93.9	115.5	116.0	118.5	106.8
1984	121.7	119.3	124.0	120.3	124.4	120.6
1985	121.7	101.9	135.3	119.2	135.0	120.8
1986	112.1	104.0	114.0	116.8	114.2	110.9
1987	111.8	101.0	116.8	110.9	116.4	110.6
1988	111.2	99.0	116.3	109.8	117.5	109.9
1989	99.4	100.2	100.8	94.9	101.7	98.4
1990	103.9	102.7	105.2	101.4	105.4	103.1
1991	117.9	107.9	118.2	125.6	118.4	117.1
1992	118.8	100.6	125.2	122.7	126.6	118.2
1993	122.0	104.8	133.2	116.0	135.3	121.3
1994	120.0	104.4	127.5	115.8	128.0	119.2
1995	116.8	107.5	118.4	118.3	117.8	116.0
1996	112.7	104.4	115.5	111.1	115.8	112.2
1997	111.1	104.5	112.8	110.5	113.3	110.4
1998	110.2	103.2	110.8	111.7	111.1	109.6
1999	110.0	103.3	111.4	109.9	111.8	109.5
2000	111.0	104.5	111.7	111.8	112.0	108.1
2001	110.6	104.8	111.0	111.7	111.0	107.7
2002	112.6	104.5	113.4	113.7	113.6	111.5
2003	114.7	103.6	116.8	114.4	115.7	113.2
2004	114.5	105.1	116.4	113.7	117.0	112.7
2005	112.8	101.5	112.7	115.2	113.1	111.2
2006	113.9	103.2	114.3	115.1	114.6	112.2
2007	114.7	102.3	115.6	115.3	116.4	112.8
2008	110.1	104.8	109.3	111.7	110.0	108.6
2009	108.9	102.4	106.4	113.0	105.1	107.7
2010	111.9	103.2	112.0	112.8	111.9	109.5
2011	109.0	103.6	108.5	110.1	109.3	107.1
2012	108.0	102.0	106.8	109.9	106.6	107.7
2013	108.2	100.5	108.4	108.9	108.2	107.9
2014	107.6	101.4	107.2	108.6	107.2	107.3
2015	108.0	101.5	105.3	111.3	104.9	107.6
2016	107.6	102.7	105.7	109.7	106.1	106.8

注：本表按可比价格计算。The figures in this table are calculated at comparable price.

1－10 全省生产总值指数(1978－2016年)
Indices of Gross Domestic Product(1978－2016)

(1978年＝100)(1978＝100)

年份 Year	全省生产总值 Gross Domestic Product	第一产业 Primary Industry	第二产业 Secondary Industry	第三产业 Tertiary Industry	工业 Industry	人均生产总值 Percapita GDP
1978	100.0	100.0	100.0	100.0	100.0	100.0
1979	113.6	110.8	118.0	108.1	117.1	112.3
1980	132.2	107.9	155.7	122.1	156.0	129.2
1981	147.4	113.0	173.4	154.0	176.5	142.8
1982	164.2	131.6	182.0	181.9	185.1	157.0
1983	177.4	123.6	210.3	211.0	219.2	167.7
1984	216.0	147.5	260.8	253.8	272.6	202.3
1985	262.9	150.3	352.9	302.6	367.9	244.3
1986	294.6	156.2	402.1	353.4	420.2	271.1
1987	329.4	157.8	469.9	392.1	489.2	299.8
1988	366.4	156.3	546.6	430.6	574.9	329.5
1989	364.3	156.7	551.2	408.5	584.8	324.2
1990	378.6	160.9	579.9	414.1	616.7	334.4
1991	446.3	173.6	685.8	520.3	730.1	391.7
1992	530.3	174.7	858.8	638.5	924.3	462.8
1993	647.1	183.1	1143.9	740.4	1250.7	561.3
1994	776.4	191.1	1458.0	857.2	1601.1	669.1
1995	906.7	205.6	1725.8	1013.8	1886.5	776.3
1996	1021.7	214.7	1993.3	1126.4	2184.7	870.9
1997	1135.1	224.3	2249.0	1244.9	2475.3	961.9
1998	1250.6	231.5	2491.0	1390.7	2751.1	1054.1
1999	1376.1	239.1	2773.8	1528.4	3075.1	1154.0
2000	1528.0	249.9	3099.2	1709.4	3442.6	1247.6
2001	1690.6	261.9	3441.6	1909.7	3819.5	1343.3
2002	1904.3	273.6	3902.3	2171.4	4338.9	1497.7
2003	2184.2	283.5	4557.4	2483.3	5020.2	1695.0
2004	2500.9	297.9	5304.8	2823.1	5872.5	1910.9
2005	2820.1	302.3	5977.1	3252.1	6642.9	2125.6
2006	3211.5	312.0	6833.3	3741.9	7614.1	2385.3
2007	3682.5	319.3	7897.2	4314.9	8865.1	2691.3
2008	4052.7	334.4	8633.7	4820.5	9755.6	2921.7
2009	4413.8	342.5	9185.8	5447.0	10257.2	3145.4
2010	4939.8	353.5	10287.1	6144.9	11480.5	3443.4
2011	5382.6	366.0	11160.4	6766.8	12545.8	3687.6
2012	5811.1	373.3	11920.2	7437.3	13372.4	3970.1
2013	6290.4	375.3	12917.1	8095.9	14474.1	4283.8
2014	6770.0	380.6	13852.1	8791.7	15520.0	4597.4
2015	7308.9	386.1	14592.0	9787.7	16278.5	4944.9
2016	7860.7	396.7	15421.0	10740.4	17273.4	5279.1

注：本表按可比价格计算。The figures in this table are calculated at comparable price.

1-11 按行业分的第三产业增加值指数(2005-2012年)
Indices of Value-added of the Tertiary Industry by Sector(2005-2012)

(2004年=100)(2004=100)

行业	Sector	2005	2006	2007	2008	2009	2010	2011	2012
总计	**Total**	**115.2**	**115.1**	**115.3**	**111.7**	**113.0**	**112.8**	**110.1**	**109.9**
交通运输、仓储和邮政业	Transport, Storage and Post Services	113.3	116.8	114.1	109.0	103.2	113.7	109.7	106.8
信息传输和计算机服务	Information Transmission, Computer Services	114.3	116.3	122.4	123.2	111.2	113.3	117.7	114.5
批发和零售业	Wholesale and Retail Sale Trade	110.7	111.2	111.8	108.6	116.5	117.5	116.7	112.6
住宿和餐饮业	Hotels and Catering Services	109.5	115.4	114.5	111.8	106.2	114.4	113.8	106.2
金融业	Finance	128.5	129.7	124.2	123.4	114.6	112.9	107.9	105.6
房地产业	Real Estate	115.0	113.2	112.8	102.5	123.2	104.7	95.1	110.0
租赁和商务服务业	Leasing and Commercial Services	111.3	116.1	114.6	110.2	110.9	115.7	115.6	113.8
科学研究、技术服务和地质勘查业	Scientific Research, Technic Services and Geological Prospecting	123.3	115.1	115.3	112.4	104.1	122.1	115.4	115.0
水利、环境和公共设施管理业	Water Conservancy, Environment and Public Facilities Management	113.2	102.3	107.9	110.8	110.7	117.0	115.5	112.9
居民服务和其他服务业	Resident Services and Other Services	125.5	120.5	124.1	121.9	108.9	111.2	109.9	112.0
教育	Education	114.5	109.7	112.3	109.7	114.5	111.2	108.4	111.3
卫生、社会保障和社会福利业	Health Care, Social Securities and Social Welfare	116.1	107.9	111.7	105.8	109.1	109.6	113.8	114.1
文化、体育和娱乐业	Culture, Sports and Recreation	122.3	123.6	118.6	117.9	110.1	114.4	120.2	112.5
公共管理和社会组织	Public Administration and Social Organization	116.9	109.7	112.3	106.6	108.5	108.4	109.0	106.2

1-12 按新行业分的第三产业增加值指数
Indices of Value-added of the Tertiary Industry by New Sector

(上年=100)(preceding year=100)

行业	Sector	2013	2014	2015	2016
总计	**Total**	**108.9**	**108.6**	**111.3**	**109.7**
批发和零售业	Wholeasle and Retail Trade	112.6	110.2	109.0	108.0
交通运输、仓储和邮政业	Transport, Storage and Post	104.5	108.6	108.2	107.0
住宿和餐饮业	HOtels and Catering Services	105.2	111.6	109.4	107.9
信息传输、软件和信息技术服务业	Information Transmission, Software and Information Technology Services	118.7	123.9	126.1	126.7
金融业	Banking	104.4	102.1	107.2	103.9
房地产业	Real Estate	107.3	99.3	109.5	107.8
租赁和商务服务业	Renting and Business Services	121.0	112.0	116.4	113.2
科学研究和技术服务业	Scientific Research and Technical Services	117.0	112.7	108.9	114.9
水利、环境和公共设施管理业	Water Conservancy, Environment and Public Facilities Management	109.8	111.3	113.2	114.2
居民服务、修理和其他服务业	Service for the Residents, Repair and Others	106.5	108.4	113.9	112.3
教育	Education	109.7	110.2	113.2	108.2
卫生和社会工作	Health Care and Social Work	104.3	117.7	114.2	108.6
文化、体育和娱乐业	Culture, Sports and Recreation	105.5	109.6	117.3	110.1
公共管理、社会保障和社会组织	Public Administration, Social Security and Social Organization	106.2	106.2	114.8	110.4

1-13 按支出法计算的全省生产总值(2010-2016年) Gross Domestic Product Calculated by Expenditure Approach(2010-2016)

单位:亿元(100 million yuan)

指标	Item	2010	2011	2012	2013	2014	2015	2016
全省生产总值	**Gross Domestic Product**	**27747.65**	**32363.38**	**34739.13**	**37756.58**	**40173.03**	**42886.49**	**47251.36**
最终消费	**Final Consumption**	**12765.63**	**15041.98**	**16509.40**	**17737.24**	**19365.42**	**20936.30**	**22751.65**
居民消费	Resident Consumption	9796.72	11643.89	12496.10	13593.16	14794.82	15858.82	17106.67
农村居民	Rural	2214.54	2566.96	2796.25	3087.61	3382.01	3820.21	4118.18
城镇居民	Urban	7582.18	9076.93	9699.85	10505.55	11412.81	12038.61	12988.49
政府消费	Government Consumption	2968.91	3398.09	4013.30	4144.08	4570.60	5077.48	5644.98
资本形成总额	**Total Capital Formation**	**12950.46**	**14743.55**	**15460.74**	**17125.33**	**17827.25**	**18879.28**	**21393.84**
固定资本形成总额	Fixed Capital Formation	12101.32	13822.90	14607.57	16139.70	17000.91	18213.27	20677.81
存货增加	Changes in Inventories	849.14	920.65	853.17	985.63	826.34	666.01	716.03
货物和服务净出口	**Net Export**	**2031.56**	**2577.85**	**2768.99**	**2894.01**	**2980.36**	**3070.91**	**3105.87**

注:本表按当年价格计算。The figures in this table are calculated at current price.

1-14 总产出(2010-2016年) Total Output(2010-2016)

单位:亿元(100 million yuan)

指标	Item	2010	2011	2012	2013	2014	2015	2016
总产出	**Total Output**	**95359.85**	**112740.43**	**120148.71**	**133905.46**	**141741.30**	**145029.76**	**151189.76**
第一产业	Primary Industry	2172.86	2534.90	2658.66	2782.48	2784.55	2868.38	3075.67
第二产业	Secondary Industry	69835.45	82562.94	86856.95	95131.13	99954.42	98158.04	99223.57
第三产业	Tertiary Industry	23351.54	27642.59	30633.10	35991.85	39002.33	44003.34	48890.52
工业	Industry	62015.44	72974.10	76476.85	84068.97	87565.30	85259.30	85719.36

注:1. 本表按当年价格计算。The figures in this table are calculated at current price.
2. 从2004年起第一产业包括农林牧渔服务业。The Output of Primary Industry includes Services for Agriculture since 2004.

1-15 居民消费水平和指数(1978-2016年)
Resident Consumption Level and Its Indices(1978-2016)

单位:%(%)

年份 Year	居民总消费水平(元/人) Resident Consumption level (yuan/person)	农村居民总消费水平 Rural Resident	城镇居民总消费水平 Urban Resident	居民总消费水平指数 Indices of Resident Consumption Level	农村居民消费水平指数 Rura Resident	城镇居民消费水平指数 Urban Resident
1978	193	164	410	100.0	100.0	100.0
1979	218	183	466	112.1	111.1	110.6
1980	240	198	511	120.1	119.6	111.0
1981	317	271	595	156.2	161.6	127.0
1982	354	305	630	173.4	181.4	132.0
1983	383	328	672	184.3	192.8	137.0
1984	439	369	788	206.7	213.5	154.9
1985	580	472	1063	237.6	238.7	181.4
1986	702	558	1283	270.5	266.1	206.1
1987	828	655	1492	295.2	293.4	216.1
1988	1070	829	1959	314.6	309.8	229.9
1989	1186	914	2145	293.7	285.6	215.5
1990	1227	930	2235	297.5	285.2	220.0
1991	1353	1005	2493	317.7	303.4	232.5
1992	1528	1091	2882	335.6	314.5	245.9
1993	1850	1244	3608	351.2	325.1	253.6
1994	2536	1654	4920	389.0	348.7	282.4
1995	3217	2053	6141	423.2	374.0	301.9
1996	3906	2486	7268	473.5	423.7	325.4
1997	4233	2665	7649	496.8	444.8	330.0
1998	4397	2774	7607	515.1	466.5	326.6
1999	4539	2845	7566	534.7	485.6	326.6
2000	5099	3278	8020	587.5	547.9	339.1
2001	5551	3621	8404	641.2	605.3	356.8
2002	6098	4012	8839	711.6	675.3	379.8
2003	7033	4504	9907	810.6	737.4	423.5
2004	8174	4918	11771	912.3	769.7	489.6
2005	9558	5439	13843	1036.4	832.8	557.7
2006	11099	6216	15837	1174.2	933.6	621.2
2007	12730	7169	16986	1310.4	1055.9	646.7
2008	14264	7881	19002	1429.7	1128.7	704.9
2009	15867	8571	21204	1606.9	1242.7	794.4
2010	18274	10273	23655	1775.7	1430.4	850.0
2011	21346	12371	26856	1965.7	1624.9	915.5
2012	22845	13724	28259	2084.0	1767.7	957.1
2013	24771	15458	30101	2237.7	1955.0	1012.1
2014	26885	17281	32186	2401.2	2165.4	1069.4
2015	28712	19953	33359	2545.3	2403.6	1111.1
2016	30743	22028	35152	2682.2	2614.1	1151.9

注:本表绝对数按当年价格计算,指数按可比价格计算。
The absolute figures in this table are calculated at current price, while the indices are calculated at comparable price.

1－16 按机构类型和登记注册类型分组的法人单位数
Number Of Corporation Units by Types of Organization and Registration

单位:个(unit)

指标名称	Item	法人单位数 Number Of Corporation Units		单产业法人 Containing Single Industrial Activity		多产业法人 Containing Multiple Industrial Activity	
		2015	2016	2015	2016	2015	2016
总计	**Total**	**1346364**	**1497168**	**1312505**	**1460972**	**33859**	**36196**
按机构类型分组	**by Type of Organization**						
企业	Enterprise	1189601	1307847	1160404	1276432	29197	31415
事业单位	Public Institution	32048	32194	29848	30010	2200	2184
机关	Office	8133	8113	6608	6583	1525	1530
社会团体	Social Group	20150	20527	19913	20298	237	229
民办非企业单位	Private Non－enterprise Unit	16082	16895	15990	16798	92	97
基金会	Foundation	299	307	298	306	1	1
居委会	Neighborhood Committees	4266	4364	4210	4308	56	56
村委会	Villagers Committee	29050	28481	28647	28055	403	426
其他组织机构	Others	46735	78440	46587	78182	148	258
按登记注册类型分组	**by Registered Type**						
内资	Domestic Funded Enterprises	1322739	1474833	1289967	1439702	32772	35131
国有	State－owned Enterprises	48367	48192	44057	43898	4310	4294
集体	Collective Owned Enterprises	14058	13656	13468	13085	590	571
股份合作	Cooperative Enterprises	8906	8620	8564	8271	342	349
联营	Joint Ownership Enterprises	796	773	781	761	15	12
国有联营	State Joint Ownership Enterprises	62	49	57	46	5	3
集体联营	Collective Joint Ownership Enterprises	291	273	288	270	3	3
国有与集体联营	State－collective Joint Enterprises	70	61	69	60	1	1
其他联营	Other Joint Ownership Enterprises	373	390	367	385	6	5
有限责任公司	Limited Liability Corporations	63492	65728	58857	60847	4635	4881
国有独资公司	State Sole Funded Corporations	3166	3456	2771	3021	395	435
其他有限责任公司	Other Limited Liability Corporations	60326	62272	56086	57826	4240	4446

续表 Continued 单位:个(unit)

指标名称	Item	法人单位数 Number Of Corporation Units		单产业法人 Containing Single Industrial Activity		多产业法人 Containing Multiple Industrial Activity	
		2015	2016	2015	2016	2015	2016
股份有限公司	Share - holding Corporations Ltd.	4943	5181	3878	4072	1065	1109
私营	Private Enterprises	1046501	1195498	1025600	1172519	20901	22979
私营独资	Private Funded Enterprises	205361	208586	203793	206850	1568	1736
私营合伙	Private Partnership Corporations	31384	39344	31102	39053	282	291
私营有限责任公司	Private Limited Liability Corporations	805235	942969	786491	922342	18744	20627
私营股份有限公司	Private Share - holding Corporations Ltd.	4521	4599	4214	4274	307	325
其他内资	others	135676	137185	134762	136249	914	936
港、澳、台商投资企业	Funded by Enterpreneurs From Hong Kong, Macao and Taiwan	11313	10689	10806	10183	507	506
与港澳台商合资经营	Joint - venture Enterprises	4693	4545	4462	4321	231	224
与港澳台商合作经营	Cooperation Enterprises From Hong Kong, Macao and Taiwan	195	174	187	167	8	7
港澳台商独资	Enterprises with Sole Hong Kong, Macao and Taiwan	5493	5554	5248	5301	245	253
港澳台商投资股份有限公司	Share - holding Corporations Ltd. with Funds From Hong Kong, Macao and Taiwan	185	171	167	152	18	19
其他港、澳、台商投资	Others	747	245	742	242	5	3
外商投资	Foreign Funded Enterprises	12312	11646	11732	11087	580	559
中外合资经营	Joint - venture Enterprises	5541	4913	5273	4655	268	258
中外合作经营	Cooperation Enterprises	275	198	267	193	8	5
外资企业	Enterprises With Sole Foreign Investment	5797	5862	5524	5598	273	264
外商投资股份有限公司	Foreign Investment Share - holding Corporations Ltd.	306	294	280	270	26	24
其他外商投资	Others	393	379	388	371	5	8

1－17 按行业分的法人单位数(2016 年) Number Of Corporation Units by Sector(2016)

单位:个(unit)

行业	Sector	法人单位数 Number Of Corporation Units	单产业法人 Containing Single Industrial Activity	多产业法人 Containing Multiple Industrial Activity
总计	**Total**	**1497168**	**1460972**	**36196**
按国民经济行业分组	**By Sector**			
农、林、牧、渔业	Farming, Forestry, Animal Husbandry and Fishery	67211	66888	323
农业	Farming	40244	40086	158
林业	Forestry	5596	5559	37
牧业	Animal Husbandry	8641	8576	65
渔业	Fishery	7731	7686	45
农林牧渔服务业	Services	4999	4981	18
采矿业	Ming and Quarrying	1257	1229	28
煤炭采选业和洗选项业	Coal Mining and Dressing	10	9	1
石油和天然气开采业	Petroleum and Natural Gas Extraction			
黑色金属矿采选业	Ferrous Metals Mining and Dressing	30	28	2
有色金属矿采选业	Nonferrous Metals Mining and Dressing	79	77	2
非金属矿采选业	Nonmetal Minerals Mining and Dressing	1124	1103	21
开采辅助活动	Supplementary Activities for Mining	5	4	1
其他采矿业	Other Minerals Mining and Dressing	9	8	1
制造业	Manufacturing	434322	427205	7117
农副食品加工业	Non－staple Food Processing	5979	5718	261
食品制造业	Food Manufacturing	3255	3087	168
酒、饮料和精制茶制造业	Wine, Soft Drinks and Refined Tea Manufacturing	2873	2749	124
烟草制品业	Tobacco Processing	7	6	1

续表 1 Continued 单位:个(unit)

行业	Sector	法人单位数 Number Of Corporation Units	单产业法人 Containing Single Industrial Activity	多产业法人 Containing Multiple Industrial Activity
纺织业	Textile Industry	34911	34355	556
纺织服装、服饰业	Garments and Apparel Industry	33764	33284	480
皮革、毛皮、羽毛及其制品和制鞋业	Leather, Furs, Down and Related Production, Shoes Manufacturing	20581	20313	268
木材加工及木、竹、藤、棕、草制品业	Timber Processing, Bamboo, Cane Palm Fiber and Straw Production	7323	7227	96
家具制造业	Furniture Manufacturing	7282	7132	150
造纸及纸制品业	Papermaking and Paper Production	11918	11825	93
印刷和记录媒介复制业	Printing and Record Medium Reproduction	11001	10780	221
文教、工美、体育和娱乐用品制造业	Cultural and Educational, Arts and Crafts, Sports and Entertainment Goods	23181	22872	309
石油加工、炼焦及核燃料加工业	Petroleum Processing, Cooking and Nuclear Fuel Processing	449	436	13
化学原料及化学制品制造业	Raw Chemical Materials and Chemical Production	9551	9340	211
医药制造业	Medical and Pharmaceutical Production	1416	1340	76
化学纤维制造业	Chemical Fiber	1665	1631	34
橡胶和塑料制品业	Rubber and Plastic Production	33726	33315	411
非金属矿物制品业	Nonmetal Mineral Production	14328	14097	231
黑色金属冶炼及压延加工业	Smelting and Pressing of Ferrous Metals	4385	4287	98
有色金属冶炼及压延加工业	Smelting and Pressing of Nonferrous Metals	3681	3635	46
金属制品业	Metal Production	36344	35915	429
通用设备制造业	Ordinary Machinery	53299	52447	852
专用设备制造业	For Special Purpose Equipment Manufacturing	24229	23922	307

续表 2 Continued 单位:个(unit)

行业	Sector	法人单位数 Number Of Corporation Units	单产业法人 Containing Single Industrial Activity	多产业法人 Containing Multiple Industrial Activity
汽车制造业	Automotive Manufacturing	16659	16432	227
铁路、船舶、航空航天和其他运输设备制造业	Railway, Shipbuilding, Aerospace and other Transport Equipment	5080	4964	116
电气机械及器材制造业	Electric Equipment and Machinery	40230	39420	810
计算机、通信和其他电子设备制造业	Telecommunications Equipment, Computer and Other Electronic Equipment Manufacturing	11654	11446	208
仪器仪表制造业	Instruments Manufacturing	7459	7291	168
其他制造业	Other Manufacturing	5468	5387	81
废弃资源综合利用业	Comprehensive Utilization of Waste Resources	1016	1001	15
金属制品、机械和设备修理业	Metal Products, Machinery and Equipment Repair Industry	1608	1551	57
电力、热力、燃气及水的生产和供应业	Electricity, Heating Power, Gas and Water Production and Supply	5208	4960	248
电力、热力的生产和供应业	Production and Supply of Electricity and Heating Power	3515	3386	129
燃气生产和供应业	Production and Supply of Gas	368	321	47
水的生产和供应业	Production and Supply of Water	1325	1253	72
建筑业	Construction	44310	41731	2579
房屋建筑业	Housing	6352	5433	919
土木工程建筑业	Civil Engineering	9381	8529	852
建筑安装业	Installation	6163	5854	309
建筑装饰业和其他建筑业	Building Decoration and Others	22410	21915	495
批发和零售业	Wholesale and Retail Trade	430889	422236	8653
批发业	Wholesale	282745	278251	4494
零售业	Retail Sale	148144	143985	4159
交通运输、仓储和邮政业	Transportation, Storage and Post	25962	24407	1555
铁路运输业	Railway Transpot	36	34	2
道路运输业	Highway Transport	13892	13237	655
水上运输业	Waterway Transport	1328	1233	95

续表 3 Continued 单位:个(unit)

行业	Sector	法人单位数 Number Of Corporation Units	单产业法人 Containing Single Industrial Activity	多产业法人 Containing Multiple Industrial Activity
航空运输业	Air Transport	106	97	9
管道运输业	Pipeline Transport	1	1	
装卸搬运和运输代理业	Carrying and Transportation Agents	8014	7684	330
仓储业	Storage	1207	1146	61
邮政业	Postal Services	1378	975	403
住宿和餐饮业	Hotels and Catering Services	20961	19548	1413
住宿业	Hotels	7662	7141	521
餐饮业	Catering Services	13299	12407	892
信息传输、软件和信息技术服务业	Information Transmission, Software and Information Technology Services	51124	50346	778
电信、广播电视和卫星传输服务	Telecommunication, Radio and Television , Satellite Transmission Services	870	760	110
互联网和相关服务	Internet and Related Services	3935	3863	72
软件和信息技术服务业	Software and Information Technology Services	46319	45723	596
金融业	Banking	8853	7864	989
货币金融服务	Monetary and Financial Services	1739	1300	439
资本市场服务	Capital Market Services	4793	4719	74
保险业	Insurance	754	326	428
其他金融业	Others	1567	1519	48

续表 4 Continued 单位:个(unit)

行业	Sector	法人单位数 Number Of Corporation Units	单产业法人 Containing Single Industrial Activity	多产业法人 Containing Multiple Industrial Activity
房地产业	Real Estate	32749	30931	1818
房地产业	Real Estate	32749	30931	1818
租赁和商务服务业	Renting and Business Services	152078	148652	3426
租赁业	Leasing	7067	6915	152
商务服务业	Commercial Services	145011	141737	3274
科学研究和技术服务业	Scientific Research and Technical Services	53401	51876	1525
研究与试验发展	Research and Experiment Development	8852	8771	81
专业技术服务业	Technical Services	23571	22386	1185
科技推广和应用服务业	Promotion and Application of Science and Technology Services	20978	20719	259
水利、环境和公共设施管理业	Water Conservancy,Environment and Public Utility	8191	7912	279
水利管理业	Water Conservancy	1014	975	39
生态保护和环境治理业	Ecological Protection and Environmental Management	1015	979	36
公共设施管理业	Public Facilities	6162	5958	204
居民服务、修理和其他服务业	Service for the Residents ,Repair and Others	18739	18209	530
居民服务业	Resident Services	7625	7324	301
机动车、电子产品和日用产品修理业	Motor Vehicles, Electronics and Household Goods Repair Industry	7426	7248	178
其他服务业	Other Services	3688	3637	51
教育	Education	24772	23761	1011
教育	Education	24772	23761	1011

续表 5 Continued 单位:个(unit)

行业	Sector	法人单位数 Number Of Corporation Units	单产业法人 Containing Single Industrial Activity	多产业法人 Containing Multiple Industrial Activity
卫生和社会工作	Health Care and Social Work	9787	8784	1003
卫生	Health Care	6118	5144	974
社会工作	Social Work	3669	3640	29
文化、体育和娱乐业	Culture,Sports and Entertainment	25203	24785	418
新闻和出版业	News and Publishing	322	313	9
广播、电视、电影和影视录音制作业	Television, Radio, Film and Television Sound Recording Production	4016	3882	134
文化艺术业	Culture and Arts	6201	6127	74
体育	Sports	3135	3029	106
娱乐业	Recreation	11529	11434	95
公共管理、社会保障和社会组织	Public Administration ,Social Security and Social Organization	82151	79648	2503
中国共产党机关	Communist Party Agencies	1110	1050	60
国家机构	Government Agencies	17744	16035	1709
人民政协、民主党派	The CPPCC, Democratic Parties	312	306	6
社会保障	Social Security	413	406	7
群众团体、社会团体和其它成员组织	Mass Organizations, Social Groups and Other Members of the Organization	29727	29488	239
基层群众自治组织	Mass Grassroot Organizations	32845	32363	482

1-18 按地区分组的法人单位数
Number Of Corporation Units by Region

单位:个(unit)

指标名称	Region	法人单位数 Number Of Corporation Units		单产业法人 Containing Single Industrial Activity		多产业法人 Containing Multiple Industrial Activity	
		2015	2016	2015	2016	2015	2016
按地区分组	**By Region**						
杭州市	Hangzhou	319656	371508	310455	361169	9201	10339
上城区	Shangcheng	15550	18877	14781	18036	769	841
下城区	Xiacheng	21318	22803	20390	21773	928	1030
江干区	Jianggan	34908	42094	33966	40991	942	1103
拱墅区	Gongshu	27622	31709	26790	30780	832	929
西湖区	Xihu	49947	57757	48270	55856	1677	1901
滨江区	Bingjiang	19168	20399	18756	19933	412	466
萧山区	Xiaoshan	52806	62474	51666	61193	1140	1281
余杭区	Yuhang	40197	49693	39168	48470	1029	1223
富阳区	Fuyang	18911	22510	18497	22045	414	465
桐庐县	Tonglu	11333	12399	11088	12153	245	246
淳安县	Chunan	6251	6834	5997	6570	254	264
建德市	Jiande	8118	8946	7890	8709	228	237
临安市	Linan	13527	15013	13196	14660	331	353
宁波市	Ningbo	213151	237700	207932	232266	5219	5434
海曙区	Haishu	14138	15282	13447	14560	691	722
江东区	Jiangdong	18341	20190	17588	19439	753	751
江北区	Jiangbei	9609	12101	9244	11717	365	384
北仑区	Beilun	21996	29736	21395	29100	601	636
镇海区	Zhenhai	13195	15225	12915	14938	280	287
鄞州区	Yinzhou	45515	50165	44641	49206	874	959
象山县	Xiangshan	12390	13541	12096	13241	294	300
宁海县	Ninghai	14286	15624	13971	15292	315	332
余姚市	Yuyao	22019	22086	21611	21690	408	396
慈溪市	Cixi	29991	31784	29566	31344	425	440
奉化市	Fenhua	11671	11966	11458	11739	213	227
温州市	Wenzhou	186515	199522	181315	194042	5200	5480
鹿城区	Luchen	25562	25526	24587	24497	975	1029
龙湾区	Longwan	17815	19612	17216	18959	599	653
瓯海区	Ohai	15196	16924	14778	16428	418	496
洞头县	Dongtou	2563	2802	2408	2644	155	158
永嘉县	Yongjia	15079	17026	14771	16692	308	334
平阳县	Pingyang	15127	15144	14781	14798	346	346

续表 1 Continued 单位:个(unit)

指标名称	Region	法人单位数 Number Of Corporation Units		单产业法人 Containing Single Industrial Activity		多产业法人 Containing Multiple Industrial Activity	
		2015	2016	2015	2016	2015	2016
苍南县	Cangnan	26369	28804	25746	28161	623	643
文成县	Wenchen	3827	4086	3683	3939	144	147
泰顺县	Taishun	4751	5052	4600	4896	151	156
瑞安市	Ruian	25730	26946	25146	26307	584	639
乐清市	Yueqing	34496	37600	33599	36721	897	879
嘉兴市	Jiaxing	104174	116450	101331	113535	2843	2915
南湖区	Xuichen	19816	25149	19194	24508	622	641
秀洲区	Xuizhou	12464	13780	12105	13417	359	363
嘉善县	Jiashan	12465	12969	12269	12755	196	214
海盐县	Haiyan	9643	9793	9325	9467	318	326
海宁市	Haining	19194	20834	18540	20185	654	649
平湖市	Pinghu	13290	14469	12958	14126	332	343
桐乡市	Tongxiang	17302	19456	16940	19077	362	379
湖州市	Huzhou	53734	53690	52562	52484	1172	1206
吴兴区	Wuxing	18146	18520	17663	18033	483	487
南浔区	NanXun	7542	7935	7412	7795	130	140
德清县	Deqing	8544	8534	8375	8359	169	175
长兴县	ChangXing	11537	10583	11332	10374	205	209
安吉县	Anji	7965	8118	7780	7923	185	195
绍兴市	Shaoxing	124686	136527	122480	134120	2206	2407
越城区	Yuechen	22572	25013	21959	24324	613	689
柯桥区	keqiao	32994	35981	32616	35615	378	366
上虞区	Shangyu	18613	20701	18375	20420	238	281
新昌县	Xinchang	7772	8841	7508	8553	264	288
诸暨市	Zhuji	29237	31620	28792	31133	445	487
嵊州市	Shengzhou	13498	14371	13230	14075	268	296
金华市	Jinhua	127315	145665	124670	142803	2645	2862
婺城区	Wuchen	16941	19476	16437	18877	504	599
金东区	JIndong	7024	8217	6879	8037	145	180
武义县	Wuyi	7816	8683	7655	8498	161	185
浦江县	Pujiang	7686	9204	7558	9067	128	137
磐安县	Panan	4075	4618	4010	4546	65	72
兰溪市	Lanxi	8580	8836	8381	8621	199	215

续表 2 Continued 单位:个(unit)

指标名称	Region	法人单位数 Number Of Corporation Units		单产业法人 Containing Single Industrial Activity		多产业法人 Containing Multiple Industrial Activity	
		2015	2016	2015	2016	2015	2016
义乌市	Yiwu	44732	50411	43859	49534	873	877
东阳市	Dongyang	11577	12997	11306	12711	271	286
永康市	Yongkang	18884	23223	18585	22912	299	311
衢州市	Quzhou	33350	37359	32686	36561	664	798
柯城区	Kechen	6732	8050	6546	7790	186	260
衢江区	Qujiang	5696	6637	5639	6562	57	75
常山县	Changshan	5312	5583	5237	5501	75	82
开化县	Kaihua	3801	4153	3704	4042	97	111
龙游县	Longyou	5445	6238	5396	6177	49	61
江山市	Jiangshan	6364	6698	6164	6489	200	209
舟山市	Zhoushan	23038	25276	21759	23979	1279	1297
定海区	Dinghai	12787	14285	12143	13649	644	636
普陀区	Putuo	6047	6415	5674	6021	373	394
岱山县	Daishan	2769	3054	2625	2907	144	147
嵊泗县	Shengsi	1435	1522	1317	1402	118	120
台州市	Taizhou	120580	130640	118265	128350	2315	2290
椒江区	Jiaojiang	16506	17442	16028	16963	478	479
黄岩区	Huangyan	14737	15111	14557	14951	180	160
路桥区	Luqiao	12609	14377	12311	14078	298	299
玉环县	Yuhuan	16663	17489	16485	17299	178	190
三门县	Sanmen	7403	7534	7258	7391	145	143
天台县	Tiantai	7894	9698	7776	9592	118	106
仙居县	Xianju	6638	7581	6477	7409	161	172
温岭市	Wenling	23076	25579	22610	25137	466	442
临海市	Linhai	15054	15829	14763	15530	291	299
丽水市	Lishui	40165	42831	39050	41663	1115	1168
莲都区	Liandu	9190	10363	8812	9959	378	404
青田县	Qingtian	5884	6238	5789	6132	95	106
缙云县	Jinyun	5553	6228	5435	6104	118	124
遂昌县	Suichang	3447	3641	3306	3495	141	146
松阳县	Songyang	3271	3490	3183	3399	88	91
云和县	Yunhe	2683	2720	2644	2679	39	41
庆元县	Qingyuan	2963	2878	2883	2800	80	78
景宁县	Jingning	2493	2595	2434	2534	59	61
龙泉市	Longquan	4681	4678	4564	4561	117	117

浙/江/统/计/年/鉴

主要统计指标解释

■ 生产总值

是按市场价格计算的国内生产总值的简称。它是一个国家(地区)所有常住单位在一定时期内生产活动的最终成果。生产总值有三种表现形态,即价值形态、收入形态和产品形态。从价值形态看,它是所有常住单位在一定时期内所生产的全部货物和服务价值超过同期投入的全部非固定资产货物和服务价值的差额,即所有常住单位增加值之和;从收入形态看,它是所有常住单位在一定时期内所创造并分配给常住单位和非常住单位的初次分配收入之和;从产品形态看,它是最终使用的货物和服务减去进口货物和服务。在实际核算中,国内生产总值的三种表现形态表现为三种计算方法,即生产法、收入法和支出法。三种方法分别从不同的方面反映国内生产总值及其构成。

■ 三次产业

根据社会生产活动历史发展的顺序对产业结构的划分,产品直接取自自然界的部门称为第一产业,对初级产品进行再加工的部门称为第二产业,为生产和消费提供各种服务的部门称为第三产业。它是世界上通用的产业结构分类,但各国的划分不尽一致。我国的三次产业划分是:

第一产业:农林牧渔业(包括农业、林业、畜牧业、渔业和农林牧渔服务业)。

第二产业:包括采矿业、制造业、电力、燃气、及水的生产和供应业、建筑业。

第三产业:除第一、第二产业以外的其他各业。

■ 支出法国内生产总值

指一个国家(或地区)所有常住单位在一定时期内用于最终消费、资本形成总额,以及货物和服务的净出口总额,它反映本期生产的国内生产总值的使用构成。

■ 最终消费

指常住单位在一定时期内对于货物和服务的全部消费支出,也就是常住单位为满足物质文化和精神生活的需要,从本国经济领土和国外购买的货物和服务的支出;不包括非常住单位在本国经济领土内的消费支出。最终消费分为居民消费和政府消费。

■ 居民消费

指常住住户对货物和服务的全部最终消费指出。居民消费按市场价格计算,既按居民支付的购买者价格计算。购买者价格是购买者取得货物所支付的价格包括购买者支付的运输和商业费用。居民消费除了直接以货币形式购买货物和服务的消费之外,还包括以其他方式获得的货物和服务的消费支出既所谓的虚拟消费支出。居民虚拟消费支出包括以下几种类型:单位以实物报酬及实物转移的形式提供给劳动者的货物和服务;住户生产并由本住户消费了的货物和服务,其中的服务仅指住户的自有住房服务;金融机构提供的金融媒介服务;保险公司提供的保险服务。

■ 政府消费

指政府部门为全社会提供公共服务的消费支出和免费或以较低价格向住户提供的货物和服务的净支出前者等于政府服务的产出价值减去政府单位所获得的经营收入的价值,政府服务的产出价值等于它的经常性业务支出加上固定资产折旧;后者等于政府部门免费或以较低价格向住户提供的货物和服务的市场减去向住户收取的价值。

■ 资本形成总额

指常住单位在一定时期内获得的减去处置的固定资产加存货的变动,包括固定资本形成总额和存货增加。

■ 固定资本形成总额

指常住单位购置、转入和自产自用的固定资产,扣除固定资产的销售和转让,分有形固定资产形成总额和无形固定资产形成总额。有形固定资产形成总额包括一定时期内完成的建筑工程、安装工程和设备工器具(减处置)价值,以及土地改良、新增役种奶毛娱乐用牲畜和新增林木价值。无形固定资产总额包括矿藏的勘探、计算机软件、娱乐和文学艺术品原件等获得减处置。

主要统计指标解释

■ 存货增加

指常住单位存货实物量变动的市场价值,即期末价值减期初价值的差额。存货量增加可以是正值,也可以是负值;正值表示存货上升,负值表示存货下降。它包括生产单位购进的原材料燃料和储备物资等存货,以及生产单位生产的产成品在制品等存货等。

■ 货物和服务净出口

指货物和服务出口减货物和服务进口的差额。出口包括常住单位从非常住单位出售或无偿转让的各种货物和服务的价值;进口包括常住单位从非常住单位购买或无偿得到的各种货物和服务的价值。由于服务活动的提供与使用同时发生,因此服务的进出口业务并不发生出入境现象,一般把常住单位从国外得到的服务作为进口,非常住单位从本国得到的服务作为出口。货物的进口和出口都按离岸价格计算。

■ 劳动者报酬

指劳动者因从事生产活动所获得的全部报酬。包括劳动者获得的各种形式的工资,奖金和津贴,既包括货币形式的,也包括实物形式的;还包括劳动者所享受的公费医疗和医药卫生费上下班交通补贴和单位支付的社会保险费等。对于个体经济来说其所有者所获得的劳动报酬和经营利润不易区分,这两部分统一作为劳动者报酬处理。

■ 生产税净额

指生产税减生产补贴后的余额。生产税指政府对生产单位生产销售和从事经营活动以及因从事生产活动使用某些生产要素(如固定资产土地劳动力)所征收的各种税、附加费和规费。生产补贴和生产税相反,指政府对生产单位的单方面收入转移,因此视为负生产税,包括政策亏损补贴、粮食系统价格补贴、外贸企业出口退税收入等。

■ 固定资产折旧

在一定时期内为弥补固定资产损耗按照核定的固定资产损耗率提取的固定资产折旧,或按国民经济核算统一规定的折旧率虚拟计算的固定资产折旧。它反映了固定资产在当期生产中的转移价值。各类企业和企业化管理的事业单位的固定资产折旧是指实际计提并计入成本费中的折旧费;不计提折旧的政府机关非企业化管理的事业单位和居民住房的固定资产折旧是按照统一规定的折旧率和固定资产原值计算的虚拟折旧。原则上,固定资产折旧应按固定资产的重置价值计算,但是目前我国尚不具备对全社会固定资产进行重估价的基础,所以暂时只能采用上述方法。

■ 营业盈余

指常住单位创造的增加值扣除劳动者报酬生产税净额和固定资产折旧后的余额。它相当于企业的营业利润加上生产补贴,但要扣除从利润中开支的工资和福利等。

ZHEJIANG STATISTICAL YEARBOOK

Explanatory Notes on Main Statistical Indicators

□ Gross Domestic Product(GDP)

refers to gross domestic product calculated at market prices, which is the final products of all resident units in a country(or region) during a certain period of time. Gross domestic product is expressed in three different forms, i. e. value added, income, and products respectively. The form of value added refers to the total value of all products and services produced by all resident units during a certain period of time minus total value of input of materials and services of the nature of non-fixed assets or the summation of the value added of all resident units; the form of income includes all the income created by all resident units and distributed primarily to all resident and non - resident units; the form of products refers to all final goods and services minus imports of goods and services. In the practice of national accounting, gross domestic product is calculated with three approaches, i. e. product approach, income approach, and expenditure approach respectively to reflect gross domestic product and its composition from different aspects.

□ Three Industries

Industry structure has been classified according to the historical sequence of development. Primary industry refers to extraction of natural resources; secondary industry involves processing of primary products; and tertiary industry provides services of various kinds for production and consumption. The above classification is universal although it varies to some extent from country to country. Industry in China comprises:

Primary industry: agriculture, forestry, animal husbandry and fishery, including farming animal husbandry, fishery industry and service industry for farming, animal husbandry and fishery.

Secondary industry: mining, manufacturing, power、steam and water production and supply, construction.

Tertiary industry: all other industries not included in primary or secondary industry.

□ GDP Calculated by Expenditure Approach

refers to total expenditure on final consumption, total capital formation and net export of goods and services by resident units of a country in a certain period of time. It reflects the composition of GDP by its use.

□ Final Consumption

refers to the total expenditure of resident units on final consumption of goods and services in a certain period, namely the expenditure of the resident units for perchases of good and services from domestic economic territory and abroad to meet the requirements of meterial, cultural and spritual life. It excludes the expenditure of non - resident units on consumption in the economic territory of the country. The final consumption is classified into household consumption and government consumption.

□ Households Consumption

refers to the total expenditure of resident households on the final consumption of goods and services. The households consumption is calculated at market prices, namely the purchaser's prices which the households pay; the purchaser's prices of goods are the prices the households pay when they obtain the goods including the transport and commercial expenses paid by the households. In addition to the consumption of goods and services bought by the households directly with money, the expenditure on goods and services obtained by the households in other ways, i. e. the so - called imputed expenditure on consumption, is also included in the households consumption. The imputation expenditure of the households on consumption includes the following types: (a) the goods and services privided to the households by the units in the form of payment in kind and transfer in

EXPLANATORY NOTES ON MAIN STATISTICAL INDICATORS

kind; (b) the goods and services produced and consumed by the households themselves, in which the services refer only to the services provided by the residential buildings owned by the households; (c) the services of financial intermediary provided by the financial institution; (d) the insurance services provided by the insurance companies.

□ Government Consumption

refers to the expenditure on the consumption of the public services provided by the government to the whole society and the net expenditure on the goods and services provided by the government to the households at free charge or lower prices. The former equals to the output value of the government services minus the value of operating income obtained by the government departments. (The output value of the government services equals to its current operating expenditure plus depreciation of fixed assets). The latter equals to the market value of the goods and services provided by the government free of charge or at low prices to the households minus the value received by the government from the households.

□ Total Capital Formation

refers to the fixed assets acquired minus those disposed and the change in inventory including the total fixed assets formation and the increase in inventory.

□ Total Fixed Capital Formation

refers to the value of fixed assets purchased, transferred in by the resident units and those produced and used by themselves deducting the value of fixed assets sold and transferred out. It can be classfied into total tangible assets formation and total intangible asset formation. The total tangible assets formation and total intangible assets formation. The total tangible assets formation include the value of construction projects, installation projects completed and the equipment apparatus and instruments purchasedas well as the value of land improved, the value of draught animals, breeding stock, milk, wool and recreational animals and the newly increased economic forest in a certain period. The total ingangible assets formation includesthe prospecting of minerals, the acquisition of computer software, the orginals of recreational works and works of literature and arts minus the disposal of them.

□ Increase in Inventory

refers to the market value of the change in inventory, i. e. the difference of value between the beginning and the end of the period. The increase in inventory can be positive or negative. A positive value indicates the increase in inventory while a negative value indicates the decrease in stock. The inventory includes the raw materials, fuels, and reserve materials purchased by the production units as well as the inventory of finished products, semifinished products work – in – progress, ect.

□ Net Export of Goods and Services

refers to the difference of the exports of goods and services minus the imports of goods and services. The imports include the value of various goods and services sold or gratuitously transferred by the resident units to the non – resident units. The imports include the value of various goods and services purchased or gratuitously acquired by the resident units from the non – resident units. Because the provision of services and the use of them happen simultaneously, the import and export of services do not appear to have the phenomena of crossing the border of the country. The acquisition of services by the resident units from abroad is uaually treated as import while the acquisition of services by non – resident units in this country is uaually treated as export. The export and import of goods are calculated at FOB.

□ Labourer's Remuneration

refers to the whole payment of various forms earned by the labourers from the productive activities they are engaged in. It includes wages, bonuses and allowances the labourers earned in monetary form and in kind. It also includes the free medical services provided to the labourers and the medicine expenses, traffic subsidies and social insurance free paid by the labourers' working units for them. As the individual economy is concerned, since the labourers' remuneration is not easily distingushed from the operating profit, both are treated as labourers remuneration.

EXPLANATORY NOTES ON MAIN STATISTICAL INDICATORS

□ Net Taxes on Production

refers to the residual of the taxes on production minus the subsidies on production. The taxes on production refer to the various taxes, extra charges and fees levied on the production units on their production, sail and business activities as well as on some factors of production, such as fixed assets, land and labour force, used in the production activities they are engaged in. In contrast to the taxes on production, the subsidies on production refer to the unilateral transfer of part of the government's revenue to the production units and is therefore regarded as negative taxes on production. They include sunsidies on the loss due to implementation of government policies, price subsidies to the grain institutions, foreign trade corporations' receipts from drawback, ect.

□ Depreciation of Fixed Assets

refers to the depreciation of fixed assets of a given period, drawn in accordance with the stipulated depreciation rate for purpose of compensating the wear loss of the fixed assets of the depreciation of fixed assets calculated in a fictitious way in accordance with the stipulated unified depreciation rate in the national economic accounting system. It reflects the value of transfer of the fixed assets in the production of the current period. The depreciation of fixed assets in various enterprises and institutions managed as enterprises refers to the depreciation expenses actually drawnand calculated as part of the cost. In government agencies and institutions not managed as enterprises which do not draw the depreciation expenses, as well as for the house of residents, the depreciation of fixed assets is the imputed depreciation, which is calculated in accordance with the stipulated unified depreciation rate. In principle, the depreciation of fixed assets should bs calculated on the basis of the repurchased value of the fixed assets. However, there is no actual condition to reevaluated all the fixed assets in China. Therefore, the abovementioned methods are temporarily adopted at present.

□ Operating Surplus

refers to the balance of the value added created by the resident units deducting the laboures' remuneration, net taxes on production and the depreciation of fixed assets. It is equivalent to the business profit of the enterprises plus subsidies on production, but the wages and welfare expenses paid from the profits should be deducted.

2017

浙江统计年鉴

ZHEJIANG STATISTICAL YEARBOOK

CHAPTER 2

人口和就业人员

Population and Employment

2－1 历年总户数和总人口数(年底数)
Total Population and Households(year－end)

年份 Year	总户数 (万户) Total Households (10000 households)	总人口数 (万人) Total Population (10000 persons)	按性别分 By Sex	
			男性 Male	女性 Female
1978	897.62	3750.96	1948.29	1802.67
1979	905.32	3792.33	1967.40	1824.93
1980	923.58	3826.58	1985.59	1840.99
1981	965.92	3871.51	2007.55	1863.96
1982	990.66	3924.32	2034.98	1889.34
1983	1014.03	3963.10	2056.06	1907.04
1984	1038.85	3993.09	2071.46	1921.63
1985	1081.20	4029.56	2090.69	1938.87
1986	1122.09	4070.07	2112.05	1958.02
1987	1167.30	4121.19	2137.38	1983.81
1988	1211.08	4169.85	2161.26	2008.59
1989	1240.41	4208.88	2180.83	2028.05
1990	1259.49	4234.91	2193.71	2041.20
1991	1276.80	4261.37	2206.65	2054.72
1992	1297.81	4285.91	2218.72	2067.19
1993	1311.07	4313.30	2232.72	2080.58
1994	1321.54	4341.20	2246.57	2094.63
1995	1339.82	4369.63	2259.54	2110.09
1996	1353.99	4400.09	2273.54	2126.55
1997	1369.79	4422.28	2282.85	2139.43
1998	1389.44	4446.86	2293.29	2153.57
1999	1410.25	4467.46	2302.64	2164.82
2000	1440.40	4501.22	2316.54	2184.68
2001	1447.67	4519.84	2323.87	2195.97
2002	1466.19	4535.98	2330.30	2205.68
2003	1485.72	4551.58	2335.61	2215.97
2004	1509.29	4577.22	2345.26	2231.96
2005	1534.16	4602.11	2354.19	2247.91
2006	1556.53	4629.43	2364.97	2264.46
2007	1578.85	4659.34	2377.12	2282.22
2008	1595.70	4687.85	2388.98	2298.87
2009	1604.17	4716.18	2400.16	2316.02
2010	1607.86	4747.95	2413.13	2334.83
2011	1618.04	4781.31	2426.93	2354.38
2012	1616.25	4799.34	2433.68	2365.66
2013	1622.44	4826.89	2445.04	2381.86
2014	1630.49	4859.18	2458.69	2400.49
2015	1642.42	4873.34	2462.76	2410.58
2016	1652.99	4910.85	2479.23	2431.62

注：本表资料为公安年报数。
Data in this table refers to the data from the annual reports of the Bureau of Public Security.

2-2 各市、县总户数和总人口数(2016年底)
Total Households and Population by City and County(End of 2016)

地区	Region	总户数(户) Total Households (household)	总人口数(人) Total Population (person)	按性别分 By Sex	
				男性 Male	女性 Female
合计	Zhejiang	16529889	49108463	24792305	24316158
杭州市	Hangzhou	2295666	7359994	3664712	3695282
市辖区	District	1642184	5446803	2703052	2743751
上城区	Shangcheng	113708	326903	163356	163547
下城区	Xiacheng	130065	402738	201042	201696
江干区	Jianggan	158930	527403	262561	264842
拱墅区	Gongshu	119639	345564	172493	173071
西湖区	Xihu	192846	690935	347836	343099
滨江区	Bingjiang	61984	221116	112170	108946
萧山区	Xiaoshan	375777	1275928	625440	650488
余杭区	Yuhang	273866	984581	481208	503373
富阳区	Fuyang	215369	671635	336946	334689
桐庐县	Tonglu	147688	411439	205068	206371
淳安县	Chunan	146838	460664	233401	227263
建德市	Jiande	171631	509552	258847	250705
临安市	Linan	187325	531536	264344	267192
宁波市	Ningbo	2258137	5909628	2933918	2975710
市辖区	District	1118415	2842155	1401211	1440944
海曙区	Haishu	223390	581958	284510	297448
江北区	Jiangbei	103813	247469	121151	126318
北仑区	Beilun	160782	403731	198090	205641
镇海区	Zhenhai	96817	241180	120111	121069
鄞州区	Yinzhou	351683	884056	434160	449896
奉化区	Fenghua	181930	483761	243189	240572
象山县	Xiangshan	182077	550411	278686	271725
宁海县	Ninghai	232489	629987	324975	305012
余姚市	Yuyao	306332	837689	413607	424082
慈溪市	Cixi	418824	1049386	515439	533947
温州市	Wenzhou	2329978	8182211	4242765	3939446
市辖区	District	507511	1680508	846427	834081
鹿城区	Luchen	251760	757678	374613	383065
龙湾区	Longwan	86142	353872	183144	170728
瓯海区	Ohai	125074	437839	221394	216445
洞头区	Dongtou	44535	131119	67276	63843
永嘉县	Yongjia	292570	971663	516815	454848
平阳县	Pingyang	238719	883826	458913	424913
苍南县	Cangnan	332995	1342048	704810	637238

续表 1 Continued

地区	Region	总户数（户）Total Households (household)	总人口数（人）Total Population (person)	按性别分 By Sex	
				男性 Male	女性 Female
文成县	Wenchen	135642	401972	213025	188947
泰顺县	Taishun	125064	371107	193326	177781
瑞安市	Ruian	323532	1235161	633568	601593
乐清市	Yueqing	373945	1295926	675881	620045
嘉兴市	Jiaxing	1068512	3521175	1730496	1790679
市辖区	District	292629	883812	434787	449025
南湖区	Nanhu	176815	497833	245828	252005
秀洲区	Xuizhou	115814	385979	188959	197020
嘉善县	Jiashan	125986	389121	191390	197731
海盐县	Haiyan	123400	380260	187389	192871
海宁市	Haining	188143	681656	333748	347908
平湖市	Pinghu	149819	493572	241452	252120
桐乡市	Tongxiang	188535	692754	341730	351024
湖州市	Huzhou	865329	2648446	1310823	1337623
市辖区	District	349999	1111151	546288	564863
吴兴区	Wuxing	207809	622404	306211	316193
南浔区	NanXun	142190	488747	240077	248670
德清县	Deqing	133703	438787	216251	222536
长兴县	ChangXing	228289	632382	316981	315401
安吉县	Anji	153338	466126	231303	234823
绍兴市	Shaoxing	1615303	4445334	2219212	2226122
市辖区	District	774137	2197520	1080285	1117235
越城区	Yuechen	265337	755989	370285	385704
柯桥区	keqiao	222832	661247	324952	336295
上虞区	Shangyu	285968	780284	385048	395236
新昌县	Xinchang	173503	435814	223717	212097
诸暨市	Zhuji	410712	1082113	541122	540991
嵊州市	Shengzhou	256951	729887	374088	355799
金华市	Jinhua	1861621	4811522	2446229	2365293
市辖区	District	379091	968477	483426	485051
婺城区	Wuchen	242689	640080	319325	320755
金东区	JIndong	136402	328397	164101	164296
武义县	Wuyi	134374	342700	174150	168550
浦江县	Pujiang	140851	399202	207686	191516
磐安县	Panan	85448	212316	109741	102575
兰溪市	Lanxi	219554	665110	343976	321134
义乌市	Yiwu	346308	782220	395725	386495
东阳市	Dongyang	316073	839515	424580	414935

续表 2 Continued

地区	Region	总户数（户）Total Households (household)	总人口数（人）Total Population (person)	按性别分 By Sex	
				男性 Male	女性 Female
永康市	Yongkang	239922	601982	306945	295037
衢州市	Quzhou	922829	2574860	1316030	1258830
市辖区	District	331859	850704	431841	418863
柯城区	Kechen	176212	438060	220717	217343
衢江区	Qujiang	155647	412644	211124	201520
常山县	Changshan	112584	343624	177916	165708
开化县	Kaihua	116214	359748	185441	174307
龙游县	Longyou	164359	406753	205598	201155
江山市	Jiangshan	197813	614031	315234	298797
舟山市	Zhoushan	367051	973262	480492	492770
市辖区	District	258627	711090	351594	359496
定海区	Dinghai	147678	389872	192321	197551
普陀区	Putuo	110949	321218	159273	161945
岱山县	Daishan	78066	185147	91420	93727
嵊泗县	Shengsi	30358	77025	37478	39547
台州市	Taizhou	1915694	6001703	3067913	2933790
市辖区	District	501506	1600961	802943	798018
椒江区	Jiaojiang	173413	535083	268707	266376
黄岩区	Huangyan	194378	611023	306288	304735
路桥区	Luqiao	133715	454855	227948	226907
玉环县	Yuhuan	141119	431807	218405	213402
三门县	Sanmen	145899	443573	232061	211512
天台县	Tiantai	192307	598493	311872	286621
仙居县	Xianju	145427	510290	264838	245452
温岭市	Wenling	409985	1216731	615919	600812
临海市	Linhai	379451	1199848	621875	577973
丽水市	Lishui	1029769	2680328	1379715	1300613
市辖区	District	183902	405580	203941	201639
莲都区	Liandu	183902	405580	203941	201639
青田县	Qingtian	180447	553302	286759	266543
缙云县	Jinyun	199736	466358	240067	226291
遂昌县	Suichang	86964	231908	120066	111842
松阳县	Songyang	93502	240674	124604	116070
云和县	Yunhe	39659	113680	58658	55022
庆元县	Qingyuan	86840	205876	106383	99493
景宁自治县	Jingning	62238	172224	90562	81662
龙泉市	Longquan	96481	290726	148675	142051

注：本表资料为公安年报数。
Data in this table refers to the data from the annual reports of the Bureau of Public Security.

2-3 人口自然变动情况(1978-2016年) Natural Population Changes(1978-2016)

年份 Year	年末常住人口(万人) Total Population with Permanent Residence (10000 persons)	出生 Birth		死亡 Death		自然增长 Natural Growth	
		人数(万人) Population (10000 persons)	出生率(‰) Birth Rate(‰)	人数(万人) Population (10000 persons)	死亡率(‰) Death Rate(‰)	人数(万人) Population (10000 persons)	自然增长率(‰) Natural Growth Rate(‰)
1978		67.75	18.17	21.75	5.83	46.00	12.34
1979		67.82	17.98	22.23	5.89	45.59	12.09
1980		59.40	15.59	23.97	6.29	35.43	9.30
1981		69.00	17.93	24.12	6.27	44.89	11.66
1982		71.38	18.31	23.17	5.94	48.21	12.37
1983		62.66	15.89	25.13	6.37	37.53	9.52
1984		49.80	12.52	23.82	5.99	25.97	6.53
1985		50.59	12.61	24.25	6.05	26.34	6.56
1986		64.64	15.96	24.06	5.94	40.58	10.02
1987		69.67	17.01	28.34	6.92	41.33	10.09
1988		64.42	15.54	26.32	6.35	38.10	9.19
1989		63.68	15.20	26.85	6.41	36.83	8.79
1990	4238.00	64.75	15.33	26.65	6.31	38.10	9.02
1991	4269.50	61.59	14.48	27.18	6.39	34.41	8.09
1992	4304.40	63.10	14.72	28.17	6.57	34.93	8.15
1993	4334.80	58.79	13.61	28.42	6.58	30.37	7.03
1994	4363.70	56.67	13.24	28.25	6.64	28.42	6.60
1995	4389.00	54.52	12.66	29.07	6.75	25.45	5.91
1996	4413.00	53.21	12.09	28.96	6.58	24.25	5.51
1997	4434.80	50.47	11.41	28.66	6.48	21.81	4.93
1998	4456.20	49.57	11.15	28.14	6.33	21.43	4.82
1999	4475.40	47.51	10.64	28.36	6.35	19.15	4.29
2000	4679.91	48.09	10.30	28.63	6.13	19.46	4.17
2001	4728.80	46.14	10.02	28.78	6.25	17.39	3.77
2002	4776.40	46.19	9.98	28.65	6.19	17.54	3.79
2003	4856.80	44.96	9.66	29.70	6.38	15.26	3.28
2004	4925.20	50.12	10.71	26.95	5.76	23.16	4.95
2005	4990.90	54.37	11.10	29.78	6.08	24.59	5.02
2006	5071.80	50.78	10.29	26.75	5.42	24.03	4.87
2007	5154.90	52.11	10.38	27.96	5.57	24.15	4.81
2008	5212.40	51.92	10.20	28.61	5.62	23.31	4.58
2009	5275.50	52.63	10.22	28.79	5.59	23.84	4.63
2010	5446.51	55.08	10.27	29.70	5.54	25.38	4.73
2011	5463.00	51.66	9.47	29.46	5.40	22.20	4.07
2012	5477.00	55.36	10.12	30.20	5.52	25.16	4.60
2013	5498.00	54.93	10.01	29.91	5.45	25.02	4.56
2014	5508.00	57.80	10.51	30.30	5.51	27.50	5.00
2015	5539.00	58.10	10.52	30.40	5.50	27.70	5.02
2016	5590.00	62.40	11.22	30.70	5.52	31.70	5.70

注：1.本表为人口抽样调查数据。
Data in this table are obtained from the sample survey on population changes.
2.2001年至2009年末常住人口数据，根据2010年第六次全国人口普查数据进行了修正。
Data of total population with permanent residence from 2001 to 2009 are adjusted according to the Sixth National Population Cencus.

2-4 各市人口自然变动情况
Population Natural Changes by City

单位:‰(‰)

地区	Region	年末常住人口(万人) Population with Permanent Residence (10000 persons)					自然增长率 Natural Growth Rate	
		1990	2000	2010	2015	2016	2015	2016
全　省	**Zhejiang**	**4144.6**	**4593.1**	**5442.7**	**5539.0**	**5590.0**	**5.02**	**5.70**
杭州市	Hangzhou	583.2	687.9	870.0	901.8	918.8	5.40	6.00
宁波市	Ningbo	509.1	596.3	760.6	782.5	787.5	4.60	5.00
温州市	Wenzhou	633.1	755.8	912.2	911.7	917.5	7.60	8.30
嘉兴市	Jiaxing	316.3	358.3	450.2	458.5	461.4	4.60	5.50
湖州市	Huzhou	245.0	262.6	289.4	295.0	297.5	1.80	2.60
绍兴市	Shaoxing	399.7	430.4	491.2	496.8	498.8	1.70	2.10
金华市	Jinhua	412.0	457.2	536.2	545.4	552.0	5.70	6.80
衢州市	Quzhou	226.0	212.9	212.3	213.3	216.2	3.80	4.80
舟山市	Zhoushan	97.6	100.2	112.1	115.2	115.8	2.00	3.20
台州市	Taizhou	487.6	515.4	596.9	604.9	608.0	6.00	6.50
丽水市	Lishui	234.9	216.2	211.7	213.9	216.5	5.30	5.90

续表 Continued

单位:‰(‰)

地区	Region	出生率 Birth Rate		死亡率 Death Rate		城镇人口比重(%) Percentage of the urban population(%)			
		2015	2016	2015	2016	2000	2010	2015	2016
全　省	**Zhejiang**	**10.52**	**11.22**	**5.50**	**5.52**	**48.7**	**61.6**	**65.8**	**67.0**
杭州市	Hangzhou	10.60	11.10	5.20	5.10	58.6	73.3	75.3	76.2
宁波市	Ningbo	9.10	9.70	4.50	4.70	55.7	68.3	71.1	71.9
温州市	Wenzhou	12.50	13.20	4.90	4.90	51.5	66.0	68.0	69.0
嘉兴市	Jiaxing	10.50	11.30	5.90	5.80	38.0	53.3	60.9	62.9
湖州市	Huzhou	8.70	9.50	6.90	6.90	38.7	52.9	59.2	60.5
绍兴市	Shaoxing	8.20	8.60	6.50	6.50	48.7	58.6	63.2	64.3
金华市	Jinhua	11.30	12.40	5.60	5.60	45.3	59.0	64.5	65.7
衢州市	Quzhou	10.50	11.30	6.70	6.50	29.6	44.1	50.2	53.7
舟山市	Zhoushan	8.20	9.30	6.20	6.10	56.0	63.6	66.9	67.5
台州市	Taizhou	11.50	12.10	5.50	5.60	51.5	55.5	60.3	61.3
丽水市	Lishui	11.20	11.80	5.90	5.90	33.1	48.4	56.4	58.0

注：本表1990、2000、2010年数据为人口普查数据，其余为人口抽样调查数据。
Data in this table are obtained from Population Census in 1990. 2000 and 2010, others are obtained from the sample survey on population changes.

2-5 各市、县户籍人口年龄构成(2016 年底)
Population by Age, City and County (End of 2016)

单位:人(person)

地区	Region	18 岁以下 Age -18		18-35 岁 Age 18-35		35-60 岁 Age 35-60		60 岁以上 Age 60 and over	
		人数 Population	占总人口% Percentage to Total	人数 Population	占总人口% Percentage to Total	人数 Population	占总人口% Percentage to Total	人数 Population	占总人口% Percentage to Total
浙江省	Zhejiang	8146220	16.59	10686586	21.76	19914197	40.55	10361460	21.10
杭州市	Hangzhou	1177531	16.00	1695632	23.04	2892353	39.30	1594478	21.66
杭州市区	District	904981	16.61	1270723	23.33	2094241	38.45	1176858	21.61
上城区	Shangcheng	36885	11.28	71922	22.00	119369	36.52	98727	30.20
下城区	Xiacheng	51731	12.84	99428	24.69	146409	36.35	105170	26.11
江干区	Jianggan	101798	19.30	133188	25.25	191963	36.40	100454	19.05
拱墅区	Gongshu	52698	15.25	75821	21.94	130958	37.90	86087	24.91
西湖区	Xihu	124034	17.95	186935	27.06	257841	37.32	122125	17.68
滨江区	Bingjiang	48050	21.73	66699	30.16	76577	34.63	29790	13.47
萧山区	Xiaoshan	206732	16.20	270663	21.21	502953	39.42	295580	23.17
余杭区	Yuhang	178126	18.09	217191	22.06	388099	39.42	201165	20.43
富阳区	Fuyang	104927	15.62	148876	22.17	280072	41.70	137760	20.51
桐庐县	Tonglu	60585	14.73	92569	22.50	166738	40.53	91547	22.25
淳安县	Chunan	68078	14.78	99260	21.55	198690	43.13	94636	20.54
建德市	Jiande	69932	13.72	117703	23.10	209103	41.04	112814	22.14
临安市	Linan	73955	13.91	115377	21.71	223581	42.06	118623	22.32
宁波市	Ningbo	846846	14.33	1237097	20.93	2444722	41.37	1380963	23.37
宁波市区	District	410362	14.44	596843	21.00	1165624	41.01	669326	23.55
海曙区	Haishu	86949	14.94	119142	20.47	239365	41.13	136502	23.46
江北区	Jiangbei	35968	14.53	52046	21.03	99451	40.19	60004	24.25
北仑区	Beilun	60745	15.05	88611	21.95	162238	40.18	92137	22.82
镇海区	Zhenhai	33544	13.91	50788	21.06	96711	40.10	60137	24.93
鄞州区	Yinzhou	132057	14.94	190893	21.59	360164	40.74	200942	22.73
奉化区	Fenhua	61099	12.63	95363	19.71	207695	42.93	119604	24.72
象山县	Xiangshan	85026	15.45	114278	20.76	233090	42.35	118017	21.44
宁海县	Ninghai	110172	17.49	133086	21.13	265167	42.09	121562	19.30
余姚市	Yuyao	103012	12.30	172672	20.61	348047	41.55	213958	25.54
慈溪市	Cixi	138274	13.18	220218	20.99	432794	41.24	258100	24.60
温州市	Wenzhou	1572802	19.22	1989167	24.31	3217896	39.33	1402346	17.14
温州市区	District	303608	18.07	373200	22.21	681435	40.55	322265	19.18
鹿城区	Luchen	131031	17.29	156857	20.70	310658	41.00	159132	21.00
龙湾区	Longwan	70350	19.88	84387	23.85	140172	39.61	58963	16.66
瓯海区	Ohai	78711	17.98	102829	23.49	173940	39.73	82359	18.81
洞头区	Dongtou	23516	17.93	29127	22.21	56665	43.22	21811	16.63
永嘉县	Yongjia	195232	20.09	248792	25.60	368451	37.92	159188	16.38
平阳县	Pingyang	161382	18.26	210359	23.80	356514	40.34	155571	17.60
苍南县	Cangnan	261066	19.45	346255	25.80	529001	39.42	205726	15.33

续表 1 Continued 单位：人(person)

地区	Region	18 岁以下 Age -18		18-35 岁 Age 18-35		35-60 岁 Age 35-60		60 岁以上 Age 60 and over	
		人数 Population	占总人口% Percentage to Total	人数 Population	占总人口% Percentage to Total	人数 Population	占总人口% Percentage to Total	人数 Population	占总人口% Percentage to Total
文成县	Wenchen	81553	20.29	92908	23.11	155876	38.78	71635	17.82
泰顺县	Taishun	76204	20.53	90887	24.49	143910	38.78	60106	16.20
瑞安市	Ruian	235000	19.03	285146	23.09	499516	40.44	215499	17.45
乐清市	Yueqing	258757	19.97	341620	26.36	483193	37.29	212356	16.39
嘉兴市	Jiaxing	489312	13.90	735053	20.88	1414863	40.18	881947	25.05
嘉兴市区	District	131878	14.92	189255	21.41	349059	39.49	213620	24.17
南湖区	Nanhu	72731	14.61	105382	21.17	197548	39.68	122172	24.54
秀洲区	Xuizhou	59147	15.32	83873	21.73	151511	39.25	91448	23.69
嘉善县	Jiashan	47169	12.12	78957	20.29	155704	40.01	107291	27.57
海盐县	Haiyan	49573	13.04	80398	21.14	156857	41.25	93432	24.57
海宁市	Haining	97988	14.37	140221	20.57	271648	39.85	171799	25.20
平湖市	Pinghu	61509	12.46	102273	20.72	201057	40.74	128733	26.08
桐乡市	Tongxiang	101195	14.61	143949	20.78	280538	40.50	167072	24.12
湖州市	Huzhou	365317	13.79	566814	21.40	1081487	40.83	634828	23.97
湖州市区	District	148886	13.40	234935	21.14	439558	39.56	287772	25.90
吴兴区	Wuxing	92778	14.91	135746	21.81	246343	39.58	147537	23.70
南浔区	NanXun	56108	11.48	99189	20.29	193215	39.53	140235	28.69
德清县	Deqing	58393	13.31	94425	21.52	179877	40.99	106092	24.18
长兴县	ChangXing	91736	14.51	136406	21.57	264450	41.82	139790	22.11
安吉县	Anji	66302	14.22	101048	21.68	197602	42.39	101174	21.71
绍兴市	Shaoxing	639898	14.39	903415	20.31	1848519	41.58	1053502	23.70
绍兴市区	District	311068	14.16	463178	21.08	898350	40.88	524924	23.89
越城区	Yuechen	110502	14.62	157822	20.88	305772	40.45	181893	24.06
柯桥区	keqiao	99680	15.07	144711	21.88	265373	40.13	151483	22.91
上虞区	Shangyu	100886	12.93	160645	20.59	327205	41.93	191548	24.55
新昌县	Xinchang	67597	15.51	86976	19.96	185580	42.58	95661	21.95
诸暨市	Zhuji	160964	14.87	215304	19.90	451926	41.76	253919	23.47
嵊州市	Shengzhou	100269	13.74	137957	18.90	312663	42.84	178998	24.52
金华市	Jinhua	837185	17.40	1020167	21.20	1965131	40.84	989039	20.56
金华市区	District	164256	16.96	193874	20.02	408374	42.17	201973	20.85
婺城区	Wuchen	111229	17.38	125606	19.62	271971	42.49	131274	20.51
金东区	JIndong	53027	16.15	68268	20.79	136403	41.54	70699	21.53
武义县	Wuyi	55399	16.17	70463	20.56	144096	42.05	72742	21.23
浦江县	Pujiang	67433	16.89	86672	21.71	164702	41.26	80395	20.14
磐安县	Panan	38569	18.17	40082	18.88	91928	43.30	41737	19.66
兰溪市	Lanxi	102164	15.36	140092	21.06	273718	41.15	149136	22.42
义乌市	Yiwu	145773	18.64	181622	23.22	303321	38.78	151504	19.37
东阳市	Dongyang	140515	16.74	177924	21.19	344506	41.04	176570	21.03

续表 2 Continued 单位:人(person)

地区	Region	18 岁以下 Age -18		18-35 岁 Age 18-35		35-60 岁 Age 35-60		60 岁以上 Age 60 and over	
		人数 Population	占总人口% Percentage to Total	人数 Population	占总人口% Percentage to Total	人数 Population	占总人口% Percentage to Total	人数 Population	占总人口% Percentage to Total
永康市	Yongkang	123076	20.45	129438	21.50	234486	38.95	114982	19.10
衢州市	Quzhou	453275	17.60	517726	20.11	1069196	41.52	534663	20.76
衢州市区	District	144003	16.93	172033	20.22	347614	40.86	187054	21.99
柯城区	Kechen	73070	16.68	87015	19.86	180559	41.22	97416	22.24
衢江区	Qujiang	70933	17.19	85018	20.60	167055	40.48	89638	21.72
常山县	Changshan	65885	19.17	69700	20.28	143690	41.82	64349	18.73
开化县	Kaihua	65638	18.25	71123	19.77	155246	43.15	67741	18.83
龙游县	Longyou	63806	15.69	81080	19.93	169616	41.70	92251	22.68
江山市	Jiangshan	113943	18.56	123790	20.16	253030	41.21	123268	20.08
舟山市	Zhoushan	113237	11.63	190182	19.54	424875	43.65	244968	25.17
舟山市区	District	89134	12.53	139781	19.66	309918	43.58	172257	24.22
定海区	Dinghai	53623	13.75	76518	19.63	166970	42.83	92761	23.79
普陀区	Putuo	35511	11.06	63263	19.69	142948	44.50	79496	24.75
岱山县	Daishan	17047	9.21	35415	19.13	79774	43.09	52911	28.58
嵊泗县	Shengsi	7056	9.16	14986	19.46	35183	45.68	19800	25.71
台州市	Taizhou	1138800	18.97	1264345	21.07	2449688	40.82	1148870	19.14
台州市区	District	289795	18.10	333932	20.86	652228	40.74	325006	20.30
椒江区	Jiaojiang	100123	18.71	116607	21.79	216624	40.48	101729	19.01
黄岩区	Huangyan	105875	17.33	123240	20.17	249937	40.90	131971	21.60
路桥区	Luqiao	83797	18.42	94085	20.68	185667	40.82	91306	20.07
玉环县	Yuhuan	81092	18.78	90977	21.07	179184	41.50	80554	18.66
三门县	Sanmen	89632	20.21	95056	21.43	183522	41.37	75363	16.99
天台县	Tiantai	121420	20.29	136594	22.82	235316	39.32	105163	17.57
仙居县	Xianju	111859	21.92	101786	19.95	206489	40.47	90156	17.67
温岭市	Wenling	204253	16.79	262716	21.59	500777	41.16	248985	20.46
临海市	Linhai	240749	20.06	243284	20.28	492172	41.02	223643	18.64
丽水市	Lishui	512017	19.10	566988	21.15	1105467	41.24	495856	18.50
丽水市区	District	77064	19.00	87996	21.70	162251	40.00	78269	19.30
莲都区	Liandu	77064	19.00	87996	21.70	162251	40.00	78269	19.30
青田县	Qingtian	113588	20.53	132146	23.88	216055	39.05	91513	16.54
缙云县	Jinyun	88210	18.91	94532	20.27	193159	41.42	90457	19.40
遂昌县	Suichang	38439	16.58	45431	19.59	99930	43.09	48108	20.74
松阳县	Songyang	44339	18.42	49062	20.39	102474	42.58	44799	18.61
云和县	Yunhe	20003	17.60	22755	20.02	48666	42.81	22256	19.58
庆元县	Qingyuan	40881	19.86	43416	21.09	86833	42.18	34746	16.88
景宁自治县	Jingning	35490	20.61	32286	18.75	73649	42.76	30799	17.88
龙泉市	Longquan	54003	18.58	59364	20.42	122450	42.12	54909	18.89

注:本表资料为公安年报数。
Data in this table refer to the data from the annual reports of the Bureau of Public Security.

2-6 非农业人口变动情况（2008-2014年）
Non-agriculture Population Changes (2008-2014)

单位:万人(10000 persons)

项目	Item	2008	2009	2010	2011	2012	2013	2014
增加人口数合计	**Increased Total Population**	**133.00**	**102.43**	**96.70**	**93.94**	**83.21**	**87.18**	**96.38**
出生人口	Birth Population	12.34	12.56	14.84	13.98	15.97	14.88	17.36
非农业人口迁入	Non-agriculture Population Transfered into	52.90	50.44	50.74	43.69	42.05	41.09	42.29
农业人口转非农业人口	Population Changed into Non-agriculture	26.66	18.90	16.61	15.88	18.11	17.03	15.28
#招生	Students Recruited	1.92	1.15	0.70	0.44	0.26	0.19	0.12
招工	Workers Recruited	0.10	0.13	0.17	0.32	0.44	0.55	0.56
复员转业	Demobilized Soldiers	0.57	0.50	0.47	0.54	0.43	0.42	0.43
其他人口	Others	40.53	20.03	14.05	19.85	6.65	13.76	20.78
减少人口数合计	**Decrease Total Population**	**88.65**	**63.97**	**61.75**	**60.96**	**63.48**	**63.37**	**61.72**
死亡人口	Death Population	6.53	7.23	8.04	7.57	10.30	7.79	8.57
非农业人口迁出	Non-agriculture Population Transfered out	45.64	43.44	43.30	38.09	38.16	37.79	38.33
服兵役	Enlisting in the Army	0.51	0.55	0.47	0.44	0.44	0.55	0.45
其他人口	Others	35.97	12.75	9.94	14.86	14.59	17.24	14.28

注：本表资料为公安年报数。Data in this table refer to the data from the annual reports of the Bureau of Public Security.

2-7 计划生育情况
Family Planning

单位:%(%)

地 区	Region	计划生育率 Birth Rate Control					已婚育龄妇女独生子女领证率 Proportion of Only Child Certificate				
		2012	2013	2014	2015	2016	2012	2013	2014	2015	2016
合 计	**Total**	**92.18**	**91.86**	**92.01**	**91.87**	**97.46**	**29.31**	**28.96**	**28.14**	**27.58**	**26.43**
杭州市	Hangzhou	97.68	96.94	97.22	97.00	98.63	40.10	39.38	37.58	36.14	33.49
宁波市	Ningbo	96.07	95.92	95.95	96.25	97.86	38.93	37.93	36.60	35.43	33.96
温州市	Wenzhou	84.88	84.45	85.06	86.25	96.70	14.59	14.75	14.62	14.76	14.21
嘉兴市	Jiaxing	98.61	98.51	98.89	98.43	99.11	56.48	54.88	52.75	50.59	48.12
湖州市	Huzhou	97.91	97.23	97.63	97.25	98.93	42.88	42.09	40.87	34.75	33.30
绍兴市	Shaoxing	96.93	96.35	96.13	95.66	98.00	30.57	29.91	28.91	28.13	27.02
金华市	Jinhua	90.81	90.79	90.17	89.68	97.19	19.75	19.74	19.66	19.97	19.56
衢州市	Quzhou	92.09	91.02	84.43	88.96	96.22	22.15	21.98	21.54	21.11	20.37
舟山市	Zhoushan	98.92	98.52	98.54	98.63	99.19	39.12	38.90	38.23	35.58	34.58
台州市	Taizhou	89.54	89.37	89.27	88.67	95.91	20.60	21.05	20.92	23.35	22.83
丽水市	Lishui	88.47	88.99	88.99	88.37	96.32	18.58	19.30	19.44	19.30	18.92

注：本表资料为人口和计划生育部门年报数。
Data in this table refer to the data from the annual reports of the Population and Family Planning Commission.

2-8 就业和失业人员情况(1978-2016年,年底数)
Employed and Unemployed Persons(1978-2016,Year-end)

单位:万人(10000 persons)

年份 Year	就业人员总数 Employed Persons	非私营单位在岗职工合计 Fully Employed Staff and Workers in Non Private Units	国有单位 State-owned Units	集体单位 Collective Owned Units	其他单位 Others	私营、个体和乡村从业人员 Private Enterprises and Rural and Individuals Employed Persons	年末城镇登记失业人员 Unemployed Persons in Urban Areas	城镇登记失业率(%) Unemployment Rate in Urban Areas
1978	1794.96	312.89	183.14	129.75		1482.07	24.40	7.2
1979	1829.90	339.91	196.78	143.13		1489.99	13.22	3.7
1980	1856.42	359.73	208.50	151.23		1496.69	10.23	2.7
1981	1954.53	397.35	223.62	155.73		1575.18	5.24	1.3
1982	2021.74	374.33	232.29	142.04		1647.41	9.27	2.4
1983	2141.16	382.75	237.68	145.07		1758.41	7.15	1.8
1984	2248.91	402.51	228.26	172.72	1.53	1846.40	4.69	1.1
1985	2318.56	426.57	240.71	183.81	2.05	1891.99	3.45	0.8
1986	2386.42	443.04	251.92	188.73	2.39	1943.38	5.50	1.2
1987	2444.73	459.65	263.46	192.97	3.22	1985.08	7.51	1.6
1988	2502.73	475.74	274.30	196.97	4.47	2026.99	7.73	1.5
1989	2522.86	470.12	274.95	189.34	5.83	2052.74	10.53	2.1
1990	2554.46	476.02	280.87	189.12	6.03	2078.44	11.24	2.2
1991	2579.36	492.81	293.41	191.09	8.31	2080.20	10.87	2
1992	2600.38	491.37	297.96	181.62	11.79	2103.33	12.97	2.4
1993	2615.89	502.36	300.59	176.12	25.65	2105.20	14.68	2.6
1994	2640.51	500.88	294.13	170.42	36.33	2106.78	16.09	2.6
1995	2621.47	498.61	294.59	161.89	42.13	2111.89	17.72	2.8
1996	2625.06	495.35	290.22	156.25	48.88	2119.20	16.22	2.6
1997	2619.66	482.26	285.05	144.53	52.68	2126.47	18.75	3
1998	2612.54	455.80	256.61	102.94	96.25	2144.42	19.96	3.3
1999	2625.17	427.45	233.15	80.21	114.09	2184.58	21.17	3.4
2000	2726.09	398.53	208.19	58.93	131.41	2314.70	21.82	3.4
2001	2796.65	372.39	185.36	41.28	145.75	2409.63	23.99	3.7
2002	2858.56	367.14	179.67	35.49	151.98	2466.84	27.73	4
2003	2918.74	373.21	170.40	30.53	172.28	2517.93	28.27	3.7
2004	2991.95	447.47	176.44	36.05	234.98	2527.39	30.14	4.1
2005	3100.76	522.93	177.93	31.17	313.83	2569.64	28.97	3.7
2006	3172.38	590.47	182.27	28.51	379.70	2561.54	29.10	3.51
2007	3405.01	641.17	185.94	27.68	427.56	2738.32	28.60	3.27
2008	3486.53	689.35	186.98	25.30	477.07	2695.33	31.08	3.49
2009	3591.98	749.57	191.00	28.10	530.44	2755.07	30.68	3.26
2010	3636.02	812.14	196.48	27.60	588.06	2724.12	31.13	3.20
2011	3674.11	882.51	195.55	26.54	660.43	2696.94	31.67	3.12
2012	3691.24	1022.32	211.20	24.26	786.85	2663.08	33.41	3.01
2013	3708.73	1020.58	200.23	20.91	799.44	2658.66	34.93	3.01
2014	3714.15	1051.02	202.00	19.20	829.83	2640.01	33.14	2.96
2015	3733.65	1027.53	206.17	14.81	806.55	2660.21	33.69	2.93
2016	3760.00	1003.06	205.40	14.45	783.21	2714.26	33.85	2.87

注:城镇登记失业人员、城镇登记失业率数据来自社会保障部门。
The data of unemployed persons in urban areas and unemployed rate in urban areas refer to the data from the social security department.

2-9 分行业就业人员总数(年末数)
Number of Employed Persons by Sector(Year-end)

单位:万人(10000 persons)

行业	Sector	2012	2013	2014	2015	2016
总 计	Total	3691.24	3708.73	3714.15	3733.65	3760.00
农、林、牧、渔业	Farming, Forestry, Animal Husbandryand Fishery	522.01	506.95	501.73	492.69	466.24
采矿业	Mining and Quarrying	5.72	3.97	3.08	2.61	2.23
制造业	Manufacturing	1503.01	1454.81	1443.27	1400.68	1373.71
电力、热力、燃气及水生产和供应业	Electricity, Heat, Gas and Water Production and Supply	15.07	15.83	15.80	13.49	14.58
建筑业	Construction	357.12	378.82	384.17	387.51	391.72
批发和零售业	Wholesale and Retail Sale Trade	454.95	486.95	490.32	517.26	538.41
交通运输、仓储及邮政业	Transportation, Storage and Post	143.40	141.38	145.69	151.35	157.92
住宿和餐饮业	Hotels and Catering Services	138.68	119.18	110.78	112.47	115.35
信息传输、软件和信息技术服务业	Information Transmission, Software and Information Technology Services	39.31	40.75	45.29	58.47	73.57
金融业	Finance	38.70	38.64	39.36	44.19	48.61
房地产业	Real Estate	39.49	39.06	40.33	42.88	45.16
租赁与商务服务业	Leasing and Commercial Services	79.64	93.98	95.14	98.76	102.15
科学研究和技术服务业	Scientific Research and Technic Services	27.12	31.96	33.25	36.53	42.83
水利、环境和公共设施管理业	Water Conservancy, Environment and Public Facilities Management	16.11	16.51	17.89	18.23	20.73
居民服务、修理和其他服务业	Resident Services, Repair and Other Services	121.97	120.36	123.82	127.78	131.56
教育	Education	68.59	69.32	71.21	72.53	73.77
卫生和社会工作	Health Care and Social Work	40.92	41.48	42.73	46.88	49.75
文化、体育与娱乐业	Culture, Sports and Recreation	16.18	18.40	18.85	19.57	21.14
公共管理、社会保障和社会组织	Public Management, Social Security and Social Organization	63.26	90.38	91.43	89.77	90.57

2-10 按行业和经济类型分的非私营单位就业人员总数(年末数)
Number of Employed Persons in Non Private Units by Sector and Type of Ownership (Year-end)

单位:万人(10000 persons)

行业	Sector	合计 Total			国有单位 State-owned Units		
		2014	2015	2016	2014	2015	2016
总　计	**Total**	**1102.68**	**1083.41**	**1060.95**	**215.28**	**219.56**	**218.89**
农、林、牧、渔业	Farming, Forestry, Animal Husbandryand Fishery	0.56	0.47	0.43	0.38	0.34	0.30
采矿业	Mining and Quarrying	0.86	0.70	0.60	0.13	0.10	0.06
制造业	Manufacturing	350.55	330.60	315.91	2.34	1.56	1.71
电力、热力、燃气及水生产和供应业	Electricity, Heat, Gas and Water Production and Supply	13.42	10.98	11.96	6.90	4.09	4.92
建筑业	Construction	329.45	323.42	310.12	2.64	2.11	2.17
批发和零售业	Wholesale and Retail Sale Trade	41.73	42.10	37.63	1.67	2.40	1.40
交通运输、仓储和邮政业	Transportation, Storage and Post	32.69	31.96	31.53	7.88	7.17	6.32
住宿和餐饮业	Hotels and Catering Services	13.84	13.50	13.45	1.02	1.02	1.03
信息传输、软件和信息技术服务业	Information Transmission, Software and Information Technology	16.44	17.06	18.61	1.32	0.86	0.91
金融业	Finance	37.96	42.30	46.38	5.29	5.12	4.20
房地产业	Real Estate	19.75	20.05	20.88	1.13	0.99	0.93
租赁和商务服务业	Leasing and Commercial Services	28.41	27.91	28.95	6.93	7.86	8.14
科学研究和技术服务业	Scientific Research and Technic Services	16.10	16.15	18.61	7.19	6.65	6.43
水利、环境和公共设施管理业	Water Conservancy, Environment and Public Facilities Management	11.68	11.56	10.65	6.52	7.02	6.22
居民服务、修理和其他服务业	Resident Services, Repair and Other Services	2.62	2.48	2.25	0.66	0.62	0.62
教育	Education	70.08	70.94	71.40	58.89	60.85	61.64
卫生和社会工作	Health Care and Social Work	41.63	43.73	44.29	34.59	38.86	39.35
文化、体育和娱乐业	Culture, Sports and Recreation	7.21	7.41	6.82	5.23	5.08	4.84
公共管理、社会保障和社会组织	Public Management, Social Security and Social Organization	67.70	70.09	70.47	64.56	66.86	67.71

续表 Continued 单位:万人(10000 persons)

行业	Sector	集体单位 Collective Owned Units			其它单位 Others		
		2014	2015	2016	2014	2015	2016
总 计	**Total**	**20.25**	**15.53**	**14.90**	**867.14**	**848.31**	**827.16**
农、林、牧、渔业	Farming, Forestry, Animal Husbandryand Fishery	0.01			0.17	0.13	0.12
采矿业	Mining and Quarrying	0.10	0.06	0.04	0.63	0.55	0.50
制造业	Manufacturing	1.04	0.57	0.48	347.18	328.47	313.73
电力、热力、燃气及水生产和供应业	Electricity, Heat, Gas and Water Production and Supply	0.21	0.21	0.19	6.31	6.68	6.85
建筑业	Construction	7.51	7.70	8.03	319.30	313.60	299.92
批发和零售业	Wholesale and Retail Sale Trade	0.52	0.49	0.44	39.54	39.21	35.80
交通运输、仓储和邮政业	Transportation, Storage and Post	0.51	0.34	0.32	24.30	24.45	24.89
住宿和餐饮业	Hotels and Catering Services	0.23	0.19	0.16	12.60	12.28	12.26
信息传输、软件和信息技术服务业	Information Transmission, Software and Information Technology	0.10	0.11	0.08	15.02	16.09	17.62
金融业	Finance	0.60	0.48	0.38	32.07	36.70	41.80
房地产业	Real Estate	0.28	0.27	0.32	18.34	18.78	19.63
租赁和商务服务业	Leasing and Commercial Services	2.05	1.73	1.27	19.43	18.32	19.54
科学研究和技术服务业	Scientific Research and Technic Services	0.24	0.20	0.20	8.67	9.30	11.98
水利、环境和公共设施管理业	Water Conservancy, Environment and Public Facilities Management	0.87	0.29	0.20	4.29	4.25	4.23
居民服务、修理和其他服务业	Resident Services, Repair and Other Services	0.18	0.15	0.15	1.78	1.71	1.49
教育	Education	2.14	1.29	1.23	9.04	8.81	8.53
卫生和社会工作	Health Care and Social Work	3.56	1.36	1.30	3.48	3.51	3.63
文化、体育和娱乐业	Culture, Sports and Recreation	0.05	0.03	0.06	1.94	2.30	1.92
公共管理、社会保障和社会组织	Public Management, Social Security and Social Organization	0.05	0.06	0.05	3.09	3.17	2.71

2-11 分行业非私营单位就业人员总数(2016 年底) Number of Employed Persons in Non Private Units by Sector (End of 2016)

单位:万人(10000 persons)

行业	Sector	单位就业人员 Employed Persons	#女性 Feamle	在岗职工合计 Fully employed Staff and Workers	其他就业人员 Others
总计	**Total**	**1060.95**	**353.96**	**1003.07**	**57.88**
农、林、牧、渔业	Farming, Forestry, Animal Husbandry and Fishery	0.43	0.11	0.39	0.04
采矿业	Mining and Quarrying	0.60	0.10	0.57	0.04
制造业	Manufacturing	315.91	131.94	311.55	4.36
电力、热力、燃气及水生产和供应业	Electricity, Heat, Gas and Water Production and Supply	11.96	2.93	11.57	0.39
建筑业	Construction	310.12	22.50	291.89	18.23
批发和零售业	Wholesale and Retail Sale Trade	37.63	19.28	35.86	1.77
交通运输、仓储和邮政业	Transportation, Storage and Post	31.53	8.22	30.61	0.91
住宿和餐饮业	Hotels and Catering Services	13.45	7.32	12.19	1.26
信息传输、软件和信息技术服务业	Information Transmission, Software and Information Technology Services	18.61	7.17	18.38	0.23
金融业	Finance	46.38	27.14	32.62	13.77
房地产业	Real Estate	20.88	7.85	19.19	1.69
租赁和商务服务业	Leasing and Commercial Services	28.95	8.32	27.72	1.23
科学研究和技术服务业	Scientific Research and Technic Services	18.61	6.25	17.88	0.74
水利、环境和公共设施管理业	Water Conservancy, Environment and Public Facilities Management	10.65	4.27	9.45	1.20
居民服务、修理和其他服务业	Resident Services, Repair and Other Services	2.25	0.98	2.15	0.10
教育	Education	71.40	44.85	67.15	4.25
卫生和社会工作	Health Care and Social Work	44.29	30.04	41.85	2.44
文化、体育和娱乐业	Culture, Sports and Recreation	6.82	3.33	5.92	0.90
公共管理、社会保障和社会组织	Public Management, Social Security and Social Organization	70.47	21.35	66.15	4.32

注:在岗职工人数包含劳务派遣人数,以后各表同。
The number of employed staff workers include the labor dispatch staff, The same applies to the relevant tables following.

2-12 分行业国有单位就业人员总数(2016年底)
Number of Employed Persons in State-owned Units by Sector(End of 2016)

单位:万人(10000 persons)

行业	Sector	单位就业人员 Employed Persons	#女性 Feamle	在岗职工合计 Fully Employed Staff and Workers	其他就业人员 Others
总计	**Total**	**218.89**	**101.11**	**205.40**	**13.49**
农、林、牧、渔业	Farming, Forestry, Animal Husbandry and Fishery	0.30	0.07	0.27	0.03
采矿业	Ming and Quarrying	0.06	0.01	0.04	0.02
制造业	Manufacturing	1.71	0.45	1.69	0.02
电力、热力、燃气及水生产和供应业	Electricity, Heat, Gas and Water Production and Supply	4.92	1.09	4.75	0.17
建筑业	Construction	2.17	0.19	1.61	0.56
批发和零售业	Wholesale and Retail Trade	1.40	0.41	1.36	0.04
交通运输、仓储及邮政业	Transportation, Storage and Post	6.32	1.86	6.11	0.21
住宿和餐饮业	Hotels and Catering Services	1.03	0.52	0.98	0.05
信息传输、软件和信息技术服务业	Information Transmission, Software and Information Technology Services	0.91	0.33	0.89	0.02
金融业	Finance	4.20	2.24	3.98	0.22
房地产业	Real Estate	0.93	0.37	0.83	0.10
租赁与商务服务业	Leasing and Commercial Services	8.14	1.48	7.94	0.20
科学研究和技术服务业	Scientific Research and Technic Services	6.43	1.97	6.12	0.31
水利、环境和公共设施管理业	Water Conservancy, Environment and Public Facilities Management	6.22	2.55	5.41	0.81
居民服务、修理和其他服务业	Resident Services, Repair and Other Services	0.62	0.17	0.57	0.05
教育	Education	61.64	38.03	57.92	3.71
卫生和社会工作	Health Care and Social Work	39.35	26.73	37.27	2.08
文化、体育与娱乐业	Culture, Sports and Recreation	4.84	2.40	4.03	0.81
公共管理、社会保障和社会组织	Public Management, Social Security and Social Organization	67.71	20.25	63.64	4.07

2-13 分行业集体单位就业人员总数(2016 年底)
Number of Employed Persons in Collectively Owned Units by Sector(End of 2016)

单位:万人(10000 persons)

行业	Sector	单位就业人员 Employed Persons	#女性 Feamle	在岗职工合计 Fully employed Staff and Workers	其他就业人员 Others
总计	**Total**	**14.90**	**4.27**	**14.45**	**0.45**
农、林、牧、渔业	Farming,Forestry,Animal Husbandry and Fishery				
采矿业	Mining and Quarrying	0.04		0.04	
制造业	Manufacturing	0.48	0.19	0.46	0.02
电力、热力、燃气及水生产和供应业	Electricity,Heat,Gas and Water Production and Supply	0.19	0.06	0.19	0.01
建筑业	Construction	8.03	0.80	7.95	0.08
批发和零售业	Wholesale and Retail Sale Trade	0.44	0.20	0.37	0.07
交通运输、仓储和邮政业	Transportation,Storage and Post	0.32	0.07	0.31	0.01
住宿和餐饮业	Hotels and Catering Services	0.16	0.09	0.16	
信息传输、软件和信息技术服务业	Information Transmission,Software and Information Technology Services	0.08	0.03	0.08	
金融业	Finance	0.38	0.18	0.38	
房地产业	Real Estate	0.32	0.12	0.28	0.03
租赁和商务服务业	Leasing and Commercial Services	1.27	0.49	1.21	0.06
科学研究和技术服务业	Scientific Research and Technic Services	0.20	0.07	0.19	0.01
水利、环境和公共设施管理业	Water Conservancy,Environment and Public Facilities Management	0.20	0.07	0.20	
居民服务、修理和其他服务业	Resident Services, Repair and Other Services	0.15	0.04	0.14	0.01
教育	Education	1.23	0.90	1.17	0.06
卫生和社会工作	Health Care and Social Work	1.30	0.90	1.22	0.08
文化、体育和娱乐业	Culture,Sports and Recreation	0.06	0.03	0.05	
公共管理、社会保障和社会组织	Public Management ,Social Security and Social Organization	0.05	0.01	0.04	

2-14 分行业其他单位就业人员总数(2016 年底)
Number of Employed Persons in Other Ownership Units in Urban Area by Sector(End of 2016)

单位:万人(10000 persons)

行业	Sector	单位就业人员 Employed Persons	#女性 Feamle	在岗职工合计 Fully employed Staff and Workers	其他就业人员 Others
总计	**Total**	**827.16**	**248.58**	**783.21**	**43.94**
农、林、牧、渔业	Farming, Forestry, Animal Husbandry and Fishery	0.12	0.04	0.11	0.01
采矿业	Mining and Quarrying	0.50	0.09	0.48	0.02
制造业	Manufacturing	313.73	131.30	309.41	4.32
电力、热力、燃气及水生产和供应业	Electricity, Heat, Gas and Water Production and Supply	6.85	1.78	6.64	0.21
建筑业	Construction	299.92	21.51	282.33	17.59
批发和零售业	Wholesale and Retail Sale Trade	35.80	18.67	34.13	1.67
交通运输、仓储和邮政业	Transportation, Storage and Post	24.89	6.29	24.19	0.70
住宿和餐饮业	Hotels and Catering Services	12.26	6.71	11.05	1.21
信息传输、软件和信息技术服务业	Information Transmission, Software and Information Technology Services	17.62	6.81	17.41	0.21
金融业	Finance	41.80	24.72	28.26	13.54
房地产业	Real Estate	19.63	7.36	18.07	1.56
租赁和商务服务业	Leasing and Commercial Services	19.54	6.35	18.57	0.97
科学研究和技术服务业	Scientific Research and Technic Services	11.98	4.21	11.57	0.42
水利、环境和公共设施管理业	Water Conservancy, Environment and Public Facilities Management	4.23	1.66	3.84	0.39
居民服务、修理和其他服务业	Resident Services, Repair and Other Services	1.49	0.77	1.44	0.04
教育	Education	8.53	5.92	8.05	0.48
卫生和社会工作	Health Care and Social Work	3.63	2.41	3.36	0.28
文化、体育和娱乐业	Culture, Sports and Recreation	1.92	0.91	1.83	0.09
公共管理、社会保障和社会组织	Public Management, Social Security and Social Organization	2.71	1.08	2.47	0.25

2－15 按三次产业分的就业人员总数(年底数)
Number of Employed Persons by Type of Industry(Year－end)

年份 Year	就业人员总数(万人)Total(10000 persons)			构成(以合计为100)Composition(Total＝100)		
	第一产业 Primary Industry	第二产业 Secondary Industry	第三产业 Tertiary Industry	第一产业 Primary Industry	第二产业 Secondary Industry	第三产业 Tertiary Industry
1985	1273.25	735.22	310.09	54.90	31.70	13.40
1986	1275.22	765.13	346.07	53.40	32.10	14.50
1987	1272.01	802.04	370.68	52.00	32.80	15.20
1988	1282.16	803.67	416.90	51.20	32.10	16.70
1989	1330.74	770.12	422.00	52.70	30.50	16.70
1990	1358.28	762.48	433.70	53.20	29.80	17.00
1991	1366.99	770.86	441.51	53.00	29.90	17.10
1992	1359.49	770.81	470.08	52.30	29.60	18.10
1993	1248.22	886.90	480.77	47.70	33.90	18.40
1994	1193.56	917.87	529.08	45.20	34.80	20.00
1995	1152.15	882.82	586.50	44.00	33.70	22.30
1996	1129.34	886.02	609.70	43.00	33.80	23.20
1997	1113.27	881.42	624.97	42.50	33.60	23.90
1998	1108.81	854.14	649.59	42.40	32.70	24.90
1999	1078.16	784.29	762.73	41.00	29.90	29.10
2000	969.97	966.30	789.82	35.58	35.45	28.97
2001	935.24	1009.55	851.86	33.44	36.10	30.46
2002	885.29	1070.13	903.14	30.97	37.44	31.59
2003	826.03	1201.30	891.41	28.30	41.20	30.50
2004	779.65	1304.94	907.36	26.06	43.61	30.33
2005	759.53	1397.69	943.54	24.50	45.07	30.43
2006	717.81	1452.29	1002.28	22.63	45.78	31.59
2007	683.32	1592.84	1128.85	20.07	46.78	33.15
2008	670.16	1660.04	1156.30	19.22	47.61	33.17
2009	657.95	1726.06	1207.97	18.32	48.05	33.63
2010	581.87	1810.36	1243.79	16.00	49.79	34.21
2011	535.27	1868.83	1270.01	14.57	50.86	34.57
2012	522.01	1880.92	1288.31	14.14	50.96	34.90
2013	506.95	1853.43	1348.35	13.67	49.97	36.36
2014	501.73	1846.32	1366.09	13.51	49.71	36.78
2015	492.69	1804.29	1436.67	13.20	48.32	38.48
2016	466.24	1782.24	1511.52	12.40	47.40	40.20

2-16 分行业非私营单位女性就业人员(年末数)
Number of Female Employed Persons in Non Private Units by Sector (year-end)

单位:万人(10000 persons)

行业	Sector	合计 Total			国有单位 State-owned Units		
		2014	2015	2016	2014	2015	2016
总计	**Total**	**360.59**	**356.37**	**353.96**	**93.98**	**98.75**	**101.11**
农、林、牧、渔业	Farming, Forestry, Animal Husbandryand Fishery	0.15	0.12	0.11	0.09	0.08	0.07
采矿业	Mining and Quarrying	0.14	0.12	0.10	0.02	0.02	0.01
制造业	Manufacturing	151.13	141.02	131.94	0.54	0.45	0.45
电力、热力、燃气及水生产和供应业	Electricity, Heat, Gas and Water Production and Supply	3.17	2.65	2.93	1.45	0.85	1.09
建筑业	Construction	22.11	22.36	22.50	0.23	0.19	0.19
批发和零售业	Wholesale and Retail Sale Trade	21.73	21.55	19.28	0.53	0.62	0.41
交通运输、仓储和邮政业	Transportation, Storage and Post	8.69	8.10	8.22	2.32	1.86	1.86
住宿和餐饮业	Hotels and Catering Services	7.64	7.36	7.32	0.55	0.56	0.52
信息传输、软件和信息技术服务业	Information Transmission, Software and Information Technology Services	6.62	6.78	7.17	0.56	0.33	0.33
金融业	Finance	20.98	24.35	27.14	2.80	2.74	2.24
房地产业	Real Estate	7.28	7.50	7.85	0.46	0.41	0.37
租赁和商务服务业	Leasing and Commercial Services	7.99	7.39	8.32	1.26	1.47	1.48
科学研究和技术服务业	Scientific Research and Technic Services	4.75	4.80	6.25	2.15	2.00	1.97
水利、环境和公共设施管理业	Water Conservancy, Environment and Public Facilities Management	4.61	4.54	4.27	2.62	2.78	2.55
居民服务、修理和其他服务业	Resident Services, Repair and Other Services	1.27	1.15	0.98	0.21	0.17	0.17
教育	Education	42.51	43.63	44.85	35.01	36.75	38.03
卫生和社会工作	Health Care and Social Work	27.37	29.10	30.04	22.77	25.94	26.73
文化、体育和娱乐业	Culture, Sports and Recreation	3.34	3.42	3.33	2.41	2.30	2.40
公共管理、社会保障和社会组织	Public Management, Social Security and Social Organization	19.13	20.43	21.35	18.01	19.23	20.25

续表 Continued

单位:万人(10000 persons)

行业	Sector	集体单位 Collective Owned Units			其他单位 Others		
		2014	2015	2016	2014	2015	2016
总　计	**Total**	**6.96**	**4.50**	**4.27**	**259.65**	**253.12**	**248.58**
农、林、牧、渔业	Farming, Forestry, Animal Husbandryand Fishery				0.05	0.04	0.04
采矿业	Mining and Quarrying	0.01			0.10	0.09	0.09
制造业	Manufacturing	0.38	0.24	0.19	150.22	140.34	131.30
电力、热力、燃气及水生产和供应业	Electricity, Heat, Gas and Water Production and Supply	0.06	0.06	0.06	1.67	1.74	1.78
建筑业	Construction	0.76	0.79	0.80	21.12	21.37	21.51
批发和零售业	Wholesale and Retail Sale Trade	0.24	0.23	0.20	20.96	20.70	18.67
交通运输、仓储和邮政业	Transportation, Storage and Post	0.09	0.08	0.07	6.28	6.16	6.29
住宿和餐饮业	Hotels and Catering Services	0.14	0.12	0.09	6.94	6.69	6.71
信息传输、软件和信息技术服务业	Information Transmission, Software and Information Technology Services	0.05	0.05	0.03	6.01	6.40	6.81
金融业	Finance	0.30	0.23	0.18	17.88	21.38	24.72
房地产业	Real Estate	0.09	0.09	0.12	6.73	7.00	7.36
租赁和商务服务业	Leasing and Commercial Services	0.39	0.53	0.49	6.35	5.40	6.35
科学研究和技术服务业	Scientific Research and Technic Services	0.07	0.06	0.07	2.53	2.75	4.21
水利、环境和公共设施管理业	Water Conservancy, Environment and Public Facilities Management	0.36	0.10	0.07	1.63	1.65	1.66
居民服务、修理和其他服务业	Resident Services, Repair and Other Services	0.06	0.04	0.04	1.01	0.94	0.77
教育	Education	1.56	0.92	0.90	5.93	5.97	5.92
卫生和社会工作	Health Care and Social Work	2.36	0.92	0.90	2.24	2.25	2.41
文化、体育和娱乐业	Culture, Sports and Recreation	0.03	0.02	0.03	0.90	1.07	0.91
公共管理、社会保障和社会组织	Public Management, Social Security and Social Organization	0.02	0.02	0.01	1.10	1.18	1.08

2－17 按行业和经济类型分的非私营单位工业、建筑业企业就业人员人数(年底数)

Number of Currently Employed Persons in Non Privite Industry and Construction Enterprises by Sector and Type of Ownership(Year－end)

单位:万人(10000 persons)

分类	Category	2014	2015	2016
总　计	**Total**	**694.28**	**665.69**	**638.59**
采矿业	Mining and Quarrying	0.86	0.70	0.60
按经济类型分组	By Ownership			
国有经济单位	State－owned Units	0.13	0.09	0.06
集体经济单位	Collective Owned Units	0.10	0.06	0.04
其他各种经济类型	Units of Other Types of Ownership	0.63	0.55	0.50
按行业分组	**By Sector**			
煤炭开采和洗选业	Coal Mining and Dressing			
石油和天然气开采业	Petroleum and Natural Gas Extraction			
黑色金属矿采选业	Ferrous Metals Mining and Dressing	0.13	0.12	0.10
有色金属矿采选业	Nonferrous Metals Mining and Dressing	0.11	0.11	0.10
非金属矿采选业	Nonmetal Minerals Mining and Dressing	0.62	0.47	0.40
开采辅助活动	Supplementary Activities for Mining			
其他采矿业	Other Minerals Mining and Dressing			
制造业	**Manufacturing**	**350.55**	**330.60**	**315.91**
按经济类型分组	**By Ownership**			
国有经济单位	State－owned Units	2.34	1.56	1.71
集体经济单位	Collective Owned Units	1.04	0.57	0.48
其他各种经济类型单位	Units of Other Types of Ownership	347.18	328.47	313.73
按行业分组	**By Sector**			
食品加工业	Non－staple Food Processing	3.99	3.96	3.53
食品制造业	Food Manufacturing	5.27	5.24	5.32
酒、饮料和精制茶制造业	Wine, Soft Drinks and Refined Tea Manufacturing	3.62	3.28	2.98
烟草制品业	Tobacco Processing	0.38	0.42	0.41
纺织业	Textile Industry	30.04	28.17	26.25
纺织服装、服饰业	Garments and Apparel Industry	31.76	29.61	26.61
皮革、毛皮、羽毛及其制品和制鞋业	Leather,Furs,Down and Related Production,Shoes Manufacturing	13.52	11.95	11.04
木材加工及木、竹、藤、棕、草制品业	Timber Processing,Bamboo,Cane Palm Fiber and Straw Production	1.98	1.76	1.64
家具制造业	Furniture Manufacturing	10.05	9.48	9.30
造纸及纸制品业	Papermaking and Paper Production	5.41	5.43	5.26
印刷和记录媒介复制业	Printing and Record Medium Reproduction	2.86	3.00	2.66
文教、工美、体育和娱乐用品制造业	Cultural and Educational ,Arts and Crafts,Sports and Entertainment Goods	8.82	8.48	7.88
石油加工、炼焦及核燃料加工业	Petroleum Processing,Cooking and Nuclear Fuel Processing	0.81	0.93	0.99

续表 Continued 单位:万人(10000 persons)

分类	Category	2014	2015	2016
化学原料及化学制品制造业	Raw Chemical Materials and Chemical Production	16.18	14.67	14.24
医药制造业	Medical and Pharmaceutical Production	10.24	10.18	10.33
化学纤维制造业	Chemical Fiber	7.11	6.92	6.16
橡胶和塑料制品业	Rubber and Plastic Production	15.19	14.14	13.97
非金属矿物制品业	Nonmetal Mineral Production	9.45	8.49	7.77
黑色金属冶炼及压延加工业	Smelting and Pressing of Ferrous Metals	6.87	5.88	5.45
有色金属冶炼及压延加工业	Smelting and Pressing of Nonferrous Metals	4.26	3.93	3.72
金属制品业	Metal Production	13.09	12.05	11.29
通用设备制造	Equipment in Common Use	31.66	29.10	28.05
专用设备制造业	Special Purpose Equipment	12.73	11.68	10.67
汽车制造业	Automotive Manufacturing	20.47	21.28	21.25
铁路、船舶、航空航天和其他运输设备制造业	Railway, Shipbuilding, Aerospace and other Transport Equipment	5.64	4.82	4.53
电气机械及器材制造业	Electric Equipment and Machinery	38.49	37.38	35.93
计算机、通信和其他电子设备制造业	Computers, Communications and Other Electronic Equipment Manufacturing	27.19	25.94	26.26
仪器仪表制造业	Instruments Manufacturing	8.19	8.00	7.68
其他制造业	Other Manufacturing	3.29	2.94	3.14
废弃资源综合利用业	Comprehensive Utilization of Waste Resources	1.06	0.85	1.06
金属制品、机械和设备修理业	Metal Products, Machinery and Equipment Repair Industry	0.92	0.64	0.57
电力、热力、燃气及水生产和供应业	**Electricity, Heating Power, Gas and Water Production and Supply**	**13.42**	**10.98**	**11.96**
按经济类型分组	**By Ownership**			
国有经济单位	State - Owned Units	6.90	4.09	4.92
集体经济单位	Collective Owned Units	0.21	0.21	0.19
其他各种经济类型单位	Units of Other Types of Ownership	6.31	6.68	6.85
按行业分组	**By Sector**			
电力、热力生产和供应业	Production and Supply of Electricity and Heating Power	9.64	7.20	8.19
煤气生产和供应业	Production and Supply of Gas	0.75	0.78	0.80
水的生产和供应业	Production and Supply of Water	3.03	3.00	2.97
建筑业	**Construction**	**329.45**	**323.41**	**310.12**
按经济类型分组	**By Ownership**			
国有经济单位	State - Owned Units	2.64	2.11	2.17
集体经济单位	Collective Owned Units	7.51	7.70	8.03
其他各种经济类型单位	Units of Other Types of Ownership	319.30	313.60	299.92

2-18 分行业私营单位就业人员人数(年底数)
Employed Persons in Private Owned Units by Sector(Year-end)

单位:万人(10000 persons)

行业	Sector	合计 Total			规上私营 Private Owned Units Above Designated Size			规下私营 Private Owned Units Under Designated Size		
		2014	2015	2016	2014	2015	2016	2014	2015	2016
总 计	**Total**	**1573.65**	**1621.29**	**1678.16**	**964.96**	**961.47**	**990.94**	**608.69**	**659.82**	**687.22**
农、林、牧、渔业	Farming, Forestry, Animal Husbandryand Fishery	8.79	9.98	12.16	0.03	0.05	0.03	8.76	9.93	12.14
采矿业	Mining and Quarrying	2.22	1.96	2.06	0.77	0.83	0.81	1.45	1.13	1.25
制造业	Manufacturing	751.25	749.44	730.44	372.48	370.06	373.19	378.77	379.38	357.25
电力、热力、燃气及水生产和供应业	Electricity, Heat, Gas and Water Production and Supply	2.10	2.39	2.29	0.69	0.69	0.79	1.41	1.70	1.50
建筑业	Construction	475.70	489.37	507.68	464.47	471.96	483.46	11.23	17.41	24.22
批发和零售业	Wholesale and Retail Sale Trade	140.67	157.63	170.02	35.19	36.55	39.67	105.48	121.08	130.35
交通运输、仓储和邮政业	Transportation, Storage and Post	21.85	23.51	27.32	13.65	13.46	14.93	8.20	10.05	12.39
住宿和餐饮	Hotels and Catering Services	22.59	24.12	25.69	13.58	13.24	13.03	9.01	10.88	12.66
信息传输、软件和信息技术服务业	Information Transmission, Software and Information Technology Services	13.28	16.47	25.95	4.72	4.64	6.89	8.56	11.83	19.05
金融业	Finance	2.18	1.58	1.68	0.70	0.41	0.38	1.48	1.17	1.30
房地产业	Real Estate	22.82	24.18	28.26	13.72	13.16	14.81	9.10	11.02	13.44
租赁和商务服务业	Leasing and Commercial Services	59.81	63.99	72.57	27.09	19.19	22.99	32.72	44.80	49.58
科学研究和技术服务业	Scientific Research and Technic Services	16.88	19.05	27.58	6.08	5.82	6.12	10.80	13.23	21.46
水利、环境和公共设施管理业	Water Conservancy, Environment and Public Facilities Management	5.21	5.70	7.10	3.02	2.93	4.62	2.19	2.77	2.48
居民服务、修理和其他服务业	Resident Services, Repair and Other Services	11.21	13.87	15.21	3.35	3.35	3.60	7.86	10.52	11.62
教育	Education	7.03	6.78	7.35	2.06	1.88	1.79	4.97	4.90	5.56
卫生和社会工作	Health Care and Social Work	2.82	3.43	4.42	1.77	1.72	2.16	1.05	1.71	2.26
文化、体育和娱乐业	Culture, Sports and Recreation	7.24	7.84	10.38	1.59	1.53	1.67	5.65	6.31	8.71
公共管理、社会保障和社会组织	Public Management, Social Security and Social Organization									

2－19 各市非私营企业年末单位就业人员
Employed Persons in Non Private Enterprises by City(Year－end)

单位:万人(10000 persons)

城市	City	年末单位就业人员 Number of Employed Persons at the Year－end			#在岗职工 Fully Employed Staff and Workers			#其他就业人员 Others		
		2014	2015	2016	2014	2015	2016	2014	2015	2016
全　省	**Total**	**904.71**	**880.43**	**857.84**	**865.76**	**837.28**	**812.57**	**38.94**	**43.15**	**45.27**
杭州市	Hangzhou	247.55	241.87	243.60	233.78	227.88	229.07	13.77	13.99	14.53
宁波市	Ningbo	144.78	139.28	124.33	137.66	131.68	116.41	7.12	7.60	7.92
温州市	Wenzhou	79.00	79.46	78.12	75.32	74.48	73.90	3.68	4.98	4.22
嘉兴市	Jiaxing	65.94	65.04	65.98	64.09	63.00	63.33	1.85	2.04	2.65
湖州市	Huzhou	40.04	40.71	40.70	36.85	36.86	36.44	3.19	3.85	4.26
绍兴市	Shaoxing	124.69	123.31	121.30	122.22	120.73	118.83	2.47	2.58	2.47
金华市	Jinhua	77.09	74.66	72.91	74.91	72.44	70.32	2.18	2.22	2.59
衢州市	Quzhou	13.00	12.75	12.67	11.77	11.44	11.09	1.23	1.31	1.58
舟山市	Zhoushan	12.39	12.07	12.37	11.54	11.16	11.29	0.85	0.91	1.08
台州市	Taizhou	89.08	82.50	75.53	86.79	79.67	72.58	2.29	2.83	2.96
丽水市	Lishui	7.84	8.24	7.98	7.53	7.43	6.95	0.32	0.81	1.03

2-20 各市国有控股企业年末单位就业人员
Employed Persons in Enterprises State-owned and State-Holding by City(Year-end)

单位:万人(10000 persons)

城市	City	年末单位就业人员 Number of Employed Persons at the Year-end			#在岗职工 Fully Employed Staff and Workers			#其他就业人员 Others		
		2014	2015	2016	2014	2015	2016	2014	2015	2016
全　省	**Total**	**148.23**	**140.87**	**141.56**	**136.88**	**125.55**	**125.02**	**11.35**	**15.32**	**16.55**
杭州市	Hangzhou	53.80	50.30	49.72	50.84	46.24	45.03	2.96	4.06	4.68
宁波市	Ningbo	25.48	22.73	22.34	23.82	20.53	19.84	1.66	2.20	2.50
温州市	Wenzhou	12.79	14.38	13.34	10.58	10.86	10.70	2.21	3.53	2.63
嘉兴市	Jiaxing	10.09	10.26	10.23	9.58	9.70	9.65	0.50	0.56	0.58
湖州市	Huzhou	5.35	5.27	5.29	4.84	4.69	4.62	0.51	0.58	0.67
绍兴市	Shaoxing	8.09	7.81	7.64	7.52	7.29	7.04	0.58	0.52	0.60
金华市	Jinhua	8.17	7.78	8.17	7.43	7.12	7.08	0.74	0.66	1.08
衢州市	Quzhou	5.17	5.07	5.09	4.49	4.21	4.06	0.68	0.87	1.02
舟山市	Zhoushan	4.89	5.10	5.23	4.51	4.74	4.79	0.37	0.36	0.44
台州市	Taizhou	8.08	8.16	8.57	7.16	6.86	7.10	0.92	1.31	1.47
丽水市	Lishui	3.10	3.50	3.61	2.88	2.82	2.74	0.22	0.67	0.87

2-21 各市事业年末单位就业人员
Employed Persons in Institations by City(Year-end)

单位:万人(10000 persons)

城市	City	年末单位就业人员 Number of Employed Persons at the Year-end			#在岗职工 Fully Employed Staff and Workers			#其他就业人员 Others		
		2014	2015	2016	2014	2015	2016	2014	2015	2016
全 省	**Total**	**128.08**	**131.57**	**131.70**	**119.68**	**123.30**	**123.44**	**8.40**	**8.27**	**8.26**
杭州市	Hangzhou	31.83	31.76	31.83	29.01	29.13	29.36	2.81	2.63	2.46
宁波市	Ningbo	18.45	18.66	18.53	17.31	17.62	17.56	1.14	1.04	0.98
温州市	Wenzhou	15.60	16.33	16.09	14.94	15.62	15.43	0.65	0.71	0.66
嘉兴市	Jiaxing	9.59	9.70	9.95	9.06	9.23	9.47	0.52	0.47	0.48
湖州市	Huzhou	6.02	6.11	6.26	5.62	5.65	5.78	0.40	0.46	0.48
绍兴市	Shaoxing	9.90	10.52	10.61	9.22	9.86	9.87	0.68	0.66	0.74
金华市	Jinhua	10.94	11.89	11.82	10.29	11.33	11.20	0.65	0.56	0.62
衢州市	Quzhou	4.50	4.69	4.72	4.14	4.28	4.31	0.35	0.41	0.41
舟山市	Zhoushan	3.29	3.47	3.45	3.13	3.34	3.31	0.16	0.13	0.14
台州市	Taizhou	12.05	12.42	12.30	11.12	11.30	11.14	0.92	1.12	1.16
丽水市	Lishui	5.93	6.02	6.13	5.82	5.93	6.00	0.11	0.09	0.13

2-22 各市机关年末单位就业人员
Employed Persons in Government Agencies by City(Year-end)

单位:万人(10000 persons)

城市	City	年末单位就业人员 Number of Employed Persons at the Year-end			#在岗职工 Fully Employed Staff and Workers			#其他就业人员 Others		
		2014	2015	2016	2014	2015	2016	2014	2015	2016
全 省	**Total**	**55.05**	**57.90**	**58.59**	**51.79**	**54.37**	**55.10**	**3.26**	**3.53**	**3.49**
杭州市	Hangzhou	10.37	10.59	10.68	9.87	10.05	10.05	0.49	0.54	0.63
宁波市	Ningbo	7.39	7.83	8.04	6.85	7.26	7.47	0.55	0.56	0.57
温州市	Wenzhou	8.22	9.23	8.98	7.81	8.55	8.43	0.40	0.68	0.55
嘉兴市	Jiaxing	3.20	3.24	3.34	3.09	3.14	3.26	0.11	0.11	0.08
湖州市	Huzhou	2.76	2.81	2.85	2.60	2.69	2.74	0.15	0.12	0.11
绍兴市	Shaoxing	3.83	3.95	4.14	3.49	3.64	3.80	0.34	0.31	0.34
金华市	Jinhua	5.42	5.88	5.98	4.94	5.47	5.72	0.48	0.40	0.26
衢州市	Quzhou	3.01	3.06	3.07	2.75	2.76	2.77	0.26	0.30	0.30
舟山市	Zhoushan	1.92	2.04	2.08	1.89	1.97	2.02	0.03	0.07	0.06
台州市	Taizhou	5.42	5.68	5.69	5.02	5.29	5.17	0.40	0.38	0.52
丽水市	Lishui	3.52	3.60	3.73	3.48	3.55	3.67	0.05	0.05	0.06

2-23 分行业年末非私营单位专业技术人员
Specialized Technical Personnel in in Non Private Units by Sector(Year-End)

单位:万人(10000 persons)

行业	Sector	合计 Total		#国有单位 State-owned Units		#集体单位 Collective owned Units	
		2015	2016	2015	2016	2015	2016
总 计	**Total**	**242.37**	**246.12**	**100.36**	**101.83**	**3.85**	**3.68**
农、林、牧、渔业	Farming, Forestry, Animal Husbandry and Fishery	0.10	0.08	0.08	0.07		
采矿业	Ming and Quarrying	0.12	0.11	0.01		0.01	0.01
制造业	Manufacturing	42.72	42.40	0.24	0.28	0.09	0.08
电力、热力、燃气及水生产和供应业	Electricity, Heat, Gas and Water Production and Supply	2.61	2.68	1.12	1.17	0.03	0.03
建筑业	Construction	45.30	44.66	0.48	0.46	1.07	1.06
批发和零售业	Wholesale and Retail Sale Trade	4.61	4.55	0.31	0.16	0.05	0.04
交通运输、仓储及邮政业	Transportion, Storage and Post	3.58	3.53	0.77	0.69	0.07	0.08
住宿和餐饮业	Hotels and Catering Services	0.89	0.84	0.06	0.07	0.01	0.02
信息传输、软件和信息技术服务业	Information Transmission, Software and Information Technology Services	8.49	9.53	0.39	0.46	0.03	0.01
金融业	Finance	17.01	19.25	2.61	2.24	0.27	0.25
房地产业	Real Estate	3.40	3.24	0.21	0.22	0.04	0.04
租赁和商务服务业	Leasing and Commercial Services	3.74	3.92	0.77	0.78	0.12	0.10
科学研究和技术服务业	Scientific Research and Technic Services	10.22	10.00	4.37	4.35	0.11	0.12
水利、环境和公共设施管理业	Water Conservancy, Environment and Public Facilities Management	1.56	1.51	0.79	0.75	0.02	0.01
居民服务、修理和其他服务业	Resident Services, Repair and Other Services	0.25	0.23	0.06	0.10	0.01	0.01
教育	Education	52.87	53.13	47.09	47.54	0.82	0.77
卫生和社会工作	Health Care and Social Work	33.91	34.99	30.66	31.74	1.07	1.04
文化、体育和娱乐业	Culture, Sports and Recreation	3.29	3.24	2.85	2.78	0.01	0.01
公共管理、社会保障和社会组织	Public Management, Social Security and Social Organization	7.69	8.22	7.49	7.98	0.01	0.01

2-24 分行业非私营单位职工素质情况(2016年底)
The Education Level of the Staff and Workers in Non Privite Units by Sector(2016,Year-end)

单位:万人(10000 persons)

行业	Sector	单位就业人员文化程度 The Education Level of the Employed Persons in Units				单位就业人员中专业技术人员 Professional and Technical Personnel	单位就业人员中技术工人 Skilled Workers
		大学本科及以上 Bachelor's Degree or above	大专 College Degree	中专及高中 Technical Secondary School and High School	初中及以下 Junior High School and Below		
总计	**Total**	**235.32**	**168.38**	**264.85**	**392.28**	**246.12**	**338.26**
农、林、牧、渔业	Farming,Forestry,Animal Husbandry and Fishery	0.06	0.07	0.11	0.18	0.08	0.13
采矿业	Ming and Quarrying	0.03	0.06	0.14	0.36	0.11	0.20
制造业	Manufacturing	32.37	44.92	93.85	144.76	42.40	135.50
电力、热力、燃气及水生产和供应业	Electricity,Heat,Gas and Water Production and Supply	4.47	3.21	2.76	1.43	2.68	5.48
建筑业	Construction	13.94	27.44	88.40	180.34	44.66	158.76
批发和零售业	Wholesale and Retail Trade	7.77	10.09	11.46	8.30	4.55	4.01
交通运输、仓储及邮政业	Transport,Storage and Post	5.10	7.67	10.32	8.44	3.53	13.65
住宿和餐饮业	Hotels and Catering Services	1.04	2.33	5.14	4.94	0.84	1.29
信息传输、软件和信息技术服务业	Information Transmission,Software and Information Technology Services	12.05	4.64	1.54	0.38	9.53	1.33
金融业	Finance	23.85	11.03	10.42	1.08	19.25	1.46
房地产业	Real Estate	3.81	4.37	5.42	7.27	3.24	2.37
租赁和商务服务业	Leasing and Commercial Services	5.28	5.08	8.27	10.32	3.92	3.56
科学研究和技术服务业	Scientific Research and Technic Services	9.47	3.69	2.05	3.41	10.00	1.00
水利、环境和公共设施管理业	Water Conservancy,Environment and Public Facilities Management	1.48	1.47	1.79	5.91	1.51	2.11
居民服务、修理和其他服务业	Resident Services, Repair and Other Services	0.28	0.34	0.59	1.04	0.23	0.48
教育	Education	49.38	10.71	5.50	5.80	53.13	2.06
卫生和社会工作	Health Care and Social Work	23.18	11.42	6.05	3.64	34.99	1.71
文化、体育和娱乐业	Culture,Sports and Recreation	3.29	1.80	1.14	0.59	3.24	0.44
公共管理、社会保障和社会组织	Public Management,Social Security and Social Organization	38.45	18.05	9.88	4.08	8.22	2.75

2-25 社会保险参保人员基本情况(2013-2016)
Basic Statistics of Persons Participating in Social Insurance(2013-2016)

单位:万人(10000 persons)

项目	Item	2013	2014	2015	2016
参加基本养老保险人数	The Number of Persons Participating in Endowment Insurance	3731.23	3890.14	3790.17	3740.06
参加基本医疗保险人数	The Number of Persons Participating in Insurance for Medical Care	4121.11	4847.59	4964.14	5178.11
参加工伤保险人数	The Number of Persons Participating in Work-related Injury Insurance	1826.06	1899.41	1930.12	1880.72
参加生育保险人数	The Number of Persons Participating in Childbirth Insurance	1173.09	1248.94	1285.18	1294.36
参加失业保险人数	The Number of Persons Participating in Unemployment Insurance	1144.53	1210.13	1260.25	1317.00

2-26 六次人口普查基本情况
Basic Statistics on National Population Census

项目	Item	第一次 The First Time	第二次 The Second Time	第三次 The Third Time	第四次 The Fourth Time	第五次 The Fifth Time	第六次 The Sixth Time
总户数(万户)	**Total Family Households(10000 Households)**	**579.16**	**656.63**	**960.36**	**1176.77**	**1478.97**	**1885.37**
平均每户人数(人)	Average Size of Family Households	3.87	4.31	3.96	3.46	3.00	2.62
总人口(万人)	**Total Population(10000 persons)**	**2241.57**	**2831.86**	**3888.46**	**4144.59**	**4593.06**	**5442.69**
按性别分	**By Gender**						
男	Male	1178.00	1479.06	2016.70	2136.48	2358.15	2796.57
女	Female	1063.00	1352.80	1871.76	2008.11	2234.91	2646.12
按城乡分	**By Residence**						
市镇人口	Urban	289.27	306.86	999.69	1516.57	2235.66	3354.06
乡村人口	Rural	1925.30	2525.00	2888.77	2628.02	2357.40	2088.63
按民族分	**By Nationality**						
汉族	The Han Nationality	2233.22	2821.19	3872.30	4123.45	4553.52	5321.22
少数民族	Minority Nationality	8.35	10.67	16.16	21.14	39.54	121.47
畲族	The She Nationality	5.27	10.06	14.83	17.27	17.10	16.63
苗族	The Miao Nationality	2.84	0.04	0.05	0.32	5.34	30.91
回族	The Hui Nationality	0.19	0.38	0.94	1.72	1.96	3.82
满族	The Man Nationality	0.04	0.09	0.12	0.27	0.51	1.13
蒙古族	The MengGu Nationality		0.02	0.02	0.06	0.36	0.69
壮族	The Zhuang Nationality		0.03	0.11	0.77	1.90	7.28
按文化程度分	**By Eductional Level**						
大学	University		8.05	18.21	48.50	146.79	507.78
高中	Senior Secondary School		31.86	202.19	290.37	495.36	738.12
初中	Junior Secondary School		120.27	691.55	983.98	1531.94	1996.41
小学	Primary School		809.63	1531.44	1643.92	1683.34	1568.54
文盲、半文盲(15岁及15岁以上)	Illiterate and Semiliterate(15 years old and over)		930.67	723.64	321.85	306.10	

浙/江/统/计/年/鉴

主要统计指标解释

■ 人口数

指一定时点、一定地区范围内的有生命的个人的总和。

年度统计的年末人口数是指每年12月31日24时的人口数。

■ 出生率(又称粗出生率)

指一定时期内(通常为一年)平均每千人所出生的人数的比率,一般用千分率表示。计算公式:

$$出生率=\frac{年出生人数}{年平均人数}\times 1000‰$$

出生人数是指活产婴儿,即胎儿脱离母体时(不管怀孕月数),有过呼吸或其他生命现象。

年平均人数是年初、年底人口数的平均数,也可用年中人口数代替。

■ 死亡率(又称粗死亡率)

指一定时期内(通常为一年)一定地区的死亡人数与同期平均人数(或期中人数)之比,一般用千分率表示。计算公式:

$$死亡率=\frac{年死亡人数}{年平均人数}\times 1000‰$$

■ 人口自然增长率

指一定时期内(通常为一年)人口自然增加数(出生人数减死亡人数)与该时期内平均人数(或期中人数)之比,一般用千分率表示。计算公式:

$$人口自然增长率=\frac{本年出生人数-本年死亡人数}{年平均人数}\times 1000‰$$

$$人口自然增长率=人口出生率-人口死亡率$$

■ 从业人员

指从事一定社会劳动并取得劳动报酬或经营收入的人员。包括:

(1)在岗职工

(2)再就业的离退休人员

(3)私营业主

(4)个体户主

(5)私营和个体从业人员

(6)乡镇企业从业人员

(7)农村从业人员

(8)其他从业人员(包括民办教师、宗教职业者等)。

这一指标反映了一定时期内全部劳动力资源的实际利用情况,是研究我省基本省情省力的重要指标。

■ 各单位从业人员

指在各级国家机关、政党机关、社会团体及企业、事业单位中工作,并取得工资或其他劳动报酬的全部人员。包括:在岗职工、再就业的离退休人员、民办教师以及在各单位中工作的外方人员和港澳台方人员、兼职人员、借用的外单位人员和第二职业者。不包括离开本单位仍保留劳动关系的职工。各单位的从业人员反映了各单位实际参加生产或工作的全部劳动力。

■ 城镇私营和个体从业人员

城镇私营从业人员指在工商行政管理部门注册登记,其经营地址设在县城关镇(含城关镇)以上的私营企业从业人员;包括私营企业投资者和雇工。城镇个体从业的人员指在工商管理部门注册登记,并持有城镇户口或在城镇长期居住,经批准从事个体工商经营的从业人员;包括个体经营者和在个体工商户劳动的家庭帮工和雇工。

■ 城镇登记失业人员

指有非农业户口,在一定的劳动年龄内,有劳动能力,无业而要求就业,并在当地就业服务机构进行求职登记的人员。

■ 城镇登记失业率

指城镇登记失业人数同城镇单位从业人数、城镇私营企业及个体从业人数和城镇登记失业人数之和的比。计算公式为:

主要统计指标解释

城镇登记失业率 =

$$\frac{\text{城镇登记失业人数}}{\text{城镇单位从业人数}+\text{城镇私营企业及个体从业人员}+\text{城镇登记失业人数}}\times 100\%$$

■ 职　工

指在国有经济、城镇集体经济、联营经济、股份制经济、外商和港、澳、台投资经济、其他经济单位及其附属机构工作,并由其支付工资的各类人员,不包括返聘的离退休人员、民办教师、在国有经济单位工作的外方人员和港、澳、台人员(1998 年以后的数据均为在岗职工数据,其他相关指标如职工工资总额,职工平均工资等指标也从 1998 年按此口径进行了相应的调整)。

■ 国有单位职工

指在国有经济单位及其附属机构工作,并由其支付工资的各类人员。

■ 城镇集体单位职工

指在城镇集体经济单位及其管理部门工作,并由其支付工资的各类人员。

■ 其他单位职工

指在联营经济、股份制经济、外商投资经济、港、澳、台投资经济单位工作,并由其支付工资的各类人员。

■ 在岗职工

指在本单位工作并由单位支付工资的人员,以及有工作岗位,但由于学习、病伤、产假等原因暂未工作,仍由单位支付工资的人员。

ZHEJIANG STATISTICAL YEARBOOK

Explanatory Notes on Main Statistical Indicators

□ Total Population

refers to the total number of people alive at a certain point of time within a given area.

The annual statistics on total population is taken at midnight, the 31st of December.

□ Birth Rate (or Crude Birth Rate)

refers to the ratio of the number of births to the average population during a certain period of time (usually a year), which is often expressed in ‰. The following formula is used:

$$\text{Birth Rate} = \frac{\text{Number of Births}}{\text{Average Number of Population}} \times 1000‰$$

Number of Births refers to live births, i.e. the births when babies had showed any vital phenomena regardless of the length of pregnancy.

Annual Average Number of Population is the average of the number of population at the beginning of the year and that at the end of the year. Sometimes it is substituted for with the mid - year population.

□ Death Rate (or Crude Death Rate)

refers to the ratio of the number of deaths to the average population (or mid - year population) during a certain period of time (usually a year), which is often expressed in ‰. The following formula is uesd:

$$\text{Death Rate} = \frac{\text{Number of Deaths}}{\text{Annual Average Number of Population}} \times 1000‰$$

□ Natural Growth Rate of Population

refers to the ratio of natural increase in population (number of births minus number of deaths) in a certain period of time (usually a year) to the average population (or mid - year population) of the same period, which is often expressed in ‰. The following formulas are applied:

$$\text{Natural Growth of Population} = \frac{\text{Number of Births} - \text{Number of Deaths}}{\text{Average Number of Population}} \times 1000‰$$

$$\text{Natural Growth of Population} = \text{Birth Rate} - \text{Death Rate}$$

□ Employed Persons

refers to the persons who are engaged in social labour and receive remuneration payment or earn business income, including:

(1) total staff and workers,

(2) re-employed retirees,

(3) employers of private enterprises,

(4) self-employed workers,

(5) employees in private enterprises and individual economy,

(6) employees in town enterprises,

(7) employed persons in the rural areas,

(8) other employed persons (including teachers in the schools run by the local people, people engaged in religious profession, etc.).

This indicator reflacts the actual utilization of total labour force during a certain period of time and is often used for the research on provincial economic situation and power.

□ Persons Employed in Various Units

refer to all the persons working in government agencies of various levels, political and party organizations, social organizations, enteprises and institutions, and receiving wages or other forms of payment. they include fully - employed staff and workers, reemployed retirees, teachers in schools run by local people, foreigners and Chinese compatriots from Hong Kong, Macao, Taiwan working in various units, parttime employees, employees of other units working temporarily at current posts, and employees holding the second job, but exclude staff and workers who have left their working units while keeping their labour contract (employment relation) unchanged. This indicator reflacts the total number of laborers actually engaged in production or other operations in various units.

EXPLANATORY NOTES ON MAIN STATISTICAL INDICATORS

□ Persons Employed in private Enterprrises and Selfemployed Individuals in Urban Areas

Persons employed in private enterprises refer to the persons employed in the private enterprises which have been registered at the departments of industrial and commercial administration and are situated at a country town(i. e. a town where the country government is located) for business operationor at urban areas with the level higher than a country town. The selfemployed individuals in urban areas refer to persons who hold the certificates of resience in urban areas or have resided in the urban areas for a long time and have been registered at the department of industrial and commercial administration and approved to be engaged in individual industrial or commercial business including selfemployed persons as well as helpers and hire labourers who work in the indvidual households engaged in industrial or commercial business.

□ Registered Urban Unemployed Persons

The registered unemployed persons in urban areas refer to persons who are registered as permanent residents in urban areas engaged in nonagricultural activities, aged within the range of working age, capable to labour, unemployed but desirous to be employed and have been registered at the local government service agencies to apply for a job.

□ Registered Urban Unemployment Rate

Registered unemployment rate in urban areas refers to the ratio of the number of the registered unemployed persons to the sum of the number of the person employed in various units and in private enterprises in urban areas, urban selfemployed individuals and the registered urban unemployed persons. The formula is as follows:

Registered urban unemployment rate = 100% × (number of registered urban unemployed persons)/(number of persons employed in urban units + number of persons employed in urban private enterprises + and selfemployed individual in urban Areas + number of registered urban unemployed persons)

□ Staff and Workers

refer to the persons who work in (and receive payment therefrom) enterprises and institutions of state ownership, collective ownership, joint ownership, share holding, foreign ownership, and ownership by entrepreneurs from Hong Kong, Macao, and Taiwan, and other types of ownership and their affiliated units, excluding the retired persons invited to work in the units again, teachers in the schools run by the local people and foreigners and persons coming from Hong Kong, Macao and Taiwan and working in the state – owned economic units. (Number of staff and workers in this yearbook include only fully employed staff and worker, excluding those who have left their working units while keeping their labour contract employment relation unchanged).

□ Staff and Workers in State – owned Economic Units

refer to the person who work in the state – owned economic units or their attached units and are listed in their payrolls.

□ Staff and Workers in Collective Owned Units

refer to the persons who work in collective owned units in urban areas and their administration departments and recieve payment therefrom.

□ Staff and Workers in Units of Other types of Ownership

refer to those who work in (and receive payment therefrom) enterprises and institutions of joint ownership, share holding, foreign ownership, and ownership by enterpreneurs from Hong Kong, Macao and Taiwan.

□ Fully Employed Staff and Workers

refers to persons who work in, and receive wages from their working units, as well.

2017
浙江统计年鉴
ZHEJIANG STATISTICAL YEARBOOK

CHAPTER 3

固定资产投资
Investment in Fixed Assets

3－1 固定资产投资(1978－2016年)
Investment in Fixed Assets(1978－2016)

单位:亿元(100 million yuan)

年份 Year	全社会投资 Total Investment	固定资产投资 Investment in Fixed Assets	投资项目投资 Investment In Projects	房地产开发投资 Real Estate Development
1978	23.23			
1979	26.11			
1980	33.25			
1981	34.16			
1982	41.72			
1983	44.04			
1984	64.89			
1985	102.20			
1986	127.39			
1987	156.20			
1988	188.95			
1989	179.49			
1990	186.96			9.54
1991	239.75			11.73
1992	361.18			24.23
1993	683.83			93.15
1994	1006.39			155.82
1995	1357.90			246.38
1996	1617.53			243.54
1997	1694.57			215.44
1998	1847.93			226.69
1999	1886.04			271.99
2000	2267.22			362.18
2001	2776.69			544.91
2002	3596.31			728.80
2003	4993.57	4180.38	3200.33	980.05
2004	6059.78	5384.38	4031.31	1353.07
2005	6696.25	6138.39	4681.90	1456.49
2006	7593.66	6964.28	5390.01	1574.28
2007	8420.43	7704.90	5883.23	1821.67
2008	9323.00	8550.71	6527.59	2023.12
2009	10742.32	9906.46	7652.19	2254.27
2010	12376.04	11451.98	8426.55	3025.43
2011		14077.25	9602.90	4474.35
2012		17095.96	11869.69	5226.27
2013		20194.07	13977.82	6216.25
2014		23554.76	16292.38	7262.38
2015		26664.72	19552.79	7111.93
2016		29571.00	22101.63	7469.37

注:固定资产投资口径范围为计划总投资500万元及以上的投资项目和全部房地产开发投资,以后各表同。
Investment in Fixed Assets are those with planned investment from investment in projects over 5 million yuan and total real estate development investment.

3－2 固定资产投资和房屋建筑面积(2009－2016 年)
Investment in Fixed Assets and Floor space of Buildings(2009－2016)

指标	Item	2009	2010	2011	2012	2013	2014	2015	2016
投资总额(亿元)	**Total Investment (100 million yuan)**	**10742.32**	**12376.04**	**14077.25**	**17095.96**	**20194.07**	**23554.76**	**26664.72**	**29571.00**
城镇以上投资	**Investment at Town Level and Above**	**7454.33**	**8438.08**	**10350.45**	**12180.12**	**14448.48**	**17224.62**		
农村投资	**Rural Investment**	**3288.00**	**3937.96**	**3726.80**	**4915.84**	**5745.59**	**6330.15**		
农户投资	Farm household	434.70	507.75						
非农户投资	Non－peasant Household	2853.30	3430.21	3726.80	4915.84	5745.59	6330.15		
按构成分	**by Structure**								
建筑安装工程	Construction and Installation	6190.23	7127.41	8006.03	9763.11	11706.72	13709.28	16105.59	17849.82
设备工器具购置	Purchase of Equipment and Tools	2396.73	2552.90	2428.09	2888.90	3350.52	4038.88	4576.78	4939.44
其他费用	Others	2155.36	2695.73	3643.13	4443.95	5136.83	5806.61	5982.34	6781.75
总投资中:住宅投资	**Residential Buildings**	**2154.25**	**2785.53**	**3289.51**	**3860.06**	**4538.08**	**5169.62**	**5145.20**	**5347.59**
房屋建筑面积(万平方米)	Floor Space of Buildings(10000 sq. m)								
施工面积	Floor Space under Construction	53252.60	61705.31	66803.51	75484.83	83084.50	89275.10	87972.89	73344.30
#住宅	Residential Buildings	22408.46	25969.17	24352.17	27208.20	29379.41	31880.05	31522.67	29044.10
竣工面积	Floor Space Completed	18446.67	19899.51	15935.70	16034.39	18881.84	19376.74	19046.51	17675.08
#住宅	Residential Buildings	8622.27	9177.07	4217.12	4174.13	4692.94	5382.47	5594.11	6380.57

注：1. 该表统计口径范围 2011 年前为“全社会投资”，2011 年起为“固定资产投资”，即计划总投资 500 万元及以上的投资项目和全部房地产开发投资。
The data in this table refer to investment in fixed assets since 2011. as those refer to total investment in fixed assets before 2011.
2. 2011 年起农村投资不包括农户投资。Rural investment does not include farm household since 2011.

3-3 固定资产投资完成情况(2012-2016年) Investment In Fixed Assets (2012-2016)

单位:亿元(100 million yuan)

指标	Item	2012	2013	2014	2015	2016
投资额	**Total Investment**	**17095.96**	**20194.07**	**23554.76**	**26664.72**	**29571.00**
投资项目	Projects	11869.69	13977.82	16292.38	19552.79	22101.63
房地产开发	Real Estate Development	5226.27	6216.25	7262.38	7111.93	7469.37
按登记注册类型分	**by Registered Type**					
内资	Domestic Funds	15618.02	18258.69	21557.78	24619.71	27358.92
国有	State-owned	4032.47	4628.76	5225.64	6289.19	5358.82
集体	Collective Owned	556.62	695.39	945.49	886.87	601.84
股份合作	Share-cooperations	48.25	48.77	71.03	72.33	41.57
国有联营	State Joint	12.31	10.39	22.08	26.05	18.04
集体联营	Collective Joint	1.18	1.13	4.75	4.25	7.43
国有与集体联营	State-collective Joint	8.03	8.72	6.82	21.37	4.83
其他联营	Other Joint	0.51	0.65	1.89	2.07	5.35
国有独资公司	State Sole Funds	505.78	782.25	973.00	1271.25	2999.18
其他有限责任公司	Other Limited Liability Corporations	5017.24	5628.67	6456.80	6873.01	7620.07
股份有限公司	Share-holding Corporations Ltd.	598.59	673.73	684.13	669.49	679.86
私营	Private	4601.30	5513.15	6841.46	7714.47	9201.28
其他	Others	235.73	267.07	324.68	789.36	820.65
港澳台商投资	Investment from HongKong, Macao and Taiwan	817.74	1126.59	1200.62	1186.05	1350.56
外商投资	Investment from Foreign	605.28	757.64	741.43	800.72	783.09
个体经营	Individual	54.92	51.15	54.80	58.24	78.44
按国有及非国有情况分	**by State and Non-state Owned**					
国有及国有控股企业投资	State-owned and State-holding	5367.92	6365.90	7250.86	9002.37	11425.04
非国有投资	Non-state-owned	11728.04	13828.17	16303.90	17662.35	18145.96
#民间投资	Nongovernmental	10564.74	12307.72	14757.84	16109.06	16441.16

续表 Continued 单位:亿元(100 million yuan)

指标	Item	2012	2013	2014	2015	2016
按构成分	**by Structure**					
建筑工程	Construction	8803.30	10610.78	12455.77	14682.79	16092.21
安装工程	Installation	959.81	1095.94	1253.51	1422.80	1757.61
设备工器具购置	Purchase of Equipment and Tools	2888.90	3350.52	4038.88	4576.78	4939.44
购置旧设备	Purchase of Old Equipment	10.68	7.62	8.70	10.62	13.27
用于更新的设备	Renewal of Equipment	429.56	471.49	539.85	592.61	
其他费用	Others	4443.95	5136.83	5806.61	5982.34	6781.75
旧建筑物购置费	Purchase of Old Buildings	8.55	29.29	21.34	25.91	38.42
土地购置费	Purchase of Land	3089.37	3374.83	4021.57	3944.58	4623.51
施工项目个数(万个)	Projects under Construction(10000 units)	3.91	4.35	4.70	4.80	5.18
全投项目个数(万个)	Projects Completed and Put into Use(10000 units)	1.91	2.23	2.76	3.09	3.51
房屋施工面积(万平方米)	Floor Space under Construction(10000sq. m)	75484.83	83084.50	89275.10	87972.89	73344.30
房屋竣工面积(万平方米)	Floor Space Completed(10000sq. m)	16034.39	18881.84	19376.74	19046.51	17675.08
新增固定资产	Newly Increased Fixed Assets	8661.44	11104.63	15019.67	17414.42	18977.78
资金来源合计	**Source of Funds**	**21738.78**	**27001.32**	**30480.32**	**32785.55**	**35701.88**
上年末结余资金	Surplus Funds Last Year	3043.61	3608.17	4504.83	4686.36	4294.91
本年资金来源小计	Funds This Year	18695.17	23393.15	25975.49	28099.19	31406.97
#国家预算内资金	State Budgetary Appropriations	929.30	1188.62	1407.59	1660.40	1702.34
国内贷款	Domestic Loans	2769.03	3190.02	3615.22	3038.89	3527.22
债券	Debenture	22.15	10.65	9.05	9.84	59.13
利用外资	Foreign Investment	211.66	244.21	214.59	160.39	172.05
自筹资金	Fundraising	10996.38	13728.10	16231.41	17877.62	18406.25
其他资金	Others	3766.66	5031.54	4497.64	5352.04	7539.98

3-4 分行业施工和投产项目个数
Number of Projects Under Construction and Put Into Use by Sector

指标	Item	施工项目个数(个) Number of Projects under Construction (units)		投产项目个数(个) Number of Projects Completed and Put Into Use (units)		项目建成投产率(%) Rate of Projects Completed and Put Into Use (%)	
		2015	2016	2015	2016	2015	2016
总计	**Total**	**48022**	**51754**	**30898**	**35084**	**64.3**	**67.8**
第一产业	Primary Industry	1610	1972	1173	1391	72.9	70.5
第二产业	Secondary Industry	25655	25375	18227	19670	71.0	77.5
第三产业	Tertiary Industry	20757	24407	11498	14023	55.4	57.5
按国民经济行业分组	**by Sector**						
农林牧渔业	**Farming, Forestry, Animal Husbandry and Fishery**	**1610**	**1972**	**1173**	**1391**	**72.9**	**70.5**
农业	Farming	790	982	595	647	75.3	65.9
林业	Forestry	106	93	67	72	63.2	77.4
畜牧业	Animal Husbandry	127	114	90	79	70.9	69.3
渔业	Fishery	130	163	96	143	73.8	87.7
农、林、牧、渔服务业	Services	457	620	325	450	71.1	72.6
采矿业	**Mining and Quarrying**	**150**	**128**	**109**	**97**	**72.7**	**75.8**
煤炭开采和洗选业	Goal Mining and Dressing	2	2	1	1	50.0	50.0
石油和天然气开采业	Petroleum and Natural Gas Extraction		1		1		100.0
黑色金属矿采选业	Ferrous Metals Mining and Dressing	1					
有色金属矿采选业	Nonferrous Metals Mining and Dressing	4	7	3	5	75.0	71.4
非金属矿采选业	Nonmetal Minerals Mining and Dressing	140	111	103	85	73.6	76.6
开采辅助活动	Supplementary Activities for Mining	2	1	1	2	50.0	200.0
其他采矿业	Other Minerals Mining and Dressing	1	6	1	3	100.0	50.0
制造业	**Manufacturing**	**23155**	**22949**	**16711**	**18245**	**72.2**	**79.5**
农副食品加工业	Non-staple Food Processing	419	377	283	291	67.5	77.2
食品制造业	Food Manufacturing	218	265	134	187	61.5	70.6
酒、饮料和精制茶制造业	Wine, Soft Drinks and Refined Tea Manufacturing	179	176	113	108	63.1	61.4
烟草制品业	Tobacco Production	5	3	2	1	40.0	33.3
纺织业	Textile Industry	2115	2052	1648	1938	77.9	94.4
纺织服装、服饰业	Garments and Apparel Industryindustry	655	704	498	677	76.0	96.2

续表 1 Continued

指标	Item	施工项目个数(个) Number of Projects under Construction (units)		投产项目个数(个) Number of Projects Completed and Put Into Use (units)		项目建成投产率(%) Rate of Projects Completed and Put Into Use (%)	
		2015	2016	2015	2016	2015	2016
皮革、毛皮、羽毛及其制品和制鞋业	Leather, Furs, Down and Related Production, Shoes Manufacturing	685	653	563	617	82.2	94.5
木材加工及木、竹、藤、棕、草制品业	Timber Processing, Bamboo, Cane Palm Fiber and Straw Production Timber Processing, Bamboo, Cane Palm Fiber and Straw ·Production	332	358	259	272	78.0	76.0
家具制造业	Furniture Manufacturing	487	462	340	357	69.8	77.3
造纸及纸制品业	Papermaking and Paper Production	476	448	331	383	69.5	85.5
印刷和记录媒介复制业	Printing and Record Medium Reproduction	292	276	220	314	75.3	113.8
文教、工美、体育和娱乐用品制造业	Cultural and Educational, Arts and Crafts, Sports and Chemical Production	820	693	621	532	75.7	76.8
石油加工、炼焦及核燃料加工业	Petroleum Processing, Cooking and Nuclear Fuel Processing	75	78	52	43	69.3	55.1
化学原料及化学制品制造业	Raw Chemical Materials and Chemical Production	997	1051	694	749	69.6	71.3
医药制造业	Medical and Pharmaceutical Production	423	499	246	296	58.2	59.3
化学纤维制造业	Chemical Fiber	264	266	182	222	68.9	83.5
橡胶和塑料制品业	Rubber and Plastic Production	1439	1426	1047	1169	72.8	82.0
非金属矿物制品业	Nonmetal Mineral Production	1035	925	765	749	73.9	81.0
黑色金属冶炼及压延加工业	Smelting and Pressing of Ferrous MetalsMetals	342	275	268	226	78.4	82.2
有色金属冶炼及压延加工业	Smelting and Pressing of Nonferrous Metals	332	298	238	235	71.7	78.9
金属制品业	Metal Production	1750	1576	1260	1310	72.0	83.1
通用设备制造业	Ordinary Machinery	2484	2575	1766	2016	71.1	78.3
专用设备制造业	For Special Purpose Equipment Manufacturing	1479	1422	1055	1047	71.3	73.6
汽车制造业	Automotive Manufacturing	1404	1576	921	1088	65.6	69.0
铁路、船舶、航空航天和其他运输设备制造业	Railway, Shipbuilding, Aerospace and other Transport Equipment	354	395	248	274	70.1	69.4
电气机械及器材制造业	Electric Equipment and Machinery	2411	2524	1754	2013	72.7	79.8
计算机、通信和其他电子设备制造业	Computers, Communications and Other Electronic Equipment Manufacturing	875	864	603	593	68.9	68.6

续表 2 Continued

指标	Item	施工项目个数(个) Number of Projects under Construction (units)		投产项目个数(个) Number of Projects Completed and Put Into Use (units)		项目建成投产率(%) Rate of Projects Completed and Put Into Use (%)	
		2015	2016	2015	2016	2015	2016
仪器仪表制造业	Instruments Manufacturing	313	309	216	230	69.0	74.4
其他制造业	Other Manufacturing	330	286	273	218	82.7	76.2
废弃资源综合利用业	Comprehensive Utilization of Waste Resource	113	99	72	64	63.7	64.6
金属制品、机械和设备修理业	Metal Products,Machinery and Equipment Repair Industry	52	38	39	26	75.0	68.4
电力、热力、燃气及水生产和供应业	**Electricity,Heating Power, Gas and Water Production and Supply**	**2111**	**2240**	**1276**	**1301**	**60.4**	**58.1**
电力、热力生产和供应业	Production and Supply of Electricity and Heating Power	966	1154	618	718	64.0	62.2
燃气生产和供应业	Production and Supply of Gas	117	128	42	48	35.9	37.5
水的生产和供应业	Production and Supply of Water	1028	958	616	535	59.9	55.8
建筑业	**Construction**	**239**	**58**	**131**	**27**	**54.8**	**46.6**
房屋建筑业	Housing	23	10	14	4	60.9	40.0
土木工程建筑业	Civil Engineering	165	35	73	20	44.2	57.1
建筑安装业	Installation	8	3	5	1	62.5	33.3
建筑装饰和其他建筑业	Building Decoration and Others	43	10	39	2	90.7	20.0
批发和零售业	**Wholesale and Retail Trade**	**744**	**793**	**427**	**476**	**57.4**	**60.0**
批发业	Wholesale	301	300	160	155	53.2	51.7
零售业	Retail Sale	443	493	267	321	60.3	65.1
交通运输、仓储和邮政业	**Transport,Storage and Post**	**2686**	**2997**	**1378**	**1631**	**51.3**	**54.4**
铁路运输业	Railway Transport	40	39	14	7	35.0	17.9
道路运输业	Highway Transport	2069	2414	1087	1234	52.5	51.1
水上运输业	Waterway Transport	202	171	97	198	48.0	115.8
航空运输业	Air Transport	25	29	6	19	24.0	65.5
管道运输业	Pipeline Transport	17	15	7	10	41.2	66.7
装卸搬运和运输代理业	Carrying and Transportation Agents	46	33	31	25	67.4	75.8
仓储业	Storage	262	269	129	118	49.2	43.9
邮政业	Postal Services	25	27	7	20	28.0	74.1

续表 3 Continued

指标	Item	施工项目个数(个) Number of Projects under Construction (units)		投产项目个数(个) Number of Projects Completed and Put Into Use (units)		项目建成投产率(%) Rate of Projects Completed and Put Into Use (%)	
		2015	2016	2015	2016	2015	2016
住宿和餐饮业	**Hotels and Catering Services**	**507**	**652**	**279**	**362**	**55.0**	**55.5**
住宿业	Hotels	381	521	202	274	53.0	52.6
餐饮业	Catering Services	126	131	77	88	61.1	67.2
信息传输、软件和信息技术服务业	**Information Transmission, Software and Information Technology Services**	**303**	**293**	**183**	**187**	**60.4**	**63.8**
电信、广播电视和卫星传输服务	Telecommunication, Radio and Television , Satellite Transmission Services	162	150	116	102	71.6	68.0
互联网和相关服务	Internet and Related Services	33	33	20	23	60.6	69.7
软件和信息技术服务业	Software and Information Technology Services	108	110	47	62	43.5	56.4
金融业	**Banking**	**139**	**125**	**62**	**121**	**44.6**	**96.8**
货币金融服务	Monetary and Financial Services	107	105	41	111	38.3	105.7
资本市场服务	Capital Market Services	23	10	16	5	69.6	50.0
保险业	Insurance	4	5	2	2	50.0	40.0
其他金融业	Others	5	5	3	3	60.0	60.0
房地产业	**Real Estate**	**2978**	**3260**	**1730**	**1877**	**58.1**	**57.6**
房地产业	Real Estate	2978	3260	1730	1877	58.1	57.6
租赁和商务服务业	**Renting and Business Services**	**778**	**916**	**417**	**543**	**53.6**	**59.3**
租赁业	Leasing	25	13	18	26	72.0	200.0
商务服务业	Commercial Services	753	903	399	517	53.0	57.3
科学研究和技术服务业	**Scientific Research and Technical Services**	**266**	**252**	**135**	**165**	**50.8**	**65.5**
研究与试验发展	Research and Experiment Development	59	48	31	28	52.5	58.3
专业技术服务业	Technical Services	140	134	72	99	51.4	73.9
科技推广和应用服务业	Promotion and Application of Science and Technology Services	67	70	32	38	47.8	54.3
水利、环境和公共设施管理业	**Water Conservancy, Environment and Public Facilities Management**	**8359**	**10981**	**4780**	**6426**	**57.2**	**58.5**
水利管理业	Water Conservancy	1277	1372	723	765	56.6	55.8
生态保护和环境治理业	Ecological Protection and Environmental Management	744	1045	456	607	61.3	58.1

续表 4 Continued

指标	Item	施工项目个数(个) Number of Projects under Construction (units)		投产项目个数(个) Number of Projects Completed and Put Into Use (units)		项目建成投产率(%) Rate of Projects Completed and Put Into Use (%)	
		2015	2016	2015	2016	2015	2016
公共设施管理业	Public Facilities	6338	8564	3601	5054	56.8	59.0
居民服务、修理和其他服务业	**Service for the Residents, Repair and Others**	**240**	**377**	**157**	**249**	**65.4**	**66.0**
居民服务业	Resident Services	170	254	112	169	65.9	66.5
机动车、电子产品和日用产品修理业	Motor Vehicles, Electronics and Household Goods Repair Industry	24	44	17	41	70.8	93.2
其他服务业	Other Services	46	79	28	39	60.9	49.4
教育	**Education**	**1228**	**1297**	**553**	**591**	**45.0**	**45.6**
教育	Education	1228	1297	553	591	45.0	45.6
卫生和社会工作	**Health Care and Social Work**	**561**	**603**	**254**	**315**	**45.3**	**52.2**
卫生	Health Care	378	404	149	202	39.4	50.0
社会工作	Social Work	183	199	105	113	57.4	56.8
文化、体育和娱乐业	**Culture, Sports and Recreation**	**839**	**942**	**485**	**533**	**57.8**	**56.6**
新闻和出版业	News and Publishing	6	5	1		16.7	
广播、电视、电影和影视录音制作业	Television, Radio, Film and Television Sound Recording Production	55	55	32	30	58.2	54.5
文化艺术业	Culture and Arts	532	600	319	352	60.0	58.7
体育	Sports	109	142	49	69	45.0	48.6
娱乐业	Recreation	137	140	84	82	61.3	58.6
公共管理、社会保障和社会组织	**Public Administration, Social Security and Social Organization**	**1129**	**918**	**658**	**547**	**58.3**	**59.6**
中国共产党机关	Communist Party Agencies		7		7		100.0
国家机构	Government Agencies	636	577	319	291	50.2	50.4
人民政协、民主党派	The CPPCC, Democratic Parties	1	1				
社会保障	Social Security	12	2	6	2	50.0	100.0
群众团体、社会团体和其他成员组织	Mass Organizations, Social Groups and Other Members of the Organization	121	109	79	71	65.3	65.1
基层群众自治组织	Mass Grassroot Organizations	359	222	254	176	70.8	79.3

3-5 分行业固定资产投资和新增固定资产
Investment and Newly Increased Fixed Assets by Sector

指标	Item	投资额（亿元）Investment (100 million yuan) 2015	2016	新增固定资产（亿元）Newly Increased Fixed Assets (100 million yuan) 2015	2016	固定资产交付使用率（%）Rate of Fixed Put into Use (%) 2015	2016
总计	**Total**	**26664.72**	**29571.00**	**17414.42**	**18977.78**	**65**	**64**
第一产业	Primary Industry	339.18	386.25	275.74	289.07	81	75
第二产业	Secondary Industry	8802.62	9109.14	7302.81	6841.82	83	75
#工业技改投资	Industrial investment, technical	6701.21	7126.14	5436.31	5508.32	81	77
#装备制造业投资	Investment in the equipment manufacturing industry	3657.74	3857.61	3004.71	2877.73	82	75
高新技术产业投资	High-tech industry investment	2162.41	2365.07	1754.27	1716.90	81	73
战略性新兴产业投资	Strategic emerging industry investment	2545.28	2745.28	2115.03	1888.56	83	69
第三产业	Tertiary Industry	17522.92	20075.62	9835.87	11846.89	56	59
#高技术服务业投资	High technology service industry investment	598.33	791.72	382.74	485.28	64	61
按国民经济行业分组	**by Sector**						
农林牧渔业	**Farming, Forestry, Animal Husbandry and Fishery**	**339.18**	**386.25**	**275.74**	**289.07**	**81**	**75**
农业	Farming	156.29	177.98	134.26	126.16	86	71
林业	Forestry	17.63	17.86	14.81	15.71	84	88
畜牧业	Animal Husbandry	23.22	20.02	21.03	16.64	91	83
渔业	Fishery	27.23	47.74	25.48	30.98	94	65
农、林、牧、渔服务业	Services	114.82	122.64	80.16	99.58	70	81
采矿业	**Mining and Quarrying**	**59.31**	**58.62**	**45.66**	**40.66**	**77**	**69**
煤炭开采和洗选业	Coal Mining and Dressing	0.05	0.07	0.11	0.02	202	35
石油和天然气开采业	Petroleum and Natural Gas Extraction		0.16		0.13		81
黑色金属矿采选业	Ferrous Metals Mining and Dressing						
有色金属矿采选业	Nonferrous Metals Mining and Dressing	0.49	1.12	0.24	2.13	49	191
非金属矿采选业	Nonmetal Minerals Mining and Dressing	57.72	53.49	44.47	36.40	77	68
开采辅助活动	Supplementary Activities for Mining	0.75	0.32	0.55	0.32	73	100
其他采矿业	Other Minerals Mining and Dressing	0.30	3.47	0.30	1.66	100	48
制造业	**Manufacturing**	**7579.14**	**7822.10**	**6261.98**	**6020.59**	**83**	**77**
农副食品加工业	Non-staple Food Processing	142.36	129.97	107.18	78.52	75	60
食品制造业	Food Manufacturing	66.64	81.60	46.32	80.40	70	99
酒、饮料和精制茶制造业	Wine, Soft Drinks and Refined Tea Manufacturing	65.28	57.21	45.08	35.45	69	62
烟草制品业	Tobacco Production	23.18	13.13	0.79	1.59	3	12
纺织业	Textile Industry	611.38	641.72	538.14	514.37	88	80

续表 1 Continued

指标	Item	投资额（亿元）Investment (100 million yuan) 2015	2016	新增固定资产（亿元）Newly Increased Fixed Assets (100 million yuan) 2015	2016	固定资产交付使用率（%）Rate of Fixed Put into Use (%) 2015	2016
纺织服装、服饰业	Garments and Apparel Industryindustry	181.86	196.98	159.72	159.88	88	81
皮革、毛皮、羽毛及其制品和制鞋业	Leather, Furs, Down and Related Production, Shoes Manufacturing	120.28	125.17	109.85	98.34	91	79
木材加工及木、竹、藤、棕、草制品业	Timber Processing, Bamboo, Cane Palm Fiber and Straw Production	79.32	83.76	55.73	63.27	70	76
家具制造业	Furniture Manufacturing	126.23	120.76	79.92	98.26	63	81
造纸及纸制品业	Papermaking and Paper Production	184.55	163.89	137.22	154.82	74	94
印刷和记录媒介复制业	Printing and Record Medium Reproduction	67.66	87.18	57.36	73.58	85	84
文教、工美、体育和娱乐用品制造业	Cultural and Educational, Arts and Crafts, Sports and Entertainment Goods	179.18	191.19	133.07	130.98	74	69
石油加工、炼焦及核燃料加工业	Raw Chemical Materials and Chemical Production	90.32	88.07	40.82	147.77	45	168
化学原料及化学制品制造业	Raw Chemical Materials and Chemical Production	504.60	530.36	551.91	375.71	109	71
医药制造业	Medical and Pharmaceutical Production	228.50	233.61	191.68	175.66	84	75
化学纤维制造业	Chemical Fiber	192.74	151.05	117.38	106.75	61	71
橡胶和塑料制品业	Rubber and Plastic Production	351.54	399.74	274.73	318.87	78	80
非金属矿物制品业	Nonmetal Mineral Production	327.55	313.10	281.83	271.14	86	87
黑色金属冶炼及压延加工业	Smelting and Pressing of Ferrous MetalsMetals	109.61	103.79	92.18	78.23	84	75
有色金属冶炼及压延加工业	Smelting and Pressing of Nonferrous Metals	118.71	109.24	110.66	86.42	93	79
金属制品业	Metal Production	446.60	421.86	376.63	351.75	84	83
通用设备制造业	Ordinary Machinery	742.54	755.43	669.81	578.34	90	77
专用设备制造业	Equipment Manufacturing	485.00	429.08	420.72	318.41	87	74
汽车制造业	Automotive Manufacturing	751.28	816.74	473.14	641.09	63	78
铁路、船舶、航空航天和其他运输设备制造业	Transport Equipment	150.60	174.05	124.25	118.67	83	68

续表 2 Continued

指标	Item	投资额（亿元）Investment (100 million yuan)		新增固定资产（亿元）Newly Increased Fixed Assets (100 million yuan)		固定资产交付使用率（%）Rate of Fixed Put into Use (%)	
		2015	2016	2015	2016	2015	2016
电气机械及器材制造业	Electric Equipment and Machinery	675.80	803.69	590.69	583.80	87	73
计算机、通信和其他电子设备制造业	Computers, Communications and Other Electronic Equipment Manufacturing	306.30	356.16	261.74	216.43	85	61
仪器仪表制造业	Instruments Manufacturing	86.36	85.23	78.17	46.41	91	54
其他制造业	Other Manufacturing	112.44	105.86	88.27	67.85	79	64
废弃资源综合利用业	Comprehensive Utilization of Waste Resources	37.47	37.09	37.43	24.99	100	67
金属制品、机械和设备修理业	Metal Products, Machinery and Equipment Repair Industry	13.26	15.37	9.56	22.84	72	149
电力、热力、燃气及水生产和供应业	**Electricity, Heating Power, Gas and Water Production and Supply**	**1108.87**	**1216.37**	**946.70**	**773.25**	**85**	**64**
电力、热力生产和供应业	Production and Supply of Electricity and Heating Power	775.72	827.06	695.85	535.26	90	65
燃气生产和供应业	Production and Supply of Gas	52.72	82.93	18.53	27.02	35	33
水的生产和供应业	Production and Supply of Water	280.44	306.39	232.32	210.97	83	69
建筑业	**Construction**	**55.29**	**12.04**	**48.47**	**7.31**	**88**	**61**
房屋建筑业	Housing	3.56	2.15	3.95	1.84	111	86
土木工程建筑业	Civil Engineering	39.07	7.97	35.04	5.09	90	64
建筑安装业	Installation	1.25	0.16	0.63	0.11	51	71
建筑装饰和其他建筑业	Building Decoration and Others	11.41	1.75	8.85	0.27	78	15
批发和零售业	**Wholesale and Retail Trade**	**410.71**	**370.27**	**244.58**	**241.98**	**60**	**65**
批发业	Wholesale	183.27	167.90	89.33	102.00	49	61
零售业	Retail Sale	227.44	202.37	155.24	139.98	68	69
交通运输、仓储和邮政业	**Transport, Storage and Post**	**2311.40**	**2577.43**	**1251.29**	**1241.22**	**54**	**48**
铁路运输业	Railway Transport	214.79	179.01	125.60	40.13	58	22
道路运输业	Highway Transport	1552.32	1844.02	804.26	828.32	52	45
水上运输业	Waterway Transport	224.97	218.23	143.17	148.73	64	68
航空运输业	Air Transport	50.82	63.25	17.92	39.44	35	62
管道运输业	Pipeline Transport	15.45	17.94	4.09	33.86	27	189

续表 3 Continued

指标	Item	投资额（亿元）Investment（100 million yuan）		新增固定资产（亿元）Newly Increased Fixed Assets（100 million yuan）		固定资产交付使用率（%）Rate of Fixed Put into Use（%）	
		2015	2016	2015	2016	2015	2016
装卸搬运和运输代理业	Carrying and Transportation Agents	21.13	21.86	22.88	20.51	108	94
仓储业	Storage	218.96	214.03	130.14	120.16	59	56
邮政业	Postal Services	12.96	19.10	3.22	10.09	25	53
住宿和餐饮业	**Hotels and Catering Services**	**232.27**	**295.11**	**197.80**	**158.91**	**85**	**54**
住宿业	Hotels	192.42	264.14	160.84	134.64	84	51
餐饮业	Catering Services	39.85	30.97	36.96	24.28	93	78
信息传输、软件和信息技术服务业	**Information Transmission, Software and Information Technology Services**	**275.18**	**318.79**	**161.62**	**179.81**	**59**	**56**
电信、广播电视和卫星传输服务	Telecommunication, Radio and Television, Satellite Transmission Services	93.20	164.27	83.81	54.78	90	33
互联网和相关服务	Internet and Related Services	91.70	56.59	36.36	55.41	40	98
软件和信息技术服务业	Software and Information Technology Services	90.28	97.92	41.45	69.62	46	71
金融业	**Banking**	**102.16**	**88.94**	**52.48**	**55.82**	**51**	**63**
货币金融服务	Monetary and Financial Services	74.25	75.87	26.80	49.72	36	66
资本市场服务	Capital Market Services	21.19	4.63	23.09	0.77	109	17
保险业	Insurance	3.05	5.85	0.31	0.14	10	2
其他金融业	Others	3.67	2.59	2.28	5.19	62	200
房地产业	**Real Estate**	**9107.54**	**9683.81**	**4376.26**	**5538.64**	**48**	**57**
房地产业	Real Estate	9107.54	9683.81	4376.26	5538.64	48	57
租赁和商务服务业	**Renting and Business Services**	**571.70**	**645.94**	**367.77**	**418.53**	**64**	**65**
租赁业	Leasing	34.78	19.69	30.50	17.37	88	88
商务服务业	Commercial Services	536.92	626.25	337.28	401.15	63	64
科学研究和技术服务业	**Scientific Research and Technical Services**	**99.90**	**141.29**	**78.09**	**101.33**	**78**	**72**
研究与试验发展	Research and Experiment Development	26.40	30.04	19.42	17.23	74	57
专业技术服务业	Technical Services	43.53	57.68	40.19	57.99	92	101
科技推广和应用服务业	Promotion and Application of Science and Technology Services	29.97	53.57	18.48	26.10	62	49

续表 4 Continued

指标	Item	投资额（亿元）Investment (100 million yuan)		新增固定资产（亿元）Newly Increased Fixed Assets (100 million yuan)		固定资产交付使用率(%) Rate of Fixed Put into Use (%)	
		2015	2016	2015	2016	2015	2016
水利、环境和公共设施管理业	**Water Conservancy, Environment and Public Facilities Management**	**3092.03**	**4361.45**	**2132.98**	**2961.10**	**69**	**68**
水利管理业	Water Conservancy	538.17	652.88	341.81	479.86	64	73
生态保护和环境治理业	Ecological Protection and Environmental Management	217.14	329.74	142.03	220.71	65	67
公共设施管理业	Public Facilities	2336.71	3378.82	1649.15	2260.53	71	67
居民服务、修理和其他服务业	**Service for the Residents, Repair and Others**	**67.61**	**119.80**	**49.36**	**63.61**	**73**	**53**
居民服务业	Resident Services	44.64	77.25	29.57	42.44	66	55
机动车、电子产品和日用产品修理业	Motor Vehicles, Electronics and Household Goods Repair Industry	7.05	7.36	9.00	6.55	128	89
其他服务业	Other Services	15.92	35.18	10.79	14.62	68	42
教育	**Education**	**400.91**	**506.79**	**302.18**	**284.34**	**75**	**56**
教育	Education	400.91	506.79	302.18	284.34	75	56
卫生和社会工作	**Health Care and Social Work**	**219.45**	**273.08**	**178.35**	**120.38**	**81**	**44**
卫生	Health Care	167.00	207.25	138.62	87.56	83	42
社会工作	Social Work	52.45	65.84	39.73	32.82	76	50
文化、体育和娱乐业	**Culture, Sports and Recreation**	**311.45**	**390.02**	**183.22**	**258.34**	**59**	**66**
新闻和出版业	News and Publishing	3.39	3.53	0.70		21	
广播、电视、电影和影视录音制作业	Television, Radio, Film and Television Sound Recording Production	33.76	31.20	13.24	16.02	39	51
文化艺术业	Culture and Arts	154.23	199.48	113.25	149.43	73	75
体育	Sports	56.34	101.25	27.06	53.24	48	53
娱乐业	Recreation	63.73	54.56	28.97	39.65	45	73
公共管理、社会保障和社会组织	**Public Administration, Social Security and Social Organization**	**320.61**	**302.89**	**259.88**	**222.88**	**81**	**74**
中国共产党机关	Communist Party Agencies		0.85		0.85		100
国家机构	Government Agencies	137.74	188.56	111.23	127.79	81	68
人民政协、民主党派	The CPPCC, Democratic Parties		0.05				
社会保障	Social Security	2.08	0.83	0.84	0.83	40	100
群众团体、社会团体和其他成员组织	Mass Organizations, Social Groups and Other Members of the Organization	34.77	32.80	30.87	25.40	89	77
基层群众自治组织	Mass Grassroot Organizations	146.02	79.80	116.95	68.02	80	85

3-6 分行业施工和竣工面积(2016 年)
Floor Space of Buildings Under Construction and Completed by Sector(2016)

指标	Item	房屋施工面积(万平方米) Floor Space of Buildings Under Construction (10000sq. m)	住宅 Residential Buildings	房屋竣工面积(万平方米) Floor Space of Buildings Completed (10000sq. m)	住宅 Residential Buildings	房屋建筑面积竣工率(%) Rate of Floor Space of Buildings Completed (%)	住宅 Residential Buildings
总计	**Total**	**73344.30**	**29044.10**	**17675.08**	**6380.57**	**24.1**	**22.0**
第一产业	Primary Industry	139.27	3.06	58.80	1.47	42.2	48.1
第二产业	Secondary Industry	12428.36	34.79	4678.72	19.46	37.6	55.9
第三产业	Tertiary Industry	60776.68	29006.25	12937.55	6359.64	21.3	21.9
按国民经济行业分组	**by Sector**						
农林牧渔业	**Farming, Forestry, Animal Husbandry and Fishery**	**139.27**	**3.06**	**58.80**	**1.47**	**42.2**	**48.1**
农业	Farming	58.83	0.50	28.37	0.45	48.2	90.4
林业	Forestry	14.86	0.02	4.90	0.02	32.9	100.0
牧业	Animal Husbandry	35.24		14.28		40.5	
渔业	Fishery	7.10		3.11		43.8	
农、林、牧、渔服务业	Services	23.23	2.54	8.14	1.00	35.0	39.4
采矿业	**Mining and Quarrying**	**18.01**	**0.01**	**6.17**	**0.01**	**34.2**	**100.0**
煤炭开采和洗选业	Coal Mining and Dressing						
石油和天然气开采业	Petroleum and Natural Gas Extraction						
黑色金属矿采选业	Ferrous Metals Mining and Dressing						
有色金属矿采选业	Nonferrous Metals Mining and Dressing						
非金属矿采选业	Nonmetal Minerals Mining and Dressing	16.30	0.01	6.17	0.01	37.9	100.0
开采辅助活动	Supplementary Activities for Mining						
其他采矿业	Other Minerals Mining and Dressing	1.72					
制造业	**Manufacturing**	**12300.85**	**32.70**	**4622.64**	**17.36**	**37.6**	**53.1**
农副食品加工业	Non-staple Food Processing	228.63	0.32	66.97	0.07	29.3	21.4
食品制造业	Food Manufacturing	158.25	6.27	38.79		24.5	
酒、饮料和精制茶制造业	Wine, Soft Drinks and Refined Tea Manufacturing	156.44		22.68		14.5	
烟草制品业	Tobacco Production	31.41					
纺织业	Textile Industry	1026.94	1.36	500.40	1.36	48.7	100.0
纺织服装、服饰业	Garments and Apparel Industryindustry	619.56		184.62		29.8	

续表 1　Continued

指标	Item	房屋施工面积（万平方米）Floor Space of Buildings Under Construction (10000sq. m)	住宅 Residential Buildings	房屋竣工面积（万平方米）Floor Space of Buildings Completed (10000sq. m)	住宅 Residential Buildings	房屋建筑面积竣工率（%）Rate of Floor Space of Buildings Completed (%)	住宅 Residential Buildings
皮革、毛皮、羽毛及其制品和制鞋业	Leather, Furs, Down and Related Production, Shoes Manufacturing	225.62		66.71		29.6	
木材加工及木、竹、藤、棕、草制品业	Timber Processing, Bamboo, Cane Palm Fiber and Straw Production	147.53	0.02	60.99	0.02	41.3	100.0
家具制造业	Furniture Manufacturing	278.93	0.50	114.15		40.9	
造纸及纸制品业	Papermaking and Paper Production	201.19	0.07	74.49	0.07	37.0	100.0
印刷和记录媒介复制业	Printing and Record Medium Reproduction	83.05	0.30	28.39		34.2	
文教、工美、体育和娱乐用品制造业	Cultural and Educational, Arts and Crafts, Sports and Entertainment Goods	391.09	0.42	133.60	0.07	34.2	16.5
石油加工、炼焦及核燃料加工业	Petroleum Processing, Cooking and Nuclear Fuel Processing	10.37		6.15		59.2	
化学原料及化学制品制造业	Raw Chemical Materials and Chemical Production	393.58	0.60	173.44		44.1	
医药制造业	Medical and Pharmaceutical Production	438.78	0.03	232.53	0.01	53.0	21.7
化学纤维制造业	Chemical Fiber	93.88		47.67		50.8	
橡胶和塑料制品业	Rubber and Plastic Production	643.15	4.42	290.44	3.12	45.2	70.6
非金属矿物制品业	Nonmetal Mineral Production	371.80	0.22	212.63	0.22	57.2	100.0
黑色金属冶炼及压延加工业	Smelting and Pressing of Ferrous MetalsMetals	114.71	0.63	84.61	0.63	73.8	100.0
有色金属冶炼及压延加工业	Smelting and Pressing of Nonferrous Metals	157.07		43.20		27.5	
金属制品业	Metal Production	742.39	3.56	303.37	1.99	40.9	55.9
通用设备制造业	Ordinary Machinery	1278.23	5.83	477.99	4.46	37.4	76.6
专用设备制造业	For Special Purpose Equipment Manufacturing	810.66	3.71	293.33	2.96	36.2	79.6
汽车制造业	Automotive Manufacturing	921.03	1.64	335.75	1.53	36.5	92.8
铁路、船舶、航空航天和其他运输设备制造业	Railway, Shipbuilding, Aerospace and other Transport Equipment	145.70	0.39	43.57		29.9	
电气机械及器材制造业	Electric Equipment and Machinery	1312.36	2.39	506.42	0.87	38.6	36.2
计算机、通信和其他电子设备制造业	Computers, Communications and Other Electronic Equipment Manufacturing	788.75		176.76		22.4	

续表 2 Continued

指标	Item	房屋施工面积（万平方米）Floor Space of Buildings Under Construction (10000sq. m)	住宅 Residential Buildings	房屋竣工面积（万平方米）Floor Space of Buildings Completed (10000sq. m)	住宅 Residential Buildings	房屋建筑面积竣工率（%）Rate of Floor Space of Buildings Completed (%)	住宅 Residential Buildings
仪器仪表制造业	Instruments Manufacturing	221.94		32.79		14.8	
其他制造业	Other Manufacturing	283.69		59.52		21.0	
废弃资源综合利用业	Comprehensive Utilization of Waste Resources	16.66		6.57		39.5	
金属制品、机械和设备修理业	Metal Products, Machinery and Equipment Repair Industry	7.46		4.11		55.1	
电力、热力、燃气及水生产和供应业	**Electricity, Heating Power, Gas and Water Production and Supply**	**100.18**		**46.83**		**46.7**	
电力、热力生产和供应业	Production and Supply of Electricity and Heating Power	63.23		29.50		46.7	
燃气生产和供应业	Production and Supply of Gas	9.44		3.18		33.6	
水的生产和供应业	Production and Supply of Water	27.51		14.16		51.5	
建筑业	**Construction**	**9.31**	**2.09**	**3.08**	**2.09**	**33.1**	**100.0**
房屋建筑业	Housing	5.18	2.09	2.29	2.09	44.1	100.0
土木工程建筑业	Civil Engineering	2.55		0.60		23.4	
建筑安装业	Installation	0.38					
建筑装饰和其他建筑业	Building Decoration and Others	1.21		0.20		16.6	
批发和零售业	**Wholesale and Retail Trade**	**1031.35**	**9.24**	**295.30**	**1.47**	**28.6**	**15.9**
批发业	Wholesale	556.96		142.20		25.5	
零售业	Retail Sale	474.39	9.24	153.11	1.47	32.3	15.9
交通运输、仓储和邮政业	**Transport, Storage and Post**	**819.85**	**8.74**	**205.49**	**2.41**	**25.1**	**27.6**
铁路运输业	Railway Transport						
道路运输业	Highway Transport	258.99	1.49	34.90	1.49	13.5	100.0
水上运输业	Waterway Transport	25.66	0.02	1.85		7.2	
航空运输业	Air Transport	5.85		5.70		97.4	
管道运输业	Pipeline Transport						
装卸搬运和运输代理业	Carrying and Transportation Agents	47.30		23.46		49.6	
仓储业	Storage	424.56	0.92	132.09	0.92	31.1	100.0
邮政业	Postal Services	57.49	6.31	7.50		13.0	

续表 3 Continued

指标	Item	房屋施工面积（万平方米）Floor Space of Buildings Under Construction (10000sq. m)	住宅 Residential Buildings	房屋竣工面积（万平方米）Floor Space of Buildings Completed (10000sq. m)	住宅 Residential Buildings	房屋建筑面积竣工率（%）Rate of Floor Space of Buildings Completed (%)	住宅 Residential Buildings
住宿和餐饮业	**Hotels and Catering Services**	**356.21**	**43.97**	**71.24**	**2.89**	**20.0**	**6.6**
住宿业	Hotels	294.02	40.98	63.87	2.49	21.7	6.1
餐饮业	Catering Services	62.19	2.99	7.38	0.40	11.9	13.4
信息传输、软件和信息技术服务业	**Information Transmission, Software and Information Technology Services**	**338.39**	**0.30**	**85.36**	**0.26**	**25.2**	**86.7**
电信、广播电视和卫星传输服务	Telecommunication, Radio and Television, Satellite Transmission Services	4.69		0.97		20.6	
互联网和相关服务	Internet and Related Services	14.22		1.60		11.2	
软件和信息技术服务业	Software and Information Technology Services	319.48	0.30	82.79	0.26	25.9	86.7
金融业	**Banking**	**313.93**		**41.99**		**13.4**	
货币金融服务	Monetary and Financial Services	216.16		36.63		16.9	
资本市场服务	Capital Market Services	30.72		0.65		2.1	
保险业	Insurance	43.23					
其他金融业	Others	23.82		4.71		19.8	
房地产业	**Real Estate**	**51066.16**	**28625.67**	**10562.77**	**6242.21**	**20.7**	**21.8**
房地产业	Real Estate	51066.16	28625.67	10562.77	6242.21	20.7	21.8
租赁和商务服务业	**Renting and Business Services**	**1325.96**	**56.60**	**189.10**	**17.06**	**14.3**	**30.1**
租赁业	Leasing	1.22		0.51		41.8	
商务服务业	Commercial Services	1324.73	56.60	188.59	17.06	14.2	30.1
科学研究和技术服务业	**Scientific Research and Technical Services**	**193.73**	**2.88**	**35.78**		**18.5**	
研究与试验发展	Research and Experiment Development	77.31	2.88	6.46		8.4	
专业技术服务业	Technical Services	47.65		17.35		36.4	
科技推广和应用服务业	Promotion and Application of Science and Technology Services	68.77		11.97		17.4	
水利、环境和公共设施管理业	**Water Conservancy, Environment and Public Facilities Management**	**1240.19**	**56.29**	**603.01**	**23.54**	**48.6**	**41.8**
水利管理业	Water Conservancy	29.98		6.72		22.4	
生态保护和环境治理业	Ecological Protection and Environmental Management	36.69		15.10		41.2	

续表 4 Continued

指标	Item	房屋施工面积（万平方米）Floor Space of Buildings Under Construction (10000sq. m)	住宅 Residential Buildings	房屋竣工面积（万平方米）Floor Space of Buildings Completed (10000sq. m)	住宅 Residential Buildings	房屋建筑面积竣工率（%）Rate of Floor Space of Buildings Completed (%)	住宅 Residential Buildings
公共设施管理业	Public Facilities	1173.52	56.29	581.19	23.54	49.5	41.8
居民服务、修理和其他服务业	**Service for the Residents ,Repair and Others**	**356.02**	**41.50**	**45.87**	**12.85**	**12.9**	**31.0**
居民服务业	Resident Services	83.79	28.75	9.96	0.10	11.9	0.3
机动车、电子产品和日用产品修理业	Motor Vehicles, Electronics and Household Goods Repair Industry	6.60		3.84		58.3	
其他服务业	Other Services	265.63	12.75	32.07	12.75	12.1	100.0
教育	**Education**	**1679.67**	**29.36**	**377.26**	**13.77**	**22.5**	**46.9**
教育	Education	1679.67	29.36	377.26	13.77	22.5	46.9
卫生和社会工作	**Health Care and Social Work**	**817.13**	**56.73**	**103.26**	**15.13**	**12.6**	**26.7**
卫生	Health Care	659.35	39.38	71.27	12.53	10.8	31.8
社会工作	Social Work	157.78	17.35	31.99	2.60	20.3	15.0
文化、体育和娱乐业	**Culture,Sports and Recreation**	**591.52**	**59.57**	**132.29**	**17.61**	**22.4**	**29.6**
新闻和出版业	News and Publishing	18.64		2.36		12.7	
广播、电视、电影和影视录音制作业	Television, Radio, Film and Television Sound Recording Production	22.98		5.12		22.3	
文化艺术业	Culture and Arts	383.06	54.02	93.83	17.61	24.5	32.6
体育	Sports	135.53	1.49	23.61		17.4	
娱乐业	Recreation	31.31	4.06	7.37		23.5	
公共管理、社会保障和社会组织	**Public Administration, Social Security and Social Organization**	**646.57**	**15.40**	**188.81**	**10.44**	**29.2**	**67.8**
中国共产党机关	Communist Party Agencies						
国家机构	Government Agencies	308.67	7.92	94.56	5.40	30.6	68.2
人民政协、民主党派	The CPPCC, Democratic Parties						
社会保障	Social Security						
群众团体、社会团体和其他成员组织	Mass Organizations, Social Groups and Other Members of the Organization	35.67	0.23	10.03	0.23	28.1	100.0
基层群众自治组织	Mass Grassroot Organizations	302.24	7.25	84.23	4.82	27.9	66.5

3-7 国有及国有控股经济分行业投资和资金来源
Investment and Sources of Funds in State-owned and State-holding Units by Sector

单位:亿元(100 million yuan)

指标	Item	2014	2015	2016
投资总计	**Total investment**	**7250.86**	**9002.37**	**11425.04**
第一产业	Primary Industry	88.90	119.74	139.66
第二产业	Secondary Industry	1237.98	1330.41	1455.87
第三产业	Tertiary Industry	5923.98	7552.22	9829.51
按国民经济行业分组	**By Sector**			
农林牧渔业	**Farming, Forestry, Animal Husbandry and Fishery**	**88.90**	**119.74**	**139.66**
农业	Farming	23.44	31.86	36.41
林业	Forestry	6.31	6.51	8.42
牧业	Animal Husbandry	0.67	2.79	1.59
渔业	Fishery	3.43	1.17	14.48
农、林、牧、渔服务业	Services	55.05	77.41	78.75
采矿业	**Ming and Quarrying**	**2.68**	**10.23**	**13.97**
煤炭开采和洗选业	Coal Mining and Dressing			
石油和天然气开采业	Petroleum and Natural Gas Extraction			
黑色金属矿采选业	Ferrous Metals Mining and Dressing			
有色金属矿采选业	Nonferrous Metals Mining and Dressing			
非金属矿采选业	Nonmetal Minerals Mining and Dressing	2.60	10.23	12.06
开采辅助活动	Supplenmentary Activities for Mining	0.08		
其他采矿业	Other Minerals Mining and Dressing			1.91
制造业	**Manufacturing**	**422.69**	**524.29**	**593.62**
农副食品加工业	Non-staple Food Processing	18.25	23.40	29.54
食品制造业	Food Manufacturing	1.41	1.67	2.03
酒、饮料和精制茶制造业	Wine, Soft Drinks and Refined Tea Manufacturing	3.26	2.15	2.96
烟草制品业	Tobacco Processing	20.11	22.93	13.13
纺织业	Textile Industry	8.19	9.37	6.09
纺织服装、服饰业	Garments and Apparel Industryindustry	1.53	0.25	1.78
皮革、毛皮、羽毛(绒)及其制品业	Leather, Furs, Down and Related Production, Shoes Manufacturing	2.30	2.64	3.21
木材加工及木、竹、藤、棕、草制品业	Timber Processing, Bamboo, Cane Palm Fiber and Straw Production	0.21	0.52	0.92
家具制造业	Furniture Manufacturing	0.47		
造纸及纸制品业	Papermaking and Paper Products	0.72	0.30	4.69
印刷业和记录媒介的复制	Printing and Record Medium Reproduction	2.42	0.17	0.20
文教、工美、体育和娱乐用品制造业	Cultural and Educational, Arts and Crafts, Sports and Entertainment Goods	2.63	7.56	14.98

续表 1 Continued 单位:亿元(100 million yuan)

指标	Item	2014	2015	2016
石油加工、炼焦及核燃料加工业	Petroleum Processing, Cooking and Nuclear Fuel Processing	53.45	63.66	67.22
化学原料及化学制品制造业	Raw Chemical Materials and Chemical Products	42.38	32.85	28.10
医药制造业	Medical and Pharmaceutical Production	22.60	28.28	29.06
化学纤维制造业	Chemical Fiber	1.57	8.06	2.46
橡胶和塑料制品业	Rubber and Plastic Production	17.42	4.81	3.57
非金属矿物制品业	Nonmetal Mineral Production	19.96	21.98	30.36
黑色金属冶炼及压延加工业	Smelting and Pressing of Ferrous Metals	13.70	15.05	7.54
有色金属冶炼及压延加工业	Smelting and Pressing of Nonferrous Metals	4.35	1.00	8.03
金属制品业	Metal Production	5.45	11.28	27.81
通用设备制造业	Ordinary Machinery	17.54	20.65	25.36
专用设备制造业	For Special Purpose Equipment Manufacturing	32.13	58.38	31.53
汽车制造业	Automotive Manufacturing	14.13	17.95	43.29
铁路、船舶、航空航天和其他运输设备制造业	Railway, Shipbuilding, Aerospace and other Transport Equipment	40.98	58.65	42.72
电气机械及器材制造业	Electric Equipment and Machinery	11.97	26.59	34.58
计算机、通信和其他电子设备制造业	Computers, Communications and Other Electronic Equipment Manufacturing	28.04	35.28	72.06
仪器仪表制造业	Instruments Manufacturing	2.95	5.93	5.78
其他制造业	Other Manufacturing	14.67	33.37	40.30
废弃资源综合利用业	Comprehensive Utilization of Waste Resources	10.82	3.46	7.64
金属制品、机械和设备修理业	Metal products, machinery and Equipment Repair Industry	7.09	6.12	6.69
电力、燃气及水的生产和供应业	**Electricity, Heating Power, Gas and Water Production and Supply**	**785.55**	**762.95**	**842.30**
电力、热力的生产和供应业	Production and Supply of Electricity and Heating Power	570.82	524.81	532.04
燃气生产和供应业	Production and Supply of Gas	49.79	32.60	49.78
水的生产和供应业	Production and Supply of Water	164.94	205.54	260.49
建筑业	**Construction**	**27.07**	**32.94**	**5.97**
房屋建筑业	Housing	1.38	1.49	0.02
土木工程建筑业	Civil Engineering	24.60	28.16	5.36
建筑安装业	Installation	0.05	0.86	
建筑装饰和其他建筑业	Building Decoration and Others	1.03	2.43	0.58
批发和零售业	**Wholesale and Retail Trade**	**80.82**	**78.04**	**92.03**
批发业	Wholesale	47.50	39.25	49.73
零售业	Retail Sale	33.33	38.79	42.31
交通运输、仓储和邮政业	**Transport, Storage and Post**	**1364.81**	**1862.26**	**2187.38**

续表 2 Continued 单位:亿元(100 million yuan)

指标	Item	2014	2015	2016
铁路运输业	Railway Transport	124.53	201.69	175.62
道路运输业	Highway Transport	1013.06	1382.14	1692.03
水上运输业	Waterway Transport	86.51	125.91	154.28
航空运输业	Air Transport	39.23	35.47	41.74
管道运输业	Pipeline Transport	19.34	14.70	17.03
装卸搬运和运输代理业	Carrying and Transportation Agents	13.03	7.04	12.44
仓储业	Storage	66.81	91.64	92.25
邮政业	Postal Services	2.30	3.67	1.99
住宿和餐饮业	**Hotels and Catering Services**	**29.78**	**40.22**	**50.76**
住宿业	Hotels	26.88	29.78	46.40
餐饮业	Catering Services	2.90	10.44	4.36
信息传输、软件和信息技术服务业	**Information Transmission, Software and Information Technology Services**	**104.53**	**154.72**	**97.63**
电信、广播电视和卫星传输服务	Telecommunication, Radio and Television, Satellite Transmission Services	69.41	80.81	68.89
互联网和相关服务	Internet and Related Services	25.35	60.63	2.53
软件和信息技术服务业	Software and Information Technology Services	9.77	13.27	26.22
金融业	**Banking**	**32.23**	**59.46**	**40.15**
货币金融服务	Monetary and Financial Services	27.57	44.02	32.51
资本市场服务	Capital Market Services	1.31	10.69	2.06
保险业	Insurance	2.15	2.72	5.20
其他金融业	Others	1.21	2.03	0.39
房地产业	**Real Estate**	**1582.86**	**1798.04**	**2222.53**
房地产业	Real Estate	1582.86	1798.04	2222.53
租赁和商务服务业	**Renting and Business Services**	**134.49**	**212.46**	**311.64**
租赁业	Leasing	0.94	5.28	8.27
商务服务业	Commercial Services	133.55	207.18	303.37
科学研究和技术服务业	**Scientific Research and Technical Services**	**55.32**	**49.03**	**86.27**
研究与试验发展	Research and Experiment Development	12.80	9.41	18.15
专业技术服务业	Technical Services	34.97	29.93	40.51
科技推广和应用服务业	Promotion and Application of Science and Technology Services	7.55	9.69	27.61
水利、环境和公共设施管理业	**Water Conservancy, Environment and Public Facilities Management**	**1859.13**	**2519.47**	**3680.18**
水利管理业	Water Conservancy	406.28	474.85	598.43
生态保护和环境治理业	Ecological Protection and Environmental Management	95.77	183.24	274.40
公共设施管理业	Public Facilities	1357.09	1861.37	2807.35

续表 3 Continued 单位:亿元(100 million yuan)

指标	Item	2014	2015	2016
居民服务、修理和其他服务业	**Service for the Residents, Repair and Others**	**27.11**	**28.53**	**67.81**
居民服务业	Resident Services	21.30	19.61	41.70
机动车、电子产品和日用产品修理业	Motor Vehicles, Electronics and Household Goods Repair Industry	3.44	1.73	2.09
其他服务业	Other Services	2.37	7.19	24.02
教育	**Education**	**276.65**	**326.97**	**433.36**
教育	Education	276.65	326.97	433.36
卫生和社会工作	**Health Care and Social Work**	**114.41**	**133.49**	**175.89**
卫生	Health Care	93.71	114.63	144.46
社会工作	Social work	20.70	18.86	31.43
文化、体育和娱乐业	**Culture, Sports and Recreation**	**134.92**	**140.78**	**189.51**
新闻和出版业	News and Publishing	5.26	3.39	3.53
广播、电视、电影和影视录音制作业	Television, Radio, Film and Television Sound Recording Production	11.93	12.52	8.28
文化艺术业	Culture and Arts	72.86	88.27	106.81
体育	Sports	39.76	33.26	61.52
娱乐业	Recreation	5.12	3.34	9.37
公共管理、社会保障和社会组织	**Public Administration, Social Security and Social Organization**	**126.92**	**148.75**	**194.36**
中国共产党机关	Communist Party Agencies	0.62		0.81
国家机构	Government Agencies	114.60	129.06	177.64
人民政协、民主党派	The CPPCC, Democratic Parties			
社会保障	Social Security	0.97	0.91	0.18
群众团体、社会团体和其他成员组织	Mass Organizations, Social Groups and Other Members of the Organization	9.17	9.50	5.58
基层群众自治组织	Mass Grassroot Organizations	1.56	9.28	10.15
自年初累计资金来源合计	**Source of Funds**	**8541.29**	**9779.89**	**11779.31**
上年末结余资金	Surplus Funds Last Year	741.58	823.81	1058.63
本年资金来源小计	Funds This Year	7799.71	8956.09	10720.69
#国家预算内资金	State Budgetary Appropriations	1306.91	1518.31	1619.72
国内贷款	Domestic Loans	1468.87	1354.56	1731.19
债券	Debenture	8.20	8.14	59.12
利用外资	Foreign Investment	0.76	5.05	1.64
自筹资金	Fundraising	4315.89	5406.58	6077.26
其他资金	Others	699.07	663.45	1231.76

3－8 非国有经济分行业投资和资金来源
Investment and Sources of Funds in Non－state－owned Units by Sector

单位：亿元(100 million yuan)

指标	Item	2014	2015	2016
投资总计	Total investment	16303.90	17662.35	18145.96
第一产业	Primary Industry	174.61	219.44	246.59
第二产业	Secondary Industry	6691.06	7472.21	7653.27
第三产业	Tertiary Industry	9438.23	9970.70	10246.11
按国民经济行业分组	**By Sector**			
农林牧渔业	**Farming, Forestry, Animal Husbandry and Fishery**	**174.61**	**219.44**	**246.59**
农业	Farming	91.23	124.43	141.56
林业	Forestry	8.41	11.11	9.44
牧业	Animal Husbandry	14.65	20.43	18.43
渔业	Fishery	37.25	26.06	33.26
农、林、牧、渔服务业	Services	23.06	37.41	43.89
采矿业	**Ming and Quarrying**	**42.42**	**49.08**	**44.65**
煤炭开采和洗选业	Coal Mining and Dressing	0.55	0.05	0.07
石油和天然气开采业	Petroleum and Natural Gas Extraction			0.16
黑色金属矿采选业	Ferrous Metals Mining and Dressing	0.62		
有色金属矿采选业	Nonferrous Metals Mining and Dressing	2.83	0.49	1.12
非金属矿采选业	Nonmetal Minerals Mining and Dressing	36.60	47.49	41.43
开采辅助活动	Supplenmentary Activities for Mining	0.37	0.75	0.32
其他采矿业	Other Minerals Mining and Dressing	1.45	0.30	1.55
制造业	**Manufacturing**	**6398.79**	**7054.85**	**7228.48**
农副食品加工业	Non－staple Food Processing	104.35	118.97	100.43
食品制造业	Food Manufacturing	65.28	64.96	79.57
酒、饮料和精制茶制造业	Wine, Soft Drinks and Refined Tea Manufacturing	39.32	63.13	54.25
烟草制品业	Tobacco Processing	0.18	0.25	
纺织业	Textile Industry	584.03	602.00	635.63
纺织服装、服饰业	Garments and Apparel Industryindustry	166.17	181.61	195.20
皮革、毛皮、羽毛(绒)及其制品业	Leather, Furs, Down and Related Production, Shoes Manufacturing	107.52	117.64	121.96
木材加工及木、竹、藤、棕、草制品业	Timber Processing, Bamboo, Cane Palm Fiber and Straw Production	64.01	78.79	82.84
家具制造业	Furniture Manufacturing	115.28	126.23	120.75
造纸及纸制品业	Papermaking and Paper Products	182.67	184.25	159.20
印刷业和记录媒介的复制	Printing and Record Medium Reproduction	65.70	67.49	86.98
文教、工美、体育和娱乐用品制造业	Cultural and Educational, Arts and Crafts, Sports and Entertainment Goods	134.04	171.63	176.21

续表 1 Continued 单位:亿元(100 million yuan)

指标	Item	2014	2015	2016
石油加工、炼焦及核燃料加工业	Petroleum Processing, Cooking and Nuclear Fuel Processing	22.34	26.66	20.86
化学原料及化学制品制造业	Raw Chemical Materials and Chemical Products	477.69	471.76	502.26
医药制造业	Medical and Pharmaceutical Production	169.85	200.22	204.55
化学纤维制造业	Chemical Fiber	165.07	184.68	148.59
橡胶和塑料制品业	Rubber and Plastic Production	314.21	346.73	396.17
非金属矿物制品业	Nonmetal Mineral Production	274.60	305.57	282.75
黑色金属冶炼及压延加工业	Smelting and Pressing of Ferrous Metals	108.70	94.56	96.25
有色金属冶炼及压延加工业	Smelting and Pressing of Nonferrous Metals	111.19	117.71	101.21
金属制品业	Metal Production	371.98	435.32	394.06
通用设备制造业	Ordinary Machinery	675.69	721.88	730.08
专用设备制造业	For Special Purpose Equipment Manufacturing	406.06	426.63	397.55
汽车制造业	Automotive Manufacturing	577.27	733.34	773.45
铁路、船舶、航空航天和其他运输设备制造业	Railway, Shipbuilding, Aerospace and other Transport Equipment	106.64	91.95	131.33
电气机械及器材制造业	Electric Equipment and Machinery	584.90	649.21	769.11
计算机、通信和其他电子设备制造业	Computers, Communications and Other Electronic Equipment Manufacturing	217.87	271.02	284.11
仪器仪表制造业	Instruments Manufacturing	78.59	80.43	79.45
其他制造业	Other Manufacturing	50.27	79.07	65.56
废弃资源综合利用业	Comprehensive Utilization of Waste Resources	46.83	34.01	29.45
金属制品、机械和设备修理业	Metal products, machinery and Equipment Repair Industry	10.52	7.14	8.67
电力、燃气及水的生产和供应业	**Electricity, Heating Power, Gas and Water Production and Supply**	**226.72**	**345.93**	**374.07**
电力、热力的生产和供应业	Production and Supply of Electricity and Heating Power	169.11	250.91	295.02
燃气生产和供应业	Production and Supply of Gas	14.98	20.12	33.15
水的生产和供应业	Production and Supply of Water	42.63	74.90	45.90
建筑业	**Construction**	**23.13**	**22.35**	**6.07**
房屋建筑业	Housing	7.79	2.07	2.13
土木工程建筑业	Civil Engineering	13.67	10.90	2.61
建筑安装业	Installation	0.18	0.39	0.16
建筑装饰和其他建筑业	Building Decoration and Others	1.50	8.98	1.17
批发和零售业	**Wholesale and Retail Trade**	**346.71**	**332.66**	**278.24**
批发业	Wholesale	162.74	144.02	118.17
零售业	Retail Sale	183.97	188.65	160.07
交通运输、仓储和邮政业	**Transport, Storage and Post**	**364.43**	**449.14**	**390.05**

续表 2 Continued 单位:亿元(100 million yuan)

指标	Item	2014	2015	2016
铁路运输业	Railway Transport		13.09	3.40
道路运输业	Highway Transport	133.07	170.17	151.98
水上运输业	Waterway Transport	71.53	99.07	63.95
航空运输业	Air Transport	13.60	15.35	21.51
管道运输业	Pipeline Transport	1.89	0.75	0.92
装卸搬运和运输代理业	Carrying and Transportation Agents	15.75	14.10	9.42
仓储业	Storage	117.31	127.32	121.78
邮政业	Postal Services	11.27	9.29	17.10
住宿和餐饮业	**Hotels and Catering Services**	**224.20**	**192.05**	**244.35**
住宿业	Hotels	186.89	162.64	217.74
餐饮业	Catering Services	37.31	29.41	26.61
信息传输、软件和信息技术服务业	**Information Transmission, Software and Information Technology Services**	**105.82**	**120.47**	**221.16**
电信、广播电视和卫星传输服务	Telecommunication, Radio and Television, Satellite Transmission Services	14.11	12.39	95.39
互联网和相关服务	Internet and Related Services	16.26	31.07	54.06
软件和信息技术服务业	Software and Information Technology Services	75.45	77.01	71.71
金融业	**Banking**	**60.28**	**42.70**	**48.79**
货币金融服务	Monetary and Financial Services	47.08	30.23	43.36
资本市场服务	Capital Market Services	8.07	10.50	2.57
保险业	Insurance	0.06	0.33	0.66
其他金融业	Others	5.08	1.64	2.21
房地产业	**Real Estate**	**7219.84**	**7309.50**	**7461.28**
房地产业	Real Estate	7219.84	7309.50	7461.28
租赁和商务服务业	**Renting and Business Services**	**312.36**	**359.24**	**334.29**
租赁业	Leasing	26.77	29.50	11.42
商务服务业	Commercial Services	285.59	329.74	322.88
科学研究和技术服务业	**Scientific Research and Technical Services**	**36.17**	**50.87**	**55.02**
研究与试验发展	Research and Experiment Development	12.66	17.00	11.90
专业技术服务业	Technical Services	11.43	13.60	17.16
科技推广和应用服务业	Promotion and Application of Science and Technology Services	12.09	20.27	25.96
水利、环境和公共设施管理业	**Water Conservancy, Environment and Public Facilities Management**	**370.21**	**572.56**	**681.27**
水利管理业	Water Conservancy	66.53	63.32	54.46
生态保护和环境治理业	Ecological Protection and Environmental Management	18.95	33.90	55.34
公共设施管理业	Public Facilities	284.73	475.34	571.47

续表 3 Continued 单位:亿元(100 million yuan)

指标	Item	2014	2015	2016
居民服务、修理和其他服务业	**Service for the Residents, Repair and Others**	**22.43**	**39.08**	**51.99**
居民服务业	Resident Services	14.35	25.03	35.56
机动车、电子产品和日用产品修理业	Motor Vehicles, Electronics and Household Goods Repair Industry	2.42	5.32	5.27
其他服务业	Other Services	5.66	8.74	11.16
教育	**Education**	**63.98**	**73.94**	**73.43**
教育	Education	63.98	73.94	73.43
卫生和社会工作	**Health Care and Social Work**	**60.98**	**85.96**	**97.20**
卫生	Health Care	31.71	52.37	62.79
社会工作	Social work	29.27	33.59	34.41
文化、体育和娱乐业	**Culture, Sports and Entertainment**	**149.70**	**170.67**	**200.51**
新闻和出版业	News and Publishing			
广播、电视、电影和影视录音制作业	Television, Radio, Film and Television Sound Recording Production	13.39	21.24	22.91
文化艺术业	Culture and Arts	62.55	65.96	92.67
体育	Sports	20.66	23.08	39.73
娱乐业	Recreation	53.10	60.39	45.19
公共管理、社会保障和社会组织	**Public Administration, Social Security and Social Organization**	**101.10**	**171.86**	**108.53**
中国共产党机关	Communist Party Agencies			0.04
国家机构	Government Agencies	6.90	8.68	10.92
人民政协、民主党派	The CPPCC, Democratic Parties	0.15		0.05
社会保障	Social security	5.12	1.17	0.66
群众团体、社会团体和其他成员组织	Mass Organizations, Social Groups and Other Members of the Organization	16.64	25.26	27.22
基层群众自治组织	Mass Grassroot Organizations	72.30	136.75	69.65
自年初累计资金来源合计	**Source of Funds**	**21939.03**	**23005.66**	**23922.57**
上年末结余资金	Surplus Funds Last Year	3763.25	3862.56	3236.28
本年资金来源小计	Funds This Year	18175.78	19143.11	20686.28
#国家预算内资金	State Budgetary Appropriations	100.68	142.09	82.62
国内贷款	Domestic Loans	2146.35	1684.34	1796.02
债券	Debenture	0.85	1.70	0.01
利用外资	Foreign Investment	213.83	155.35	170.42
自筹资金	Fundraising	11915.51	12471.04	12328.99
其他资金	Others	3798.56	4688.59	6308.22

3－9 港澳台经济分行业投资和资金来源
Investment and Sources of Funds in HongKong, Macao and Taiwan Units by Sector

单位:亿元(100 million yuan)

指标	Item	2014	2015	2016
投资总计	**Total investment**	**1200.62**	**1186.05**	**1350.56**
第一产业	Primary Industry	1.48	2.23	1.64
第二产业	Secondary Industry	479.00	498.78	457.85
第三产业	Tertiary Industry	720.15	685.03	891.07
按国民经济行业分组	**By Sector**			
农林牧渔业	**Farming, Forestry, Animal Husbandry and Fishery**	**1.48**	**2.23**	**1.64**
农业	Farming	1.48	1.75	0.73
林业	Forestry		0.44	0.73
牧业	Animal Husbandry		0.05	
渔业	Fishery			0.06
农、林、牧、渔服务业	Services			0.12
采矿业	**Ming and Quarrying**			
煤炭开采和洗选业	Coal Mining and Dressing			
石油和天然气开采业	Petroleum and Natural Gas Extraction			
黑色金属矿采选业	Ferrous Metals Mining and Dressing			
有色金属矿采选业	Nonferrous Metals Mining and Dressing			
非金属矿采选业	Nonmetal Minerals Mining and Dressing			
开采辅助活动	Supplenmentary Activities for Mining			
其他采矿业	Other Minerals Mining and Dressing			
制造业	**Manufacturing**	**441.05**	**482.95**	**436.56**
农副食品加工业	Non－staple Food Processing	3.56	1.95	0.57
食品制造业	Food Manufacturing	2.75	2.86	4.70
酒、饮料和精制茶制造业	Wine, Soft Drinks and Refined Tea Manufacturing	3.06	5.29	5.44
烟草制品业	Tobacco Processing	0.18	0.25	
纺织业	Textile Industry	37.59	30.30	29.76
纺织服装、服饰业	Garments and Apparel Industryindustry	9.53	18.60	19.99
皮革、毛皮、羽毛(绒)及其制品业	Leather, Furs, Down and Related Production, Shoes Manufacturing	5.81	3.45	5.25
木材加工及木、竹、藤、棕、草制品业	Timber Processing, Bamboo, Cane Palm Fiber and Straw Production	3.02	1.79	1.45
家具制造业	Furniture Manufacturing	9.26	5.60	5.37
造纸及纸制品业	Papermaking and Paper Products	4.81	14.06	10.27
印刷业和记录媒介的复制	Printing and Record Medium Reproduction	1.93	2.38	2.42
文教、工美、体育和娱乐用品制造业	Cultural and Educational, Arts and Crafts, Sports and Entertainment Goods	5.04	8.89	5.05

续表 1 Continued 单位:亿元(100 million yuan)

指标	Item	2014	2015	2016
石油加工、炼焦及核燃料加工业	Petroleum Processing, Cooking and Nuclear Fuel Processing	25.67	52.80	30.66
化学原料及化学制品制造业	Raw Chemical Materials and Chemical Products	74.82	45.39	50.15
医药制造业	Medical and Pharmaceutical Production	7.01	6.37	7.07
化学纤维制造业	Chemical Fiber	29.36	21.42	10.22
橡胶和塑料制品业	Rubber and Plastic Production	12.93	19.60	18.81
非金属矿物制品业	Nonmetal Mineral Production	12.75	7.94	10.06
黑色金属冶炼及压延加工业	Smelting and Pressing of Ferrous Metals	2.83	0.17	4.42
有色金属冶炼及压延加工业	Smelting and Pressing of Nonferrous Metals	3.33	10.79	3.59
金属制品业	Metal Production	10.53	16.70	19.39
通用设备制造业	Ordinary Machinery	30.23	32.01	39.15
专用设备制造业	For Special Purpose Equipment Manufacturing	42.05	42.78	30.42
汽车制造业	Automotive Manufacturing	49.52	57.91	48.98
铁路、船舶、航空航天和其他运输设备制造业	Railway, Shipbuilding, Aerospace and other Transport Equipment	1.72	1.63	2.45
电气机械及器材制造业	Electric Equipment and Machinery	25.13	39.86	44.70
计算机、通信和其他电子设备制造业	Computers, Communications and Other Electronic Equipment Manufacturing	19.30	17.94	16.88
仪器仪表制造业	Instruments Manufacturing	3.03	4.32	4.10
其他制造业	Other Manufacturing	1.15	1.24	3.43
废弃资源综合利用业	Comprehensive Utilization of Waste Resources	2.15	7.98	0.46
金属制品、机械和设备修理业	Metal products, machinery and Equipment Repair Industry	0.98	0.68	1.32
电力、燃气及水的生产和供应业	**Electricity, Heating Power, Gas and Water Production and Supply**	**37.95**	**15.83**	**21.29**
电力、热力的生产和供应业	Production and Supply of Electricity and Heating Power	26.01	14.33	17.66
燃气生产和供应业	Production and Supply of Gas	10.98	1.50	1.71
水的生产和供应业	Production and Supply of Water	0.97		1.91
建筑业	**Construction**			
房屋建筑业	Housing			
土木工程建筑业	Civil Engineering			
建筑安装业	Installation			
建筑装饰和其他建筑业	Building Decoration and Others			
批发和零售业	**Wholesale and Retail Trade**	**13.17**	**14.24**	**4.92**
批发业	Wholesale	1.29	1.62	2.31
零售业	Retail Sale	11.88	12.61	2.62
交通运输、仓储和邮政业	**Transport, Storage and Post**	**24.79**	**11.16**	**86.10**

续表 2 Continued 单位:亿元(100 million yuan)

指标	Item	2014	2015	2016
铁路运输业	Railway Transport			
道路运输业	Highway Transport	4.29	0.20	12.16
水上运输业	Waterway Transport	5.62	6.87	14.07
航空运输业	Air Transport	3.17	0.94	10.27
管道运输业	Pipeline Transport			1.70
装卸搬运和运输代理业	Carrying and Transportation Agents			2.52
仓储业	Storage	11.72	3.15	45.38
邮政业	Postal Services			
住宿和餐饮业	**Hotels and Catering Services**	**8.98**	**9.88**	**4.05**
住宿业	Hotels	7.41	7.08	4.05
餐饮业	Catering Services	1.57	2.79	
信息传输、软件和信息技术服务业	**Information Transmission, Software and Information Technology ServicesInformation Technology Services**	**45.23**	**76.86**	**147.86**
电信、广播电视和卫星传输服务	Telecommunication, Radio and Television, Satellite Transmission Services	4.73	4.13	92.72
互联网和相关服务	Internet and Related Services	32.89	62.26	47.61
软件和信息技术服务业	Software and Information Technology Services	7.62	10.47	7.53
金融业	**Banking**	**2.92**	**1.53**	**14.61**
货币金融服务	Monetary and Financial Services	0.81	0.12	12.68
资本市场服务	Capital Market Services			0.45
保险业	Insurance			
其他金融业	Others	2.11	1.41	1.47
房地产业	**Real Estate**	**585.11**	**544.53**	**591.40**
房地产业	Real Estate	585.11	544.53	591.40
租赁和商务服务业	**Renting and Business Services**	**27.03**	**17.18**	**16.56**
租赁业	Leasing	0.91	9.06	3.85
商务服务业	Commercial Services	26.12	8.12	12.71
科学研究和技术服务业	**Scientific Research and Technical Services**	**0.63**	**1.18**	**6.42**
研究与试验发展	Research and Experiment Development	0.63	0.02	
专业技术服务业	Technical Services		0.30	
科技推广和应用服务业	Promotion and Application of Science and Technology Services		0.86	6.42
水利、环境和公共设施管理业	**Water Conservancy, Environment and Public Facilities Management**	**1.32**	**1.65**	**14.74**
水利管理业	Water Conservancy		0.19	
生态保护和环境治理业	Ecological Protection and Environmental Management			1.65
公共设施管理业	Public Facilities	1.32	1.46	13.09

续表 3 Continued 单位:亿元(100 million yuan)

指标	Item	2014	2015	2016
居民服务、修理和其他服务业	**Service for the Residents, Repair and Others**	**0.01**	**0.42**	**2.35**
居民服务业	Resident Services			2.08
机动车、电子产品和日用产品修理业	Motor Vehicles, Electronics and Household Goods Repair Industry			
其他服务业	Other Services	0.01	0.42	0.26
教育	**Education**	**1.33**	**1.68**	**0.04**
教育	Education	1.33	1.68	0.04
卫生和社会工作	**Health Care and Social Work**	**2.82**	**0.59**	**0.81**
卫生	Health Care	1.69	0.59	0.81
社会工作	Social work	1.13		
文化、体育和娱乐业	**Culture, Sports and Recreation**	**6.79**	**4.08**	**1.21**
新闻和出版业	News and Publishing			
广播、电视、电影和影视录音制作业	Television, Radio, Film and Television Sound Recording Production	0.85		
文化艺术业	Culture and Arts	0.47	0.31	0.66
体育	Sports	0.15	0.11	0.37
娱乐业	Recreation	5.32	3.66	0.19
公共管理、社会保障和社会组织	**Public Administration, Social Security and Social Organization**		**0.06**	
中国共产党机关	Communist Party Agencies			
国家机构	Government Agencies		0.06	
人民政协、民主党派	The CPPCC, Democratic Parties			
社会保障	Social security			
群众团体、社会团体和其他成员组织	Mass Organizations, Social Groups and Other Members of the Organization			
基层群众自治组织	Mass Grassroot Organizations			
自年初累计资金来源合计	**Source of Funds**	**1911.13**	**1896.38**	**1982.27**
上年末结余资金	Surplus Funds Last Year	634.76	604.32	470.32
本年资金来源小计	Funds This Year	1276.37	1292.06	1511.95
#国家预算内资金	State Budgetary Appropriations	0.20	0.05	2.23
国内贷款	Domestic Loans	195.71	184.65	118.82
债券	Debenture	0.80		
利用外资	Foreign Investment	123.00	57.27	76.14
自筹资金	Fundraising	641.96	665.15	762.55
其他资金	Others	314.70	384.94	552.21

3－10 外商经济分行业投资和资金来源
Investment and Sources of Funds in Foreign－owned Units by Sector

单位:亿元(100 million yuan)

指标	Item	2014	2015	2016
投资总计	**Total investment**	**741.43**	**800.72**	**783.09**
第一产业	Primary Industry	0.59	3.44	0.95
第二产业	Secondary Industry	454.79	545.04	537.64
第三产业	Tertiary Industry	286.05	252.24	244.50
按国民经济行业分组	**By Sector**			
农林牧渔业	**Farming,Forestry,Animal Husbandry and Fishery**	**0.59**	**3.44**	**0.95**
农业	Farming	0.15	0.46	0.32
林业	Forestry	0.32	0.34	
畜牧业	Animal Husbandry		2.22	
渔业	Fishery			
农林牧渔服务业	Services	0.13	0.43	0.63
采矿业	**Ming and Quarrying**	**0.43**	**0.53**	**1.07**
煤炭开采和选洗业	Coal Mining and Dressing			
石油和天然气开采业	Petroleum and Natural Gas Extraction			
黑色金属矿采选业	Ferrous Metals Mining and Dressing			
有色金属矿采选业	Nonferrous Metals Mining and Dressing			
非金属矿采选业	Nonmetal Minerals Mining and Dressing	0.43	0.53	1.07
开采辅助活动	Supplementary Activities for Mining			
其他采矿业	Other Minerals Mining and Dressing			
制造业	**Manufacturing**	**442.56**	**529.58**	**510.76**
农副食品加工业	Non－staple Food Processing	6.57	11.12	10.99
食品制造业	Food Manufacturing	14.01	17.20	9.41
酒、饮料和精制茶制造业	Wine, Soft Drinks and Refined Tea Manufacturing	10.04	16.34	11.01
烟草制品业	Tobacco Processing			
纺织业	Textile Industry	24.72	16.48	21.85
纺织服装、服饰业	Garments and Apparel Industryindustry	7.35	8.07	8.10
皮革、毛皮、羽毛及其制品和制鞋业	Leather,Furs,Down and Related Production,Shoes Manufacturing Manufacturingher and its products and footwear	2.13	2.42	4.28
木材加工及木、竹、藤、棕、草制品业	Timber Processing,Bamboo,Cane Palm Fiber and Straw Products	1.76	2.28	3.21
家具制造业	Furniture Manufacturing	2.01	2.69	7.56
造纸及纸制品业	Papermaking and Paper Products	23.73	10.76	10.79
印刷和记录媒介复制业	Printing and Record Medium Reproduction	0.26	1.16	1.17
文教、工美、体育和娱乐用品制造业	Cultural and Educational,Arts and Crafts,Sports and Entertainment Goods	7.94	13.93	18.23

续表 1 Continued 单位:亿元(100 million yuan)

指标	Item	2014	2015	2016
石油加工、炼焦及核燃料加工业	Petroleum Processing, Cooking and Nuclear Fuel Processing			
化学原料及化学制品制造业	Raw Chemical Materials and Chemical Products	41.17	32.63	49.11
医药制造业	Medical and Pharmaceutical Products	10.59	12.41	15.17
化学纤维制造业	Chemical Fiber	7.66	2.94	9.81
橡胶和塑料制品业	Rubber and plastic products	14.32	17.75	23.87
非金属矿物制品业	Nonmetal Mineral Products	7.13	6.48	5.38
黑色金属冶炼及压延加工业	Smelting and Pressing of Ferrous Metals	0.40	1.91	2.09
有色金属冶炼及压延加工业	Smelting and Pressing of Nonferrous Metals	3.17	2.91	14.92
金属制品业	Metal Products	19.67	11.90	12.56
通用设备制造业	Ordinary Machinery	34.53	25.17	30.15
专用设备制造业	For Special Purpose Equipment Manufacturing	19.03	16.50	16.07
汽车制造业	Automobile manufacturing industry	126.37	214.28	97.05
铁路、船舶、航空航天和其他运输设备制造业	Railway, shipbuilding, aerospace, and other transportation equipment manufacturing industry	8.59	4.47	29.31
电气机械及器材制造业	Electric Equipment and Machinery	22.33	34.45	33.96
计算机、通信和其他电子设备制造业	Computers, Communications and Other Electronic Equipment Manufacturing	16.25	33.73	53.86
仪器仪表制造业	Instruments Manufacturing	10.12	8.96	5.81
其他制造业	Other Manufacturing		0.28	3.74
废弃资源综合利用业	Comprehensive Utilization of Waste Resources	0.61	0.10	1.24
金属制品、机械和设备修理业	Metal products, machinery and equipment repair	0.08	0.25	0.04
电力、热力、燃气及水生产和供应业	**Electricity, Heating Power, Gas and Water Production and Supply**	**11.80**	**14.93**	**25.81**
电力、热力生产和供应业	Production and Supply of Electricity and Heating Power	8.81	11.01	21.41
燃气生产和供应业	Production and Supply of Gas	1.61	3.25	2.57
水的生产和供应业	Production and Supply of Water	1.38	0.66	1.84
建筑业	**Construction**			
房屋建筑业	Housing industry			
土木工程建筑业	Civil engineering construction			
建筑安装业	Installation			
建筑装饰和其他建筑业	Building decoration and other construction			
批发和零售业	**Wholesale and Retail Trade**	**11.55**	**14.61**	**13.00**
批发业	Wholesale	2.11	2.58	6.45
零售业	Retail Sale	9.44	12.03	6.55
交通运输、仓储和邮政业	**Transport, Storage and Post**	**38.60**	**31.24**	**5.60**

续表 2 Continued 单位:亿元(100 million yuan)

指标	Item	2014	2015	2016
铁路运输业	Railway Transport			
道路运输业	Highway Transport	1.40	1.48	
水上运输业	Waterway Transport	3.67	2.43	0.93
航空运输业	Air Transport	11.10	2.98	
管道运输业	Pipeline Transport	0.27	0.48	0.22
装卸搬运和运输代理业	agmjjhyfz			
仓储业	Storage	22.17	23.87	4.46
邮政业	Postal Services			
住宿和餐饮业	**Hotels and Catering Services**	**6.09**	**9.80**	**6.29**
住宿业	Hotels	6.09	9.80	6.29
餐饮业	Catering Services			
信息传输、软件和信息技术服务业	**Information Transmission, Software and Information Technology Services**	**7.40**	**5.19**	**3.49**
电信、广播电视和卫星传输服务	Telecommunication, Radio and Television, Satellite Transmission Services	2.62	0.35	
互联网和相关服务	The Internet and related services			
软件和信息技术服务业	Software and Information Technology Services	4.78	4.84	3.49
金融业	**Banking**	**0.65**	**0.74**	**0.26**
货币金融服务	Monetary and financial services	0.65	0.74	0.26
资本市场服务	Capital market services			
保险业	Insurance			
其他金融业	Other financial sector			
房地产业	**Real Estate**	**187.17**	**163.80**	**206.26**
房地产业	Real Estate	187.17	163.80	206.26
租赁和商务服务业	**Renting and Business Services**	**9.43**	**8.47**	**1.95**
租赁业	Leasing	0.54	0.22	
商务服务业	Commercial Services	8.89	8.25	1.95
科学研究和技术服务业	**Scientific Research and Technical Services**	**5.73**	**9.67**	**2.57**
研究与试验发展	Research and Experiment Development	2.43	3.37	1.78
专业技术服务业	Technical Services	0.32	0.41	0.45
科技推广和应用服务业	Promotion and Application of Science and Technology Services	2.98	5.90	0.35
水利、环境和公共设施管理业	**Water Conservancy, Environment and Public Utility**	**11.93**	**4.19**	**2.20**
水利管理业	Water Conservancy	10.08	0.14	
生态保护和环境治理业	Ecological protection and environmental governance industry	0.16		0.74
公共设施管理业	Public Facilities	1.69	4.05	1.46

续表 3 Continued 单位:亿元(100 million yuan)

指标	Item	2014	2015	2016
居民服务、修理和其他服务业	**Service for the Residents, Repair and Others**	**0.06**		
居民服务业	Resident Services	0.06		
机动车、电子产品和日用产品修理业	Motor vehicle repair industry, electronic products and daily products			
其他服务业	Other Services			
教育	**Education**	**0.56**	**1.94**	**0.05**
教育	Education	0.56	1.94	0.05
卫生和社会工作	**Health Care and Social Work**	**0.10**		
卫生	Health Care	0.10		
社会工作	Social work			
文化、体育和娱乐业	**Culture, Sports and Entertainment**	**6.76**	**2.43**	**2.84**
新闻和出版业	News and Publishing			
广播、电视、电影和影视录音制作业	Television, Radio, Film and Television Sound Recording Production			
文化艺术业	Culture and Arts			0.39
体育	Sports			1.72
娱乐业	Recreation	6.76	2.43	0.73
公共管理、社会保障和社会组织	**Public Administration, Social Security and Social Organization**	**0.01**	**0.17**	
中国共产党机关	Communist Party Agencies			
国家机构	Government Agencies			
人民政协、民主党派	The CPPCC, Democratic Parties			
社会保障	The social security			
群众团体、社会团体和其他成员组织	Mass Organizations, Social Groups and Other Members of the Organization	0.01		
基层群众自治组织	Mass Grassroot Organizations		0.17	
自年初累计资金来源合计	**Source of Funds**	**885.43**	**1016.36**	**1027.19**
上年末结余资金	Surplus Funds Last Year	151.95	172.06	228.27
本年资金来源小计	Funds This Year	733.48	844.30	798.93
#国家预算内资金	State Budgetary Appropriations	0.85	0.11	0.04
国内贷款	Domestic Loans	53.97	35.91	73.99
债券	Debenture			
利用外资	Foreign Investment	71.51	80.70	87.61
自筹资金	Fundraising	504.11	591.23	475.64
其他资金	Others	103.04	136.35	161.65

3-11 私营个体经济分行业投资和资金来源
Investment and Sources of Funds in Private-owned Units by Sector

单位:亿元(100 million yuan)

指标	Item	2014	2015	2016
投资总计	**Total investment**	**6896.26**	**7772.71**	**9279.72**
第一产业	Primary Industry	74.17	108.19	136.52
第二产业	Secondary Industry	3466.99	4154.63	4861.41
第三产业	Tertiary Industry	3355.11	3509.88	4281.78
按国民经济行业分组	**By Sector**			
农林牧渔业	**Farming, Forestry, Animal Husbandry and Fishery**	**74.17**	**108.19**	**136.52**
农业	Farming	41.83	66.10	83.50
林业	Forestry	3.72	3.73	4.49
牧业	Animal Husbandry	7.91	9.48	11.46
渔业	Fishery	13.47	12.55	17.32
农、林、牧、渔服务业	Services	7.23	16.33	19.74
采矿业	**Ming and Quarrying**	**30.73**	**29.96**	**32.20**
煤炭开采和洗选业	Coal Mining and Dressing	0.51	0.05	0.07
石油和天然气开采业	Petroleum and Natural Gas Extraction			
黑色金属矿采选业	Ferrous Metals Mining and Dressing	0.43		
有色金属矿采选业	Nonferrous Metals Mining and Dressing	2.27	0.35	0.76
非金属矿采选业	Nonmetal Minerals Mining and Dressing	25.76	28.51	30.51
开采辅助活动	Mining auxiliary activities	0.31	0.75	0.32
其他采矿业	Other Minerals Mining and Dressing	1.45	0.30	0.54
制造业	**Manufacturing**	**3336.30**	**3962.50**	**4631.25**
农副食品加工业	Non-staple Food Processing	53.60	68.97	62.58
食品制造业	Food Manufacturing	33.16	32.15	50.24
酒、饮料和精制茶制造业	Wine, Soft Drinks and Refined Tea Manufacturing	14.46	22.22	26.17
烟草制品业	Tobacco Processing			
纺织业	Textile Industry	335.54	363.90	460.91
纺织服装、服饰业	Garments and Apparel Industryindustry	97.10	110.42	141.03
皮革、毛皮、羽毛(绒)及其制品业	Leather, Furs, Down and Related Productions, Shoes Manufacturing	70.13	83.96	85.68
木材加工及木、竹、藤、棕、草制品业	Timber Processing, Bamboo, Cane Palm Fiber and Straw Productions	42.61	51.44	68.28
家具制造业	Furniture Manufacturing	64.18	75.37	88.77
造纸及纸制品业	Papermaking and Paper Products	104.48	101.33	105.22
印刷业和记录媒介的复制	Printing and Record Medium Reproduction	31.05	48.50	61.26
文教、工美、体育和娱乐用品制造业	Cultural, Educational and Arts and Grafts, Sports and Entertainment Goods	88.69	120.66	129.35

续表 1 Continued 单位:亿元(100 million yuan)

指标	Item	2014	2015	2016
石油加工、炼焦及核燃料加工业	Petroleum Processing, Cooking and Nuclear Fuel Processing	11.35	11.96	7.70
化学原料及化学制品制造业	Raw Chemical Materials and Chemical Products	167.16	207.76	279.62
医药制造业	Medical and Pharmaceutical Productions	40.65	67.66	119.63
化学纤维制造业	Chemical Fiber	51.81	74.57	74.29
橡胶和塑料制品业	Rubber and plastic Productions	187.80	209.67	298.67
非金属矿物制品业	Nonmetal Mineral Productions	168.33	194.36	225.31
黑色金属冶炼及压延加工业	Smelting and Pressing of Ferrous Metals	65.07	62.43	71.26
有色金属冶炼及压延加工业	Smelting and Pressing of Nonferrous Metals	74.42	77.33	59.35
金属制品业	MetalProductions	228.67	303.14	293.69
通用设备制造业	Ordinary Machinery	375.39	450.89	493.99
专用设备制造业	For Special Purpose Equipment Manufacturing	203.16	247.76	268.44
汽车制造业	Automobile manufacturing	229.50	290.41	357.94
铁路、船舶、航空航天和其他运输设备制造业	Railway, shipbuilding, Aerospace, and other transport equipment	52.50	47.24	67.82
电气机械及器材制造业	Electric Equipment and Machinery	361.22	400.22	489.42
计算机、通信和其他电子设备制造业	Computers, Communications and Other Electronic Equipment Manfacturing	93.18	130.67	132.46
仪器仪表制造业	Instruments Manfacturing	36.91	42.49	44.51
其他制造业	Other Manfacturing	23.75	43.93	39.49
废弃资源综合利用业	Comprehensive Utilization of Waste Resources	27.17	18.53	23.03
金属制品、机械和设备修理业	Metal products, machinery and Equipment repair Industry	3.26	2.56	5.13
电力、燃气及水的生产和供应业	**Electricity, Heating Power, Gas and Water Production and Supply**	**89.21**	**156.51**	**194.14**
电力、热力的生产和供应业	Production and Supply of Electricity and Heating Power	68.40	131.40	167.53
燃气生产和供应业	Production and Supply of Gas	8.24	5.46	4.13
水的生产和供应业	Production and Supply of Water	12.57	19.65	22.48
建筑业	**Construction**	**10.75**	**5.67**	**3.83**
房屋建筑业	Housing	4.64	1.05	1.30
土木工程建筑业	Civil Engineering	5.38	2.54	1.74
建筑安装业	Installation	0.18	0.39	0.11
建筑装饰和其他建筑业	Building Decoration and Others	0.55	1.68	0.68
批发和零售业	**Wholesale and Retail Trade**	**182.70**	**172.19**	**165.23**
批发业	Wholesale	103.12	91.31	75.51
零售业	Retail Sale	79.59	80.88	89.72
交通运输、仓储和邮政业	**Transport, Storage and Post**	**135.69**	**159.83**	**185.77**

续表 2 Continued 单位:亿元(100 million yuan)

指标	Item	2014	2015	2016
铁路运输业	Railway Transport			3.40
道路运输业	Highway Transport	38.43	33.51	56.76
水上运输业	Waterway Transport	37.31	49.42	35.62
航空运输业	Air Transport	1.90	11.31	18.67
管道运输业	Pipeline Transport			
装卸搬运和运输代理业	Carrying and Transportation Agents	5.54	9.91	5.79
仓储业	Storage	43.14	48.16	50.24
邮政业	Postal Services	9.37	7.52	15.28
住宿和餐饮业	**Hotels and Catering Services**	**118.11**	**105.51**	**183.35**
住宿业	Hotels	96.09	85.27	167.46
餐饮业	Catering Services	22.02	20.24	15.89
信息传输、软件和信息技术服务业	**Information Transmission, Software and Information Technology Services**	**34.85**	**37.63**	**41.52**
电信、广播电视和卫星传输服务	Telecommunication, Radio and Television, Satellite Transmission Services	2.31	1.23	0.89
互联网和相关服务	Internet and related services	3.36	5.77	4.44
软件和信息技术服务业	Software and Information Technology Services	29.19	30.62	36.19
金融业	**Banking**	**2.27**	**4.34**	**2.82**
货币金融服务	Monetary and financial services	0.06	2.53	2.33
资本市场服务	Capital market services	1.10	1.58	
保险业	Insurance			0.49
其他金融业	Others	1.11	0.23	
房地产业	**Real Estate**	**2575.66**	**2570.69**	**3075.69**
房地产业	Real Estate	2575.66	2570.69	3075.69
租赁和商务服务业	**Renting and Business Services**	**125.11**	**163.72**	**177.66**
租赁业	Leasing	4.51	0.55	8.54
商务服务业	Commercial Services	120.61	163.18	169.12
科学研究和技术服务业	**Scientific Research and Technical Services**	**13.46**	**23.04**	**32.65**
研究与试验发展	Research and Experiment Development	6.02	9.22	9.53
专业技术服务业	Technical Services	5.13	6.53	7.73
科技推广和应用服务业	Promotion and Application of Science and Technology Services	2.31	7.28	15.39
水利、环境和公共设施管理业	**Water Conservancy, Environment and Public Facilities Management**	**64.77**	**131.72**	**220.04**
水利管理业	Water Conservancy	9.78	15.01	10.74
生态保护和环境治理业	Ecological protection and Environmental Management	1.62	14.54	17.56
公共设施管理业	Public Facilities	53.37	102.18	191.73

续表 3 Continued 单位:亿元(100 million yuan)

指标	Item	2014	2015	2016
居民服务、修理和其他服务业	**Serivice for the Residents, Repair and Others**	**9.28**	**10.44**	**20.37**
居民服务业	Resident Services	3.21	3.23	10.57
机动车、电子产品和日用产品修理业	Motor Vehicles, Electronics and Household Goods Repair Industry	2.07	5.20	4.29
其他服务业	Other Services	3.99	2.01	5.51
教育	**Education**	**20.77**	**26.25**	**23.57**
教育	Education	20.77	26.25	23.57
卫生和社会工作	**Health Care and Social Work**	**17.20**	**34.17**	**56.76**
卫生	Health Care	9.17	21.92	39.52
社会工作	Social work	8.04	12.25	17.25
文化、体育和娱乐业	**Culture, Sports and Recreation**	**53.36**	**67.96**	**95.35**
新闻和出版业	News and Publishing			
广播、电视、电影和影视录音制作业	Television, Radio, Film and Television Sound Recording Production	4.37	7.44	11.13
文化艺术业	Culture and Arts	23.69	19.04	26.77
体育	Sports	13.58	12.06	30.34
娱乐业	Recreation	11.73	29.41	27.11
公共管理、社会保障和社会组织	**Public Administration, Social Security and Social Organization**	**1.85**	**2.41**	**1.01**
中国共产党机关	Communist Party Agencies			
国家机构	Government Agencies	0.95	0.33	0.32
人民政协、民主党派	The CPPCC, Democratic Parties			
社会保障	Social Security			
群众团体、社会团体和其他成员组织	Mass Organizations, Social Groups and Other Members of the Organization	0.82	1.85	0.69
基层群众自治组织	Mass Grassroot Organizations	0.08	0.23	
自年初累计资金来源合计	**Source of Funds**	**8580.64**	**9487.54**	**11423.14**
上年末结余资金	Surplus Funds Last Year	981.82	1277.27	1212.84
本年资金来源小计	Funds This Year	7598.81	8210.27	10210.29
#国家预算内资金	State Budgetary Appropriations	16.26	23.86	12.00
国内贷款	Domestic Loans	792.22	588.37	809.57
债券	Debenture	0.05	0.44	0.01
利用外资	Foreign Investment	7.49	6.02	4.25
自筹资金	Fundraising	5442.92	5911.66	6929.34
其他资金	Others	1339.87	1679.92	2455.11

3-12 城镇固定资产投资(2011-2014年) Investment in Fixed Assets in Urban Areas(2011-2014)

单位:亿元(100 million yuan)

指标名称	Item	2011	2012	2013	2014
本年完成投资	**Investment Completed**	**10350.45**	**12180.12**	**14448.48**	**17224.62**
其中:非国有	Non-state	6575.42	7797.59	9277.78	11620.38
其中:民间投资	Private Investment	5754.32	6921.82	8050.41	10321.71
其中:房地产开发投资	Real Estate investment	4474.35	5226.27	6216.25	7262.38
其中:工业投资	Industrial Investment	2524.11	2831.33	3364.77	4012.10
其中:工业技术改造投资	Industrial Transformation Investment	1324.23	1600.94	2054.81	2683.66
按三次产业分:	**By Industry**				
第一产业	Primary Industry	27.99	41.95	45.43	101.25
第二产业	Secondary Industry	2550.16	2847.41	3390.73	4044.98
第三产业	Tertiary Industry	7772.31	9290.76	11012.31	13078.38
按登记注册类型分:	**by Registered Type**				
内资企业	Domestic Funded Enterprises	9404.46	11118.88	12975.63	15631.69
国有企业	State-owned Enterprises	2642.63	3183.14	3646.38	3869.58
集体企业	Collective Owned Enterprises	108.24	167.89	196.32	442.00
股份合作企业	Cooperative Enterprises	23.16	32.50	28.74	50.03
联营企业	Joint Ownership Enterprises	65.68	17.06	15.74	15.56
国有联营企业	State Joint Ownership Enterprises	56.51	12.25	8.74	10.03
集体联营企业	Collective Joint Ownership Enterprises	0.42	0.41	0.20	2.56
国有与集体联营企业	Joint State-collective Enterprises	1.97	4.37	6.76	2.50
其他联营企业	Other Joint Ownership Enterprises	6.78	0.02	0.04	0.48
有限责任公司	Limited Liability Corporations	3608.12	4165.69	5027.98	5948.49
国有独资公司	State Sole Funded Corporations	404.71	454.50	693.99	814.46
其他有限责任公司	Other Limited Liability Corporations	3203.41	3711.19	4333.98	5134.03
股份有限公司	Share-holding Corporations Ltd.	305.71	388.15	430.64	450.07
私营企业	Private Enterprises	2556.65	3107.99	3545.50	4707.81
其他	others	94.27	56.47	84.34	148.14
港、澳、台商投资企业	Enterprises With Funds From Hong Kong Macao and Taiwan	516.76	635.28	912.15	999.78
外商投资企业	Foreign Funded Enterprises	420.82	412.16	549.48	575.50
个体经营	Individual	8.42	13.80	11.22	17.50

3－13 分行业城镇固定资产投资和资金来源
Urban Investment and Sources of Funds in Fixed Assets by Sector

单位:亿元(100 million yuan)

指标名称	Item	2012	2013	2014
按国民经济行业分	**By Economic Sector**			
农、林、牧、渔业	Farming, Forestry, Animal Husbandry and Fishery	41.95	45.43	101.25
农业	Farming	7.13	10.78	40.84
林业	Forestry	4.13	2.99	7.61
牧业	Animal Husbandry	1.46	2.07	4.23
渔业	Fishery	6.75	10.26	14.65
农林牧渔服务业	Services	22.48	19.34	33.92
采矿业	**Mining industry**	**4.43**	**9.07**	**11.54**
煤炭开采和洗选业	Coal Mining and Dressing	0.19	0.18	0.55
石油和天然气开采业	Petroleum and Natural Gas Extraction			
黑色金属矿采选业	Ferrous Metals Mining and Dressing			
有色金属矿采选业	Nonferrous Metals Mining and Dressing		4.15	0.49
非金属矿采选业	Nonmetal Minerals Mining and Dressing	2.74	4.61	9.04
开采辅助活动	Supplementary Activities for Mining	1.50	0.08	0.07
其他采矿业	Other Minerals Mining and Dressing		0.05	1.40
制造业	**Manufacturing**	**2289.68**	**2744.47**	**3399.68**
农副食品加工业	Non－staple Food Processing	30.16	31.24	45.90
食品制造业	Food Manufacturing	36.58	43.58	43.34
酒、饮料和精制茶制造业	Wine, Soft Drinks and Refined Tea Manufacturing	31.87	20.44	28.71
烟草制品业	Tobacco Processing	12.31	13.41	19.28
纺织业	Textile Industry	115.90	127.13	215.31
纺织服装和服饰业	Garments and Apparel Industry	69.43	91.86	108.92
皮革、毛皮、羽毛(绒)及其制品业	Leather, Furs, Down and Related Products	31.72	38.95	36.18
木材加工及木、竹、藤、棕、草制品业	Timber Processing, Bamboo, Cane Palm Fiber and Straw Products	27.39	24.68	33.61
家具制造业	Furniture Manufacturing	31.88	29.21	49.15
造纸及纸制品业	Papermaking and Paper Products	67.19	69.97	97.51
印刷和记录媒介复制业	Printing and Record Medium Reproduction	21.09	24.80	27.29
文教、工美、体育和娱乐用品制造业	Cultural, Educational and Sports Goods	44.02	58.01	81.23
石油加工、炼焦及核燃料加工业	Petroleum Processing, Cooking and Nuclear Fuel Processing	11.40	32.53	53.39
化学原料及化学制品制造业	Raw Chemical Materials and Chemical Products	262.20	294.68	255.38

续表 1 Continued 单位:亿元(100 million yuan)

指标名称	Item	2012	2013	2014
医药制造业	Medical and Pharmaceutical Products	60.23	84.08	87.26
化学纤维制造业	Chemical Fiber	57.55	76.01	70.44
橡胶和塑料制品业	Rubber and plastic products	107.42	108.90	136.07
非金属矿物制品业	Nonmetal Mineral Products	68.71	86.84	151.45
黑色金属冶炼及压延加工业	Smelting and Pressing of Ferrous Metals	45.28	43.65	58.68
有色金属冶炼及压延加工业	Smelting and Pressing of Nonferrous Metals	35.18	45.53	52.65
金属制品业	Metal Products	131.86	143.96	179.31
通用设备制造业	Ordinary Machinery	225.72	274.90	326.90
专用设备制造业	For Special Purpose Equipment Manufacturing	118.18	181.88	197.10
汽车制造业	Automotive Manufacturing	153.19	247.11	363.05
铁路、船舶、航空航天和其他运输设备制造业	Railway, Shipbuilding, Aerospace and other Transport Equipment	58.77	66.43	84.17
电气机械及器材制造业	Electric Equipment and Machinery	253.79	267.25	335.39
计算机、通信和其他电子设备制造业	Computers, Communications and Other Electronic Equipment Manufacturing	124.18	130.13	152.80
仪器仪表制造业	Instruments, Meters, Cultural and Office Machinery	27.41	35.97	45.54
其他制造业	Handicraft Article and Other Manufacturing Indust	20.48	43.21	40.19
废弃资源综合利用业	Comprehensive Utilization of Waste Resources	4.42	5.92	11.52
金属制品、机械和设备修理业	Metal Products, Machinery and Equipment Repair Industry	4.15	2.21	11.96
电力、燃气及水的生产和供应业	**Electricity, Gas and Water Production and Supply**	**537.22**	**611.24**	**600.87**
电力、热力的生产和供应业	Production and Supply of Electricity and Heating Power	407.09	466.37	426.39
燃气生产和供应业	Production and Supply of Gas	52.92	61.38	46.14
水的生产和供应业	Production and Supply of Water	77.21	83.49	128.34
建筑业	**Construction**	**16.07**	**25.96**	**32.89**
房屋建筑业	Housing	5.54	2.83	8.21
土木工程建筑业	Civil engineering construction	9.26	21.83	22.06
建筑安装业	Installation	1.01	0.36	0.23
建筑装饰和其他建筑业	Building decoration and other construction	0.27	0.94	2.39
批发和零售业	**Wholesale and Retail Trade**	**241.81**	**298.87**	**316.78**
批发业	Wholesale	56.10	116.59	143.64
零售业	Retail Sale	185.71	182.27	173.15
交通运输、仓储和邮政业	**Transport, Storage and Post**	**986.96**	**1042.83**	**1256.32**
铁路运输业	Railway Transport	86.68	93.41	119.08
道路运输业	Highway Transport	628.29	719.23	829.92

续表 2 Continued 单位:亿元(100 million yuan)

指标名称	Item	2012	2013	2014
水上运输业	Waterway Transport	140.01	118.99	103.38
航空运输业	Air Transport	31.30	11.63	50.94
管道运输业	Pipeline Transport	1.73	0.47	17.85
装卸搬运和其他运输服务业	Carrying and Other Transport Services	15.06	12.83	18.99
仓储业	Storage	83.67	85.11	103.70
邮政业	Postal Services	0.23	1.15	12.47
住宿和餐饮业	**Hotels and Catering Services**	**151.66**	**142.69**	**162.46**
住宿业	Hotels	127.24	113.34	142.46
餐饮业	Catering Services	24.41	29.35	20.00
信息传输和计算机服务和软件业	**Information Transmission, Computer Services and Software**	**102.65**	**120.22**	**185.27**
电信、广播电视和卫星传输服务业	Tele communication and Other Information Transmission Services	54.14	59.22	75.57
互联网和相关服务业	The Internet and related services	24.17	26.50	36.84
软件和信息技术服务业	Software	24.34	34.50	72.87
金融业	**Banking**	**84.78**	**86.31**	**87.12**
货币金融业	Monetary and financial services	44.14	59.50	69.99
资本市场业	Capital market services	7.76	11.51	8.69
保险业	Insurance	23.13	8.37	2.15
其他金融业	Other financial sector	9.76	6.93	6.28
房地产业	**Real Estate**	**5889.80**	**7032.38**	**8288.58**
房地产业	Real Estate	5889.80	7032.38	8288.58
租赁和商务服务业	**Renting and Business Services**	**168.65**	**268.64**	**361.68**
租赁业	Leasing	0.73	17.41	26.86
商务服务业	Commercial Services	167.92	251.22	334.83
科学研究和技术服务业	**Scientific Research, Technic Service and Geological Prospecting**	**48.52**	**68.03**	**77.72**
研究与试验发展	Research and Experiment Development	8.54	18.22	23.16
专业技术服务业	Technical Services	23.81	26.22	38.37
科技交流和推广服务业	Scientific and Technical Interchange and Popularization	16.17	23.59	16.19
水利、环境和公共设施管理业	**Water Conservancy, Environment and Public Utility**	**1068.98**	**1316.82**	**1564.69**
水利管理业	Water Conservancy	212.87	258.71	318.42
生态保护和环境治理业	Ecological protection and environmental governance industry	17.55	42.09	71.10
公共设施管理业	Public Facilities	838.56	1016.01	1175.17

续表 3 Continued 单位:亿元(100 million yuan)

指标名称	Item	2012	2013	2014
居民服务和其他服务业	**Service for the Residents and Other**	**17.28**	**9.25**	**37.49**
居民服务业	Resident Services	15.43	7.24	25.10
机动车、电子产品和日用产品修理业	Motor vehicle repair industry, electronic products and daily products	1.51	1.44	5.50
其他服务业	Other Services	0.34	0.56	6.89
教育	**Education**	**145.44**	**204.66**	**273.84**
教育	Education	145.44	204.66	273.84
卫生和社会工作	**Health Care,Sports and Social Welfare**	**98.06**	**104.73**	**124.22**
卫生	Health Care	86.88	94.93	100.83
社会工作	Social work	11.18	9.81	23.39
文化、体育和娱乐业	**Culture,Sports and Entertainment**	**149.60**	**202.55**	**197.90**
新闻出版业	Press Publishing	1.11	0.41	5.26
广播、电视、电影和影视录音制作业	Radio,Film,Television and Audio - video	3.88	7.46	16.25
文化艺术业	Culture and Arts	70.26	112.04	96.81
体育	Sports	40.18	57.01	47.61
娱乐业	Recreation	34.19	25.63	31.98
公共管理和社会组织	**Public Administration and Social Organization**	**136.57**	**114.34**	**144.30**
中国共产党机关	Communist Party Agencies	1.64	1.56	0.62
国家机构	Government Agencies	107.23	91.57	88.56
人民政协和民主党派	The Chinese People's Political Consultative Conference and Democratic Parties			
社会保障	Social Security	0.35	0.30	3.20
群众团体、社会团体和宗教组织	Mass Organizations,Social Organizations and Religion Organizations	13.06	11.09	13.33
基层群众自治组织	Mass Grassroot Organizations	14.29	9.83	38.59
国际组织	**International Organizations**			
国际组织	The international organization			
新增固定资产	**Newly Increased Fixed Assets**	**5561.68**	**7155.65**	**10122.37**
本年资金来源合计	**Total sources of funds this year**	**16601.62**	**20928.70**	**23767.92**
上年末结余资金	Surplus Funds Last Year	2889.14	3443.22	4315.21
本年资金来源小计	Funds This Year	13712.49	17485.48	19452.72
国家预算内资金	State Budgetary Appropriations	721.62	935.32	1168.17
国内贷款	Domestic Loans	2293.70	2732.93	3071.77
债券	Debenture	17.29	9.90	7.29
利用外资	Foreign Investment	128.73	164.00	173.60
自筹资金	Fundraising	6906.93	8732.54	10736.54
其他资金来源	Others	3644.22	4910.78	4295.35

3－14 房地产开发投资主要指标(2011－2016年)
Main Indicators of Investment in Real Estate Development(2011－2016)

单位:亿元(100 million yuan)

指标	Item	2011	2012	2013	2014	2015	2016
开发投资额	**Development**	**4474.35**	**5226.27**	**6216.25**	**7262.38**	**7111.93**	**7469.37**
按登记注册类型分	**By Registered Type**						
内资	Domestic Funded Enterprises	4145.96	4745.12	5572.01	6494.68	6416.91	6677.85
国有	State－owned Enterprises	104.27	182.45	65.16	41.61	32.50	37.75
集体	Collective Owned Enterprises	14.47	13.22	11.26	3.01	2.90	4.37
股份合作	Cooperative Enterprises	5.42	4.65	2.53	1.76	15.34	6.24
国有联营	State Joint Ownership Enterprises	11.06	8.75	4.70	2.86	4.77	2.92
集体联营	Collective Joint Ownership Enterprises						
国有与集体联营	State－collective Joint Enterprises	0.23	0.01	0.03	0.31	0.07	
其他联营	Other Joint Ownership Enterprises	3.07					
国有独资公司	State Sole Funded Corporations	102.49	127.86	222.65	323.86	207.55	245.30
其他有限责任公司	Other Limited Liability Corporations	2087.71	2434.18	3007.79	3554.18	3590.13	3369.51
股份有限公司	Share－holding Corporations Ltd.	93.77	79.67	92.83	76.50	52.37	68.40
私营	Private Enterprises	1704.44	1893.57	2163.35	2488.48	2504.58	2936.63
其他	Others	19.02	0.76	1.74	2.12	6.69	6.73
港澳台商投资	Funded by Entrepreneurs From Hong Kong Macao and Taiwan	192.42	350.09	496.20	583.07	538.41	589.40
外商投资企业	Foreign Funded Enterprises	135.96	131.05	148.04	184.49	156.61	202.13
按构成分	**By Structure**						
建筑工程	Construction	2120.30	2465.27	3036.79	3499.23	3449.34	3572.40
安装工程	Installation	205.57	279.49	352.91	435.84	473.19	593.41
设备工器具购置	Purchase of Equipment and Instruments	32.74	41.58	64.71	67.99	62.38	86.69
其他费用	Others	2115.74	2439.92	2761.84	3259.31	3127.01	3216.87
旧建筑物购置费	Purchase of Old Buildings	1.29	0.54	6.93	0.80	1.34	1.98
土地购置费	Purchase of Land	1716.79	1948.75	2121.73	2680.59	2510.48	2634.37

续表 Continued　　单位:亿元(100 million yuan)

指标	Item	2011	2012	2013	2014	2015	2016
按用途分	By Purpose						
住宅	Residential Buildings	2943.95	3436.74	4089.22	4594.17	4450.73	4806.64
#别墅、高档公寓	Villas and High - grade	239.89	305.59	362.51	384.16	352.44	273.58
办公楼	Office Buildings	293.91	305.85	377.43	487.62	513.31	480.98
商业营业用房	Commercial Buildings	532.24	584.99	717.54	949.34	1021.09	984.91
其他	Others	704.25	898.68	1032.07	1231.25	1126.79	1196.84
新增固定资产	Newly Increased Fixed Assets	1526.44	1652.96	2047.76	3101.61	3162.39	4039.16
购置的土地面积(万平方米)	Land Space Purchased(10000sq. m)	2188.80	1256.11	1760.73	1887.92	1012.58	1302.96
施工面积(万平方米)	Floor Space Under Construction (10000sq. m)	29927.39	33422.97	37647.24	42144.35	41687.33	41609.78
#住宅	Residential Buildings	19692.77	21656.38	23828.31	25874.49	25117.15	24709.37
竣工面积(万平方米)	Floor Space Completed(10000sq. m)	4528.59	4292.94	4692.34	6390.17	5892.86	7925.40
#住宅	Residential Buildings	3053.61	2917.26	3187.62	4158.30	3938.03	5091.95
销售面积(万平方米)	Floor Space of Selling House(10000sq. m)	3531.36	4005.29	4886.99	4676.83	5985.30	8636.79
#住宅	Residential Buildings	2757.18	3316.23	4097.63	3941.49	5131.88	7234.19
资金来源合计	**Source of Funds**	**10365.56**	**8985.21**	**11772.63**	**12632.01**	**12452.35**	**14068.63**
上年末结余资金	Surplus Funds Last Year	4202.13	2454.34	2914.38	3675.70	3776.77	3209.06
本年资金来源小计	Funds This Year	6163.43	6530.86	8858.25	8956.31	8675.58	10859.57
#国家预算内资金	State Budgetary Appropriations						
国内贷款	Domestic Loans	1131.62	1125.48	1590.65	1817.77	1274.79	1541.37
债券	Debenture						
利用外资	Foreign Investment	39.56	16.00	47.03	71.68	15.65	32.33
自筹资金	Fundraising	1963.83	2178.56	2765.07	3202.31	2659.44	2672.05
其他资金	Others	3028.42	3210.82	4455.49	3864.55	4725.70	6613.82

3－15 按资质等级分的房地产开发投资(2016 年)
Investment in Real Estate Development by Classification(2016)

单位:亿元(100 million yuan)

指标	Item	投资额 Investment	一级 The First Grade	二级 The Second Grade	三级 The Third Grade
开发投资额	**Development**	**7469.37**	**179.62**	**432.31**	**1053.45**
按登记注册类型分	**By Registered Type**				
内资	Domestic Funded Enterprises	6677.85	178.23	413.88	931.37
国有	State－owned Enterprises	37.75		2.97	10.43
集体	Collective Owned Enterprises	4.37		0.55	1.38
股份合作	Cooperative Enterprises	6.24			6.24
国有联营	State Joint Ownership Enterprises	2.92	2.89		0.03
集体联营	Collective Joint Ownership Enterprises				
国有与集体联营	State－collective Joint Enterprises				
其他联营	Other Joint Ownership Enterprises				
国有独资公司	State Sole Funded Corporations	245.30		36.74	88.80
其他有限责任公司	Other Limited Liability Corporations	3369.51	95.38	226.89	469.55
股份有限公司	Share－holding Corporations Ltd.	68.40	8.10	5.42	8.45
私营	Private Enterprises	2936.63	71.87	141.32	340.13
其他	Others	6.73			6.37
港澳台商投资	Funded by Enterpreneurs From Hong Kong Macao and Taiwan	589.40	1.39	7.43	89.20
外商投资	Foreign Funded Enterprises	202.13		11.00	32.88
按构成分	**By Structure**				
建筑工程	Construction	3572.40	80.76	277.22	591.16
安装工程	Installation	593.41	11.64	48.42	87.46
设备工器具购置	Purchase of Equipment and Instruments	86.69	2.70	5.89	14.27
其他费用	Others	3216.87	84.52	100.77	360.56
旧建筑物购置费	Purchase of Old Buildings	1.98		0.33	0.59
土地购置费	Purchase of Land	2634.37	66.27	70.13	268.00

续表 Continued

单位:亿元(100 million yuan)

指标	Item	投资额 Investment	一级 The First Grade	二级 The Second Grade	三级 The Third Grade
按用途分	**By Purpose**				
住宅	Residential Buildings	4806.64	137.12	300.82	725.00
别墅、高档公寓	Villas and High - grade	273.58	10.40	23.02	59.48
办公楼	Office Buildings	480.98	2.97	13.05	50.55
商业营业用房	Commercial Buildings	984.91	8.05	45.67	104.93
其他	Others	1196.84	31.48	72.77	172.96
新增固定资产	Newly Increased Fixed Assets	4039.16	189.84	434.82	772.74
购置的土地面积(万平方米)	Land Space Purchased(10000sq. m)	1302.96	31.95	25.99	99.46
施工面积(万平方米)	Floor Space Under Construction(10000sq. m)	41609.78	1207.64	4194.29	7210.26
#住宅	Residential Buildings	24709.37	821.96	2794.34	4664.44
竣工面积(万平方米)	Floor Space Completed(10000sq. m)	7925.40	376.52	905.20	1557.70
#住宅	Residential Buildings	5091.95	253.03	608.07	1065.54
销售面积(万平方米)	Floor Space of Selling House(10000sq. m)	8636.79	275.78	757.35	1408.83
#住宅	Residential Buildings	7234.19	238.42	652.62	1201.39
资金来源合计	**Source of Funds**	**14068.63**	**342.82**	**852.80**	**1916.69**
上年末结余资金	Surplus Funds Last Year	3209.06	64.16	233.58	419.89
本年资金来源小计	Funds This Year	10859.57	278.67	619.22	1496.80
#国家预算内资金	State Budgetary Appropriations	1541.37	35.00	78.54	205.53
国内贷款	Domestic Loans				
债券	Debenture	32.33			4.00
利用外资	Foreign Investment				
自筹资金	Fundraising	2672.05	56.16	105.57	330.43
其他资金	Others	6613.82	187.51	435.11	956.84

3-16 各市固定资产投资完成情况
Investment In Fixed Assets by City

城市	City	投资额（亿元）Investment (100 million yuan)		#投资项目 Projects		#房地产开发 Real Estate Development		施工项目个数（个）Projects Under Construction (unit)	
		2015	2016	2015	2016	2015	2016	2015	2016
合 计	**Total**	**26664.72**	**29571.00**	**19552.79**	**22101.63**	**7111.93**	**7469.37**	**48022**	**51754**
杭州市	Hangzhou	5556.32	5842.42	3084.24	3236.01	2472.07	2606.41	5562	5879
宁波市	Ningbo	4506.58	4961.39	3277.73	3691.06	1228.84	1270.33	5095	5149
温州市	Wenzhou	3456.39	3905.74	2690.10	3003.73	766.29	902.01	9367	10051
嘉兴市	Jiaxing	2513.82	2790.16	2055.40	2311.76	458.41	478.40	5592	6150
湖州市	Huzhou	1402.64	1592.18	1079.26	1317.95	323.39	274.22	2219	2417
绍兴市	Shaoxing	2582.84	2882.48	1960.19	2241.29	622.65	641.19	4523	5125
金华市	Jinhua	1836.16	2084.01	1485.94	1675.16	350.22	408.85	5124	5164
衢州市	Quzhou	882.04	981.74	782.53	857.49	99.51	124.25	2442	2726
舟山市	Zhoushan	1134.76	1311.14	941.16	1139.25	193.59	171.89	1455	1540
台州市	Taizhou	1996.03	2272.63	1557.34	1848.43	438.69	424.21	4254	5015
丽水市	Lishui	751.52	841.65	593.25	674.04	158.27	167.61	2387	2535

续表 Continued

城市	City	全投项目个数（个）Projects Completed and Put Into Use (unit)		房屋施工面积（平方米）Floor Space Under Construction (sq. m)		房屋竣工面积（平方米）Floor Space Completed (sq. m)		新增固定资产（亿元）Newly increased Fixed Assets (100 million yuan)	
		2015	2016	2015	2016	2015	2016	2015	2016
合 计	**Total**	**30898**	**35084**	**879728882**	**733442996**	**190465058**	**176750759**	**17414.42**	**18977.78**
杭州市	Hangzhou	3109	3389	216863410	178961830	48777644	39377219	2680.02	3201.05
宁波市	Ningbo	3368	3364	144865970	113315754	42632597	34107964	3225.26	3714.18
温州市	Wenzhou	6392	7110	123546729	99400889	19964275	15644168	2545.49	2422.85
嘉兴市	Jiaxing	3866	5076	90567432	83928627	16741328	21732584	1898.16	2200.33
湖州市	Huzhou	1344	1515	43276473	34542118	4195655	7832984	716.90	1047.04
绍兴市	Shaoxing	3557	4343	78317453	68331729	28438723	27603155	1829.25	1969.43
金华市	Jinhua	2961	3478	56985775	50640216	5071624	7209078	917.13	1175.26
衢州市	Quzhou	1441	1708	19926786	16574938	6017876	5807412	723.08	602.20
舟山市	Zhoushan	920	888	13079489	10550381	2240312	2585086	840.21	714.50
台州市	Taizhou	2507	2775	70667632	60867038	13719999	11920397	1385.18	1242.02
丽水市	Lishui	1433	1438	21631733	16329476	2665025	2930712	596.18	570.30

3-17 各市按资质等级分的房地产开发企业个数
Number of Enterprises for Real Estate Development by Classification and by City

单位:个(unit)

城市	City	合计 Total		一级企业 The First Enterprises		二级企业 The Second Enterprises		三级企业 The Third Enterprises		四级企业 The Fourth Enterprises		暂定 Undefined Enterprises		其他 Others	
		2015	2016	2015	2016	2015	2016	2015	2016	2015	2016	2015	2016	2015	2016
合　计	**Total**	**6252**	**6274**	**125**	**123**	**535**	**503**	**1452**	**1343**	**730**	**656**	**2622**	**2639**	**788**	**1010**
杭州市	Hangzhou	1586	1638	49	47	132	124	222	198	70	56	772	776	341	437
宁波市	Ningbo	790	773	19	19	55	50	306	302	59	48	280	258	71	96
温州市	Wenzhou	694	675	4	4	110	103	188	157	27	22	286	299	79	90
嘉兴市	Jiaxing	594	609	7	7	22	22	100	88	93	84	278	270	94	138
湖州市	Huzhou	410	385	1	1	19	16	44	40	174	162	139	130	33	36
绍兴市	Shaoxing	727	748	14	16	50	46	140	130	68	59	378	400	77	97
金华市	Jinhua	456	442	10	9	44	43	98	89	93	85	179	179	32	37
衢州市	Quzhou	230	237	8	7	32	32	58	55	86	82	45	60	1	1
舟山市	Zhoushan	218	214	2	2	15	15	144	138	28	26	18	19	11	14
台州市	Taizhou	399	408	7	7	38	37	115	117	24	26	184	188	31	33
丽水市	Lishui	148	145	4	4	18	15	37	29	8	6	63	60	18	31

3－18 各市按登记注册类型分的房地产开发企业个数
Number of Enterprises for Real Estate Development by Registered Type and by City

单位：个(unit)

城市	City	合计 Total		国有 State－owned		集体 Collective Owned		股份合作 Share－cooperations		国有独资公司 State Sole Funds	
		2015	2016	2015	2016	2015	2016	2015	2016	2015	2016
合　计	**Total**	**6252**	**6274**	**51**	**50**	**15**	**12**	**6**	**6**	**133**	**137**
杭州市	Hangzhou	1586	1638	9	9					38	38
宁波市	Ningbo	790	773	5	4	3				34	34
温州市	Wenzhou	694	675	10	7	7	6	5	5	15	16
嘉兴市	Jiaxing	594	609	2	1	1	1			14	12
湖州市	Huzhou	410	385	7	7	1	1			3	5
绍兴市	Shaoxing	727	748	5	6	3	4			6	6
金华市	Jinhua	456	442	3	5					8	9
衢州市	Quzhou	230	237	3	4					1	1
舟山市	Zhoushan	218	214	4	4					4	5
台州市	Taizhou	399	408	3	3			1	1	10	11
丽水市	Lishui	148	145								

续表　Continued

单位：个(unit)

城市	City	其他有限责任公司 Other Limited Liability Corporations Ltd.		股份有限公司 Share－holding Corporations Ltd.		私营 Private		港澳台商投资 Investment from HongKong, Macao and Taiwan		外商投资 Investment from Foreign	
		2015	2016	2015	2016	2015	2016	2015	2016	2015	2016
合　计	**Total**	**2597**	**2533**	**74**	**71**	**3029**	**3109**	**225**	**230**	**116**	**120**
杭州市	Hangzhou	888	885	19	21	498	539	98	107	33	36
宁波市	Ningbo	237	237	13	12	422	407	47	48	29	31
温州市	Wenzhou	327	314	8	10	303	300	6	5	13	12
嘉兴市	Jiaxing	190	183	7	5	324	352	38	37	18	18
湖州市	Huzhou	182	168	12	11	185	174	14	14	5	4
绍兴市	Shaoxing	268	263	6	8	428	451	4	3	6	6
金华市	Jinhua	113	106	2	2	315	310	10	7	5	3
衢州市	Quzhou	29	29	2	2	194	200				
舟山市	Zhoushan	135	131			72	71	1	1	2	2
台州市	Taizhou	215	205	5		157	176	5	6	3	6
丽水市	Lishui	13	12			131	129	2	2	2	2

3-19 各市按资质等级分的房地产开发就业人员数
Number of Employed Persons In Real Estate Development by Classification Type and by City

单位:人(person)

城市	City	合计 Total		一级企业 The First Enterprises		二级企业 The Second Enterprises		三级企业 The Third Enterprises		四级企业 The Fourth Enterprises		暂定 Undefined Enterprised		其他 Others	
		2015	2016	2015	2016	2015	2016	2015	2016	2015	2016	2015	2016	2015	2016
合 计	**Total**	**119862**	**116332**	**6364**	**6352**	**15023**	**14479**	**26285**	**24898**	**9987**	**9412**	**50102**	**49181**	**12101**	**12010**
杭州市	Hangzhou	32583	32312	2947	2935	3456	3394	4318	4173	839	720	15640	15847	5383	5243
宁波市	Ningbo	16730	15909	968	968	1685	1586	6241	5879	808	701	5635	5379	1393	1396
温州市	Wenzhou	13597	13057	68	68	3028	2918	3159	2901	397	356	6041	5875	904	939
嘉兴市	Jiaxing	11275	10809	288	288	603	603	1942	1712	1489	1438	5402	5204	1551	1564
湖州市	Huzhou	7443	7132	329	329	1148	1101	774	715	2581	2497	2152	2039	459	451
绍兴市	Shaoxing	11454	11221	679	679	1077	1027	2122	2037	974	894	5595	5553	1007	1031
金华市	Jinhua	8226	7788	305	305	1216	1107	1919	1876	1118	1052	3284	3092	384	356
衢州市	Quzhou	2960	2943	226	226	509	509	618	615	911	902	675	670	21	21
舟山市	Zhoushan	3805	3670	46	46	565	565	2288	2144	292	289	538	538	76	88
台州市	Taizhou	8634	8504	349	349	1293	1258	2154	2153	423	430	3851	3760	564	554
丽水市	Lishui	3155	2987	159	159	443	411	750	693	155	133	1289	1224	359	367

3-20 各市按登记注册类型分的房地产开发就业人员数
Number of Employed Persons In Real Estate Development by Registered Type and by City

单位:人(person)

城市	City	合计 Total 2015	合计 Total 2016	国有 State-owned 2015	国有 State-owned 2016	集体 Collective Owned 2015	集体 Collective Owned 2016	股份合作 Share-cooperations 2015	股份合作 Share-cooperations 2016	国有独资公司 State Sole Funds 2015	国有独资公司 State Sole Funds 2016
合　计	**Total**	**119862**	**116332**	**1918**	**1790**	**208**	**159**	**159**	**159**	**3334**	**3297**
杭州市	Hangzhou	32583	32312	266	181					858	854
宁波市	Ningbo	16730	15909	193	175	48				836	822
温州市	Wenzhou	13597	13057	171	158	102	101	118	118	777	776
嘉兴市	Jiaxing	11275	10809	33	21	6	6			331	313
湖州市	Huzhou	7443	7132	858	858	5	5			35	35
绍兴市	Shaoxing	11454	11221	135	135	47	47			101	101
金华市	Jinhua	8226	7788	57	57					148	148
衢州市	Quzhou	2960	2943	55	55					2	2
舟山市	Zhoushan	3805	3670	103	103					78	78
台州市	Taizhou	8634	8504	47	47			41	41	168	168
丽水市	Lishui	3155	2987								

续表 Continued

单位:人(person)

城市	City	其他有限责任公司 Other Limited Liability Corporations 2015	其他有限责任公司 Other Limited Liability Corporations 2016	股份有限公司 Share-holding Corporations Ltd. 2015	股份有限公司 Share-holding Corporations Ltd. 2016	私营 Private 2015	私营 Private 2016	港澳台商投资 Investment from Hongkong, Macao and Taiwan 2015	港澳台商投资 Investment from Hongkong, Macao and Taiwan 2016	外商投资 Investment from Foreign 2015	外商投资 Investment from Foreign 2016
合　计	**Total**	**50925**	**49299**	**2480**	**2315**	**51282**	**49751**	**6043**	**5952**	**3045**	**3142**
杭州市	Hangzhou	18421	18165	847	847	8149	8229	2729	2723	1251	1251
宁波市	Ningbo	5085	4891	338	338	7986	7531	1338	1255	906	897
温州市	Wenzhou	6235	5940	252	252	5699	5476	148	145	95	91
嘉兴市	Jiaxing	3517	3352	124	86	5569	5355	1131	1120	564	556
湖州市	Huzhou	3016	2836	632	632	2226	2095	285	285	57	57
绍兴市	Shaoxing	4606	4539	77	68	6229	6074	146	144	53	53
金华市	Jinhua	2013	1957	57	57	5823	5479	91	59	37	31
衢州市	Quzhou	385	385	35	35	2466	2449				
舟山市	Zhoushan	2571	2433			1013	1016	23	23	17	17
台州市	Taizhou	4801	4526	118		3304	3397	106	152	49	173
丽水市	Lishui	275	275			2818	2650	46	46	16	16

3-21 各市按资质等级分的房地产开发投资额 Investment In Real Estate Development by Classification and by City

单位:亿元(100 million yuan)

城市	City	合计 Total		一级企业 The First Enterprises		二级企业 The Second Enterprises		三级企业 The Third Enterprises		四级企业 The Fourth Enterprises		暂定 Undefined Enterprises		其他 Others	
		2015	2016	2015	2016	2015	2016	2015	2016	2015	2016	2015	2016	2015	2016
合 计	**Total**	**7111.93**	**7469.37**	**203.87**	**179.62**	**586.54**	**432.31**	**1070.39**	**1053.45**	**289.60**	**259.21**	**3891.98**	**3829.21**	**1069.54**	**1715.56**
杭州市	Hangzhou	2472.07	2606.41	58.13	28.37	96.53	75.45	94.14	93.41	3.52	2.26	1548.54	1387.36	671.20	1019.57
宁波市	Ningbo	1228.84	1270.33	64.09	49.71	63.17	34.47	475.59	528.98	37.40	28.35	456.28	457.95	132.31	170.89
温州市	Wenzhou	766.29	902.01	5.44	7.33	166.92	118.57	77.64	65.16	2.44	3.72	468.31	592.69	45.54	114.53
嘉兴市	Jiaxing	458.41	478.40	6.82	6.48	24.26	26.81	46.36	45.53	30.19	41.62	280.13	242.39	70.65	115.57
湖州市	Huzhou	323.39	274.22	4.45	2.89	37.14	25.27	24.41	23.49	118.18	89.83	119.31	88.99	19.89	43.76
绍兴市	Shaoxing	622.65	641.19	19.36	21.94	17.38	16.41	52.09	54.32	21.87	14.52	454.86	415.48	57.09	118.53
金华市	Jinhua	350.22	408.85	13.04	17.60	65.22	36.52	56.62	39.17	21.62	31.48	181.07	242.12	12.66	41.95
衢州市	Quzhou	99.51	124.25	11.08	8.84	15.74	14.59	13.71	13.22	28.73	16.00	30.26	71.59		
舟山市	Zhoushan	193.59	171.89	1.74		28.15	19.72	116.16	95.85	15.43	24.52	30.09	23.42	2.02	8.38
台州市	Taizhou	438.69	424.21	13.89	30.77	53.39	53.96	86.88	61.13	6.58	4.14	248.59	238.96	29.36	35.24
丽水市	Lishui	158.27	167.61	5.83	5.69	18.65	10.55	26.79	33.21	3.65	2.76	74.54	68.26	28.81	47.15

3－22 各市按登记注册类型分的房地产开发投资额
Investment In Real Estate Development by Registered Type and by City

单位:亿元(100 million yuan)

城市	City	合计 Total		国有 State－owned		集体 Collective Owned		股份合作 Share－cooperation		国有独资公司 State Sole Funds	
		2015	2016	2015	2016	2015	2016	2015	2016	2015	2016
合 计	**Total**	**7111.9**	**7469.4**	**32.5**	**37.8**	**2.9**	**6.2**	**15.3**	**6.2**	**207.6**	**245.3**
杭州市	Hangzhou	2472.1	2606.4	4.3	16.5					41.3	62.4
宁波市	Ningbo	1228.8	1270.3	16.1	4.7					93.1	71.5
温州市	Wenzhou	766.3	902.0	0.4		2.9	0.3	0.8	0.3	25.3	21.0
嘉兴市	Jiaxing	458.4	478.4	3.3	3.8					8.7	16.8
湖州市	Huzhou	323.4	274.2	5.7	6.1					5.5	15.3
绍兴市	Shaoxing	622.6	641.2	0.8	3.4					10.0	28.8
金华市	Jinhua	350.2	408.9	1.1	1.0					9.0	11.3
衢州市	Quzhou	99.5	124.3		0.8						
舟山市	Zhoushan	193.6	171.9	0.8	0.8					12.4	16.5
台州市	Taizhou	438.7	424.2		0.7		5.9	14.5	5.9	2.3	1.7
丽水市	Lishui	158.3	167.6								

续表 Continued

单位:亿元(100 million yuan)

城市	City	其他有限责任公司 Other Limited Liability Corporations		股份有限公司 Share－holding Corporations Ltd.		私营 Private		港澳台商投资 Investment from HongKong,Macao and Taiwan		外商投资 Investment from Foreign	
		2015	2016	2015	2016	2015	2016	2015	2016	2015	2016
合 计	**Total**	**3590.1**	**3369.5**	**52.4**	**68.4**	**2504.6**	**2936.6**	**538.4**	**589.4**	**156.6**	**202.1**
杭州市	Hangzhou	1505.4	1382.5	6.6	19.1	507.5	686.0	362.8	348.9	43.7	91.1
宁波市	Ningbo	506.4	482.3	16.1	9.4	404.6	467.0	102.8	159.5	89.7	75.9
温州市	Wenzhou	403.5	473.9	7.0	9.1	312.4	386.9	7.5	5.4	6.3	2.8
嘉兴市	Jiaxing	197.5	170.4	1.6	6.5	197.8	224.8	41.2	47.7	8.5	8.4
湖州市	Huzhou	162.5	136.7	12.0	13.7	112.5	93.2	16.2	5.9	4.5	0.1
绍兴市	Shaoxing	328.9	300.7	1.6	6.0	271.4	281.7	1.2	12.7	2.5	0.1
金华市	Jinhua	112.7	110.3	2.7	2.5	224.3	282.8	0.1	0.7	0.3	0.3
衢州市	Quzhou	14.4	17.2	1.3	2.2	83.4	103.8				
舟山市	Zhoushan	113.3	83.2			66.9	70.7	0.3	0.8		
台州市	Taizhou	226.7	188.7	3.5		188.4	197.0	2.2	6.7	1.1	23.6
丽水市	Lishui	18.9	23.7			135.4	142.8	4.0	1.1		

3-23 各市房地产开发企业建造的商品房屋面积和价格
Floor Space and Price of Building for Real Estate Development by City

城市	City	施工面积（万平方米）Floor Space of Buildings Under Construction (10000sq. m)		竣工面积（万平方米）Floor Space of Buildings Completed (10000sq. m)		房屋面积竣工率（%）Rate of Floor Space of Buildings Completed(%)		竣工房屋价值（万元）Value of Buildings Completed (10000 yuan)		竣工房屋造价（元/平方米）Cost of Buildings Completed (yuan/sq. m)	
		2015	2016	2015	2016	2015	2016	2015	2016	2015	2016
合 计	**Total**	**41687.3**	**41609.8**	**5892.9**	**7925.4**	**14.1**	**19.0**	**23016405**	**30796117**	**3906**	**3886**
杭州市	Hangzhou	11142.7	11563.0	1665.2	1923.0	14.9	16.6	6605373	7405055	3967	3851
宁波市	Ningbo	6737.9	6565.3	1007.8	1097.2	15.0	16.7	4353338	4328685	4320	3945
温州市	Wenzhou	4650.8	4723.7	597.7	770.9	12.8	16.3	2964446	3448579	4960	4473
嘉兴市	Jiaxing	4397.9	4401.2	612.0	1078.1	13.9	24.5	2045415	4262017	3342	3953
湖州市	Huzhou	2396.5	2125.7	253.8	443.1	10.6	20.8	1106398	1659139	4359	3744
绍兴市	Shaoxing	3822.3	3607.1	696.6	1146.9	18.2	31.8	2250090	4106451	3230	3580
金华市	Jinhua	2598.0	2586.4	283.8	271.4	10.9	10.5	1006781	1152532	3548	4247
衢州市	Quzhou	762.8	822.6	172.4	251.6	22.6	30.6	422020	584902	2447	2325
舟山市	Zhoushan	866.3	795.0	98.0	200.5	11.3	25.2	505606	1062821	5160	5301
台州市	Taizhou	3299.4	3345.6	359.2	561.4	10.9	16.8	1325805	2162909	3691	3853
丽水市	Lishui	1012.8	1074.1	146.3	181.4	14.4	16.9	431133	623027	2946	3435

3-24 各市房地产开发企业建造的住宅面积和价格
Floor Space and Price of Residential Buildings for Real Estate Development by City

城市	City	施工面积（万平方米）Floor Space of Buildings Under Construction (10000 sq. m)		竣工面积（万平方米）Floor Space of Buildings Completed		房屋面积竣工率（%）Rate of Floor Space of Buildings Completed(%)		竣工房屋价值（万元）Value of Buildings Completed (10000 yuan)		竣工房屋造价（元/平方米）Cost of Buildings Completed (yuan/sq. m)	
		2015	2016	2015	2016	2015	2016	2015	2016	2015	2016
合 计	**Total**	**25117.2**	**24709.4**	**3938.0**	**5092.0**	**15.7**	**20.6**	**15581369**	**20402447**	**3957**	**4007**
杭州市	Hangzhou	5925.6	6000.6	1070.3	1113.4	18.1	18.6	4455053	4387923	4163	3941
宁波市	Ningbo	3637.5	3501.9	613.4	651.6	16.9	18.6	2647514	2631546	4316	4039
温州市	Wenzhou	3040.9	3108.2	431.3	534.0	14.2	17.2	2094598	2519277	4856	4718
嘉兴市	Jiaxing	2684.6	2741.2	417.6	702.6	15.6	25.6	1396079	2795956	3343	3979
湖州市	Huzhou	1692.9	1473.7	177.2	305.4	10.5	20.7	700024	1261104	3950	4129
绍兴市	Shaoxing	2574.3	2389.4	470.1	811.5	18.3	34.0	1596934	2941357	3397	3625
金华市	Jinhua	1687.0	1643.6	210.6	202.3	12.5	12.3	756949	941371	3595	4653
衢州市	Quzhou	522.7	525.1	123.5	161.7	23.6	30.8	297580	372955	2409	2306
舟山市	Zhoushan	539.6	510.8	63.7	133.8	11.8	26.2	359458	708135	5643	5292
台州市	Taizhou	2114.8	2111.1	250.9	356.6	11.9	16.9	954659	1437674	3805	4032
丽水市	Lishui	697.4	703.8	109.5	119.2	15.7	16.9	322521	405149	2944	3399

3-25 各市房地产开发企业商品房屋销售面积和销售额
Floor Space and Total Sales of Commercial Houses for Real Estate Development Enterprises by City

城市	City	销售面积（万平方米）Floor Space Sold of Commercial Houses (10000 sq. m)				销售额（万元）Total Sales of Commercial Houses (10000 yuan)			
		2013	2014	2015	2016	2013	2014	2015	2016
合 计	**Total**	**4887.0**	**4676.8**	**5985.3**	**8636.8**	**53960320**	**49229999**	**62994582**	**96050986**
杭州市	Hangzhou	1139.1	1121.1	1481.4	2326.7	17111998	15583870	21367755	36654771
宁波市	Ningbo	730.1	726.4	1007.2	1336.9	8104011	7805375	10785467	15011392
温州市	Wenzhou	349.7	420.2	525.6	773.8	5759267	5899066	6614032	10117930
嘉兴市	Jiaxing	601.1	497.3	640.6	1144.6	4397802	3539594	4602295	8729286
湖州市	Huzhou	308.5	304.9	399.3	557.0	2157080	1999709	2748149	3868690
绍兴市	Shaoxing	607.7	531.7	677.8	772.6	5686506	4402596	5487042	6141937
金华市	Jinhua	392.7	336.6	352.4	425.7	3742018	3540347	3712567	4064216
衢州市	Quzhou	170.2	166.8	172.7	244.1	1158619	1091492	1112445	1847824
舟山市	Zhoushan	107.0	91.7	103.9	152.5	1277412	1021884	963745	1480084
台州市	Taizhou	351.7	344.6	442.0	662.1	3398341	3070081	3969866	6057732
丽水市	Lishui	129.1	135.4	182.4	240.6	1167266	1275985	1631219	2077124

3-26 各市房地产开发企业住宅销售面积和销售额
Floor Space and Total Sales of Residential Buildings for Real Estate Development Enterprises by City

城市	City	销售面积（万平方米）Floor Space Sold of Commercial Houses (10000sq. m)				销售额（万元）Total Sales of Commercial Houses (10000yuan)			
		2013	2014	2015	2016	2013	2014	2015	2016
合 计	**Total**	**4097.6**	**3941.5**	**5131.9**	**7234.2**	**45138822**	**41725801**	**55192684**	**82808481**
杭州市	Hangzhou	968.8	950.7	1291.6	1887.1	14220307	13349130	19051380	30596076
宁波市	Ningbo	582.0	595.2	846.9	1126.1	6637387	6481530	9334646	13218029
温州市	Wenzhou	317.4	383.5	456.9	642.8	5060338	5308618	5771593	9095124
嘉兴市	Jiaxing	496.2	406.1	550.8	987.6	3493480	2841805	3956522	7714651
湖州市	Huzhou	250.9	260.0	346.1	489.8	1751971	1639940	2370634	3320820
绍兴市	Shaoxing	506.7	442.9	594.6	667.7	4811246	3578962	4872568	5419456
金华市	Jinhua	323.7	295.0	325.3	377.4	3026399	3020619	3375639	3540094
衢州市	Quzhou	144.8	138.8	131.4	196.2	1016362	923756	895574	1521590
舟山市	Zhoushan	96.6	78.5	90.5	136.5	1143011	850448	851195	1333175
台州市	Taizhou	301.2	272.5	352.1	531.3	2995371	2636502	3424699	5289852
丽水市	Lishui	109.4	118.2	145.6	191.8	982950	1094491	1288234	1759614

3-27 主要年份基础设施投资
Investment in Infrastucture

单位:亿元(100 million yuan)

年份 Year	基础设施投资合计 Total Investment in Infrastructure	#水利、环境和公共设施 Water, Environment and Public Facilities	#电力、燃气及水的生产供应业 Production and Supply of Electricity, Gas and Water	#交通运输 Transportation	#邮电通信 Post & Telecommuni-cations	#教育设施 Education Facilities	#卫生设施 Sanitary Facilities
1990	37.58		15.67	10.18	2.96		
1995	230.39		72.03	68.40	23.75		
2000	876.33		214.22	221.65	127.53		
2001	999.28		191.84	223.18	155.60		
2002	1066.80		188.28	227.28	95.49		
2003	1360.40	558.85	239.25	295.54	88.09	114.66	26.76
2004	1724.69	521.36	429.63	476.16	102.98	122.98	30.34
2005	1981.97	518.81	544.79	641.36	94.18	102.21	31.63
2006	2226.57	608.49	533.97	777.44	97.64	95.82	50.03
2007	2215.00	643.73	568.29	673.05	119.25	93.29	42.56
2008	2373.06	816.69	501.74	740.80	125.91	101.54	49.38
2009	2894.97	952.06	579.61	979.63	139.63	120.72	63.17
2010	3038.58	1020.94	585.25	1040.68	144.58	123.00	72.48
2011	3359.09	1193.45	620.38	1102.93	123.31	150.06	79.19
2012	3963.35	1383.57	727.92	1330.30	58.22	199.83	102.52
2013	4718.09	1759.15	845.89	1450.34	62.35	253.33	118.52
2014	5741.56	2229.35	1012.27	1729.24	83.52	340.63	125.42
2015	7417.75	3092.03	1108.87	2311.40	93.20	400.91	167.00
2016	9365.48	4361.45	1216.37	2577.43	164.27	506.79	207.25

注：2003 年以前为城镇以上范围,2003 年(含)以后为限额以上(2011 年起更名为固定资产投资)范围。
The figures in this table refer to the investment at town level and above before 2003, while above designated size since 2003(as those refer to investment in fixed assets since 2011).

浙/江/统/计/年/鉴

主要统计指标解释

■ 全社会固定资产投资额

固定资产投资额是以货币表现的建造和购置固定资产活动的工作量，它是反映固定资产投资规模、速度、比例关系和使用方向的综合性指标。全社会固定资产投资包括国有经济单位投资、城乡集体经济单位投资、其他各种经济类型的单位投资和城乡居民个人投资。按照我国现行计划管理体制，全社会固定资产投资总额分为基本建设、更新改造、房地产开发投资和其他固定资产投资四个部分；城乡集体经济单位投资包括城镇集体所有制单位投资和农村集体所有制单位投资；其他各种经济类型单位投资包括联营经济、股份制经济、中外合资经营、中外合作经营、外资、与大陆合资经营、与大陆合作经营、港澳台独资及其他经济的单位投资。城乡居民个人投资包括城市、县城、镇、工矿区所辖范围内的个人建房和农村个人建房及购买生产性固定资产的投资。

■ 房地产开发投资

包括各种经济类型的房地产开发公司、商品房建设公司及其他房地产开发单位统一开发的包括统代建、拆迁还建的住宅、厂房、仓库、饭店、宾馆、度假村、写字楼、办公楼等房屋建筑物和配套的服务设施、土地开发工程，如道路、给水、排水、供电、供热、通讯、平整场地等基础设施工程的投资。包括非房地产企业实际从事房地产开发或经营活动，不包括单纯的土地交易活动。

■ 施工项目

指报告期内曾进行建筑或安装工程施工活动的建设项目。包括报告期内新开工项目、报告期以前开工跨入报告期继续施工的项目以及报告期施工过并在报告期内全部建设投产或停缓建的项目。

■ 全部建成投产项目

工业项目是指设计文件规定形成生产能力的主体工程及其相应配套的辅助设施全部建成，经负荷试运转，证明具备生产设计规定合格产品的条件，并经过验收鉴定合格或达到竣工验收标准，与生产性工程配套的生产福利设施可以满足近期正常生产的需要，正式移交生产的建设项目。非工业项目是指设计文件规定的主体工程和相应的配套工程全部建成，能够发挥设计规定的全部效益，经验收鉴定合格或达到竣工验收标准，正式移交使用的建设项目。

■ 施工和竣工房屋建筑面积

房屋建筑面积是从房屋外墙线算起的各层平面面积的总和，包括房屋结构（如柱、墙）占用的面积和地下室面积。多层建筑按各自然层面积总和计算，包括房屋内的楼隔层，突出墙面的眺望间、门斗、有柱雨罩的面积。不包括突出墙面结构的构件、艺术装饰等所占的面积，如台阶等。凹阳台、挑阳台按其水平投影面积一半计算建筑面积。

■ 新增固定资产

指通过投资活动所形成的新的固定资产价值。包括已经建成投入生产或交付使用的工程价值和达到固定资产标准的设备、工具、器具的价值及有关应摊入的费用。它是以价值形式表示的固定资产投资成果的综合性指标，可以综合反映不同时期、不同部门、不同地区的固定资产投资成果。

ZHEJIANG STATISTICAL YEARBOOK

Explanatory Notes on Main Statistical Indicators

□ Total Investmentin in Fixed Assets

Amount of investment in fixed assets refers to the volume of activities in construction and purchases of fixed assets in monetary terms. It is a comprehensive indicator which shows the size, pace, proportional relations and use orientation of the investment in fixed assets. Total investment in fixed assets in the whole country includes the investment by the state-owned units, the investment by the urban and rural collective units, the investment by the units of other types of ownership and the investment by the individuals in the urban and rural areas. According to China's current planning management system, the investment in fixed assets in the whole country is classified into the following four parts: investment in capital construction, investment in innovation, investment in real estates development and other investment in fixed assets. The investment by the urban and rural collective units includes the investment by the urban collective units and the investment by the rural collective units. The investment by the units of other types of ownership includes the investment by the units of joint - owned economy, share - holding economy, Sino - foreign joint economy, Sino - foreign cooperative economy, economy exclusively with foreign investment, Mainland - Hong kong or Mainland - Macao or Mainland - Taiwan joint economy, Mainland - Hong kong or Mainland - Macao or Mainland - Taiwan coope rative economy, and economy exclusively with investment of Hong Kong or Macao or Taiwan. The investment by the individuals in the urban and rural areas includes the investment in personal house building in the areas under the jurisdiction of city, county, town and special industrial and mining areas as well as the investment in personal house building and purchase of productive fixed assets in the rural areas.

□ Investment in Real Estate Development

It includes the investment by the real estate development companies, commercial buildings construction companies and other real estate development units of various types of ownership in the construction of house buildings, such as residential buildings, factory buildings, warehouses, hotels, guesthouses, holiday villages, office buildings, and the complementary service facilities and land development projects, such as roads, watersupply, water drainage, power supply, heating, telecommunications, land levelling and other projects of infrastructure. It covers the activities of the non - real estate companies in real estate development or management, but excludes the activities in simple land transactions.

□ Projects Under Construction

refer to projects having construction and installation activities undertaken in the reference period, including projects started in the reference period, or continued from the previous period, or completed and put into production or suspended in the reference period.

□ Projects Completed and Put into Use

Industrial projects refer to the major projects and accessory facilities completed which result in forming production capacity and have been checked and accepted while the living and welfare facilities have been completed and can ensure normal production and formally put into production. Non - industrial projects refer to the major projects and accessory facilities completed which possess the disigned capacity and have been checked, accepted and formally put into production.

□ Floor Space of Buildings Under Construction and Completed

refers to total floor space in each story of buildings calculated from the outside line of building walls, including the space occupied by constructions like pillars or walls and basements. The floor space of multi - story building includes the total floor space of each story, including area

EXPLANATORY NOTES ON MAIN STATISTICAL INDICATORS

occupied by separating walls, watching rooms, doorways, and pillars, but excluding protruding wall structures, artistic decoration, etc. (for example, flight of steps). The space of recessed verand and tantilevered balcony is counted by half of the projection area.

□ Newly Increased Fixed Assets

refer to the newly increased value of fixed assets through investment, including the value of projects completed and put into production, the value of equipment, tools, and vessels considered as fixed assets, as well as the relevant expenses as investment in fixed assets. This is a comprehensive indicator of investment in fixed assets, reflecting the achievements of investment in fixed assets in different periods, different sectors, and different regions.

2017

浙江统计年鉴

ZHEJIANG STATISTICAL YEARBOOK

价 格

Prices

4-1 各种价格总指数(1978-2016年)
General Price Indinces(1978-2016)

(上年=100)(preceding year=100)

年份 Year	居民消费价格指数 General Consumer Price Index			商品零售价格指数 General Retail Price Index of Commodities			工业生产者出厂价格指数 Producer Price Indices for Manufactured Goods
	全省 Total	城市 Urban Areas	农村 Rural Areas	全省 Total	城市 Urban Areas	农村 Rural Areas	
1978		100.0		100.1	99.9	100.1	
1979		102.6		102.1	103.4	101.5	
1980		108.8		108.0	109.5	106.9	
1981		101.7		101.5	101.6	101.4	
1982		101.9		100.9	102.1	100.1	
1983		102.8		102.0	102.9	101.2	
1984	103.0	103.7	101.8	103.4	103.5	103.4	
1985	114.8	115.1	114.3	114.0	115.2	112.9	
1986	106.2	106.3	106.1	106.0	106.1	105.9	
1987	108.8	110.9	106.4	109.5	111.3	107.4	
1988	121.5	123.4	119.8	122.1	124.2	120.5	
1989	118.2	116.8	119.6	117.8	116.6	118.7	
1990	102.1	102.1	102.0	101.6	101.4	101.8	100.4
1991	103.5	105.6	101.5	103.0	105.2	101.4	101.8
1992	107.5	109.2	104.8	106.6	108.9	104.1	104.8
1993	119.8	121.4	117.4	116.7	119.1	115.2	117.3
1994	124.8	124.7	124.9	121.7	120.0	124.8	117.5
1995	116.6	117.0	116.4	113.5	113.0	114.3	112.3
1996	107.9	109.8	107.0	105.8	106.4	105.1	99.5
1997	102.8	104.1	102.1	100.3	100.9	99.4	99.2
1998	99.7	100.5	99.3	98.4	98.4	98.4	95.6
1999	98.8	99.5	98.5	97.7	97.7	97.7	96.8
2000	101.0	100.9	101.1	99.0	98.8	99.1	101.1
2001	99.8	99.6	100.0	98.1	97.4	99.0	98.3
2002	99.1	98.8	99.3	98.7	98.4	99.3	96.9
2003	101.9	100.5	102.9	99.6	99.4	99.9	100.6
2004	103.9	102.8	104.6	102.7	102.0	103.6	105.0
2005	101.3	101.5	101.2	100.9	101.0	100.7	102.3
2006	101.1	101.1	101.0	100.8	100.7	101.0	103.8
2007	104.2	103.9	104.4	103.8	103.7	103.9	102.4
2008	105.0	104.8	105.3	106.3	106.3	106.1	104.3
2009	98.5	98.7	98.2	98.8	98.9	98.6	94.9
2010	103.8	104.0	103.7	103.9	103.9	103.9	106.2
2011	105.4	105.3	105.6	105.5	105.4	105.8	105.0
2012	102.2	102.2	102.3	101.9	101.9	101.8	97.3
2013	102.3	102.3	102.4	101.0	101.2	100.5	98.2
2014	102.1	102.0	102.2	100.9	100.8	101.1	98.8
2015	101.4	101.4	101.4	99.9	99.8	100.2	96.4
2016	101.9	102.0	101.8	101.0	101.0	101.0	99.5

4－2 历年各种价格总指数(1986－2016 年)
General Price Indices(1986－2016)

(1985 年＝100)(1985＝100)

年份 Year	居民消费价格指数 General Consumer Price Index			商品零售价格指数 General Retail Price Index of Commodities
	全省 Total	城市 Urban Areas	农村 Rural Areas	
1986	106.2	106.3	106.1	106.0
1987	115.5	117.9	112.9	116.1
1988	140.4	145.5	135.2	141.7
1989	165.9	169.9	161.8	166.9
1990	169.4	173.5	165.0	169.6
1991	175.4	183.2	167.5	174.7
1992	188.5	200.0	175.5	186.2
1993	225.8	242.9	206.0	217.3
1994	281.8	302.8	257.3	264.5
1995	328.6	354.3	299.5	300.2
1996	354.6	389.1	320.5	317.6
1997	364.5	405.0	327.2	318.6
1998	363.4	407.0	324.9	313.5
1999	359.1	405.0	320.1	306.3
2000	362.6	408.6	323.6	303.2
2001	361.9	407.0	323.6	297.4
2002	358.6	402.1	321.3	293.5
2003	365.4	404.1	330.6	292.3
2004	379.7	415.4	345.8	300.2
2005	384.6	421.6	349.9	302.9
2006	388.8	426.2	353.4	305.3
2007	405.1	442.8	368.9	316.9
2008	425.4	464.1	388.5	336.9
2009	419.0	458.1	381.5	332.9
2010	434.9	476.4	395.6	345.9
2011	458.4	501.6	417.8	364.9
2012	468.4	512.4	427.2	371.7
2013	479.2	524.0	437.4	375.4
2014	489.0	534.6	447.0	378.8
2015	495.9	542.1	453.4	378.5
2016	505.6	552.9	461.6	382.3

4-3 价格总指数(2016年) General Price Indices(2016)

年份 Year	居民消费价格指数 General Consumer Price Index			商品零售价格指数 General Retail Price Index of Commodities
	全省 Total	城市 Urban Areas	农村 Rural Areas	
1978=100		785.5		519.0
1980=100		703.5		470.8
1985=100	505.6	552.9	461.6	382.3
1986=100	298.4	319.1	279.6	225.3
1987=100	288.2	302.3	275.6	218.8
1988=100	268.1	276.8	263.0	205.2
1989=100	223.8	228.0	224.0	175.9
1990=100	179.3	182.8	179.4	144.5
1995=100	153.8	156.3	154.1	127.3
1996=100	142.6	142.1	144.0	120.4
1997=100	139.0	136.5	141.1	120.0
1998=100	139.3	135.9	142.3	122.1
1999=100	140.9	136.5	144.3	124.7
2000=100	139.6	135.3	142.8	126.1
2001=100	139.9	135.9	142.8	128.7
2002=100	141.1	137.6	143.6	130.2
2003=100	138.5	136.7	139.8	130.6
2004=100	133.2	133.2	133.4	127.3
2005=100	131.5	131.2	131.8	126.2
2006=100	130.1	129.7	130.7	125.2
2007=100	124.8	124.8	125.1	120.5
2008=100	118.8	119.0	118.8	113.4
2009=100	120.7	120.8	121.0	114.8
2010=100	116.2	116.1	116.7	110.6
2011=100	110.3	110.3	110.5	104.8
2012=100	107.9	107.9	108.0	102.8
2013=100	105.5	105.5	105.5	101.8
2014=100	103.3	103.4	103.3	100.9
2015=100	101.9	102.0	101.8	101.0

4-4 居民消费价格指数(2008-2015年)
Consumer Price Indinces(2008-2015)

(上年=100)(preceding year=100)

项目	Item	2008	2009	2010	2011	2012	2013	2014	2015
居民消费价格指数	**General Consumer Price Index**	**105.0**	**98.5**	**103.8**	**105.4**	**102.2**	**102.3**	**102.1**	**101.4**
城市	Urban Areas	104.8	98.7	104.0	105.3	102.2	102.3	102.0	101.4
农村	Rural Areas	105.3	98.2	103.7	105.6	102.3	102.4	102.2	101.4
食品	**Food**	**113.9**	**100.7**	**107.3**	**112.1**	**105.3**	**103.8**	**103.1**	**103.3**
粮食	Grain	105.4	105.5	114.3	112.5	103.7	102.8	101.8	102.5
油脂	Oil and Fat	126.3	78.1	102.7	117.6	103.7	98.2	92.9	94.5
肉禽及其制品	Meal, Poultry and Their Products	119.2	89.5	103.8	122.9	100.9	103.9	100.1	107.1
蛋	Eggs	105.4	101.6	108.3	116.0	97.6	102.8	112.5	100.9
水产品	Aquatic Products	113.3	106.2	110.5	113.6	108.8	104.8	104.6	102.6
鲜菜	Fresh Vegetables	112.3	110.2	117.4	99.4	117.9	106.6	98.9	111.4
烟酒及用品	**Tobacco, Liquor and Articles**	**102.1**	**100.5**	**100.7**	**101.7**	**101.5**	**99.8**	**99.6**	**103.3**
衣着	**Clothing**	**97.9**	**98.2**	**99.3**	**102.9**	**101.3**	**102.9**	**101.8**	**101.8**
家庭设备用品及维修服务	**Household Facilities Articles and Maintenance Services**	**103.4**	**99.8**	**100.4**	**103.7**	**102.5**	**102.2**	**101.5**	**100.9**
医疗保健和个人用品	**Health Care and Personal Items**	**105.8**	**102.4**	**105.4**	**103.7**	**101.3**	**100.3**	**101.9**	**102.7**
交通和通信	**Transportation and Communication**	**95.6**	**96.0**	**100.3**	**100.7**	**99.7**	**99.4**	**99.7**	**96.0**
娱乐教育文化用品及服务	**Recreation, Education, Culture Items and Services**	**99.0**	**98.4**	**101.6**	**100.1**	**99.4**	**102.5**	**102.2**	**101.4**
居住	**Residence**	**105.0**	**92.7**	**106.0**	**105.3**	**101.6**	**102.5**	**102.4**	**100.8**

4－5 城乡居民消费价格分类指数(2016)
Consumer Price Indinces by Urben and Rural Areas(2016)

(上年＝100)(preceding year＝100)

项目	Item	全省 Total	城市 Urban Areas	农村 Rural Areas
居民消费价格总指数	**General Consumer Price Index**	**101.9**	**102.0**	**101.8**
服务价格指数	**Price Index of Services**	**101.9**	**102.0**	**101.5**
消费品价格指数	**Price Index of Consumer Goods**	**101.9**	**101.9**	**101.9**
扣除食品和能源价格指数	**Price Index Excluding Food and Energy**	**101.5**	**101.6**	**101.2**
食品烟酒	**Food,Tobacco and Liquor**	**104.4**	**104.4**	**104.5**
1.食品	Food	105.1	105.0	105.5
(1)粮食	Grain	100.5	100.7	99.9
(2)薯类	Tubers	103.2	102.8	104.4
(3)豆类	Beans	100.8	101.2	99.9
(4)食用油	Edible Oil	101.6	100.9	103.2
(5)菜	Vegetables	112.8	112.9	112.3
#鲜菜	Fresh Vegetables	114.0	114.2	113.6
(6)畜肉类	Livestock Meat	111.9	111.5	113.1
#猪肉	Pork	116.0	115.9	116.4
(7)禽肉类	Poultry	102.6	102.6	102.4
(8)水产品	Aquatic Production	104.8	104.8	105.1
(9)蛋类	Eggs	96.5	96.5	96.3
(10)奶类	Dairy	100.2	100.0	100.6
(11)干鲜瓜果类	Dried and Fresh,Melons and Fruits	98.5	98.7	97.7
#鲜瓜果	Fresh Melons and Fruits	97.3	97.5	96.4
(12)糖果糕点类	Candy and Pastry	101.3	101.4	101.0
(13)调味品	Condiment	102.6	102.9	101.8
(14)其他食品类	Other Foods and Foods Processing Services	101.7	101.7	101.8
2.茶及饮料	Tea and Beverage	100.5	100.4	100.7
3.烟酒	Tobacco and Liquor	102.2	102.4	101.8
(1)烟草	Tobacco	102.7	103.0	102.1
(2)酒类	Liquor	101.1	101.2	101.0
4.在外餐饮	Outside Catering	103.8	103.9	103.5

续表 Continued (上年＝100)(preceding year＝100)

项目	Item	全省 Total	城市 Urban Areas	农村 Rural Areas
衣着	**Clothing**	**101.5**	**101.5**	**101.5**
1.服装	Garments	101.6	101.7	101.3
2.服装材料	Clothing Materials	101.5	101.1	102.4
3.其他衣着及配件	Other Clothing and Accessories	100.7	100.8	100.4
4.衣着加工服务费	Clothing Processing Service Fee	105.0	104.4	106.6
5.鞋类	Shoes	101.3	101.0	102.1
居住	**Residence**	**101.0**	**101.1**	**100.8**
1.租赁房房租	Rent	101.9	101.6	103.5
2.住房保养维修及管理	Housing Maintenance and Management	101.8	101.9	101.3
3.水电燃料	Water,Electricity and Fuels	98.5	98.7	98.0
4.自有住房	Personal Housing	101.6	101.6	101.5
生活用品及服务	**Articles for Daily Use and Services**	**100.2**	**100.1**	**100.3**
1.家具及室内装饰品	Furniture and Interior Decorations	100.1	100.1	99.9
2.家用器具	Home Appliances	99.1	98.8	100.1
3.家用纺织品	Home Textiles	99.5	99.4	99.9
4.家庭日用杂品	Daily Groceries	100.0	99.9	100.3
5.个人护理用品	Personal Care Pr	100.9	100.9	100.6
6.家庭服务	Home Service	103.6	103.5	103.9
交通和通信	**Transportation and Communication**	**98.7**	**98.8**	**98.6**
1.交通	Transportation	98.7	98.9	98.0
2.通信	Communication	98.9	98.6	99.8
教育文化和娱乐	**Education,Culture and Recreational Articles**	**102.7**	**102.9**	**101.7**
1.教育	Education	104.0	104.6	102.0
2.文化娱乐	Culture and Recreational Articles	100.8	100.8	100.9
医疗保健	**Health Care**	**101.3**	**101.5**	**100.7**
1.药品及医疗器具	Drugs and Medical Devices	103.5	103.9	102.3
2.医疗服务	Medical Service	100.0	100.0	100.1
其他用品和服务	**Other Supplies and Services**	**102.5**	**102.5**	**102.8**
1.其他用品类	Other Supplies	104.0	104.4	102.3
2.其他服务类	Other Services	101.6	101.2	103.2

4-6 城乡商品零售价格分类指数（2016年）
General Retail Price Indices of Commodities by Urban and Rural Areas (2016)

（上年=100）(preceding year=100)

项目	Item	全省 Total	城市 Urban Areas	农村 Rural Areas
商品零售价格指数	**General Retail Price Indices**	**101.0**	**101.0**	**101.0**
食品	**Food**	**104.7**	**104.7**	**104.9**
粮食	Grain	100.7	100.7	100.5
食用油	Edible Oil	101.5	101.0	103.6
菜	Vegetable	112.9	113.1	112.2
畜肉类	Livestock Meat	111.6	111.4	112.6
禽肉类	Poultry	102.5	102.4	103.1
水产品	Aquatic Production	104.6	104.8	103.8
蛋类	Eggs	96.6	96.6	96.4
饮料、烟酒	**Beverages, Tobacco and Liquor**	**101.8**	**101.9**	**101.7**
茶及饮料	Beverages	100.5	100.4	100.9
烟草	Tobacco	102.9	102.9	102.5
酒类	Liquor	101.1	101.2	100.8
服装、鞋帽	**Garments, Shoes and Hats**	**101.5**	**101.5**	**101.5**
服装	Garments	101.7	101.7	101.6
鞋袜帽	Shoes, Stockings and Hats	101.0	100.9	101.5
其他衣着配件	Other	99.9	100.0	99.5
纺织品	**Textiles**	**99.7**	**99.7**	**100.0**
服装材料	Clothing Materials	101.9	101.8	102.4
床上用品	Bed Articles	99.1	99.0	99.2
家用电器及音像器材	**Household Appliances and Audiovisual Equipment**	**98.5**	**98.1**	**100.0**
家庭设备	Household Facilities	99.0	98.8	100.2
文娱用耐用消费品	Durable Consumer Goods for Recreation Use	97.2	96.7	99.7
专业音像器材	Audiovisual Equipment	98.7	98.6	99.2
文化办公用品	**Culture and Official Articles**	**98.4**	**98.1**	**99.7**
日用品	**Articles for Daily Use**	**99.9**	**99.9**	**99.8**
日用百货	General Merchandise	99.9	99.9	100.0
厨具餐具茶具	Kitchenware, Tableware, Tea Set	100.4	100.4	100.0
清洗用品	Cleaning Supplies	100.1	100.3	99.4
其它日用品	Others for Daily Use	99.4	99.4	99.5

续表 Continued （上年=100）(preceding year=100)

项目	Item	全省 Total	城市 Urban Areas	农村 Rural Areas
体育娱乐用品	**Sports and Recreation**	**99.7**	**99.6**	**99.7**
体育户外用品	Sports Outdoor Products	99.8	99.9	99.4
娱乐用品	Recreation Goods	99.6	99.5	99.9
交通、通信用品	**Transportation and Communication Articles**	**97.8**	**97.8**	**97.7**
交通运输机械	Transportation Mechanism	98.6	98.8	97.6
通信器材	Communication Appliance	94.6	93.8	98.2
家具	**Furniture**	**100.2**	**100.2**	**99.7**
化妆品	**Cosmetics**	**100.9**	**100.9**	**100.6**
金银饰品	**Jewelry**	**108.4**	**108.8**	**105.6**
中西药品及医疗保健用品	**Traditional Chinese – Westen Medicines and Medical Health Articles**	**103.8**	**104.1**	**102.6**
医疗卫生器具	Medical Appliance	99.8	99.5	101.1
中药	Traditional Chinese Medicine	105.5	106.0	103.5
西药	Westen Medicines	101.3	101.3	101.4
保健器具及用品	Health Care Appliances and Articles	108.2	108.6	105.1
书报杂志及电子出版物	**Newspaper, Magazines and Electronic Publication**	**105.2**	**105.4**	**104.0**
教材及参考书	Teaching Materials and Reference Books	100.4	100.3	100.8
书报杂志	Newspaper and Magazines	100.0	100.0	99.9
计算机办公软件	Office Software	130.1	131.0	124.6
燃料	**Fuels**	**96.7**	**96.8**	**96.1**
煤炭及制品	Coal and Its Products	103.9	104.5	101.7
石油及制品	Petroleum and Its Products	95.9	96.0	95.2
建筑材料及五金电料	**Building Materials and Hardware and Electric Materials**	**100.3**	**100.3**	**100.6**
建筑装璜材料	Building Decoration Materials	100.5	100.5	100.8
五金水暖	Hardware and Plumbing Materials	99.9	99.8	100.2

4-7 农业生产资料价格分类指数(2007-2016年)
Price Index of Agricultural Means of Production by Category(2007-2016)

(上年=100)(preceding year=100)

项目	Item	2007	2008	2009	2010	2011	2012	2013	2014	2015	2016
农业生产资料价格指数	**Price Indices of Agricultural Means of Production**	**107.3**	**118.9**	**95.9**	**102.9**	**110.8**	**104.2**	**102.8**	**99.8**	**100.9**	**99.5**
农用手工工具	Agricultural hand tools	110.9	110.4	104.5	101.9	106.3	103.1	104.1	101.3	100.6	100.6
饲料	Forage	108.8	113.4	97.8	108.7	107.5	107.6	105.2	100.6	97.6	94.1
仔畜幼禽及产品畜	Livestock Production	143.2	114.3	79.1	93.0	160.4	89.5	101.8	93.3	118.6	116.8
半机械化农具	Semi-mechanized Farm Tools	100.5	111.3	100.4	101.5	104.6	104.1	101.1	100.5	99.9	99.8
机械化农具	Mechanized Farm Tools	102.6	114.2	98.8	100.9	104.1	101.3	100.3	100.1	99.9	100.1
化学肥料	Chemical Fertilizer	102.9	138.4	93.2	101.3	113.4	103.5	98.3	94.6	99.7	98.1
农药及农药器械	Pesticide and Its Appliances	100.8	105.9	98.4	98.9	100.8	100.4	100.7	101.1	100.9	100.8
化学农药	Chemical Pesticide	100.9	106.4	98.4	98.9	100.9	100.3	100.6	101.1	100.9	100.8
农药器械	Pesticide Appliances	99.5	100.7	99.1	99.3	100.3	101.5	101.5	100.3	100.7	100.3
农用机油	Oil for Farm Machinery	104.3	111.8	92.0	108.1	109.4	103.2	99.8	98.3	89.4	99.2
其它农业生产资料	Others	103.7	102.5	99.8	103.5	106.1	101.5	102.8	102.0	100.8	102.2
农业生产服务	Agricultural Production Service	109.6	107.0	102.1	101.0	105.1	111.0	106.7	106.4	104.1	102.3

4－8 各市、县居民消费价格指数(2016 年)
Residents Consumer Price Indices by City and County(2016)

(上年＝100)(preceding year＝100)

市(县)名称	City(County)	居民消费价格指数 Consumer Price Index	食品烟酒 Food Or Smoke Wine	食品 Food	粮食 Grain	菜 Vegetables	畜肉类 Livestock Meat
杭州市	Hangzhou	102.6	106.0	106.2	100.5	115.4	113.5
宁波市	Ningbo	102.1	104.4	105.0	100.7	112.0	110.8
温州市	Wenzhou	101.4	103.8	104.5	100.6	112.8	109.9
嘉兴市	Jiaxing	101.8	104.1	105.9	101.1	115.4	113.7
湖州市	Huzhou	101.6	103.5	103.8	101.8	116.6	109.4
绍兴市	Shaoxing	101.9	103.4	104.4	99.5	111.9	111.4
金华市	Jinhua	101.5	102.7	103.5	99.9	109.4	109.3
衢州市	Quzhou	101.9	104.1	105.3	103.0	112.8	112.5
舟山市	Zhoushan	101.8	104.1	105.3	101.3	111.6	110.2
台州市	Taizhou	101.6	103.0	103.7	100.4	107.5	111.0
丽水市	Lishui	101.7	104.1	104.4	102.9	113.9	109.9
萧山区	Xiaoshan	101.9	104.3	105.4	100.8	113.4	111.6
建德市	Jiande	101.6	103.8	104.9	100.4	109.8	111.7
宁海县	Ninghai	102.0	104.4	105.0	99.9	113.2	111.3
瑞安市	Ruian	101.6	105.0	107.1	99.9	112.3	116.2
海宁市	Haining	102.0	104.2	104.7	99.8	108.3	112.9
桐乡市	Tongxiang	101.6	104.9	105.3	101.4	119.4	109.5
安吉县	Anji	101.5	102.9	102.9	93.0	110.1	113.4
新昌县	Xinchang	102.2	104.1	105.6	102.7	112.3	112.8
兰溪市	Lanxi	100.9	104.2	104.8	98.5	113.8	111.5
义乌市	Yiwu	101.7	104.5	105.1	102.9	109.8	112.5
江山市	Jiangshan	101.5	104.3	105.2	99.8	111.9	111.4
临海市	Linhai	102.0	105.2	105.2	99.5	111.1	113.2
龙泉市	Longquan	101.5	104.0	105.2	100.3	112.4	112.2

续表 1　Continued　　(上年 = 100) (preceding year = 100)

市(县)名称	City (County)	禽肉类 Poultry	水产品 Aquatic Production	蛋类 Eggs	奶类 Dairy	衣着 Clothing	居住 Residence
杭州市	Hangzhou	103.5	105.4	97.4	100.3	100.3	102.2
宁波市	Ningbo	103.9	104.5	96.1	100.6	102.0	101.3
温州市	Wenzhou	101.1	105.9	95.4	99.1	102.0	99.3
嘉兴市	Jiaxing	103.9	105.6	97.3	101.3	102.7	101.2
湖州市	Huzhou	97.1	103.9	97.8	98.2	102.5	101.1
绍兴市	Shaoxing	103.4	104.9	95.5	99.1	101.8	101.4
金华市	Jinhua	104.0	102.9	99.3	99.9	102.6	101.7
衢州市	Quzhou	101.9	103.7	97.0	101.0	100.1	102.2
舟山市	Zhoushan	103.2	106.5	98.9	100.3	100.6	100.0
台州市	Taizhou	101.6	102.7	94.4	101.3	102.4	100.7
丽水市	Lishui	101.6	103.5	94.8	98.1	100.9	101.2
萧山区	Xiaoshan	103.4	102.4	96.6	100.6	101.5	101.8
建德市	Jiande	103.8	102.3	98.3	101.2	102.8	101.5
宁海县	Ninghai	103.4	106.3	96.1	100.1	101.5	100.7
瑞安市	Ruian	98.6	112.9	96.7	101.5	102.9	98.7
海宁市	Haining	106.4	103.2	98.4	99.8	103.0	100.5
桐乡市	Tongxiang	106.6	103.5	98.8	98.2	100.9	101.0
安吉县	Anji	96.9	100.2	91.4	99.4	100.5	101.4
新昌县	Xinchang	99.4	102.0	99.8	103.7	99.0	103.9
兰溪市	Lanxi	101.8	102.3	98.8	101.4	100.0	100.3
义乌市	Yiwu	103.5	100.4	95.0	101.8	102.5	100.1
江山市	Jiangshan	102.3	105.8	94.4	99.0	100.4	100.9
临海市	Linhai	104.2	103.1	93.0	101.2	100.0	102.0
龙泉市	Longquan	100.2	106.5	95.4	98.7	100.2	101.2

续表 2 Continued (上年 = 100)(preceding year = 100)

市(县)名称	City(County)	生活用品及服务 Articles for Daily Use and Services	交通和通信 Transportation and Communication	教育文化和娱乐 Education, Culture and Recreational Articles	医疗保健 Health Care Articles	其他用品和服务 Other Supplies and Services
杭州市	Hangzhou	99.6	99.0	103.7	100.8	102.7
宁波市	Ningbo	100.7	99.3	101.5	103.0	102.8
温州市	Wenzhou	99.1	98.2	104.8	100.6	102.7
嘉兴市	Jiaxing	99.9	98.7	101.7	101.4	102.4
湖州市	Huzhou	100.0	98.1	102.2	101.2	101.4
绍兴市	Shaoxing	100.6	98.8	103.7	102.2	101.5
金华市	Jinhua	100.5	97.5	101.8	101.4	103.8
衢州市	Quzhou	99.0	99.1	101.8	101.6	102.8
舟山市	Zhoushan	99.9	99.1	104.0	101.7	101.8
台州市	Taizhou	102.5	99.4	101.7	100.5	101.8
丽水市	Lishui	99.8	97.8	102.3	101.8	103.2
萧山区	Xiaoshan	101.0	98.6	101.5	100.8	103.4
建德市	Jiande	100.1	98.6	100.5	100.6	102.0
宁海县	Ninghai	100.5	100.7	101.7	100.8	102.4
瑞安市	Ruian	101.2	98.5	102.7	100.3	102.5
海宁市	Haining	101.4	99.4	102.2	101.6	102.7
桐乡市	Tongxiang	97.4	97.9	101.7	100.6	102.7
安吉县	Anji	99.1	99.3	102.0	101.4	105.7
新昌县	Xinchang	98.3	98.4	103.6	100.8	101.0
兰溪市	Lanxi	101.1	95.7	100.1	100.7	102.5
义乌市	Yiwu	101.4	99.0	101.0	100.3	103.8
江山市	Jiangshan	99.8	99.0	100.2	100.5	103.1
临海市	Linhai	99.2	98.8	100.6	101.0	102.3
龙泉市	Longquan	99.0	98.3	103.1	99.7	101.2

4-9 各市、县商品零售价格指数和农业生产资料价格指数(2016年)
General Price Index of Commodities and Agricultural Means of Production by City and County(2016)

(上年=100)(preceding year=100)

市(县)名称	City(County)	商品零售价格指数 General Retail Price Index of Commodities	食品 Food	饮料、烟酒 Beverages, Tobacco and Liquor	服装、鞋帽 Garments, Shoes and Hats	纺织品 Textiles	家用电器及音响器材 Household Appliances and Audio Eqiupment
杭州市	Hangzhou District	101.5	106.1	102.6	100.1	97.3	97.3
宁波市	Ningbo	101.8	104.8	102.2	102.0	100.5	98.1
温州市	Wenzhou District	99.9	104.3	101.8	101.9	99.6	97.4
嘉兴市	Jiaxing District	101.4	104.8	100.4	102.6	101.0	99.4
湖州市	Huzhou	100.5	103.8	100.6	102.5	97.8	100.2
绍兴市	Shaoxing District	101.3	103.8	101.3	101.8	100.1	100.2
金华市	Jinhua	99.8	103.2	100.3	102.6	105.2	96.2
衢州市	Quzhou	100.9	104.6	101.1	99.9	100.5	95.2
舟山市	Zhoushan District	101.0	104.8	101.7	100.5	99.5	97.1
台州市	Taizhou District	100.9	103.3	102.4	102.5	104.6	99.7
丽水市	Lishui	100.9	104.3	102.1	100.9	100.6	96.9
萧山区	Xiaoshan	101.3	105.1	100.3	101.6	99.3	100.5
建德市	Jiande	100.7	104.4	100.2	102.7	102.3	99.6
宁海县	Ninghai	101.9	104.7	103.3	101.6	101.8	100.5
瑞安市	Ruian	100.8	105.9	100.4	102.6	106.6	101.0
海宁市	Haining	101.9	104.2	102.4	102.9	99.4	101.5
桐乡市	Tongxiang	100.7	105.3	102.5	100.7	95.1	94.7
安吉县	Anji	100.8	102.3	102.6	100.5	94.7	98.6
新昌县	Xinchang	100.2	104.6	101.4	98.7	96.7	97.2
兰溪市	Lanxi	99.9	104.5	101.4	99.7	96.2	99.2
义乌市	Yiwu	101.0	104.6	102.1	102.5	100.6	103.3
江山市	Jiangshan	100.8	104.8	101.4	100.4	100.0	97.1
临海市	Linhai	100.7	105.0	103.6	99.9	100.7	98.9
龙泉市	Longquan	100.4	104.6	100.8	100.1	99.7	96.8

续表 1 Continued

(上年=100)(preceding year=100)

市(县)名称	City(County)	文化办公用品 Culture and Official Articles	日用品 Articles for Daily Use	体育娱乐用品 Sports and Recreation	交通、通信用品 Transportation and Communication Articles	家具 Furniture	化妆品 Cosmetics
杭州市	Hangzhou District	97.3	99.7	98.5	97.8	99.9	101.9
宁波市	Ningbo	98.8	100.1	99.9	99.2	100.7	102.9
温州市	Wenzhou District	98.3	99.6	100.5	97.2	99.9	97.5
嘉兴市	Jiaxing District	95.8	99.1	100.9	98.7	100.2	103.3
湖州市	Huzhou	97.2	100.5	98.4	96.5	100.3	98.6
绍兴市	Shaoxing District	101.1	99.4	99.6	98.2	99.8	101.7
金华市	Jinhua	96.7	100.2	100.8	95.0	99.3	97.2
衢州市	Quzhou	99.1	99.6	99.7	98.1	99.7	100.3
舟山市	Zhoushan District	97.6	99.3	99.1	99.0	100.2	100.3
台州市	Taizhou District	98.7	101.7	102.9	99.0	102.0	102.1
丽水市	Lishui	98.7	99.1	97.4	97.5	100.7	107.2
萧山区	Xiaoshan	101.2	100.5	100.1	97.4	100.0	101.0
建德市	Jiande	97.3	98.6	97.5	97.1	99.9	99.7
宁海县	Ninghai	98.7	100.0	100.5	102.5	99.8	100.9
瑞安市	Ruian	98.5	98.3	98.7	97.8	100.6	102.2
海宁市	Haining	101.9	99.5	100.5	99.1	99.3	100.7
桐乡市	Tongxiang	99.2	100.1	99.5	96.0	98.9	100.2
安吉县	Anji	98.8	99.5	101.3	99.7	100.0	103.2
新昌县	Xinchang	101.5	97.5	100.4	96.9	99.9	98.3
兰溪市	Lanxi	100.8	101.8	99.4	93.4	100.0	100.3
义乌市	Yiwu	98.8	100.5	99.7	97.2	98.9	100.7
江山市	Jiangshan	97.9	99.5	100.0	98.4	100.1	99.4
临海市	Linhai	100.3	100.4	99.0	96.6	100.1	99.3
龙泉市	Longquan	100.9	97.7	101.8	98.3	100.1	98.2

续表 2 Continued (上年 = 100)(preceding year = 100)

市(县)名称	City(County)	金银饰品 Jewelry	中西药品及医疗保健用品 Traditional Chinese Westen Medicines and Medicines and Health Care	书报杂志及电子出版物 Newspaper, Magazines and Electronic Publication	燃料 Fuels	建筑材料及五金电料 Building Materials and Hardware and Electric Item	农业生产资料价格指数 Retail Price Indices of Agricultural Means of Production
杭州市	Hangzhou District	109.9	102.3	105.6	102.5	101.2	
宁波市	Ningbo	108.7	108.3	104.5	97.1	100.6	
温州市	Wenzhou District	108.9	101.9	106.0	91.4	98.7	
嘉兴市	Jiaxing District	109.9	104.5	107.9	96.6	100.1	
湖州市	Huzhou	105.8	103.4	105.4	96.0	99.7	
绍兴市	Shaoxing District	106.1	107.3	105.2	97.3	99.6	
金华市	Jinhua	107.2	104.2	105.9	93.9	100.3	
衢州市	Quzhou	110.6	104.3	105.4	98.7	99.6	
舟山市	Zhoushan District	108.5	103.8	105.4	96.6	99.4	
台州市	Taizhou District	107.8	101.5	104.7	94.1	100.9	
丽水市	Lishui	112.7	104.4	105.1	97.2	99.9	
萧山区	Xiaoshan	102.9	102.4	100.3	100.0	100.6	102.0
建德市	Jiande	103.8	102.8	105.4	95.5	101.5	100.2
宁海县	Ninghai	102.2	103.5	105.0	94.5	100.6	102.6
瑞安市	Ruian	103.8	101.0	104.9	92.4	100.1	98.8
海宁市	Haining	103.3	106.0	106.1	98.6	101.3	101.8
桐乡市	Tongxiang	107.5	102.7	104.7	98.3	100.9	100.9
安吉县	Anji	102.6	106.0	104.9	95.2	100.3	101.6
新昌县	Xinchang	104.8	102.9	105.0	96.0	99.3	99.7
兰溪市	Lanxi	101.9	102.4	100.9	95.3	100.8	97.7
义乌市	Yiwu	110.0	101.0	104.7	94.0	101.1	100.6
江山市	Jiangshan	107.9	102.1	104.7	96.9	100.0	98.4
临海市	Linhai	103.8	101.7	105.1	95.6	100.0	96.6
龙泉市	Longquan	102.9	101.1	104.6	95.5	100.6	100.1

4-10 分月各种价格指数(2016 年)
Price Indices by Month(2016)

(上年同期 = 100)(preceding period = 100)

项目	Item	1月	2月	3月	4月	5月	6月
居民消费价格指数	**Consumer Price Index**	**102.0**	**102.5**	**102.3**	**102.0**	**101.5**	**101.5**
城市	Urban Areas	102.2	102.6	102.3	102.0	101.5	101.5
农村	Rural Areas	101.6	102.3	102.1	102.0	101.5	101.5
#服务项目价格指数	**Services Price Index**	**102.6**	**102.0**	**101.9**	**101.5**	**101.7**	**101.8**
城市	Urban Areas	102.9	102.1	102.0	101.6	101.8	101.9
农村	Rural Areas	101.5	101.5	101.4	101.3	101.3	101.4
商品零售价格指数	**Retail Price Index of Commodities**	**100.4**	**101.2**	**100.8**	**100.8**	**100.2**	**100.3**
城市	Urban Areas	100.4	101.1	100.7	100.7	100.1	100.2
农村	Rural Areas	100.8	101.5	101.2	100.9	100.4	100.4
农业生产资料价格指数	**Price Index of Agricultural Means of Production**	**99.3**	**99.8**	**99.9**	**99.6**	**99.1**	**99.4**

续表 Continued

(上年同期 = 100)(preceding period = 100)

项目	Item	7月	8月	9月	10月	11月	12月
居民消费价格指数	**Consumer Price Index**	**101.4**	**101.4**	**102.0**	**102.0**	**102.4**	**102.1**
城市	Urban Areas	101.4	101.5	102.1	102.1	102.4	102.0
农村	Rural Areas	101.4	101.1	101.6	101.7	102.1	102.1
#服务项目价格指数	**Services Price Index**	**101.9**	**101.9**	**101.8**	**101.9**	**102.0**	**102.1**
城市	Urban Areas	102.0	102.0	101.9	101.9	102.1	102.1
农村	Rural Areas	101.6	101.4	101.3	101.6	101.8	102.0
商品零售价格指数	**Retail Price Index of Commodities**	**100.4**	**100.8**	**101.7**	**101.6**	**102.1**	**101.9**
城市	Urban Areas	100.4	100.8	101.8	101.7	102.1	101.9
农村	Rural Areas	100.5	100.6	101.3	101.3	101.9	101.7
农业生产资料价格指数	**Price Index of Agricultural Means of Production**	**99.5**	**99.0**	**98.9**	**98.8**	**99.9**	**101.0**

4-11 固定资产投资价格指数(2007-2016年)
Price Indinces of Investment in Fixed Assets(2007-2016)

(上年=100)(preceding year=100)

项目	Item	2007	2008	2009	2010	2011	2012	2013	2014	2015	2016
固定资产投资价格指数	**Price Index of Investment in Fixed Assets**	**104.3**	**109.3**	**96.7**	**104.7**	**107.5**	**99.2**	**100.0**	**100.6**	**97.4**	**99.5**
建筑安装工程	**Construction and Installation**	**105.6**	**113.7**	**94.6**	**106.7**	**111.4**	**98.6**	**99.5**	**100.3**	**95.4**	**99.3**
#人工费	Manpower	107.9	115.5	107.7	109.2	115.5	110.9	109.6	106.2	104.4	103.6
机械使用费	Using Expenses of Machanism	102.6	104.6	101.9	102.7	105.3	103.2	102.0	101.7	100.8	100.6
材料费	Materials	105.5	114.5	90.8	106.7	111.3	95.0	96.4	98.5	91.9	97.7
钢材	Steel Products	108.5	123.2	82.6	107.1	111.1	90.7	92.8	93.5	84.6	97.1
木材	Timber	104.1	109.3	100.9	103.8	107.9	103.2	101.2	101.0	100.1	100.3
水泥	Cement	104.5	108.4	96.1	109.6	115.2	91.9	96.6	102.2	93.8	96.7
地方材料	Local Materials	102.5	107.4	101.3	106.3	111.5	101.2	100.0	103.2	98.1	98.4
化工材料	Chemical Materials	105.1	109.8	99.0	105.3	107.6	102.6	100.7	100.0	94.3	96.4
电料	Electrical Material	106.3	104.7	96.1	106.5	108.1	100.2	99.8	100.4	97.9	99.4
其他材料	Others	102.5	104.1	100.3	103.0	105.2	101.5	100.5	100.7	99.7	99.8
设备、工器具购置	**Purchase of Equipment, Tools and Instruments**	**100.5**	**101.2**	**96.2**	**101.3**	**101.6**	**98.5**	**98.7**	**99.5**	**99.2**	**98.9**
其他费用投资	**Others**	**105.2**	**106.6**	**102.5**	**102.6**	**103.1**	**101.5**	**102.3**	**102.0**	**100.9**	**100.5**

4-12 工业生产者出厂价格指数(2007-2016年)
Producer Price Indices for Manufactured Goods(2007-2016)

(上年=100)(preceding year=100)

项目	Item	2007	2008	2009	2010	2011	2012	2013	2014	2015	2016
全　省	**Zhejiang**	**102.4**	**104.3**	**94.9**	**106.2**	**105.0**	**97.3**	**98.2**	**98.80**	**96.40**	**98.30**
轻工业	**Light Industry**	**102.0**	**103.6**	**96.4**	**104.8**	**105.1**	**98.1**	**99.2**	**99.4**	**98.2**	**99.1**
以农产品为原料	Using Farm Products as Raw Materials	101.5	103.1	97.9	104.8	105.5	99.5	99.9	99.7	99.2	99.6
以非农产品为原料	Using Non-farm Products as Raw Materials	102.5	104.0	95.1	104.9	104.6	96.0	98.1	98.8	96.7	98.4
重工业	**Heavy Industry**	**102.9**	**105.3**	**92.6**	**108.2**	**104.9**	**96.7**	**97.5**	**98.5**	**95.1**	**97.8**
采掘	Mining and Quarrying Industry	105.8	110.1	94.6	116.5	115.3	99.5	100.0	102.8	94.2	97.0
原料	Raw Material Industry	103.0	107.4	93.5	110.2	106.9	97.8	97.6	98.2	92.5	96.3
加工	Manufacturing Industry	102.8	104.0	92.1	106.9	104.0	96.3	97.4	98.6	96.2	98.4
生产资料	**Means of Production**	**102.7**	**104.8**	**93.4**	**107.9**	**105.5**	**96.3**	**97.6**	**98.5**	**95.2**	**97.6**
采掘	Mining and Quarrying Industry	105.8	110.1	94.6	116.5	115.3	99.5	100.0	102.8	94.2	97.0
原料	Raw Material Industry	103.0	105.0	92.6	112.2	108.3	95.8	97.3	97.5	91.9	95.9
加工	Manufacturing Industry	102.5	104.7	93.7	106.3	104.5	96.4	97.8	98.8	96.5	98.3
生活资料	**Means of Subsistence**	**101.7**	**102.8**	**98.6**	**101.7**	**103.5**	**100.0**	**99.6**	**99.8**	**99.6**	**100.2**
食品	Food	104.9	105.8	99.6	103.4	105.6	100.9	100.1	100.3	99.4	100.7
衣着	Clothing	100.5	101.4	99.2	101.6	104.6	101.1	100.5	99.8	100.5	100.6
一般日用品	Articles for Daily Use	101.4	103.2	97.3	101.8	102.6	98.9	98.6	99.5	98.8	100.2
耐用消费品	Durable Consumer Goods	101.7	102.0	98.9	100.2	101.2	99.6	99.4	99.8	99.6	99.3
分部门	**Subsector**										
冶金工业	Metallurgical Industry	108.1	106.3	85.9	115.0	107.2	92.5	94.6	96.1	91.4	99.0
电力工业	Power Industry	100.6	100.9	101.5	102.0	102.9	103.3	100.8	100.6	98.5	97.8
煤炭及炼焦工业	Coal Industry	105.1	107.7	99.3	107.2	108.2	102.0	90.6	85.9	82.5	
石油工业	Petroleum Industry	102.1	123.8	88.8	119.7	115.0	102.1	97.4	96.5	77.1	90.6
化学工业	Chemical Industry	103.1	104.3	89.9	110.2	107.5	93.6	96.5	97.8	93.7	96.4
机械工业	Machinery Industry	101.2	103.2	95.6	102.5	101.8	97.6	98.1	99.0	98.3	98.6
建筑材料工业	Building Materials Industry	104.7	109.6	97.2	108.6	111.7	94.0	98.8	102.6	93.6	98.3
森林工业	Timber Industry	102.1	102.2	99.3	102.8	102.7	101.1	100.3	101.7	99.9	99.8
食品工业	Food Industry	105.4	106.4	99.3	104.0	106.0	101.3	100.4	100.3	99.2	100.4
纺织工业	Textile Industry	100.5	101.9	97.0	108.5	106.9	97.6	99.8	99.7	98.5	98.2
缝纫工业	Tailoring Industry	100.5	101.7	99.3	101.7	105.0	100.8	100.3	99.6	100.6	100.6
皮革工业	Leather Industry	101.4	102.3	98.2	101.4	103.8	102.7	101.8	100.5	100.0	100.2
造纸工业	Paper Industry	101.8	108.4	93.3	105.4	102.4	96.6	96.4	98.2	97.3	99.9
文教艺术品工业	Cultural, Educational & Handicrafts Articles Industry	101.2	102.1	98.4	100.4	102.2	100.0	99.4	100.2	100.4	99.8
其他工业	Others	103.8	103.6	97.9	102.7	103.3	100.2	100.2	98.8	98.8	102.3

4-13 按行业分的工业生产者出厂价格指数(2012-2016年)
Producer Price Indices for Manufactured Goods by Sector(2012-2016)

(上年=100)(preceding year=100)

项目	Item	2012	2013	2014	2015	2016
总指数	**General Index**	**97.3**	**98.2**	**98.8**	**96.4**	**98.3**
煤炭开采和洗选业	Coal Mining and Dressing	101.7	90.4	85.5	84.0	
黑色金属矿采选业	Ferrous Metals Mining and Dressing	80.7	95.3	87.5	72.0	98.3
有色金属矿采选业	Nonferrous Metals Mining and Dressing	94.6	94.5	95.5	91.6	95.7
非金属矿采选业	Nonmetal Minerals Mining and Dressing	104.3	102.6	108.6	99.2	97.1
农副食品加工业	Non-staple Food Processing	100.6	100.0	99.0	98.3	100.7
食品制造业	Food Manufacturing	104.2	101.0	100.8	99.7	98.7
酒、饮料和精制茶制造业	Wine, Soft Drinks and Refined Tea Manufacturing	100.2	100.1	101.5	99.4	100.0
烟草制品业	Tobacco Processing	101.5	100.4	100.0	100.0	100.2
纺织业	Textile Industry	98.5	99.9	99.8	98.8	98.5
纺织服装、鞋帽制造业	Garments and Apparel Industry	100.3	100.0	99.0	101.2	101.5
皮革、毛皮、羽毛及其制品和制鞋业	Leather, Furs, Down and Related Production, Shoes Manufacturing	102.3	101.9	100.6	99.8	100.0
木材加工和木、竹、藤、棕、草制品业	Timber Processing, Bamboo, Cane Palm Fiber and Straw Production	101.6	100.7	102.2	99.7	98.9
家具制造业	Furniture Manufacturing	100.0	99.3	99.7	100.3	101.5
造纸和纸制品业	Papermaking and Paper Production	96.6	96.4	98.2	97.2	99.9
印刷和记录媒介复制业	Printing and Record Medium Reproduction	99.7	99.7	99.4	100.3	98.7
文教、工美、体育和娱乐用品制造业	Cultural and Educational ,Arts and Crafts, Sports and Entertainment Goods	99.9	99.9	99.3	99.0	103.0
石油加工、炼焦和核燃料加工业	Petroleum Processing, Coking and Nuclear Fuel Processing	102.1	97.0	95.8	75.6	91.2
化学原料和化学制品制造业	Raw Chemical Materials and Chemical Production	92.6	95.9	98.9	93.1	96.1
医药制造业	Medical and Pharmaceutical Production	96.9	96.7	99.1	98.1	99.0
化学纤维制造业	Chemical Fiber	86.9	95.4	94.8	89.6	95.1
橡胶和塑料制品业	Rubber and Plastic Production	98.7	97.8	98.3	96.0	97.3
非金属矿物制品业	Nonmetal Mineral Production	93.7	98.6	101.8	93.8	98.3
黑色金属冶炼和压延加工业	Smelting and Pressing of Ferrous Metals	91.1	93.3	95.8	87.0	101.2
有色金属冶炼和压延加工业	Smelting and Pressing of Nonferrous Metals	91.4	94.2	94.8	91.6	96.5
金属制品业	Metal Production	97.2	97.4	98.4	97.1	98.6
通用设备制造业	Equipment in Common Use	98.6	98.0	98.9	98.3	98.2
专用设备制造业	Special Purpose Equipment	99.7	99.4	99.7	99.0	98.9
汽车制造业	Automotive Manufacturing	98.3	98.5	99.2	98.6	98.6
铁路、船舶、航空航天和其他运输设备制造业	Railway, Shipbuilding, Aerospace and other Transport Equipment	98.4	99.1	99.5	99.5	100.0
电气机械和器材制造业	Electric Equipment and Machinery	96.4	97.7	98.6	97.5	97.8
计算机、通信和其他电子设备制造业	Computers, Communications and Other Electronic Equipment Manufacturing	96.1	97.3	98.7	98.2	99.4
仪器仪表制造业	Instruments Manufacturing	96.7	98.1	99.4	99.1	98.7
其他制造业	Other Manufacturing	101.3	100.3	99.6	99.2	100.4
废弃资源综合利用业	Comprehensive Utilization of Waste Resources	81.1	87.7	91.1	84.5	99.2
金属制品、机械和设备修理业	Metal Products, Machinery and Equipment Repair Industry	95.1	96.1	99.7	99.7	101.6
电力、热力生产和供应业	Production and Supply of Electricity and Heating Power	103.3	100.7	100.6	98.6	97.9
燃气生产和供应业	Production and Supply of Gas	101.9	100.5	102.1	89.3	88.2
水的生产和供应业	Production and Supply of Water	100.1	100.2	101.3	101.6	101.1

4－14 工业生产者购进价格分类指数(2007－2016年)
Producer Purchasing Price Indinces by Category(2007－2016)

(上年＝100)(preceding＝100)

项目	Item	2007	2008	2009	2010	2011	2012	2013	2014	2015	2016
总指数	**General Purchasing Price Index**	**105.3**	**110.6**	**92.6**	**112.0**	**108.3**	**96.7**	**97.7**	**98.2**	**94.5**	**97.8**
燃料动力类	Fuels and Motive Power	103.9	120.5	91.7	113.9	107.6	99.5	97.4	98.4	91.6	96.4
黑色金属材料类	Ferrous Metal Material	108.7	119.8	84.7	108.7	107.1	94.1	95.5	95.3	89.5	98.6
有色金属材料和电线类	Nofferrous Metal Materials and Electric Wire	112.9	94.1	83.4	125.2	111.7	92.6	94.3	96.4	92.1	97.0
化工原料类	Chemical Raw Materials	106.0	107.8	88.2	113.2	111.1	95.4	97.4	97.7	91.8	96.5
木材及纸浆类	Logging and Paper Pulp	102.9	106.2	96.4	106.7	103.8	96.9	98.1	98.8	99.4	99.8
建筑材料类及非金属矿类	Building Materials and Nonmetal Minerals	104.4	110.1	94.8	103.9	109.2	98.2	98.6	100.9	96.3	95.7
其他工业原材料及半成品类	Other Industrial Raw Materials	106.8	107.0	96.6	110.1	106.5	97.2	98.0	98.0	96.4	98.6
农副产品类	Farm Products	104.3	105.0	95.8	110.5	110.1	98.5	99.5	101.1	99.5	98.6
纺织原料类	Textile Raw Materials	101.9	101.9	97.8	110.5	109.7	97.1	100.3	99.9	98.3	98.9

浙/江/统/计/年/鉴

主要统计指标解释

■ 居民消费价格指数

是反映一定时期内城乡居民所购买的生活消费品价格和服务项目价格变动趋势和程度的相对数。是综合了城市居民消费价格指数和农民消费价格指数计算取得。利用居民消费价格指数,可以观察和分析消费品的零售价格和服务价格变动对城乡居民实际生活支出的影响程度。

■ 城市居民消费价格指数

是反映城市职工及其家庭所购买的生活消费品和服务项目价格变动趋势和程度的相对数。编制城市居民消费价格指数,可以观察和分析消费品的零售价格和服务项目价格变动对职工货币工资的影响,作为研究职工生活和确定工资政策的依据。

■ 农村居民消费价格指数

是反映农村居民家庭所购买的生活消费品的价格和服务项目价格变动趋势和程度的相对数。用它可以观察农村消费品的零售价格和服务项目价格变动对农村居民生活消费支出的影响,直接反映农民生活水平的实际变化情况,为分析和研究农村居民生活问题提供依据。

■ 农村工业品零售价格指数

是反映农村市场工业品零售价格水平变动趋势和程度的相对数。通过农村工业品零售价格指数,可以观察工业品零售价格变动对农民货币支出的影响。

■ 工业品出厂价格指数

是反映全部工业产品出厂价格总水平的变动趋势和程度的相对数。其中除包括工业企业售给商业、外贸、物资部门的产品外,还包括售给工业和其他部门的生产资料以及直接售给居民的生活消费品。通过工业生产价格指数能观察出厂价格变动对工业总产值的影响。

■ 固定资产投资价格指数

是反映固定资产投资额价格变动趋势和程度的相对数。固定资产投资额是由建筑安装工程投资完成额、设备、工器具购置投资完成额和其他费用投资完成额三部分组成的。编制固定资产投资价格指数应首先分别编制上述三部分投资的价格指数,然后采用加权算术平均法求出固定资产投资价格总指数。

编制固定资产投资价格指数可以准确地反映固定资产投资中涉及的各类商品和取费项目价格变动趋势和变动幅度,消除按现价计算的固定资产投资指标中的价格变动因素,真实地反映固定资产投资的规模、速度、结构和效益,为国家科学地制定,检查固定资产投资计划并提高宏观调控水平,为完善国民经济核算体系提供科学的、可靠的依据。

■ 商品零售价格指数

是反映城乡商品零售价格变动趋势的一种经济指数。零售物价的调整变动直接影响到城乡居民的生活支出和国家的财政收入,影响居民购买力和市场供需平衡,影响消费与积累的比例。因此,计算零售价格指数,可以从一个侧面对上述经济活动进行观察和分析。

■ 原材料、燃料和动力购进价格指数

是反映工业企业作为生产投入,而从物资交易市场和能源、原材料生产企业购买原材料、燃料和动力产品时,所支付的价格水平变动趋势和程度的统计指标,是扣除工业企业物质消耗成本中的价格变动影响的重要依据。

目前,我国编制的原材料、燃料和动力购进价格指数所调查的产品,包括燃料动力、黑色金属、有色金属、化工、建材等九大类的近1800种产品。

■ 房地产价格指数

是反映一定时期内房地产价格变动趋势和程度的相对数,包括房屋销售价格指数、房屋租赁价格指数、土地交易价格指数和物业管理价格指数。这四套指数的计算方法相似,均采用由下到上逐级汇总的方法。

ZHEJIANG STATISTICAL YEARBOOK

Explanatory Notes on Main Statistical Indicators

□ Consumer Price Index

reflects the relative change in prices of consumer goods and services purchased by urban and rural residents, and is a composite index derived from the urban consumer price index and the rural consumer price index. Consumer price index can be used to analyze the impact of consumer price change on actual expenditure for living cost of urban and rural residents.

□ Urban Consumer Price Index

reflects the relative change in prices of consumer goods and services purchased by urban staff and workers and their families and can be used to observe and analyze the impact of price changes in consumer goods and services on money wages of staff and workers, and provide basis for policy making concerning the living cost and wages of staff and workers.

□ Rural Consumer Price Index

reflects the relative change in prices of consumer goods and services purchased by rural households and can be used to observe the impact of change in prices of consumer goods and services on living expenditure and actual change in peasants' living cost. It provides basis for analysis and research on peasants' living cost and welfare.

□ Retail Price Index of Rural Industrial Products

reflects the relative change in prices of industrial products in rural market and can be used to observe the impact of the price change on farmers' money expenditure.

□ Ex – factory Price Index of Industrial Products

reflects the change in general ex – factory prices of all industrial products, including sales of industrial products to commercial enterprises, foreign trade sectors, materials supplying and distributing sectors as well as sales of production means to industry and other sectors and sales of consumer goods to residents. It can be used to analyze the impact of ex – factory prices on gross industrial output value.

□ Price Index of Investment in Fixed Assets

reflects the change in prices of investment in fixed assets. The investment in fixed assests consists of three components, namely the investment in construction and installation, the investment in purchases of equipment and instrument, and the investment in other items. Price index of investment in fixed assets is calculated as the weighted arithmetic mean of the price indices of the three components of investment in fixed assets.

Price index of investment in fixed assets reflects the changes of prices in various goods and services involved in investment in fixed assets and therefore can be used to observe the actual size, speed, structure, and efficiency of investment in fixed assets and provides reliable and scientific data for government planning, management, decision making, and further improving the current national accounting system.

□ Retail Price Index

reflects the general change in retail prices of commodities. The change and adjustment in retail prices directly affect the living expenditure of urban and rural residents, government revenue, purchasing power of residents and the equilibrium of market supply and demand, and the ratio of consumption to accumulation. Therefore, the calculation of retail price index is useful to analyze the changes of the above economic activities.

EXPLANATORY NOTES ON MAIN STATISTICAL INDICATORS

□ Purchasing Price Indices for Raw Materials, Fuels and Power

reflect changes in the level and degree of prices paid by industrial enterprises when they purchase production input such as raw materials, fuels and power from the market or from other energy or raw materials producing enterprises. These indices provide an important basis for measuring the material consumption of industrial enterprises after removing the influence of price changes.

At present, close to 1,800 products in 9 categories, including fuels and power, ferrous metals, non－ferrous metals, chemicals, building materials, are covered in China for the survey to produce indices for purchasing prices of raw materials, fuels and power.

□ Price Indices for Real Estate

reflect the trend and degree of changes in prices of real estate during a given period, including sale price indices for houses, price indices for renting houses, price indices for land transactions and price indices for management of properties. The methods for the compilation of these four sets of indices are similar in that they all use the bottom－up approach under which data are reported from lower level to higher level.

2017
浙江统计年鉴
ZHEJIANG STATISTICAL YEARBOOK

CHAPTER 5

人民生活
People's Livelihood

5-1 人民物质文化生活
People's Material and Cultural Life

项目	Item	2009	2010	2011	2012	2013	2014	2015	2016
城乡居民收入与支出 (元)	**Income and Expenditure of Urban and Rual Residents (yuan)**								
农村居民人均可支配收入	Annual Per Capita Disposable Income of Rural Residents	10007	11303	13071	14552	17494	19373	21125	22866
农村居民人均消费支出	Annual Per Capita Living Expenditure of Rural Residents	7375	8390	9644	10208	12803	14498	16108	17359
城镇居民人均可支配收入	Annual Per Capita Disposable Income of Urban Residents	24611	27359	30971	34550	37080	40393	43714	47237
城镇居民人均消费支出	Annual Per Capita Expenditure of Urban Residents	16683	17858	20437	21545	25254	27242	28661	30068
居民消费水平 (元)	**Per Capita Consumption (yuan)**	**15867**	**18274**	**21346**	**22845**	**24771**	**26885**	**28712**	**30743**
农村居民	Rural Residents	8571	10273	12371	13724	15458	17281	19953	22028
城镇居民	Urban Residents	21204	23655	26856	28259	30101	32186	33359	35152
居民生活质量	**Quality of Living**								
居民人均住房面积 (平方米)	Per Capita Floor Space of Residents Buildings (sq. m)								
农村居民	Rural Areas	59.29	58.53	60.80	61.50	60.82	61.50	61.28	
城镇居民	Urban Areas	35.10	35.29	36.90	37.10	38.80	40.90	40.53	
交通	**Traffic**								
农村每百户拥有家用汽车 (辆)	Number of Household Cars Per 100 Households in Rural Areas (unit)	6.23	7.79	13.40	15.20	18.86	19.18	25.41	30.17
城镇每百户拥有家用汽车 (辆)	Number of Household Cars Per 100 Households in Urban Areas (unit)	23.62	26.43	33.73	36.50	38.87	43.45	47.90	53.29
储蓄	**Savings**								
城乡居民储蓄存款年末余额 (亿元)	Balance of Savings Deposit of Rural and Urban Residents (100 million yuan)	17833	20612	23470	26407	28923	30666	34219	38077
平均每人储蓄存款余额 (元)	Per Capita Balance of Savings Deposits (yuan)	33804	37845	42962	48214	52606	55676	61778	68116

续表 Continued

项目		Item		2009	2010	2011	2012	2013	2014	2015	2016
文化、教育及卫生		**Culture, Education and Public Health**									
农村每百户拥有彩色电视机	(台)	Number of Color Tv Sets Per 100 Households in Rural Areas	(unit)	157	161	168	172	151	157	161	170
城镇每百户拥有彩色电视机	(台)	Number of Color Tv Sets Per 100 Households in Urban Areas	(unit)	182	186	185	187	165	173	174	174
农村每百户拥有家用电脑	(台)	Number of Computer Per 100 Households in Rural Areas	(unit)	28.64	35.64	43.28	47.77	35.65	39.68	45.47	49.31
城镇每百户拥有家用电脑	(台)	Number of Computer Per 100 Households in Urban Areas	(unit)	84.41	89.84	103.57	106.38	89.56	96.01	95.68	93.01
每百人每天有报纸杂志	(台)	Daily Newspapers and Magazines Per 100 persons	(unit)	16.8	17.0	18.4	17.8	17.7	17.2	14.5	13.2
学龄儿童入学率	(%)	Enrollment Percentage of School age Children	(%)	99.99	99.99	99.99	99.99	99.99	99.99	99.99	99.99
每千人口拥有在校大学生数	(人)	Students Enrollment in University Per 1000 Persons	(person)	17.25	17.13	17.56	18.02	18.51	18.86	19.04	19.11
每千人口拥有医疗床位数	(张)	Number of Hospital Beds Per 1000 Persons	(Piece)	3.23	3.38	3.57	3.89	4.18	4.47	4.92	5.22
每千人口拥有医生数	(人)	Number of Doctors Per 1000 Persons	(person)	2.05	2.21	2.28	2.37	2.52	2.65	2.85	3.01
就业		**Employment**									
城镇登记失业率	(%)	Registered Unemployment Rate in Urban Areas	(%)	3.26	3.20	3.12	3.01	3.01	2.96	2.93	2.87
农村居民家庭每一劳动力负担人数	(人)	Number of Dependents Per Rural Laborer in Rural Households	(person)	1.36	1.35	1.37	1.37	1.54	1.56	1.58	1.57
城镇每一就业者负担人数	(人)	Number of Dependents Per Urban Employee	(person)	1.96	1.95	1.95	1.94	1.72	1.74	1.77	1.79
邮电通信		**Post and Telecommumication**									
电话普及率	(部/每人)	Telephone Popularization Rate	(set/person)	126.5	130.2	140.8	151.4	161.1	164.6	162.8	153.6
固定电话	(部/每人)	Fixed Telephones	(set/person)	40.9	36.9	35.6	34.2	32.4	30.0	27.2	23.2
移动电话	(部/每人)	Mobile Telephones	(set/person)	85.6	93.3	105.2	117.2	128.7	134.6	135.6	130.4

注：1、从2013年起，国家统计局开展了城乡一体化住户收支与生活状况调查，与2013年前的分城镇和农村住户调查的调查范围、调查方法、指标口径有所不同（以后各表同）。农村居民人均可支配收入2013年前为农村居民人均纯收入。
National Bureau of Statistics of China strted an integrated households income and expenditure survey, including both urban and rural households since 2013. The coverage, the methodology and definitions used in the survey has been changed compared with before. The same applies to the relevant tables following. The data of per capita disposable income of rural households refer to the per capita net income of rural households before 2013.
2、每百人每天拥有报纸、每千人口拥有医疗床位和拥有医生数均按常住人口计算。
Daily Newspapers and Magazines Per 100 Persons, Number of Hospital Beds and Number of Doctors Per 1000 Persons are calculated at permanent residence.

5－2 分行业全社会单位就业人员年平均工资
Average Wage of Employed Persons in the units By Sector

单位：元(yuan)

行业	Sector	全部单位 Average Wage of Employed Persons in Urban Units		非私营单位 Average Wage of Employed Persons In Urban Units without the Private		私营单位 Average Wage of Employed Persons In Urban Private Units	
		2015	2016	2015	2016	2015	2016
总计	**Total**	**51463**	**56068**	**66668**	**73326**	**41272**	**45005**
农、林、牧、渔业	Farming, Forestry, Animal Husbandry and Fishery	33658	38164	53661	61992	32673	37295
采矿业	Ming and Quarrying	41877	42799	49149	48428	39111	41101
制造业	Manufacturing	44474	48539	55370	60390	39611	43381
电力、热力、燃气及水生产和供应业	Electricity, Heat, Gas and Water Production and Supply	96647	111050	107952	122323	40628	51896
建筑业	Construction	45689	47745	48279	50350	43979	46103
批发和零售业	Wholesale and Retail Sale Trade	44332	48822	64327	71347	38906	43674
交通运输、仓储及邮政业	Transport, Storage and Post	63017	67908	75002	83408	46623	49734
住宿和餐饮业	Hotels and Catering Services	37523	41404	42540	45713	34681	39143
信息传输、软件和信息技术服务业	Information Transmission, Software and Information Technology Services	90026	92223	126266	145657	51826	54290
金融业	Finance	127237	127849	130734	130813	42595	46995
房地产业	Real Estate	54107	58104	66336	71088	44153	48467
租赁和商务服务业	Leasing and Business Services	49178	54806	63241	65365	42934	50578
科学研究和技术服务业	Scientific Research and Technic Services	74742	75434	98452	99537	54714	59081
水利、环境和公共设施管理业	Water Conservancy, Environment and Public Facilities Management	50065	55573	55026	61104	40020	45354
居民服务、修理和其他服务业	Resident Services, Repair and Other Services	36775	40563	48471	58157	34644	37954
教育	Education	86423	97270	90882	102888	38654	41950
卫生和社会工作	Health Care and Social Work	100699	111668	104369	117116	51645	56087
文化、体育和娱乐业	Culture, Sports and Recreation	60481	62757	87177	97257	35165	39623
公共管理、社会保障和社会组织	Public Management, Social Security and Social Organization	93306	108789	93306	108789		

5-3 非私营单位就业人员工资总额(1985-2016年)
Total Wages of Employed Persons in Urban Units(1985-2016)

单位:亿元(100 million yuan)

年份 Year	工资总额 Total Wages of Staff and Workers	国有单位 State-owned Units	集体单位 Collective Owned Units	其他经济单位 Units of Other Types of Ownership
1985	47.85	28.69	18.91	0.25
1986	58.01	35.45	22.23	0.33
1987	66.62	40.68	25.44	0.50
1988	85.04	52.71	31.50	0.83
1989	94.46	59.08	34.17	1.21
1990	102.76	66.10	35.33	1.33
1991	115.98	74.42	39.39	2.17
1992	138.04	90.82	43.44	3.78
1993	192.98	123.08	58.80	11.10
1994	274.27	175.09	76.99	22.19
1995	324.25	201.67	90.46	32.12
1996	361.84	222.18	98.06	41.60
1997	402.01	251.85	100.13	50.03
1998	422.51	257.01	74.83	90.67
1999	456.04	273.77	66.23	116.04
2000	501.07	293.83	56.99	150.25
2001	589.48	351.40	47.61	190.47
2002	664.01	397.69	47.24	219.08
2003	797.54	469.63	49.68	278.23
2004	1016.42	573.10	60.76	382.56
2005	1311.93	676.28	59.54	576.11
2006	1591.84	762.03	61.34	768.47
2007	1937.41	886.50	67.71	983.20
2008	2359.05	990.08	72.33	1296.64
2009	2752.31	1128.21	82.18	1541.92
2010	3305.34	1269.78	97.32	1938.24
2011	4039.88	1398.77	110.22	2530.88
2012	5138.49	1590.88	114.86	3432.75
2013	5985.13	1715.04	116.95	4153.14
2014	6666.84	1874.46	113.39	4679.00
2015	7110.25	2116.96	85.49	4907.80
2016	7673.11	2371.38	83.90	5217.83

注:本表1985-2012年为单位在岗职工工资总额。
The data of this table refers to wages of currently employed staff and workers in units between 1985 and 2012.

5-4 非私营单位就业人员平均工资(1985-2016年)
Average Wage of Employed Persons in Non Privite Units(1985-2016)

单位:元(yuan)

年份 Year	平均工资 Average Wage	国有单位 State-owned Units	集体单位 Collective Owned Units	其他单位 Units of Other Types of Ownership
1985	1159	1226	1071	1247
1986	1346	1442	1271	1455
1987	1493	1584	1365	1635
1988	1841	1961	1667	2014
1989	2031	2158	1838	2209
1990	2220	2383	1964	2412
1991	2422	2583	2152	2831
1992	2884	3088	2507	3368
1993	3932	4168	3439	4544
1994	5597	6034	4671	6334
1995	6619	6952	5702	7813
1996	7413	7734	6414	8672
1997	8386	8847	7026	9584
1998	9259	10012	7230	9432
1999	10632	11684	8229	10167
2000	12414	13775	9479	11539
2001	15770	18926	11281	13508
2002	18227	22195	13281	14650
2003	20853	26651	15174	16036
2004	23101	32736	17265	16653
2005	25572	38313	19659	18813
2006	27567	42258	21856	20823
2007	30854	48130	25005	23597
2008	34146	53476	29137	26963
2009	37395	59550	31653	29618
2010	41505	65440	36038	33689
2011	46660	72383	41817	39165
2012	50813	76150	47562	44112
2013	56571	81157	52070	50390
2014	61572	87609	56684	55124
2015	66668	96633	55333	58989
2016	73326	109064	57061	64078

注:本表1985-2012年为单位在岗职工平均工资。
The data of this table refers to the average wage of currently employed staff and workers between 1985 and 2012.

5-5 非私营单位就业人员平均工资指数(1986-2016年)
Indices of Average Wage of Employed Persons in Non Privite Units (1986-2016)

(1985年=100)(1985=100)

年份 Year	平均工资指数 Indices of Average Wage		国有单位 State owned Units		集体单位 Collective Owned Units	
	货币指数 Average Money Wage	实际指数 Average Real Wage	货币指数 Average Money Wage	实际指数 Average Real Wage	货币指数 Average Money Wage	实际指数 Average Real Wage
1986	116.1	109.2	117.6	110.6	118.7	111.7
1987	128.8	109.2	129.2	109.6	127.5	108.1
1988	158.8	109.1	160.0	110.0	155.6	106.9
1989	175.2	103.1	176.0	103.6	171.6	101.0
1990	191.5	110.4	194.4	112.0	183.4	105.7
1991	209.0	114.1	210.7	115.0	200.9	109.7
1992	248.8	124.4	251.9	126.0	234.1	117.1
1993	339.3	139.7	340.0	140.0	321.1	132.2
1994	482.9	159.4	492.2	162.4	436.1	143.9
1995	571.1	161.1	567.0	160.0	532.4	150.2
1996	639.6	164.4	630.8	162.1	598.9	153.9
1997	723.6	178.6	721.6	178.1	656.0	161.9
1998	798.9	196.3	816.6	200.6	675.1	165.9
1999	917.3	226.6	953.0	235.4	768.3	189.8
2000	1071.1	262.1	1123.6	275.0	885.1	216.6
2001	1360.7	334.3	1543.7	379.3	1053.3	258.8
2002	1572.6	391.1	1810.4	450.2	1240.1	308.4
2003	1799.2	445.2	2173.9	537.9	1416.9	350.6
2004	1993.2	479.8	2670.1	642.8	1612.0	388.1
2005	2206.4	523.3	3125.0	741.2	1835.6	435.4
2006	2378.5	558.1	3446.8	808.7	2040.7	478.8
2007	2662.1	601.2	3925.8	886.5	2334.8	527.2
2008	2946.2	634.9	4361.8	939.8	2720.5	586.2
2009	3226.5	704.5	4857.3	1060.3	2955.5	645.2
2010	3581.1	751.9	5337.7	1120.4	3364.9	706.3
2011	4025.9	802.7	5904.0	1176.9	3904.5	778.3
2012	4384.2	855.3	6211.3	1211.5	4440.9	866.2
2013	4881.0	931.3	6619.7	1263.1	4861.8	927.6
2014	5312.5	992.8	7145.9	1335.6	5292.6	989.0
2015	5752.2	1060.1	7881.9	1452.8	5166.5	952.1
2016	6327.4	1143.8	8898.7	1609.7	5326.7	963.5

注：本表1985-2012年为单位在岗职工平均工资。
The data of this table refers to the average wage of currently employed staff and workers between 1985 and 2012.

5-6 分行业非私营单位就业人员工资总额
Total Wages of Employed Persons in Non Privite Units by Sector

单位:亿元(100 million yuan)

行业	Sector	工资总额 Total Wages of Staff and Worker		国有单位 State - owned Units		集体单位 Urban Collective Owned Units		其他单位 Units of Other Types of Ownership	
		2015	2016	2015	2016	2015	2016	2015	2016
总计	**Total**	**7110.25**	**7673.11**	**2116.96**	**2371.38**	**85.49**	**83.90**	**4907.79**	**5217.83**
农、林、牧、渔业	Farming, Forestry, Animal Husbandry and Fishery	2.60	2.63	2.06	2.12	0.02	0.02	0.51	0.49
采矿业	Mining and Quarrying	3.53	2.98	0.38	0.25	0.11	0.08	3.03	2.65
制造业	Manufacturing	1841.79	1900.02	15.03	17.66	2.80	2.53	1823.96	1879.83
电力、热力、燃气及水生产和供应业	Electricity, Heat, Gas and Water Production and Supply	127.08	146.16	63.38	76.27	1.46	1.50	62.25	68.39
建筑业	Construction	1487.23	1519.37	10.46	11.22	33.28	33.89	1443.49	1474.26
批发和零售业	Wholesale and Retail Sale Trade	275.07	273.37	26.43	18.54	2.48	2.16	246.16	252.67
交通运输、仓储和邮政业	Transportation, Storage and Post	239.79	261.82	63.70	62.28	1.71	1.73	174.38	197.82
住宿和餐饮业	Hotels and Catering Services	58.03	60.94	5.25	5.59	0.78	0.70	52.00	54.65
信息传输、软件和信息技术服务业	Information Transmission, Software and Information Technology Services	214.30	263.14	10.03	9.73	0.98	0.56	203.30	252.85
金融业	Finance	520.13	583.64	83.52	67.73	5.96	4.79	430.66	511.13
房地产业	Real Estate	131.11	145.64	6.99	7.77	1.46	1.94	122.67	135.93
租赁和商务服务业	Leasing and Business Services	174.56	185.49	46.95	46.37	8.47	6.52	119.15	132.60
科学研究和技术服务业	Scientific Research and Technic Services	157.65	182.72	69.39	73.56	1.78	2.15	86.48	107.01
水利、环境和公共设施管理业	Water Conservancy, Envi - ronment and Public Facili - ties Management	63.15	64.56	39.88	39.22	1.21	0.81	22.06	24.53
居民服务、修理和其他服务业	Resident Services, Repair and Other Services	11.99	13.08	4.29	5.06	0.73	0.93	6.97	7.08
教育	Education	642.03	729.84	577.55	662.44	9.77	9.93	54.70	57.47
卫生和社会工作	Health Care and Social Work	447.37	508.28	410.57	466.97	11.88	12.79	24.92	28.52
文化、体育和娱乐业	Culture, Sports and Recreation	64.83	66.56	46.94	48.98	0.24	0.54	17.65	17.05
公共管理、社会保障和社会组织	Public Management ,Social Security and Social Organization	648.00	762.87	634.18	749.63	0.38	0.33	13.44	12.91

5-7 分行业非私营单位就业人员平均工资
Average Wages of Employed Persons in Non Privite Units by Sector

单位:元(yuan)

行业	Sector	平均工资 Average Wages of Employed Persons in Urban Units		国有单位 State-owned Units		集体单位 Collective owned Units		其他单位 Units of Other Types of Ownership	
		2015	2016	2015	2016	2015	2016	2015	2016
总计	**Total**	**66668**	**73326**	**96633**	**109064**	**55333**	**57061**	**58989**	**64078**
农、林、牧、渔业	Farming, Forestry, Animal Husbandry and Fishery	53661	61992	59006	69614	41449	48829	39692	42506
采矿业	Mining and Quarrying	49149	48428	38507	38759	20604	18272	53819	52258
制造业	Manufacturing	55370	60390	98574	104119	47980	52104	55184	60166
电力、热力、燃气及水生产和供应业	Electricity, Heat, Gas and Water Production and Supply	107952	122323	132639	154528	69629	78241	91749	100261
建筑业	Construction	48279	50350	50204	52978	43319	43030	48393	50528
批发和零售业	Wholesale and Retail Sale Trade	64327	71347	108473	131616	50269	49170	61801	69288
交通运输、仓储和邮政业	Transportation, Storage and Post	75002	83408	86648	96779	51772	54272	71794	80292
住宿和餐饮业	Hotels and Catering Services	42540	45713	51239	56909	39072	42901	41879	44848
信息传输、软件和信息技术服务业	Information Transmission, Software and Information Technology Services	126266	145657	90571	108585	88093	70521	129044	147952
金融业	Finance	130734	130813	163834	160998	125483	123309	125875	127713
房地产业	Real Estate	66336	71088	69972	82286	56055	62060	66284	70685
租赁和商务服务业	Leasing and Business Services	63241	65365	59789	57450	50137	52347	65967	69568
科学研究和技术服务业	Scientific Research and Technic Services	98452	99537	104366	114585	88826	106086	94372	91192
水利、环境和公共设施管理业	Water Conservancy, Environment and Public Facilities Management	55026	61104	56899	63318	43525	40806	52655	58783
居民服务、修理和其他服务业	Resident Services, Repair and Other Services	48471	58157	69583	81101	49492	63611	40770	47919
教育	Education	90882	102888	95156	108015	75895	81149	63158	68555
卫生和社会工作	Health Care and Social Work	104369	117116	107746	121061	88114	99895	73065	80424
文化、体育和娱乐业	Culture, Sports and Recreation	87177	97257	92548	100833	65248	92708	75823	88388
公共管理、社会保障和社会组织	Public Management, Social Security and Social Organization	93306	108789	95761	111268	64845	73133	42458	47677

5-8 分行业非私营单位就业人员工资总额(2016年)
Total Wages of Employed Persons in Non Privite Units by Sector(2016)

单位:亿元(100 million yuan)

行业	Sector	单位就业人员工资总额 The Total Wages	在岗职工工资总额 Wages of Staff and Workers at Work	其他就业人员工资总额 Wages of Other Employed Persons
总计	**Total**	**7673.11**	**7387.12**	**285.99**
农、林、牧、渔业	Farming, Forestry, Animal Husbandry and Fishery	2.63	2.55	0.08
采掘业	Ming and Quarrying	2.98	2.86	0.12
制造业	Manufacturing	1900.02	1869.69	30.34
电力、燃气及水的生产和供应业	Electricity, Heat, Gas and Water Production and Supply	146.16	143.86	2.30
建筑业	Construction	1519.37	1436.38	82.99
批发和零售业	Wholesale and Retail Sale Trade	273.37	263.53	9.84
交通运输、仓储和邮政业	Transportation, Storage and Post	261.82	257.76	4.07
住宿和餐饮业	Hotels and Catering Services	60.94	57.91	3.03
信息传输、软件和信息技术服务业	Information Transmission, Software and Information Technology Services	263.14	261.88	1.26
金融业	Finance	583.64	510.60	73.05
房地产业	Real Estate	145.64	138.92	6.72
租赁和商务服务业	Leasing and Business Services	185.49	180.20	5.29
科学研究和技术服务业	Scientific Research and Technic Services	182.72	177.59	5.12
水利、环境和公共设施管理业	Water Conservancy, Environment and Public Facilities Management	64.56	60.26	4.30
居民服务、修理和其他服务业	Resident Services, Repair and Other Services	13.08	12.61	0.47
教育	Education	729.84	713.00	16.84
卫生和社会工作	Health Care and Social Work	508.28	489.82	18.45
文化、体育和娱乐业	Culture, Sports and Recreation	66.56	61.82	4.75
公共管理、社会保障和社会组织	Public Management ,Social Security and Social Organization	762.87	745.90	16.97

注:在岗职工工资总额包含劳务派遣人员工资总额。Wages of Staff and workers at work include wages of dispatched workers.

5-9 分行业国有单位就业人员工资总额(2016年)
Total Wages of Employed Persons in State-owned Units by Sector(2016)

单位:亿元(100 million yuan)

行业	Sector	单位就业人员工资总额 The Total Wages	在岗职工工资总额 Wages of Staff and Workers at Work	其他就业人员工资总额 Wages of Other Employed Persons
总计	**Total**	**2371.38**	**2307.88**	**63.50**
农、林、牧、渔业	Farming,Forestry,Animal Husbandry and Fishery	2.12	2.05	0.06
采掘业	Ming and Quarrying	0.25	0.18	0.06
制造业	Manufacturing	17.66	17.54	0.12
电力、燃气及水的生产和供应业	Electricity,Heat,Gas and Water Production and Supply	76.27	74.99	1.28
建筑业	Construction	11.22	8.51	2.72
批发和零售业	Wholesale and Retail Sale Trade	18.54	18.36	0.17
交通运输、仓储和邮政业	Transportation,Storage and Post	62.28	61.19	1.09
住宿和餐饮业	Hotels and Catering Services	5.59	5.41	0.18
信息传输、软件和信息技术服务业	Information Transmission,Software and Information Technology Services	9.73	9.63	0.10
金融业	Finance	67.73	67.04	0.69
房地产业	Real Estate	7.77	7.47	0.30
租赁和商务服务业	Leasing and Business Services	46.37	45.63	0.75
科学研究和技术服务业	Scientific Research and Technic Services	73.56	71.82	1.74
水利、环境和公共设施管理业	Water Conservancy,Environment and Public Facilities Management	39.22	36.24	2.98
居民服务、修理和其他服务业	Resident Services, Repair and Other Services	5.06	4.81	0.26
教育	Education	662.44	648.06	14.38
卫生和社会工作	Health Care and Social Work	466.97	450.92	16.05
文化、体育和娱乐业	Culture,Sports and Recreation	48.98	44.72	4.26
公共管理、社会保障和社会组织	Public Management ,Social Security and Social Organization	749.63	733.31	16.32

注：在岗职工工资总额包含劳务派遣人员工资总额。Wages of Staff and workers at work include wages of dispatched workers.

5-10 分行业集体单位就业人员工资总额(2016年)
Total Wages of Employed Persons in Collectively Owned Units by Sector(2016)

单位:亿元(100 million yuan)

行业	Sector	单位就业人员工资总额 The Total Wages	在岗职工工资总额 Wages of Staff and Workers at Work	其他就业人员工资总额 Wages of Other Employed Persons
总计	**Total**	**83.90**	**81.89**	**2.01**
农、林、牧、渔业	Farming, Forestry, Animal Husbandry and Fishery	0.02	0.02	
采矿业	Mining and Quarrying	0.08	0.08	
制造业	Manufacturing	2.53	2.45	0.08
电力、热力、燃气及水生产和供应业	Electricity, Heat, Gas and Water Production and Supply	1.50	1.48	0.02
建筑业	Construction	33.89	33.57	0.32
批发和零售业	Wholesale and Retail Sale Trade	2.16	1.96	0.20
交通运输、仓储和邮政业	Transportation, Storage and Post	1.73	1.69	0.04
住宿和餐饮业	Hotels and Catering Services	0.70	0.69	0.02
信息传输、软件和信息技术服务业	Information Transmission, Software and Information Technology Services	0.56	0.55	0.01
金融业	Finance	4.79	4.79	
房地产业	Real Estate	1.94	1.82	0.12
租赁和商务服务业	Leasing and Business Services	6.52	6.34	0.18
科学研究和技术服务业	Scientific Research and Technic Services	2.15	2.10	0.05
水利、环境和公共设施管理业	Water Conservancy, Environment and Public Facilities Management	0.81	0.80	
居民服务、修理和其他服务业	Resident Services, Repair and Other Services	0.93	0.90	0.03
教育	Education	9.93	9.58	0.35
卫生和社会工作	Health Care and Social Work	12.79	12.21	0.58
文化、体育和娱乐业	Culture, Sports and Recreation	0.54	0.53	0.01
公共管理、社会保障和社会组织	Public Management ,Social Security and Social Organization	0.33	0.32	0.01

注：在岗职工工资总额包含劳务派遣人员工资总额。Wages of Staff and workers at work include wages of dispatched workers.

5-11 分行业其他单位就业人员工资总额(2016年)
Total Wages of Employed Persons in Other Ownership Units by Sector(2016)

单位:亿元(100 million yuan)

行业	Sector	单位就业人员工资总额 The Total Wages	在岗职工工资总额 Wages of Staff and Workers at Work	其他就业人员工资总额 Wages of Other Employed Persons
总计	**Total**	**5217.83**	**4997.36**	**220.48**
农、林、牧、渔业	Farming, Forestry, Animal Husbandry and Fishery	0.49	0.47	0.02
采矿业	Mining and Quarrying	2.65	2.59	0.06
制造业	Manufacturing	1879.83	1849.70	30.13
电力、燃气及水的生产和供应业	Electricity, Heat, Gas and Water Production and Supply	68.39	67.39	1.01
建筑业	Construction	1474.26	1394.30	79.95
批发和零售业	Wholesale and Retail Sale Trade	252.67	243.21	9.46
交通运输、仓储和邮政业	Transportation, Storage and Post	197.82	194.88	2.93
住宿和餐饮业	Hotels and Catering Services	54.65	51.82	2.83
信息传输、软件和信息技术服务业	Information Transmission, Software and Information Technology Services	252.85	251.69	1.15
金融业	Finance	511.13	438.77	72.35
房地产业	Real Estate	135.93	129.63	6.30
租赁和商务服务业	Leasing and Business Services	132.60	128.24	4.36
科学研究和技术服务业	Scientific Research and Technic Services	107.01	103.68	3.33
水利、环境和公共设施管理业	Water Conservancy, Environment and Public Facilities Management	24.53	23.21	1.32
居民服务、修理和其他服务业	Resident Services, Repair and Other Services	7.08	6.90	0.18
教育	Education	57.47	55.35	2.12
卫生和社会工作	Health Care and Social Work	28.52	26.69	1.83
文化、体育和娱乐业	Culture, Sports and Recreation	17.05	16.56	0.48
公共管理、社会保障和社会组织	Public Management ,Social Security and Social Organization	12.91	12.27	0.64

注：在岗职工工资总额包含劳务派遣人员工资总额。Wages of Staff and workers at work include wages of dispatched workers.

5－12 各市非私营单位就业人员工资总额和平均工资
Total Wages and Average Wage of Employed Persons in Non Privite Units by City

地区	Region	2012	2013	2014	2015	2016
工资总额 （万元）	**Total Wages(10000 yuan)**	**51384933**	**59851327**	**66668444**	**71102468**	**71102468**
浙东北	**Eastern&Northern Region**	**36165848**	**42196921**	**47176109**	**50663444**	**54715732**
杭州市	Hangzhou	14839012	17582336	19822713	21523984	24176045
宁波市	Ningbo	9000006	10221512	11355837	11815059	11911980
嘉兴市	Jiaxing	3685357	4231466	4689598	5242770	5695926
湖州市	Huzhou	1968362	2416150	2712621	2927712	3182692
绍兴市	Shaoxing	5688442	6604486	7375487	7829320	8319735
舟山市	Zhoushan	984670	1140971	1219854	1324597	1429354
浙西南	**Western&Southern Region**	**15006343**	**17387778**	**19145048**	**20320549**	**21687126**
温州市	Wenzhou	5026090	5495614	5980966	6390947	6884737
金华市	Jinhua	3726801	4652270	5211341	5623872	5847270
衢州市	Quzhou	979711	1139344	1260715	1434840	1620174
台州市	Taizhou	4296556	5030192	5533806	5483918	5842063
丽水市	Lishui	977185	1070359	1158219	1386972	1492882
平均工资 （元）	**Average Wage(yuan)**	**50813**	**56571**	**61572**	**66668**	**73326**
浙东北	**Eastern&Northern Region**	**52297**	**58104**	**63776**	**69282**	**76212**
杭州市	Hangzhou	56417	63664	69209	76073	85022
宁波市	Ningbo	55031	60659	67759	72220	79963
嘉兴市	Jiaxing	47598	52945	58659	65799	71880
湖州市	Huzhou	45933	49890	54749	59013	62887
绍兴市	Shaoxing	44609	49033	53442	57058	61003
舟山市	Zhoushan	57294	61680	67016	72687	77723
浙西南	**Western&Southern Region**	**47384**	**52912**	**56350**	**60709**	**66509**
温州市	Wenzhou	48254	54590	58492	62472	67951
金华市	Jinhua	44349	51721	55268	58921	62631
衢州市	Quzhou	52681	55543	61010	69583	78350
台州市	Taizhou	46630	50515	52794	56007	63139
丽水市	Lishui	55003	59783	65349	75222	82057

注：2012 年为单位在岗职工工资总额和平均工资。
The data of this table refers to the data of total wages and average wage of currently employed staff and workers in 2012.

5-13 各市非私营企业单位就业人员工资总额和平均工资
Total Wages and Average Wage of Employed Persons in Non Privite Enterprises by City

单位:亿元(100 million yuan)

城市	City	单位就业人员工资总额 Total wages of Employed Persons			#在岗职工工资总额 Wages of Staff and Workers at Work			单位就业人员平均工资(元) Average Wage of Employed Persons(yuan)		
		2014	2015	2016	2014	2015	2016	2014	2015	2016
全 省	**Total**	**5012.31**	**5223.33**	**5518.50**	**4830.54**	**5021.67**	**5290.08**	**56540**	**60366**	**65329**
杭州市	Hangzhou	1573.50	1679.57	1865.05	1507.70	1605.60	1785.50	65342	71015	78323
宁波市	Ningbo	868.50	895.90	877.19	834.46	855.77	833.43	61645	65722	72145
温州市	Wenzhou	383.60	398.47	417.25	366.58	383.46	396.38	49949	52757	55612
嘉兴市	Jiaxing	354.60	389.83	416.77	343.47	376.99	401.37	53658	59244	64061
湖州市	Huzhou	197.00	209.93	222.62	181.54	193.29	203.08	48966	52076	54125
绍兴市	Shaoxing	605.93	635.23	661.49	595.83	624.27	649.63	49220	52044	54662
金华市	Jinhua	385.98	403.56	408.71	376.65	393.51	398.94	51090	53145	55434
衢州市	Quzhou	70.86	73.51	80.90	66.38	68.73	75.09	54794	57933	63519
舟山市	Zhoushan	77.13	76.45	81.02	74.34	73.21	76.86	63169	64461	67497
台州市	Taizhou	411.35	395.47	401.55	400.94	383.86	387.19	47451	49775	54222
丽水市	Lishui	49.14	53.57	53.14	47.96	51.17	49.84	62297	64547	67683

5-14 各市国有控股企业单位就业人员工资总额和平均工资
Total Wages and Average Wage of Employed Persons in Enterprises State-holding by city

单位:亿元(100 million yuan)

城市	City	单位就业人员工资总额 Total wages of Employed Persons			#在岗职工工资总额 Wages of Staff and Workers at Work			单位就业人员平均工资(元) Average Wage of Employed Persons(yuan)		
		2014	2015	2016	2014	2015	2016	2014	2015	2016
全 省	**Total**	**1201.64**	**1220.22**	**1310.62**	**1147.07**	**1153.08**	**1221.32**	**81540**	**87769**	**93824**
杭州市	Hangzhou	454.96	478.35	508.27	440.11	454.30	477.78	85077	95254	103800
宁波市	Ningbo	231.56	220.22	232.35	222.66	209.06	218.04	93469	99220	106328
温州市	Wenzhou	99.11	107.05	111.12	87.59	97.17	96.59	74782	80268	83814
嘉兴市	Jiaxing	71.82	81.49	87.23	69.86	79.02	83.91	71916	80359	86501
湖州市	Huzhou	39.10	42.26	44.09	36.82	39.51	40.23	73153	78743	83895
绍兴市	Shaoxing	60.84	59.63	62.12	58.74	57.85	59.44	75671	75544	82007
金华市	Jinhua	61.74	64.05	65.75	58.11	60.35	61.49	75818	83533	81882
衢州市	Quzhou	35.04	35.67	37.11	32.35	32.54	33.48	67733	69985	72678
舟山市	Zhoushan	35.47	37.31	40.08	34.27	35.96	37.96	73393	74537	78414
台州市	Taizhou	54.06	55.91	63.21	49.36	50.85	55.77	67805	69439	74055
丽水市	Lishui	24.09	26.80	26.46	23.40	24.99	23.85	77458	75447	75441

5-15 各市事业单位就业人员工资总额和平均工资
Total Wages and Average Wage of Employed Persons in Institutions by City

单位:亿元(100 million yuan)

城市	City	单位就业人员工资总额 Total wages of Employed Persons			#在岗职工工资总额 Wages of Staff and Workers at Work			单位就业人员平均工资(元) Average Wage of Employed Persons(yuan)		
		2014	2015	2016	2014	2015	2016	2014	2015	2016
总 计	**Total**	**1080.17**	**1249.24**	**1407.76**	**1045.64**	**1212.71**	**1367.97**	**85119**	**95691**	**107740**
杭州市	Hangzhou	285.27	329.51	379.91	272.80	315.31	365.03	90247	104322	120343
宁波市	Ningbo	181.99	194.31	210.93	175.87	189.54	206.18	99643	105155	114577
温州市	Wenzhou	135.54	153.13	170.20	133.05	150.56	167.43	87751	94924	106707
嘉兴市	Jiaxing	76.45	92.22	103.53	74.67	90.26	101.40	80923	96176	105274
湖州市	Huzhou	47.56	53.07	61.57	45.82	51.30	59.34	79811	87125	99058
绍兴市	Shaoxing	83.16	98.80	113.21	80.61	96.16	110.22	85084	94824	107658
金华市	Jinhua	78.96	99.59	109.85	76.74	97.08	106.81	73183	84744	94014
衢州市	Quzhou	31.25	41.36	46.42	30.04	39.98	44.89	70525	88991	99728
舟山市	Zhoushan	25.64	33.51	35.43	24.98	32.98	34.81	75805	93445	99783
台州市	Taizhou	94.37	101.74	118.86	91.48	97.93	114.65	79070	82702	97368
丽水市	Lishui	39.98	51.99	57.84	39.57	51.62	57.21	68198	87157	95289

5-16 各市机关单位就业人员工资总额和平均工资
Total Wages and Average Wage of Employed Persons in Government Agencies by City

单位:亿元(100 million yuan)

城市	City	单位就业人员工资总额 Total wages of Employed Persons			#在岗职工工资总额 Wages of Staff and Workers at Work			单位就业人员平均工资(元) Average Wage of Employed Persons(yuan)		
		2014	2015	2016	2014	2015	2016	2014	2015	2016
总 计	**Total**	**489.31**	**558.99**	**664.60**	**478.10**	**545.79**	**650.24**	**89391**	**97474**	**113940**
杭州市	Hangzhou	105.09	119.89	148.41	102.90	117.38	145.27	101769	113821	139418
宁波市	Ningbo	78.96	84.82	97.11	76.62	82.67	94.81	107387	109422	121187
温州市	Wenzhou	67.66	78.08	91.37	66.52	75.86	89.37	82875	85581	102195
嘉兴市	Jiaxing	32.10	36.50	43.22	31.77	36.13	42.92	101147	113993	130850
湖州市	Huzhou	23.31	26.85	31.00	22.70	26.30	30.46	84871	96102	108691
绍兴市	Shaoxing	38.62	41.64	50.56	37.62	40.67	49.10	100965	106364	123225
金华市	Jinhua	38.83	47.16	53.12	37.71	45.48	52.33	72186	81256	88792
衢州市	Quzhou	22.12	26.72	32.46	21.20	25.65	31.24	74278	88091	106041
舟山市	Zhoushan	15.28	19.16	22.45	15.18	18.99	22.30	80429	94881	107870
台州市	Taizhou	42.62	47.81	59.37	41.30	46.46	57.13	78778	85163	104828
丽水市	Lishui	24.72	30.36	35.53	24.59	30.21	35.32	70974	85329	96456

5-17 城乡居民家庭收入情况(1978-2016年)
Income of Urban and Rural Households (1978-2016)

年份 Year	全体居民家庭 Urban and Rural Households		城镇居民家庭 Urban Households		农村居民家庭 Rural Households	
	人均可支配收入(元) Per Capita Disposable Income (yuan)	人均可支配收入指数(上年=100) Growth Rate of Per Capita Disposable Income (Preceding year=100)	人均可支配收入(元) Per Capita Disposable Income (yuan)	人均可支配收入指数(上年=100) Growth Rate of Per Capita Disposable Income (Preceding year=100)	人均可支配收入(元) Per Capita Disposable Income (yuan)	人均可支配收入指数(上年=100) Growth Rate of Per Capita Disposable Income (Preceding year=100)
1978			332		165	
1980			488		219	103.3
1981			523	105.4	286	129.0
1982			530	99.4	346	120.4
1983			551	101.2	359	102.3
1984			669	117.1	446	123.5
1985			904	117.4	549	112.5
1986			1104	114.9	609	105.0
1987			1228	100.3	725	113.6
1988			1589	104.9	902	108.1
1989			1797	96.8	1011	97.4
1990			1932	105.3	1099	102.7
1991			2143	105.0	1211	108.9
1992			2619	111.9	1359	108.8
1993			3626	114.0	1746	110.2
1994			5066	112.0	2225	104.1
1995			6221	105.0	2966	105.3
1996			6956	101.8	3463	106.1
1997			7359	101.6	3684	103.8
1998			7837	105.3	3815	104.7
1999			8428	108.0	3948	105.6
2000			9279	109.1	4254	107.8
2001			10465	113.3	4582	106.9
2002			11716	113.4	4940	108.4
2003			13180	111.9	5431	107.8
2004			14546	107.4	6096	107.4
2005			16294	110.4	6660	106.4
2006			18265	110.9	7335	109.3
2007			20574	108.4	8265	108.2
2008			22727	105.4	9258	106.2
2009			24611	109.7	10007	109.5
2010			27359	106.9	11303	108.6
2011			30971	107.5	13071	109.5
2012			34550	109.2	14552	108.8
2013	29775	107.7	37080	107.1	17494	108.1
2014	32658	107.4	40393	106.8	19373	108.3
2015	35537	107.3	43714	106.7	21125	107.5
2016	38529	106.4	47237	106.0	22866	106.3

注：1、从2013年起，国家统计局开展了城乡一体化住户收支与生活状况调查，与2013年前的分城镇和农村住户调查的调查范围、调查方法、指标口径有所不同(以后各表同)。
National Bureau of Statistics of China strted an integrated households income and expenditure survey, including both urban and rural households since 2013. The coverage, the methodology and definitions used in the survey has been changed compared with before. The same applies to the relevant tables following.
2、人均可支配收入指数扣除价格变动因素。
Growth rate of per capita disposable income was excluded price changes.
3、2012年及以前农村居民人均可支配收入为人均纯收入。
The data of per capita disposable income of rural households refer to the per capita net income of rural households before 2013.

5-18 城乡居民家庭人均生活消费支出(1978-2016年)
Per Capita Annual Consumption Expenditures and Floor Space of Urban

年份 Year	全体居民 Urban and Rural Households		城镇居民家庭 Urban Households		农村居民家庭 Rural Households	
	人均消费性支出(元) Per Capita Consumption Expenditure (yuan)	比上年增长(%) Increase over the Previous Year(%)	人均消费性支出(元) Per Capita Consumption Expenditure (yuan)	比上年增长(%) Increase over the Previous Year(%)	人均消费性支出(元) Per Capita Consumption Expenditure (yuan)	比上年增长(%) Increase over the Previous Year(%)
1978			301		157	
1980			428		192	9.7
1981			476	11.2	267	39.1
1982			471	-1.1	302	13.1
1983			484	2.8	326	7.9
1984			562	16.1	369	13.2
1985			795	41.5	474	28.5
1986			969	21.9	561	18.4
1987			1100	13.5	659	17.5
1988			1453	32.1	839	27.3
1989			1556	7.1	927	10.5
1990			1604	3.1	946	2.0
1991			1806	12.6	1027	8.6
1992			2154	19.3	1112	8.3
1993			2856	32.6	1263	13.6
1994			4079	42.8	1680	33.0
1995			5263	29.0	2378	41.5
1996			5764	9.5	2702	13.6
1997			6170	7.0	2839	5.1
1998			6218	0.8	2891	1.8
1999			6522	4.9	2806	-2.9
2000			7020	7.6	3231	15.1
2001			7952	13.3	3479	7.7
2002			8713	9.6	3693	6.2
2003			9713	11.5	4287	16.1
2004			10636	9.5	4659	8.7
2005			12254	15.2	5215	11.9
2006			13349	8.9	5762	10.5
2007			14091	5.6	6442	11.8
2008			15158	7.6	7072	9.8
2009			16683	10.1	7375	4.3
2010			17858	7.0	8390	13.8
2011			20437	14.4	9644	14.9
2012			21545	5.4	10208	5.8
2013	20610		25254	7.9	12803	10.4
2014	22552	9.4	27242	7.9	14498	13.2
2015	24117	6.9	28661	5.2	16108	11.1
2016	25527	5.8	30068	4.9	17359	7.8

5-19 城镇居民家庭基本情况(2007-2012年) Basic Statistics on Urban Households(2007-2012)

项目		Item		2007	2008	2009	2010	2011	2012
平均每户家庭人口数	(人)	Average Household Size	(person)	2.74	2.72	2.68	2.68	2.69	2.68
平均每户就业人口数	(人)	Average Employed Persons Per Household	(person)	1.47	1.39	1.37	1.37	1.38	1.38
平均每户就业面	(%)	Percentage of Employed Persons Per Household	(%)	53.65	51.10	51.12	51.12	51.30	51.49
平均每一就业者负担人数(包括就业者本人)	(人)	Number of Persons Supported by Each Laborer(Including the Employee Himself or Herself)	(person)	1.86	1.96	1.96	1.95	1.95	1.94
家庭总收入	(元/人)	Per Capita Annual Income	(Yuan / person)	22584	24981	27119	30135	34264	37995
#可支配收入	(元/人)	Per Capita Disposal Income	(Yuan / person)	20574	22727	24611	27359	30971	34550
工资性收入	(元/人)	Wages Income	(Yuan / person)	14510	15539	16701	18314	20334	22385
经营净收入	(元/人)	Net Business Income	(Yuan / person)	2612	3162	3294	3641	4384	4694
财产性收入	(元/人)	Property Income	(Yuan / person)	1080	1325	1415	1470	1572	1465
转移性收入	(元/人)	Transfer Income	(Yuan / person)	4382	4955	5709	6710	7974	9450
平均每人消费性支出	(元/人)	Per Annual Expenditure for Consumption	(Yuan / person)	14091	15158	16683	17858	20437	21545
食品	(元/人)	Food	(Yuan / person)	4893	5523	5605	6118	7066	7552
衣着	(元/人)	Clothing	(Yuan / person)	1406	1546	1615	1802	2139	2110
居住	(元/人)	Residence	(Yuan / person)	1168	1334	1486	1418	1518	1552

续表 Continued

项目		Item		2007	2008	2009	2010	2011	2012
家庭设备用品及服务	(元/人)	Household Facilities Articles and Services	(Yuan / person)	666	713	829	916	1109	1161
医疗保健	(元/人)	Medicine and Medical Services	(Yuan / person)	859	933	985	1034	1249	1228
交通和通讯	(元/人)	Transportation and Communications	(Yuan / person)	2473	2393	3291	3437	3728	4134
娱乐教育、文化	(元/人)	Recreation, Education and Culture	(Yuan / person)	2158	2196	2295	2586	2816	2997
其它商品和服务	(元/人)	Other Commodities and Services	(Yuan / person)	468	521	579	546	812	812
平均每人消费性支出构成(人均消费支出 = 100)	(%)	Composition of Per Capita Annual Expenditure for Consumption(Per Capita Expenditure Consumption = 100)	(%)	100	100	100	100	100	100
食品	(%)	Food	(%)	34.72	36.44	33.59	34.26	34.57	35.05
衣着	(%)	Clothing	(%)	9.98	10.20	9.70	10.09	10.47	9.79
居住	(%)	Residence	(%)	8.29	8.80	8.90	7.94	7.43	7.20
家庭设备用品及服务	(%)	Household Facilities Articles and Services	(%)	4.73	4.71	4.97	5.13	5.43	5.39
医疗保健	(%)	Medicine and Medical Services	(%)	6.10	6.16	5.90	5.79	6.11	5.70
交通和通讯	(%)	Transportation and Communications	(%)	17.55	15.78	19.72	19.25	18.24	19.19
娱乐教育、文化	(%)	Recreation, Education and Culture	(%)	15.32	14.48	13.76	14.48	13.78	13.91
其它商品和服务	(%)	Other Commodities and Services	(%)	3.32	3.44	3.47	3.06	3.97	3.77

5-20 农村居民家庭基本情况(2007-2012年)
Basic Statistics on Rural Households(2007-2012)

项目		Item		2007	2008	2009	2010	2011	2012
户均常住人口	**(人)**	**Average Permanent Residents Per Household**	**(person)**	**3.54**	**3.51**	**3.49**	**3.48**	**3.29**	**3.29**
户均整半劳动力	**(人)**	**Average Ablebodied and Semiablebodied Laborers**	**(person)**	**2.60**	**2.58**	**2.57**	**2.58**	**2.41**	**2.40**
整半劳动力占人口比重	(%)	Percentage of Ablebodied and Semiablebodied	(%)	73.53	73.65	73.63	74.09	73.13	72.80
平均每百个劳动力中人数:	**(人)**	**Among Per 100 Laborers**	**(person)**						
不识字或识字很少	(人)	Illiterate or Semiliterate	(person)	6.09	5.72	5.75	5.79	6.94	6.46
小学程度	(人)	Primary School	(person)	31.51	31.28	30.48	29.79	29.27	29.00
初中程度	(人)	Junior Secondary School	(person)	44.70	44.02	43.59	42.97	45.25	45.23
高中程度	(人)	Senior Secondary School	(person)	12.74	12.98	13.56	13.95	11.99	12.09
中专程度	(人)	Specialized Secondary School	(person)	2.70	3.11	3.23	3.29	2.00	2.08
大专程度	(人)	College	(person)	2.27	2.89	3.39	4.21	4.55	5.13
年末人均住房面积	**(平方米)**	**At the end of the year the per capita housing area**	**(sq. m)**	**57.06**	**58.50**	**59.29**	**58.53**	**60.80**	**61.51**
全年总收入	**(元/人)**	**Annual total income**	**(yuan/person)**	**10391**	**11748**	**12695**	**14545**	**16580**	**17944**
全年纯收入	**(元/人)**	**Annual net income**	**(yuan/person)**	**8265**	**9258**	**10007**	**11303**	**13071**	**14552**
工资性收入	(元/人)	Wage income	(yuan/person)	4093	4713	5195	5950	6878	7860
家庭经营收入	(元/人)	Household business income	(yuan/person)	3422	3654	3788	4190	4872	5190
财产性收入	(元/人)	Property Income	(yuan/person)	399	472	519	561	553	546
转移性收入	(元/人)	Transfer Income	(yuan/person)	351	420	506	602	767	956

5－21 城乡居民家庭基本情况(2014－2016年)
Basic Statistics in Urban and Rural Households(2014－2016)

单位:%(%)

项目	Item	全体居民 Urban and Rural Households			城镇常住居民 Urban Households			农村常住居民 Rural Households		
		2014	2015	2016	2014	2015	2016	2014	2015	2016
期末常住成员情况	**Permanent Residents**									
户均常住成员(人)	Average Number of Permanent Residents Per Households (person)	2.80	2.86	2.92	2.80	2.85	2.88	2.80	2.89	3.00
#在校学生人数(人)	The Number of Students Enrolled (person)	0.42	0.45	0.46	0.41	0.44	0.45	0.45	0.47	0.48
性别	Sex									
男性	Male	49.6	49.2	49.5	49.3	48.8	49.4	50.2	50.0	49.7
女性	Female	50.4	50.8	50.5	50.7	51.2	50.6	49.8	50.0	50.3
户口状况	The Household Registration									
农业	Agriculture	61.2	59.5	59.3	42.2	40.4	40.1	93.9	93.2	93.7
非农业	Non－agriculture	38.6	40.3	40.6	57.5	59.4	59.7	6.1	6.8	6.2
其他	Others	0.2	0.2	0.1	0.2	0.3	0.1	0.1	0.1	0.1
15岁及以上常住成员受教育程度	**The Degree of Education of Households Members at the age of 15 and above**									
未上过学	Not on school	5.6	4.7	4.3	3.8	3.3	3.0	8.7	7.1	6.6
小学	Primary School Degree	27.7	27.9	27.7	21.8	22.7	22.8	37.7	37.0	36.5
初中	Junior High School Degree	33.6	33.9	34.0	31.8	31.7	32.0	36.7	37.5	37.5
高中	High School Degree	16.9	16.3	16.5	20.0	18.9	18.4	11.6	12.0	13.1
大学专科	College Degree	9.0	9.2	8.9	12.2	12.0	11.5	3.6	4.3	4.3
大学本科	Bachelor's Degree	6.7	7.6	8.1	9.6	10.8	11.6	1.7	2.0	1.9
研究生	Graduate Degree	0.5	0.4	0.5	0.7	0.6	0.7		0.1	0.1
常住从业人员情况	**Households Employed Persons**									
户均常住从业人数(人)	Average Employed Persons Per Households (person)	1.68	1.69	1.71	1.61	1.61	1.61	1.79	1.83	1.91
就业状况	Employed Persons Situation									
雇主	Employer	1.8	1.9	1.8	2.2	2.3	2.3	1.3	1.4	1.1
公职人员	Public Officer	2.1	2.2	1.9	3.4	3.3	3.0	0.2	0.4	0.2
事业单位人员	Business Unit Staff	5.5	5.7	6.0	8.3	8.9	9.4	1.2	0.7	0.7
国有企业雇员	State Owned Enterprise Employee	2.7	3.1	2.9	4.2	4.8	4.5	0.3	0.4	0.4
其他雇员	Other Employee	61.3	62.7	63.5	64.7	64.5	65.3	56.0	59.8	60.8
农业自营	Agricultural Self－employed	12.8	11.0	10.2	2.8	1.9	1.7	28.1	25.2	23.6
非农自营	Non－agricultural Self－employed	13.8	13.4	13.6	14.4	14.2	13.9	12.9	12.2	13.1
主要从事行业	Sector									
第一产业	Primary Industry	14.1	12.2	11.5	3.4	2.5	2.4	30.7	27.4	25.8
第二产业	Secondary Industry	39.4	40.3	40.6	37.3	37.5	38.1	42.7	44.7	44.5
第三产业	Tertiary Industry	46.5	47.5	47.9	59.3	60.0	59.5	26.6	27.9	29.7
农业经营户占全部户比例	Percentage of Agricultural management Households	22.3	18.8	21.2	3.9	3.6	6.4	53.8	45.8	49.1
平均每户常住人口就业面	Percentage of Employed Persons Per Households	59.95	58.96	58.50	57.55	56.40	55.70	64.08	63.46	63.50
平均每一常住人口就业者负担人数(包括就业者本人)(人)	Number of Persons Supported by Each Employed Person(person)	1.67	1.70	1.71	1.74	1.77	1.79	1.56	1.58	1.57

5－22 按收入分的城乡居民家庭基本情况(2013－2015 年)
Basic Statistics in Urban and Rural Households by Income(2013－2015)

单位:元(yuan)

项目	Item	全体居民 Urban and Rural Househo			城镇常住居民 Urban Households			农村常住居民 Rural Households		
		2013	2014	2015	2013	2014	2015	2013	2014	2015
居民人均可支配收入	Per Capita Disposable Income of Households	29775	32658	35537	37080	40393	43714	17494	19373	21125
人均可支配收入中位数	Median Per Capita Disposable Income of Households	25210	28580	31499	32748	36404	40161	15879	18460	20665
按人均可支配收入等级分组	By Income									
最低 20% 户	Lowest Income Households	8773	9910	11574	14348	16477	18573	5433	5682	6180
较低 20% 户	Lower Income Households	17545	20330	22730	24570	27674	30704	11209	13099	15132
中间 20% 户	Middle Income Households	25271	28504	31443	32857	36595	40444	15859	18305	20678
较高 20% 户	High Income Households	35737	39567	43085	43243	48433	51535	20966	23973	26097
最高 20% 户	Highest Income Households	68028	72159	75072	79652	83828	86516	35384	36335	37311
最高和最低收入组收入差距倍数	The Highest and Lowest Income Groups Gap	7.75	7.28	6.49	5.55	5.09	4.66	6.51	6.39	6.04

5-23 城镇居民家庭平均每人收支情况(2006-2012年) Per Capita Annual Income and Expenditures of Urban Households(2006-2012)

项目	Item	2006	2007	2008	2009	2010	2011	2012
家庭总收入	Total Income	19954	22584	24981	27119	30135	34264	37995
工资性收入	Wage income	13016	14510	15539	16701	18314	20334	22385
经营净收入	Net Business Income	2172	2612	3162	3294	3641	4384	4694
财产性收入	Property Income	889	1080	1325	1415	1470	1572	1465
转移性收入	Transfer Income	3877	4382	4955	5709	6710	7974	9450
出售财物收入	Income of Properties Sold	904	482	483	781	327	213	346
借贷收入	Borrowing Money and Loans	6037	7125	6069	8295	12886	14528	14738
#提取储蓄存款	Drawing Money from Banks	4428	5744	5687	6592	11152	13788	13565
借入款	Borrowed Money	264	337	105	298	236	181	310
住房贷款	House Morgage	691	463	45	539	710	121	234
家庭总支出	Tolal Expenditure	18984	20097	20642	24111	25853	29109	30640
消费性支出	Consumption Expenditure	13349	14091	15158	16683	17858	20437	21545
财产性支出	Property Expenditure	143	193	280	254	316	478	455
转移性支出	Transfer Expenditure	2155	2331	2573	2697	3395	4104	4056
#缴纳个人收入税	Income Tax	194	240	250	254	325	297	232
捐赠支出	Expenditure for Presentation	1259	1348	1522	1509	2017	2527	2608
赡养支出	Expenditure for Alimony	507	522	505	637	712	861	792
社会保障支出	Expenditure for Social Security	1387	1642	1860	2085	2273	2767	2967
购房与建房支出	Purchasing and Building Houses	1951	1841	771	2391	2011	1323	1616
借贷支出	Lend Money and Savings	7356	8995	9306	11906	16983	19206	22226
#存入储蓄款	Savings Deposits	5688	7124	7873	10594	15375	17393	20464
借出款	Lend Money	75	86	104	125	49	112	124
储蓄性保险支出	Expenditure for Savings and Insurance	141	118	139	154	115	152	95
期末手存现金	Cash Now Available	2279	2826	2223	1986	2380	1821	1829

5-24 农村居民人均总收入和纯收入(2005-2012年)
Per Capita Annual Total Income and Net Income of Rural Households(2005-2012)

单位:元(yuan)

项目	Item	2005	2006	2007	2008	2009	2010	2011	2012
全年总收入	**Gross Income**	**8580**	**9164**	**10391**	**11748**	**12695**	**14545**	**16580**	**17944**
全年纯收入	**Net Income**	**6660**	**7335**	**8265**	**9258**	**10007**	**11303**	**13071**	**14552**
工资性收入	**Wage Income**	**3299**	**3646**	**4093**	**4713**	**5195**	**5950**	**6878**	**7860**
家庭经营收入	**Income from Household Business**	**2766**	**3030**	**3422**	**3654**	**3788**	**4190**	**4872**	**5190**
一产收入	Primary Industy Operating Income	1248	1377	1551	1651	1661	1884	2183	2147
农业收入	Planting	810	879	949	923	974	1110	1324	1420
林业收入	Forestry	117	148	157	157	189	178	177	131
牧业收入	Animal Husbandry	268	281	358	460	365	443	504	388
渔业收入	Fishery	53	69	87	111	133	153	178	208
二产收入	Secondary Industy Operating Income	653	686	788	848	943	1023	1190	1340
工业收入	Industry	406	442	496	526	573	648	747	833
建筑业收入	Construction	247	244	292	322	370	375	443	507
三产收入	Three property income	865	968	1083	1155	1183	1283	1500	1704
运输业收入	Transportation	272	317	305	322	344	382	441	504
批发零售贸易餐饮业收入	Wholesale, Retail Sale and Catering Trade	340	357	428	460	447	516	624	785
服务业收入	Service Trade	126	107	109	120	149	164	194	250
文教卫生业收入	Culture, Education and Public Health	28	38	45	38	53	49	41	49
其他家庭经营收入	Others	99	149	196	215	190	172	200	116
财产性收入	**Property Income**	**300**	**340**	**399**	**472**	**519**	**561**	**553**	**546**
转移性收入	**Transfer Income**	**295**	**319**	**351**	**420**	**506**	**602**	**767**	**956**

5-25 城乡居民人均可支配收入情况(2014-2016年)
Per Capita Disposable Income of Urban Households and Rural Households(2014-2016)

单位:元(yuan)

项目	Item	全体居民 Urban and Rural Households			城镇常住居民 Urban Households			农村常住居民 Rural Households		
		2014	2015	2016	2014	2015	2016	2014	2015	2016
可支配收入	**Per Capita Disposable Income**	**32658**	**35537**	**38529**	**40393**	**43714**	**47237**	**19373**	**21125**	**22866**
工资性收入	**Income of Wages and Salaries**	**19069**	**20654**	**22207**	**23317**	**24948**	**26656**	**11773**	**13087**	**14204**
工资	Wage	17620	19560	21065	21908	23622	25159	10256	12402	13700
实物福利	Benefit in Kind	105	134	181	146	178	243	35	57	70
其他	Others	1343	960	961	1263	1148	1254	1482	628	434
经营净收入	**Net Business Income**	**5959**	**6182**	**6589**	**6379**	**6646**	**7126**	**5237**	**5364**	**5622**
第一产业净收入	Net Income from Primary Industry	766	712	777	288	199	207	1589	1615	1802
第二产业净收入	Net Income from Secondary Industry	1695	1715	1631	1914	1897	1751	1319	1394	1416
第三产业净收入	Net Income from Tertiary Industry	3497	3755	4181	4178	4549	5168	2329	2355	2405
财产净收入	**Net Income from Property**	**3586**	**4079**	**4337**	**5358**	**6048**	**6381**	**543**	**608**	**662**
利息净收入	Net Income from Interest	133	147	132	127	176	166	142	94	70
红利收入	Net Income from Bonus	335	540	711	451	731	936	137	203	305
储蓄性保险净收益	Net Income from Deposit Insurance	6	4	2	8	7	3	3		1
转让承包土地经营权租金净收入	Net Income from Transfer Contract Land Management Right	36	34	36	14	14	21	75	71	63
出租房屋净收入	Net Income from Rental Housing	962	1134	1180	1433	1652	1719	154	221	209
出租机械、专利、版权等资产的净收入	Net Income from Rental Housing	14	20	9	7	20	8	24	19	10
自有住房折算净租金	Net Rent for Private Housing	2091	2197	2256	3308	3444	3511			
其他	Others	9	2	12	10	4	17	8		3

续表 Continued

单位:元(yuan)

项目	Item	全体居民 Urban and Rural Households 2014	2015	2016	城镇常住居民 Urban Households 2014	2015	2016	农村常住居民 Rural Households 2014	2015	2016
转移净收入	**Net Income from Transfer**	**4044**	**4622**	**5396**	**5338**	**6073**	**7074**	**1821**	**2066**	**2378**
转移性收入	Income from Transfer	5925	7158	8062	7613	8740	10186	3026	4370	4242
养老金或离退休金	Old – age Pension or Pension	4516	5397	6390	6326	7160	8503	1408	2290	2590
社会救济和补助	Social Relief and Subsidies	39	45	53	26	39	46	61	55	66
惠农补贴	Benefits of Agricultural Subsidies	13	22	15	4	16	6	29	32	33
政策性生活补贴	Living Allowance	53	66	55	59	79	66	41	44	37
报销医疗费	Reimbursement of Medical Expenses	328	365	366	397	412	445	211	282	226
外出从业人员寄回带回收入	Income from Out Employees	265	441	544	95	368	540	556	568	549
赡养收入	Maintenance Income	415	542	558	397	377	487	447	832	685
其他经常转移收入	Others	296	280	80	310	289	93	271	266	55
转移性支出	Transfer Expenditure	1882	2536	2666	2275	2667	3111	1205	2304	1864
个人所得税	Individual Income Tax	120	121	125	187	182	188	6	13	11
社会保障支出	Social Security Expenditure	1493	2147	2293	1750	2140	2585	1053	2158	1769
外来从业人员寄给家人的支出	Expenditure Sent by Foreign Employees	70	47	25	78	53	33	55	37	11
赡养支出	Maintenance Expenses	127	147	115	176	198	158	41	56	37
其他经常转移支出	Others	71	74	107	84	94	147	50	38	35

5-26 城镇居民家庭平均每人全年消费性支出(2005-2012年)
Per Capita Annual Consumption Expenditures of Urban Households(2005-2012)

单位:元(yuan)

项目	Item	2005	2006	2007	2008	2009	2010	2011	2012
消费性支出	**Consumption Expenditure**	**12254**	**13349**	**14091**	**15158**	**16683**	**17858**	**20437**	**21545**
食品	Food	4140	4393	4893	5523	5605	6118	7066	7552
粮油类	Oils Class	391	395	438	537	525	605	722	771
粮食	Grain	239	244	256	298	306	364	438	468
淀粉及薯类	Starches and Potatoes	21	22	25	28	32	41	51	58
干豆类及豆制品	Dried Bean and Related Products	53	52	56	70	73	83	94	100
油脂类	Fat or Oil	78	78	101	141	115	118	139	145
肉禽蛋水产品类	Meat,Poultry Eggs and Aquatic Products	1151	1157	1336	1483	1471	1645	1966	2186
肉类	Meat	398	383	458	568	537	584	731	794
禽类	Poultry	181	166	214	245	237	261	318	334
蛋类	Eggs	57	55	66	74	75	86	105	108
水产品类	Aquatic Production	516	552	598	596	623	714	812	949
蔬菜类	Vegetables	335	365	385	414	448	543	583	661
调味品	Condiment	36	38	40	45	49	54	62	65
糖烟酒饮料	Sugar,Tobacco,Liquor and Beverage	553	604	649	671	695	717	790	727
糖类	Sugar	33	37	36	40	40	47	57	54
烟草类	Tobacco	326	371	405	398	416	413	446	408
酒	Liquor	116	115	122	139	137	153	177	163
饮料	Beverage	78	81	86	93	101	104	110	102
干鲜瓜果类	Dried and Fresh Melons,Fruits	297	334	362	382	421	492	612	665
糕点、奶及奶制品	Cake,Milk and Related Production	227	234	253	310	312	329	408	424
糕点	Cakes	72	73	83	100	106	109	134	140
奶及奶制品	Milk and Related Production	155	160	169	210	207	220	274	284
其他食品	Other Food	85	81	72	81	72	78	81	89
饮食服务	Catering Services	1065	1186	1358	1600	1610	1655	1843	1965
#在外饮食	Eating Outside	1064	1185	1356	1599	1610	1653	1842	1963

续表 Continued 单位：元（yuan）

项目	Item	2005	2006	2007	2008	2009	2010	2011	2012
衣着	**Clothing**	**1264**	**1384**	**1406**	**1546**	**1615**	**1802**	**2139**	**2110**
#服装	Garments	970	1057	1070	1184	1232	1397	1658	1618
衣着材料	Clothing Materials	11	11	11	13	16	17	21	19
鞋类	Shoes	241	272	285	306	320	339	396	409
其他衣着用品	Other Clothing	34	35	33	35	38	39	53	52
衣着加工服务费	Service Expenses of Clothing Processing	9	9	8	8	8	10	11	12
居住	**Residence**	**1059**	**1229**	**1168**	**1334**	**1486**	**1418**	**1518**	**1552**
住房	Housing	368	478	401	480	652	493	518	518
水电燃料及其他	Water, Electricity and Fuels	641	698	713	784	763	847	894	935
居住服务费	Residence Services	50	53	54	70	71	78	106	98
家庭设备、用品及服务	**Household Facilities, Articles and Services**	**609**	**615**	**666**	**713**	**829**	**916**	**1109**	**1161**
#耐用消费品	Durable Consumer Goods	285	288	316	307	391	381	395	403
室内装饰品	Interior Decorations	27	23	22	20	23	30	22	20
床上用品	Bed Articles	74	60	77	85	86	91	111	111
家庭日用杂品	Articles for Daily Use	155	162	175	214	231	323	446	476
家具材料	Furniture Materials	10	18	12	9	12	6	6	5
家庭服务	Services	58	65	65	79	86	85	129	147
医疗保健	**Medicines and Medical Services**	**832**	**852**	**859**	**933**	**985**	**1034**	**1249**	**1228**
交通和通讯	**Transportations and Communications**	**2097**	**2492**	**2473**	**2393**	**3291**	**3437**	**3728**	**4134**
交通	Transportation	1299	1628	1531	1455	2360	2489	2726	3048
通讯	Communication	798	864	942	938	931	948	1002	1085
娱乐、教育、文化	**Recreation, Educatrion and Cultural Services**	**1850**	**1946**	**2158**	**2196**	**2295**	**2586**	**2816**	**2997**
文化娱乐用品	Goods for Recreational	412	449	465	438	471	530	551	512
文化娱乐服务	Services for Recreation	465	445	495	579	643	822	933	1027
教育	Educational	973	1053	1198	1179	1181	1234	1333	1457
其它商品和服务	**Other goods and services**	**402**	**436**	**468**	**521**	**579**	**546**	**812**	**812**

5-27 农村居民人均总支出(2005-2012年)
Per Capita Annual Expenditure of Rural Households(2005-2012)

单位:元(yuan)

项目	Item	2005	2006	2007	2008	2009	2010	2011	2012
全年总支出	**Total Expenditure**	**7534**	**8121**	**9071**	**10246**	**10762**	**12361**	**13836**	**14637**
生活消费支出	Living Expenditure for Consumption	5215	5762	6442	7072	7375	8390	9644	10208
食品	Food	2011	2141	2347	2690	2756	2977	3629	3844
主食	Staple Food	257	263	264	285	302	333	370	378
副食	Non-Staple Food	870	890	1015	1225	1194	1296	1647	1770
其他食品	Other Food	617	672	718	772	811	869	1079	1134
在外饮食	Eating Outside	240	296	331	387	423	456	519	551
衣着	Clothing	310	362	399	441	462	530	669	721
居住	Residence	843	1048	1262	1425	1366	1795	1651	1768
#住房	Housing	597	776	970	1069	1038	1400	1201	1246
电费	Electricity	97	119	148	168	184	213	242	277
燃料	Fuel	94	104	107	121	102	135	158	181
家庭设备、用品及服务	Household Facilities, Articles and Services	259	274	338	354	354	399	528	560
医疗保健	Medicines and Medical Services	399	455	465	512	615	652	851	739
#医药卫生保健用品	Medical Articles	173	178	183	181	226	215	238	218
交通和通讯	Transportations and Communications	592	635	761	777	866	1067	1262	1457
#交通工具	Means of Transportation	164	178	55	240	317	472	544	624
交通消费服务支出	Transport Services	113	114	127	143	135	146	157	448
邮电通讯费	Postage	189	204	216	233	243	249	238	278

续表 Continued 单位:元(yuan)

项目	Item	2005	2006	2007	2008	2009	2010	2011	2012
文教娱乐用品及服务	Cultural,Educational and Recreational Services	679	723	736	733	803	800	831	881
文化教育娱乐用品	Cultural,Educational and Recreational Articles	73	79	94	107	116	114	135	129
书报杂志	Botes,Newpapers and Magazines	8	11	12	10	10	11	11	12
教育服务费	Educational Services	526	546	522	499	530	503	446	465
旅游休闲娱乐费	Tourism and Pecreation	44	52	79	68	93	106	125	157
其他商品和服务	Other Commodities and Services	121	124	135	141	154	170	223	239
家庭经营费用支出	Expenditure for Household Business	1525	1429	1708	2059	2192	2678	2843	2750
农业生产支出	Planting	345	375	407	449	395	454	472	449
林业生产支出	Forestry	23	28	24	19	23	28	72	46
牧业生产支出	Animal Husbandry	595	459	674	981	1258	1445	1041	958
渔业生产支出	Fishery	88	114	150	160	140	175	79	72
工业生产支出	Industry	246	237	217	214	159	251	693	690
建筑业支出	Construction	25	25	31	35	33	66	110	130
运输产支出	Transportation	74	104	100	88	81	92	109	131
批发和零售贸易餐饮业	Wholesale,Retail Sale and Catering Trade	91	61	82	93	73	139	201	219
服务业支出	Service Trade	17	14	14	11	20	13	45	39
文教卫生产支出	Culture,Education and Public Health	2	1	1	2	2	4	2	6
其他经营支出	Others	20	11	8	7	7	10	20	11
购置生产用固定资产支出	Expenditure for Purchasing Productive Fixed Assets	163	249	150	149	219	223	145	181
税费支出	Expenditure for Taxes and Expenses	25	24	23	17	12	13	7	6
#缴纳税金	Taxes	14	13	14	9	5	7	4	1

5-28 城乡居民人均生活消费支出情况(2014-2016年)
Per Capita Consumption Expenditure of Urban Households and Rural Households(2014-2016)

单位:元(yuan)

项目	Item	全体居民 Urban and Rural Households			城镇常住居民 Urban Households			农村常住居民 Rural Households		
		2014	2015	2016	2014	2015	2016	2014	2015	2016
居民生活消费支出	**Consumption Expenditure**	**22552**	**24117**	**25527**	**27242**	**28661**	**30068**	**14498**	**16108**	**17359**
#通过互联网购买的商品和服务	Goods and Services Purchased over the Internet	259	401	467	372	572	644	64	100	148
食品烟酒	**Food, Tobacco, Liquor**	**6569**	**6976**	**7414**	**7705**	**8092**	**8467**	**4618**	**5008**	**5520**
食品	Food	4472	4741	5167	5155	5399	5752	3297	3582	4116
烟酒	Tobacco, Liquor	768	788	750	785	800	743	739	767	762
饮料	Beverage	118	120	117	128	131	124	100	101	104
饮食服务	Catering Services	1212	1327	1380	1637	1762	1849	482	559	538
衣着	**Clothing**	**1587**	**1647**	**1564**	**1998**	**2041**	**1904**	**882**	**951**	**953**
衣类	Garments	1269	1317	1246	1610	1642	1528	685	746	739
鞋类	Shoes	318	329	318	388	399	376	196	205	214
居住	**Residence**	**5577**	**5964**	**6133**	**6902**	**7231**	**7385**	**3302**	**3732**	**3882**
租赁房房租	Housing Rent	384	348	348	551	500	487	98	79	98
住房维修及管理	Housing Maintenance and Management	453	671	626	460	695	672	442	628	543
水电燃料及其他	Hydropower and Other	816	771	815	890	858	918	687	618	630
自有住房折算租金	Converted Rent of its Own	3924	4175	4344	5000	5178	5308	2075	2408	2611
生活用品及服务	**Living Goods and Services**	**1118**	**1159**	**1224**	**1334**	**1360**	**1421**	**747**	**805**	**870**
家具及室内装饰品	Furniture and Interior Decoration	163	182	190	184	203	214	127	146	147
家用器具	Household Appliances	308	284	286	360	326	325	218	210	216
家用纺织品	Household Textiles	107	117	124	130	143	155	69	71	69
家庭日用杂品	Daily Sundry Goods	310	313	337	356	352	366	231	245	284
个人用品	Personal Items	167	205	213	223	266	261	71	98	125
家庭服务	Domestic Service	62	58	73	81	71	98	30	35	29
交通通信	**Transportations and Communications**	**3671**	**3961**	**4377**	**4494**	**4753**	**5101**	**2257**	**2566**	**3076**
交通	Transportation	2792	3005	3413	3449	3631	4002	1663	1902	2354
通信	Communications	879	956	964	1045	1122	1099	594	664	721
教育文化娱乐	**Educatrion , Cultural Services and Recreation**	**2169**	**2428**	**2794**	**2643**	**2963**	**3452**	**1355**	**1486**	**1611**
教育	Education	1242	1335	1585	1371	1500	1816	1021	1045	1170
文化娱乐	Cultural Services and Recreation	927	1093	1209	1272	1463	1636	335	441	441
医疗保健	**Medical Care**	**1358**	**1433**	**1507**	**1527**	**1539**	**1692**	**1068**	**1246**	**1173**
医疗器具及药品	Medical Apparatus and Medicine	505	478	530	616	559	615	316	336	377
医疗服务	Medical Service	853	955	977	911	980	1077	753	910	797
其他用品及服务	**Other Supplies and Services**	**503**	**548**	**513**	**640**	**682**	**645**	**268**	**313**	**274**
其他用品	Other Supplies	288	319	283	350	383	350	182	206	161
其他服务	Other Services	215	229	230	290	299	295	86	107	113

5-29 城镇居民家庭平均每百户耐用消费品拥有量(2007-2012年)
Per 100 Urban Households Annual Average Possession of Durable Consumer Goods (2007-2012)

名称		Item		2007	2008	2009	2010	2011	2012
摩托车	(辆)	Motorcycle	(unit)	30.44	26.22	25.77	25.82	21.97	21.86
助力车	(辆)	Electric Bicycle	(unit)	37.88	40.20	42.87	45.73	50.51	52.49
家用汽车	(辆)	Household Car	(unit)	13.83	19.61	23.62	26.43	33.73	36.50
洗衣机	(台)	Washing Machine	(unit)	92.95	91.39	92.85	94.26	94.87	95.45
电冰箱	(台)	Refrigerator	(unit)	100.05	97.99	99.16	100.36	100.21	100.89
彩色电视机	(台)	Color TV Set	(unit)	182.91	176.66	181.72	185.70	184.79	186.56
家用电脑	(台)	Household Electronic Computer	(unit)	73.79	79.93	84.41	89.84	103.57	106.38
组合音响	(台)	Hi-Fi Stereo Component System	(unit)	38.12	33.32	33.15	33.38	28.53	28.40
摄像机	(架)	Vidicon	(unit)	6.26	8.49	9.18	9.48	9.85	10.22
照相机	(架)	Camera	(unit)	52.10	46.02	47.69	50.07	53.25	53.89
中高档乐器	(架)	Medium or High Rank Instrument	(unit)	7.20	4.61	5.83	6.13	4.56	4.80
微波炉	(台)	Microwave oven	(unit)	65.68	66.42	69.30	71.28	72.31	72.97
空调器	(台)	Air conditioner	(unit)	160.93	170.58	179.93	186.62	201.05	203.77
淋浴热水器	(个)	Shower	(unit)	95.16	96.74	99.13	101.19	104.68	106.32
消毒碗柜	(台)	Disinfecting Cupboard	(unit)	22.21	23.67	23.83	24.09	25.18	25.49
洗碗机	(台)	Dishwasher	(unit)	0.53	1.03	1.12	1.18	1.42	1.32
健身器材	(件)	Fitness Equipment	(unit)	6.99	5.47	5.80	6.09	5.95	6.17
固定电话	(部)	Telephone	(unit)	95.51	90.14	89.64	89.13	80.33	79.85
移动电话	(部)	Mobile Phone	(unit)	190.65	189.42	191.50	198.01	207.76	210.08

5-30 农村居民家庭平均每百户耐用消费品拥有量(2006-2012年)
Annual Average Possession of Durable Consumer Goods Per 100 Rural Households (2006-2012)

名称		Item		2006	2007	2008	2009	2010	2011	2012
自行车	(辆)	Bicycle	(Suit)	124.6	125.4	123.0	125.2	125.1	101.0	105.3
家用电脑	(台)	Household Electronic Computer	(Set)	14.3	19.4	23.4	28.6	35.6	43.3	47.8
洗衣机	(台)	Washing Machine	(Set)	55.2	59.7	62.6	65.6	68.3	68.7	72.5
电冰箱	(台)	Refrigerator	(Set)	67.8	75.0	80.2	85.3	89.4	93.0	95.3
摩托车	(辆)	Motorcycle	(Suit)	62.7	57.8	56.9	55.6	54.0	41.3	40.2
彩色电视机	(台)	Color TV Set	(Set)	136.9	144.2	149.6	157.0	161.4	168.5	171.7
电话机	(部)	Telephone	(pars)	95.0	93.2	92.2	89.9	88.4	77.7	76.3
移动电话	(部)	Moble Telephone	(pars)	134.7	150.3	159.7	176.6	189.1	204.5	211.5
家用汽车	(台)	The Family Car	(Set)	3.1	4.0	4.7	6.2	7.8	13.4	15.2
照相机	(架)	Camera	(Suit)	9.2	9.0	9.6	11.2	12.6	13.9	15.7
抽油烟机	(台)	Range Hoods	(Set)	38.0	43.0	46.0	49.5	52.7	56.3	59.0
空调机	(台)	Air Conditioner	(Set)	42.60	54.00	61.30	69.60	78.60	94.40	99.90
微波炉	(台)	Microwave Oven	(Set)	12.00	14.60	17.00	20.80	23.00	32.10	35.20
热水器	(台)	Water Heater	(Set)	48.4	56.4	60.8	65.0	69.9	75.2	78.3

5－31 城乡居民家庭耐用消费品拥有量(2014－2016 年) Number of Duable Consumer Goods Owned Urban Households and Rural Households (2014－2016)

项目		Item		全体居民 Urban and Rural Households			城镇常住居民 Urban Households			农村常住居民 Rural Households		
				2014	2015	2016	2014	2015	2016	2014	2015	2016
每百户耐用消费品拥有量		**Number of Duable Consumer Goods Owned Per 100 Households**										
家用汽车	(辆)	Automobile	(unit)	34.5	39.8	45.2	43.5	47.9	53.3	19.2	25.4	30.2
摩托车	(辆)	Motorcycle	(unit)	24.0	20.0	17.9	16.6	13.7	11.1	36.7	31.3	30.7
电冰箱(柜)	(台)	Refrigerator	(unit)	93.5	95.7	98.9	94.5	96.4	97.9	91.7	94.5	100.7
洗衣机	(台)	Washing Machine	(unit)	80.0	83.2	86.4	87.1	88.0	90.2	67.8	74.7	79.3
热水器	(个)	Heater	(unit)	83.8	87.5	92.0	88.9	91.7	94.7	75.0	80.1	86.9
#太阳能热水器	(个)	Solar Heater	(unit)	32.9	32.6	35.7	28.2	27.2	28.7	41.0	42.4	48.8
空调	(台)	Air Conditioner	(unit)	144.5	154.5	169.3	177.4	185.0	199.0	88.1	100.2	113.6
彩色电视机	(台)	Colour Tv Set	(unit)	167.2	169.3	172.6	173.2	173.8	173.8	156.8	161.3	170.4
摄像机	(架)	Video Camera	(unit)	4.9	4.4	4.1	7.4	6.1	5.7	0.7	1.3	1.0
照相机	(架)	Camera	(unit)	31.1	27.7	23.9	44.0	38.7	32.9	8.8	8.1	7.0
计算机	(台)	Computer	(unit)	75.2	77.6	77.8	96.0	95.7	93.0	39.7	45.5	49.3
#接入互联网的计算机	(台)	Computer access to the Internet	(unit)	66.0	68.8	69.4	85.4	85.8	83.2	32.8	38.5	43.6
中高档乐器	(架)	Medium or High Grade Musical Instrument	(unit)	3.6	3.1	3.9	5.2	4.4	5.5	1.0	0.8	0.9
固定电话	(部)	Telephone	(unit)	59.1	53.7	47.6	62.8	56.0	50.7	52.9	49.6	41.9
移动电话	(部)	Moble Phone	(unit)	215.6	224.2	233.1	223.5	228.6	234.8	201.9	216.4	230.0
#接入互联网的移动电话	(部)	Mobile Phone Access to the Internet	(unit)	99.6	115.8	138.6	119.2	135.4	155.8	65.9	80.8	106.5

5－32 城镇居民家庭居住情况(2007－2012年)
Living Conditions of Urban Households(2007－2012)

单位:%(%)

项目	Item	2007	2008	2009	2010	2011	2012
调查总户数	**Number of Households Surveyed**	**100**	**100**	**100**	**100**	**100**	**100**
按房屋产权分	**By Property Right of House**						
租赁公房	Rental State－owned House	3.59	3.31	2.79	2.56	1.92	1.88
租赁私房	Rental Private House	2.99	5.82	5.27	4.98	5.70	4.97
自有房	Private House	92.42	89.94	90.73	91.31	91.70	92.49
原有私房	Original Private House	10.64	10.42	10.58	10.74	10.99	11.72
房改私房	Private House after House Reforming	32.06	27.01	25.75	25.29	20.92	20.54
商品房	Commercial House	49.72	52.51	54.40	55.28	59.79	60.23
其他	Others	0.99	0.93	1.21	1.14	0.68	0.65
按住宅建筑式样分	**By Building Type**						
单栋住宅	One Household	7.81	6.53	6.53	6.59	8.11	8.28
四居室	Four Bedrooms	4.00	4.45	4.70	4.96	5.37	5.32
三居室	Three Bedrooms	36.17	37.10	37.75	38.58	38.18	38.59
二居室	Two Bedrooms	42.43	43.29	42.01	41.03	39.72	39.81
一居室	One Bedroom	3.89	4.31	4.43	4.43	4.06	3.74
普通楼房	Common House	4.40	3.50	3.75	3.59	3.88	3.63
平房及其他	Others	1.30	0.82	0.82	0.83	0.68	0.63
按用水情况分	**By Water Using**						
独用自来水	Tap Water Owned Per Household	99.73	99.87	99.84	99.87	99.83	99.85
公用自来水	Public Tap Water	0.21	0.11	0.13	0.13	0.15	0.13
井水、河水	Wall Water and River	0.06	0.02	0.02		0.02	0.02
按卫生设备情况分	**By Health Facilities**						
无卫生设备	Without Health Facilities	1.30	0.91	0.83	0.68	0.51	0.50
有浴室厕所	Bathroom and Toilet Room Owned Per Household	93.07	92.74	93.35	93.86	95.44	96.61
有厕所无浴室	Toilet Room Owned But Without Bath Room	5.38	6.11	5.60	5.30	3.87	2.77
公用卫生设备	Public Health Facilities	0.25	0.25	0.23	0.15	0.18	0.13
按取暖设备情况分	**By Heating Facilities**						
无取暖设备	Without Heating Equipment	14.37	10.79	9.40	9.06	5.96	5.26
空调设备	Air Coditioner Owned	85.39	88.99	90.42	90.73	93.94	94.74
暖气	Warm Gas						
其他	Others	0.24	0.23	0.18	0.21	0.10	
按炊用燃料使用情况分	**By Fuel Types**						
煤炭	Coal	0.22	0.33	0.31	0.26	0.04	0.04
灌装液化石油气	Tank LPG	80.02	74.33	71.95	70.01	63.01	60.77
管道液化石油气	Pipeline LPG		4.25	3.97	3.94	4.94	4.21
管道煤气	Pipeline Gas		1.58	1.66	0.42	0.25	0.25
管道天然气	Pipeline Gas		19.05	21.72	24.95	30.82	33.90
其他燃料	Others	0.30	0.46	0.39	0.42	0.93	0.83

5－33 城乡居民住房情况(2014－2016年)
Housing Conditions of Urban and Rural Residents(2014－2016)

项目	Item	全体居民 Urban and Rural Households			城镇常住居民 Urban Households			农村常住居民 Rural Households		
		2014	2015	2016	2014	2015	2016	2014	2015	2016
住房情况	**Houses**									
按居住空间样式分的户数比重(%)	**Proportion of Households by Living Space Style (%)**	**100.0**	**100.0**	**100.0**	**100.0**	**100.0**	**100.0**	**100.0**	**100.0**	**100.0**
单栋楼房	Single Building	47.6	48.2	50.0	26.8	28.2	31.7	83.1	83.8	84.3
单栋平房	Single－Storey House	6.2	5.8	5.0	3.4	3.7	3.0	11.1	9.6	8.7
单元房	Apartment	42.0	42.6	42.6	64.6	64.3	63.2	3.1	3.8	4.2
筒子楼或连片平房	Tongzilou or Contiguous Cottage	3.9	3.2	2.1	4.7	3.5	2.0	2.4	2.6	2.4
其他	Other	0.4	0.3	0.3	0.4	0.3	0.2	0.3	0.2	0.4
按房屋来源分的户数比重(%)	**Proportion of Households by Source of Housing(%)**	**100.0**	**100.0**	**100.0**	**100.0**	**100.0**	**100.0**	**100.0**	**100.0**	**100.0**
租赁住房	Rental Housing	14.7	13.0	11.5	19.8	17.7	15.1	5.9	4.7	4.8
自建住房	Self Built Housing	49.3	50.2	50.5	26.9	28.7	29.6	87.7	88.6	89.5
购买商品房	Commercial Housing	20.9	21.6	23.1	32.2	32.9	35.0	1.5	1.2	0.8
购买房改住房	Purchased Public Housing	6.1	6.1	5.9	9.6	9.4	8.8	0.2	0.4	0.5
购买保障性住房	Purchased Affordable Housing	0.9	0.7	0.6	1.2	0.9	0.8	0.5	0.2	0.2
拆迁安置房	Resettlement Housing	3.3	3.9	4.0	4.9	5.8	5.8	0.7	0.7	0.6
继承或获赠住房	Inheritance or Gift of Housing	1.4	1.5	1.5	0.8	0.7	0.8	2.3	3.0	2.9
其他	Others	3.4	2.9	2.9	4.7	3.9	4.1	1.0	1.2	0.7
按主要建筑材料分的户数比重(%)	**Proportion of Households by Main Building Materials(%)**	**100.0**	**100.0**	**100.0**	**100.0**	**100.0**	**100.0**	**100.0**	**100.0**	**100.0**
钢筋混凝土	Reinforced Concrete	34.2	39.0	44.1	46.2	49.5	54.9	13.5	20.2	23.9
砖混材料	Brick Material	52.0	48.4	44.9	48.3	45.4	40.8	58.2	53.8	52.6
砖瓦砖木	Brick and Tile	13.1	11.8	10.3	5.3	4.9	4.1	26.6	24.2	21.8
竹草土坯	Adobe	0.4	0.3	0.3		0.1		1.0	0.8	0.8
其他	Others	0.3	0.4	0.4	0.2	0.1	0.2	0.6	1.0	0.8

续表　Continued

项目	Item	全体居民 Urban and Rural Households			城镇常住居民 Urban Households			农村常住居民 Rural Households		
		2014	2015	2016	2014	2015	2016	2014	2015	2016
生活设施状况	**Living Facilities**									
主要饮用水来源(%)	**Proportion of Households by Major Sources of Drinking Water(%)**	**100.0**	**100.0**	**100.0**	**100.0**	**100.0**	**100.0**	**100.0**	**100.0**	**100.0**
经过净化处理的自来水	Purification Treatment of Tap Water	89.8	91.0	92.4	98.0	98.2	98.5	75.7	77.9	81.1
受保护的井水和泉水	Protected Wells and Springs	5.3	4.2	3.9	0.4	0.6	0.7	13.6	10.6	10.0
不受保护的井水和泉水	Unprotected Wells and Springs	1.7	2.0	1.6	0.1	0.1	0.2	4.4	5.2	4.4
江河湖泊水	Rivers and Lakes	1.5	1.2	0.9	0.4	0.3	0.3	3.3	2.6	2.1
其他饮用水来源	Others	1.8	1.7	1.1	1.1	0.7	0.4	2.9	3.6	2.4
住宅内厕所状况(%)	**Proportion of Households by Toilet Condition(%)**	**100.0**	**100.0**	**100.0**	**100.0**	**100.0**	**100.0**	**100.0**	**100.0**	**100.0**
水冲式卫生厕所	Sanitary Toilet with Water Flush	88.2	91.4	93.4	95.4	96.4	97.1	75.9	82.4	86.5
水冲式非卫生厕所	Insanitary Toilet with Water Flush	1.4	1.2	0.9	0.9	0.7	0.6	2.3	2.2	1.5
卫生旱厕	Sanitary Dry Toilet	2.2	1.3	1.1	0.3	0.2	0.2	5.3	3.3	2.9
普通旱厕	Ordinary Toilet	4.4	3.2	2.5	0.6	0.4	0.2	11.0	8.4	6.8
无厕所	Without the Toilet	3.8	2.8	2.0	2.8	2.3	1.9	5.5	3.7	2.4
主要炊用能源(%)	**Proportion of Households by Cooking Energy(%)**	**100.0**	**100.0**	**100.0**	**100.0**	**100.0**	**100.0**	**100.0**	**100.0**	**100.0**
天然气、煤气、液化石油气	Natural Gas, Coal Gas, Liquefied Petroleum Gas	92.7	93.3	92.0	95.8	95.3	94.3	87.5	89.8	87.6
煤炭	Coal	0.1	0.1			0.1		0.4	0.2	
电	Electrism	1.4	1.7	2.5	1.6	1.9	2.7	1.1	1.4	2.0
沼气	Biogas	0.1						0.2		0.1
其他	Others	5.6	4.8	5.5	2.6	2.7	2.9	10.7	8.5	10.4

5－34 城乡居民人均收支情况(2014－2016年)
Per Capita Income and Consumption Expenditure of Urban and Rural Households(2014－2016)

项目	Item	全体居民			城镇常住居民			农村常住居民		
		2014	2015	2016	2014	2015	2016	2014	2015	2016
可支配收入(元)	**Per Capita Disposable Income (yuan)**	**32658**	**35537**	**38529**	**40393**	**43714**	**47237**	**19373**	**21125**	**22866**
工资性收入	Income of Wages and Salaries	19069	20654	22207	23317	24948	26656	11773	13087	14204
经营净收入	Net Business Income	5959	6182	6589	6379	6646	7126	5237	5364	5622
财产净收入	Net Income from Property	3586	4079	4337	5358	6048	6381	543	608	662
转移净收入	Net Income from Transfer	4044	4622	5396	5338	6073	7074	1821	2066	2378
生活消费支出(元)	**Per Capita Annual Consumption Expenditures(yuan)**	**22552**	**24117**	**25527**	**27242**	**28661**	**30068**	**14498**	**16108**	**17359**
#通过互联网购买商品及服务	Goods and Services Purchased over the Internet	259	401	467	372	572	644	64	100	148
食品烟酒	Food,Tobacco and Liquor	6569	6976	7414	7705	8092	8467	4618	5008	5520
衣着	Clothing	1587	1647	1564	1998	2041	1904	882	951	953
居住	Residence	5577	5964	6133	6902	7231	7385	3302	3732	3882
生活用品及服务	Living Goods and Services	1118	1159	1224	1334	1360	1421	747	805	870
交通通信	Transportations and Communications	3671	3961	4377	4494	4753	5101	2257	2566	3076
教育文化娱乐	Educatrion,Cultural Services and Recreation	2169	2428	2794	2643	2963	3452	1355	1486	1611
医疗保健	Medical Care	1358	1433	1507	1527	1539	1692	1068	1246	1173
其他用品和服务	Other Supplies and Services	503	548	513	640	682	645	268	313	274

5-35 各市城乡居民人均可支配收入情况(2014-2016年)
Per Capita Disposable Income of Urban and Rural Households by City(2014-2016)

单位:元(yuan)

城市	City	全体居民 Urban and Rural Households			城镇常住居民 Urban Households			农村常住居民 Rural Households		
		2014	2015	2016	2014	2015	2016	2014	2015	2016
杭州市	Hangzhou	39237	42642	46116	44632	48316	52185	23555	25719	27908
宁波市	Ningbo	38074	41373	44641	44155	47852	51560	24283	26469	28572
温州市	Wenzhou	33478	36459	39601	40510	44026	47785	19394	21235	22985
嘉兴市	Jiaxing	34318	37139	40118	42143	45499	48926	24676	26838	28997
湖州市	Huzhou	31510	34251	37193	38959	42238	45794	22404	24410	26508
绍兴市	Shaoxing	35335	38389	41506	43167	46747	50305	23539	25648	27744
金华市	Jinhua	31599	34378	37159	39807	43193	46554	18544	20297	21896
衢州市	Quzhou	22436	24460	26745	30583	33212	36188	15354	16884	18421
舟山市	Zhoushan	35330	38254	41564	41466	44845	48423	23783	25903	28308
台州市	Taizhou	30950	33788	36915	39763	43266	47162	19362	21225	23164
丽水市	Lishui	22426	24402	26757	30413	32875	35968	13635	15000	16459

5-36 各市城乡居民人均生活消费支出情况(2014-2016年)
Per Capita Annual Consumption Expenditures of Urban and Rural Households by City(2014-2016)

单位:元(yuan)

城市	City	全体居民 Urban and Rural Households			城镇常住居民 Urban Households			农村常住居民 Rural Households		
		2014	2015	2016	2014	2015	2016	2014	2015	2016
杭州市	Hangzhou	28492	30181	31905	32165	33818	35686	17816	19334	20563
宁波市	Ningbo	24324	26056	27891	27893	29645	31584	16228	17800	19313
温州市	Wenzhou	22868	24799	26234	27186	29438	30965	14218	15464	16627
嘉兴市	Jiaxing	20307	22336	24137	23032	25544	28313	16163	17522	18864
湖州市	Huzhou	20358	22020	23217	24875	26815	27731	14836	16112	17609
绍兴市	Shaoxing	22002	23785	24541	26231	28156	28858	15632	17123	17787
金华市	Jinhua	20954	22670	24961	25627	27701	30311	13520	14634	16269
衢州市	Quzhou	13875	14697	15869	18357	19393	20877	9980	10632	11454
舟山市	Zhoushan	23785	25774	26911	27807	30128	30762	16217	17615	19468
台州市	Taizhou	21641	23822	25143	26458	28892	30021	15307	17102	18598
丽水市	Lishui	16923	18399	19933	21867	23556	25296	11483	12677	13936

浙/江/统/计/年/鉴

主要统计指标解释

■ 城镇住户调查(到2012年)

城镇家庭人口指居住在一起.经济上合在一起共同生活的家庭成员。凡计算为家庭人口的成员其全部收支都包括在本家庭中。

城镇就业者负担人数指家庭人口与就业人口之比。

城镇家庭总收入指家庭成员得到的工资性收入、经营净收入、财产性收入、转移性收入之和,不包括出售财物收入和借贷收入。

城镇居民家庭可支配收入指家庭成员得到可用于最终消费支出和其他非义务性支出以及储蓄的总和,即居民家庭可以用来自由支配的收入。它是家庭总收入扣除交纳的个人所得税,个人交纳的社会保障支出以及记账补贴后的收入。计算公式为:城镇居民家庭可支配收入=家庭总收入-交纳个人所碍税-个人交纳的社会保障支出-记账补贴

城镇家庭总支出指家庭除借贷支出以外的全部实际支出。包括现金消费支出、财产性支出、转移性支出、社会保障支出、购房与建房支出。

城镇家庭现金消费支出指家庭用于日常生活的全部现金支出,包括食品、衣着、居住、家庭设备及用品、交通通信、文教娱乐、医疗保债、其他等八大类支出。

城镇家庭服务性消费支出指家庭用于支付社会提供的各种文化和生活方面的非商品性服务费用。

恩格尔系数指食品支出在现金消费支出中所占的比例。

■ 农村住户调查(到2012年)

农村住户指农村常住户。农村常住户指长期(一年以上)居住在乡镇(不包括城关镇)行政管理区域内的住户,以及长期居住在城关镇所辖行政村范围内的农村住户。户口不在本地而在本地居住一年及以上的住户也包括在本地农村常住户范围内;有本地户口,但举家外出谋生一年以上的住户,无论是否保留承包耕地都不包括在本地农村住户范围内。

常住人口指全年经常在家或在家居住6个月以上,而且经济和生活与本户连成一体的人口。外出从业人员在外居住时间虽然在6个月以上,但收入主要带回家中,经济与本户连为一体,仍视为家庭常住人口;在家居住,生活和本户连成一体的国家职工、退休人员也为家庭常住人口。但是现役军人,中专及以上(走读生除外)的在校学生、以及常年在外(不包括探亲、看病等)且已有稳定的职业与居住场所的外出从业人员,不算家庭常住人口。家庭常住人口主要作为计算农村住户平均每人收入、消费和积累水平及分析家庭人口状况的依据。

整半劳动力整劳动力指男子18周岁到50周岁,女子18周岁到45周岁;半劳动力指男子16周岁到17周岁,51周岁到60周岁;女子16周岁到17周岁,46周岁到55周岁,同时具有劳动能力的人。虽然在劳动年龄之内,但已丧失劳动能力的人,不应算为劳动力;超过劳动年龄,但能经常参加劳动,计入半劳动力数内。常住人口中的职工,若这些职工为劳动力,就包括在本户的整半劳动力中。

总收入指调查期内农村住户和住户成员从各种来源渠道得到的收人总和.按收入的性质划分为工资性收入、家庭经营收入、财产性收入和转移性收入。

工资性收入指农村住户成员受雇于单位或个人,靠出卖劳动而获得的收入。

家庭经营收入指农村住户以家庭为生产经营单位进行生产筹划和管理而获得的收入。农村住户家庭经营活动按行业划分为农业、林业,牧业,渔业、工业、建筑业、交通运输业邮电业,批发和零售贸易餐饮业、社会服务业、文教卫生业和其他家庭经营。

财产性收入指金融资产或有形非生产性资产的所有者向其他机构单位提供资金或将有形非生产性资产供其支配,作为回报而从中获得的收入。

转移性收入指农村住户和住户成员无须付出任何对应物而获得的货物、服务、资金或资产所有权等,不包括无偿提供的用于固定资本形成的资金。一般情况下,指农村住户在二次分配中的所有收入。

现金收入指农村住户和住户成员在调查期内得到以现金形态表现的收入。按来源分成工资性收入、家庭经营现金收入、财产性收入、转移性收入

农村居民家庭纯收入指农村住户当年从各个来源得到的总收入相应地扣除所发生的费用后的收入总和。计算方法:农村居民家庭纯收入=总收入-家庭经营费用支出-税费支出一生产性固定资产折旧一赠

主要统计指标解释

送农村内部亲友。纯收人主要用于再生产投人和当年生活消费支出,也可用于储蓄和各种非义务性支出。"农民人均纯收人"是按人口平均的纯收入水平,反映的是一个地区农村居民的平均收入水平。

总支出指农村住户用于生产、生活和再分配的全部支出。包括家庭经营费用支出、购置生产性固定资产支出、税费支出、消费支出、财产性支出和转移性支出。

■ 一体化住户调查

从2012年四季度起,国家统计局对分别进行的城乡住户调查实施了一体化改革,统一了城乡居民收入指标名称、分类和统计标准,建立了城乡统一的一体化住户调查《住户收支与生活状况调查》,并据此获得居民有关数据。

居民可支配收入指居民可用于最终消费支出和储蓄的总和,即居民可用于自由支配的收入。既包括现金收入,也包括实物收。按照收入的来源,可支配收入包含四项,分别为:工资性收入、经营性净收入、转移性净收入和财产性净收入。

居民消费支出是指居民用于满足家庭日常生活消费需要的全部支出,既包括现金消费支出,也包括实物消费支出。消费支出可划分为食品烟酒、衣着、居住、生活用品及服务、交通和通信、教育文化和娱乐、医疗保健以及其他用品及服务八大类。

ZHEJIANG STATISTICAL YEARBOOK

Explanatory Notes on Main Statistical Indicators

□ Urban Households (to the year of 2012)

Population of Urban Households refer to members of households living and sharing economically together in the urban areas. All the income and expenditure of all the members of such households are included in the income and expenditure of the household

Number of Dependents per Urban Employee refers to the ratio between number of persons in an urban household and the number of employed persons.

Total income of Urban Households refers to the sum of wage income; not business income; income from properties; and income from transfers of members of the households. Income from selling of properties and income from borrowing are not included.

Disposable Income of Urban Households refers to the actual income at the disposal of members of the households which can be used for final consumption, other non – compulsory expenditure and savings. This equals to total income minus income tax, personal contribution tosocial security and subsidy for keeping diaries in being a sample household. The following formula is used: Disposable Income of Urban Households = total household income—income tax—personal contribution to social security—subsidy for keeping diaries for a sampled household

Total Expenditure of Urban Households refers to all actual expenditure of households except expenditure on lending. It includes cash expenditure; property expenditure, transfer expenditure, social insurance expenditure and expenditure on house purchasing or house building.

Consumption Expenditure of Urban Households in Cash refers to total cash expenditure of households for consumption in daily life, including expenditure on the eight categories of food; clothing; housing; household appliances; transport and communications; education, cultural and recreational activities and medical care.

Consumption Expenditure of Urban Households on Services refers to non – commodity service expenditure of households on various kinds of cultural and living activities provided by society.

Engel ' s Coefficient refers to the percent age of expenditure on food to the total consumption in cash.

□ Rural Households (to the year of 2012)

Rural Households refer to usual resident households in rural areas. Usual residen thouseholds in rural areas are households residing on a long term basis(for more than one year) in the are as under the administration of township governments (not including county towns), and in the areas under the administration of villages in county towns. Households residing in the current addresses for over one year with their household registration in other places are still considered as resident households of the locality. Fur households with their household registration in one place but all members of the households having moved away to make a living in another place for overone year, they will not be included in the rural households of the area where they are registered, irrespective of whether they still keep their contracted land.

Usual Resident Population refers to persons staying at home regularly or for over 6 months during a year and integrated with the household economically and in terms of living. Members of the household staying away from the household foe over 6 months but keeping a close economic relation with the household by sending the majority of income to the household are regarded as usual resident of the household. Government staff and workers or retirees living asclose members of the household are also considered us usual resident. However, service men, students of secondary technical schools or schools of higher education and persons with stable jobs and residence outside the household (excluding those visiting relatives or seeking medical service) are not included as resident population of the household. Resident population is used in calculating income, consumption, accumulation on per capita basis of rural households and in analyzing composition of rural households.

Full/Semi Labor Force Full labor force refers to persons capable of work, aged 18 – 50 for males and 18 – 45 for females. Semilabor force refers to persons capable

EXPLANATORY NOTES ON MAIN STATISTICAL INDICATORS

of work, aged 16 - 17 and 51 - 60 for males and 16 - 17 and 46 - 55 for females. Persons at their working ages but not capable of work are not to be included as labor force. Persons not at working ages but participating regularly in work are included in semi labor force. For staff and workers who are usual residents, are included as full or semi labor force of the household if they are in the labor force.

Total Income refers to the sum of income earned from various sources by the rural households and their members during the reference period, and is classified as income from wage sand salaries, income from household operations, income from properties and income from transfers.

Income from Wages and Salaries refers to income from labor earned by the members of rural households employed by other units or individuals.

Income from Household Operations refers to income by the rural households as units of production and operation. Operations by rural households are classified according to their economic activities namely agriculture, forestry, animal husbandry, fishery, manufacturing, construction, transportation, post and telecommunications, whole sale, retail and catering, social service, culture, education, health, and other household operations.

Income from Properties refers to the income received as returns by owners of financial assets or tangible non - productive assets by providing capitols or tangible non-productive assets to other institutional units.

Income from Transfers refers in the receipt by rural households and their members ofgoods, services, capital or rights of assets without giving or repaying accordingly, excluding capital provided to them for the formation of fixed assets. In general, it refers to all income received by rural households through redistribution

Cash Income refers to income received by rural households and their members in the form of cash during the reference period. It is classified, by source of income, into income from wages and salaries, cash income from household operations, income from properties and income from transfers.

Net Income of Rural Households refers to the total income of rural households from all sources minus nil corresponding expenses. The formula for calculation is as follows:

Net income of rural households = total income - household operation expenses - taxes andfees-depreciation of fixed assets for production - gifts to rural relatives.

Net income in mainly used an input for reinvestment in production and as consumption expenditure of the year, and also used for savings and non - compulsory expenses of various forms. "Per capita net income of farmers" is the level of net income averaged by population, reflecting the average income level of rural population in a given area.

Total Expenditure refers to total expenses of rural households on production, consumption and redistribution, including expenditure on household operations; purchase of productive fixed assets; taxes and fees; consumption expenditure; expenses on properties; and expenses on transfers.

□ Integrated Household Survey

In the fourth quarter of 2012, the NBS launched its reform on the household survey programme in order to produce aggregates with the same concepts and definitions foe the urban and rural population. This new survey programme is an integrated one where as there had existed two separate household surveys for the urban and natal households. The reform took a number of measures, including the integration of concepts, classifications and standards, which provided abasis for producing data covering all households. The new survey includes the following indicators:

Disposable Income of Households has a national coverage comparable between urban and rural households, and refers to the kind of income that households can have at their disposal. It includes income both in cash and inkind from four categories: income from wages and salaries, cash income from household operations, income from properties and income from transfers.

Consumption Expenditure of Households has a national coverage comparable between urban and rural households, and refers to the all the expenditures of households for consumptionin daily life. It includes expenditure in cash and in kind on eight categories: food; clothing; housing; household appliances and services; transport and communications; education, cultural and recreational activities, and medical care. The expenditure on housing also includes rents, water, electricity, fuels and imputed rents of owner - occupied dwellings.

2017
浙江统计年鉴
ZHEJIANG STATISTICAL YEARBOOK

农 业
Agriculture

6-1 农村基本情况(2011-2016年)
Basic Statistics on Rural Areas(2011-2016)

指标		Item		2011	2012	2013	2014	2015	2016
农村基层组织		Rural Grass Roots Units							
乡镇政府	(个)	Number of Township and Town Governments	(unit)	944	929	910	887	906	929
#镇政府	(个)	Number of Town Governments	(unit)	654	650	643	629	641	655
村民委员会	(个)	Number of Villages' Committees	(unit)	28783	28771	28342	27997	27901	27568
农村住户数、人口、劳动力		Number of Rural Households, Population and Labour Force							
农村住户数	(万户)	Rural Households	(10000 households)	1263.07	1257.09	1277.94	1275.31	1278.78	1266.04
#农业生产户数	(万人)	Agricultural Producing	(10000 persons)	757.50	748.56	733.88			
农村人口	(万人)	Rural Population	(10000 persons)	3845.61	3856.87	3993.86	3989.72	3996.02	3948.78
农村劳动力资源	(万人)	Rural Labour Resource	(10000 persons)	2555.38	2571.13	2662.73	2671.84	2652.38	2613.34
农村劳动力	(万人)	Rural Labour Force	(10000 persons)	2370.79	2380.24	2459.55	2444.71	2415.58	2360.20
按性别分		By Sex							
男	(万人)	Male	(10000 persons)	1256.86	1257.78	1295.88	1296.01	1284.90	1254.04
女	(万人)	Female	(10000 persons)	1113.93	1122.46	1163.67	1148.70	1130.70	1106.16
农、林、牧、渔业增加值	(亿元)	The added value of agriculture, forestry, animal husbandry and fishery	(100 million yuan)	1583.04	1667.88	1787.25	1806.60	1865.31	2000.23
农业	(亿元)	Farming	(100 million yuan)	831.66	887.77	965.43	1000.66	1032.56	1094.50
林业	(亿元)	Forestry	(100 million yuan)	97.60	103.76	103.32	107.31	109.25	114.15
牧业	(亿元)	Animal Husbandry	(100 million yuan)	247.87	248.72	247.42	212.50	190.42	193.75
渔业	(亿元)	Fishery	(100 million yuan)	383.02	402.61	444.17	456.71	500.68	562.77
服务业	(亿元)	Services	(100 million yuan)	22.89	25.03	26.90	29.42	32.40	35.05

注：农村基层组织2014年起按照民政部门口径。
Rural grassroots organizations in accordance with the civil affairs department since 2014.

6-2 农、林、牧、渔业总产值(1978-2016年)
Gross Output Value of Farming, Forestry, Animal Husbandry and Fishery(1978-2016)

单位:亿元(100 million yuan)

年份 Year	农林牧渔业总产值 Total	农业产值 Farming	#种植业产值 Planting	林业产值 Forestry	牧业产值 Animal Husbandry	渔业产值 Fishery	农林牧渔服务产值 Services for Agriculture
1978	65.71	50.82	48.86	1.99	9.42	3.48	
1979	91.84	69.47	67.29	2.75	15.55	4.07	
1980	92.67	64.23	60.52	3.61	19.39	5.44	
1981	95.56	69.21	64.48	3.79	16.45	6.11	
1982	118.04	84.61	77.91	4.42	22.88	6.13	
1983	118.68	83.65	74.87	4.77	23.41	6.85	
1984	147.49	102.80	89.93	6.67	27.01	11.01	
1985	174.05	111.20	92.85	8.87	37.84	16.14	
1986	192.04	122.97	101.00	9.26	40.09	19.72	
1987	227.18	141.09	113.91	11.61	48.57	25.91	
1988	280.94	162.80	129.89	14.40	70.33	33.41	
1989	304.50	181.26	145.97	13.60	75.68	33.96	
1990	331.56	199.48	163.92	16.00	75.18	40.90	
1991	363.22	217.21	180.00	17.42	76.78	51.81	
1992	396.93	226.46	179.94	21.01	85.23	64.23	
1993	490.13	274.85	218.01	29.80	92.11	93.37	
1994	690.20	372.97	305.58	41.92	134.78	140.53	
1995	868.76	481.90	407.24	50.02	142.03	194.81	
1996	932.85	517.29	431.90	54.77	155.88	204.92	
1997	1004.88	516.21	426.56	59.26	190.03	239.38	
1998	1003.66	522.98	434.22	59.46	165.85	255.37	
1999	1005.22	519.00	431.57	62.31	157.00	266.91	
2000	1057.07	521.31	446.15	54.48	183.94	297.36	
2001	1053.57	488.59	471.52	60.20	195.94	308.84	
2002	1101.86	511.42	495.72	60.84	205.09	324.51	
2003	1184.04	529.44	515.24	65.67	233.01	337.11	18.81
2004	1332.27	592.59	578.22	78.36	277.89	361.99	21.44
2005	1428.28	654.81	640.20	83.51	285.95	380.81	23.20
2006	1422.60	684.00	669.44	86.04	279.01	347.53	26.03
2007	1597.15	735.92	721.63	95.47	367.60	369.90	28.27
2008	1780.01	813.10	796.12	106.95	418.86	407.82	33.28
2009	1873.40	879.05	864.47	117.64	404.88	435.48	36.35
2010	2172.86	1041.30	1041.30	119.35	448.42	522.18	41.61
2011	2534.90	1152.04	1152.04	134.07	546.33	655.75	46.71
2012	2658.66	1229.36	1229.36	142.14	549.04	687.05	51.08
2013	2837.39	1336.79	1336.79	141.54	546.18	757.97	54.91
2014	2844.59	1385.96	1385.96	147.00	472.23	779.36	60.04
2015	2933.44	1434.71	1434.71	151.63	426.18	855.86	65.06
2016	3146.06	1521.19	1521.19	158.15	434.32	962.01	70.39

注：1. 本表按当年价格计算。The data in this table are calculated at current price.
2. 2003 年起农林牧渔业总产值中包括服务业产值。Gross output value includes services for agriculture since 2003.
3. 2006 年及以后年份农林牧渔业总产值已与农普数衔接。
According to the result of agricultural census, the figures are adjusted since 2006.

6-3 农、林、牧、渔业总产值指数(1979-2016年)
Indices of Gross Output Value of Farming, Forestry, Animal Husbandry and Fishery (1979-2016)

(1978年=100)(1978=100)

年份 Year	农林牧渔业总产值 Total	农业产值 Farming	#种植业产值 Planting	林业产值 Forestry	牧业产值 Animal Husbandry	渔业产值 Fishery	农林牧渔服务业 Services for Agriculture
1979	112.26	109.58	110.04	109.95	131.12	93.69	
1980	109.85	105.62	103.41	115.71	133.27	94.59	
1981	110.78	107.65	104.36	115.71	128.88	96.69	
1982	128.98	127.88	123.64	113.26	148.37	102.71	
1983	124.88	122.05	114.82	116.93	149.42	99.70	
1984	145.51	145.51	132.39	149.29	156.79	116.48	
1985	151.17	146.44	125.92	155.09	176.43	136.74	
1986	159.30	152.77	126.90	149.90	185.83	162.85	
1987	164.65	158.47	125.65	161.50	181.27	184.84	
1988	168.39	162.26	122.63	157.53	189.10	182.79	
1989	170.76	166.71	124.53	152.65	185.44	182.16	
1990	175.37	170.34	128.84	166.08	187.23	198.14	
1991	186.67	181.51	137.66	185.57	192.05	217.84	
1992	193.70	179.20	129.00	198.03	209.41	251.91	
1993	202.65	184.90	127.48	240.93	203.50	286.54	
1994	221.50	191.86	127.47	283.27	204.03	383.96	
1995	242.72	205.46	135.15	302.47	202.14	482.07	
1996	258.08	221.62	142.54	319.98	203.38	516.58	
1997	270.66	223.18	142.51	340.13	222.24	570.26	
1998	280.94	223.98	143.15	328.23	230.46	640.51	
1999	294.15	233.77	153.57	351.75	242.33	669.03	
2000	307.67	230.70	150.09	391.15	265.45	741.95	
2001	322.75	240.16	160.75	414.23	288.28	769.40	
2002	336.31	155.05	171.36	417.96	300.39	787.87	
2003	348.29	267.73	180.78	429.21	306.42	811.56	
2004	363.75	171.10	190.00	458.00	310.38	848.84	109.84
2005	372.48	175.72	195.13	463.04	326.52	847.99	117.53
2006	385.52	183.80	202.34	488.51	311.42	870.04	125.87
2007	394.39	188.58	207.60	509.03	314.53	884.83	135.69
2008	412.57	198.08	217.73	554.03	323.49	918.72	152.16
2009	422.43	203.15	224.26	555.03	333.19	932.87	164.56
2010	434.76	204.96	226.26	527.72	344.92	1007.97	179.37
2011	448.24	208.75	230.45	542.39	350.06	1076.41	191.03
2012	456.49	211.11	233.05	538.97	356.64	1110.86	204.40
2013	458.36	212.71	234.82	545.22	344.48	1136.85	214.17
2014	462.76	220.37	243.27	553.67	314.92	1166.98	229.16
2015	468.13	227.84	251.52	577.15	273.16	1223.35	247.22
2016	479.79	235.56	260.05	584.25	255.92	1286.96	266.08

注：注:本表按可比价格计算。
The data in this table are calculated at comparable price.

6-4 农、林、牧、渔业分项产值(2010-2016年)
Gross Output Value of Farming, Forestry, Animal Husbandry and Fishery by Branch(2010-2016)

单位:亿元(100 million yuan)

指标	Item	2010	2011	2012	2013	2014	2015	2016
农林牧渔业总产值	**Total**	**2172.86**	**2534.90**	**2658.66**	**2837.39**	**2844.59**	**2933.44**	**3146.06**
农业产值	Farming	1041.30	1152.04	1229.36	1336.79	1385.96	1434.71	1521.19
农作物种植业产值	Planting	1041.30	1152.04	1229.36	1336.79	1385.96	1434.71	1521.19
#粮食	Grain	200.59	223.47	229.51	231.66	242.04	241.66	243.51
谷物	Cereal	174.95	192.58	194.24	197.13	204.90	202.83	204.33
豆类	Beans	12.22	15.25	16.77	19.55	20.16	20.70	19.30
薯类	Tubers	13.42	15.64	18.50	14.98	16.98	18.13	19.88
油料	Oil bearing Crops	16.76	18.38	19.49	24.17	21.34	21.95	23.89
棉花	Cotton	4.29	4.15	3.84	2.92	3.01	2.44	2.02
麻类	Fiber Crops	0.01	0.01	0.01	0.01	0.01	0.01	0.01
糖料	Sugar Crops	10.40	12.16	7.79	7.92	9.03	9.20	9.19
蔬菜	Vegetables	300.12	318.91	341.22	427.75	436.27	461.69	527.67
茶、桑、果	Tea, Mulberry, Fruit	292.24	334.64	366.12	388.50	400.78	412.13	418.12
其他农业产值	Other Farming	16.30	12.36	13.17	13.03	12.96	12.16	9.63
林业产值	**Forestry**	**119.35**	**134.07**	**142.14**	**141.54**	**147.00**	**151.63**	**158.15**
人造林木生长	Man made Forestry Growing	4.17	10.55	11.64	10.19	8.08	8.71	7.78
林产品	Forestry Production	59.66	50.13	54.93	56.95	70.65	74.11	86.07
竹木采运	Lumbering	55.52	58.09	58.70	57.28	52.49	53.04	47.38
牧业产值	**Animal Husbandry**	**448.42**	**546.33**	**549.04**	**546.18**	**472.23**	**426.18**	**434.32**
牲畜繁殖、增长增重	Breeding and Growthing of Domestic Animals	305.78	391.19	393.98	396.38	337.97	295.67	308.96
家禽饲养	Poultry Raising	52.33	54.23	57.96	53.66	44.42	44.30	44.22
活的畜禽产品	Live Livestock Production	40.21	44.99	47.25	47.76	44.44	41.50	37.19
其他动物饲养	Other Animals Raising	48.39	54.43	48.16	46.39	43.54	42.72	41.51
渔业产值	**Fishery**	**522.18**	**655.75**	**687.05**	**757.97**	**779.36**	**855.86**	**962.01**
海水产品	Seawater Aquatic Production	365.79	465.12	484.53	543.05	566.38	633.42	727.08
淡水产品	Freshwater Aquatic Production	156.39	190.64	202.52	214.92	212.98	222.44	234.93
服务业产值	Services for Agriculture	41.61	46.71	51.08	54.91	60.04	65.06	70.39

注:1. 本表按当年价格计算。The data in this table are calculated at current price.
2. 总产值中包括服务业产值。Total gross output value includes services for agriculture.

6-5 农、林、牧、渔业增加值(2010-2016年)
The Added Value of Farming, Forestry, Animal Husbandry and Fishery (2010-2016)

单位:亿元(100 million yuan)

指标	Item	2010	2011	2012	2013	2014	2015	2016
总产值	**Gross Output Value**	**2172.86**	**2534.90**	**2658.67**	**2837.39**	**2844.59**	**2933.44**	**3146.06**
中间消耗	**Intermediate Consumption**	**812.31**	**951.86**	**990.78**	**1050.14**	**1037.99**	**1068.13**	**1145.83**
中间物质消耗	Intermediate Material Consumption	652.33	741.59	755.68	792.67	769.79	786.99	820.71
对非物质生产部门的劳务支出	Labour Service Expenditure of Non-material Productive Sectors	159.98	210.27	235.10	257.47	268.20	281.14	325.12
增加值	**Added Value**	**1360.56**	**1583.04**	**1667.88**	**1787.25**	**1806.60**	**1865.31**	**2000.23**
农业	Farming	747.66	831.66	887.77	965.43	1000.66	1032.56	1094.50
林业	Forestry	86.89	97.60	103.76	103.32	107.31	109.25	114.15
牧业	Animal Husbandry	202.24	247.87	248.72	247.42	212.50	190.42	193.75
渔业	Fishery	303.38	383.02	402.61	444.17	456.71	500.68	562.77
服务业	Services	20.39	22.89	25.03	26.90	29.42	32.40	35.05

注:1. 农林牧渔业增加值中包括服务业增加值。Gross Output Value includes Services for agricultuer .
2. 农林牧渔业增加值已与农普数衔接。The gross output value are adjusted according to agricultural census result.

6-6 各市农、林、牧、渔业增加值(2016年)
The Added Value of Farming, Forestry, Animal Husbandry and Fishery by City (2016)

单位:亿元(100 million yuan)

地区	Region	农、林、牧、渔业增加值 Total	#农业增加值 Farming	#固定资产折旧 Depreciation of Fixed Assets	劳动者报酬 Compensation of Labourers	中间消耗 Intermediate Consumption
全省合计	**Total**	**2000.23**	**1094.50**	**171.03**	**1899.77**	**1145.83**
浙东北	**Eastern&Northern Region**	**1231.77**	**672.10**	**102.20**	**1171.87**	**733.46**
杭州市	Hangzhou	309.26	193.38	14.09	308.03	158.04
宁波市	Ningbo	307.40	168.20	15.87	300.33	167.33
嘉兴市	Jiaxing	143.81	96.17	18.90	132.11	86.53
湖州市	Huzhou	134.55	64.49	14.41	120.14	88.52
绍兴市	Shaoxing	209.56	142.13	15.78	195.20	107.88
舟山市	zhoushan	127.19	7.73	23.15	116.06	125.16
浙西南	**Western&Southern Region**	**736.59**	**404.25**	**78.42**	**686.48**	**465.67**
温州市	Wenzhou	141.77	76.37	16.01	129.64	81.33
金华市	Jinhua	152.19	102.42	15.65	140.29	84.51
其中:义乌市	Yiwu	22.62	17.45	2.26	20.51	9.32
衢州市	Quzhou	89.68	52.56	7.06	86.33	55.47
台州市	Taizhou	256.68	103.63	36.58	234.27	192.78
丽水市	Lishui	96.27	69.27	3.12	95.95	51.58

注:全省数为省级计算数,与分市相加不等。
The total is calculated by Provincial Bureau, it is not equal to the sum of regional figures by city.

6－7 农业机械年末拥有量(2010－2016 年)
Possession of Major Agricultural Machinery(2010－2016 年)

指标		Item		2010	2011	2012	2013	2014	2015	2016
农业机械总动力	**(万千瓦)**	**Total Power of Agri－cultural Machinery**	**(10000 kw)**	**2499.92**	**2542.08**	**2587.92**	**2470.95**	**2436.95**	**2392.61**	**2327.00**
耕作机械动力	**(万千瓦)**	**Mechanical Power of Cultivation**	**(10000 kw)**	**197.17**	**205.17**	**211.74**	**211.04**	**215.98**	**221.82**	**230.97**
大中型拖拉机	(台)	Large and Medium Sized Tractors	(unit)	8401	9583	10742	11711	11967	12650	13974
	(万千瓦)		(10000 kw)	31.69	37.29	43.26	48.15	51.21	56.15	63.88
农用小型拖拉机	(万台)	Mini tractors for Agriculture	(10000 units)	16.91	16.81	16.27	13.93	12.97	11.86	11.72
	(万千瓦)		(10000 kw)	150.93	150.53	144.46	125.93	118.22	110.05	106.89
收获机械动力	**(万千瓦)**	**Mechanical Power of Harvesting**	**(10000 kw)**	**250.48**	**244.16**	**237.40**	**222.53**	**171.34**	**179.33**	**157.79**
联合收割机	(台)	Combine Harvesters	(unit)	18045	18399	18797	18374	18116	17829	18075
	(万千瓦)		(10000 kw)	59.81	62.89	66.45	67.45	67.60	69.60	72.71
机动收割机(割晒机)	(台)	Motorized Harvesters	(unit)	135	106	102	406	399	375	360
机动脱粒机	(万台)	Motorized Thresher	(10000 units)	110.58	102.64	85.86	77.10	61.88	50.47	36.33
植保机械动力	**(万千瓦)**	**Mechanical Power of Plant Protection**	**(10000 kw)**	**41.50**	**47.72**	**49.65**	**50.54**	**51.32**	**51.10**	**51.60**
机动喷雾(粉)器	(万架)	Motorized Sprayer	(10000 units)	18.94	21.18	21.84	21.30	21.46	20.70	20.53
排灌机械动力	**(万千瓦)**	**Mechanical Power of Drainage and Irrigation**	**(10000 kw)**	**287.08**	**287.18**	**286.56**	**292.18**	**288.63**	**286.82**	**284.79**
柴油机	(万台)	Diesel Engines	(10000 units)	9.64	8.73	8.61	8.98	8.71	8.47	8.37
	(万千瓦)		(10000 kw)	42.75	40.90	40.73	41.46	41.11	41.61	40.95
电动机	(万台)	Electric Engines	(10000 units)	86.73	88.19	87.45	86.33	84.00	83.07	82.14
	(万千瓦)		(10000 kw)	236.60	237.58	236.89	239.66	236.41	234.55	233.14
农副产品加工机械动力	**(万千瓦)**	**Mechanical Power of Farm Sideline Production Manufacturing**	**(10000 kw)**	**139.93**	**138.03**	**135.79**	**135.18**	**132.85**	**131.45**	**130.34**
粮食加工机械	(万台)	Mechanical Power for Grain	(10000 units)	12.90	13.18	12.82	12.64	12.48	12.21	12.01
棉花加工机械	(万台)	Mechanical Power for Cotton	(10000 units)	0.80	0.50	0.50	0.43	0.39	0.44	0.42
油料加工机械	(万台)	Mechanical Power for Oil bearing	(10000 units)	0.89	0.89	0.93	0.92	0.88	0.87	0.87
运输机械动力	**(万千瓦)**	**Mechanical Power of Transportation**	**(10000 kw)**	**553.53**	**553.97**	**548.70**	**515.35**	**482.05**	**438.17**	**394.80**
渔业机械动力	**(万千瓦)**	**Mechanical Power of Fishery**	**(10000 kw)**	**429.76**	**439.87**	**455.86**	**458.42**	**469.73**	**467.37**	**466.84**
机动船	(万艘)	Motorized Boats	(10000 units)	5.05	5.02	4.96	4.67	4.40	4.11	3.97
	(万吨)		(10000 tons)	231.11	246.84	268.68	279.57	291.12	296.40	303.41
	(万千瓦)		(10000 kw)	429.76	439.87	455.86	458.42	469.73	467.37	466.84
其他农业机械动力	**(万千瓦)**	**Other Mechanical Power**	**(10000 kw)**	**600.47**	**625.98**	**662.22**	**585.71**	**625.05**	**616.55**	**609.87**

6-8 各市主要农业机械拥有量(2016年末)
Possession of Major Agricultural Machinery by City (End of 2016)

地区	Region	农业机械总动力(万千瓦) Total Power of Agricultural Machinery (10000 kw)	耕作机械动力(万千瓦) Mechanical Power of Cultivation (10000 kw)	大中型拖拉机(台) Mini tractors	农用小型拖拉机 Mini tractors 万台 (10000 units)	农用小型拖拉机 Mini tractors 万千瓦 (10000 kw)	收获机械动力(万千瓦) Mechanical Power of Harvesting (10000 kw)
全省合计	**Total**	**2304.17**	**230.97**	**13974**	**11.72**	**106.89**	**94.92**
浙东北	**Eastern & Northern Region**	**1276.87**	**120.16**	**8720**	**6.33**	**58.49**	**44.84**
杭州市	Hangzhou	283.72	22.23	1247	1.22	10.82	4.70
宁波市	Ningbo	301.86	28.88	2703	0.69	7.39	11.31
嘉兴市	Jiaxing	133.99	21.18	1702	1.25	11.33	5.44
湖州市	Huzhou	168.26	23.22	772	1.91	17.76	7.75
绍兴市	Shaoxing	233.44	23.02	2154	1.24	10.97	14.91
舟山市	Zhoushan	155.61	1.63	142	0.03	0.23	0.73
浙西南	**Western & Southern Region**	**1027.30**	**110.80**	**5254**	**5.39**	**48.40**	**50.08**
温州市	Wenzhou	212.01	20.60	626	0.86	8.31	10.72
金华市	Jinhua	257.73	35.21	2091	2.12	18.11	15.25
其中:义乌市	Yiwu	26.54	3.34	326	0.09	0.91	0.64
衢州市	Quzhou	155.24	17.72	739	0.50	4.08	9.31
台州市	Taizhou	293.05	24.74	1737	1.26	12.55	13.62
丽水市	Lishui	109.27	12.53	61	0.66	5.36	1.18

续表 1 Continued

地区	Region	机动脱粒(打稻)机 Motorized Thresher (10000 kw)		植保机械动力(万千瓦) Mechanical Power of Plant Protection (10000 kw)	机动喷雾(粉)器 Moterized Sprayer		排灌机械动力(万千瓦) Mechanical Power of Drainage and Irrigation (10000 kw)
		万台 (10000 units)	万千瓦 (10000 kw)		(架) (unit)	(千瓦) (1000 kw)	
全省合计	**Total**	**36.33**	**62.88**	**51.60**	**205252**	**386378**	**284.79**
浙东北	**Eastern & Northern Region**	**22.87**	**33.41**	**18.93**	**96974**	**169431**	**169.62**
杭州市	Hangzhou	7.43	10.84	5.10	31442	49601	40.77
宁波市	Ningbo	0.57	1.33	5.89	27497	47990	30.91
嘉兴市	Jiaxing	10.29	14.84	2.38	11957	22069	30.67
湖州市	Huzhou	1.33	1.99	2.32	9482	22194	40.13
绍兴市	Shaoxing	3.14	4.21	3.07	15505	26198	24.54
舟山市	Zhoushan	0.13	0.21	0.17	1091	1379	2.61
浙西南	**Western & Southern Region**	**13.46**	**29.47**	**32.67**	**108278**	**216947**	**115.17**
温州市	Wenzhou	1.09	2.12	2.36	5662	16334	16.50
金华市	Jinhua	7.05	16.90	5.11	24882	41493	30.13
其中:义乌市	Yiwu	0.20	0.44	0.52	2388	5254	2.27
衢州市	Quzhou	2.30	4.15	13.15	35582	75665	29.61
台州市	Taizhou	1.63	3.06	8.48	33695	65274	29.28
丽水市	Lishui	1.39	3.24	3.57	8457	18181	9.64

续表 2 Continued

地区	Region	农副产品加工机械动力（万千瓦）Mechanical Power of Farm Sideline Production Manufacturing (10000 kw)	运输机械动力（万千瓦）Mechanical Power of Transpor - tation (10000 kw)	渔业机械动力（万千瓦）Mechanical Power of Fishery (10000 kw)	其他机械动力（万千瓦）Other Mechanical Power (10000 kw)
全省合计	**Total**	**130.34**	**394.80**	**444.03**	**167.77**
浙东北	**Eastern & Northern Region**	**61.84**	**200.10**	**255.67**	**111.38**
杭州市	Hangzhou	17.08	43.28	11.80	23.56
宁波市	Ningbo	12.31	58.01	77.27	32.54
嘉兴市	Jiaxing	7.01	18.88	9.27	11.28
湖州市	Huzhou	6.72	26.79	20.43	10.79
绍兴市	Shaoxing	17.77	42.64	6.59	31.38
舟山市	Zhoushan	0.95	10.50	130.32	1.83
浙西南	**Western & Southern Region**	**68.50**	**194.70**	**188.35**	**56.39**
温州市	Wenzhou	14.00	28.47	74.45	23.13
金华市	Jinhua	15.80	68.48	1.39	8.82
其中:义乌市	Yiwu	1.15	9.78	0.19	1.29
衢州市	Quzhou	12.50	33.53	1.08	2.56
台州市	Taizhou	11.92	42.70	110.93	16.34
丽水市	Lishui	14.28	21.51	0.50	5.54

6-9 农业机械化、电气化及化肥施用量(2010-2016年)
Agricultural Mechanization, Electrification, Chemical Fertilizer Applied (2010-2016)

指标	Item	2010	2011	2012	2013	2014	2015	2016
农业机械化	Agricultural Mechanization							
当年机耕地面积 (千公顷)	Area Sown by Machine at Current Year (1000 hectares)	996.59	992.39	1008.82	1003.15	979.45	960.22	930.36
当年机械收获面积 (千公顷)	Mechanical Harvest Area at Current Year (1000 hectares)	900.63	943.57	910.38	928.71	919.96	869.75	869.95
农村能源	**Energy in Rural Areas**							
农村用电量 (亿千瓦时)	Electricity Consumed (100 Million kw.h)	765.15	848.00	869.87	904.91	905.34	905.56	926.09
乡村办水电站 (个)	Hydropower Stations Run by Township and Village (units)	2205	3189	3206	2943			
农业化肥施用量	**Agricultural Consumption of Chemical Fertilizers**							
按折纯量计算 (万吨)	Calculated by 100% Effective Component (10000 tons)	92.20	92.05	92.15	92.43	89.62	87.52	84.48
每公顷播种面积施用量 (公斤)	Fertilizer Used per Hectare Sown Area (kg)	371	368	376	378	370	359	347
农用塑料薄膜使用量 (万吨)	**Plastic Film Used for Agriculture (10000 tons)**	**5.54**	**5.84**	**6.23**	**6.47**	**6.57**	**6.75**	**6.73**
农用柴油使用量 (万吨)	**Diesel Used for Agriculture (10000 tons)**	**191.56**	**195.10**	**196.20**	**198.80**	**200.72**	**203.24**	**203.25**
农药使用量 (万吨)	**Pesticide Used (10000 tons)**	**6.51**	**6.39**	**6.29**	**6.22**	**5.87**	**5.65**	**4.95**

6－10 各市农业机械化、农村能源及农业物资消耗情况(2016年)
Agricultural Mechanization, Energy and Material Consumption by City (2016)

地区	Region	农业机械化情况(千公顷) Conditions of Agricultural Mechanization(1000 ha)		农村用电量(亿千瓦小时) Electricity Consumed in Rural Areas (100 million kw.h)	农用塑料薄膜使用量(吨) Plastic Film Used for Agriculture (ton)	农用柴油使用量(吨) Diesel Used for Agriculture (ton)	农药使用量(吨) Pesticide Used (ton)
		机耕面积 Area Cultivated by Machine	机械收获面积 Area Harvested by Machine				
全省合计	**Total**	**1407.42**	**869.95**	**926.09**	**67300**	**2032477**	**49482**
浙东北	**Eastern & Northern Region**	**827.47**	**556.34**	**656.68**	**39633**	**1025295**	**29631**
杭州市	Hangzhou	158.72	69.82	109.94	10671	26165	6776
宁波市	Ningbo	223.15	103.19	177.06	12033	334820	6208
嘉兴市	Jiaxing	151.77	155.56	128.17	6039	14881	6124
湖州市	Huzhou	111.10	100.18	37.58	5333	27222	4225
绍兴市	Shaoxing	174.31	125.01	189.68	5175	13271	5850
舟山市	Zhoushan	8.42	2.58	14.26	382	608936	448
浙西南	**Western & Southern Region**	**579.95**	**313.62**	**269.41**	**27667**	**1007182**	**19851**
温州市	Wenzhou	145.18	85.85	89.23	3985	287423	3876
金华市	Jinhua	123.26	65.83	54.48	6940	25681	5219
其中:义乌市	Yiwu	9.81	5.41	11.63	343	1966	435
衢州市	Quzhou	115.96	76.01	10.43	2467	16172	4859
台州市	Taizhou	130.26	73.58	109.09	9584	667600	3106
丽水市	Lishui	65.29	12.34	6.19	4691	10306	2791

6－11 各市农用化肥施用量
Chemical Fertilizer Applied by City

单位:万吨(10000 tons)

地区	Region	氮肥 Nitrogenous Fertilizer		磷肥 Phosphate Fertilizer		钾肥 Potash Fertilizer		复合肥 Compound Fertilizer	
		2015	2016	2015	2016	2015	2016	2015	2016
全省合计	**Total**	**46.26**	**44.19**	**10.15**	**9.71**	**6.84**	**6.58**	**24.27**	**24.00**
浙东北	**Eastern & Northern Region**	**26.68**	**25.64**	**4.92**	**4.76**	**2.95**	**2.83**	**12.07**	**12.36**
杭州市	Hangzhou	4.56	4.19	1.08	1.11	0.74	0.74	3.34	3.40
宁波市	Ningbo	4.48	4.45	1.32	1.30	0.80	0.81	4.23	4.06
嘉兴市	Jiaxing	7.63	7.50	1.17	1.14	0.52	0.53	0.86	0.88
湖州市	Huzhou	2.79	2.64	0.43	0.41	0.25	0.23	1.06	1.01
绍兴市	Shaoxing	6.99	6.62	0.88	0.77	0.62	0.51	2.41	2.85
舟山市	Zhoushan	0.23	0.24	0.04	0.04	0.01	0.01	0.16	0.16
浙西南	**Western & Southern Region**	**19.58**	**18.55**	**5.23**	**4.95**	**3.89**	**3.75**	**12.20**	**11.64**
温州市	Wenzhou	4.70	4.64	1.29	1.28	0.82	0.82	1.33	1.31
金华市	Jinhua	4.32	3.94	1.31	1.19	1.18	1.07	4.10	3.83
其中:义乌市	Yiwu	0.51	0.49	0.12	0.11	0.09	0.09	0.52	0.52
衢州市	Quzhou	3.70	3.28	0.83	0.74	0.78	0.75	1.68	1.55
台州市	Taizhou	4.34	4.33	0.87	0.86	0.50	0.52	3.11	3.06
丽水市	Lishui	2.52	2.35	0.94	0.88	0.61	0.60	1.98	1.89

注：农用化肥施用量按折纯量计算。
Chemical Fertilizer Applied are Calculated by 100% Effective Component.

6－12 农田水利建设(2010－2016 年) Water Conservancy Facilities of Farmland(2010－2016)

指标		Item		2010	2011	2012	2013	2014	2015	2016
水库年末累计	**(座)**	**Total Number of Reservoirs**	**(set)**	**4217**	**4243**	**4250**	**4331**	**4336**	**4334**	**4339**
#大、中型水库(1000 万立方米以上)	(座)	Large and Medium－sized Reservoirs(above 10 million cu. m level)	(set)	183	185	187	189	189	191	193
总库容量	(亿立方米)	Capacity	(100 million m)	398.07	398.92	400.07	445.00	444.00	444.17	444.59
塘坝	**(处)**	**Small Reservoirs**	**(place)**	**189898**	**205204**	**204034**	**88339**	**88474**	**88883**	**88596**
机电井	**(眼)**	**Motor－electric－pumped Well**	**(unit)**	**2032**	**1996**	**1991**	**2991**	**2958**	**2926**	**2926**
水闸	**(座)**	**Sluice**	**(set)**	**5279**	**5322**	**5355**	**12873**	**13115**	**13226**	**13272**

注：本表指标自 2013 年起统计口径进行了调整。The data of this table is adjusted since 2013.

6－13 农田水利、除涝和治理水土流失情况(2010－2016 年) Water Conservation,Waterlogging and Soil Erosion Prevention and Limitation(2010－2016)

指标		Item		2010	2011	2012	2013	2014	2015	2016
有效灌溉面积	(千公顷)	Effective Irrigated Areas	(1000 ha)	1450.98	1456.80	1471.02	1409.39	1425.37	1432.15	1446.31
除涝面积	(千公顷)	Flooded or Water Logged Areas under Control	(1000 ha)	529.04	499.71	501.44	507.30	523.52	537.65	548.33
治理水土流失面积	(千公顷)	Area of Soil Erosion under Control	(1000 ha)	2431.64	2457.64	2515.46	3645.69	3644.48	3655.40	3669.86
堤塘长度	(公里)	Total Length of Dikes	(km)	13895	14168	14572	17633	18012	18686	19179

注：本表指标自 2013 年起统计口径进行了调整。The data of this table is adjusted since 2013.

6－14 各市水利设施和除涝及农田灌溉面积
Water Conservancy Facilities,Waterlogging Area under Control and Farmland Irrigated Areas by City

地区	Region	年末水库数(座) Number of Reservoirs (year end) (set)		水库总库容(亿立方米) Capacity of Reservoirs (100 million cu. m)		除涝面积(千公顷) Waterlogging Area under Control (1000 ha)		有效灌溉面积(千公顷) Effective Irrigated Areas(1000 ha)	
		2015	2016	2015	2016	2015	2016	2015	2016
全省合计	**Total**	**4334**	**4339**	**444.17**	**444.59**	**537.65**	**548.33**	**1432.15**	**1446.31**
浙东北	**Eastern & Northern Region**	**1977**	**1980**	**278.36**	**278.77**	**405.52**	**413.79**	**821.71**	**836.37**
杭州市	Hangzhou	639	639	236.51	236.71	59.78	59.93	154.94	156.56
宁波市	Ningbo	420	420	18.87	18.84	80.15	80.15	175.70	178.14
嘉兴市	Jiaxing	1	1	0.03	0.03	121.47	128.54	183.47	183.87
湖州市	Huzhou	157	157	8.92	8.92	96.06	96.90	136.53	137.23
绍兴市	Shaoxing	551	554	12.62	12.86	41.86	42.06	155.96	165.35
舟山市	Zhoushan	209	209	1.41	1.41	6.20	6.21	15.11	15.22
浙西南	**Western & Southern Region**	**2357**	**2359**	**165.81**	**165.82**	**132.13**	**134.54**	**610.45**	**609.94**
温州市	Wenzhou	332	332	26.81	26.81	67.95	68.13	114.19	115.17
金华市	Jinhua	821	821	19.06	19.05	12.36	12.36	167.28	168.03
其中:义乌市	Yiwu	105	105	2.31	2.31	0.37	0.37	18.08	18.12
衢州市	Quzhou	471	471	34.80	34.80	3.55	3.77	104.83	104.17
台州市	Taizhou	345	345	18.68	18.66	37.84	39.39	125.96	124.74
丽水市	Lishui	388	390	66.47	66.50	10.43	10.89	98.19	97.83

6-15 主要农作物播种面积(2010-2016年)
Total Sown Area of Major Farm Crops(2010-2016)

单位:千公顷(1000 hectares)

指标	Item	2010	2011	2012	2013	2014	2015	2016
农作物播种面积	**Sown Area of Farm Crops**	**2484.65**	**2462.70**	**2450.48**	**2443.43**	**2414.02**	**2436.05**	**2434.24**
粮食作物	Grain Crops	1275.83	1254.13	1251.55	1253.74	1266.81	1277.85	1255.46
#春粮	Spring Grain	176.08	182.19	177.94	180.53	189.60	195.90	178.23
秋粮	Autumn Grain	982.13	960.18	962.93	958.10	960.83	965.35	961.73
谷物	Cereal	1052.52	1032.97	1004.33	1003.96	1008.11	1010.26	980.78
稻谷	Rice	923.16	894.77	832.59	828.72	824.21	822.47	818.34
早稻及早中稻	Early Rice & Early Mid-rice	117.62	111.76	110.68	115.11	116.38	116.60	115.50
晚稻及迟中稻	Late Rice & Late Mid-rice	805.54	783.01	721.91	713.61	707.83	705.87	702.84
#单季晚稻	Single Season Rice	647.87	640.11	600.20	593.00	587.70	584.17	579.21
小麦	Wheat	66.17	72.63	74.49	75.52	82.12	89.80	76.59
大(元)麦	Barley	26.73	25.69	25.79	26.03	24.46	19.16	9.76
玉米	Corn	27.27	30.94	61.97	63.40	66.52	69.51	69.49
其他谷物	Other Cereal	9.19	8.94	9.49	10.29	10.80	9.33	6.60
豆类	Beans	125.96	124.40	138.45	137.00	141.08	144.65	140.89
大豆	Soybeans	52.60	51.06	88.45	88.27	89.40	91.19	89.15
蚕(豌)豆	Broad Bean	31.05	31.03	29.85	29.02	31.67	31.65	28.32
杂豆	Other Beans	42.31	42.31	20.15	19.71	20.01	21.81	23.42
薯类	Yam	97.35	96.76	108.77	112.78	117.62	122.93	133.79
其中:马铃薯	Potato	58.20	59.18	55.52	58.29	60.95	63.26	70.90
油料	**Oil bearing Crops**	**208.75**	**195.99**	**189.38**	**183.42**	**145.00**	**146.09**	**141.11**
油菜籽	Rapeseeds	184.46	171.55	165.56	159.62	126.37	122.33	117.56
花生	Peanuts	19.00	19.00	18.53	18.39	14.21	18.24	18.17
芝麻	Sesame	5.29	5.44	5.29	5.41	4.43	5.52	5.37
棉花(皮棉)	**Cotton**	**20.80**	**21.73**	**20.91**	**19.65**	**17.26**	**13.78**	**11.24**
麻类	**Fiber Crops**	**0.13**	**0.10**	**0.11**	**0.09**	**0.09**	**0.07**	**0.06**
糖类	**Sugar Crops**	**12.04**	**11.33**	**11.01**	**10.31**	**10.10**	**9.96**	**9.49**
烟叶	**Tobacco**	**1.35**	**1.22**	**1.08**	**1.05**	**0.73**	**0.67**	**0.63**
药材类	**Medicinal Material**	**30.58**	**31.56**	**31.19**	**31.89**	**36.57**	**38.61**	**43.01**
蔬菜	**Vegetables**	**618.59**	**624.46**	**623.27**	**619.13**	**606.00**	**618.07**	**633.21**
果用瓜	**Melon as Fruit**	**107.79**	**105.97**	**101.41**	**101.04**	**95.74**	**100.20**	**101.85**
#西瓜	Watermelon	86.90	83.81	77.30	76.36	70.78	72.36	70.47
花卉苗木	**Flowers and Plants Nursery Stock**	**108.13**	**119.34**	**126.32**	**131.50**	**140.02**	**145.50**	**159.74**
其他农作物	**Other Farm Crops**	**100.65**	**96.89**	**94.26**	**91.62**	**95.70**	**85.26**	**78.46**
#绿肥	Green Manure	52.79	50.82	49.31	48.49	45.48	43.35	40.38

6-16 历年主要农作物播种面积(1978-2016年)
Total Sown Area of Major Farm Crops Over The Years(1978-2016)

单位:千公顷(1000 hectares)

年份 Year	农作物播种面积 Total Sown Area	#粮食作物 Grain Crops	油料 Oil-bearing Crops	棉花 Cotton	蔬菜 Vegetables
1978	4760.13	3472.20	207.20	85.13	126.80
1979	4731.60	3456.19	221.20	90.07	122.73
1980	4685.71	3424.40	245.60	107.27	129.33
1981	4644.13	3375.07	298.87	107.93	116.47
1982	4626.00	3437.47	253.73	106.73	124.67
1983	4578.07	3480.00	237.93	105.47	132.00
1984	4526.87	3482.53	223.93	104.80	148.40
1985	4451.70	3271.23	286.00	93.07	180.25
1986	4361.80	3166.25	294.20	80.53	199.26
1987	4374.27	3235.37	276.93	70.73	214.97
1988	4300.50	3209.85	273.40	69.00	226.61
1989	4312.87	3222.65	280.93	60.40	236.27
1990	4384.69	3266.00	302.05	68.67	248.39
1991	4379.53	3267.21	306.61	68.19	249.07
1992	4275.05	3164.20	304.08	71.09	250.02
1993	3926.16	2844.46	235.95	60.94	283.41
1994	3802.42	2741.04	235.42	61.66	298.85
1995	3923.04	2814.39	309.32	64.53	297.81
1996	3963.82	2877.17	295.71	66.71	313.12
1997	3944.16	2873.00	275.75	61.97	329.05
1998	3919.60	2799.51	281.88	62.84	368.04
1999	3899.49	2751.91	289.44	37.85	412.49
2000	3554.33	2300.26	315.58	26.58	568.86
2001	3245.93	1939.08	306.62	27.66	627.97
2002	3064.54	1718.39	289.07	18.73	696.99
2003	2834.39	1482.97	250.90	17.63	700.77
2004	2778.41	1505.37	237.25	18.77	661.02
2005	2837.94	1562.56	249.25	17.91	666.73
2006	2516.21	1304.52	175.28	18.05	647.70
2007	2491.61	1270.75	151.34	18.81	660.62
2008	2481.32	1271.63	190.78	20.34	617.36
2009	2504.79	1290.09	210.14	20.10	618.86
2010	2484.65	1275.83	208.75	20.80	618.59
2011	2642.70	1254.13	195.99	21.73	624.46
2012	2450.48	1251.55	189.38	20.91	623.27
2013	2443.43	1253.74	183.42	19.65	619.13
2014	2414.02	1266.81	145.00	17.26	606.00
2015	2436.05	1277.85	146.09	13.78	618.07
2016	2434.24	1255.46	141.11	11.24	633.21

注:2006年及以后年份粮食、油料面积按第二次农普数衔接。
According to the result of agricultural census, the figures are adjusted since 2006.

6－17 主要农作物产量(1978－2016年)
Output of Major Farm Crops(1978－2016)

单位:万吨(10000 tons)

年份 Year	#粮食 Grain	棉花 Cotton	油料 Oil－bearing Crops	蔬菜 Vegetables	茶叶 Tea	水果 Fruit	#柑桔 Orange
1978	1467.20	7.26	22.06		5.87	14.61	6.78
1979	1611.30	6.69	27.03		6.55	22.45	11.24
1980	1435.50	8.29	28.86		7.54	22.50	9.14
1981	1419.20	6.81	39.99		8.93	22.79	12.06
1982	1712.10	9.76	38.62		10.71	25.80	12.85
1983	1583.70	9.37	29.76		10.20	28.30	17.18
1984	1817.15	13.29	33.89		9.56	30.66	17.85
1985	1621.29	8.13	44.19	100.26	9.31	135.38	28.54
1986	1605.09	7.56	42.94	753.99	10.43	52.05	36.15
1987	1588.99	6.54	39.66	756.29	11.59	70.95	54.91
1988	1553.64	4.37	43.06	761.63	12.82	51.60	28.60
1989	1554.28	4.19	38.28	776.85	11.78	98.75	72.47
1990	1586.10	6.42	48.35	736.63	11.70	180.91	79.73
1991	1640.00	7.53	45.56	740.15	11.41	134.49	106.42
1992	1553.50	5.96	50.08	689.38	11.94	102.37	73.85
1993	1436.18	5.79	38.57	771.46	12.23	273.55	113.52
1994	1404.00	5.54	34.59	819.60	10.69	295.40	139.27
1995	1430.90	6.25	50.00	823.51	10.21	335.39	170.03
1996	1516.77	6.84	52.11	888.17	9.90	342.18	180.41
1997	1493.53	4.76	48.88	895.04	10.17	388.95	210.51
1998	1435.20	6.49	35.55	1009.52	11.32	359.93	149.69
1999	1392.96	4.04	54.06	1127.45	11.77	428.55	212.01
2000	1217.00	2.92	57.88	1470.04	11.64	380.67	97.19
2001	1075.61	3.16	58.22	1634.13	12.06	516.64	163.81
2002	959.41	2.24	46.97	1765.28	13.85	500.90	164.28
2003	809.23	2.10	43.77	1780.19	13.27	568.38	176.66
2004	850.17	2.28	48.77	1749.76	13.87	632.07	200.99
2005	830.42	2.16	50.14	1741.82	14.44	577.96	148.11
2006	785.50	2.38	35.61	1716.61	15.24	644.00	180.35
2007	745.07	2.54	32.95	1718.06	16.02	690.28	198.56
2008	775.55	2.82	41.27	1755.87	16.23	747.92	238.36
2009	789.15	2.81	43.24	1764.76	16.74	712.41	197.54
2010	770.67	2.94	39.47	1788.81	16.27	701.31	190.78
2011	781.60	3.24	39.85	1815.61	16.97	712.36	194.44
2012	769.80	2.99	38.30	1819.81	17.48	703.84	193.56
2013	733.95	2.80	37.78	1764.29	16.86	715.65	193.03
2014	757.40	2.48	30.66	1762.79	16.54	714.84	200.93
2015	752.20	1.99	31.35	1806.94	17.25	740.86	207.79
2016	752.17	1.65	29.09	1865.09	17.22	724.32	178.69

注：2006年及以后年份粮食、油料产量按第二次农普数衔接。
According to the result of agricultural census, the figures are adjusted since 2006.

6-18 主要农作物单位面积产量(1978-2016年)
Output of Major Farm Crops Per Hectare(1978-2016)

单位:公斤/公顷(kg/hectare)

年份 Year	粮食 Grain	谷物 Cereal	油料 Oil-bearing Crops	#油菜籽 Rapeseed	棉花 Cotton	糖类 Sugar Crops
1978	4226	4268	1065	1050		
1979	4662	4758	1222	1213		
1980	4192	4239	1175	1179		
1981	4205	4283	1338	1346		
1982	4981	5105	1522	1540		
1983	4551	4618	1251	1260		
1984	5218	5338	1513	1529		
1985	4956	5065	1545	1556		
1986	5069	5221	1460	1468		
1987	4911	5032	1432	1430		
1988	4840	4965	1575	1588		
1989	4823	4952	1363	1363		
1990	4856	5000	1601	1608	935	53796
1991	5020	5176	1486	1485	1104	55164
1992	4910	5062	1647	1647	838	52404
1993	5049	5253	1635	1623	950	54498
1994	5122	5369	1469	1440	898	52896
1995	5084	5299	1617	1599	968	55848
1996	5272	5517	1762	1748	1025	56349
1997	5199	5453	1772	1754	768	54564
1998	5127	5407	1261	1205	1033	57824
1999	5062	5330	1869	1844	1068	59073
2000	5294	5735	1834	1808	1100	60289
2001	5547	6082	1899	1869	1143	60956
2002	5583	6223	1625	1565	1195	61644
2003	5475	6166	1744	1682	1193	64529
2004	5648	6313	2056	2016	1213	58703
2005	5314	5920	2012	1967	1204	57278
2006	6021	6582	2032	1958	1300	60455
2007	5863	6407	2177	2111	1351	60352
2008	6099	6724	2163	2110	1385	61283
2009	6117	6742	2058	1993	1397	62013
2010	6041	6641	1890	1803	1412	61690
2011	6232	6821	2033	1958	1489	62759
2012	6151	6750	2022	1938	1429	63737
2013	5854	6453	2060	1984	1423	61955
2014	5979	6588	2115	2049	1438	62049
2015	5886	6480	2146	2053	1446	62432
2016	5991	6688	2062	1951	1470	65419

注：2006年及以后年份粮食单产按农普数衔接。
According to the result of agricultural census, the figures are adjusted since 2006.

6－19 主要农作物产量 Output of Major Farm Crops

指标	Item	2014		2015		2016	
		公顷产量（公斤）Output per Hectare (kg)	总产量（万吨）Total Output (10000 tons)	公顷产量（公斤）Output per Hectare (kg)	总产量（万吨）Total Output (10000 tons)	公顷产量（公斤）Output per Hectare (kg)	总产量（万吨）Total Output (10000 tons)
粮食作物	**Grain Crops**	**5979**	**757.40**	**5886**	**752.20**	**5991**	**752.17**
#春粮	Spring Grain	3579	67.86	3689	72.26	3294	58.72
秋粮	Autumn Grain	6432	618.03	6340	612.00	6450	619.65
谷物	Cereal	6588	664.18	6480	654.68	6688	655.94
稻谷	Rice	7160	590.10	7018	577.20	7256	593.75
早稻	Early Rice	6144	71.50	5805	67.70	6391	73.80
晚稻及单季稻	Late Rice & Single Season Rice	7327	518.60	7218	509.50	7395	519.95
#单季晚稻	Single Season Rice	7555	444.00	7446	435.00	7620	441.35
小麦	Wheat	3769	30.95	3912	35.13	3315	25.39
大(元)麦	Barley	3800	9.29	4020	7.70	3690	3.60
玉米	Corn	4523	30.09	4470	31.07	4380	30.45
其他谷物	Other Cereal	3469	3.75	3832	3.58	4140	2.75
豆类	Beans	2541	35.84	2476	35.81	2325	32.75
大豆	Soybeans	2707	24.20	2565	23.39	2430	21.65
蚕(豌)豆	Broad Beans	2145	6.79	2281	7.22	2085	5.90
杂豆	Other Beans	2425	4.85	2385	5.20	2220	5.20
薯类	Yams	4878	57.38	5013	61.63	4744	63.47
其中:马铃薯	Potato	4049	24.68	4041	25.56	3801	26.95
油料	Oil bearing Crops	2115	30.66	2146	31.35	2062	29.09
油菜籽	Rapeseeds	2049	25.90	2053	25.12	1951	22.93
花生	Peanuts	2823	4.01	2906	5.30	2888	5.25
芝麻	Sesame	1708	0.76	1683	0.93	1695	0.91
棉花(皮棉)	**Cotton**	**1438**	**2.48**	**1446**	**1.99**	**1470**	**1.65**
麻类	**Fiber Crops**	**2644**	**0.02**	**3863**	**0.03**	**3419**	**0.02**
糖类	**Sugar Crops**	**62049**	**62.68**	**62432**	**62.16**	**65419**	**62.08**
烟叶	**Tobacco**	**2369**	**0.17**	**2295**	**0.15**	**2267**	**0.14**
蔬菜	**Vegetables**	**29089**	**1762.79**	**29235**	**1806.94**	**29455**	**1865.09**
果用瓜	**Melon as Fruit**	**28326**	**271.18**	**28029**	**280.85**	**28185**	**287.06**
#西瓜	Watermelon	30292	214.41	29855	216.02	30567	215.41

6-20 各市粮食播种面积和产量
Sown Area and Output of Grain by City

地区	Region	2014			2015			2016		
		播种面积（千公顷）Sown Area (1000 ha)	公顷产（公斤）Output per Hectare (kg)	总产量（万吨）Total Output (10000 tons)	播种面积（千公顷）Sown Area (1000 ha)	公顷产（公斤）Output per Hectare (kg)	总产量（万吨）Total Output (10000 tons)	播种面积（千公顷）Sown Area (1000 ha)	公顷产（公斤）Output per Hectare (kg)	总产量（万吨）Total Output (10000 tons)
全省合计	**Total**	**1266.81**	**5979**	**757.40**	**1277.85**	**5886**	**752.20**	**1255.46**	**5991**	**752.17**
浙东北	**Eastern & Northern Region**	**678.34**	**6386**	**433.22**	**671.48**	**6400**	**429.75**	**654.94**	**6460**	**423.08**
杭州市	Hangzhou	107.26	5831	62.54	106.02	5978	63.38	107.99	5889	63.60
宁波市	Ningbo	127.84	5800	74.15	134.06	5897	79.05	130.78	6152	80.45
嘉兴市	Jiaxing	183.28	6675	122.34	182.77	6683	122.14	173.69	6735	116.97
湖州市	Huzhou	106.43	6930	73.75	94.87	7057	66.95	89.64	7025	62.97
绍兴市	Shaoxing	148.37	6589	97.76	147.64	6436	95.02	146.21	6530	95.48
舟山市	Zhoushan	5.17	5187	2.68	6.12	5235	3.20	6.64	5421	3.60
浙西南	**Western & Southern Region**	**519.59**	**6100**	**316.95**	**514.63**	**6125**	**315.20**	**511.88**	**6180**	**316.34**
温州市	Wenzhou	123.97	6129	75.98	122.94	6179	75.97	124.25	6113	75.95
金华市	Jinhua	99.61	6095	60.71	98.16	6146	60.33	99.36	6082	60.43
其中:义乌市	Yiwu	8.54	6019	5.14	8.71	6190	5.39	8.81	6158	5.42
衢州市	Quzhou	110.46	6398	70.68	108.41	6489	70.35	106.46	6672	71.03
台州市	Taizhou	96.10	6266	60.22	96.35	6306	60.75	97.28	6484	63.07
丽水市	Lishui	89.46	5519	49.37	88.78	5384	47.80	84.53	5425	45.86

注：全省粮食产量为抽样调查数，与分市相加不相等。
The total output of grain is obtained from the sample survey, the total is not equal to the sum of regional figures.

6－21 商品粮基地粮食播种面积和产量
Sown Area and Output of Grain in Commodity Grain Bases

地区	Region	2014			2015			2016		
		播种面积（千公顷）Sown Area (1000 ha)	公顷产（公斤）Output per Hectare (kg)	总产量（万吨）Total Output (10000 tons)	播种面积（千公顷）Sown Area (1000 ha)	公顷产（公斤）Output per Hectare (kg)	总产量（万吨）Total Output (10000 tons)	播种面积（千公顷）Sown Area (1000 ha)	公顷产（公斤）Output per Hectare (kg)	总产量（万吨）Total Output (10000 tons)
全省合计	**Total**	**1266.81**	**5979**	**757.40**	**1277.85**	**5886**	**752.20**	**1255.46**	**5991**	**752.17**
国家级小计	**Country Level**	**410.05**	**6492**	**266.19**	**404.75**	**6522**	**263.97**	**385.30**	**6626**	**255.29**
萧山区	Xiaoshan	25.94	5531	14.35	22.91	5720	13.10	23.37	5472	12.79
富阳区	Fuyang	18.62	6453	12.02	18.02	6576	11.85	17.84	6705	11.96
余杭区	Yuhang	14.64	6970	10.21	15.65	7027	10.99	15.92	7063	11.24
余姚市	Yuyao	29.00	6179	17.92	29.98	6445	19.32	28.94	6720	19.45
奉化区	Fenhua	10.52	5947	6.25	11.31	6279	7.10	11.83	6386	7.56
宁海县	Ninghai	16.71	5718	9.55	19.71	5392	10.63	18.41	5811	10.70
鄞州区	Yinzhou	25.30	6416	16.24	25.95	6473	16.80	15.09	6802	10.26
秀洲区	Xiuzhou	25.76	7016	18.08	26.40	7044	18.59	25.95	7394	19.19
嘉善县	Jiashan	22.34	6717	15.00	22.51	6882	15.49	21.05	6881	14.49
海盐县	Haiyan	31.75	6461	20.51	31.87	6417	20.45	27.16	6373	17.31
桐乡市	Tongxiang	25.86	6811	17.61	23.42	6710	15.72	24.75	6649	16.45
德清县	Deqing	12.93	6967	9.01	7.96	7108	5.66	8.61	6847	5.90
长兴县	ChangXing	37.99	6600	25.07	35.25	6659	23.47	33.45	6682	22.35
诸暨市	Zhuji	43.38	6870	29.80	43.93	6796	29.86	43.70	6869	30.02
柯桥区	Keqiao	15.57	6986	10.88	16.47	6892	11.35	16.50	6916	11.41
金东区	Jindong	2.88	5977	1.72	2.87	5778	1.66	3.10	5649	1.75
衢江区	Qujiang	25.00	6323	15.81	24.78	6385	15.82	24.33	6596	16.05
龙游县	Longyou	25.85	6249	16.16	25.78	6252	16.11	25.33	6490	16.44
省级小计	Province Level	167.55	6263	104.93	163.27	6376	104.10	161.25	6370	102.72
桐庐县	Tonglu	9.30	5898	5.48	9.02	6045	5.45	9.15	5961	5.45
瑞安市	Ruian	16.00	6727	10.76	16.23	6713	10.89	16.57	6368	10.55
海宁市	Haining	20.60	6917	14.25	20.67	7138	14.76	20.57	6821	14.03
安吉县	Anji	19.16	5889	11.28	17.41	6270	10.92	15.73	6277	9.88
嵊州市	Shengzhou	26.25	6215	16.31	26.28	6197	16.28	26.21	6143	16.10
武义县	Wuyi	12.63	5828	7.36	12.39	5980	7.41	12.42	5989	7.44
江山市	Jiangshan	30.48	6555	19.98	29.71	6732	20.00	29.24	6824	19.95
温岭市	Wenling	23.26	6161	14.33	21.88	6120	13.39	21.94	6509	14.28
松阳县	Songyang	9.88	5232	5.17	9.69	5164	5.00	9.42	5343	5.03

6-22 各市油菜籽播种面积和产量
Sown Area and Output of Repeseeds by City

地区	Region	2014			2015			2016		
		播种面积（千公顷）Sown Area (1000 ha)	公顷产（公斤）Output per Hectare (kg)	总产量（万吨）Total Output (10000 tons)	播种面积（千公顷）Sown Area (1000 ha)	公顷产（公斤）Output per Hectare (kg)	总产量（万吨）Total Output (10000 tons)	播种面积（千公顷）Sown Area (1000 ha)	公顷产（公斤）Output per Hectare (kg)	总产量（万吨）Total Output (10000 tons)
全省合计	**Total**	**126.37**	**2049**	**25.90**	**122.33**	**2053**	**25.12**	**117.56**	**1951**	**22.93**
浙东北	**Eastern & Northern Region**	**78.02**	**2291**	**17.88**	**78.43**	**2360**	**18.51**	**70.12**	**2228**	**15.62**
杭州市	Hangzhou	28.57	2225	6.36	28.50	2324	6.62	26.16	2199	5.75
宁波市	Ningbo	8.37	2221	1.86	8.93	2314	2.07	7.93	2203	1.75
嘉兴市	Jiaxing	16.10	2574	4.14	15.79	2559	4.04	10.64	2504	2.66
湖州市	Huzhou	11.89	2337	2.78	9.76	2412	2.35	8.23	2161	1.78
绍兴市	Shaoxing	12.48	2088	2.61	14.28	2218	3.17	16.04	2149	3.45
舟山市	Zhoushan	0.60	2172	0.13	1.18	2195	0.26	1.12	2104	0.24
浙西南	**Western & Southern Region**	**81.57**	**1748**	**14.26**	**79.71**	**1801**	**14.36**	**79.97**	**1757**	**14.05**
温州市	Wenzhou	8.07	1712	1.38	8.84	1816	1.61	8.59	1758	1.51
金华市	Jinhua	22.36	1836	4.11	17.97	1876	3.37	19.32	1841	3.56
其中：义乌市	Yiwu	1.02	2056	0.21	0.81	2226	0.18	0.89	2186	0.19
衢州市	Quzhou	35.78	1669	5.97	37.55	1746	6.56	37.24	1715	6.39
台州市	Taizhou	7.17	1885	1.35	7.19	1877	1.35	6.77	1789	1.21
丽水市	Lishui	8.19	1770	1.45	8.16	1801	1.47	8.05	1721	1.38

注：全省油菜籽面积和产量为国家核定数，与分市相加不相等。
Data of total sown area and output of repeseeds is verified by national bureau of statistics of china, as it is not equal to the sum of regional figures.

6－23 主要茶叶产区茶园面积和茶叶产量
Area of Tea Plantation and Output of Tea in Major Producing Regions

地区	Region	2014		2015		2016	
		茶园面积（公顷）Area of Tea Plantations (ha)	茶叶总产量（吨）Output of Tea (ton)	茶园面积（公顷）Area of Tea Plantations (ha)	茶叶总产量（吨）Output of Tea (ton)	茶园面积（公顷）Area of Tea Plantations (ha)	茶叶总产量（吨）Output of Tea (ton)
全省合计	**Total**	**195627**	**165385**	**194540**	**172530**	**196982**	**172185**
25 个主产区小区	**25 Producing Regions**	**130548**	**127087**	**132298**	**139750**	**133316**	**140768**
杭州市区	Hangzhou District	6347	9004	10347	15928	10619	15662
建德市	Jiande	4094	2328	4107	2398	4140	2617
桐庐县	Tonglu	3799	2599	3855	2750	3927	3096
富阳区	Fuyang	3796	5863	3903	6827	4027	6469
临安市	Linan	3465	2500	3485	2540	3441	2409
淳安县	Chunan	12774	4254	12620	4523	12668	4366
宁波市区	Ningbo District	3984	3527	2580	2675	3328	3914
余姚市	Yuyao	3944	4829	3991	4826	3741	4796
奉化区	Fenghua	897	1436	855	1242	826	1202
安吉县	Anji	13339	4311	13398	4297	13476	4305
诸暨市	Zhuji	7313	5779	6713	12430	6730	12730
上虞区	Shangyu	3000	2950	1922	2485	1799	2557
嵊州市	Shengzhou	12034	20229	11714	19359	11750	18154
柯桥区	Keqiao	4608	7400	4599	7172	4584	7183
新昌县	Xinchang	6330	5794	6313	5870	6310	5886
金华市区	Jinhua District	1901	2928	1916	1855	1823	1849
东阳市	Dongyang	3209	1325	3222	1457	3227	1399
武义县	Wuyi	6413	11979	6689	12221	6739	12205
浦江县	Pujiang	2201	1174	2088	1151	2065	1137
衢州市区	Quzhou District	1411	1180	1558	1253	1545	1276
开化县	Kaihua	6820	1937	6876	2073	6790	2003
龙游县	Longyou	1324	2294	1379	2502	1393	2593
临海市	Linhai	2239	1003	2360	1081	2373	1096
松阳县	Songyang	7662	11271	7831	11326	7955	11913
遂昌县	Suichang	7644	9193	7977	9509	8040	9951

6-24 主要蚕茧产区桑园面积和蚕茧产量
Area of Mulberry Field and Output of Silk worm Cocoons in Major Producing Regions

地区	Region	2014		2015		2016	
		桑园面积(公顷) Area of Mulberry Field (ha)	蚕茧总产量(吨) Output of Silk-worm Cocoons (ton)	桑园面积(公顷) Area of Mulberry Field (ha)	蚕茧总产量(吨) Output of Silk-worm Cocoons (ton)	桑园面积(公顷) Area of Mulberry Field (ha)	蚕茧总产量(吨) Output of Silk-worm Cocoons (ton)
全省合计	**Total**	**57272**	**47016**	**53473**	**40177**	**49805**	**33093**
22个主产区小计	**22 Producing Regions**	**53973**	**45360**	**51680**	**40927**	**48062**	**33687**
杭州市区	Hangzhou District	1098	202	1996	2127	1731	1675
建德市	Jiande	1337	723	1367	925	1367	891
桐庐县	Tonglu	1351	2787	1169	1627	1080	1743
富阳区	Fuyang	1021	2042	987	1961	910	1537
临安市	Linan	1835	2345	1508	2029	1011	1188
淳安县	Chunan	6639	4195	6528	3718	6164	2649
嘉兴市区	Jiaxing District	2669	1619	2283	1355	2008	920
海宁市	Haining	4729	5090	4663	5001	4224	3583
海盐县	Haiyan	2116	1911	1932	1568	1704	1162
桐乡市	Tongxiang	7829	11436	7163	9454	6906	8173
湖州市区	Huzhou District	10339	4982	10416	4384	10271	4241
德清县	Deqing	4021	2257	3995	1879	3704	1777
长兴县	Changxing	1165	1105	1151	1025	1131	988
安吉县	Anji	1183	994	889	596	774	272
诸暨市	Zhuji	520	331	516	331	487	323
上虞区	Shangyu	664	393	638	644	526	544
嵊州市	Shengzhou	1709	773	1011	438	1011	442
新昌县	Xinchang	726	533	799	409	704	386
兰溪市	Lanxi	993	300	859	238	658	155
浦江县	Pujiang	186		34	20	32	19
临海市	Linhai	86	122	86	97	86	95
缙云县	Jinyun	1757	1220	1690	1101	1573	924

6－25 林业生产(2010－2016年)
Basic Indicators on Forestry(2010－2016)

指标	Item	2010	2011	2012	2013	2014	2015	2016
造林面积 （千公顷）	Afforestation Area (1000 ha)	15.21	40.47	43.92	42.36	39.40	32.02	15.80
用材林	Timber Forest	1.16	2.67	5.33	3.27	4.93	3.87	2.17
经济林	Economic Forest	2.33	8.16	11.21	9.69	9.04	6.94	4.02
防护林	Shelter Forest	11.71	28.73	25.78	28.86	25.33	20.97	8.79
薪炭林	Fuel Forest			0.44	0.22			
特种用途林	Forest for Special Use	0.01	0.92	1.17	0.33	0.10	0.23	0.68
零星(四旁)植树 （万株）	Planting Trees Piecemeal (10000 trees)	2491.87	2858.45	2945.95	2975.32	2602.90	2254.40	2423.08
育苗面积 （千公顷）	Area of Growing Seedings (1000 ha)	101.73	113.61	123.03	124.78	119.27	125.54	114.82
迹地更新面积 （千公顷）	Area of Forest Updating (1000 ha)	11.85	13.03	13.85	13.69	14.34	11.94	10.63
主要林产品产量 （吨）	Output of Major Forest Production (ton)							
油茶籽	Tea oil Seeds	40301	48860	61683	45681	58444	64353	51421
竹笋干	Tallow－seeds	149182	139823	141110	140040	159644	160779	159305
山核桃	Walnuts	16377	19618	16424	16333	18602	17968	20635
板　栗	Chestnut	71436	71575	83712	86587	91219	86827	69574

6－26 水果生产
Basic Indicators on Fruits

指标	Item	2014		2015		2016	
		果园面积（千公顷） Area of Orchards (1000 Hectares)	产量(万吨) Total Output (10000 tons)	果园面积（千公顷） Area of Orchards (1000 Hectares)	产量(万吨) Total Output (10000 tons)	果园面积（千公顷） Area of Orchards (1000 Hectares)	产量(万吨) Total Output (10000 tons)
合计	**Total**	**330.09**	**714.84**	**332.54**	**740.86**	**327.66**	**724.32**
柑桔	Orange	102.83	200.93	101.23	207.79	93.49	178.69
梨	Pear	24.60	40.64	22.81	38.43	22.57	38.74
桃子	Peach	28.05	39.89	29.89	42.87	30.73	41.69
杨梅	Red Bayberry	88.57	51.40	89.42	52.45	89.20	58.12
枇杷	Loquat	12.12	7.10	12.81	7.36	12.91	5.13
柿子	Persimmon	7.10	4.91	6.94	4.96	6.93	5.29
果用瓜	Melon as Fruit		271.18		280.85		287.06
其他	Others	66.82	98.78	69.43	106.15	71.84	109.60

6-27 农产品人均产量(1978-2016年)
Per Capital Output of Agricultural Products(1978-2016)

单位:公斤(kg)

年份 Year	粮食 Grain	棉花 Cotton	油料 Oil-bearing Crops	糖料 Sugar Crops	茶叶 Tea	水果 Fruit	猪牛羊肉 Pork, Beef and Mutton	水产品 Aquatic Production
1978	393.44	1.95	5.92	17.20	1.57	3.92	11.33	23.47
1980	376.81	2.18	7.58	15.43	1.98	5.91	18.52	21.46
1985	404.18	2.03	11.02	27.43	2.32	11.12	19.10	26.13
1986	396.34	1.87	10.60	32.63	2.58	12.85	20.03	28.94
1987	387.97	1.60	9.68	26.56	2.83	17.32	18.60	30.52
1988	374.78	1.05	10.39	20.01	3.09	12.45	19.56	30.92
1989	371.01	1.00	9.14	16.74	2.81	23.57	19.67	30.84
1990	375.68	1.52	11.45	14.87	2.77	25.35	20.28	32.92
1991	386.05	1.77	10.72	16.19	2.69	31.66	20.13	35.57
1992	363.51	1.39	11.72	17.55	2.79	23.95	22.73	39.72
1993	334.03	1.35	8.97	18.43	2.84	34.63	22.74	44.02
1994	324.46	1.28	7.99	16.21	2.47	40.64	22.68	59.62
1995	328.53	1.43	11.48	15.11	2.34	49.28	23.61	73.03
1996	345.91	1.56	11.88	14.57	2.26	51.91	16.85	78.03
1997	338.58	1.08	11.08	13.61	2.31	61.07	18.44	90.61
1998	323.64	1.46	8.02	13.97	2.55	46.55	19.05	95.33
1999	312.52	0.91	12.14	15.94	2.64	62.64	19.27	99.33
2000	266.91	0.65	12.91	21.97	2.60	84.89	22.65	104.70
2001	228.64	0.67	12.38	22.53	2.56	109.82	23.65	100.51
2002	201.87	0.47	9.88	23.87	2.91	105.39	25.12	101.14
2003	168.01	0.44	9.09	25.73	2.76	118.00	25.37	100.24
2004	173.82	0.47	9.97	21.73	2.84	129.23	26.93	100.91
2005	167.49	0.44	10.11	18.15	2.91	116.57	26.31	97.57
2006	156.12	0.47	7.08	17.39	3.03	128.00	21.65	83.08
2007	145.71	0.50	6.44	17.01	3.13	135.00	22.39	81.19
2008	149.61	0.54	7.96	16.48	3.13	144.28	25.02	76.89
2009	150.49	0.54	8.25	15.52	3.19	135.85	24.97	81.92
2010	143.75	0.55	7.36	13.86	3.04	130.82	25.17	89.15
2011	143.29	0.59	7.31	13.04	3.11	130.59	25.45	94.56
2012	140.55	0.55	6.99	12.81	3.19	128.45	26.02	98.52
2013	133.49	0.51	6.87	11.62	3.07	130.17	25.75	100.19
2014	137.51	0.45	5.57	11.38	3.00	129.78	23.58	104.40
2015	135.80	0.36	5.66	11.22	3.11	133.75	19.20	108.68
2016	134.56	0.30	5.20	11.11	3.08	129.57	16.80	112.87

6－28 牲畜饲养和畜产品产量(1978－2016年)
Number of Livestock and Output of Livestock Products(1978－2016)

年份 Year	大牲畜年底头数(万头) Large Animals (Year end) (10000 heads)	#牛(万头) Cattle and Buffaloes (10000 heads)	生猪年末存栏头数(万头) Number of Hogs (10000 heads)	羊年末存栏头数(万只) Number of Sheep and Goats (10000 heads)	猪、牛、羊肉产量(万吨) Output of Pork, Beef and Mutton (10000 tons)	#猪肉产量(万吨) Pork (10000 tons)
1978	82.60	82.60	1334.70	294.90	42.27	41.59
1979	84.80	84.80	1550.00	345.60	56.87	55.95
1980	83.00	83.00	1403.80	324.00	70.55	69.48
1981	82.70	82.70	1344.60	288.60	62.78	62.00
1982	82.70	82.70	1383.20	262.60	67.11	66.24
1983	80.60	80.60	1387.30	229.30	68.53	67.59
1984	78.40	78.40	1326.20	197.90	68.88	67.80
1985	76.10	76.10	1368.80	176.20	76.60	75.57
1986	75.81	75.81	1403.31	172.21	81.11	80.00
1987	74.73	74.73	1278.69	175.98	76.19	75.01
1988	71.11	71.11	1228.05	180.02	78.47	77.12
1989	69.29	69.29	1213.19	187.47	77.24	75.87
1990	68.01	68.01	1170.00	185.07	77.88	76.33
1991	65.05	65.05	1135.49	181.36	78.05	76.41
1992	60.50	60.50	1188.97	183.26	83.08	80.97
1993	54.07	54.07	1061.04	191.38	80.64	78.94
1994	50.72	50.72	989.84	205.98	78.95	76.46
1995	50.32	50.32	964.30	218.63	80.17	77.38
1996	49.48	49.48	892.68	221.31	76.31	73.47
1997	46.36	46.36	1010.06	214.55	81.33	78.40
1998	43.52	43.52	1040.56	207.58	84.48	81.38
1999	40.64	40.64	1024.36	218.95	85.87	82.55
2000	38.95	38.95	1146.88	233.51	101.57	98.03
2001	39.25	39.25	1175.10	245.02	111.28	107.39
2002	39.63	39.63	1139.17	258.61	119.40	115.09
2003	38.90	38.90	1132.38	262.90	122.22	117.24
2004	39.25	39.25	1125.27	256.72	131.72	126.43
2005	35.54	35.54	1213.15	222.35	130.44	125.14
2006	22.97	22.97	1003.00	123.90	108.94	105.61
2007	20.74	20.74	1039.10	111.90	114.50	111.40
2008	20.66	20.66	1161.85	111.35	129.67	126.85
2009	20.37	20.37	1225.80	111.55	130.95	128.17
2010	19.89	19.89	1248.40	111.67	134.90	131.90
2011	19.13	19.13	1281.93	109.45	138.82	135.83
2012	17.70	17.70	1338.30	107.18	142.53	139.71
2013	17.48	17.48	1287.53	109.97	141.58	138.76
2014	15.75	15.75	964.64	111.42	129.87	127.01
2015	14.99	14.99	730.19	113.37	106.33	103.33
2016	14.50	14.50	573.83	113.08	93.92	90.73

注：2006年及以后年份数据已按第二次农普数衔接。
Data in this table are adjusted according to agricultural census since 2006.

6－29 畜牧业生产(2010－2016年)
Basic Indicators on Animal Husbandry(2010－2016)

指标		Item		2010	2011	2012	2013	2014	2015	2016
生猪年末存栏头数(含未断奶小猪)	(万头)	Pigs(year－end)	(10000 heads)	1248.40	1281.93	1338.30	1287.53	964.64	730.19	573.83
#能繁殖的母猪	(万头)	Reproducable	(10000 heads)	115.00	128.52	130.12	115.63	78.52	61.07	50.10
年内肥猪出栏头数	(万头)	Slaughtered Fattened Hogs	(10000 heads)	1922.22	1929.91	1934.41	1895.09	1724.53	1315.63	1169.24
生猪出栏率	(%)	Rate of Slaughtered Fattened Hogs	(%)	156.81	154.59	150.90	141.60	133.94	136.39	160.13
全年饲养量	(万头)	Number of Hogs Raised	(10000 heads)	3170.62	3211.84	3272.71	3182.62	2689.17	2045.82	1743.07
牛年末存栏头数	(万头)	Cattles(year－end)	(10000 heads)	19.89	19.13	17.70	17.48	15.75	14.99	14.50
良种及改良种乳牛	(万头)	Milch Cows of Fine Breed and Improved Varieties	(10000 heads)	6.11	6.08	5.67	5.18	4.61	4.37	3.93
牛年内出栏头数	(万只)	Slaughtered Cattles	(10000 heads)	7.66	8.00	8.48	8.30	8.15	8.26	8.76
牛奶产量	(万吨)	Milk	(10000 tons)	20.26	19.91	19.27	18.21	15.90	16.55	15.30
羊年末存栏只数	(万只)	Sheep and Goats (year－end)	(10000 heads)	111.67	109.45	107.18	109.97	111.42	113.37	113.08
羊年内出栏只数	(万只)	Slaughtered Sheep	(10000 heads)	111.21	111.64	103.35	104.80	103.91	111.73	119.44
猪、牛、羊肉产量	(万吨)	Output of Pork, Beef and Mutton	(10000 tons)	134.90	138.82	142.53	141.58	129.87	106.33	93.92
#猪肉产量	(万吨)	Pork	(10000 tons)	131.90	135.83	139.71	138.76	127.01	103.33	90.73
兔年末存栏只数	(万只)	Rabbits(year－end)	(10000 heads)	355.90	401.02	373.50	348.00	324.82	296.29	232.64
兔年内出栏只数	(万只)	Slaughtered Rabbits	(10000 heads)	474.80	537.00	550.08	543.71	520.00	498.73	437.74
家禽年末存栏只数	(万只)	Poultry(year－end)	(10000 heads)	11895.20	12416.43	11446.07	10348.47	8410.19	7518.20	6592.55
家禽年内出栏只数	(万只)	Slaughtered Poultry	(10000 heads)	26630.46	24317.81	25151.23	20973.76	17378.97	15202.26	14941.73
全年饲养量	(万只)	Poultry Raised	(10000 heads)	38525.66	36734.24	36597.30	31322.23	25789.16	22720.46	21534.28
禽蛋产量	(万吨)	Poultry Eggs	(10000 tons)	44.28	47.17	48.14	43.09	39.03	33.30	30.85
养蜂年末箱数	(万箱)	Number of Beehives	(10000 boxs)	91.26	87.61	86.07	84.56	88.39	93.29	94.46
蜂蜜产量	(万吨)	Honey	(10000 tons)	7.21	7.83	8.76	8.00	8.77	8.79	9.17
蜂皇浆产量	(吨)	Royal Jelly	(ton)	2011	1937	1946	1928	2264	2187	2148
蚕茧产量	(万吨)	Output of Silkworm Cocoon	(10000 tons)	6.39	6.53	6.11	5.52	4.70	4.02	3.31
全年饲养蚕种张数	(万张)	Number of Silkworm Cocoon	(10000 Pieces)	140.81	145.16	129.89	117.91	101.30	80.88	67.14

6-30 水产品产量(1978-2016年)
Output of Aquatic Products(1978-2016)

单位:万吨(10000 tons)

年份 Year	水产品产量 Total Aquatic Production	海水产品产量 Seawater Aquatic Production	#养殖 Artificially Cultured	淡水产品产量 Freshwater Aquatic Production	#养殖 Artificially Cultured	远洋渔业产量 Deepsea Fishing Production
1978	87.52	81.69	3.56	5.83	4.90	
1979	81.13	74.77	3.90	6.36	5.19	
1980	81.79	75.03	6.60	6.76	6.67	
1981	84.28	76.85	4.13	7.43	6.17	
1982	87.69	78.91	4.82	8.78	7.43	
1983	83.25	73.46	6.21	9.79	8.32	
1984	95.28	83.26	7.86	12.02	10.29	
1985	104.82	89.04	9.60	15.78	13.73	
1986	117.21	97.36	10.57	19.85	17.74	
1987	124.98	102.84	11.86	22.14	19.65	
1988	128.20	104.31	12.33	23.89	21.28	
1989	129.20	104.50	13.13	24.70	22.08	
1990	138.98	113.17	13.81	25.80	23.00	
1991	151.09	123.53	15.20	27.56	24.75	
1992	169.75	140.20	17.34	29.54	26.68	
1993	189.29	156.06	19.05	33.23	29.92	
1994	258.02	222.30	24.68	35.72	32.07	
1995	318.07	278.70	31.69	39.37	34.43	
1996	342.14	299.23	39.51	42.91	37.00	
1997	377.68	331.97	38.90	45.71	38.66	
1998	422.73	372.80	46.49	49.93	42.62	
1999	442.73	389.41	58.17	53.32	45.61	
2000	469.51	410.46	70.88	59.05	51.42	
2001	472.85	406.96	77.66	65.89	58.17	
2002	480.68	409.33	85.15	71.35	63.21	
2003	482.82	406.00	91.85	76.82	68.26	
2004	493.53	414.98	92.94	78.55	69.45	
2005	483.77	402.37	88.11	81.40	72.07	
2006	433.85	360.80	76.32	73.05	65.03	15.84
2007	433.87	356.36	86.13	77.51	68.90	18.74
2008	418.79	337.60	83.08	81.19	73.09	20.20
2009	440.31	353.81	76.46	86.51	77.47	10.71
2010	477.95	381.23	82.57	96.72	87.50	16.56
2011	515.81	410.98	84.49	104.83	94.98	23.47
2012	539.58	431.24	86.14	108.34	98.38	29.09
2013	550.82	443.19	87.17	107.63	98.05	36.80
2014	575.06	468.22	89.79	106.84	97.74	54.15
2015	602.00	491.20	93.34	110.80	101.95	61.17
2016	630.95	516.66	101.77	114.28	105.13	67.83

注：2006年前的水产品产量数据为省海洋与渔业局统计年报数,2006年及以后年份水产品产量数据为国家核定数(含远洋)
Data in this table are taken from the annual report of the Bureau of Seas and Oceans and Fishery before 2006. Including deepsen fishing Production since 2006.

6-31 渔业生产(2011-2016年)
Basic Indicators on Fishery(2011-2016)

单位:万吨(10000 tons)

指标	Item	2011	2012	2013	2014	2015	2016
水产品总产量	**Total Aquatic Production**	**515.81**	**539.58**	**550.82**	**575.06**	**602.00**	**630.95**
其中:远洋渔业产量	Among them:the pelagic fishery yield	23.47	29.09	36.80	54.15	61.17	67.83
海水产品产量	**Seawater Aquatic Production**	**410.98**	**431.24**	**443.19**	**468.22**	**491.20**	**516.66**
按生产性质分	By Production Character						
海洋捕捞(含远洋)	Catching in Ocean	326.49	345.11	356.02	378.42	397.85	414.89
海水养殖	Seawater Aquiculture	84.49	86.14	87.17	89.79	93.34	101.77
按类别分	By Category						
鱼类	Fishes	216.23	216.75	225.24	221.57	233.76	247.15
虾蟹类	Shrimps,Prawns and Crabs	82.55	94.12	98.03	103.36	103.94	102.17
贝类	Shell-fish	68.21	69.99	71.59	73.78	77.00	83.87
藻类	Algae	4.80	4.96	4.80	4.83	5.15	5.51
头足类	Shrimps,Prawns and crabs	35.96	41.27	42.33	55.68	63.36	66.67
其他海水产品	Others	3.23	4.16	6.17	9.00	7.99	11.29
淡水产品产量	**Freshwater Aquatic Production**	**104.83**	**108.34**	**107.63**	**106.84**	**110.80**	**114.28**
按生产性质分	By Production Character						
天然生产	Naturally Grown	9.85	9.96	9.58	9.10	8.84	9.15
淡水养殖	Freshwater Aquiculture	94.98	98.38	98.05	97.74	101.95	105.13
按类别分	By Category						
鱼类	Fishes	67.45	70.25	70.43	73.43	78.02	83.17
虾蟹类	Shrimps,Prawns and Crabs	16.34	15.61	14.69	13.14	13.34	13.28
贝类	Shell-fish	4.56	4.12	3.94	3.15	3.03	3.08
其它类	Others	16.48	18.36	18.58	17.12	16.40	14.75
在海水捕捞产品中	**Among Marine Fishing Production**						
大黄鱼	Big Yellow Croaker	0.28	0.39	0.04	0.04	0.04	0.05
小黄鱼	Small Yellow Croaker	10.72	10.34	8.82	9.47	10.40	10.29
带鱼	Hairtail	46.94	45.25	44.05	41.50	43.88	42.84
墨鱼	Cuttle Fish	2.62	2.33	2.42	2.65	2.87	3.27
海水养殖面积(千公顷)	**Seawater Aquiculture Area (1000 ha)**	**90.84**	**89.75**	**89.36**	**88.18**	**85.88**	**88.82**
淡水养殖面积(千公顷)	**Freshwater Aquiculture Area (1000 ha)**	**213.17**	**213.22**	**213.02**	**209.89**	**213.07**	**202.09**

注:水产品产量数据为国家核定数(含远洋)。
Aquatic product crop data for the state approved number (including ocean)

6-32 各市水产品产量(2016年)
Output of Aquatic Products by City (2016)

单位:万吨(10000 tons)

地区	Region	水产品总产量 Total Output of Aquatic Production	海水产品产量 Seawater Aquatic Production	#鱼类 Fishes	淡水产品产量 Freshwater Aquatic Production	#鱼类 Fishes	远洋渔业产量 Deepsea Fishing Production
全省合计	**Total**	**630.95**	**448.83**	**237.17**	**114.28**	**83.18**	**67.83**
浙东北	**Eastern & Northern Region**	**384.53**	**228.43**	**127.31**	**90.28**	**62.18**	**65.82**
杭州市	Hangzhou	24.70			17.34	11.19	7.36
宁波市	Ningbo	105.12	92.75	52.15	8.00	5.50	4.37
嘉兴市	Jiaxing	15.16	0.19	0.06	14.97	7.66	
湖州市	Huzhou	38.31			38.31	29.66	
绍兴市	Huzhou	10.98	0.10	0.05	10.68	7.28	0.21
舟山市	Zhuoshan	190.25	135.39	75.06	0.98	0.89	53.88
浙西南	**Western & Southern Region**	**246.42**	**220.40**	**109.87**	**24.00**	**20.99**	**2.01**
温州市	Wenzhou	64.36	62.19	35.01	2.17	1.82	
金华市	Jinhua	7.95			7.95	6.91	
其中:义乌市	Yiwu	0.34			0.34	0.34	
衢州市	Quzhou	6.61			6.61	6.05	
台州市	Taizhou	165.39	158.21	74.85	5.16	4.23	2.01
丽水市	Lishui	2.11			2.11	1.98	

注:全省水产品总产量为国家核定数;各市水产品总产量为省海洋与渔业局统计年报数(包括远洋)。
Data of total output of aquitic production is verified by national bureau of statistics of china;
Regional figures in this table are taken from the annual report of the bureau of seas and oceans and fishery (including deepsen fishing production).

6-33 平均每个农业劳动力提供的主要农产品产量(2010-2016年) Output of Major Farm Products Provided by Per Rural Labour(2010-2016)

指标		Item		2010	2011	2012	2013	2014	2015	2016
粮食	(公斤)	Grain	(kg)	1228.3	1267.3	1276.3	1244.2	1306.8	1299.7	1303.5
棉花	(公斤)	Cotton	(kg)	4.6	5.3	5.0	4.7	4.3	3.4	2.9
油菜籽	(公斤)	Rapeseeds	(kg)	53.0	54.5	53.2	64.0	52.9	54.2	50.4
蔬菜	(公斤)	Vegetables	(kg)	2851.0	2943.8	3017.2	2935.7	3041.4	3122.1	3232.2
茶叶	(公斤)	Tea	(kg)	25.9	27.5	29.0	28.6	28.5	29.8	29.8
柑桔	(公斤)	Oranges	(kg)	304.1	315.3	320.9	327.2	346.7	359.0	309.7
生猪	(头)	Hogs	(head)	3.1	3.1	3.2	3.2	3.0	2.3	2.0
猪牛羊肉	(公斤)	Pork,Beef and Mutton	(kg)	215.0	225.1	236.3	240.0	224.1	183.7	162.8
禽蛋	(公斤)	Poultry Eggs	(kg)	70.6	76.5	79.8	73.0	67.3	57.5	53.5
水产品	(公斤)	Aquatic Production	(kg)	761.8	836.3	894.6	933.7	992.2	1040.2	1093.4

6-34 农业事业机构和服务组织(2010-2016年) Institutions Rendering Agricultural Services(2010-2016)

指标		Item		2010	2011	2012	2013	2014	2015	2016
农业事业机构	**(个)**	**Institutions Engaged in Agricultural Undertaking**	**(unit)**							
乡镇农技服务站		Agricultural Technical Service Stations		1385	1325	1273	1238	1231	1339	1278
乡镇畜牧兽医站		Veterinary Stations		749	721	725	683	605	594	541
农业服务组织		Agricultural Service Organizations								
县(市)农技推广中心	(个)	Centres for Spreading Agricultural Technique	(unit)	82	90	90	80	87	83	86
乡镇农技站农业技术人员	(人)	Agricultural Technical Persons	(person)	10203	9956	9661	10060	10090	10313	10487
配有农技员的村数	(万个)	Villages with Agricultural Technical Persons	(10000 units)	2.33	2.27	2.34	2.18	2.08	2.13	2.14
村不脱产农民技术人员	(万人)	Technical Peasants Unreleased from Agricultural Production in Village	(10000 persons)	8.15	8.39	8.13	7.52	7.23	6.87	4.97
科技户	(万户)	Scientific and Technological Households	(10000 households)	7.08	7.43	7.82	7.11	7.12	6.78	6.09

浙/江/统/计/年/鉴

主要统计指标解释

■ 农林牧渔业总产值

是以货币表现的农、林、牧、渔业全部产品的总量，它反映一定时期内农业生产总规模和总成果。

农、林、牧、渔业的统计范围包括国有经济的各种专业农(农、林、牧、渔)场以及国家各级机关团体学校、部队;集体所有制的乡、镇、村各级办农场;工矿企业经营的农、林、牧、渔业，农村各种经济组织和农户经营的农林牧渔业和农民家庭兼营的商品性工业等。

■ 粮食产量

指全社会的产量。包括国有经济经营的、集体统一经营的和农民家庭经营的粮食产量，还包括工矿企业办的农场和其他生产单位的产量。粮食除包括稻、小麦、玉米、高粱、谷子及其他杂粮外，还包括薯类和豆类。其产量计算方法，豆类按去豆荚后的干豆计算;薯类(包括马铃薯)1963 年以前按每 4 公斤鲜薯折 1 公斤粮食计算，从 1964 年开始及以后改为按 5 公斤鲜薯折 1 公斤粮食计算。其他粮食一律按脱粒后的原粮计算。

■ 油料产量

指全部油料作物的生产量。包括花生、油菜籽、芝麻、向日葵籽、胡麻籽(亚麻籽)和其他油料。不包括大豆，也不包括木本油料和野生油料。花生以带壳干花生计算。

■ 水产品产量

指人工养殖的水产品和天然生长的水产品的捕捞量。包括海水的鱼类、虾蟹类、贝类和藻类以及内陆水域的鱼类、虾蟹类和贝类，不包括淡水生植物。

■ 猪、牛、羊肉产量

指当年出栏并已屠宰后除去头蹄下水后带骨肉(即胴体重)的重量。

■ 谷物

指籽实主要供作粮食的作物。这类作物包括稻谷、小麦、玉米、谷子、高粱和其他谷物，不包括豆类和薯类作物。

ZHEJIANG STATISTICAL YEARBOOK

Explanatory Notes on Main Statistical Indicators

□ Gross Output Value of Farming, Forestry, Animal Husbandry and Fishery

refers to the total volume of products of farming, forestry, animal husbandry and fishery in value terms, which reflects the total scale and total result of agricultural production during a given period of time.

The statistical coverage of farming, forestry, animal husbandry and fishery are as follows: In terms of ownership, China's agriculture includes specialized state farms (farming, forestry, animal husbandry, fishery), farms managed by various government agencies, organazations, schools, research institutions, and army; farms managed by rural collective organizations at levels of township, town, and village; farming, forestry, animal husbandry, fishery run by mining and industrial enterprises; farming, forestry, animal husbandry and fishery and some commodity industries run by various rural collective organizations and individual farmers.

□ Grain Yield

refers to the yield in the whole country including grains produced by state farms, collective units, industrial enterprises and mines. Grain includes rice, wheat, corn, sorghum, millet and other miscellaneous grains as well as tubers and beans. Output of beans refers to dry beans without pods. The output of tubers was converted into that of grain at the ratio 4: 1, I. e. Four kilograms of fresh tubers was equivalent to one kilogram of grain up to 1963. Since 1964 the ratio for conversion has been 5: 1. Output of all other grains refers to husked grain.

□ Yield of Oil - bearing Crops

refers to the total yield of oil-bearing crops of various kinds, including peanuts, (dry, in shell) rapeseeds, sesame, sunflower seeds, flax seeds, and other oil-bearing crops. Soybeans, oil-bearing woody plants, and wild oil - bearing crops are not included.

□ Output of Aquatic Products

refers to catches of both artificially cultured and naturally grown aquatic products, including fish, shrimps, crabs and shellfish in sea and inland water as well as seaweed. Freshwater plants are not included.

□ Output of Pork, Beef, and Mutton

refers to the meat of slaughtered hogs, cattle, sheep and goats with head, feet, and offal taken away.

□ Cereals

refer to seeds of various kinds of crops which are used mainly for grain. Cereals include paddy, wheat, maize, millet, Chinese sorghum, etc., except beans and tubers.

2017

浙江统计年鉴

ZHEJIANG STATISTICAL YEARBOOK

工业和能源

Industry and Energy

7-1 规模以上工业企业数(2011-2016年)
Number of Industrial Enterprises Above Designated Size(2011-2016)

单位:个(unit)

指标	Item	2011	2012	2013	2014	2015	2016
工业企业单位数	**Number of Industrial Enterprises**	**34340**	**36496**	**39561**	**40841**	**41167**	**40128**
按轻重工业分	**By Light and Heavy Industry**						
轻工业	Light Industry	16888	17987	19497	20019	20244	19736
重工业	Heavy Industry	17452	18509	20064	20822	20923	20392
按登记注册类型分	**By Registered Type**						
国有企业	State-owned Enterprises	208	228	122	107	105	91
集体企业	Collective Owned Enterprises	126	111	75	69	55	43
股份合作企业	Cooperative Enterprises	285	327	336	335	354	326
外商及港澳台商投资企业	Funded by Enterpreneurs From Hong Kong Macao and Taiwan	6676	6651	6541	6237	5803	5322
私营企业	Private	22339	23959	26219	27557	28050	27502
其他企业	Others	4693	5206	6266	6535	6800	6844
在总计中:国有及国有控股	**Enterprises with Sole Hong Kong,Macao and Taiwan**	**590**	**645**	**706**	**723**	**750**	**763**
按规模分	**By Size**						
大型企业	Large-sized Industrial Enterprises	621	592	601	598	593	596
中型企业	Medium-sized Industrial Enterprises	5021	4648	4612	4421	4199	4149
小型企业	Small-sized Enterprises	27936	29892	32685	34020	34449	33571
微型企业	Micro enterprises	762	1364	1663	1802	1926	1812

注:1、2011年起企业规模按新的划分标准划分。The data by size are calculated at new standard since 2011.
2、2011年起规模以上工业为主营业务收入为2000万及以上工业企业,后面各表同。Industrial enterprises above designated size refer to those with annual revenue from principal business over 20 million yuan since 2011. The same applies to the tables following.

7-2 规模以上工业企业总产值(2011-2016年)
Gross Output Value of Industrial Enterprises Above Dsignated Size(2011-2016)

单位:亿元(100 million yuan)

指标	Item	2011	2012	2013	2014	2015	2016
工业总产值	**Gross Industrial Output Value**	**56406.1**	**59124.2**	**62980.3**	**67039.8**	**66819.0**	**68953.4**
按轻重工业分	**By Light and Heavy Industry**						
轻工业	Light Industry	21953.1	23228.2	24720.3	26039.8	26442.1	26915.7
重工业	Heavy Industry	34453.0	35896.0	38260.0	41000.0	40376.8	42037.7
按注册登记注册类型分	**By Registered Type**						
国有企业	State-owned Enterprises	3528.1	3831.6	3189.7	3243.6	3180.3	3254.3
集体企业	Collective Owned Enterprises	100.1	91.7	52.3	55.8	35.8	33.7
股份合作企业	Cooperative Enterprises	162.2	163.6	173.7	180.1	187.9	181.7
外商及港澳台商投资企业	Foreign Funded Enterprises and Enterprises Funded by Entrepreneurs from Hong Kong, Macao & Taiwan	15152.0	15309.9	15612.8	15993.6	14978.4	15032.2
私营企业	Private Enterprises	23251.1	24384.7	25792.1	27270.9	27789.1	28399.1
其他企业	Others	14168.5	15284.8	18159.0	20295.2	20647.5	22052.3
在总计中:国有及国有控股	**State-owend and State-holding Enterprises**	**8132.6**	**8384.5**	**9016.7**	**9498.9**	**9158.8**	**9431.5**
按规模分	**By Size**						
大型企业	Large-sized Industrial Enterprises	17090.0	15886.6	16734.0	16021.6	15815.6	16544.2
中型企业	Medium-sized Industrial Enterprises	16961.5	18522.5	18941.3	21135.7	20956.9	21781.3
小型企业	Small-sized Enterprises	22046.5	23532.7	25863.6	28049.8	28344.1	28812.1
微型企业	Micro enterprises	308.1	1182.4	1441.5	1832.8	1702.4	1815.8

7-3 按行业分的规模以上工业企业总产值
Gross Output Value of Industrial Enterprises by Sector Above Designated Size

单位:亿元(100 million yuan)

行业	Sector	工业总产值 Gross Industrial Output Value		
		2014	2015	2016
总计	**Total**	**67039.8**	**66819.0**	**68953.4**
按工业行业分	**By Sector**			
煤炭开采和洗选业	Coal mining and washing industry	1.0	0.5	0.4
黑色金属矿采选业	Ferrous Metals Mining and Dressing	13.7	10.6	7.6
有色金属矿采选业	Nonferrous Metals Mining and Dressing	25.6	24.3	17.6
非金属矿采选业	Nonmetal Minerals Mining and Dressing	149.0	144.5	158.5
农副食品加工业	Non-staple Food Processing	1070.2	1061.7	1105.5
食品制造业	Food Manufacturing	543.9	549.5	553.5
酒、饮料和精制茶制造业	Wine, Soft Drinks and Refined Tea Manufacturing	489.3	470.9	480.2
烟草制品业	Tobacco Production	444.5	490.2	498.6
纺织业	Textile Industry	6037.5	6026.5	6030.7
纺织服装、服饰业	Garments and Apparel Industry	2499.3	2532.9	2495.6
皮革、毛皮、羽毛及其制品和制鞋业	Leather, Furs, Down and Related Production, Shoes Manufacturing	1580.4	1469.0	1484.6
木材加工及木、竹、藤、棕、草制品业	Timber Processing, Bamboo, Cane Palm Fiber and Straw Production	491.6	489.4	498.1
家具制造业	Furniture Manufacturing	827.9	891.6	1031.9
造纸和纸制品业	Papermaking and Paper Production	1211.7	1291.5	1352.3
印刷和记录媒介复制业	Printing and Record Medium Reproduction	390.2	405.6	458.6
文教、工美、体育和娱乐用品制造业	Cultural and Educational, Arts and Crafts, Sports and Entertainment Goods	1349.5	1476.8	1529.0
石油加工、炼焦和核燃料加工业	Petroleum Processing, Cooking and Nuclear Fuel Processing	1819.6	1509.2	1553.2
化学原料和化学制品制造业	Raw Chemical Materials and Chemical Production	5887.1	5398.3	5381.7
医药制造业	Medical and Pharmaceutical Production	1182.6	1279.4	1395.1
化学纤维制造业	Chemical Fiber	2588.6	2544.3	2466.9

续表 Continued 单位:亿元(100 million yuan)

行业	Sector	工业总产值 Gross Industrial Output Value		
		2014	2015	2016
橡胶和塑料制品业	Rubber and Plastic Production	2902.3	2832.4	2794.5
非金属矿物制品业	Nonmetal Mineral Production	2112.0	2007.2	1908.2
黑色金属冶炼和压延加工业	Smelting and Pressing of Ferrous MetalsMetals	2696.6	2243.0	2202.2
有色金属冶炼和压延加工业	Smelting and Pressing of Nonferrous Metals	2532.1	2496.4	2406.0
金属制品业	Metal Production	2566.9	2478.9	2483.9
通用设备制造业	Ordinary Machinery	4533.9	4289.7	4379.9
专用设备制造业	For Special Purpose Equipment Manufacturing	1662.0	1651.1	1701.8
汽车制造业	Automobile manufacturing industry	2964.0	3681.8	4588.3
铁路、船舶、航空航天和其他运输设备制造业	Railway, Shipbuilding, Aerospace and other Transport Equipment	1340.7	1375.4	1463.9
电气机械和器材制造业	Electric Equipment and Machinery	6018.5	6302.9	6725.9
计算机、通信和其他电子设备制造业	Computers, Communications and Other Electronic Equipment Manufacturing	2705.3	2896.4	3291.9
仪器仪表制造业	Instruments Manufacturing	737.4	840.1	813.7
其他制造业	Other Manufacturing	329.4	333.9	307.9
废弃资源综合利用业	Comprehensive Utilization of Waste Resources	379.1	336.1	260.3
金属制品、机械和设备修理业	Metal Products, Machinery and Equipment Repair Industry	70.1	82.2	91.8
电力、热力生产和供应业	Production and Supply of Electricity and Heating Power	4291.5	4329.5	4446.2
燃气生产和供应业	Production and Supply of Gas	441.5	415.9	408.6
水的生产和供应业	Production and Supply of Water	153.5	159.4	178.7

注：工业总产值按现行价格计算。
Gross industrial output value are calculated at current prices.

7-4 主要工业产品产量(2010-2016年)
Output of Major Industrial Products(2010-2016)

产品名称		Item		2010	2011	2012	2013	2014	2015	2016
原煤	(万吨)	Coal	(10000 tons)	15.05	15.06	15.01				
配混合饲料	(万吨)	Forage	(10000 tons)	296.03	362.24	453.67	476.03	464.75	396.93	399.23
食用植物油	(万吨)	Edible Vegetables Oil	(10000 tons)	44.59	43.12	37.33	37.44	46.48	58.73	52.18
罐头	(万吨)	Canned Food	(10000 tons)	80.39	53.40	62.00	66.67	61.44	57.93	53.59
啤酒	(万千升)	Beer	(10000 kiloliter)	283.09	281.09	268.21	289.44	267.46	251.02	246.58
黄酒	(万千升)	Millet Wine	(10000 kiloliter)	72.88	66.20	58.64	65.22	71.01	64.73	61.33
软饮料	(万吨)	Soft Drink	(10000 tons)	685.51	856.17	904.37	863.69	859.97	769.46	842.63
卷烟	(万箱)	Cigarettes	(10000 cases)	850.98	885.18	901.10	923.47	931.02	948.33	915.80
纱	(万吨)	Yarn	(10000 tons)	214.87	198.77	231.23	239.10	229.98	220.04	215.80
布	(亿米)	Cloth	(100 million m)	158.99	146.13	143.22	153.47	156.25	152.76	149.20
毛线(绒线)	(吨)	Kniting Wool	(ton)	24433	26504	35314	40858	42888	36206	34842
呢绒	(万米)	Woolen Goods	(10000 m)	10584	6343	6010	4188	8536	8463	7107
丝	(吨)	Silk	(ton)	14436	15162	14467	14293	15505	16060	14000
丝织品	(亿米)	Silk-knit Goods	(100 million m)	3.29	1.98	2.08	2.20	2.16	2.15	2.05
机制纸	(万吨)	Machine-made Paper and Paperboard	(10000 tons)	1412.31	1531.63	1627.95	1660.52	1693.70	1739.59	1889.76
汽油	(万吨)	Gasoline	(10000 tons)	305.06	314.95	284.24	285.10	308.46	333.27	307.69
煤油	(万吨)	Kerosene	(10000 tons)	154.56	162.89	156.23	208.97	218.77	226.26	213.31
柴油	(万吨)	Diesel Oil	(10000 tons)	832.57	870.90	801.76	769.07	713.93	685.23	630.50
燃料油	(万吨)	Fuel Oil	(10000 tons)	134.66	157.82	115.55	104.12	98.85	110.50	108.74
焦炭	(万吨)	Coke	(10000 tons)	325.93	161.74	294.80	296.18	297.21	293.88	227.51
硫酸	(万吨)	Sulphuric Acid	(10000 tons)	107.21	102.48	98.98	109.55	176.55	165.24	168.36

续表 1 Continued

产品名称	Item	2010	2011	2012	2013	2014	2015	2016
烧碱 （万吨）	Caustic Soda （10000 tons）	104.61	126.72	140.24	144.05	151.23	153.19	159.92
纯碱 （万吨）	Soda Ash （10000 tons）	11.92	24.36	22.24	25.86	26.97	29.35	30.71
电石(碳化钙) （万吨）	Calcium Carbide （10000 tons）	6.48	5.29	4.94	9.44	0.40		
合成氨 （万吨）	Synthetic Ammonia （10000 tons）	49.49	47.25	57.68	57.87	64.52	75.07	68.89
纯苯 （吨）	Pure Benzene （ton）	290671	410477	380190	399025	346035	384443	376562
合成洗涤剂 （吨）	Synthetic Detergents （ton）	615435	689043	706976	736356	812524	695274	774037
化学原料药 （吨）	Chemical Raw Medicine （ton）	285413	318002	277187	278856	308113	279809	270201
中成药 （吨）	Traditional Chinese Medicine （ton）	22857	21384	19894	21167	25950	33217	36352
化学纤维 （万吨）	Chemical Fiber （10000 tons）	1366.13	1505.54	1677.27	1839.31	1987.97	2186.42	2106.42
#粘胶纤维 （万吨）	Glutinous Fiber （10000 tons）	17.12	14.36	17.49	15.53	13.80	14.59	12.20
合成纤维 （万吨）	Synthetic Fiber （10000 tons）	1346.38	1468.66	1655.96	1822.83	1972.93	2170.83	2093.22
轮胎外胎 （万条）	Outer Cover of Type （10000 units）	8697.80	9673.11	10207.54	10979.06	8925.94	6684.14	7577.77
塑料制品 （万吨）	Plastic Products （10000 tons）	915.57	845.74	948.54	940.38	1054.85	1041.17	1072.97
水泥 （万吨）	Cement （10000 tons）	11275.31	12122.29	11539.61	12462.87	12367.51	11286.51	10796.54
平板玻璃（万重量箱）	Plate Glass （10000 wt. case）	4090.89	3995.69	2984.31	3591.22	3978.01	5317.89	5034.09
生铁 （万吨）	Pig Iron （10000 tons）	915.60	1002.17	1006.13	1059.79	1140.28	1072.49	847.98
钢 （万吨）	Steel （10000 tons）	1228.53	1329.93	1305.23	1733.15	1748.30	1594.92	1299.59
成品钢材 （万吨）	Steel Products （10000 tons）	2832.60	3141.00	3361.33	3823.44	4170.99	4047.72	3760.90
十种有色金属（万吨）	Ten Nonferrous Metal（10000 tons）	53.04	53.86	48.23	38.52	35.61	42.08	42.62
#铜 （吨）	Copper （tons）	297413	311492	293661	262167	298790	364041	374843
锌 （吨）	Zinc （tons）	90902	71931	32596	44057	51112	55327	49466
铝 （吨）	Alumminium （tons）	150403	153046	153394	77212	4240		

续表 2 Continued

产品名称	Item		2010	2011	2012	2013	2014	2015	2016
内燃机 (万千瓦)	Internal Combustion Engines(Commodity)	(10000 kw)	4456.57	3182.40	2807.03	4877.14	4712.31	5125.82	7024.83
数控机床 (台)	Numerically Controlled Machine Tools	(unit)	65456	67237	45707	44976	50976	42555	46288
大中型拖拉机 (台)	Large and Medium - sized Tractor	(unit)	36935	49073	33153	40284	34320	36084	26639
小型拖拉机 (台)	Small - size Tractor	(unit)	90119	87146	71674	75722	77978	67707	58105
汽车 (辆)	Motor Vehicle	(unit)	319117	306300	329819	373210	327238	428703	586495
#轿车 (辆)	Car	(unit)	273738	301059	264504	274461	221312	326899	527748
微型计算机设备 (万台)	Microcomputer Equipment	(10000 Set)	157	155	162	164	191	151	183
集成电路 (亿块)	Integrated Circuit	(Billion block)	30	47	44	50	61	63	74
摩托车 (万辆)	Motorcycles	(10000 units)	230.24	212.97	226.06	205.61	192.06	156.90	137.47
自行车 (万辆)	Bicycles	(10000 units)	1424.88	1534.95	1499.23	1405.93	1502.24	1028.82	958.24
发电设备 (万千瓦)	Generating Equipment	(10000 kw)	544.42	483.44	460.82	513.51	486.36	525.62	514.21
交流电动机 (万千瓦)	Alternating Current Motor	(10000 kw)	2097.86	3620.48	4204.93	4883.18	5622.90	5914.93	6124.00
变压器 (万千伏安)	Transformer	(10000 kev)	8320.02	8818.31	8397.44	8977.53	11371.45	12796.09	11515.84
家用洗衣机 (万台)	Household Washing Machines	(10000 units)	1765.02	1775.07	1906.43	1881.38	1592.39	1526.56	1396.80
家用电冰箱 (万台)	Household Refrigerators	(10000 units)	889.72	626.79	887.16	939.61	757.78	713.66	797.74
电风扇 (万台)	Electric Fan	(10000 units)	678.43	952.72	893.58	815.07	639.09	649.56	785.09
房间空气调节器 (万台)	House Air Conditioner	(10000 units)	510.81	469.50	509.49	565.03	679.62	634.82	953.76
灯泡 (亿只)	Bulb	(100 millionm units)	45.91	34.21	30.58	37.38	32.52	28.35	42.88
彩色电视机 (万台)	Color TV Set	(10000 units)	477.03	497.30	573.28	628.62	456.89	641.36	658.22
表 (万只)	Watch	(10000 units)	1258.30	76.96	91.18	99.81	106.01	101.86	80.94
发电量 (亿千瓦小时)	Electricity	(100 Million kw.h)	2496.19	2774.18	2717.32	2883.60	2822.39	2905.26	3089.11

注：本表统计范围为规模以上工业企业。
The data in this table refer to industrial enterprises above designated size.

7-5 规模以上工业企业主要指标(2013-2016年)
Principal Indicators of Industrial Enterprises Above Designated Sized(2013-2016)

单位:亿元(100 million yuan)

指标	Item
企业单位数 (个)	Number of Enterprises (Number)
#亏损企业单位数	Loss Enterprises
工业总产值(当年价)	Gross Industrial Output Value(Current Price)
出口交货值	Export delivery value
平均用工人数 (万人)	Average Number of Staff and Workers (10000 persons)
资产总计	Total Assets
流动资产合计	Circulating Funds
固定资产合计	Fixed Assets
固定资产原值	Original Value of Fixed Assets
固定资产净值	Net Value of fixed assets
负债合计	Total Liabilities
流动负债合计	Circulating Liabilities
非流动负债合计	non-circulating liabilities
所有者权益	Creditors' Equity
实收资本	Total Capital Hold
主营业务收入	Sales Revenue
主营业务成本	Cost of Sales
主营业务税金及附加	Sales Taxes and Extra Charges
利润总额	Total Profits
本年应交增值税	Value Added Taxes Payable
利税总额	Total Profits and Taxes

合计 Total				#国有 State - owned Units				#私营 Private Units			
2013	2014	2015	2016	2013	2014	2015	2016	2013	2014	2015	2016
39561	40841	41167	40128	122	107	105	91	26219	27557	28050	27502
4934	4747	5360	4456	8	3	8	1	2690	2698	3133	2640
62980.29	67039.78	66818.95	68953.40	3189.69	3243.64	3180.26	3254.31	25792.12	27270.94	27789.07	28399.15
11223.22	11927.07	11440.24	11540.13	7.09	10.08	7.96	8.65	4585.31	4930.73	4899.51	4952.72
719.43	722.78	705.17	690.30	9.18	8.47	6.91	6.26	359.82	364.25	362.50	353.86
60436.24	64078.22	66626.71	69468.91	2497.18	2730.20	2681.80	2794.32	22286.05	23305.35	23666.27	23753.64
35053.39	36136.44	36808.14	38196.89	587.21	422.85	335.18	336.71	14280.82	14707.09	14545.88	14500.63
16149.64	17801.63	18480.92	18993.74	1289.67	1826.39	1749.39	2067.09	5084.10	5212.19	5494.02	5567.81
24447.22	27197.27	29154.42	30886.89	2456.31	2985.50	3184.04	3575.98	7267.27	7726.00	8415.41	8664.83
14647.80	16254.31	17041.79	17670.88	1244.08	1597.17	1678.28	1860.67	4601.00	4766.25	5109.81	5158.84
36232.63	37663.38	38086.78	38304.18	1391.46	1557.24	1520.26	1541.34	14602.77	15010.08	14832.02	14509.10
31629.00	32182.52	32484.81	32847.10	887.82	934.63	839.19	858.72	13522.94	13782.36	13611.69	13433.50
3734.62	4354.05	4555.31	4797.57	500.52	622.05	679.08	682.31	602.71	662.09	688.51	735.68
24094.27	26199.51	28430.76	30863.45	1105.11	1169.80	1161.54	1252.98	7633.03	8175.94	8768.22	9117.94
11431.45	12080.43	13569.82	16395.05	145.80	139.11	698.24	443.99	3489.50	3625.77	3898.49	4349.19
61305.77	64371.53	63214.41	65453.88	3179.76	3248.30	3175.99	3235.44	24942.60	26194.21	26363.46	26883.68
52430.01	54934.41	53346.93	54833.47	2923.75	2947.02	2876.92	2937.18	21603.44	22653.09	22671.38	23112.98
668.51	720.20	819.44	856.44	94.09	106.14	106.09	116.66	117.77	128.02	141.58	153.69
3561.26	3729.13	3839.99	4469.42	87.23	81.81	78.21	101.62	1261.68	1313.20	1366.49	1458.24
1747.94	1844.10	1893.70	2007.19	112.77	105.55	111.62	127.79	662.02	712.96	720.73	740.44
5984.03	6303.09	6575.72	7343.63	294.63	294.25	300.73	347.67	2044.15	2159.46	2235.29	2355.58

7-6 按行业分的规模以上工业企业主要经济指标(2016年)
Main Indicators of Industrial Enterprises Above Designated Size by Sector(2016)

单位:亿元(100 million yuan)

行业	Sector	企业单位数(个) Number of Enterprises (unit)	#亏损企业(个) Loss (unit)	工业总产值 Gross Industrial Output Value	出口交货值 Export Delivery value
总计	**Total**	**40128**	**4456**	**68953.40**	**11540.13**
按登记注册类型分	**By Registered Type**				
#国有	#State-owned	91	1	3254.31	8.65
集体	Collective owned	43	4	33.74	0.36
私营	Private	27502	2640	28399.15	4952.72
港澳台商投资	Enterprises Funded by Entrepreneurs From Hong Kong, Macao and Taiwan	2777	511	7803.61	1723.53
外商投资	Foreign Funded Enterprises	2545	429	7228.63	2067.74
在总计中:轻工业	Light Industry	19736	2128	26915.71	6188.13
重工业	Heavy Industry	20392	2328	42037.69	5352.00
按工业行业分	**By Sector**				
煤炭开采和洗选业	Coal Mining and Dressing	2	1	0.43	
黑色金属矿采选业	Ferrous Metals Mining and Dressing	7	3	7.62	
有色金属矿采选业	Nonferrous Metals Mining and Dressing	17	3	17.64	1.19
非金属矿采选业	Nonmetal Minerals Mining and Dressing	123	21	158.45	0.04
农副食品加工业	Non-staple Food Processing	762	90	1105.47	164.59
食品制造业	Food Manufacturing	346	48	553.54	84.92
酒、饮料和精制茶制造业	Wine, Soft Drinks and Refined Tea Manufacturing	242	21	480.21	23.59
烟草制品业	Tobacco Processing	3		498.62	3.61
纺织业	Textile Industry	4852	393	6030.74	997.21
纺织服装、服饰业	Garments and Apparel Industry	2568	382	2495.64	934.09
皮革、毛皮、羽毛及其制品和制鞋业	Leather, Furs, Down and Related Production, Shoes Manufacturing	1757	136	1484.56	524.90
木材加工和木、竹、藤、棕、草制品业	Timber Processing, Bamboo, Cane Palm Fiber and Straw Production	453	33	498.12	111.64
家具制造业	Furniture Manufacturing	789	107	1031.88	523.41
造纸和纸制品业	Papermaking and Paper Production	856	112	1352.26	93.50
印刷和记录媒介复制业	Printing and Record Medium Reproduction	545	71	458.57	62.63
文教、工美、体育和娱乐用品制造业	Cultural and Educational, Arts and Crafts, Sports and Entertainment Goods	1285	119	1528.98	582.74

续表 1 Continued 单位:亿元(100 million yuan)

行业	Sector	企业单位数(个) Number of Enterprises (unit)	#亏损企业(个) Loss (unit)	工业总产值 Gross Industrial Output Value	出口交货值 Export Delivery value
石油加工、炼焦和核燃料加工业	Petroleum Processing, Coking and Nuclear Fuel Processing	57	14	1553.25	2.17
化学原料和化学制品制造业	Raw Chemical Materials and Chemical Production	1583	188	5381.74	461.14
医药制造业	Medical and Pharmaceutical Production	439	56	1395.07	251.07
化学纤维制造业	Chemical Fiber	572	58	2466.85	148.30
橡胶和塑料制品业	Rubber and Plastic Production	2430	258	2794.53	524.47
非金属矿物制品业	Nonmetal Mineral Production	1559	240	1908.23	117.60
黑色金属冶炼和压延加工业	Smelting and Pressing of Ferrous Metals	799	94	2202.21	82.40
有色金属冶炼和压延加工业	Smelting and Pressing of Nonferrous Metals	773	117	2406.04	122.92
金属制品业	Metal Production	2407	260	2483.90	629.05
通用设备制造业	Equipment in Common Use	3862	399	4379.90	907.21
专用设备制造业	Special Purpose Equipment	1593	166	1701.80	347.10
汽车制造业	Automotive Manufacturing	1902	149	4588.32	440.51
铁路、船舶、航空航天和其他运输设备制造业	Railway, Shipbuilding, Aerospace and other Transport Equipment	519	80	1463.88	675.13
电气机械和器材制造业	Electric Equipment and Machinery	3973	432	6725.87	1456.20
计算机、通信和其他电子设备制造业	Computers, Communications and Other Electronic Equipment Manufacturing	1288	166	3291.87	971.45
仪器仪表制造业	Instruments Manufacturing	627	55	813.68	170.20
其他制造业	Other Manufacturing	347	20	307.88	87.21
废弃资源综合利用业	Comprehensive Utilization of Waste Resources	145	62	260.28	0.36
金属制品、机械和设备修理业	Metal Products, Machinery and Equipment Repair Industry	43	16	91.83	37.57
电力、热力的生产和供应业	Production and Supply of Electricity and Heating Power	375	27	4446.22	
燃气生产和供应业	Production and Supply of Gas	79	8	408.63	
水的生产和供应业	Production and Supply of Water	149	51	178.70	

续表 2 Continued 单位:亿元(100 million yuan)

行业	Sector	资产总计 Total Assets	年末负债合计 Total Liabilities	所有者权益合计 Creditors´ Equity	实收资本 Total Capital Hold
总计	**Total**	**69468.91**	**38304.18**	**30863.45**	**16395.05**
按登记注册类型分	**By Registered Type**				
#国有	#State－owned	2794.32	1541.34	1252.98	443.99
集体	Collective owned	34.92	10.69	24.22	5.09
私营	Private	23753.64	14509.10	9117.94	4349.19
港澳台商投资	Enterprises Funded by Entrepreneurs From Hong Kong, Macao and Taiwan	8647.14	4554.27	4035.66	2122.27
外商投资	Foreign Funded Enterprises	7146.14	3554.46	3556.41	3020.23
在总计中:轻工业	Light Industry	25782.95	14096.29	11578.96	4933.11
重工业	Heavy Industry	43685.96	24207.89	19284.50	11461.94
按工业行业分	**By Sector**				
煤炭开采和洗选业	Coal Mining and Dressing	0.36	0.29	0.07	0.06
黑色金属矿采选业	Ferrous Metals Mining and Dressing	14.96	5.17	9.54	2.83
有色金属矿采选业	Nonferrous Metals Mining and Dressing	30.61	17.77	12.84	7.14
非金属矿采选业	Nonmetal Minerals Mining and Dressing	186.47	131.75	54.72	35.71
农副食品加工业	Non－staple Food Processing	831.75	493.29	333.61	161.90
食品制造业	Food Manufacturing	668.04	315.44	352.60	149.80
酒、饮料和精制茶制造业	Wine, Soft Drinks and Refined Tea Manufacturing	578.29	276.34	301.95	139.01
烟草制品业	Tobacco Processing	496.42	133.85	362.57	10.32
纺织业	Textile Industry	4956.41	2954.33	1971.26	995.30
纺织服装、服饰业	Garments and Apparel Industry	2273.81	1184.15	1083.46	482.53
皮革、毛皮、羽毛及其制品和制鞋业	Leather, Furs, Down and Related Production, Shoes Manufacturing	1051.08	614.85	429.75	202.82
木材加工和木、竹、藤、棕、草制品业	Timber Processing, Bamboo, Cane Palm Fiber and Straw Production	319.18	173.00	145.51	89.39
家具制造业	Furniture Manufacturing	902.60	523.23	376.66	201.11
造纸和纸制品业	Papermaking and Paper Production	1543.64	905.09	635.14	315.06
印刷和记录媒介复制业	Printing and Record Medium Reproduction	515.44	277.79	228.66	122.02
文教、工美、体育和娱乐用品制造业	Cultural and Educational , Arts and Crafts, Sports and Entertainment Goods	1184.52	653.68	528.86	234.15

续表 3 Continued　单位:亿元(100 million yuan)

行业	Sector	资产总计 Total Assets	年末负债合计 Total Liabilities	所有者权益合计 Creditors´ Equity	实收资本 Total Capital Hold
石油加工、炼焦和核燃料加工业	Petroleum Processing, Coking and Nuclear Fuel Processing	824.47	441.37	383.10	505.01
化学原料和化学制品制造业	Raw Chemical Materials and Chemical Production	5737.99	2925.56	2766.66	1388.13
医药制造业	Medical and Pharmaceutical Production	1975.32	803.15	1171.33	357.10
化学纤维制造业	Chemical Fiber	2252.36	1244.80	983.29	416.40
橡胶和塑料制品业	Rubber and Plastic Production	2515.67	1350.94	1142.98	491.36
非金属矿物制品业	Nonmetal Mineral Production	2459.53	1465.72	985.03	541.39
黑色金属冶炼和压延加工业	Smelting and Pressing of Ferrous Metals	1505.30	850.88	635.15	405.15
有色金属冶炼和压延加工业	Smelting and Pressing of Nonferrous Metals	1506.26	926.51	550.47	269.17
金属制品业	Metal Production	2258.97	1317.52	931.57	470.89
通用设备制造业	Equipment in Common Use	4981.34	2556.75	2408.73	1002.99
专用设备制造业	Special Purpose Equipment	2063.87	1084.61	973.94	420.86
汽车制造业	Automotive Manufacturing	4654.81	2907.42	1743.81	1822.79
铁路、船舶、航空航天和其他运输设备制造业	Railway, Shipbuilding, Aerospace and other Transport Equipment	1472.70	981.06	490.52	262.64
电气机械和器材制造业	Electric Equipment and Machinery	6738.31	3728.18	2997.96	1286.06
计算机、通信和其他电子设备制造业	Computers, Communications and Other Electronic Equipment Manufacturing	3757.27	1871.10	1864.11	756.16
仪器仪表制造业	Instruments Manufacturing	1128.79	459.70	657.73	210.04
其他制造业	Other Manufacturing	238.61	129.73	108.45	47.54
废弃资源综合利用业	Comprehensive Utilization of Waste Resources	194.39	147.92	44.94	37.80
金属制品、机械和设备修理业	Metal Products, Machinery and Equipment Repair Industry	127.70	82.26	45.45	28.56
电力、热力的生产和供应业	Production and Supply of Electricity and Heating Power	6031.43	3501.61	2528.14	2194.49
燃气生产和供应业	Production and Supply of Gas	429.87	233.39	196.49	100.29
水的生产和供应业	Production and Supply of Water	1060.39	634.00	426.40	231.05

续表 4 Continued 单位:亿元(100 million yuan)

行业	Sector	主营业务收入 Revenues in Main Business	主营业务成本 Costs in Main Business	主营业务税金及附加 Sales Taxes and Extra Charges in Main Business	销售费用 non-circulating liabilities
总计	**Total**	**65453.88**	**54833.47**	**856.44**	**1867.57**
按登记注册类型分	**By Registered Type**				
#国有	#State - owned	3235.44	2937.18	116.66	11.58
集体	Collective owned	32.78	27.21	0.16	1.90
私营	Private	26883.68	23112.98	153.69	657.81
港澳台商投资	Enterprises Funded by Entrepreneurs From Hong Kong, Macao and Taiwan	7388.71	6124.10	46.77	226.43
外商投资	Foreign Funded Enterprises	6858.83	5568.34	39.91	310.88
在总计中:轻工业	Light Industry	25662.44	21242.47	448.13	996.48
重工业	Heavy Industry	39791.44	33591.00	408.30	871.10
按工业行业分	**By Sector**				
煤炭开采和洗选业	Coal Mining and Dressing	0.41	0.35	0.02	
黑色金属矿采选业	Ferrous Metals Mining and Dressing	6.43	6.11	0.05	0.22
有色金属矿采选业	Nonferrous Metals Mining and Dressing	17.25	13.72	0.24	0.26
非金属矿采选业	Nonmetal Minerals Mining and Dressing	153.79	121.77	5.39	3.36
农副食品加工业	Non - staple Food Processing	1063.10	961.20	2.55	23.06
食品制造业	Food Manufacturing	563.40	443.59	2.82	44.09
酒、饮料和精制茶制造业	Wine, Soft Drinks and Refined Tea Manufacturing	465.03	333.91	10.01	62.48
烟草制品业	Tobacco Processing	482.84	108.57	308.21	13.34
纺织业	Textile Industry	5737.40	5047.67	28.02	73.97
纺织服装、服饰业	Garments and Apparel Industry	2372.74	1993.36	13.66	85.71
皮革、毛皮、羽毛及其制品和制鞋业	Leather, Furs, Down and Related Production, Shoes Manufacturing	1381.74	1194.49	7.11	37.41
木材加工和木、竹、藤、棕、草制品业	Timber Processing, Bamboo, Cane Palm Fiber and Straw Production	479.52	412.96	3.81	12.67
家具制造业	Furniture Manufacturing	962.59	783.88	5.83	53.56
造纸和纸制品业	Papermaking and Paper Production	1236.82	1067.09	7.03	33.39
印刷和记录媒介复制业	Printing and Record Medium Reproduction	437.80	371.95	2.14	11.33
文教、工美、体育和娱乐用品制造业	Cultural and Educational, Arts and Crafts, Sports and Entertainment Goods	1463.64	1248.39	7.54	42.31

续表 5 Continued 单位:亿元(100 million yuan)

行业	Sector	主营业务收入 Revenues in Main Business	主营业务成本 Costs in Main Business	主营业务税金及附加 Sales Taxes and Extra Charges in Main Business	销售费用 non - circulating liabilities
石油加工、炼焦和核燃料加工业	Petroleum Processing, Coking and Nuclear Fuel Processing	1212.18	836.53	180.66	4.62
化学原料和化学制品制造业	Raw Chemical Materials and Chemical Production	5450.05	4632.68	18.23	171.39
医药制造业	Medical and Pharmaceutical Production	1248.64	752.78	10.15	202.90
化学纤维制造业	Chemical Fiber	2376.88	2185.64	6.05	15.18
橡胶和塑料制品业	Rubber and Plastic Production	2668.57	2263.57	14.01	78.66
非金属矿物制品业	Nonmetal Mineral Production	1793.15	1497.06	10.07	64.42
黑色金属冶炼和压延加工业	Smelting and Pressing of Ferrous Metals	2057.07	1869.12	7.26	20.97
有色金属冶炼和压延加工业	Smelting and Pressing of Nonferrous Metals	2324.53	2172.14	4.02	13.77
金属制品业	Metal Production	2331.49	1986.37	13.22	61.97
通用设备制造业	Equipment in Common Use	4153.00	3365.03	23.08	138.83
专用设备制造业	Special Purpose Equipment	1593.31	1273.96	9.32	54.99
汽车制造业	Automotive Manufacturing	4420.38	3583.98	74.25	88.13
铁路、船舶、航空航天和其他运输设备制造业	Railway, Shipbuilding, Aerospace and other Transport Equipment	1009.43	905.01	3.58	13.66
电气机械和器材制造业	Electric Equipment and Machinery	6377.90	5285.55	34.28	238.62
计算机、通信和其他电子设备制造业	Computers, Communications and Other Electronic Equipment Manufacturing	3226.89	2583.05	13.15	123.87
仪器仪表制造业	Instruments Manufacturing	762.78	559.65	5.16	43.38
其他制造业	Other Manufacturing	295.07	253.71	1.57	7.05
废弃资源综合利用业	Comprehensive Utilization of Waste Resources	257.88	237.19	0.81	2.80
金属制品、机械和设备修理业	Metal Products, Machinery and Equipment Repair Industry	70.46	61.48	0.59	0.83
电力、热力的生产和供应业	Production and Supply of Electricity and Heating Power	4419.86	3903.10	20.53	9.01
燃气生产和供应业	Production and Supply of Gas	401.57	368.08	1.11	5.74
水的生产和供应业	Production and Supply of Water	178.27	148.78	0.89	9.66

续表 6 Continued 单位:亿元(100 million yuan)

行业	Sector	管理费用 Creditors′ Equity	财务费用 Total Capital Hold	利润总额 Total Profits
总计	**Total**	**3353.74**	**807.87**	**4469.42**
按登记注册类型分	**By Registered Type**			
#国有	#State - owned	49.90	36.53	101.62
集体	Collective owned	1.87	0.14	1.74
私营	Private	1330.77	357.59	1458.24
港澳台商投资	Enterprises Funded by Entrepreneurs From Hong Kong, Macao and Taiwan	421.49	87.32	553.24
外商投资	Foreign Funded Enterprises	416.26	51.95	569.76
在总计中:轻工业	Light Industry	1313.95	303.29	1657.86
重工业	Heavy Industry	2039.80	504.57	2811.57
按工业行业分	**By Sector**			
煤炭开采和洗选业	Coal Mining and Dressing	0.03	0.01	
黑色金属矿采选业	Ferrous Metals Mining and Dressing	0.93	0.06	-0.02
有色金属矿采选业	Nonferrous Metals Mining and Dressing	1.66	0.52	0.86
非金属矿采选业	Nonmetal Minerals Mining and Dressing	9.22	2.82	11.47
农副食品加工业	Non - staple Food Processing	31.71	12.64	43.90
食品制造业	Food Manufacturing	33.92	5.72	37.89
酒、饮料和精制茶制造业	Wine, Soft Drinks and Refined Tea Manufacturing	22.63	4.09	49.27
烟草制品业	Tobacco Processing	19.38	0.25	35.16
纺织业	Textile Industry	210.84	80.03	324.12
纺织服装、服饰业	Garments and Apparel Industry	138.53	20.88	135.12
皮革、毛皮、羽毛及其制品和制鞋业	Leather, Furs, Down and Related Production, Shoes Manufacturing	68.20	13.51	69.90
木材加工和木、竹、藤、棕、草制品业	Timber Processing, Bamboo, Cane Palm Fiber and Straw Production	19.61	4.91	29.89
家具制造业	Furniture Manufacturing	57.19	9.35	60.24
造纸和纸制品业	Papermaking and Paper Production	53.30	28.18	66.97
印刷和记录媒介复制业	Printing and Record Medium Reproduction	27.67	6.78	24.91
文教、工美、体育和娱乐用品制造业	Cultural and Educational ,Arts and Crafts, Sports and Entertainment Goods	71.87	16.32	89.51

续表 7 Continued 单位:亿元(100 million yuan)

行业	Sector	管理费用 Creditors´ Equity	财务费用 Total Capital Hold	利润总额 Total Profits
石油加工、炼焦和核燃料加工业	Petroleum Processing, Coking and Nuclear Fuel Processing	26.69	6.92	166.66
化学原料和化学制品制造业	Raw Chemical Materials and Chemical Production	255.98	79.68	358.23
医药制造业	Medical and Pharmaceutical Production	131.31	11.45	190.44
化学纤维制造业	Chemical Fiber	47.99	31.36	118.65
橡胶和塑料制品业	Rubber and Plastic Production	142.02	36.27	151.90
非金属矿物制品业	Nonmetal Mineral Production	90.84	32.22	124.84
黑色金属冶炼和压延加工业	Smelting and Pressing of Ferrous Metals	58.95	20.86	90.40
有色金属冶炼和压延加工业	Smelting and Pressing of Nonferrous Metals	45.89	28.16	80.99
金属制品业	Metal Production	127.64	29.07	127.42
通用设备制造业	Equipment in Common Use	319.31	42.93	299.84
专用设备制造业	Special Purpose Equipment	136.89	17.95	119.38
汽车制造业	Automotive Manufacturing	267.32	37.10	421.66
铁路、船舶、航空航天和其他运输设备制造业	Railway, Shipbuilding, Aerospace and other Transport Equipment	49.42	20.02	20.65
电气机械和器材制造业	Electric Equipment and Machinery	403.54	62.82	421.57
计算机、通信和其他电子设备制造业	Computers, Communications and Other Electronic Equipment Manufacturing	261.00	10.75	301.16
仪器仪表制造业	Instruments Manufacturing	81.66	3.35	85.04
其他制造业	Other Manufacturing	15.55	2.62	15.73
废弃资源综合利用业	Comprehensive Utilization of Waste Resources	5.69	4.91	7.94
金属制品、机械和设备修理业	Metal Products, Machinery and Equipment Repair Industry	5.52	1.63	0.75
电力、热力的生产和供应业	Production and Supply of Electricity and Heating Power	85.65	105.53	363.62
燃气生产和供应业	Production and Supply of Gas	8.88	3.92	19.52
水的生产和供应业	Production and Supply of Water	19.33	12.28	3.85

续表 8 Continued 单位:亿元(100 million yuan)

行业	Sector	利税总额 Total Profits and Taxes	本年应交增值税 Value Added Taxes Payable	平均用工人数(万人) Average Number of Employed Persons (10000 persons)
总计	**Total**	**7343.63**	**2007.19**	**690.30**
按登记注册类型分	**By Registered Type**			
#国有	#State - owned	347.67	127.79	6.26
集体	Collective owned	2.85	0.95	0.36
私营	Private	2355.58	740.44	353.86
港澳台商投资	Enterprises Funded by Entrepreneurs From Hong Kong, Macao and Taiwan	828.92	226.50	77.18
外商投资	Foreign Funded Enterprises	805.81	195.67	75.31
在总计中:轻工业	Light Industry	2955.02	845.68	347.15
重工业	Heavy Industry	4388.61	1161.51	343.16
按工业行业分	**By Sector**			
煤炭开采和洗选业	Coal Mining and Dressing	0.06	0.04	
黑色金属矿采选业	Ferrous Metals Mining and Dressing	0.10	0.07	0.15
有色金属矿采选业	Nonferrous Metals Mining and Dressing	2.25	1.15	0.26
非金属矿采选业	Nonmetal Minerals Mining and Dressing	22.57	5.70	0.99
农副食品加工业	Non - staple Food Processing	61.69	15.21	8.30
食品制造业	Food Manufacturing	61.29	20.55	7.14
酒、饮料和精制茶制造业	Wine, Soft Drinks and Refined Tea Manufacturing	80.23	20.71	4.70
烟草制品业	Tobacco Processing	405.40	62.02	0.41
纺织业	Textile Industry	515.53	162.95	71.26
纺织服装、服饰业	Garments and Apparel Industry	229.58	80.58	53.01
皮革、毛皮、羽毛及其制品和制鞋业	Leather, Furs, Down and Related Production, Shoes Manufacturing	123.85	46.75	32.85
木材加工和木、竹、藤、棕、草制品业	Timber Processing, Bamboo, Cane Palm Fiber and Straw Production	45.58	11.86	5.63
家具制造业	Furniture Manufacturing	103.54	37.38	18.39
造纸和纸制品业	Papermaking and Paper Production	125.33	51.26	11.90
印刷和记录媒介复制业	Printing and Record Medium Reproduction	39.81	12.73	6.81
文教、工美、体育和娱乐用品制造业	Cultural and Educational ,Arts and Crafts, Sports and Entertainment Goods	132.69	35.29	21.49

续表 9 Continued

单位:亿元(100 million yuan)

行业	Sector	利税总额 Total Profits and Taxes	本年应交增值税 Value Added Taxes Payable	平均用工人数(万人) Average Number of Employed Persons (10000 persons)
石油加工、炼焦和核燃料加工业	Petroleum Processing,Coking and Nuclear Fuel Processing	415.78	68.46	1.10
化学原料和化学制品制造业	Raw Chemical Materials and Chemical Production	517.18	140.22	23.89
医药制造业	Medical and Pharmaceutical Production	278.74	77.69	13.83
化学纤维制造业	Chemical Fiber	160.89	36.18	11.33
橡胶和塑料制品业	Rubber and Plastic Production	238.82	72.75	33.48
非金属矿物制品业	Nonmetal Mineral Production	195.29	60.21	17.39
黑色金属冶炼和压延加工业	Smelting and Pressing of Ferrous Metals	136.72	38.96	11.75
有色金属冶炼和压延加工业	Smelting and Pressing of Nonferrous Metals	120.03	34.90	8.58
金属制品业	Metal Production	207.71	66.81	35.91
通用设备制造业	Equipment in Common Use	463.21	139.65	60.40
专用设备制造业	Special Purpose Equipment	182.16	53.27	22.61
汽车制造业	Automotive Manufacturing	618.36	121.60	41.25
铁路、船舶、航空航天和其他运输设备制造业	Railway, Shipbuilding, Aerospace and other Transport Equipment	39.42	15.17	11.66
电气机械和器材制造业	Electric Equipment and Machinery	632.55	175.63	78.12
计算机、通信和其他电子设备制造业	Computers, Communications and Other Electronic Equipment Manufacturing	401.76	85.82	39.97
仪器仪表制造业	Instruments Manufacturing	121.58	31.32	13.02
其他制造业	Other Manufacturing	25.67	8.33	5.84
废弃资源综合利用业	Comprehensive Utilization of Waste Resources	15.30	6.54	1.75
金属制品、机械和设备修理业	Metal Products,Machinery and Equipment Repair Industry	4.49	3.15	1.93
电力、热力的生产和供应业	Production and Supply of Electricity and Heating Power	581.17	194.65	9.68
燃气生产和供应业	Production and Supply of Gas	25.96	5.22	0.82
水的生产和供应业	Production and Supply of Water	11.34	6.43	2.71

注:2012 年起行业分类采用 2011 年国民经济行业分类。
2012 industry classification by 2011 national economic industry classification。

7-7 按行业分的规模以上工业企业主要经济效益指标(2016年)
Main Economic Beneficial Indicators of Industrial Enterprises Above Designated Size by Sector(2016)

行业	Sector
总计	**Total**
按登记注册类型分	**By Registered Type**
#国有	#State－owned
集体	Collective Owned
私营	Private
港澳台商投资	Enterprises Funded by Entrepreneurs From Hong Kong,Macao and Taiwan
外商投资	Foreign Funded Enterprises
在总计中:轻工业	Light Industry
重工业	Heavy Industry
按工业行业分	**By Sector**
煤炭开采和洗选业	Coal Mining and Dressing
黑色金属矿采选业	Ferrous Metals Mining and Dressing
有色金属矿采选业	Nonferrous Metals Mining and Dressing
非金属矿采选业	Nonmetal Minerals Mining and Dressing
农副食品加工业	Non－staple Food Processing
食品制造业	Food Manufacturing
酒、饮料和精制茶制造业	Wine, Soft Drinks and Refined Tea Manufacturing
烟草制品业	Tobacco Processing
纺织业	Textile Industry
纺织服装、服饰业	Garments and Apparel Industry
皮革、毛皮、羽毛及其制品和制鞋业	Leather,Furs,Down and Related Production,Shoes Manufacturing
木材加工和木、竹、藤、棕、草制品业	Timber Processing,Bamboo,Cane Palm Fiber and Straw Production
家具制造业	Furniture Manufacturing
造纸和纸制品业	Papermaking and Paper Production
印刷和记录媒介复制业	Printing and Record Medium Reproduction
文教、工美、体育和娱乐用品制造业	Cultural and Educational ,Arts and Crafts,Sports and Entertainment Goods

资产负债率(%) Asset Liability Ratio (%)	成本费用利润率(%) Profit Margin of the Cost and Expense (%)	每百元固定资产原值实现利税(元) Pre tax Profits per 100 Yuan Original Value of Fixed Assets(yuan)	每百元主营业务收入实现利税(元) Pre tax Profits per 100 Yuan Revenues in Main Business (yuan)	产品销售率(%) Rate of Production Sold (%)	出口交货值占工业销售(%) Export delivery value of the proportion of total sales value(%)	新产品产值率(%) New product ratio (%)
55.14	**7.13**	**23.78**	**11.22**	**96.63**	**17.32**	**34.00**
55.16	3.23	9.72	10.75	99.13	0.27	0.52
30.62	5.52	16.39	8.70	98.76	1.08	8.70
61.08	5.67	27.19	8.76	96.12	18.14	32.08
52.67	7.91	24.11	11.22	96.91	22.79	36.54
49.74	8.79	23.66	11.75	96.26	29.72	37.01
54.67	6.68	29.77	11.51	96.52	23.82	32.80
55.41	7.43	20.94	11.03	96.70	13.17	34.77
79.67	0.88	34.18	14.47	93.08		
34.55	-0.27	1.00	1.53			
58.04	5.30	24.81	13.03	97.13	6.96	0.81
70.65	8.33	40.69	14.68	97.44	0.02	8.08
59.31	4.07	23.04	5.80	96.15	15.48	14.03
47.22	7.11	22.11	10.88	95.43	16.08	25.62
47.79	11.21	24.92	17.25	96.72	5.08	18.96
26.96	7.64	322.17	83.96	106.37	0.68	0.42
59.61	5.94	22.95	8.99	96.72	17.10	29.07
52.08	5.96	32.58	9.68	96.14	38.93	33.70
58.50	5.29	41.24	8.96	95.27	37.11	32.01
54.20	6.59	41.74	9.51	97.11	23.08	30.64
57.97	6.58	38.03	10.76	95.64	53.04	39.26
58.63	5.56	16.26	10.13	98.44	7.02	32.65
53.89	5.86	16.72	9.09	96.99	14.08	22.69
55.19	6.47	35.46	9.07	95.94	39.73	36.11

续表 Continued

行业	Sector
石油加工、炼焦和核燃料加工业	Petroleum Processing,Coking and Nuclear Fuel Processing
化学原料和化学制品制造业	Raw Chemical Materials and Chemical Production
医药制造业	Medical and Pharmaceutical Production
化学纤维制造业	Chemical Fiber
橡胶和塑料制品业	Rubber and Plastic Production
非金属矿物制品业	Nonmetal Mineral Production
黑色金属冶炼和压延加工业	Smelting and Pressing of Ferrous Metals
有色金属冶炼和压延加工业	Smelting and Pressing of Nonferrous Metals
金属制品业	Metal Production
通用设备制造业	Equipment in Common Use
专用设备制造业	Special Purpose Equipment
汽车制造业	Automotive Manufacturing
铁路、船舶、航空航天和其他运输设备制造业	Railway, Shipbuilding, Aerospace and other Transport Equipment
电气机械和器材制造业	Electric Equipment and Machinery
计算机、通信和其他电子设备制造业	Computers, Communications and Other Electronic Equipment Manufacturing
仪器仪表制造业	Instruments Manufacturing
其他制造业	Other Manufacturing
废弃资源综合利用业	Comprehensive Utilization of Waste Resources
金属制品、机械和设备修理业	Metal Products,Machinery and Equipment Repair Industry
电力、热力生产和供应业	Production and Supply of Electricity and Heating Power
燃气生产和供应业	Production and Supply of Gas
水的生产和供应业	Production and Supply of Water

资产负债率（%） Asset Liability Ratio（%）	成本费用利润率（%） Profit Margin of the Cost and Expense（%）	每百元固定资产原值实现利税（元） Pre tax Profits per 100 Yuan Original Value of Fixed Assets（yuan）	每百元主营业务收入实现利税（元） Pre tax Profits per 100 Yuan Revenues in Main Business（yuan）	产品销售率（%） Rate of Production Sold（%）	出口交货值占工业销售（%） Export delivery value of the proportion of total sales value（%）	新产品产值率（%） New product ratio（%）
53.53	18.71	68.36	34.30	91.50	0.15	7.37
50.99	6.78	20.12	9.49	96.74	8.86	32.59
40.66	16.96	40.49	22.32	93.01	19.35	40.80
55.27	5.03	15.80	6.77	98.02	6.13	37.09
53.70	5.95	21.56	8.95	96.76	19.40	33.27
59.59	7.33	18.94	10.89	97.05	6.35	21.30
56.53	4.51	18.13	6.65	96.34	3.88	27.64
61.51	3.31	30.48	5.16	97.58	5.24	28.62
58.32	5.72	26.74	8.91	95.62	26.49	30.59
51.33	7.66	28.00	11.15	96.50	21.47	41.84
52.55	7.97	27.17	11.43	94.99	21.47	43.83
62.46	10.34	42.56	13.99	96.94	9.90	59.98
66.62	2.03	7.49	3.91	96.10	47.99	33.20
55.33	6.62	36.29	9.92	96.27	22.49	45.95
49.80	9.82	42.79	12.45	96.52	30.57	62.43
40.72	12.22	48.80	15.94	96.38	21.70	50.83
54.37	5.59	29.48	8.70	95.70	29.60	27.49
76.10	3.16	29.28	5.93	97.43	0.14	24.71
64.41	1.08	5.85	6.37	99.38	41.17	0.19
58.06	8.79	7.88	13.15	99.16		0.89
54.29	5.01	10.24	6.46	98.21		1.23
59.79	1.95	1.46	6.36	97.92		1.43

7-8 按行业分的国有及国有控股工业企业主要指标(2016年)
Main Indicators of State-owned and State Holding Industrial Enterprises by Sector(2016)

单位:亿元(100 million yuan)

行业	Sector	企业单位数(个) Number of Enterprises (unit)	#亏损企业(个) Loss (unit)	工业总产值 Gross Industrial Output Value	出口交货值 Export Delivery value
总计	**Total**	**763**	**137**	**9431.53**	**295.26**
按登记注册类型分	**By Registered Type**				
#国有	#State-owned	91	1	3254.31	8.65
集体	Collective Owned				
私营	Private				
港澳台商投资	Enterprises Funded by Entrepreneurs From Hong Kong,Macao and Taiwan	32	6	558.55	3.73
外商投资	Foreign Funded Enterprises	41	5	291.71	15.08
在总计中:轻工业	Light Industry	206	48	1038.85	48.60
重工业	Heavy Industry	557	89	8392.67	246.66
按工业行业分	**By Sector**				
煤炭开采和洗选业	Coal Mining and Dressing				
黑色金属矿采选业	Ferrous Metals Mining and Dressing	1	1	0.77	
有色金属矿采选业	Nonferrous Metals Mining and Dressing	2	1	1.17	
非金属矿采选业	Nonmetal Minerals Mining and Dressing	14	3	15.41	0.04
农副食品加工业	Non-staple Food Processing	21	4	45.90	7.88
食品制造业	Food Manufacturing	12	1	23.41	3.02
酒、饮料和精制茶制造业	Wine, Soft Drinks and Refined Tea Manufacturing	6	1	16.96	0.51
烟草制品业	Tobacco Processing	2		496.02	3.61
纺织业	Textile Industry	9	2	34.79	2.79
纺织服装、服饰业	Garments and Apparel Industry	14	5	14.31	2.82
皮革、毛皮、羽毛及其制品和制鞋业	Leather,Furs,Down and Related Production,Shoes Manufacturing	2		0.72	0.46
木材加工和木、竹、藤、棕、草制品业	Timber Processing,Bamboo,Cane Palm Fiber and Straw Production				
家具制造业	Furniture Manufacturing				
造纸和纸制品业	Papermaking and Paper Production	4	2	16.78	0.68
印刷和记录媒介复制业	Printing and Record Medium Reproduction	15	3	15.73	0.02
文教、工美、体育和娱乐用品制造业	Cultural and Educational ,Arts and Crafts,Sports and Entertainment Goods	6	1	13.81	0.21

续表 1 Continued

单位:亿元(100 million yuan)

行业	Sector	企业单位数(个) Number of Enterprises (unit)	#亏损企业(个) Loss (unit)	工业总产值 Gross Industrial Output Value	出口交货值 Export Delivery value
石油加工、炼焦和核燃料加工业	Petroleum Processing, Cooking and Nuclear Fuel Processing	5	2	1153.43	1.69
化学原料和化学制品制造业	Raw Chemical Materials and Chemical Production	41	7	726.83	22.42
医药制造业	Medical and Pharmaceutical Production	21	2	167.37	24.78
化学纤维制造业	Chemical Fiber	3	1	10.84	
橡胶和塑料制品业	Rubber and plastic production	5		22.93	
非金属矿物制品业	Nonmetal Mineral Production	91	12	278.01	17.49
黑色金属冶炼和压延加工业	Smelting and Pressing of Ferrous Metals	10		196.83	3.62
有色金属冶炼和压延加工业	Smelting and Pressing of Nonferrous Metals	7	1	65.28	0.13
金属制品业	Metal Production	12	1	30.99	1.28
通用设备制造业	Equipment in Common Use	33	9	125.58	25.35
专用设备制造业	Special Purpose Equipment	19	5	53.48	5.53
汽车制造业	Automotive Manufacturing	13	3	479.46	0.78
铁路、船舶、航空航天和其他运输设备制造业	Railway, Shipbuilding, Aerospace and other Transport Equipment	10		118.79	82.74
电气机械和器材制造业	Electric Equipment and Machinery	24	3	108.22	3.32
计算机、通信和其他电子设备制造业	Computers, Communications and Other Electronic Equipment Manufacturing	26	9	504.37	83.89
仪器仪表制造业	Instruments Manufacturing	7	1	16.55	0.18
其他制造业	Other Manufacturing	2		14.54	
废弃资源综合利用业	Comprehensive Utilization of Waste Resources	5	2	5.88	
金属制品、机械和设备修理业	Metal Products, Machinery and Equipment Repair Industry	3		6.33	0.03
电力、热力的生产和供应业	Production and Supply of Electricity and Heating Power	185	13	4157.67	
燃气生产和供应业	Production and Supply of Gas	33	5	335.92	
水的生产和供应业	Production and Supply of Water	100	37	156.41	

续表 2 Continued 单位:亿元(100 million yuan)

行业	Sector	资产总计 Total Assets	年末负债合计 Total Liabilities	所有者权益合计 Creditor' Equity	实收资本 Total Capital Hold
总计	**Total**	**11383.46**	**6338.62**	**5049.99**	**3631.57**
按登记注册类型分	**By Registered Type**				
#国有	#State - owned	2794.32	1541.34	1252.98	443.99
集体	Collective Owned				
私营	Private				
港澳台商投资	Enterprises Funded by Entrepreneurs From Hong Kong, Macao and Taiwan	697.83	308.05	389.79	188.75
外商投资	Foreign Funded Enterprises	376.29	180.42	195.87	155.80
在总计中:轻工业	Light Industry	2161.86	985.96	1175.90	291.44
重工业	Heavy Industry	9221.60	5352.67	3874.09	3340.13
按工业行业分	**By Sector**				
煤炭开采和洗选业	Coal Mining and Dressing				
黑色金属矿采选业	Ferrous Metals Mining and Dressing	10.90	2.86	8.04	1.71
有色金属矿采选业	Nonferrous Metals Mining and Dressing	5.19	1.69	3.50	3.29
非金属矿采选业	Nonmetal Minerals Mining and Dressing	37.88	32.22	5.66	4.57
农副食品加工业	Non - staple Food Processing	46.71	27.08	19.63	9.07
食品制造业	Food Manufacturing	23.59	12.44	11.15	5.15
酒、饮料和精制茶制造业	Wine, Soft Drinks and Refined Tea Manufacturing	82.71	26.36	56.35	5.58
烟草制品业	Tobacco Processing	493.74	132.68	361.06	9.76
纺织业	Textile Industry	74.67	40.55	34.12	4.71
纺织服装、服饰业	Garments and Apparel Industry	48.73	12.34	36.39	3.74
皮革、毛皮、羽毛及其制品和制鞋业	Leather, Furs, Down and Related Production, Shoes Manufacturing	0.42	0.24	0.18	0.06
木材加工和木、竹、藤、棕、草制品业	Timber Processing, Bamboo, Cane Palm Fiber and Straw Production				
家具制造业	Furniture Manufacturing				
造纸和纸制品业	Papermaking and Paper Production	34.99	21.11	13.88	7.92
印刷和记录媒介复制业	Printing and Record Medium Reproduction	24.01	8.61	15.41	7.14
文教、工美、体育和娱乐用品制造业	Cultural and Educational, Arts and Crafts, Sports and Entertainment Goods	10.72	1.64	9.08	0.42

续表 3 Continued 单位:亿元(100 million yuan)

行业	Sector	资产总计 Total Assets	年末负债合计 Total Liabilities	所有者权益合计 Creditor' Equity	实收资本 Total Capital Hold
石油加工、炼焦和核燃料加工业	Petroleum Processing,Cooking and Nuclear Fuel Processing	548.35	255.83	292.52	437.76
化学原料和化学制品制造业	Raw Chemical Materials and Chemical Production	664.69	319.91	344.78	114.85
医药制造业	Medical and Pharmaceutical Production	408.53	159.77	248.76	45.73
化学纤维制造业	Chemical Fiber	14.92	4.40	10.52	8.47
橡胶和塑料制品业	Rubber and plastic production	20.69	11.57	9.12	5.14
非金属矿物制品业	Nonmetal Mineral Production	522.90	293.32	227.71	147.87
黑色金属冶炼和压延加工业	Smelting and Pressing of Ferrous Metals	207.65	107.43	100.16	138.75
有色金属冶炼和压延加工业	Smelting and Pressing of Nonferrous Metals	60.46	49.68	10.78	4.15
金属制品业	Metal Production	43.47	28.26	15.21	8.80
通用设备制造业	Equipment in Common Use	289.84	161.15	128.69	40.22
专用设备制造业	Special Purpose Equipment	108.19	74.53	33.66	15.33
汽车制造业	Automotive Manufacturing	431.70	385.77	45.93	151.97
铁路、船舶、航空航天和其他运输设备制造业	Railway, Shipbuilding, Aerospace and other Transport Equipment	131.16	92.80	38.35	22.05
电气机械和器材制造业	Electric Equipment and Machinery	134.46	108.51	33.03	12.67
计算机、通信和其他电子设备制造业	Computers, Communications and Other Electronic Equipment Manufacturing	664.31	343.54	320.78	108.60
仪器仪表制造业	Instruments Manufacturing	16.33	9.51	6.82	3.18
其他制造业	Other Manufacturing	4.30	1.93	2.38	1.06
废弃资源综合利用业	Comprehensive Utilization of Waste Resources	10.03	6.75	3.28	1.30
金属制品、机械和设备修理业	Metal Products,Machinery and Equipment Repair Industry	11.74	5.20	6.54	4.97
电力、热力的生产和供应业	Production and Supply of Electricity and Heating Power	4895.73	2845.92	2049.82	2008.02
燃气生产和供应业	Production and Supply of Gas	334.98	178.82	156.16	79.83
水的生产和供应业	Production and Supply of Water	964.74	574.20	390.54	207.70

续表 4 Continued 单位:亿元(100 million yuan)

行业	Sector	主营业务收入 Revenues in Main Business	主营业务成本 Costs in Main Business	主营业务税金及附加 Sales Taxes and Extra Charges in Main Business	销售费用 Selling Expens
总计	**Total**	**9230.57**	**7417.64**	**538.11**	**157.65**
按登记注册类型分	**By Registered Type**				
#国有	#State - owned	3235.44	2937.18	116.66	11.58
集体	Collective Owned				
私营	Private				
港澳台商投资	Enterprises Funded by Entrepreneurs From Hong Kong, Macao and Taiwan	446.21	288.94	15.83	17.87
外商投资	Foreign Funded Enterprises	283.34	228.18	1.13	6.56
在总计中:轻工业	Light Industry	1028.08	499.68	312.97	73.99
重工业	Heavy Industry	8202.49	6917.97	225.14	83.66
按工业行业分	**By Sector**				
煤炭开采和洗选业	Coal Mining and Dressing				
黑色金属矿采选业	Ferrous Metals Mining and Dressing	0.86	1.05	0.02	0.07
有色金属矿采选业	Nonferrous Metals Mining and Dressing	1.09	0.65	0.03	0.04
非金属矿采选业	Nonmetal Minerals Mining and Dressing	14.52	10.08	0.69	0.77
农副食品加工业	Non - staple Food Processing	47.39	43.02	0.07	1.15
食品制造业	Food Manufacturing	22.51	17.20	0.13	1.22
酒、饮料和精制茶制造业	Wine, Soft Drinks and Refined Tea Manufacturing	19.45	13.27	1.05	2.46
烟草制品业	Tobacco Processing	480.40	107.27	308.18	13.29
纺织业	Textile Industry	36.98	33.25	0.20	0.48
纺织服装、服饰业	Garments and Apparel Industry	14.44	8.67	0.20	0.31
皮革、毛皮、羽毛及其制品和制鞋业	Leather, Furs, Down and Related Production, Shoes Manufacturing	0.70	0.47	0.02	0.01
木材加工和木、竹、藤、棕、草制品业	Timber Processing, Bamboo, Cane Palm Fiber and Straw Production				
家具制造业	Furniture Manufacturing				
造纸和纸制品业	Papermaking and Paper Production	18.51	15.40	0.07	0.91
印刷和记录媒介复制业	Printing and Record Medium Reproduction	15.69	14.10	0.05	0.40
文教、工美、体育和娱乐用品制造业	Cultural and Educational, Arts and Crafts, Sports and Entertainment Goods	12.31	7.77	0.07	0.07

续表 5 Continued 单位:亿元(100 million yuan)

行业	Sector	主营业务收入 Revenues in Main Business	主营业务成本 Costs in Main Business	主营业务税金及附加 Sales Taxes and Extra Charges in Main Business	销售费用 Selling Expens
石油加工、炼焦和核燃料加工业	Petroleum Processing, Cooking and Nuclear Fuel Processing	982.70	654.40	172.77	2.21
化学原料和化学制品制造业	Raw Chemical Materials and Chemical Production	830.51	717.10	3.45	11.06
医药制造业	Medical and Pharmaceutical Production	160.12	73.78	1.78	41.10
化学纤维制造业	Chemical Fiber	9.90	7.30	0.11	0.15
橡胶和塑料制品业	Rubber and plastic production	22.95	19.81	0.17	0.34
非金属矿物制品业	Nonmetal Mineral Production	253.31	197.97	1.18	11.44
黑色金属冶炼和压延加工业	Smelting and Pressing of Ferrous Metals	193.87	174.96	0.74	0.50
有色金属冶炼和压延加工业	Smelting and Pressing of Nonferrous Metals	64.01	60.64	0.11	0.17
金属制品业	Metal Production	30.15	26.34	0.14	0.77
通用设备制造业	Equipment in Common Use	129.09	105.79	0.76	4.12
专用设备制造业	Special Purpose Equipment	50.90	44.22	0.15	1.91
汽车制造业	Automotive Manufacturing	433.60	323.91	23.73	3.69
铁路、船舶、航空航天和其他运输设备制造业	Railway, Shipbuilding, Aerospace and other Transport Equipment	97.90	82.38	0.20	0.83
电气机械和器材制造业	Electric Equipment and Machinery	123.00	104.09	0.42	9.59
计算机、通信和其他电子设备制造业	Computers, Communications and Other Electronic Equipment Manufacturing	504.72	375.85	2.45	28.40
仪器仪表制造业	Instruments Manufacturing	13.91	11.28	0.12	0.64
其他制造业	Other Manufacturing	9.41	8.47		0.09
废弃资源综合利用业	Comprehensive Utilization of Waste Resources	5.89	4.96	0.05	0.17
金属制品、机械和设备修理业	Metal Products, Machinery and Equipment Repair Industry	7.52	6.50	0.02	0.05
电力、热力的生产和供应业	Production and Supply of Electricity and Heating Power	4136.94	3701.20	17.52	6.83
燃气生产和供应业	Production and Supply of Gas	328.69	311.22	0.75	3.63
水的生产和供应业	Production and Supply of Water	156.64	133.27	0.72	8.76

续表 6 Continued 单位:亿元(100 million yuan)

行业	Sector	管理费用 Administrative Expens	财务费用 Financial Expenses	利润总额 Total Profits
总计	**Total**	**329.73**	**132.46**	**773.36**
按登记注册类型分	**By Registered Type**			
#国有	#State - owned	49.90	36.53	101.62
集体	Collective Owned			
私营	Private			
港澳台商投资	Enterprises Funded by Entrepreneurs From Hong Kong, Macao and Taiwan	32.66	3.67	106.02
外商投资	Foreign Funded Enterprises	10.06	5.76	30.07
在总计中:轻工业	Light Industry	77.95	12.15	81.45
重工业	Heavy Industry	251.78	120.31	691.91
按工业行业分	**By Sector**			
煤炭开采和洗选业	Coal Mining and Dressing			
黑色金属矿采选业	Ferrous Metals Mining and Dressing	0.79	0.02	-0.19
有色金属矿采选业	Nonferrous Metals Mining and Dressing	0.31	0.04	-0.02
非金属矿采选业	Nonmetal Minerals Mining and Dressing	2.03	0.18	1.63
农副食品加工业	Non - staple Food Processing	2.28	0.06	1.91
食品制造业	Food Manufacturing	1.92	0.13	2.03
酒、饮料和精制茶制造业	Wine, Soft Drinks and Refined Tea Manufacturing	1.50	0.20	1.63
烟草制品业	Tobacco Processing	19.03	0.23	34.43
纺织业	Textile Industry	2.35	0.41	2.61
纺织服装、服饰业	Garments and Apparel Industry	7.43	-0.58	1.63
皮革、毛皮、羽毛及其制品和制鞋业	Leather, Furs, Down and Related Production, Shoes Manufacturing	0.08		0.13
木材加工和木、竹、藤、棕、草制品业	Timber Processing, Bamboo, Cane Palm Fiber and Straw Production			
家具制造业	Furniture Manufacturing			
造纸和纸制品业	Papermaking and Paper Production	2.14	0.79	-0.93
印刷和记录媒介复制业	Printing and Record Medium Reproduction	1.13	0.10	0.29
文教、工美、体育和娱乐用品制造业	Cultural and Educational ,Arts and Crafts, Sports and Entertainment Goods	0.21	0.04	4.22

续表 7 Continued 单位:亿元(100 million yuan)

行业	Sector	管理费用 Administrative Expens	财务费用 Financial Expenses	利润总额 Total Profits
石油加工、炼焦和核燃料加工业	Petroleum Processing,Cooking and Nuclear Fuel Processing	19.47	0.84	141.96
化学原料和化学制品制造业	Raw Chemical Materials and Chemical Production	32.21	7.48	66.88
医药制造业	Medical and Pharmaceutical Production	22.27	1.95	23.80
化学纤维制造业	Chemical Fiber	0.68	0.06	1.59
橡胶和塑料制品业	Rubber and plastic production	1.73	0.20	1.01
非金属矿物制品业	Nonmetal Mineral Production	11.82	6.67	33.05
黑色金属冶炼和压延加工业	Smelting and Pressing of Ferrous Metals	7.20	1.56	10.22
有色金属冶炼和压延加工业	Smelting and Pressing of Nonferrous Metals	1.11	1.43	0.79
金属制品业	Metal Production	1.78	0.67	1.00
通用设备制造业	Equipment in Common Use	16.31	0.85	2.08
专用设备制造业	Special Purpose Equipment	4.09	0.80	0.19
汽车制造业	Automotive Manufacturing	26.65	4.77	44.76
铁路、船舶、航空航天和其他运输设备制造业	Railway, Shipbuilding, Aerospace and other Transport Equipment	4.95	1.37	1.12
电气机械和器材制造业	Electric Equipment and Machinery	7.31	0.56	3.03
计算机、通信和其他电子设备制造业	Computers, Communications and Other Electronic Equipment Manufacturing	38.09	-2.76	91.05
仪器仪表制造业	Instruments Manufacturing	1.33	0.09	0.45
其他制造业	Other Manufacturing	0.19	0.03	0.64
废弃资源综合利用业	Comprehensive Utilization of Waste Resources	0.36	0.23	0.28
金属制品、机械和设备修理业	Metal Products,Machinery and Equipment Repair Industry	0.66	-0.05	0.30
电力、热力的生产和供应业	Production and Supply of Electricity and Heating Power	68.87	89.86	290.23
燃气生产和供应业	Production and Supply of Gas	4.70	3.19	7.96
水的生产和供应业	Production and Supply of Water	16.74	11.04	1.60

续表 8 Continued 单位:亿元(100 million yuan)

行业	Sector	利税总额 Total Profits and Taxes	本年应交增值税 Value Added Taxes Payable	平均用工人数(万人) Average Number of Employed Persons (10000 persons)
总计	**Total**	**1732.41**	**418.17**	**30.86**
按登记注册类型分	**By Registered Type**			
#国有	#State - owned	347.67	127.79	6.26
集体	Collective Owned			
私营	Private			
港澳台商投资	Enterprises Funded by Entrepreneurs From Hong Kong, Macao and Taiwan	155.53	33.68	2.01
外商投资	Foreign Funded Enterprises	42.45	11.19	1.41
在总计中:轻工业	Light Industry	484.14	89.53	8.69
重工业	Heavy Industry	1248.26	328.65	22.17
按工业行业分	**By Sector**			
煤炭开采和洗选业	Coal Mining and Dressing			
黑色金属矿采选业	Ferrous Metals Mining and Dressing	-0.12	0.05	0.09
有色金属矿采选业	Nonferrous Metals Mining and Dressing	0.13	0.12	0.06
非金属矿采选业	Nonmetal Minerals Mining and Dressing	3.06	0.75	0.19
农副食品加工业	Non - staple Food Processing	2.26	0.27	0.61
食品制造业	Food Manufacturing	3.10	0.95	0.43
酒、饮料和精制茶制造业	Wine, Soft Drinks and Refined Tea Manufacturing	3.82	1.14	0.44
烟草制品业	Tobacco Processing	404.37	61.76	0.38
纺织业	Textile Industry	3.79	0.97	0.57
纺织服装、服饰业	Garments and Apparel Industry	3.67	1.84	0.86
皮革、毛皮、羽毛及其制品和制鞋业	Leather, Furs, Down and Related Production, Shoes Manufacturing	0.24	0.08	0.02
木材加工和木、竹、藤、棕、草制品业	Timber Processing, Bamboo, Cane Palm Fiber and Straw Production			
家具制造业	Furniture Manufacturing			
造纸和纸制品业	Papermaking and Paper Production	-0.10	0.76	0.29
印刷和记录媒介复制业	Printing and Record Medium Reproduction	0.75	0.39	0.26
文教、工美、体育和娱乐用品制造业	Cultural and Educational, Arts and Crafts, Sports and Entertainment Goods	4.89	0.60	0.05

续表 9 Continued 单位:亿元(100 million yuan)

行业	Sector	利税总额 Total Profits and Taxes	本年应交增值税 Value Added Taxes Payable	平均用工人数(万人) Average Number of Employed Persons (10000 persons)
石油加工、炼焦和核燃料加工业	Petroleum Processing, Cooking and Nuclear Fuel Processing	381.09	66.36	0.75
化学原料和化学制品制造业	Raw Chemical Materials and Chemical Production	96.30	25.95	2.49
医药制造业	Medical and Pharmaceutical Production	40.18	14.60	2.20
化学纤维制造业	Chemical Fiber	2.33	0.63	0.05
橡胶和塑料制品业	Rubber and plastic production	2.58	1.41	0.43
非金属矿物制品业	Nonmetal Mineral Production	44.99	10.70	2.00
黑色金属冶炼和压延加工业	Smelting and Pressing of Ferrous Metals	17.16	6.20	0.55
有色金属冶炼和压延加工业	Smelting and Pressing of Nonferrous Metals	1.16	0.27	0.11
金属制品业	Metal Production	1.98	0.83	0.23
通用设备制造业	Equipment in Common Use	6.63	3.78	1.61
专用设备制造业	Special Purpose Equipment	2.25	1.92	0.55
汽车制造业	Automotive Manufacturing	70.50	2.01	1.02
铁路、船舶、航空航天和其他运输设备制造业	Railway, Shipbuilding, Aerospace and other Transport Equipment	1.67	0.35	0.49
电气机械和器材制造业	Electric Equipment and Machinery	6.72	3.26	0.79
计算机、通信和其他电子设备制造业	Computers, Communications and Other Electronic Equipment Manufacturing	111.54	18.04	2.36
仪器仪表制造业	Instruments Manufacturing	1.06	0.49	0.09
其他制造业	Other Manufacturing	0.75	0.11	0.04
废弃资源综合利用业	Comprehensive Utilization of Waste Resources	0.52	0.20	0.06
金属制品、机械和设备修理业	Metal Products, Machinery and Equipment Repair Industry	0.46	0.14	0.12
电力、热力的生产和供应业	Production and Supply of Electricity and Heating Power	492.23	182.11	7.77
燃气生产和供应业	Production and Supply of Gas	12.62	3.82	0.48
水的生产和供应业	Production and Supply of Water	7.81	5.33	2.40

注：2012 年起行业分类采用 2011 年国民经济行业分类。
2012 industry classification by 2011 national economic industry classification。

7-9 按行业分的国有及国有控股工业企业主要经济效益指标(2016 年)
Main Economic Beneficial Indicators of State-owned and State Holding Industrial Enterprises by Sector(2016)

行业	Sector
总计	**Total**
按登记注册类型分	**By Registered Type**
#国有	#State-owned
集体	Collective Owned
私营	Private
港澳台商投资	Enterprises Funded by Entrepreneurs From Hong Kong, Macao and Taiwan
外商投资	Foreign Funded Enterprises
在总计中:轻工业	Light Industry
重工业	Heavy Industry
按工业行业分	**By Sector**
煤炭开采和洗选业	Coal Mining and Dressing
黑色金属矿采选业	Ferrous Metals Mining and Dressing
有色金属矿采选业	Nonferrous Metals Mining and Dressing
非金属矿采选业	Nonmetal Minerals Mining and Dressing
农副食品加工业	Non-staple Food Processing
食品制造业	Food Manufacturing
酒、饮料和精制茶制造业	Wine, Soft Drinks and Refined Tea Manufacturing
烟草制品业	Tobacco Processing
纺织业	Textile Industry
纺织服装、服饰业	Garments and Apparel Industry
皮革、毛皮、羽毛及其制品和制鞋业	Leather, Furs, Down and Related Production, Shoes Manufacturing
木材加工和木、竹、藤、棕、草制品业	Timber Processing, Bamboo, Cane Palm Fiber and Straw Production
家具制造业	Furniture Manufacturing
造纸和纸制品业	Papermaking and Paper Production
印刷和记录媒介复制业	Printing and Record Medium Reproduction
文教、工美、体育和娱乐用品制造业	Cultural and Educational, Arts and Crafts, Sports and Entertainment Goods

资产负债率(%) Asset Liability Ratio (%)	成本费用利润率(%) Profit Margin of the Cost and Expense (%)	每百元固定资产原值实现利税(元) Pre tax Profits per 100 Yuan Original Value of Fixed Assets(yuan)	每百元主营业务收入实现利税(元) Pre tax Profits per 100 Yuan Revenues in Main Business (yuan)	产品销售率(%) Rate of Production Sold (%)	出口交货值占工业销售(%) Export delivery value of the proportion of total sales value(%)	新产品产值率(%) New product ratio (%)
55.68	**9.05**	**17.35**	**18.77**	**99.30**	**3.15**	**16.20**
55.16	3.23	9.72	10.75	99.13	0.27	0.52
44.14	30.61	47.51	34.86	95.17	0.70	27.06
47.95	11.50	9.62	14.98	95.83	5.39	12.55
45.61	8.03	47.43	47.09	101.72	4.60	12.78
58.04	9.19	13.92	15.22	99.00	2.97	16.62
26.26	-7.94	-2.13	-14.00	114.51		
32.53	-1.70	2.82	12.26	99.78		
85.05	12.39	33.38	21.09	96.93	0.24	20.74
57.97	4.08	11.07	4.77	99.26	17.29	7.35
52.72	9.60	25.61	13.77	92.34	13.95	24.15
31.87	9.25	17.21	19.63	101.00	3.00	11.20
26.87	7.51	325.94	84.17	106.43	0.68	0.37
54.30	6.99	17.99	10.24	97.27	8.24	23.47
25.32	10.15	18.20	25.45	98.48	20.03	1.54
57.21	23.41	51.38	33.47	100.77	62.70	62.44
60.32	-3.98	-0.25	-0.53	96.24	4.24	37.26
35.84	1.43	4.27	4.79	96.43	0.11	1.36
15.34	52.22	528.84	39.75	84.33	1.79	80.06

续表 Continued

行业	Sector
石油加工、炼焦和核燃料加工业	Petroleum Processing, Cooking and Nuclear Fuel Processing
化学原料和化学制品制造业	Raw Chemical Materials and Chemical Production
医药制造业	Medical and Pharmaceutical Production
化学纤维制造业	Chemical Fiber
橡胶和塑料制品业	Rubber and plastic production
非金属矿物制品业	Nonmetal Mineral Production
黑色金属冶炼和压延加工业	Smelting and Pressing of Ferrous Metals
有色金属冶炼和压延加工业	Smelting and Pressing of Nonferrous Metals
金属制品业	Metal Production
通用设备制造业	Equipment in Common Use
专用设备制造业	Special Purpose Equipment
汽车制造业	Automotive Manufacturing
铁路、船舶、航空航天和其他运输设备制造业	Railway, Shipbuilding, Aerospace and other Transport Equipment
电气机械和器材制造业	Electric Equipment and Machinery
计算机、通信和其他电子设备制造业	Computers, Communications and Other Electronic Equipment Manufacturing
仪器仪表制造业	Instruments Manufacturing
其他制造业	Other Manufacturing
废弃资源综合利用业	Comprehensive Utilization of Waste Resources
金属制品、机械和设备修理业	Metal Products, Machinery and Equipment Repair Industry
电力、热力生产和供应业	Production and Supply of Electricity and Heating Power
燃气生产和供应业	Production and Supply of Gas
水的生产和供应业	Production and Supply of Water

资产负债率(%) Asset Liability Ratio (%)	成本费用利润率(%) Profit Margin of the Cost and Expense (%)	每百元固定资产原值实现利税(元) Pre tax Profits per 100 Yuan Original Value of Fixed Assets(yuan)	每百元主营业务收入实现利税(元) Pre tax Profits per 100 Yuan Revenues in Main Business (yuan)	产品销售率(%) Rate of Production Sold (%)	出口交货值占工业销售(%) Export delivery value of the proportion of total sales value(%)	新产品产值率(%) New product ratio (%)
46.65	20.89	80.19	38.78	97.14	0.15	0.42
48.13	8.52	22.56	11.60	99.72	3.09	13.51
39.11	15.91	27.43	25.10	97.84	15.13	52.03
29.48	19.23	17.94	23.49	91.48	0.02	7.89
55.92	4.51	7.20	11.26	98.92		33.79
56.10	14.07	15.44	17.76	98.81	6.37	17.03
51.74	5.23	8.58	8.85	98.17	1.87	11.79
82.18	0.67	15.15	1.81	98.41	0.21	37.31
65.01	3.22	15.63	6.57	90.18	4.58	52.52
55.60	1.63	9.48	5.14	97.62	20.68	58.10
68.89	0.37	15.49	4.43	100.75	10.25	37.10
89.36	12.33	47.51	16.26	98.63	0.17	89.94
70.76	1.19	2.84	1.71	99.35	70.10	63.84
80.70	2.41	21.35	5.47	108.26	2.83	53.04
51.71	19.83	187.65	22.10	98.71	16.85	97.23
58.22	3.38	32.15	7.64	98.45	1.12	54.06
44.76	7.26	130.91	7.97	98.55		6.32
67.29	4.83	6.29	8.88	100.03		7.68
44.32	4.18	7.68	6.11	100.00	0.41	
58.13	7.45	7.27	11.90	99.30		0.40
53.38	2.46	6.49	3.84	100.01		
59.52	0.90	1.09	4.98	97.90		0.50

7-10 按行业分的规模以上私营工业企业主要指标(2016年)
Main Indicators of Private Industrial Enterprises Above Designated Size by Sector(2016)

单位:亿元(100 million yuan)

行业	Sector	企业单位数(个) Number of Enterprises (unit)	#亏损企业(个) Loss (unit)	工业总产值 Gross Industrial Output Value	出口交货值 Export Delivery value
总计	**Total**	**27502**	**2640**	**28399.15**	**4952.72**
按登记注册类型分	**By Registered Type**				
#国有	#State - owned				
集体	Collective Owned				
私营	Private	27502	2640	28399.15	4952.72
港澳台商投资	Enterprises Funded by Entrepreneurs From Hong Kong, Macao and Taiwan				
外商投资	Foreign Funded Enterprises				
在总计中:轻工业	Light Industry	14281	1322	13467.67	3071.69
重工业	Heavy Industry	13221	1318	14931.48	1881.03
按工业行业分	**By Sector**				
煤炭开采和洗选业	Coal Mining and Dressing	2	1	0.43	
黑色金属矿采选业	Ferrous Metals Mining and Dressing	6	2	6.85	
有色金属矿采选业	Nonferrous Metals Mining and Dressing	12	1	14.03	1.19
非金属矿采选业	Nonmetal Minerals Mining and Dressing	89	16	117.53	
农副食品加工业	Non - staple Food Processing	549	59	624.53	93.80
食品制造业	Food Manufacturing	184	19	167.18	21.23
酒、饮料和精制茶制造业	Wine, Soft Drinks and Refined Tea Manufacturing	144	8	188.88	14.12
烟草制品业	Tobacco Processing				
纺织业	Textile Industry	3811	265	4042.08	605.50
纺织服装、服饰业	Garments and Apparel Industry	1795	216	1212.94	419.58
皮革、毛皮、羽毛及其制品和制鞋业	Leather, Furs, Down and Related Production, Shoes Manufacturing	1375	96	929.75	318.28
木材加工和木、竹、藤、棕、草制品业	Timber Processing, Bamboo, Cane Palm Fiber and Straw Production	355	20	342.07	76.56
家具制造业	Furniture Manufacturing	546	61	499.82	240.60
造纸和纸制品业	Papermaking and Paper Production	627	83	659.37	23.65
印刷和记录媒介复制业	Printing and Record Medium Reproduction	370	52	250.33	17.46
文教、工美、体育和娱乐用品制造业	Cultural and Educational, Arts and Crafts, Sports and Entertainment Goods	935	69	881.30	274.60

续表 1 Continued

单位:亿元(100 million yuan)

行业	Sector	企业单位数(个) Number of Enterprises (unit)	#亏损企业(个) Loss (unit)	工业总产值 Gross Industrial Output Value	出口交货值 Export Delivery value
石油加工、炼焦和核燃料加工业	Petroleum Processing,Cooking and Nuclear Fuel Processing	32	8	37.95	0.12
化学原料和化学制品制造业	Raw Chemical Materials and Chemical Products	920	87	1340.38	120.46
医药制造业	Medical and Pharmaceutical Products	193	31	252.76	34.88
化学纤维制造业	Chemical Fiber	425	38	861.34	27.66
橡胶和塑料制品业	Rubber and Plastic Production	1723	152	1490.82	270.58
非金属矿物制品业	Nonmetal Mineral Production	1056	154	991.81	54.08
黑色金属冶炼和压延加工业	Smelting and Pressing of Ferrous Metals	592	66	1136.94	40.36
有色金属冶炼和压延加工业	Smelting and Pressing of Nonferrous Metals	554	80	1145.19	25.05
金属制品业	Metal Production	1809	170	1607.89	404.62
通用设备制造业	Equipment in Common Use	2531	227	2241.58	425.48
专用设备制造业	Special Purpose Equipment	1049	96	796.81	150.68
汽车制造业	Automotive Manufacturing	1215	81	1771.83	186.88
铁路、船舶、航空航天和其他运输设备制造业	Railway, Shipbuilding, Aerospace and other Transport Equipment	361	51	522.51	165.30
电气机械和器材制造业	Electric Equipment and Machinery	2626	258	2751.44	663.45
计算机、通信和其他电子设备制造业	Computers, Communications and Other Electronic Equipment Manufacturing	770	82	777.46	139.47
仪器仪表制造业	Instruments Manufacturing	368	24	278.58	54.92
其他制造业	Other Manufacturing	263	17	177.68	56.96
废弃资源综合利用业	Comprehensive Utilization of Waste Resources	90	28	131.89	
金属制品、机械和设备修理业	Metal Products,Machinery and Equipment Repair Industry	29	12	60.75	25.18
电力、热力的生产和供应业	Production and Supply of Electricity and Heating Power	69	4	73.16	
燃气生产和供应业	Production and Supply of Gas	13	2	7.36	
水的生产和供应业	Production and Supply of Water	14	4	5.93	

续表 2 Continued 单位:亿元(100 million yuan)

行业	Sector	资产总计 Total Assets	年末负债合计 Total Liabilities	所有者权益合计 Creditors´ Equity	实收资本 Total Capital Hold
总计	**Total**	**23753.64**	**14509.10**	**9117.94**	**4349.19**
按登记注册类型分	**By Registered Type**				
#国有	#State – owned				
集体	Collective Owned				
私营	Private	23753.64	14509.10	9117.94	4349.19
港澳台商投资	Enterprises Funded by Entrepreneurs From Hong Kong,Macao and Taiwan				
外商投资	Foreign Funded Enterprises				
在总计中:轻工业	Light Industry	10448.54	6544.36	3857.00	1807.18
重工业	Heavy Industry	13305.10	7964.74	5260.94	2542.02
按工业行业分	**By Sector**				
煤炭开采和洗选业	Coal Mining and Dressing	0.36	0.29	0.07	0.06
黑色金属矿采选业	Ferrous Metals Mining and Dressing	4.06	2.31	1.50	1.12
有色金属矿采选业	Nonferrous Metals Mining and Dressing	23.48	14.64	8.84	2.96
非金属矿采选业	Nonmetal Minerals Mining and Dressing	98.54	68.01	30.53	20.73
农副食品加工业	Non – staple Food Processing	400.20	231.95	165.22	72.51
食品制造业	Food Manufacturing	175.59	101.63	73.95	31.88
酒、饮料和精制茶制造业	Wine, Soft Drinks and Refined Tea Manufacturing	163.44	90.44	72.99	37.97
烟草制品业	Tobacco Processing				
纺织业	Textile Industry	2985.49	1888.22	1078.87	565.73
纺织服装、服饰业	Garments and Apparel Industry	854.46	537.80	314.21	148.57
皮革、毛皮、羽毛及其制品和制鞋业	Leather,Furs,Down and Related Production,Shoes Manufacturing	566.13	376.13	183.82	106.86
木材加工和木、竹、藤、棕、草制品业	Timber Processing,Bamboo,Cane Palm Fiber and Straw Production	210.35	121.41	88.27	33.74
家具制造业	Furniture Manufacturing	373.63	240.54	131.61	67.57
造纸和纸制品业	Papermaking and Paper Production	595.76	406.36	186.84	94.33
印刷和记录媒介复制业	Printing and Record Medium Reproduction	263.20	167.83	90.73	44.50
文教、工美、体育和娱乐用品制造业	Cultural and Educational ,Arts and Crafts,Sports and Entertainment Goods	656.76	411.74	243.73	109.75

续表 3　Continued　　　　单位:亿元(100 million yuan)

行业	Sector	资产总计 Total Assets	年末负债合计 Total Liabilities	所有者权益合计 Creditors´ Equity	实收资本 Total Capital Hold
石油加工、炼焦和核燃料加工业	Petroleum Processing,Cooking and Nuclear Fuel Processing	22.80	11.93	10.87	6.24
化学原料和化学制品制造业	Raw Chemical Materials and Chemical Products	1195.74	601.60	592.83	353.74
医药制造业	Medical and Pharmaceutical Products	289.66	152.90	135.93	69.18
化学纤维制造业	Chemical Fiber	670.03	432.07	237.01	112.03
橡胶和塑料制品业	Rubber and Plastic Production	1209.59	722.45	470.16	197.28
非金属矿物制品业	Nonmetal Mineral Production	1124.93	681.60	437.81	217.17
黑色金属冶炼和压延加工业	Smelting and Pressing of Ferrous Metals	641.09	395.41	234.27	117.84
有色金属冶炼和压延加工业	Smelting and Pressing of Nonferrous Metals	622.01	395.83	217.85	92.80
金属制品业	Metal Production	1336.69	829.49	503.15	247.49
通用设备制造业	Equipment in Common Use	2209.08	1231.74	965.35	392.60
专用设备制造业	Special Purpose Equipment	852.24	498.88	349.37	147.16
汽车制造业	Automotive Manufacturing	1704.78	1153.95	547.93	217.53
铁路、船舶、航空航天和其他运输设备制造业	Railway, Shipbuilding, Aerospace and other Transport Equipment	496.45	330.74	164.78	97.77
电气机械和器材制造业	Electric Equipment and Machinery	2383.52	1449.62	924.34	437.51
计算机、通信和其他电子设备制造业	Computers, Communications and Other Electronic Equipment Manufacturing	787.71	455.13	331.25	151.98
仪器仪表制造业	Instruments Manufacturing	282.56	148.76	130.71	56.11
其他制造业	Other Manufacturing	117.58	75.28	42.16	20.68
废弃资源综合利用业	Comprehensive Utilization of Waste Resources	107.29	85.79	19.98	14.72
金属制品、机械和设备修理业	Metal Products,Machinery and Equipment Repair Industry	57.30	35.85	21.45	5.33
电力、热力的生产和供应业	Production and Supply of Electricity and Heating Power	236.25	137.55	97.90	48.40
燃气生产和供应业	Production and Supply of Gas	8.41	4.22	4.20	3.21
水的生产和供应业	Production and Supply of Water	26.46	19.00	7.46	4.1

续表 4 Continued 单位:亿元(100 million yuan)

行业	Sector	主营业务收入 Revenues in Main Business	主营业务成本 Costs in Main Business	主营业务税金及附加 Sales Taxes and Extra Charges in Main Business	销售费用 Selling Expens
总计	**Total**	**26883.68**	**23112.98**	**153.69**	**657.81**
按登记注册类型分	**By Registered Type**				
#国有	#State - owned				
集体	Collective Owned				
私营	Private	26883.68	23112.98	153.69	657.81
港澳台商投资	Enterprises Funded by Entrepreneurs From Hong Kong, Macao and Taiwan				
外商投资	Foreign Funded Enterprises				
在总计中:轻工业	Light Industry	12867.62	11136.07	68.06	339.39
重工业	Heavy Industry	14016.06	11976.91	85.63	318.42
按工业行业分	**By Sector**				
煤炭开采和洗选业	Coal Mining and Dressing	0.41	0.35	0.02	
黑色金属矿采选业	Ferrous Metals Mining and Dressing	5.57	5.05	0.03	0.15
有色金属矿采选业	Nonferrous Metals Mining and Dressing	13.81	11.14	0.18	0.15
非金属矿采选业	Nonmetal Minerals Mining and Dressing	114.57	93.92	3.96	1.87
农副食品加工业	Non - staple Food Processing	586.36	532.60	1.69	11.07
食品制造业	Food Manufacturing	156.56	125.56	0.94	8.84
酒、饮料和精制茶制造业	Wine, Soft Drinks and Refined Tea Manufacturing	189.82	141.51	1.46	21.73
烟草制品业	Tobacco Processing				
纺织业	Textile Industry	3841.74	3411.75	18.97	43.81
纺织服装、服饰业	Garments and Apparel Industry	1149.04	994.42	6.68	29.91
皮革、毛皮、羽毛及其制品和制鞋业	Leather, Furs, Down and Related Production, Shoes Manufacturing	860.92	758.08	4.33	18.34
木材加工和木、竹、藤、棕、草制品业	Timber Processing, Bamboo, Cane Palm Fiber and Straw Production	329.89	282.40	2.85	8.76
家具制造业	Furniture Manufacturing	470.84	392.32	2.81	19.52
造纸和纸制品业	Papermaking and Paper Production	629.42	552.01	4.11	14.81
印刷和记录媒介复制业	Printing and Record Medium Reproduction	234.40	199.74	1.19	6.00
文教、工美、体育和娱乐用品制造业	Cultural and Educational, Arts and Crafts, Sports and Entertainment Goods	840.50	717.73	4.66	25.28

续表 5 Continued 单位:亿元(100 million yuan)

行业	Sector	主营业务收入 Revenues in Main Business	主营业务成本 Costs in Main Business	主营业务税金及附加 Sales Taxes and Extra Charges in Main Business	销售费用 Selling Expens
石油加工、炼焦和核燃料加工业	Petroleum Processing,Cooking and Nuclear Fuel Processing	36.56	31.67	0.33	1.09
化学原料和化学制品制造业	Raw Chemical Materials and Chemical Products	1415.95	1212.59	6.14	61.15
医药制造业	Medical and Pharmaceutical Products	214.67	150.42	1.36	19.92
化学纤维制造业	Chemical Fiber	827.53	763.98	2.45	4.35
橡胶和塑料制品业	Rubber and Plastic Production	1422.78	1222.92	8.06	34.22
非金属矿物制品业	Nonmetal Mineral Production	938.49	790.50	5.45	33.96
黑色金属冶炼和压延加工业	Smelting and Pressing of Ferrous Metals	1063.77	969.85	2.91	11.03
有色金属冶炼和压延加工业	Smelting and Pressing of Nonferrous Metals	1127.87	1052.78	2.34	6.54
金属制品业	Metal Production	1517.55	1297.32	9.11	37.04
通用设备制造业	Equipment in Common Use	2077.88	1722.51	11.39	60.25
专用设备制造业	Special Purpose Equipment	725.06	585.74	4.76	21.82
汽车制造业	Automotive Manufacturing	1698.91	1420.86	22.25	39.60
铁路、船舶、航空航天和其他运输设备制造业	Railway, Shipbuilding, Aerospace and other Transport Equipment	400.62	350.76	1.63	6.12
电气机械和器材制造业	Electric Equipment and Machinery	2574.66	2165.90	13.64	74.45
计算机、通信和其他电子设备制造业	Computers, Communications and Other Electronic Equipment Manufacturing	736.41	598.99	4.19	18.93
仪器仪表制造业	Instruments Manufacturing	253.05	196.71	1.71	9.93
其他制造业	Other Manufacturing	166.41	144.47	0.87	4.69
废弃资源综合利用业	Comprehensive Utilization of Waste Resources	132.29	119.96	0.41	1.10
金属制品、机械和设备修理业	Metal Products,Machinery and Equipment Repair Industry	45.54	40.66	0.42	0.62
电力、热力的生产和供应业	Production and Supply of Electricity and Heating Power	70.30	45.12	0.34	0.11
燃气生产和供应业	Production and Supply of Gas	7.65	6.17	0.03	0.61
水的生产和供应业	Production and Supply of Water	5.87	4.52	0.05	0.04

续表 6 Continued 单位:亿元(100 million yuan)

行业	Sector	管理费用 Administrative Expens	财务费用 Financial Expenses	利润总额 Total Profits
总计	**Total**	**1330.77**	**357.59**	**1458.24**
按登记注册类型分	**By Registered Type**			
#国有	#State - owned			
集体	Collective Owned			
私营	Private	1330.77	357.59	1458.24
港澳台商投资	Enterprises Funded by Entrepreneurs From Hong Kong, Macao and Taiwan			
外商投资	Foreign Funded Enterprises			
在总计中:轻工业	Light Industry	578.26	169.83	657.66
重工业	Heavy Industry	752.51	187.76	800.57
按工业行业分	**By Sector**			
煤炭开采和洗选业	Coal Mining and Dressing	0.03	0.01	
黑色金属矿采选业	Ferrous Metals Mining and Dressing	0.14	0.04	0.17
有色金属矿采选业	Nonferrous Metals Mining and Dressing	1.13	0.41	0.83
非金属矿采选业	Nonmetal Minerals Mining and Dressing	5.11	1.82	7.79
农副食品加工业	Non - staple Food Processing	15.50	7.47	21.49
食品制造业	Food Manufacturing	9.41	2.81	10.61
酒、饮料和精制茶制造业	Wine, Soft Drinks and Refined Tea Manufacturing	6.64	1.59	19.85
烟草制品业	Tobacco Processing			
纺织业	Textile Industry	121.18	56.00	199.34
纺织服装、服饰业	Garments and Apparel Industry	60.39	13.23	47.69
皮革、毛皮、羽毛及其制品和制鞋业	Leather, Furs, Down and Related Production, Shoes Manufacturing	40.43	8.47	33.57
木材加工和木、竹、藤、棕、草制品业	Timber Processing, Bamboo, Cane Palm Fiber and Straw Production	13.04	3.31	21.23
家具制造业	Furniture Manufacturing	29.22	5.30	24.74
造纸和纸制品业	Papermaking and Paper Production	26.34	12.80	26.51
印刷和记录媒介复制业	Printing and Record Medium Reproduction	15.27	4.68	11.91
文教、工美、体育和娱乐用品制造业	Cultural and Educational, Arts and Crafts, Sports and Entertainment Goods	39.30	9.62	47.92

续表 7 Continued 单位:亿元(100 million yuan)

行业	Sector	管理费用 Administrative Expens	财务费用 Financial Expenses	利润总额 Total Profits
石油加工、炼焦和核燃料加工业	Petroleum Processing,Cooking and Nuclear Fuel Processing	1.41	0.32	2.23
化学原料和化学制品制造业	Raw Chemical Materials and Chemical Products	63.56	14.39	81.64
医药制造业	Medical and Pharmaceutical Products	24.27	3.53	19.74
化学纤维制造业	Chemical Fiber	16.78	12.55	33.38
橡胶和塑料制品业	Rubber and Plastic Production	70.24	20.32	74.83
非金属矿物制品业	Nonmetal Mineral Production	47.59	14.83	53.40
黑色金属冶炼和压延加工业	Smelting and Pressing of Ferrous Metals	28.87	10.78	46.07
有色金属冶炼和压延加工业	Smelting and Pressing of Nonferrous Metals	19.68	12.52	37.24
金属制品业	Metal Production	77.76	20.70	88.82
通用设备制造业	Equipment in Common Use	147.12	26.96	126.85
专用设备制造业	Special Purpose Equipment	61.28	11.45	47.00
汽车制造业	Automotive Manufacturing	102.53	20.04	111.77
铁路、船舶、航空航天和其他运输设备制造业	Railway, Shipbuilding, Aerospace and other Transport Equipment	18.62	9.26	15.65
电气机械和器材制造业	Electric Equipment and Machinery	164.50	28.88	140.26
计算机、通信和其他电子设备制造业	Computers, Communications and Other Electronic Equipment Manufacturing	60.04	9.63	50.89
仪器仪表制造业	Instruments Manufacturing	24.84	2.91	20.92
其他制造业	Other Manufacturing	8.21	1.90	6.69
废弃资源综合利用业	Comprehensive Utilization of Waste Resources	2.79	1.80	7.16
金属制品、机械和设备修理业	Metal Products,Machinery and Equipment Repair Industry	2.79	0.75	0.35
电力、热力的生产和供应业	Production and Supply of Electricity and Heating Power	3.65	5.98	18.86
燃气生产和供应业	Production and Supply of Gas	0.50	0.11	0.24
水的生产和供应业	Production and Supply of Water	0.64	0.40	0.59

续表 8 Continued 单位:亿元(100 million yuan)

行业	Sector	利税总额 Total Profits and Taxes	本年应交增值税 Value Added Taxes Payable	平均用工人数(万人) Average Number of Employed Persons (10000 persons)
总计	**Total**	**2355.58**	**740.44**	**353.86**
按登记注册类型分	**By Registered Type**			
#国有	#State - owned			
集体	Collective Owned			
私营	Private	2355.58	740.44	353.86
港澳台商投资	Enterprises Funded by Entrepreneurs From Hong Kong, Macao and Taiwan			
外商投资	Foreign Funded Enterprises			
在总计中:轻工业	Light Industry	1090.95	363.51	190.87
重工业	Heavy Industry	1264.62	376.93	162.99
按工业行业分	**By Sector**			
煤炭开采和洗选业	Coal Mining and Dressing	0.06	0.04	
黑色金属矿采选业	Ferrous Metals Mining and Dressing	0.22	0.02	0.05
有色金属矿采选业	Nonferrous Metals Mining and Dressing	1.74	0.73	0.15
非金属矿采选业	Nonmetal Minerals Mining and Dressing	15.82	4.05	0.63
农副食品加工业	Non - staple Food Processing	31.24	8.04	4.60
食品制造业	Food Manufacturing	16.67	5.12	2.48
酒、饮料和精制茶制造业	Wine, Soft Drinks and Refined Tea Manufacturing	28.43	7.11	1.55
烟草制品业	Tobacco Processing			
纺织业	Textile Industry	320.59	101.95	45.18
纺织服装、服饰业	Garments and Apparel Industry	89.69	35.19	25.84
皮革、毛皮、羽毛及其制品和制鞋业	Leather, Furs, Down and Related Production, Shoes Manufacturing	64.80	26.84	21.11
木材加工和木、竹、藤、棕、草制品业	Timber Processing, Bamboo, Cane Palm Fiber and Straw Production	33.03	8.93	4.10
家具制造业	Furniture Manufacturing	42.98	15.39	9.13
造纸和纸制品业	Papermaking and Paper Production	55.33	24.65	6.90
印刷和记录媒介复制业	Printing and Record Medium Reproduction	19.79	6.68	3.93
文教、工美、体育和娱乐用品制造业	Cultural and Educational , Arts and Crafts, Sports and Entertainment Goods	75.09	22.31	13.31

续表 9 Continued 单位:亿元(100 million yuan)

行业	Sector	利税总额 Total Profits and Taxes	本年应交增值税 Value Added Taxes Payable	平均用工人数(万人) Average Number of Employed Persons (10000 persons)
石油加工、炼焦和核燃料加工业	Petroleum Processing, Cooking and Nuclear Fuel Processing	3.28	0.71	0.14
化学原料和化学制品制造业	Raw Chemical Materials and Chemical Products	123.20	35.17	9.34
医药制造业	Medical and Pharmaceutical Products	30.22	9.11	3.18
化学纤维制造业	Chemical Fiber	47.75	11.90	4.81
橡胶和塑料制品业	Rubber and Plastic Production	120.02	36.99	19.23
非金属矿物制品业	Nonmetal Mineral Production	90.12	31.20	9.99
黑色金属冶炼和压延加工业	Smelting and Pressing of Ferrous Metals	68.11	19.07	6.18
有色金属冶炼和压延加工业	Smelting and Pressing of Nonferrous Metals	56.47	16.83	4.61
金属制品业	Metal Production	143.25	45.13	23.88
通用设备制造业	Equipment in Common Use	204.75	66.21	32.19
专用设备制造业	Special Purpose Equipment	77.16	25.27	12.03
汽车制造业	Automotive Manufacturing	180.24	46.05	19.84
铁路、船舶、航空航天和其他运输设备制造业	Railway, Shipbuilding, Aerospace and other Transport Equipment	26.11	8.82	4.88
电气机械和器材制造业	Electric Equipment and Machinery	226.46	71.76	39.78
计算机、通信和其他电子设备制造业	Computers, Communications and Other Electronic Equipment Manufacturing	79.74	24.62	13.41
仪器仪表制造业	Instruments Manufacturing	32.94	10.28	5.22
其他制造业	Other Manufacturing	12.17	4.61	3.36
废弃资源综合利用业	Comprehensive Utilization of Waste Resources	11.58	4.01	0.72
金属制品、机械和设备修理业	Metal Products, Machinery and Equipment Repair Industry	2.93	2.17	1.44
电力、热力的生产和供应业	Production and Supply of Electricity and Heating Power	22.23	3.03	0.53
燃气生产和供应业	Production and Supply of Gas	0.43	0.16	0.05
水的生产和供应业	Production and Supply of Water	0.93	0.30	0.08

注:2012 年起行业分类采用 2011 年国民经济行业分类。
2012 industry classification by 2011 national economic industry classification。

7－11 按行业分的规模以上私营工业企业主要经济效益指标(2016 年)
Main Economic Beneficial Indicators of Private Industrial Enterprises Above Designated Size by Sector(2016)

行业	Sector
总计	**Total**
按登记注册类型分	**By Registered Type**
#国有	#State－owned
集体	Collective Owned
私营	Private
港澳台商投资	Enterprises Funded by Entrepreneurs From Hong Kong,Macao and Taiwan
外商投资	Foreign Funded Enterprises
在总计中:轻工业	Light Industry
重工业	Heavy Industry
按工业行业分	**By Sector**
煤炭开采和洗选业	Coal Mining and Dressing
黑色金属矿采选业	Ferrous Metals Mining and Dressing
有色金属矿采选业	Nonferrous Metals Mining and Dressing
非金属矿采选业	Nonmetal Minerals Mining and Dressing
农副食品加工业	Non－staple Food Processing
食品制造业	Food Manufacturing
酒、饮料和精制茶制造业	Wine, Soft Drinks and Refined Tea Manufacturing
烟草制品业	Tobacco Processing
纺织业	Textile Industry
纺织服装、服饰业	Garments and Apparel Industry
皮革、毛皮、羽毛及其制品和制鞋业	Leather,Furs,Down and Related Production,Shoes Manufacturing
木材加工和木、竹、藤、棕、草制品业	Timber Processing,Bamboo,Cane Palm Fiber and Straw Production
家具制造业	Furniture Manufacturing
造纸和纸制品业	Papermaking and Paper Production
印刷和记录媒介复制业	Printing and Record Medium Reproduction
文教、工美、体育和娱乐用品制造业	Cultural and Educational ,Arts and Crafts,Sports and Entertainment Goods

资产负债率(%) Asset Liability Ratio (%)	成本费用利润率(%) Profit Margin of the Cost and Expense (%)	每百元固定资产原值实现利税(元) Pre tax Profits per 100 Yuan Original Value of Fixed Assets(yuan)	每百元主营业务收入实现利税(元) Pre tax Profits per 100 Yuan Revenues in Main Business (yuan)	产品销售率(%) Rate of Production Sold (%)	出口交货值占工业销售(%) Export delivery value of the proportion of total sales value(%)	新产品产值率(%) New product ratio (%)
61.08	**5.67**	**27.19**	**8.76**	**96.12**	**18.14**	**32.08**
61.08	5.67	27.19	8.76	96.12	18.14	32.08
62.63	5.34	26.98	8.48	96.08	23.74	28.91
59.86	5.97	27.37	9.02	96.15	13.10	34.94
79.67	0.88	34.18	14.47	93.08		
56.83	3.19		3.93			
62.36	6.49	49.90	12.62	97.12	8.76	1.02
69.01	7.58	50.25	13.81	97.19		4.59
57.96	3.78	22.73	5.33	95.78	15.68	13.99
57.88	7.16	25.25	10.65	95.53	13.29	24.95
55.34	10.91	37.17	14.98	97.24	7.69	26.52
63.25	5.46	23.94	8.34	96.65	15.50	26.14
62.94	4.30	29.67	7.81	96.25	35.94	29.44
66.44	4.06	39.16	7.53	94.54	36.21	27.33
57.72	6.88	46.17	10.01	97.12	23.04	33.11
64.38	5.50	37.22	9.13	95.26	50.53	31.71
68.21	4.35	21.86	8.79	98.08	3.66	21.69
63.76	5.25	15.86	8.44	96.82	7.20	20.88
62.69	6.02	36.79	8.93	96.02	32.45	33.52

续表 Continued

行业	Sector
石油加工、炼焦和核燃料加工业	Petroleum Processing,Coking and Nuclear Fuel Processing
化学原料和化学制品制造业	Raw Chemical Materials and Chemical Production
医药制造业	Medical and Pharmaceutical Production
化学纤维制造业	Chemical Fiber
橡胶和塑料制品业	Rubber and Plastic Production
非金属矿物制品业	Nonmetal Mineral Production
黑色金属冶炼和压延加工业	Smelting and Pressing of Ferrous Metals
有色金属冶炼和压延加工业	Smelting and Pressing of Nonferrous Metals
金属制品业	Metal Production
通用设备制造业	Equipment in Common Use
专用设备制造业	Special Purpose Equipment
汽车制造业	Automotive Manufacturing
铁路、船舶、航空航天和其他运输设备制造业	Railway, Shipbuilding, Aerospace and other Transport Equipment
电气机械和器材制造业	Electric Equipment and Machinery
计算机、通信和其他电子设备制造业	Computers, Communications and Other Electronic Equipment Manufacturing
仪器仪表制造业	Instruments Manufacturing
其他制造业	Other Manufacturing
废弃资源综合利用业	Comprehensive Utilization of Waste Resources
金属制品、机械和设备修理业	Metal Products,Machinery and Equipment Repair Industry
电力、热力生产和供应业	Production and Supply of Electricity and Heating Power
燃气生产和供应业	Production and Supply of Gas
水的生产和供应业	Production and Supply of Water

资产负债率（%）Asset Liability Ratio（%）	成本费用利润率（%）Profit Margin of the Cost and Expense（%）	每百元固定资产原值实现利税（元）Pre tax Profits per 100 Yuan Original Value of Fixed Assets（yuan）	每百元主营业务收入实现利税（元）Pre tax Profits per 100 Yuan Revenues in Main Business（yuan）	产品销售率（%）Rate of Production Sold（%）	出口交货值占工业销售（%）Export delivery value of the proportion of total sales value（%）	新产品产值率（%）New product ratio（%）
52.34	4.68	38.18	8.96	97.81	0.33	23.21
50.31	5.89	30.83	8.70	96.17	9.34	35.10
52.79	9.80	25.58	14.08	90.07	15.32	40.88
64.48	4.15	14.61	5.77	97.11	3.31	32.16
59.73	5.51	24.43	8.44	96.38	18.83	35.83
60.59	5.98	21.26	9.60	97.08	5.62	18.26
61.68	4.48	27.80	6.40	95.55	3.72	26.67
63.64	3.31	33.72	5.01	97.89	2.23	25.03
62.06	6.17	31.17	9.44	95.65	26.31	28.97
55.76	6.44	25.85	9.85	95.96	19.78	37.88
58.54	6.85	25.35	10.64	94.20	20.08	42.56
67.69	7.00	33.00	10.61	96.59	10.92	49.88
66.62	3.99	15.29	6.52	95.16	33.24	28.91
60.82	5.71	32.83	8.80	95.63	25.21	39.26
57.78	7.35	33.07	10.83	96.07	18.67	46.72
52.65	8.89	37.98	13.02	93.61	21.06	45.14
64.02	4.15	29.01	7.32	93.71	34.21	24.11
79.96	5.66	57.17	8.76	97.42		18.65
62.56	0.78	8.16	6.44	99.38	41.72	0.20
58.22	32.63	12.07	31.62	94.99		5.07
50.13	3.20	7.82	5.64	98.42		0.22
71.82	10.39	6.72	15.87	101.28		28.65

7-12 按行业分的外商投资和港澳台商投资工业企业主要指标(2016年)
Main Indicators of Foreign Funded Enterprises and Enterprises Funded by Entrepreneurs from Hong Kong,Macao and Taiwai by Sector(2016)

单位:亿元(100 million yuan)

行业	Sector	企业单位数(个) Number of Enterprises (unit)	#亏损企业(个) Loss (unit)	工业总产值 Gross Industrial Output Value	出口交货值 Export Delivery value
总计	**Total**	**5322**	**940**	**15032.24**	**3791.27**
按登记注册类型分	**By Registered Type**				
#国有	#State-owned				
集体	Collective Owned				
私营	Private				
港澳台商投资	Enterprises Funded by Entrepreneurs From Hong Kong,Macao and Taiwan	2777	511	7803.61	1723.53
外商投资	Foreign Funded Enterprises	2545	429	7228.63	2067.74
在总计中:轻工业	Light Industry	2700	471	6360.62	1880.97
重工业	Heavy Industry	2622	469	8671.62	1910.30
按工业行业分	**By Sector**				
煤炭开采和洗选业	Coal Mining and Dressing				
黑色金属矿采选业	Ferrous Metals Mining and Dressing				
有色金属矿采选业	Nonferrous Metals Mining and Dressing				
非金属矿采选业	Nonmetal Minerals Mining and Dressing	3		4.36	
农副食品加工业	Non-staple Food Processing	53	12	165.60	40.66
食品制造业	Food Manufacturing	81	17	206.45	26.90
酒、饮料和精制茶制造业	Wine, Soft Drinks and Refined Tea Manufacturing	54	8	207.02	3.45
烟草制品业	Tobacco Processing	1		2.60	
纺织业	Textile Industry	578	74	1191.23	282.80
纺织服装、服饰业	Garments and Apparel Industry	583	133	827.18	406.26
皮革、毛皮、羽毛及其制品和制鞋业	Leather,Furs,Down and Related Production,Shoes Manufacturing	156	23	233.31	101.19
木材加工和木、竹、藤、棕、草制品业	Timber Processing,Bamboo,Cane Palm Fiber and Straw Production	53	7	95.52	25.00
家具制造业	Furniture Manufacturing	126	23	338.57	178.63
造纸和纸制品业	Papermaking and Paper Production	74	13	288.04	49.90
印刷和记录媒介复制业	Printing and Record Medium Reproduction	35	6	73.33	23.23
文教、工美、体育和娱乐用品制造业	Cultural and Educational ,Arts and Crafts,Sports and Entertainment Goods	212	38	412.18	249.67

续表 1 Continued 单位:亿元(100 million yuan)

行业	Sector	企业单位数(个) Number of Enterprises (unit)	#亏损企业(个) Loss (unit)	工业总产值 Gross Industrial Output Value	出口交货值 Export Delivery value
石油加工、炼焦和核燃料加工业	Petroleum Processing, Coking and Nuclear Fuel Processing	11	2	282.44	0.35
化学原料和化学制品制造业	Raw Chemical Materials and Chemical Production	299	56	1757.80	174.75
医药制造业	Medical and Pharmaceutical Production	75	9	411.71	58.26
化学纤维制造业	Chemical Fiber	79	13	708.14	53.08
橡胶和塑料制品业	Rubber and Plastic Production	257	49	649.49	156.12
非金属矿物制品业	Nonmetal Mineral Production	125	29	228.94	27.68
黑色金属冶炼和压延加工业	Smelting and Pressing of Ferrous Metals	66	12	300.89	27.97
有色金属冶炼和压延加工业	Smelting and Pressing of Nonferrous Metals	52	15	374.33	43.45
金属制品业	Metal Products	263	48	371.02	144.71
通用设备制造业	Equipment in Common Use	573	100	977.57	240.14
专用设备制造业	Special Purpose Equipment	241	39	439.80	136.08
汽车制造业	Automotive Manufacturing	310	45	1154.63	171.81
铁路、船舶、航空航天和其他运输设备制造业	Railway, Shipbuilding, Aerospace and other Transport Equipment	36	11	176.10	125.48
电气机械和器材制造业	Electric Equipment and Machinery	456	77	1257.14	393.01
计算机、通信和其他电子设备制造业	Computers, Communications and Other Electronic Equipment Manufacturing	241	43	1306.81	552.33
仪器仪表制造业	Instruments Manufacturing	83	19	171.23	65.71
其他制造业	Other Manufacturing	36	3	58.28	20.42
废弃资源综合利用业	Comprehensive Utilization of Waste Resources	12	9	31.22	0.36
金属制品、机械和设备修理业	Metal Products, Machinery and Equipment Repair Industry	5	2	20.94	11.86
电力、热力的生产和供应业	Production and Supply of Electricity and Heating Power	55	2	224.87	
燃气生产和供应业	Production and Supply of Gas	26	2	78.44	
水的生产和供应业	Production and Supply of Water	12	1	5.05	

续表 2 Continued 单位:亿元(100 million yuan)

行业	Sector	资产总计 Total Assets	年末负债合计 Total Liabilities	所有者权益合计 Creditors´ Equity	实收资本 Total Capital Hold
总计	**Total**	**15793.28**	**8108.74**	**7592.06**	**5142.50**
按登记注册类型分	**By Registered Type**				
#国有	#State－owned				
集体	Collective Owned				
私营	Private				
港澳台商投资	Enterprises Funded by Entrepreneurs From Hong Kong, Macao and Taiwan	8647.14	4554.27	4035.66	2122.27
外商投资	Foreign Funded Enterprises	7146.14	3554.46	3556.41	3020.23
在总计中:轻工业	Light Industry	6207.84	3249.49	2928.61	1613.45
重工业	Heavy Industry	9585.44	4859.25	4663.45	3529.05
按工业行业分	**By Sector**				
煤炭开采和洗选业	Coal Mining and Dressing				
黑色金属矿采选业	Ferrous Metals Mining and Dressing				
有色金属矿采选业	Nonferrous Metals Mining and Dressing				
非金属矿采选业	Nonmetal Minerals Mining and Dressing	8.17	3.70	4.47	5.91
农副食品加工业	Non－staple Food Processing	129.61	68.01	60.82	34.07
食品制造业	Food Manufacturing	218.59	115.10	103.48	71.78
酒、饮料和精制茶制造业	Wine, Soft Drinks and Refined Tea Manufacturing	227.38	114.94	112.44	75.35
烟草制品业	Tobacco Processing	2.68	1.17	1.51	0.56
纺织业	Textile Industry	1188.46	593.80	583.82	316.21
纺织服装、服饰业	Garments and Apparel Industry	819.11	407.41	409.69	193.80
皮革、毛皮、羽毛及其制品和制鞋业	Leather, Furs, Down and Related Production, Shoes Manufacturing	200.41	121.23	79.14	48.66
木材加工和木、竹、藤、棕、草制品业	Timber Processing, Bamboo, Cane Palm Fiber and Straw Production	52.91	26.44	26.47	18.39
家具制造业	Furniture Manufacturing	301.20	166.58	133.47	78.17
造纸和纸制品业	Papermaking and Paper Production	435.59	250.43	184.29	133.59
印刷和记录媒介复制业	Printing and Record Medium Reproduction	104.15	34.24	70.03	44.61
文教、工美、体育和娱乐用品制造业	Cultural and Educational, Arts and Crafts, Sports and Entertainment Goods	301.56	170.86	130.00	87.08

续表 3 Continued 单位:亿元(100 million yuan)

行业	Sector	资产总计 Total Assets	年末负债合计 Total Liabilities	所有者权益合计 Creditors′ Equity	实收资本 Total Capital Hold
石油加工、炼焦和核燃料加工业	Petroleum Processing, Coking and Nuclear Fuel Processing	158.63	104.33	54.30	36.28
化学原料和化学制品制造业	Raw Chemical Materials and Chemical Production	1739.26	895.05	799.75	511.75
医药制造业	Medical and Pharmaceutical Production	372.85	149.86	222.99	92.02
化学纤维制造业	Chemical Fiber	716.78	426.47	284.37	164.40
橡胶和塑料制品业	Rubber and Plastic Production	662.15	349.82	311.06	139.88
非金属矿物制品业	Nonmetal Mineral Production	306.91	168.95	137.96	90.38
黑色金属冶炼和压延加工业	Smelting and Pressing of Ferrous Metals	237.91	121.01	116.38	89.83
有色金属冶炼和压延加工业	Smelting and Pressing of Nonferrous Metals	313.16	178.16	134.99	79.53
金属制品业	Metal Products	379.07	193.85	181.07	112.11
通用设备制造业	Equipment in Common Use	1191.89	576.80	613.34	312.11
专用设备制造业	Special Purpose Equipment	586.45	254.07	332.38	148.41
汽车制造业	Automotive Manufacturing	1507.43	784.23	723.03	1335.72
铁路、船舶、航空航天和其他运输设备制造业	Railway, Shipbuilding, Aerospace and other Transport Equipment	167.23	95.32	71.90	27.10
电气机械和器材制造业	Electric Equipment and Machinery	1178.76	661.83	514.27	294.55
计算机、通信和其他电子设备制造业	Computers, Communications and Other Electronic Equipment Manufacturing	1361.07	595.43	750.62	315.42
仪器仪表制造业	Instruments Manufacturing	200.08	86.04	114.03	47.19
其他制造业	Other Manufacturing	51.46	24.96	26.21	15.59
废弃资源综合利用业	Comprehensive Utilization of Waste Resources	26.71	16.15	10.56	10.58
金属制品、机械和设备修理业	Metal Products, Machinery and Equipment Repair Industry	53.04	37.23	15.82	16.78
电力、热力的生产和供应业	Production and Supply of Electricity and Heating Power	460.71	236.59	224.12	154.66
燃气生产和供应业	Production and Supply of Gas	101.29	62.44	38.84	28.02
水的生产和供应业	Production and Supply of Water	30.6	16.21	14.42	12.04

续表 4 Continued 单位:亿元(100 million yuan)

行业	Sector	主营业务收入 Revenues in Main Business	主营业务成本 Costs in Main Business	主营业务税金及附加 Sales Taxes and Extra Charges in Main Business	销售费用 Selling Expens
总计	**Total**	**14247.54**	**11692.44**	**86.68**	**537.31**
按登记注册类型分	**By Registered Type**				
#国有	#State - owned				
集体	Collective Owned				
私营	Private				
港澳台商投资	Enterprises Funded by Entrepreneurs From Hong Kong, Macao and Taiwan	7388.71	6124.10	46.77	226.43
外商投资	Foreign Funded Enterprises	6858.83	5568.34	39.91	310.88
在总计中:轻工业	Light Industry	6036.75	4931.62	35.21	305.94
重工业	Heavy Industry	8210.79	6760.82	51.48	231.36
按工业行业分	**By Sector**				
煤炭开采和洗选业	Coal Mining and Dressing				
黑色金属矿采选业	Ferrous Metals Mining and Dressing				
有色金属矿采选业	Nonferrous Metals Mining and Dressing				
非金属矿采选业	Nonmetal Minerals Mining and Dressing	4.36	2.94	0.27	0.14
农副食品加工业	Non - staple Food Processing	162.24	147.70	0.26	3.74
食品制造业	Food Manufacturing	200.66	159.64	0.83	15.54
酒、饮料和精制茶制造业	Wine, Soft Drinks and Refined Tea Manufacturing	201.46	138.51	6.06	34.89
烟草制品业	Tobacco Processing	2.44	1.30	0.03	0.05
纺织业	Textile Industry	1141.17	982.33	5.57	16.65
纺织服装、服饰业	Garments and Apparel Industry	812.32	682.41	4.52	32.27
皮革、毛皮、羽毛及其制品和制鞋业	Leather, Furs, Down and Related Production, Shoes Manufacturing	217.57	188.08	0.97	5.72
木材加工和木、竹、藤、棕、草制品业	Timber Processing, Bamboo, Cane Palm Fiber and Straw Production	91.06	79.06	0.65	2.67
家具制造业	Furniture Manufacturing	317.36	253.96	1.90	23.73
造纸和纸制品业	Papermaking and Paper Production	232.77	192.35	0.98	7.74
印刷和记录媒介复制业	Printing and Record Medium Reproduction	72.98	58.24	0.35	2.29
文教、工美、体育和娱乐用品制造业	Cultural and Educational, Arts and Crafts, Sports and Entertainment Goods	398.69	341.19	1.58	11.72

续表 5 Continued 单位:亿元(100 million yuan)

行业	Sector	主营业务收入 Revenues in Main Business	主营业务成本 Costs in Main Business	主营业务税金及附加 Sales Taxes and Extra Charges in Main Business	销售费用 Selling Expens
石油加工、炼焦和核燃料加工业	Petroleum Processing,Coking and Nuclear Fuel Processing	169.07	139.74	14.81	0.87
化学原料和化学制品制造业	Raw Chemical Materials and Chemical Production	1711.28	1438.75	4.44	67.15
医药制造业	Medical and Pharmaceutical Production	358.70	220.03	2.78	70.56
化学纤维制造业	Chemical Fiber	677.57	619.97	1.40	6.42
橡胶和塑料制品业	Rubber and Plastic Production	619.33	513.88	2.81	26.77
非金属矿物制品业	Nonmetal Mineral Production	222.04	186.39	1.23	8.21
黑色金属冶炼和压延加工业	Smelting and Pressing of Ferrous Metals	293.44	268.08	0.73	4.19
有色金属冶炼和压延加工业	Smelting and Pressing of Nonferrous Metals	367.93	338.25	0.49	2.75
金属制品业	Metal Products	343.23	291.46	1.74	9.25
通用设备制造业	Equipment in Common Use	961.13	745.03	5.52	36.12
专用设备制造业	Special Purpose Equipment	429.45	326.12	2.55	20.10
汽车制造业	Automotive Manufacturing	1128.75	907.61	8.68	25.68
铁路、船舶、航空航天和其他运输设备制造业	Railway, Shipbuilding, Aerospace and other Transport Equipment	102.51	92.39	0.32	1.06
电气机械和器材制造业	Electric Equipment and Machinery	1195.80	983.10	7.41	42.88
计算机、通信和其他电子设备制造业	Computers, Communications and Other Electronic Equipment Manufacturing	1236.89	952.55	4.58	44.63
仪器仪表制造业	Instruments Manufacturing	165.85	123.33	1.03	9.41
其他制造业	Other Manufacturing	58.77	50.16	0.35	1.18
废弃资源综合利用业	Comprehensive Utilization of Waste Resources	30.84	29.94	0.08	0.17
金属制品、机械和设备修理业	Metal Products,Machinery and Equipment Repair Industry	14.12	11.56	0.12	0.13
电力、热力的生产和供应业	Production and Supply of Electricity and Heating Power	222.42	158.48	1.24	0.06
燃气生产和供应业	Production and Supply of Gas	78.16	64.61	0.37	2.55
水的生产和供应业	Production and Supply of Water	5.2	3.29	0.05	0.03

续表 6 Continued 单位:亿元(100 million yuan)

行业	Sector	管理费用 Administrative Expens	财务费用 Financial Expenses	利润总额 Total Profits
总计	**Total**	**837.75**	**139.27**	**1123.00**
按登记注册类型分	**By Registered Type**			
#国有	#State - owned			
集体	Collective Owned			
私营	Private			
港澳台商投资	Enterprises Funded by Entrepreneurs From Hong Kong, Macao and Taiwan	421.49	87.32	553.24
外商投资	Foreign Funded Enterprises	416.26	51.95	569.76
在总计中:轻工业	Light Industry	339.69	58.23	444.29
重工业	Heavy Industry	498.06	81.04	678.71
按工业行业分	**By Sector**			
煤炭开采和洗选业	Coal Mining and Dressing			
黑色金属矿采选业	Ferrous Metals Mining and Dressing			
有色金属矿采选业	Nonferrous Metals Mining and Dressing			
非金属矿采选业	Nonmetal Minerals Mining and Dressing	0.59	0.08	0.32
农副食品加工业	Non - staple Food Processing	5.55	1.81	7.10
食品制造业	Food Manufacturing	10.55	1.40	13.80
酒、饮料和精制茶制造业	Wine, Soft Drinks and Refined Tea Manufacturing	11.32	1.15	22.42
烟草制品业	Tobacco Processing	0.35	0.01	0.73
纺织业	Textile Industry	54.83	12.61	78.80
纺织服装、服饰业	Garments and Apparel Industry	47.55	4.66	43.86
皮革、毛皮、羽毛及其制品和制鞋业	Leather, Furs, Down and Related Production, Shoes Manufacturing	9.96	2.79	13.54
木材加工和木、竹、藤、棕、草制品业	Timber Processing, Bamboo, Cane Palm Fiber and Straw Production	3.91	1.05	3.84
家具制造业	Furniture Manufacturing	16.53	2.92	20.36
造纸和纸制品业	Papermaking and Paper Production	10.25	6.60	17.63
印刷和记录媒介复制业	Printing and Record Medium Reproduction	5.04	0.58	7.45
文教、工美、体育和娱乐用品制造业	Cultural and Educational ,Arts and Crafts, Sports and Entertainment Goods	22.84	4.78	22.26

续表 7 Continued

单位:亿元(100 million yuan)

行业	Sector	管理费用 Administrative Expens	财务费用 Financial Expenses	利润总额 Total Profits
石油加工、炼焦和核燃料加工业	Petroleum Processing, Coking and Nuclear Fuel Processing	2.56	1.75	11.20
化学原料和化学制品制造业	Raw Chemical Materials and Chemical Production	80.45	26.64	102.46
医药制造业	Medical and Pharmaceutical Production	27.16	-0.08	55.07
化学纤维制造业	Chemical Fiber	13.44	8.79	35.05
橡胶和塑料制品业	Rubber and Plastic Production	36.02	10.04	31.07
非金属矿物制品业	Nonmetal Mineral Production	12.77	4.69	16.37
黑色金属冶炼和压延加工业	Smelting and Pressing of Ferrous Metals	7.86	1.93	11.43
有色金属冶炼和压延加工业	Smelting and Pressing of Nonferrous Metals	9.72	6.70	16.79
金属制品业	Metal Products	20.97	2.47	15.97
通用设备制造业	Equipment in Common Use	79.90	5.84	90.86
专用设备制造业	Special Purpose Equipment	41.32	2.32	43.51
汽车制造业	Automotive Manufacturing	79.32	6.02	121.03
铁路、船舶、航空航天和其他运输设备制造业	Railway, Shipbuilding, Aerospace and other Transport Equipment	4.84	1.81	3.55
电气机械和器材制造业	Electric Equipment and Machinery	82.73	7.48	80.89
计算机、通信和其他电子设备制造业	Computers, Communications and Other Electronic Equipment Manufacturing	104.88	-1.69	161.14
仪器仪表制造业	Instruments Manufacturing	18.19	0.58	15.59
其他制造业	Other Manufacturing	3.24	0.45	3.87
废弃资源综合利用业	Comprehensive Utilization of Waste Resources	0.54	1.10	-0.85
金属制品、机械和设备修理业	Metal Products, Machinery and Equipment Repair Industry	1.76	0.90	-0.02
电力、热力的生产和供应业	Production and Supply of Electricity and Heating Power	6.38	9.61	46.71
燃气生产和供应业	Production and Supply of Gas	3.58	1.15	8.10
水的生产和供应业	Production and Supply of Water	0.84	0.31	1.10

续表 8 Continued 单位:亿元(100 million yuan)

行业	Sector	利税总额 Total Profits and Taxes	本年应交增值税 Value Added Taxes Payable	平均用工人数(万人) Average Number of Employed Persons (10000 persons)
总计	**Total**	**1634.73**	**422.17**	**152.49**
按登记注册类型分	**By Registered Type**			
#国有	#State - owned			
集体	Collective Owned			
私营	Private			
港澳台商投资	Enterprises Funded by Entrepreneurs From Hong Kong, Macao and Taiwan	828.92	226.50	77.18
外商投资	Foreign Funded Enterprises	805.81	195.67	75.31
在总计中:轻工业	Light Industry	677.81	197.41	80.02
重工业	Heavy Industry	956.92	224.76	72.47
按工业行业分	**By Sector**			
煤炭开采和洗选业	Coal Mining and Dressing			
黑色金属矿采选业	Ferrous Metals Mining and Dressing			
有色金属矿采选业	Nonferrous Metals Mining and Dressing			
非金属矿采选业	Nonmetal Minerals Mining and Dressing	0.72	0.13	0.04
农副食品加工业	Non - staple Food Processing	11.10	3.74	1.11
食品制造业	Food Manufacturing	22.90	8.26	2.43
酒、饮料和精制茶制造业	Wine, Soft Drinks and Refined Tea Manufacturing	38.69	9.97	1.95
烟草制品业	Tobacco Processing	1.03	0.26	0.02
纺织业	Textile Industry	121.41	36.96	15.39
纺织服装、服饰业	Garments and Apparel Industry	77.38	28.91	20.63
皮革、毛皮、羽毛及其制品和制鞋业	Leather, Furs, Down and Related Production, Shoes Manufacturing	22.23	7.71	4.25
木材加工和木、竹、藤、棕、草制品业	Timber Processing, Bamboo, Cane Palm Fiber and Straw Production	6.02	1.53	0.87
家具制造业	Furniture Manufacturing	37.25	14.96	5.49
造纸和纸制品业	Papermaking and Paper Production	26.11	7.49	1.69
印刷和记录媒介复制业	Printing and Record Medium Reproduction	10.23	2.43	0.92
文教、工美、体育和娱乐用品制造业	Cultural and Educational, Arts and Crafts, Sports and Entertainment Goods	31.64	7.66	5.50

续表 9 Continued

单位:亿元(100 million yuan)

行业	Sector	利税总额 Total Profits and Taxes	本年应交增值税 Value Added Taxes Payable	平均用工人数(万人) Average Number of Employed Persons (10000 persons)
石油加工、炼焦和核燃料加工业	Petroleum Processing, Coking and Nuclear Fuel Processing	36.56	10.55	0.16
化学原料和化学制品制造业	Raw Chemical Materials and Chemical Production	150.53	43.44	4.73
医药制造业	Medical and Pharmaceutical Production	78.27	20.19	2.82
化学纤维制造业	Chemical Fiber	45.69	9.24	2.79
橡胶和塑料制品业	Rubber and Plastic Production	47.68	13.78	6.11
非金属矿物制品业	Nonmetal Mineral Production	24.56	6.96	2.10
黑色金属冶炼和压延加工业	Smelting and Pressing of Ferrous Metals	16.66	4.48	1.27
有色金属冶炼和压延加工业	Smelting and Pressing of Nonferrous Metals	23.01	5.73	1.34
金属制品业	Metal Products	26.43	8.69	5.29
通用设备制造业	Equipment in Common Use	130.21	33.77	12.16
专用设备制造业	Special Purpose Equipment	59.71	13.64	5.39
汽车制造业	Automotive Manufacturing	164.72	34.97	11.05
铁路、船舶、航空航天和其他运输设备制造业	Railway, Shipbuilding, Aerospace and other Transport Equipment	4.86	0.99	3.02
电气机械和器材制造业	Electric Equipment and Machinery	117.26	28.93	14.15
计算机、通信和其他电子设备制造业	Computers, Communications and Other Electronic Equipment Manufacturing	201.58	34.31	14.03
仪器仪表制造业	Instruments Manufacturing	21.93	5.30	3.13
其他制造业	Other Manufacturing	5.32	1.11	1.12
废弃资源综合利用业	Comprehensive Utilization of Waste Resources	-0.14	0.63	0.34
金属制品、机械和设备修理业	Metal Products, Machinery and Equipment Repair Industry	0.68	0.59	0.16
电力、热力的生产和供应业	Production and Supply of Electricity and Heating Power	61.08	13.07	0.65
燃气生产和供应业	Production and Supply of Gas	9.86	1.39	0.33
水的生产和供应业	Production and Supply of Water	1.56	0.40	0.06

注：2012 年起行业分类采用 2011 年国民经济行业分类。
2012 industry classification by 2011 national economic industry classification。

7-13 按行业分的外商投资和港澳台商投资工业企业主要经济效益指标(2016年)
Main Economic Beneficial Indicators of Foreign Funded Enterprises and Enterprises Funded by Entrepreneurs form Hong Kong, Macao and Taiwan by Sector(2016)

行业	Sector
总计	**Total**
按登记注册类型分	**By Registered Type**
#国有	#State - owned
集体	Collective Owned Enterprises
私营	Private Enterprises
港澳台商投资	Enterprises Funded by Entrepreneurs From Hong Kong, Macao and Taiwan
外商投资	Foreign Funded Enterprises
在总计中:轻工业	Light Industry
重工业	Heavy Industry
按工业行业分	**By Sector**
煤炭开采和洗选业	Coal Mining and Dressing
黑色金属矿采选业	Ferrous Metals Mining and Dressing
有色金属矿采选业	Nonferrous Metals Mining and Dressing
非金属矿采选业	Nonmetal Minerals Mining and Dressing
农副食品加工业	Non - staple Food Processing
食品制造业	Food Manufacturing
酒、饮料和精制茶制造业	Wine, Soft Drinks and Refined Tea Manufacturing
烟草制品业	Tobacco Processing
纺织业	Textile Industry
纺织服装、服饰业	Garments and Apparel Industry
皮革、毛皮、羽毛及其制品和制鞋业	Leather, Furs, Down and Related Production, Shoes Manufacturing
木材加工和木、竹、藤、棕、草制品业	Timber Processing, Bamboo, Cane Palm Fiber and Straw Production
家具制造业	Furniture Manufacturing
造纸和纸制品业	Papermaking and Paper Production
印刷和记录媒介复制业	Printing and Record Medium Reproduction
文教、工美、体育和娱乐用品制造业	Cultural and Educational , Arts and Crafts, Sports and Entertainment Goods

资产负债率(%) Asset Liability Ratio (%)	成本费用利润率(%) Profit Margin of the Cost and Expense (%)	每百元固定资产原值实现利税(元) Pre tax Profits per 100 Yuan Original Value of Fixed Assets(yuan)	每百元主营业务收入实现利税(元) Pre tax Profits per 100 Yuan Revenues in Main Business (yuan)	产品销售率(%) Rate of Production Sold (%)	出口交货值占工业销售(%) Export delivery value of the proportion of total sales value(%)	新产品产值率(%) New product ratio (%)
51.34	**8.33**	**23.88**	**11.47**	**96.60**	**26.11**	**36.76**
52.67	7.91	24.11	11.22	96.91	22.79	36.54
49.74	8.79	23.66	11.75	96.26	29.72	37.01
52.34	7.72	25.30	11.23	96.87	30.53	35.36
50.69	8.79	22.97	11.65	96.39	22.85	37.79
45.31	8.42	18.82	16.47	100.00		68.42
52.47	4.26	22.15	6.84	95.65	25.67	11.85
52.66	7.27	16.29	11.41	95.09	13.70	7.30
50.55	11.71	21.68	19.21	99.59	1.68	11.14
43.63	42.10	58.13	42.22	93.82		10.88
49.96	7.32	22.16	10.64	97.68	24.31	34.99
49.74	5.68	26.70	9.53	96.82	50.73	35.80
60.49	6.43	37.50	10.22	95.62	45.36	40.89
49.97	4.35	25.86	6.61	95.30	27.47	23.10
55.30	6.73	41.85	11.74	96.42	54.72	46.25
57.49	7.86	9.57	11.22	98.42	17.60	41.09
32.87	11.11	26.75	14.02	98.30	32.23	38.10
56.66	5.83	25.57	7.94	95.84	63.20	46.38

续表 Continued

行业	Sector
石油加工、炼焦和核燃料加工业	Petroleum Processing, Coking and Nuclear Fuel Processing
化学原料和化学制品制造业	Raw Chemical Materials and Chemical Production
医药制造业	Medical and Pharmaceutical Production
化学纤维制造业	Chemical Fiber
橡胶和塑料制品业	Rubber and Plastic Production
非金属矿物制品业	Nonmetal Mineral Production
黑色金属冶炼和压延加工业	Smelting and Pressing of Ferrous Metals
有色金属冶炼和压延加工业	Smelting and Pressing of Nonferrous Metals
金属制品业	Metal Products
通用设备制造业	Equipment in Common Use
专用设备制造业	Special Purpose Equipment
汽车制造业	Automotive Manufacturing
铁路、船舶、航空航天和其他运输设备制造业	Railway, Shipbuilding, Aerospace and other Transport Equipment
电气机械和器材制造业	Electric Equipment and Machinery
计算机、通信和其他电子设备制造业	Computers, Communications and Other Electronic Equipment Manufacturing
仪器仪表制造业	Instruments Manufacturing
其他制造业	Other Manufacturing
废弃资源综合利用业	Comprehensive Utilization of Waste Resources
金属制品、机械和设备修理业	Metal Products, Machinery and Equipment Repair Industry
电力、热力生产和供应业	Production and Supply of Electricity and Heating Power
燃气生产和供应业	Production and Supply of Gas
水的生产和供应业	Production and Supply of Water

资产负债率(%) Asset Liability Ratio (%)	成本费用利润率(%) Profit Margin of the Cost and Expense (%)	每百元固定资产原值实现利税(元) Pre tax Profits per 100 Yuan Original Value of Fixed Assets(yuan)	每百元主营业务收入实现利税(元) Pre tax Profits per 100 Yuan Revenues in Main Business (yuan)	产品销售率(%) Rate of Production Sold (%)	出口交货值占工业销售(%) Export delivery value of the proportion of total sales value(%)	新产品产值率(%) New product ratio (%)
65.77	7.70	32.42	21.62	90.49	0.14	0.24
51.46	6.24	15.99	8.80	97.29	10.22	27.81
40.19	16.77	67.76	21.82	92.87	15.24	25.07
59.50	5.11	13.53	6.74	98.77	7.59	36.73
52.83	5.22	14.32	7.70	97.29	24.71	25.54
55.05	7.62	16.87	11.06	95.74	12.63	35.31
50.87	3.99	9.99	5.68	96.67	9.62	15.69
56.89	4.61	25.52	6.25	97.72	11.88	40.32
51.14	4.82	17.66	7.70	97.03	40.20	36.14
48.39	10.27	32.71	13.55	97.38	25.22	43.38
43.32	11.03	28.68	13.90	96.01	32.23	42.98
52.02	11.48	38.33	14.59	97.46	15.27	50.95
57.00	3.50	5.69	4.74	88.80	80.24	8.69
56.15	7.06	30.06	9.81	96.02	32.56	47.79
43.75	14.41	53.67	16.30	94.44	44.75	58.97
43.01	10.16	29.95	13.22	99.47	38.58	45.08
48.50	6.99	25.23	9.06	98.90	35.42	33.56
60.45	-2.68	-2.14	-0.45	97.49	1.19	47.39
70.18	-0.17	2.14	4.82	100.07	56.60	0.25
51.35	26.72	11.56	27.46	98.71		3.99
61.65	11.06	13.48	12.61	100.18		0.29
52.92	24.85	12.96	29.92	99.77		3.58

7-14 大中型工业企业主要指标(2016年)
Main Indicators of Large and Medium-sized Industrial Enterprises(2016)

单位:亿元(100 million yuan)

行业	Sector	企业单位数(个) Number of Enterprises (unit)	#亏损企业(个) Loss (unit)	工业总产值 Gross Industrial Output Value	出口交货值 Export Delivery value
总计	**Total**	**4745**	**388**	**38325.47**	**6903.50**
按登记注册类型分	**By Registered Type**				
#国有	#State-owned	39	1	2698.00	5.04
集体	Collective Owned	2		10.70	
私营	Private	2109	147	10355.07	2088.07
港澳台商投资	Enterprises Funded by Entrepreneurs From Hong Kong,Macao and Taiwan	666	74	5248.40	1208.66
外商投资	Foreign Funded Enterprises	586	52	5072.68	1426.75
在总计中:轻工业	Light Industry	2491	197	13937.83	3421.14
重工业	Heavy Industry	2254	191	24387.63	3482.36
按工业行业分	**By Sector**				
煤炭开采和洗选业	Coal Mining and Dressing				
黑色金属矿采选业	Ferrous Metals Mining and Dressing	2	1	4.00	
有色金属矿采选业	Nonferrous Metals Mining and Dressing	2	1	4.31	
非金属矿采选业	Nonmetal Minerals Mining and Dressing	2	1	5.25	0.04
农副食品加工业	Non-staple Food Processing	47	2	298.38	59.67
食品制造业	Food Manufacturing	72	12	319.78	48.26
酒、饮料和精制茶制造业	Wine, Soft Drinks and Refined Tea Manufacturing	35	4	274.05	1.36
烟草制品业	Tobacco Processing				
纺织业	Textile Industry	529	31	2659.15	427.45
纺织服装、服饰业	Garments and Apparel Industry	368	42	1390.44	515.32
皮革、毛皮、羽毛及其制品和制鞋业	Leather,Furs,Down and Related Production,Shoes Manufacturing	241	13	723.01	279.62
木材加工和木、竹、藤、棕、草制品业	Timber Processing,Bamboo,Cane Palm Fiber and Straw Production	30	1	147.76	51.11
家具制造业	Furniture Manufacturing	136	11	619.65	341.35
造纸和纸制品业	Papermaking and Paper Production	67	6	622.91	59.50
印刷和记录媒介复制业	Printing and Record Medium Reproduction	46	5	170.84	38.84
文教、工美、体育和娱乐用品制造业	Cultural and Educational ,Arts and Crafts,Sports and Entertainment Goods	138	10	751.87	303.30

续表 1 Continued 单位:亿元(100 million yuan)

行业	Sector	企业单位数(个) Number of Enterprises (unit)	#亏损企业(个) Loss (unit)	工业总产值 Gross Industrial Output Value	出口交货值 Export Delivery value
石油加工、炼焦和核燃料加工业	Petroleum Processing,Coking and Nuclear Fuel Processing	3		1365.46	1.69
化学原料和化学制品制造业	Raw Chemical Materials and Chemical Production	158	17	3188.13	252.37
医药制造业	Medical and Pharmaceutical Production	114	3	961.63	202.32
化学纤维制造业	Chemical Fiber	75	8	1742.54	115.81
橡胶和塑料制品业	Rubber and Plastic Production	196	16	1266.28	257.38
非金属矿物制品业	Nonmetal Mineral Production	82	11	498.96	72.64
黑色金属冶炼和压延加工业	Smelting and Pressing of Ferrous Metals	65	6	1222.67	41.29
有色金属冶炼和压延加工业	Smelting and Pressing of Nonferrous Metals	49	5	1069.44	106.24
金属制品业	Metal Production	251	17	1106.99	295.75
通用设备制造业	Equipment in Common Use	396	23	2154.80	453.36
专用设备制造业	Special Purpose Equipment	146	11	710.85	169.28
汽车制造业	Automotive Manufacturing	296	14	3454.01	277.99
铁路、船舶、航空航天和其他运输设备制造业	Railway, Shipbuilding, Aerospace and other Transport Equipment	63	15	955.84	598.05
电气机械和器材制造业	Electric Equipment and Machinery	586	45	4057.69	928.36
计算机、通信和其他电子设备制造业	Computers, Communications and Other Electronic Equipment Manufacturing	291	32	2558.01	818.08
仪器仪表制造业	Instruments Manufacturing	103	2	458.44	108.43
其他制造业	Other Manufacturing	38	2	141.39	44.39
废弃资源综合利用业	Comprehensive Utilization of Waste Resources	8	4	87.94	
金属制品、机械和设备修理业	Metal Products,Machinery and Equipment Repair Industry	24	7	80.38	34.25
电力、热力的生产和供应业	Production and Supply of Electricity and Heating Power	58	2	3113.17	
燃气生产和供应业	Production and Supply of Gas	5	1	54.82	
水的生产和供应业	Production and Supply of Water	23	7	84.64	

续表 2 Continued 单位:亿元(100 million yuan)

行业	Sector	资产总计 Total Assets	年末负债合计 Total Liabilities	所有者权益合计 Creditors´ Equity	实收资本 Total Capital Hold
总计	**Total**	**39699.69**	**20711.78**	**18962.01**	**7538.07**
按登记注册类型分	**By Registered Type**				
#国有	#State - owned	2373.90	1392.10	981.80	395.81
集体	Collective Owned	9.75	0.96	8.79	2.00
私营	Private	9082.94	5253.41	3825.90	1284.77
港澳台商投资	Enterprises Funded by Entrepreneurs From Hong Kong, Macao and Taiwan	5637.77	2943.65	2689.06	1117.89
外商投资	Foreign Funded Enterprises	4767.61	2406.90	2360.71	1133.93
在总计中:轻工业	Light Industry	14562.01	7343.82	7192.28	2561.48
重工业	Heavy Industry	25137.69	13367.96	11769.73	4976.59
按工业行业分	**By Sector**				
煤炭开采和洗选业	Coal Mining and Dressing				
黑色金属矿采选业	Ferrous Metals Mining and Dressing	12.22	3.98	8.23	1.81
有色金属矿采选业	Nonferrous Metals Mining and Dressing	8.08	6.18	1.90	1.19
非金属矿采选业	Nonmetal Minerals Mining and Dressing	4.96	4.44	0.52	4.35
农副食品加工业	Non - staple Food Processing	290.90	187.98	102.92	52.31
食品制造业	Food Manufacturing	425.34	202.71	222.63	81.38
酒、饮料和精制茶制造业	Wine, Soft Drinks and Refined Tea Manufacturing	350.29	152.32	197.97	64.12
烟草制品业	Tobacco Processing				
纺织业	Textile Industry	2410.20	1334.97	1071.70	415.94
纺织服装、服饰业	Garments and Apparel Industry	1415.31	633.52	781.69	299.07
皮革、毛皮、羽毛及其制品和制鞋业	Leather, Furs, Down and Related Production, Shoes Manufacturing	552.39	275.24	277.15	94.14
木材加工和木、竹、藤、棕、草制品业	Timber Processing, Bamboo, Cane Palm Fiber and Straw Production	107.02	48.58	58.44	23.03
家具制造业	Furniture Manufacturing	571.73	315.93	255.80	120.84
造纸和纸制品业	Papermaking and Paper Production	848.70	443.11	405.59	184.90
印刷和记录媒介复制业	Printing and Record Medium Reproduction	190.50	86.08	104.42	61.11
文教、工美、体育和娱乐用品制造业	Cultural and Educational, Arts and Crafts, Sports and Entertainment Goods	618.50	317.84	300.67	89.31

续表 3　Continued　单位:亿元(100 million yuan)

行业	Sector	资产总计 Total Assets	年末负债合计 Total Liabilities	所有者权益合计 Creditors' Equity	实收资本 Total Capital Hold
石油加工、炼焦和核燃料加工业	Petroleum Processing,Coking and Nuclear Fuel Processing	711.95	353.31	358.64	480.36
化学原料和化学制品制造业	Raw Chemical Materials and Chemical Production	3613.14	1752.94	1860.20	651.68
医药制造业	Medical and Pharmaceutical Production	1486.71	565.60	921.12	234.44
化学纤维制造业	Chemical Fiber	1604.56	843.16	739.12	263.06
橡胶和塑料制品业	Rubber and Plastic Production	1132.90	553.59	579.31	174.08
非金属矿物制品业	Nonmetal Mineral Production	885.58	451.98	433.61	217.97
黑色金属冶炼和压延加工业	Smelting and Pressing of Ferrous Metals	910.72	488.31	422.42	269.88
有色金属冶炼和压延加工业	Smelting and Pressing of Nonferrous Metals	724.19	428.51	295.68	137.74
金属制品业	Metal Production	1047.93	572.19	475.74	180.31
通用设备制造业	Equipment in Common Use	2635.72	1271.50	1364.22	403.09
专用设备制造业	Special Purpose Equipment	897.99	431.57	466.42	152.45
汽车制造业	Automotive Manufacturing	3501.41	2203.94	1297.47	595.15
铁路、船舶、航空航天和其他运输设备制造业	Railway, Shipbuilding, Aerospace and other Transport Equipment	972.43	644.49	327.94	168.06
电气机械和器材制造业	Electric Equipment and Machinery	4294.73	2258.95	2035.78	684.77
计算机、通信和其他电子设备制造业	Computers, Communications and Other Electronic Equipment Manufacturing	2830.49	1390.47	1440.02	524.86
仪器仪表制造业	Instruments Manufacturing	724.06	260.55	463.51	111.58
其他制造业	Other Manufacturing	113.56	52.15	61.41	20.21
废弃资源综合利用业	Comprehensive Utilization of Waste Resources	93.95	71.02	22.92	15.21
金属制品、机械和设备修理业	Metal Products,Machinery and Equipment Repair Industry	92.77	51.80	40.98	22.96
电力、热力的生产和供应业	Production and Supply of Electricity and Heating Power	3068.29	1757.25	1311.05	581.52
燃气生产和供应业	Production and Supply of Gas	78.36	48.18	30.18	30.09
水的生产和供应业	Production and Supply of Water	472.08	247.44	224.64	125.06

续表 4 Continued 单位:亿元(100 million yuan)

行业	Sector	主营业务收入 Revenues in Main Business	主营业务成本 Costs in Main Business	主营业务税金及附加 Sales Taxes and Extra Charges in Main Business	销售费用 Selling Expens
总计	**Total**	**36312.87**	**30123.24**	**387.78**	**1178.74**
按登记注册类型分	**By Registered Type**				
#国有	#State - owned	2702.43	2560.21	7.32	4.25
集体	Collective Owned	10.70	8.72	0.03	1.35
私营	Private	9834.66	8338.58	60.26	286.91
港澳台商投资	Enterprises Funded by Entrepreneurs From Hong Kong, Macao and Taiwan	4922.60	4002.73	34.73	171.00
外商投资	Foreign Funded Enterprises	4767.14	3869.18	23.55	228.93
在总计中:轻工业	Light Industry	13264.24	10843.72	73.96	669.56
重工业	Heavy Industry	23048.63	19279.52	313.82	509.18
按工业行业分	**By Sector**				
煤炭开采和洗选业	Coal Mining and Dressing				
黑色金属矿采选业	Ferrous Metals Mining and Dressing	2.59	2.62	0.03	0.16
有色金属矿采选业	Nonferrous Metals Mining and Dressing	4.31	3.89	0.03	0.05
非金属矿采选业	Nonmetal Minerals Mining and Dressing	5.29	4.46	0.40	0.03
农副食品加工业	Non - staple Food Processing	276.43	243.67	0.61	8.44
食品制造业	Food Manufacturing	333.99	255.13	1.57	34.06
酒、饮料和精制茶制造业	Wine, Soft Drinks and Refined Tea Manufacturing	271.36	180.80	6.71	53.56
烟草制品业	Tobacco Processing				
纺织业	Textile Industry	2503.53	2173.45	12.65	31.93
纺织服装、服饰业	Garments and Apparel Industry	1306.31	1057.25	7.67	64.22
皮革、毛皮、羽毛及其制品和制鞋业	Leather, Furs, Down and Related Production, Shoes Manufacturing	671.63	566.14	3.41	22.89
木材加工和木、竹、藤、棕、草制品业	Timber Processing, Bamboo, Cane Palm Fiber and Straw Production	142.22	117.56	1.12	5.88
家具制造业	Furniture Manufacturing	574.36	456.81	3.31	37.64
造纸和纸制品业	Papermaking and Paper Production	541.25	456.90	2.46	17.19
印刷和记录媒介复制业	Printing and Record Medium Reproduction	163.38	138.14	0.62	4.57
文教、工美、体育和娱乐用品制造业	Cultural and Educational, Arts and Crafts, Sports and Entertainment Goods	726.43	620.75	2.87	23.37

续表 5 Continued 单位:亿元(100 million yuan)

行业	Sector	主营业务收入 Revenues in Main Business	主营业务成本 Costs in Main Business	主营业务税金及附加 Sales Taxes and Extra Charges in Main Business	销售费用 Selling Expens
石油加工、炼焦和核燃料加工业	Petroleum Processing,Coking and Nuclear Fuel Processing	1000.29	643.57	173.73	2.49
化学原料和化学制品制造业	Raw Chemical Materials and Chemical Production	3313.35	2802.88	9.35	118.05
医药制造业	Medical and Pharmaceutical Production	853.17	501.95	7.10	141.74
化学纤维制造业	Chemical Fiber	1690.76	1552.65	3.93	9.68
橡胶和塑料制品业	Rubber and Plastic Production	1214.67	1013.42	5.46	41.26
非金属矿物制品业	Nonmetal Mineral Production	466.58	368.93	2.69	16.67
黑色金属冶炼和压延加工业	Smelting and Pressing of Ferrous Metals	1125.44	1013.50	4.21	11.57
有色金属冶炼和压延加工业	Smelting and Pressing of Nonferrous Metals	1020.03	952.87	1.23	6.85
金属制品业	Metal Production	1031.13	869.07	5.46	32.33
通用设备制造业	Equipment in Common Use	2057.87	1626.99	10.88	78.08
专用设备制造业	Special Purpose Equipment	662.08	524.62	3.21	24.13
汽车制造业	Automotive Manufacturing	3356.04	2702.34	68.19	57.59
铁路、船舶、航空航天和其他运输设备制造业	Railway, Shipbuilding, Aerospace and other Transport Equipment	634.70	580.77	1.81	7.19
电气机械和器材制造业	Electric Equipment and Machinery	3875.79	3150.67	21.56	173.56
计算机、通信和其他电子设备制造业	Computers, Communications and Other Electronic Equipment Manufacturing	2513.16	1994.80	9.48	104.29
仪器仪表制造业	Instruments Manufacturing	433.41	302.90	2.93	30.60
其他制造业	Other Manufacturing	136.44	115.63	0.76	3.41
废弃资源综合利用业	Comprehensive Utilization of Waste Resources	89.14	81.58	0.22	0.36
金属制品、机械和设备修理业	Metal Products,Machinery and Equipment Repair Industry	61.07	53.55	0.46	0.72
电力、热力的生产和供应业	Production and Supply of Electricity and Heating Power	3115.21	2868.88	11.08	4.69
燃气生产和供应业	Production and Supply of Gas	54.73	49.40	0.19	2.46
水的生产和供应业	Production and Supply of Water	84.73	74.72	0.39	7.07

续表 6 Continued 单位:亿元(100 million yuan)

行业	Sector	管理费用 Administrative Expens	财务费用 Financial Expenses	利润总额 Total Profits
总计	**Total**	**1850.08**	**373.45**	**2900.20**
按登记注册类型分	**By Registered Type**			
#国有	#State - owned	28.18	34.91	84.25
集体	Collective Owned	0.48	-0.01	0.18
私营	Private	486.44	120.77	644.47
港澳台商投资	Enterprises Funded by Entrepreneurs From Hong Kong, Macao and Taiwan	287.49	43.27	437.39
外商投资	Foreign Funded Enterprises	277.78	27.35	422.58
在总计中:轻工业	Light Industry	716.67	141.47	1038.64
重工业	Heavy Industry	1133.40	231.98	1861.56
按工业行业分	**By Sector**			
煤炭开采和洗选业	Coal Mining and Dressing			
黑色金属矿采选业	Ferrous Metals Mining and Dressing	0.82	0.03	-0.16
有色金属矿采选业	Nonferrous Metals Mining and Dressing	0.40	0.15	-0.15
非金属矿采选业	Nonmetal Minerals Mining and Dressing	0.45	-0.01	0.43
农副食品加工业	Non - staple Food Processing	10.08	3.26	15.40
食品制造业	Food Manufacturing	20.18	3.25	22.20
酒、饮料和精制茶制造业	Wine, Soft Drinks and Refined Tea Manufacturing	12.75	1.41	30.29
烟草制品业	Tobacco Processing			
纺织业	Textile Industry	101.00	36.64	168.69
纺织服装、服饰业	Garments and Apparel Industry	77.50	8.31	97.56
皮革、毛皮、羽毛及其制品和制鞋业	Leather, Furs, Down and Related Production, Shoes Manufacturing	34.68	5.72	45.19
木材加工和木、竹、藤、棕、草制品业	Timber Processing, Bamboo, Cane Palm Fiber and Straw Production	8.20	1.05	11.91
家具制造业	Furniture Manufacturing	34.20	4.12	44.22
造纸和纸制品业	Papermaking and Paper Production	22.87	13.24	38.76
印刷和记录媒介复制业	Printing and Record Medium Reproduction	10.71	1.76	10.61
文教、工美、体育和娱乐用品制造业	Cultural and Educational, Arts and Crafts, Sports and Entertainment Goods	36.52	7.98	44.40

续表 7 Continued 单位:亿元(100 million yuan)

行业	Sector	管理费用 Administrative Expens	财务费用 Financial Expenses	利润总额 Total Profits
石油加工、炼焦和核燃料加工业	Petroleum Processing, Coking and Nuclear Fuel Processing	23.67	4.65	163.41
化学原料和化学制品制造业	Raw Chemical Materials and Chemical Production	150.27	42.73	242.13
医药制造业	Medical and Pharmaceutical Production	95.02	7.59	144.42
化学纤维制造业	Chemical Fiber	31.84	22.35	94.72
橡胶和塑料制品业	Rubber and Plastic Production	63.46	14.24	87.40
非金属矿物制品业	Nonmetal Mineral Production	28.83	11.42	56.95
黑色金属冶炼和压延加工业	Smelting and Pressing of Ferrous Metals	34.61	11.35	55.73
有色金属冶炼和压延加工业	Smelting and Pressing of Nonferrous Metals	21.24	12.70	35.07
金属制品业	Metal Production	56.98	9.19	71.14
通用设备制造业	Equipment in Common Use	158.28	14.63	187.71
专用设备制造业	Special Purpose Equipment	52.44	4.72	61.72
汽车制造业	Automotive Manufacturing	186.32	23.31	354.06
铁路、船舶、航空航天和其他运输设备制造业	Railway, Shipbuilding, Aerospace and other Transport Equipment	28.48	13.47	8.37
电气机械和器材制造业	Electric Equipment and Machinery	238.04	33.29	312.04
计算机、通信和其他电子设备制造业	Computers, Communications and Other Electronic Equipment Manufacturing	198.70	2.56	259.29
仪器仪表制造业	Instruments Manufacturing	48.77	0.34	57.85
其他制造业	Other Manufacturing	7.62	0.81	8.81
废弃资源综合利用业	Comprehensive Utilization of Waste Resources	1.17	2.13	4.28
金属制品、机械和设备修理业	Metal Products, Machinery and Equipment Repair Industry	4.21	0.77	1.67
电力、热力的生产和供应业	Production and Supply of Electricity and Heating Power	39.01	49.96	163.34
燃气生产和供应业	Production and Supply of Gas	1.98	0.74	1.42
水的生产和供应业	Production and Supply of Water	8.77	3.58	-0.68

续表 8 Continued

单位:亿元(100 million yuan)

行业	Sector	利税总额 Total Profits and Taxes	本年应交增值税 Value Added Taxes Payable	平均用工人数(万人) Average Number of Employed Persons (10000 persons)
总计	**Total**	**4419.53**	**1125.61**	**340.31**
按登记注册类型分	**By Registered Type**			
#国有	#State - owned	182.99	90.03	4.86
集体	Collective Owned	0.46	0.25	0.08
私营	Private	986.45	280.86	122.04
港澳台商投资	Enterprises Funded by Entrepreneurs From Hong Kong, Macao and Taiwan	634.00	159.67	50.41
外商投资	Foreign Funded Enterprises	578.32	131.92	51.05
在总计中:轻工业	Light Industry	1566.50	452.03	173.72
重工业	Heavy Industry	2853.04	673.57	166.60
按工业行业分	**By Sector**			
煤炭开采和洗选业	Coal Mining and Dressing			
黑色金属矿采选业	Ferrous Metals Mining and Dressing	-0.08	0.06	0.13
有色金属矿采选业	Nonferrous Metals Mining and Dressing	-0.01	0.11	0.09
非金属矿采选业	Nonmetal Minerals Mining and Dressing	0.94	0.10	0.09
农副食品加工业	Non - staple Food Processing	20.36	4.35	2.78
食品制造业	Food Manufacturing	37.31	13.53	4.46
酒、饮料和精制茶制造业	Wine, Soft Drinks and Refined Tea Manufacturing	51.45	14.23	2.83
烟草制品业	Tobacco Processing			
纺织业	Textile Industry	267.82	86.34	32.94
纺织服装、服饰业	Garments and Apparel Industry	153.11	47.82	28.24
皮革、毛皮、羽毛及其制品和制鞋业	Leather, Furs, Down and Related Production, Shoes Manufacturing	72.13	23.53	16.07
木材加工和木、竹、藤、棕、草制品业	Timber Processing, Bamboo, Cane Palm Fiber and Straw Production	17.24	4.20	1.79
家具制造业	Furniture Manufacturing	73.38	25.81	10.86
造纸和纸制品业	Papermaking and Paper Production	65.08	23.85	4.15
印刷和记录媒介复制业	Printing and Record Medium Reproduction	15.73	4.50	2.07
文教、工美、体育和娱乐用品制造业	Cultural and Educational, Arts and Crafts, Sports and Entertainment Goods	62.48	15.06	9.45

续表 9 Continued 单位:亿元(100 million yuan)

行业	Sector	利税总额 Total Profits and Taxes	本年应交增值税 Value Added Taxes Payable	平均用工人数(万人) Average Number of Employed Persons (10000 persons)
石油加工、炼焦和核燃料加工业	Petroleum Processing, Coking and Nuclear Fuel Processing	403.13	65.99	0.84
化学原料和化学制品制造业	Raw Chemical Materials and Chemical Production	335.56	83.84	11.81
医药制造业	Medical and Pharmaceutical Production	209.05	57.10	9.46
化学纤维制造业	Chemical Fiber	124.82	26.17	7.53
橡胶和塑料制品业	Rubber and Plastic Production	123.41	30.55	12.57
非金属矿物制品业	Nonmetal Mineral Production	78.10	18.46	4.56
黑色金属冶炼和压延加工业	Smelting and Pressing of Ferrous Metals	83.49	23.54	5.62
有色金属冶炼和压延加工业	Smelting and Pressing of Nonferrous Metals	53.65	17.34	3.14
金属制品业	Metal Production	107.09	30.48	14.88
通用设备制造业	Equipment in Common Use	269.43	70.77	25.29
专用设备制造业	Special Purpose Equipment	85.37	20.42	7.80
汽车制造业	Automotive Manufacturing	509.78	86.96	23.53
铁路、船舶、航空航天和其他运输设备制造业	Railway, Shipbuilding, Aerospace and other Transport Equipment	17.11	6.92	6.92
电气机械和器材制造业	Electric Equipment and Machinery	443.76	109.46	43.11
计算机、通信和其他电子设备制造业	Computers, Communications and Other Electronic Equipment Manufacturing	335.48	65.14	28.02
仪器仪表制造业	Instruments Manufacturing	79.60	18.82	7.02
其他制造业	Other Manufacturing	13.66	4.07	2.69
废弃资源综合利用业	Comprehensive Utilization of Waste Resources	6.83	2.32	0.70
金属制品、机械和设备修理业	Metal Products, Machinery and Equipment Repair Industry	4.82	2.68	1.64
电力、热力的生产和供应业	Production and Supply of Electricity and Heating Power	292.99	117.12	5.60
燃气生产和供应业	Production and Supply of Gas	2.92	1.24	0.26
水的生产和供应业	Production and Supply of Water	2.54	2.75	1.38

注：2012 年起行业分类采用 2011 年国民经济行业分类。
2012 industry classification by 2011 national economic industry classification。

7－15 按行业分的大中型工业企业主要经济效益指标(2016 年)
Main Economic Beneficial Indicators of Large and Medium－sized Industrial Enterprises by Sector(2016)

行业	Sector
总计	**Total**
按登记注册类型分	**By Registered Type**
#国有	#State－owned
集体	Collective Owned
私营	Private
港澳台商投资	Enterprises Funded by Entrepreneurs From Hong Kong,Macao and Taiwan
外商投资	Foreign Funded Enterprises
在总计中:轻工业	Light Industry
重工业	Heavy Industry
按工业行业分	**By Sector**
煤炭开采和洗选业	Coal Mining and Dressing
黑色金属矿采选业	Ferrous Metals Mining and Dressing
有色金属矿采选业	Nonferrous Metals Mining and Dressing
非金属矿采选业	Nonmetal Minerals Mining and Dressing
农副食品加工业	Non－staple Food Processing
食品制造业	Food Manufacturing
酒、饮料和精制茶制造业	Wine, Soft Drinks and Refined Tea Manufacturing
烟草制品业	Tobacco Processing
纺织业	Textile Industry
纺织服装、服饰业	Garments and Apparel Industry
皮革、毛皮、羽毛及其制品和制鞋业	Leather,Furs,Down and Related Production,Shoes Manufacturing
木材加工和木、竹、藤、棕、草制品业	Timber Processing,Bamboo,Cane Palm Fiber and Straw Production
家具制造业	Furniture Manufacturing
造纸和纸制品业	Papermaking and Paper Production
印刷和记录媒介复制业	Printing and Record Medium Reproduction
文教、工美、体育和娱乐用品制造业	Cultural and Educational ,Arts and Crafts,Sports and Entertainment Goods

资产负债率(%) Asset Liability Ratio (%)	成本费用利润率(%) Profit Margin of the Cost and Expense (%)	每百元固定资产原值实现利税(元) Pre tax Profits per 100 Yuan Original Value of Fixed Assets(yuan)	每百元主营业务收入实现利税(元) Pre tax Profits per 100 Yuan Revenues in Main Business (yuan)	产品销售率(%) Rate of Production Sold (%)	出口交货值占工业销售(%) Export delivery value of the proportion of total sales value(%)	新产品产值率(%) New product ratio (%)
52.17	**8.42**	**25.31**	**12.17**	**96.69**	**18.63**	**42.44**
58.64	3.20	5.74	6.77	99.07	0.19	0.58
9.84	1.71	7.92	4.35	100.00		
57.84	6.91	30.83	10.03	96.07	20.99	45.82
52.21	9.51	31.00	12.88	97.01	23.74	42.54
50.48	9.37	27.95	12.13	95.96	29.31	43.00
50.43	8.09	28.52	11.81	96.35	25.48	42.21
53.18	8.62	23.84	12.38	96.89	14.74	42.56
32.61	-3.91	-1.33	-2.92	95.99		
76.47	-3.39	-0.37	-0.24	100.07		
89.46	8.73	23.80	17.73	100.69	0.66	
64.62	5.01	25.20	7.37	94.99	21.05	14.25
47.66	7.04	20.78	11.17	93.97	16.06	27.62
43.48	11.56	26.88	18.96	96.70	0.51	16.90
55.39	7.11	24.04	10.70	96.74	16.62	36.68
44.76	7.99	40.59	11.72	94.89	39.06	42.47
49.83	7.12	48.64	10.74	95.13	40.66	42.53
45.39	8.95	55.49	12.12	97.04	35.64	58.50
55.26	8.16	45.44	12.78	95.50	57.69	52.10
52.21	7.39	13.41	12.02	99.28	9.62	45.65
45.19	6.73	22.86	9.63	97.67	23.28	37.79
51.39	6.43	36.72	8.60	96.28	41.90	43.26

续表 Continued

行业	Sector
石油加工、炼焦和核燃料加工业	Petroleum Processing,Coking and Nuclear Fuel Processing
化学原料和化学制品制造业	Raw Chemical Materials and Chemical Production
医药制造业	Medical and Pharmaceutical Production
化学纤维制造业	Chemical Fiber
橡胶和塑料制品业	Rubber and Plastic Production
非金属矿物制品业	Nonmetal Mineral Production
黑色金属冶炼和压延加工业	Smelting and Pressing of Ferrous Metals
有色金属冶炼和压延加工业	Smelting and Pressing of Nonferrous Metals
金属制品业	Metal Production
通用设备制造业	Equipment in Common Use
专用设备制造业	Special Purpose Equipment
汽车制造业	Automotive Manufacturing
铁路、船舶、航空航天和其他运输设备制造业	Railway, Shipbuilding, Aerospace and other Transport Equipment
电气机械和器材制造业	Electric Equipment and Machinery
计算机、通信和其他电子设备制造业	Computers, Communications and Other Electronic Equipment Manufacturing
仪器仪表制造业	Instruments Manufacturing
其他制造业	Other Manufacturing
废弃资源综合利用业	Comprehensive Utilization of Waste Resources
金属制品、机械和设备修理业	Metal Products,Machinery and Equipment Repair Industry
电力、热力生产和供应业	Production and Supply of Electricity and Heating Power
燃气生产和供应业	Production and Supply of Gas
水的生产和供应业	Production and Supply of Water

资产负债率(%) Asset Liability Ratio (%)	成本费用利润率(%) Profit Margin of the Cost and Expense (%)	每百元固定资产原值实现利税(元) Pre tax Profits per 100 Yuan Original Value of Fixed Assets(yuan)	每百元主营业务收入实现利税(元) Pre tax Profits per 100 Yuan Revenues in Main Business (yuan)	产品销售率(%) Rate of Production Sold (%)	出口交货值占工业销售(%) Export delivery value of the proportion of total sales value(%)	新产品产值率(%) New product ratio (%)
49.63	24.23	71.91	40.30	90.74	0.14	7.49
48.52	7.55	21.55	10.13	96.41	8.21	34.99
38.04	18.80	41.50	24.50	93.33	22.54	44.95
52.55	5.60	16.48	7.38	98.64	6.74	40.83
48.86	7.61	22.84	10.16	97.72	20.80	44.13
51.04	12.95	19.85	16.74	95.98	15.17	39.37
53.62	5.07	15.74	7.42	96.46	3.50	36.35
59.17	3.36	28.15	5.26	97.99	10.14	40.76
54.60	7.29	33.17	10.39	95.00	28.12	42.16
48.24	9.80	34.33	13.09	97.31	21.62	54.13
48.06	10.12	31.45	12.89	94.83	25.11	51.62
62.94	11.56	49.23	15.19	97.65	8.24	69.73
66.28	1.30	4.93	2.70	96.60	64.77	37.60
52.60	8.10	43.29	11.45	96.83	23.63	54.74
49.12	11.06	48.92	13.35	96.68	33.08	69.49
35.98	14.90	58.74	18.37	97.85	24.17	59.33
45.92	6.89	34.16	10.01	96.59	32.50	39.08
75.60	4.98	36.70	7.66	96.11		22.63
55.83	2.82	8.56	7.88	100.00	42.61	
57.27	5.47	6.95	9.41	99.29		0.62
61.48	2.55	4.43	5.33	100.29		
52.41	-0.69	0.63	2.99	96.85		

7-16 规模以上工业企业能源购进、消费及库存(2016年)
Purchasing,Consuming and Stocking of Energy in Industrial Enterprises Above Designated Size(2016)

能源名称		Item		年初库存 Stock at the Beginning of the Year	购进量实物量 Number of Purchasing	消费量 Consumption	#工业生产消费 Industry	年末库存 Stock at the End of the Year
原煤	(吨)	Coal	(ton)	6037192	126682346	127390484	127260022	5331175
洗精煤	(吨)	Coal Washing	(ton)	130804	2599112	2614085	2614085	115832
其他洗煤	(吨)	Other Coal Washing	(ton)	27309	171283	169422	169410	26592
煤制品	(吨)	Coal Puoducts	(ton)	48368	2844390	2832670	2831293	60240
焦炭	(吨)	Coke	(ton)	32727	1087626	3294714	3294646	47968
其他焦化产品	(吨)	Other Coking Production	(ton)	1034	15433	207243	207243	1961
焦炉煤气	(万立方米)	Coking Coal	(10000 cu. m)		930	44415	44415	
高炉煤气	(万立方米)	Blast Furnace Gas	(10000 cu. m)		22467	1006670	1006670	
转炉煤气	(万立方米)	Converter Furnace Gas	(10000 cu. m)		290	96814	96814	
发生炉煤气	(万立方米)	Producer Furnace Gas	(10000 cu. m)		6	1329	1329	
天然气	(万立方米)	Natural Gas	(10000 cu. m)	255	633306	633847	631731	495
原油	(吨)	Crude Oil	(ton)	1185760	26710427	26673898	26673883	1223674
汽油	(吨)	Gasoline	(ton)	2059	296663	298997	142049	2470
煤油	(吨)	Kerosene	(ton)	390	18851	19348	19051	337
柴油	(吨)	Diesel Oil	(ton)	29120	680612	684816	559317	30183
燃料油	(吨)	Fuel Oil	(ton)	109726	1963963	2164517	2163556	122005
液化石油气	(吨)	LPG	(ton)	826	245060	508621	507100	40068
其他石油制品	(吨)	Other Petroleum Production	(ton)	63293	722171	3192160	3192067	23440
热力	(百万千焦)	Heat	(100 Million coke)		355347595	402435403	400217413	
电力	(万千瓦小时)	Electricity	(1000 kw. h)		17404857	20114286	19756849	
其他燃料	(吨标准煤)	Other Fuel	(Tons of SCE)	11456	178142	271390	271205	11384

7－17 能源生产弹性系数(1990－2016 年)
Elasticity Ratio of Energy Production(1990－2016)

年份 Year	全省能源生产量(万吨标准煤) Output of Energy Production (10000 tons of SCE)	全省电力生产量(亿千瓦小时) Output of Electricity Production (10000 million kwh)	能源生产比上年增长(%) Growth Rate of Energy Production Over Preceding year (%)	电力生产比上年增长(%) Growth Rate of Electricity Production Over Preceding year (%)	生产总值比上年增长(%) Growth Rate of GDP Over Preceding year (%)	能源生产弹性系数 Elasticity Ratio of Energy Production	电力生产弹性系数 Elasticity Ratio of Electricity Production
1990	317.18	208.58			3.93		
1991	324.1	242.25	2.18	16.14	17.83	0.12	0.91
1992	355.57	284.13	9.71	17.29	19.02	0.51	0.91
1993	388.8	308.52	9.35	8.58	22.02	0.42	0.39
1994	402.53	340.90	3.53	10.5	19.97	0.18	0.53
1995	460.7	407.11	14.45	19.42	16.78	0.86	1.16
1996	379.17	448.36	-17.7	10.13	12.69	-1.39	0.8
1997	392.16	485.77	3.43	8.34	11.1	0.31	0.75
1998	494.04	539.16	25.98	10.99	10.17	2.55	1.08
1999	454.81	597.26	-7.94	10.78	10.03	-0.79	1.07
2000	439.24	696.59	-3.42	16.63	11.04	-0.31	1.51
2001	516.41	790.35	17.57	13.46	10.65	1.65	1.26
2002	745.64	887.82	44.39	12.33	12.64	3.51	0.98
2003	945.58	1090.86	26.81	22.87	14.7	1.82	1.56
2004	1091.63	1258.81	15.45	15.4	14.48	1.07	1.06
2005	1273.02	1456.42	16.62	15.7	12.76	1.3	1.23
2006	1216.21	1765.93	-4.46	21.25	13.88	-0.32	1.53
2007	1169.43	2080.41	-3.85	17.81	14.67	-0.26	1.21
2008	1228.75	2133.87	5.07	2.57	10.05	0.50	0.26
2009	1238.39	2250.71	0.78	5.48	8.94	0.1	0.61
2010	1489.94	2567.51	20.31	14.08	11.94	1.70	1.18
2011	1354.08	2790.24	-9.12	8.67	9.00	-1.01	0.96
2012	1709.98	2846.91	26.28	2.03	8.00	3.29	0.25
2013	1537.52	2922.88	-5.97	3.29	8.20	-0.73	0.40
2014	1554.58	2878.28	1.11	-1.53	7.60	0.15	-0.20
2015	2133.49	3010.84	37.24	4.61	8.00	4.65	0.58
2016	2337.52	3197.60	9.56	6.20	7.60	1.28	0.83

注：2013 年起数据根据经济普查进行了调整。
Data of the table are adjusted according to the economic census since 2013.

7-18 能源消费弹性系数(1990-2016年) Elasticity Ratio of Energy Consumption(1990-2016)

年份 Year	全省能源消费量(万吨标准煤) Total Energy Consumption (10000 tons of SCE)	全省电力消费量(亿千瓦小时) Total Electricity Consumption (100 million kwh)	能源消费比上年增长(%) Growth Rate of Energy Consumption Over Preceding year (%)	电力消费比上年增长(%) Growth Rate of Electricity Consumption Over Preceding year (%)	生产总值比上年增长(%) Growth Rate of GDP Over Preceding year (%)	能源消费弹性系数 Elasticity Ratio of Energy Consumption	电力消费弹性系数 Elasticity Ratio of Electricity Consumption
1990	2732.86	230.29			3.93		
1991	3123.17	263.07	14.28	14.23	17.83	0.80	0.80
1992	3484.22	303.28	11.56	15.28	19.02	0.61	0.80
1993	4044.22	346.75	16.07	14.33	22.02	0.73	0.65
1994	4496.67	396.74	11.19	14.42	19.97	0.56	0.72
1995	4851.26	439.59	7.89	10.80	16.78	0.47	0.64
1996	5165.43	479.34	6.48	9.04	12.69	0.51	0.71
1997	5446.74	511.45	5.45	6.70	11.10	0.49	0.60
1998	5656.96	547.78	3.86	7.10	10.17	0.38	0.70
1999	5960.14	611.67	5.36	11.66	10.03	0.53	1.16
2000	6560.37	742.89	10.07	21.45	11.04	0.91	1.94
2001	7253.11	855.29	10.56	15.13	10.65	0.99	1.42
2002	8279.64	1015.84	14.15	18.77	12.64	1.12	1.49
2003	9522.56	1240.35	15.01	22.10	14.70	1.02	1.50
2004	10824.69	1419.53	13.67	14.45	14.48	0.94	1.00
2005	12031.67	1642.32	11.15	15.69	12.76	0.87	1.23
2006	13218.85	1909.23	9.87	16.25	13.88	0.71	1.17
2007	14524.13	2189.37	9.87	14.67	14.67	0.67	1.00
2008	15106.88	2322.87	4.01	6.10	10.05	0.40	0.61
2009	15566.89	2471.44	3.05	6.40	8.94	0.34	0.72
2010	16865.29	2820.93	8.34	14.14	11.94	0.70	1.18
2011	17827.27	3116.91	5.70	10.49	9.00	0.63	1.16
2012	18076.18	3210.55	1.40	3.00	8.00	0.18	0.38
2013	18640.00	3453.05	4.11	7.55	8.20	0.50	0.92
2014	18826.00	3506.39	1.00	1.54	7.60	0.13	0.20
2015	19610.00	3554.00	4.20	1.40	8.00	0.53	0.18
2016	20275.60	3873.19	3.39	8.98	7.60	0.46	1.21

7-19 全社会用电情况(2012-2016年) The Total Electricit Consumption(2012-2016)

单位:万千瓦时(10000 kw.h)

指标	Item	2012	2013	2014	2015	2016
全社会用电总计	**Total**	**32105518**	**34530507**	**35063863**	**35538966**	**38731935**
全行业用电合计	**Total by Sector**	**28186507**	**30130010**	**30851838**	**31100198**	**33565931**
第一产业	Primary Industry	210895	240911	234350	238055	260696
第二产业	Secondary Industry	24487542	25981999	26525304	26381141	28151329
第三产业	Teriary Industry	3488070	3907100	4092184	4481002	5153906
全行业用电按行业分	**By Sector**					
农、林、牧、渔业	Farming, Forestry, Animal Husbandry and Fishery	210895	240911	234350	238055	260696
工业	Industry	24027285	25453614	25972814	25843018	27613598
采矿业	Mining and Quarrying	202208	196307	178179	157798	145140
制造业合计	Manufacturing	20299377	21346741	21911696	21775351	22929600
电力燃气及水的生产和供应业	Electicity, Gas and Water Production and Supply	3525700	3910567	3882938	3909869	4538858
建筑业	Construction	460257	528384	552490	538123	537732
交通运输、仓储、邮政业	Ttransport, Storage and Post	332122	405215	448770	512359	609627
信息传输计算机服务软件业	Information Transmission, Computer Services and Software	260184	290584	322866	372032	435622
商业、住宿和餐饮业	Commerce, Hotels and Catering Services	1223055	1346738	1388438	1469775	1633651
金融房地产商务及居民服务业	Finace, Real Estate, Business and Service for the Residents	633225	725133	764908	862379	1037410
公共事业及管理组织	Public Administration	1039485	1139431	1167202	1264458	1437595
城乡居民生活用电合计	**Total Electricity Consumption by Urban and Rural Residents**	**3919011**	**4400497**	**4212025**	**4438768**	**5166004**
城镇居民	Urban Residents	2083490	2332496	2241231	2375494	2775853
乡村居民	Rural Residents	1835521	2068001	1970794	2063274	2390152

7－20 规模以下工业主要指标
Basic Indicators on Total Industry Below Designated Size

指标名称	Item	2010	2015	2016
企业(单位)数 (万家)	Number of Enterprises (10000 units)	83.94	80.21	82.34
年末从业人数 (万人)	Number of Employed Persons at the Year－end(10000 persons)	663.28	599.68	594.48
主营业务收入 (亿元)	Revenues in Main Business (100 million yuan)	12247.94	16719.91	16932.37

注：(1)规模以下工业企业抽样调查范围2011年以前为主营业务收入500万元以下企业,2011年起为主营业务收入2000万元以下企业。Under scale industrial enterprise sampling scope for enterprises in main business income is 20 million yuan.
(2)2014年起规模以下企业单位数含停产企业。Industrial enterprises below designated size include discontinued enterprises。

7－21 规模以下工业企业主要指标
Basic Indicators on Industry Enterprise Below Designated Size

单位:亿元(100 million yuan)

指标	Item	2010	2015	2016
企业数 (万家)	Number of Enterprises (10000 units)	14.92	24.10	24.66
年末从业人数 (万人)	Number of Employed Persons at the Year－end (10000 persons)	232.43	290.03	286.63
资产总计	Total Assets	4466.02	8986.40	9787.47
负债合计	Total Liabilities		5200.16	5985.46
主营业务收入	Revenues in Main Business	4512.85	8114.42	8217.28
主营业务成本	Costs in Main Business		6827.48	7005.40
税金总额	Total Taxes	203.30	370.00	365.46
#所得税	Income Taxes	34.63	41.91	47.51
营业利润	Sales Profits	270.76	248.47	199.03
应付职工薪酬	Employee benefits payable	459.00	996.38	1043.78

7－22 个体工业主要指标
Basic Indicators on Individual Industry

单位:亿元(100 million yuan)

指标	Item	2010	2015	2016
单位数 (万家)	Number (10000 units)	69.02	56.11	57.68
年末从业人数 (万人)	Number of Employed Persons at the Year－end (10000 persons)	430.85	309.65	307.85
营业收入	Revenues in Business	7735.09	8605.49	8715.09
生产支出	Cost of Produce	5546.92	5861.72	5919.27
应付职工薪酬	Employee benefits payable	748.22	1305.74	1381.34

浙/江/统/计/年/鉴

主要统计指标解释

■ 工业增加值

是指工业行业在报告期内以货币表现的工业生产活动的最终成果。

■ 固定资产原价

固定资产原值指企业在建造、购置、安装、改建、扩建、技术改造某项固定资产时所支出的全部货币总额。它一般包括买价、包装费、运杂费和安装费等。

■ 固定资产净值

是指固定资产原价减去历年已提折旧额后的净额。

■ 流动资产

流动资产是指可以在一年或者超过一年的一个营业周期内变现或者耗用的资产,包括现金及各种存款、短期投资、应收及预付货款、存货等。

■ 利税总额

指企业利润总额、产品销售税金及附加和应交增值税之和。

■ 主营业务收入

指企业在销售商品(不一定是本企业生产)、提供劳务及让渡资产使用权等日常活动中所产生的收入。

■ 主营业务成本

指企业在销售商品、提供劳务及让渡资产使用权等日常活动而发生的实际成本。

■ 主营业务税金及附加

指企业日常活动应负担的税金及附加,包括营业税、消费税、城市维护建设税、资源税、土地增值税和教育费附加等。

■ 产品销售利润

指企业销售产品和提供工业性劳务等主要经营业务收入扣除其成本、费用、税金后的利润。

■ 利润总额

指企业实现的利润。

■ 应交增值税

指企业在报告期内应交纳的增值税额。

■ 资本金

指企业在工商行政管理部门登记的注册资金合计。企业资本金按投资主体可分为国家资本金、法人资本金、个人资本金和外商资本金等。资本金合计包括企业各种投资主体注册的全部资本金。

■ 总资产

指企业拥有或控制的全部资产。包括流动资产、长期投资、固定资产、无形及递延资产、其他长期资产、递延税项等,即为企业资产负债表的资产总计项。

(1) 流动资产　指企业可以在一年内或者超过一年的一个生产周期内变现或耗用的资产合计。包括现金及各种存款、短期投资、应收及预付款项、存货等。

(2) 固定资产　指企业固定资产净值、固定资产清理、在建工程、待处理固定资产损失所占用的资金合计。

(3) 无形资产　指企业长期使用而没有实物形态的资产。包括专利权、非专利技术、商标权、著作权、土地使用权、商誉等。

■ 总负债

指企业承担并需要偿还的全部债务。包括流动负债和长期负债、递延税项等,即为企业资产负债表的负债合计项。

(1) 流动负债　指企业在一年内或者超过一年的一个营业周期内需要偿还的债务合计,其中包括短期借款、应付及预收款项、应付工资、应交税金和应交利润等。

主要统计指标解释

（2）长期负债　指企业在一年以上或者超过一年的一个生产周期以上需要偿还的债务合计，其中包括长期借款、应付债务、长期应付款项等。

■ 所有者权益

指企业投资人对企业净资产的所有权。企业净资产等于企业全部资产减去全部负债后的余额，其中包括投资者对企业的最初投入，以及资本公积金、盈余公积金和未分配利润，对股份制企业即为股东权益。

■ 流动资产周转次数

指在一定时间内流动资产完成的周转次数，反映流动资产的周转速度。计算公式为：

流动资金周转次数＝产品销售收入/全部流动资产平均余额。

■ 全员劳动生产率

指根据产品的价值量指标计算的平均每一从业人员在单位时间内的产品生产量。计算公式为：

全员劳动生产率＝工业增加值÷全部从业人员数。

■ 能源生产总量

指一定时期内某地区一次能源生产量的总和。该指标是观察全国能源生产水平、规模、构成和发展速度的总量指标。一次能源生产量包括原煤、原油、天然气、水电、核能及其他动力能（如风能、地热能等）发电量，不包括低热值燃料生产值、生物能、太阳能等的利用和由一次能源加工转换而成的二次能源产量。

■ 能源消费总量

指一定时期内某地区物质生产部门、非物质生产部门和生活消费的各种能源的总和。该指标是观察能源消费水平、构成和增长速度的总量指标。能源消费总量包括原煤和原油及其制品、天然气、电力，不包括低热值燃料、生物质能和太阳能等的利用。能源消费总量分为终端能源消费量、能源加工转换损失量和能源损失量三部分。

（1）终端能源消费量：指一定时期内生产和生活消费的各种能源在扣除了用于加工转换二次能源消费量和损失量以后的数量。

（2）能源加工转换损失量：指一定时期内投入加工转换的各种能源数量之和与产出各种能源产品之和的差额。该指标是观察能源在加工转换过程中损失量变化的指标。

（3）能源损失量：指一定时期内能源在输送、分配、储存过程中发生的损失和由客观原因造成的各种损失量，不包括各种气体能源放空、放散量。

■ 能源生产弹性系数

研究能源生产增长速度与国民经济增长速度之间关系的指标。计算公式为：

$$\text{能源生产弹性系数}=\frac{\text{能源生产总量年平均增长速度}}{\text{生产总值年平均增长速度}}$$

■ 电力生产弹性系数

研究电力生产增长速度与国民经济增长速度之间关系的指标。一般来说，电力的发展应当快于国民经济的发展，也就是说电力应超前发展。计算公式为：

$$\text{电力生产弹性系数}=\frac{\text{电力生产量年平均增长速度}}{\text{生产总值年平均增长速度}}$$

■ 能源消费弹性系数

反映能源消费增长速度与国民经济增长速度之间比例关系的指标。计算公式为：

$$\text{能源消费弹性系数}=\frac{\text{能源消费量年平均增长速度}}{\text{生产总值年平均增长速度}}$$

■ 电力消费弹性系数

反映电力消费增长速度与国民经济增长速度之间比例关系的指标。计算公式为：

$$\text{电力消费弹性系数}=\frac{\text{电力消费量年平均增长速度}}{\text{生产总值年平均增长速度}}$$

ZHEJIANG STATISTICAL YEARBOOK

Explanatory Notes on Main Statistical Indicators

□ Value Added of Industry

refers to the final results of industrial production of the industrial trade in money terms during the reference period.

□ Original Value of Fixed Assets

refers to the original value of all fixed assets owned by industrial enterprises, calculated at the cost paid at the time of purchase, installation, reconstruction, expansion, and technical innovation and transformation of the said assets, which includes expenses on purchase, package, transportation, and installation, etc.

□ Net Value of Fixed Assets

is obtained by deducting depreciation over years from the original value of fixed assets.

□ Circulating Assets

refers to assets which can be cashed in or spent or consumed in an operating cycle of one year or over one year, which includes cash, various deposits, short term investment, and receivable payments, and advance payments, stock, etc.

□ Total Value of Profit and Tax (Pre - tax Profits)

refers to the sum of the total profits, products sales tax and surcharges and the value added tax payable of industrial enterprises. It is also called pre - tax profits.

□ Revenue on Main Business

refers to revenues from the sales of products, labor services provided, alienation of using asset right and etc.

□ Cost on Main Business

refers to real costs from the sales of products, labor services provided, alienation of using asset right and etc.

□ Tax and Extra Charges on Main Business

refer to the tax the business tax, consumption tax, city maintenance and construction, resources tax, land increasing value tax and extra charges for education and etc.

□ Sales Profit of Products

refers to the profit gained by the enterprises by deducting cost, charges and taxes from the business income of the enterprises obtained in selling products and providing industrial services.

□ Total Profits

refer to the profits gained by the enterprises.

□ Value Added Tax Payable

refers to the amount of the value added tax which should be paid by the enterprises in the reporting period.

□ Capital

refers to the corporation's capital registered in the departments of administration for industry and commerce. According to the different nature of investors, corporations' capital can be divided into state capital, legal person's capital, personal capital, foreign capital, etc. Total capital includes total registered capital of all investors in the corporation.

□ Total Assets

refer to all assets which are owned or controlled by enterprises, including circulating assets, long - term investment, fixed assets, intangible assets and deferred assets, other long - term assets, and deferred taxes, etc. The summation of above items is equal to total assets shown

EXPLANATORY NOTES ON MAIN STATISTICAL INDICATORS

in the balance sheets of the enterprises.

(1) Circulating assets (working capital) refer to assets which can be cashed in or spent or consumed in an operating cycle of one year or over one year, including cash, all kinds of deposits, short term investment, receivables, advance payment, stock, etc.

(2) Fixed assets refer to the net value of fixed assets, clearance of fixed assets, project under construction, fixed assets losses in suspense. These are corporations' fund holdings.

(3) Intangible assets refer to the assets without material form used by enterprises over a long time, such as patents, non - patent technologies, trade marks, copyright, land use right, business reputation, etc.

□ Total Liabilities

refer to the debts that enterprises are responsible for repayment, including liquid liabilities, long - term liabilities and deferred taxes, etc. Total liabilities correspond to the summation item of liabilities shown in the balance sheets of the enterprises.

(1) Liquid liabilities (also called quick liabilities or immediate liabilities) refer to enterprises total debt payable within an operating cycle of one year or over one year, including short term loans, payables and advance payments, wages payables, taxes payable and profit payable, etc.

(2) Long - term liabilities refers to total debt payable within an operating cycle of one year or over one year, including long - term loans, payable liabilities, long - term payables, etc.

□ Creditors' Equity

refers to investors' ownership of net assets of the enterprise. It is equal to the total assets of the enterprise minus its total liabilities, including the primary input from investors, capital accumulation fund, surplus accumulation fund and undistributed profit. It is the stock holders' equity in stock companies.

□ Turnover of Working Capital

refers to the number of times of turnover of working capital in a given period of time, which reflects the speed of the turnover of working capital and is calculated as follows:

Turnover of Working Capital (%) = 100% × (Sales Revenue of Products)/(Average Balance of Total Working Capital)

□ Overall Labour Productivity of Industrial Enterprises

refers to the average output per employed person in industrial enterprises in value terms. At present, the value added and the average number of staff and worders of an industrial enterprises in a given period are used to calculate the overall labour productivity. The formula used is:

Overall Labour Productivity = Value Added of Industry/Average Number of Staff and Worders

□ Total Energy Production

refers to the total production of primary energy by all energy producing enterprises in the region in a given period of time. It is a comprehensive indicator to show the capacity, scale, composition and development of energy production of the country. The production of primary energy includes that of coal, crude oil, natural gas, hydro - power and electricity generated by nuclear energy and other means such as wind power and geothermal power. However, it excludes the production of fuels of low calorific value, bio - energy, solar energy and the secondary energy converted from the primary energy.

□ Total Domestic Energy Consumption

refers to the total consumption of energy of various kinds by material production sectors, non material production sectors and households in the region in a given period of time. It is a comprehensive indicator to show the scale, composition and development of energy consumption. The total energy consumption includes that of coal, crude oil and their products, natural gas and electricity. However, it excludes the consumption of fuel of low calorific value, bioenergy and solar energy. Total domestic energy consumption can be divided into three parts: final energy consumption, loss during the process of energy conversion, and energy loss.

(1) Final Energy Consumption: It refers to the total energy consumption by material production sectors, non

EXPLANATORY NOTES ON MAIN STATISTICAL INDICATORS

material production sectors and households in the region in a given period of time, but excludes the consumption in conversion of the primary energy into the secondary energy and the loss in the process of energy conversion.

(2) Loss During the Process of Energy Conversion: It refers to the total input of various kinds of energy for conversion, minus the total output of various kinds of energy in the region in a given period of time. It is an indicator to show the loss that occurs during the process of energy conversion.

(3) Energy Loss: It refers to the total of the loss of energy during the course of energy transport, distribution and storage and the loss caused by any objective reason in a given period of time. The loss of various kinds of gas due to gas discharges and stocktaking is excluded.

□ Elasticity Ratio of Energy Production

is an indicator to show the relationship between the growth rate of energy production and the growth rate of the national economy. The formula is:

Elasticity Ratio of the Energy Production = Average Annual Growth Rate of Energy Production/Average Annual Growth Rate of GDP.

□ Elasticity Ratio of Electricity Production

is an indicator to show the relationship between the growth rate of electricity production and the growth rate of electricity production should be higher than that of the national economy.

Its formula is:

Elasticity Ratio of Electricity Production = Average Annual Growth Rate of Electricity Production/Average Annual Growth Rate of GDP.

□ Elasticity Ratio of Energy Consumption

is an indicator to show the relationship between the growth rate of energy consumption and the growth rate of the national economy. The formula is:

Elasticity Ratio of Energy Consumption = Average Annual Growth Rate of Energy Consumption/Average Annual Growth Rate of GDP.

□ Elasticity Ratio of Electricity Consumption

is an indicator to show the relationship between the growth rate of electricity consumption and the growth rate of the national economy. The formula is:

Elasticity Ratio of Electricity Consumption = Average Annual Growth Rate of Electricity Consumption/Average Annual Growth Rate of GDP.

 CHAPTER 8

建筑业
Construction

8－1 建筑业企业主要指标(1990－2016年)
Key Indicators of Construction Enterprises(1990－2016)

年份 Year	建筑业企业单位数(个) Construction Enterprises (unit)	#其他经济类型 Other types of	建筑业企业平均就业人数(万人) The average number of construction enterprises employed (10000 persons)	#其他经济类型 Other types of	建筑业总产值(亿元) Gross Output Value (100 million yuan)	#其他经济类型 Other types of
1990	2550		67.37		79.00	
1991	2503		70.46		92.80	
1992	2450	24	75.25	0.68	134.00	1.80
1993	2901	20	97.28	0.50	260.50	1.60
1994	3538	50	127.89	1.11	470.80	4.60
1995	3549	115	144.21	5.17	710.20	35.80
1996	3691	666	145.32	18.24	845.70	104.50
1997	3937	969	141.22	24.21	883.30	154.10
1998	3540	1627	142.51	45.17	942.50	306.60
1999	3657	1994	150.63	66.37	1128.30	499.60
2000	3592	3238	165.90	97.14	1383.80	841.50
2001	3370	2595	185.17	140.61	1768.50	1365.60
2002	3210	2801	201.10	171.49	2283.00	1959.70
2003	3514	3131	247.22	218.94	3127.30	2802.00
2004	4053	3756	276.87	256.39	3911.30	3623.30
2005	4226	3942	322.12	302.82	4743.30	4450.60
2006	4482	4234	370.92	353.75	5701.00	5445.70
2007	4688	4465	427.52	411.58	7036.80	6778.30
2008	5259	5042	465.48	451.42	8268.60	8004.50
2009	5392	5185	530.95	517.54	9746.20	9474.70
2010	5627	5419	615.65	602.72	12210.90	11956.20
2011	5969	5771	601.42	590.19	15171.80	14859.10
2012	6286	6087	677.21	663.48	17656.00	17290.00
2013	6634	6500	739.18	728.93	20658.80	20360.10
2014	6725	6611	804.96	795.29	23170.90	22907.30
2015	6810	6697	850.02	840.21	24541.40	24257.20
2016	6824	6721	844.21	833.75	25653.90	25365.30

8-2 国有建筑企业主要经济指标(2010-2016年)
Major Economic Indicators of State-Owned Consruction Enterprises(2010-2016)

指标		Item		2010	2011	2012	2013	2014	2015	2016
建筑业总产值	(亿元)	Cross Output Value of Construction	(100 million yuan)	125.9	166.1	181.9	125.6	92.0	81.3	72.2
增加值	(亿元)	Added Value	(100 million yuan)	25.8	28.7	38.0	35.5	19.7	19.7	17.9
实现利润总额	(亿元)	Total Profits	(100 million yuan)	3.7	4.5	4.2	7.4	2.6	2.3	2.6
上缴税金	(亿元)	Taxes Turned over to State	(100 million yuan)	4.1	5.3	5.2	3.8	2.7	2.6	2.8
房屋建筑施工面积	(万平方米)	Floor Space of Buildings under Construction	(10000 sq.m)	85.2	99.1	80.5	55.7	30.8	59.4	32.4
房屋建筑竣工面积	(万平方米)	Floor Space of Buildings Completed	(10000 sq.m)	32.0	52.1	38.7	22.1	13.4	34.0	21.1
计算劳动生产率的平均人数	(万人)	Average Staff and Workers to Calculate Labor Productivity	(10000 persons)	5.0	4.8	5.7	3.1	2.5	2.2	2.4
年末拥有固定资产合计	(亿元)	Net Value of Fixed Assets Owned (year-end)	(100 million yuan)	15.1	17.6	17.8	17.3	8.7	9.1	8.6
年末拥有机械设备总功率	(万千瓦)	Total Power of Machinery and Equipment Owned (year-end)	(10000 kw)	46.0	54.4	39.7	26.9	13.9	11.9	13.9
年末拥有机械设备净值	(亿元)	Net Value of Machinery and Equipment Owned(year-end)	(100 million yuan)	8.6	9.6	7.7	7.2	2.5	3.4	4.9
全员劳动生产率		Overall Labor Productivity								
按总产值计算	(元/人)	Calculated by Gross Output Value	(yuan/person)	252639	346975	321032	407351	374656	373679	300721
按增加值计算	(元/人)	Calculated by Added value	(yuan/person)	51706	59911	67069	115013	80292	90620	74565
技术装备率	(元/人)	Value of Machines per Labourer	(yuan/person)	19254	28687	16042	24182	10674	15455	22273
动力装备率	(千瓦/人)	Power of Machines per Labourer	(kw/person)	10.3	16.3	8.3	9.0	5.9	5.4	6.3
产值利润率	(%)	Ratio of Profit to Gross Output Value	(%)	2.9	2.7	2.3	5.9	2.8	2.8	3.6

注：1.8—2至8—20各表数据为资质以上总承包、专业承包建筑业企业、不包括劳务分包企业。
2.机械设备为年末施工机械设备。表8-3同。
The data in table 8-2 to 8-20 include enterprises of labor contracting which having qualificates.
The number of Machinery and Equipment Owned refers to the machinery and equipment under construction(year end).
The table 8-3 is the same.

8-3 私营建筑企业主要经济指标(2010-2016年)
Major Economic Indicators of Private Construction Enterprises(2010-2016)

指标		Item		2010	2011	2012	2013	2014	2015	2016
建筑业总产值	(亿元)	Gross Output Value of Constrution	(100 million yuan)	5935.1	7835.9	9419.2	10837.5	11779.7	12677.4	13093.5
增加值	(亿元)	Added Value	(100 million yuan)	1200.8	1493.0	1976.1	2243.9	2416.3	2489.3	2563.2
实现利润总额	(亿元)	Total Profits	(100 million yuan)	186.6	229.5	263.1	303.6	312.9	295.7	305.3
上缴税金	(亿元)	Taxes Turned over to state	(100 million yuan)	187.9	266.4	274.3	318.5	341.0	348.5	384.6
房屋建筑施工面积	(万平方米)	Floor Space of Buildings under Constrution	(100 million yuan)	59530	76206	87610	94297	100205	100057	96885
房屋建筑竣工面积	(万平方米)	Floor Space of Buildings Completed	(100 million yuan)	24396	29478	32781	34040	35940	37842	34655
计算劳动生产率的平均人数	(万人)	Average Staff and Workers to Calculate Labor Productivity	(100 million yuan)	306.7	326.6	369.6	391.8	423.2	442.0	438.5
年末拥有固定资产净值	(亿元)	Net Value of Fixed Assets Owned (year-end)	(100 million yuan)	412.3	533.9	557.3	600.6	583.0	590.8	577.9
年末拥有机械设备总功率	(万千瓦)	Total Power of Machinery and Equipment Owned (year-end)	(100 million yuan)	942.6	1093.5	1171.8	1330.4	1406.1	1337.3	1426.7
年末拥有机械设备净值	(亿元)	Net Value of Machinery and Equipment Owned(year-end)	(100 million yuan)	219.2	257.8	278.2	293.5	289.4	308.6	298.7
全员劳动生产率		Overall Labor Productivity								
按总产值计算	(元/人)	Calculated by Gross Output Value	(100 million yuan)	193496	239929	254875	276628	278325	286819	298597
按增加值计算	(元/人)	Caculated by Added0-value	(100 million yuan)	39153	45715	53470	57276	57091	56316	58454
技术装备率	(元/人)	Value of Machines per Labourer	(100 million yuan)	7085	7720	7086	7093	6832	7187	6711
动力装备率	(元/人)	Power of Machines per Labourer	(100 million yuan)	3.0	3.3	3.0	3.1	3.3	3.1	3.2
产值利润率	(%)	Ratio of Profit to Gross Output Value	(100 million yuan)	3.1	2.9	2.8	2.8	2.7	2.3	2.3

8-4 各地建筑业企业单位数(2010-2016年)
Number of Construction Enterprises by Region(2010-2016)

单位:个(unit)

地区	Region	2010	2011	2012	2013	2014	2015	2016
合 计	**Total**	**5111**	**5430**	**5726**	**6066**	**6185**	**6290**	**6330**
杭州市	Hangzhou	1331	1373	1430	1515	1476	1480	1474
宁波市	Ningbo	753	844	922	976	986	999	973
温州市	Wenzhou	547	593	617	639	652	683	714
嘉兴市	Jiaxing	271	291	308	325	322	326	333
湖州市	Huzhou	178	197	205	216	230	240	251
绍兴市	Shaoxing	541	572	620	661	707	730	731
金华市	Jinhua	583	625	666	687	731	739	723
衢州市	Quzhou	197	208	212	226	235	236	267
舟山市	Zhoushan	118	121	122	133	142	148	153
台州市	Taizhou	408	402	411	438	454	461	462
丽水市	Lishui	184	204	213	250	250	248	249

8-5 各地建筑业企业年末就业人员(2010-2016年)
Employed Persons in Construction Enterprises by Region(2010-2016)

单位:万人(10000 Persons)

地区	Region	2010	2011	2012	2013	2014	2015	2016
合 计	**Total**	**566.16**	**541.84**	**640.91**	**682.34**	**723.86**	**722.83**	**777.50**
杭州市	Hangzhou	111.73	91.55	100.29	102.12	105.75	100.69	123.74
宁波市	Ningbo	74.36	86.68	95.59	107.14	112.42	113.93	129.55
温州市	Wenzhou	36.42	40.44	46.26	52.85	55.12	61.46	58.06
嘉兴市	Jiaxing	30.09	24.67	27.48	24.75	26.47	21.97	23.71
湖州市	Huzhou	14.13	11.76	16.33	17.54	18.23	19.25	18.94
绍兴市	Shaoxing	143.61	149.26	171.37	180.49	190.31	191.32	196.37
金华市	Jinhua	73.97	52.92	91.62	95.97	101.81	95.47	108.10
衢州市	Quzhou	11.98	13.17	14.49	16.44	17.11	17.07	16.90
舟山市	Zhoushan	6.50	6.63	6.41	7.36	8.17	8.34	8.17
台州市	Taizhou	55.66	57.55	63.28	68.65	78.17	83.09	82.34
丽水市	Lishui	7.72	7.20	7.80	9.04	10.31	10.25	11.64

8－6 各地建筑业企业总产值(2010－2016 年)
Gross Output Value of Construction Enterprises By Region(2010－2016)

单位:亿元(100 million yuan)

地区	Region	2010	2011	2012	2013	2014	2015	2016
合 计	**Total**	**12008.7**	**14907.4**	**17332.6**	**20200.0**	**22668.2**	**23980.6**	**24989.4**
杭州市	Hangzhou	2663.8	3032.5	3307.6	3755.5	3971.4	4097.6	4105.3
宁波市	Ningbo	1425.1	1933.4	2509.1	3135.5	3714.1	4055.4	4231.1
温州市	Wenzhou	610.8	791.0	964.7	1149.1	1255.2	1395.0	1534.8
嘉兴市	Jiaxing	589.9	764.3	844.3	942.5	984.7	907.9	904.9
湖州市	Huzhou	354.2	433.6	464.9	526.7	590.9	621.6	672.3
绍兴市	Shaoxing	3263.4	4212.2	4847.7	5523.3	6178.1	6583.2	6935.5
金华市	Jinhua	1566.7	1914.7	2321.3	2711.6	3044.2	3162.9	3263.4
衢州市	Quzhou	225.6	266.6	300.1	371.9	406.0	426.8	426.8
舟山市	Zhoushan	133.8	160.8	163.6	179.8	210.1	226.5	267.6
台州市	Taizhou	1034.4	1243.5	1448.1	1695.9	2069.8	2226.7	2330.1
丽水市	Lishui	141.1	155.0	161.2	208.2	243.6	277.0	317.4

8－7 各地区按登记注册类型分的建筑业企业单位数(2016 年)
Number of Construction Enterprises by Registration Status and Region (2016)

单位:个(unit)

地区	Region	建筑业企业单位数 Number of Construction Enterprises	内资企业 Domestic Capital Enterprises	#国有企业 State－owned Enterprises	#集体企业 Collective owned Enterprises	#有限责任公司 Company with Limited Liability	#私营企业 Private Enterprises	港澳台商投资企业 Enterprises Funded by Enterpre－neurs from Hong Kong Macao and Taiwan	外商投资企业 Foreign Funded Enterprises
合 计	**Total**	**6330**	**6301**	**37**	**66**	**1251**	**4830**	**23**	**6**
杭州市	Hangzhou	1474	1462	11	10	302	1109	9	3
宁波市	Ningbo	973	969	3	2	100	844	3	1
温州市	Wenzhou	714	713	3	23	232	442	1	
嘉兴市	Jiaxing	333	333			38	288		
湖州市	Huzhou	251	249	7	3	106	124	2	
绍兴市	Shaoxing	731	726		6	163	541	3	2
金华市	Jinhua	723	721	5	9	113	586	2	
衢州市	Quzhou	267	267		1	25	239		
舟山市	Zhoushan	153	152	3	3	23	121	1	
台州市	Taizhou	462	460	4	6	114	327	2	
丽水市	Lishui	249	249	1	3	35	209		

8-8 各地区按登记注册类型分的建筑业企业年末就业人员(2016 年底)
Number of Employed Persons in Construction Enterprises by Registration Status and Region(End of 2016)

单位:人(Person)

地区	Region	年末就业人员 Average Number of Employed Persons	内资企业 Domestic Funded Enterprises	#国有企业 State-owned Enterprises	#集体企业 Collective Owned Enterprises	#有限责任公司 Company with Limited Liability	#私营企业 Private Enterprises	港澳台商投资企业 Enterprises Funded by Entrepreneurs From Hong Kong Macao and Taiwan	外商投资企业 Foreign Funded Enterprises
合　计	**Total**	**7775008**	**7732708**	**24003**	**80638**	**2612126**	**4384776**	**24285**	**18015**
杭州市	Hangzhou	1237441	1234551	7835	1003	627999	504025	1879	1011
宁波市	Ningbo	1295501	1287936	2188	150	173664	878685	7549	16
温州市	Wenzhou	580567	580555	1469	22921	248773	300746	12	
嘉兴市	Jiaxing	237059	237059			22128	161724		
湖州市	Huzhou	189370	189322	4527	539	126128	53406	48	
绍兴市	Shaoxing	1963652	1933829		6599	614570	1167933	12835	16988
金华市	Jinhua	1081013	1080512	2837	3203	568258	489018	501	
衢州市	Quzhou	168962	168962		54	15481	151157		
舟山市	Zhoushan	81686	81677	918	919	21505	57507	9	
台州市	Taizhou	823404	821952	4135	44616	184178	514397	1452	
丽水市	Lishui	116353	116353	94	634	9442	106178		

8-9 各地区建筑业总产值的构成(2016 年)
Total Construction Output Value by Structure and Region (2016)

单位:万元(10000 yuan)

地区	Region	建筑业总产值 Gross Output Value of Construction	建筑工程产值 Output Value of Construction	安装工程产值 Output Value of Installation	其他产值 Others
合　计	**Total**	**249893700**	**225754129**	**18543520**	**5596051**
杭州市	Hangzhou	41052972	36106015	3978388	968569
宁波市	Ningbo	42310744	37283728	3927298	1099719
温州市	Wenzhou	15347935	14381215	944462	22259
嘉兴市	Jiaxing	9049196	8421288	483500	144407
湖州市	Huzhou	6723380	5820681	554985	347714
绍兴市	Shaoxing	69355356	62940378	4881336	1533642
金华市	Jinhua	32634427	29737362	2200803	696262
衢州市	Quzhou	4268260	3776056	276488	215716
舟山市	Zhoushan	2676447	2312377	322869	41201
台州市	Taizhou	23301372	22276957	720497	303919
丽水市	Lishui	3173613	2698073	252895	222645

8-10 各地区按登记注册类型分的建筑业总产值(2016年)
Total Construction Output Value by Registration Status and Region (2016)

单位:万元(10000 yuan)

地区	Region	建筑业总产值 Gross Output Value of Construction	内资企业 Domestic Capital Enterprises	#国有企业 State-owned Enterprises	#集体企业 Collective owned Enterprises	#有限责任公司 Company with Limited Liability	#私营企业 Private Enterprises	港澳台商投资企业 Enterprises Funded by Entrepreneurs from Hong Kong Macao and Taiwan	外商投资企业 Foreign Funded Enterprises
合　计	**Total**	**249893700**	**247937350**	**721821**	**2164175**	**88495207**	**130934583**	**1119101**	**837249**
杭州市	Hangzhou	41052972	40915164	300376	23341	22878321	13820321	109538	28270
宁波市	Ningbo	42310744	42013325	56507	4412	5586849	26630066	297291	128
温州市	Wenzhou	15347935	15347583	41003	583180	6884915	7750242	352	
嘉兴市	Jiaxing	9049196	9049196			792228	6047349		
湖州市	Huzhou	6723380	6722230	136129	19427	4848149	1589761	1150	
绍兴市	Shaoxing	69355356	67930478		132610	23347562	38308799	616026	808852
金华市	Jinhua	32634427	32564191	79852	92272	17623254	14222253	70236	
衢州市	Quzhou	4268260	4268260		410	473018	3722299		
舟山市	Zhoushan	2676447	2676305	23026	194131	686589	1758415	142	
台州市	Taizhou	23301372	23277006	82609	1088345	5142855	14171357	24366	
丽水市	Lishui	3173613	3173613	2320	26048	231467	2913720		

8-11 各地区按所含专业分的建筑业总产值(2016年)
Total Construction Output Value by Sector And Region (2016)

单位:万元(10000 yuan)

地区	Region	建筑业总产值 Gross Output Value of Construction	房屋工程建筑 Housing	土木工程建筑 Civil Engineering	#铁路、道路、隧道和桥梁工程建筑 Railways, Tunnels, Roads and Bridges	建筑安装业 Installation	建筑装饰业和其他建筑业 Building Decoration and Others
合　计	**Zhejiang**	**249893700**	**182144363**	**51246955**	**37356403**	**7537505**	**8964877**
杭州市	Hangzhou	41052972	25943138	10368087	7142052	2119797	2621949
宁波市	Ningbo	42310744	28554378	10729843	7251649	1278677	1747846
温州市	Wenzhou	15347935	9290899	5094048	2769767	392082	570906
嘉兴市	Jiaxing	9049196	6764351	1698438	1216092	285698	300709
湖州市	Huzhou	6723380	4718047	1783880	1369028	86750	134704
绍兴市	Shaoxing	69355356	55962517	8521174	6829260	2633714	2237951
金华市	Jinhua	32634427	27647610	4167595	3452248	256996	562226
衢州市	Quzhou	4268260	2568359	1488022	1207627	41184	170695
舟山市	Zhoushan	2676447	1825019	691480	294515	89203	70745
台州市	Taizhou	23301372	17004739	5620233	5099481	279453	396947
丽水市	Lishui	3173613	1865307	1084155	724684	73951	150200

8－12 各地区建筑业企业房屋建筑面积(2016 年)
Floor Space of Building Construction Enterprises by Region (2016)

单位:万平方米(10000 sq. m)

地区	Region	房屋建筑施工面积 Floor Space Under Construction				房屋建筑竣工面积 Floor Space Under Construction			
		合计 Total	#国有企业 State－owned Construction Enterprises	#集体企业 Collective owned Construction Enterprises	#私营企业 Private Enterprises	合计 Total	#国有企业 State－owned Construction Enterprises	#集体企业 Collective owned Construction Enterprises	#私营企业 Private Enterprises
合 计	**Total**	**198401.2**	**32.4**	**2173.6**	**96885.0**	**68818.5**	**21.1**	**777.6**	**34654.9**
杭州市	Hangzhou	27220.7	5.1	4.0	9828.5	9754.1	2.0	4.0	3326.8
宁波市	Ningbo	26786.2			16229.2	8951.6			5537.6
温州市	Wenzhou	12027.6		873.1	6573.3	2785.6		247.2	1631.5
嘉兴市	Jiaxing	6892.0			4336.0	2679.5			1781.8
湖州市	Huzhou	4009.8	2.6	8.5	1089.7	2183.1	1.1	6.2	577.9
绍兴市	Shaoxing	58300.6		80.3	30331.0	21981.6		54.1	11868.0
金华市	Jinhua	39918.9	1.3	59.1	12022.8	11623.8	1.3	32.4	3881.7
衢州市	Quzhou	2654.2			2286.0	1251.6			1176.9
舟山市	Zhoushan	1392.3	4.9	0.7	1047.1	370.2	4.0	0.4	292.5
台州市	Taizhou	17587.0	18.5	1133.1	11600.8	6399.2	12.8	429.1	3771.2
丽水市	Lishui	1611.9		14.8	1540.7	838.2		4.3	809.2

8－13 各地区建筑业企业劳动生产率(2016 年)
Labor Productivity of Construction Enterprises by Region (2016)

单位:元/人(yuan/person)

地区	Region	按建筑业总产值计算的劳动生产率 Overall Labor Productivity Calculated by Gross Output Value of Construction	#国有企业 State－owned Enterprises	#集体企业 Collective owned Enterprise	按增加值计算的劳动生产率 Overall Labor Productivity Calculated by Added Value	国有企业 State－owned Enterprises	集体企业 Collective owned Enterprises
合 计	**Total**	**321406**	**300721**	**268382**	**60428**	**74565**	**51976**
杭州市	Hangzhou	331757	383377	232709	61877	110123	70265
宁波市	Ningbo	326598	258258	294147	58129	51817	85493
温州市	Wenzhou	264361	279120	254430	53990	79103	50802
嘉兴市	Jiaxing	381728			58276		
湖州市	Huzhou	355039	300705	360434	61662	49379	162557
绍兴市	Shaoxing	353196		200955	66238		35853
金华市	Jinhua	301887	281466	288081	58794	67150	53786
衢州市	Quzhou	252617		75907	52603		24833
舟山市	Zhoushan	327651	250824	2112413	63616	32782	223818
台州市	Taizhou	282988	199779	243936	56781	59708	49430
丽水市	Lishui	272757	246809	410847	57171	67713	54609

8－14 各地区建筑业企业技术装备情况(2016 年)
Technology and Equipment Owned by Construction Enterprises by Region (2016)

地区	Region	自有机械设备总台数(台) Number of Machinery and Equipment Owned (unit)	自有机械设备总功率(万千瓦) Total Power of Machinery and Equipment Owned (1000kw)	自有机械设备净值(万元) Net Value of Machinery and Equipment Owned (10000 yuan)	技术装备率(元/人) Value of Machines per Labourer (yuan/person)	动力装备率(千瓦/人) Power of Machines per Labourer (Kw/person)
合 计	**Total**	**1059839**	**2189.40**	**4751956**	**6168**	**2.84**
杭州市	Hangzhou	162491	330.20	782395	6498	2.74
宁波市	Ningbo	139717	330.50	722042	5696	2.61
温州市	Wenzhou	77939	186.30	451572	7181	2.96
嘉兴市	Jiaxing	52114	98.10	193725	8545	4.33
湖州市	Huzhou	30470	57.80	138364	7076	2.96
绍兴市	Shaoxing	294869	569.80	991873	5005	2.88
金华市	Jinhua	129130	283.40	654440	6206	2.69
衢州市	Quzhou	26531	70.40	141181	8546	4.26
舟山市	Zhoushan	14665	32.00	57923	7180	3.97
台州市	Taizhou	105092	189.50	488733	6196	2.40
丽水市	Lishui	26821	41.20	129709	11710	3.72

8－15 各地区建筑业企业资产与负债(2016 年)
Assets and Liabilities of Construction Enterprises by Region (2016)

单位:万元(10000 yuan)

地区	Region	资产合计 Total Assets	#流动资产 Circulating Assets	#固定资产 Fixed Assets	流动负债 Liquid Liabilities	非流动负债 Non－current Liabilities	所有者权益 Creditors′ Equity
合 计	**Total**	**121147721**	**99865170**	**9933806**	**66000756**	**2583503**	**49951445**
杭州市	Hangzhou	31158063	25412440	2067226	18752593	934130	10883382
宁波市	Ningbo	21340733	17861350	1433911	12720209	340659	7726474
温州市	Wenzhou	7221669	5804429	807723	3585706	67114	3436602
嘉兴市	Jiaxing	5766633	5074482	413994	3970210	46654	1652304
湖州市	Huzhou	4251522	3535554	389185	2514526	46610	1444061
绍兴市	Shaoxing	20529744	16774062	2078667	9746810	330318	10164919
金华市	Jinhua	16427480	13686758	1238536	8178185	551660	7576210
衢州市	Quzhou	2202839	1762243	260255	1047615	11766	1103683
舟山市	Zhoushan	1987790	1649072	194613	1345460	50913	590415
台州市	Taizhou	8498858	6868726	847896	3318057	201507	4464801
丽水市	Lishui	1762391	1436055	201802	821386	2173	908594

8-16 各地区建筑业企业总收入(2016年)
Total Income of Construction Enterprises by Region (2016)

单位:万元(10000 yuan)

地区	Region	企业总收入 Total Income	工程结算收入 Revenue of Project Settlement Accounts	#工程结算成本 Costs of Project Settlement Accounts	#工程结算利润 Profits of Project Settlement Accounts	其他业务收入 Other Revenue from Business	#其他业务利润 Other Profits from Business
合 计	**Total**	**189275769**	**188403113**	**172851768**	**5565349**	**872656**	**148844**
杭州市	Hangzhou	36069232	35753389	33038516	848609	315843	69171
宁波市	Ningbo	26726099	26578266	23880384	1081165	147833	32860
温州市	Wenzhou	11613424	11586221	10505716	296576	27203	9330
嘉兴市	Jiaxing	7222425	7200771	6725356	114911	21654	6184
湖州市	Huzhou	5706541	5686595	5208989	151849	19946	2494
绍兴市	Shaoxing	51923833	51729396	47809920	1464728	194438	9328
金华市	Jinhua	25854295	25751484	23673791	819438	102811	5774
衢州市	Quzhou	3754923	3750246	3416481	101311	4677	2293
舟山市	Zhoushan	1792678	1785058	1642019	29494	7620	2912
台州市	Taizhou	15983314	15962086	14627776	536472	21228	4446
丽水市	Lishui	2629006	2619603	2322822	120798	9403	4054

8-17 各地区建筑业企业利税总额(2016年)
Profit and Taxes of Construction Enterprises by Region (2016)

地区	Region	利税总额(万元) Total Pre-tax Profits (10000 yuan)	利润总额 Total Profits	工程结算税金及附加 Taxes and Extra Charges on Project In Settlement Accounts	管理费中的税金 Taxes Management fees	应交增值税 Value Added Taxes Payable	产值利税率(%) Ratio of Pre-tax Profits to Output Value (%)	资产利税率(%) Ratio of Pre-tax Profits to Assets (%)
合 计	**Total**	**12251398**	**5735779**	**4276505**	**169002**	**2070112**	**4.90**	**10.11**
杭州市	Hangzhou	1912514	950047	533662	33719	395086	4.66	6.14
宁波市	Ningbo	1987726	1097424	543670	30012	316621	4.70	9.31
温州市	Wenzhou	760895	311353	268827	17533	163183	4.96	10.54
嘉兴市	Jiaxing	342442	129195	140913	8237	64097	3.78	5.94
湖州市	Huzhou	352133	157302	142664	5274	46894	5.24	8.28
绍兴市	Shaoxing	3491923	1467046	1439028	31368	554481	5.03	17.01
金华市	Jinhua	1664241	823816	608405	23514	208507	5.10	10.13
衢州市	Quzhou	252323	104442	99943	3426	44514	5.91	11.45
舟山市	Zhoushan	96290	31982	31518	1366	31423	3.60	4.84
台州市	Taizhou	1151617	537798	392929	11038	209852	4.94	13.55
丽水市	lishui	239293	125375	74946	3516	35456	7.54	13.58

8-18 建筑业企业财务状况(2016 年) Financial Indicators of Construction Enterprises (2016)

单位:万元(10000 yuan)

指标	Item	资产合计 Total Assets	流动资产小计 Liquid Assets	固定资产小计 Fixed Assets	流动负债小计 Total Liquid Liabilities
总计	**Total**	**121147721**	**99865170**	**9933806**	**66000756**
#国有及国有控股	State-owend and State-holding Enterprises	13075236	10895098	852864	9504172
#特、一、二级企业	The First Enterprises	106121664	87951497	8015486	58754292
按登记注册类型分组	**Group by registration type**				
内资企业	Domestic Funded Enterprises	120588989	99398816	9866998	65639771
#国有企业	State-owned Enterprises	773578	650363	85508	507230
集体企业	Cooperative Enterprises	831415	710928	85784	524820
股份合作企业	Limited Liability Corporations	111140	95947	13643	60395
私营企业	Private Enterprises	57152288	46765144	5779464	28171778
港、澳、台商投资企业	Funded by Entepreneurs From Hong Kong Macao and Taiwan	441830	368690	55281	285851
外商投资企业	Foreign Funded Enterprises	116902	97664	11526	75135
按国民经济行业分组	**Group by national economy industry**				
房屋建筑业	Housing	74034863	62182696	5162848	40592877
土木工程建筑业	Civil Engineering	34030895	26857230	3691772	17917239
建筑安装业	Installation	5965230	4904018	582990	3631611
建筑装饰和其他建筑业	Building Decoration and Others	7116733	5921226	496197	3859030

续表 1 Continued

单位:万元(10000 yuan)

指标	Item	非流动负债 Non – Current Liabilities	负债合计 Total Liabilities	所有者权益合计 Creditors′ Equity	工程结算收入 Revenue of Project Settled Account	工程结算成本 Costs of Project Settled Accounts	工程结算税金及附加 Taxes and Extra Charges on Project Settled Accounts
总计	**Total**	**2583503**	**71196275**	**49951445**	**188403113**	**172851768**	**4276505**
#国有及国有控股	State – owend and State – holding Enterprises	739030	10260254	2814981	11966262	10925856	90807
#特、一、二级企业	The First Enterprises	2404826	63478655	42643009	170436792	157002325	3847483
按登记注册类型分组	**Group by registration type**						
内资企业	Domestic Funded Enterprises	2561544	70812789	49776200	187107311	171633480	4261223
#国有企业	State – owned Enterprises	20565	537041	236537	848902	774920	14559
集体企业	Cooperative Enterprises	7400	534565	296850	1408722	1300988	35714
股份合作企业	Limited Liability Corporations	303	60802	50338	165132	155902	3163
私营企业	Private Enterprises	515164	29484930	27667358	99729262	91033701	2534304
港、澳、台商投资企业	Funded by Enterpreneurs From Hong Kong Macao and Taiwan	21959	308352	133478	817329	759913	8017
外商投资企业	Foreign Funded Enterprises		75135	41767	478473	458375	7265
按国民经济行业分组	**Group by national economy industry**						
房屋建筑业	Housing	1479461	44136154	29898709	131857746	122501348	3136523
土木工程建筑业	Civil Engineering	817176	19154673	14876222	42589661	38082219	888617
建筑安装业	Installation	134153	3856882	2108348	6355884	5506046	107129
建筑装饰和其他建筑业	Building Decoration and Others	152714	4048566	3068167	7599823	6762155	144236

续表 2 Continued 单位:万元(10000 yuan)

指标	Item	管理费用 Management Expenses	财务费用 Financial Expenses	营业利润 Business Profits	利润总额 Total Profits	应交所得税 Income Tax Payable	应付职工薪酬 Employee Benefits Payable
总计	**Total**	**3893101**	**1166222**	**5714194**	**5735779**	**1413763**	**33812664**
#国有及国有控股	State－owend and State－holding Enterprises	426496	44138	378783	375481	89327	1645559
#特、一、二级企业	The First Enterprises	3088952	1081927	5022867	5030317	1224247	30962213
按登记注册类型分组	**Group by registration type**						
内资企业	Domestic Funded Enterprises	3867334	1156771	5693547	5714356	1408046	33572921
#国有企业	State－owned Enterprises	36209	1708	24485	25663	8092	116493
集体企业	Cooperative Enterprises	33200	2677	35483	35852	8931	323904
股份合作企业	Limited Liability Corporations	2972	－796	4245	5533	1644	64284
私营企业	Private Enterprises	2123793	603769	3047411	3053326	795252	18190883
港、澳、台商投资企业	Funded by Enterpreneurs From Hong Kong Macao and Taiwan	20607	8579	14021	14927	3844	104765
外商投资企业	Foreign Funded Enterprises	5160	872	6626	6497	1873	134977
按国民经济行业分组	**Group by national economy industry**						
房屋建筑业	Housing	1814933	769717	3576581	3593408	863636	25478981
土木工程建筑业	Civil Engineering	1382373	308981	1572717	1592047	416414	6237271
建筑安装业	Installation	389357	33725	284096	264642	64970	892036
建筑装饰和其他建筑业	Building Decoration and Others	306437	53798	280800	285682	68742	1204377

8-19 各地区按资质等级分总承包建筑业企业总产值（2016 年）
Total Output Value of Construction Enterprises of General Contractors by Qualification Criteria and by Region(2016)

单位:万元(10000 yuan)

地区	Region	合计 Total	特级 Special Grade	一级 First Grade	二级 Second Grade	三级及以下 Third Grade and Below
合 计	**Total**	**232739955**	**62430706**	**120590425**	**32568755**	**17150068**
杭州市	Hangzhou	35100351	10692242	18347744	4144847	1915518
宁波市	Ningbo	39545372	9062367	21884144	5174823	3424038
温州市	Wenzhou	14173861	928989	7778690	3674667	1791515
嘉兴市	Jiaxing	8409043	658876	4795803	2116007	838357
湖州市	Huzhou	6324885	566135	4251612	917948	589190
绍兴市	Shaoxing	65968060	22113766	34838560	6543046	2472688
金华市	Jinhua	31449066	14299768	12865857	2282670	2000771
衢州市	Quzhou	4129107		1450873	1908911	769324
舟山市	Zhoushan	2518323		1325465	747095	445763
台州市	Taizhou	22299141	4108564	12588020	3973071	1629486
丽水市	Lishui	2822746		463658	1085670	1273419

8-20 各地区按资质等级分专业承包建筑业企业总产值（2016 年）
Total Output Value of Construction Enterprises of Professional Contractors by Qualification Criteria and by Region(2016)

单位:万元(10000 yuan)

地区	Region	合计 Total	一级 First Grade	二级 Second Grade	三级及以下 Third Grade and Below
合计	**Total**	**17153745**	**11296111**	**2693808**	**3163827**
杭州市	Hangzhou	5952621	4369208	857136	726277
宁波市	Ningbo	2765372	1745893	483115	536364
温州市	Wenzhou	1174074	460012	338159	375902
嘉兴市	Jiaxing	640152	293462	154306	192384
湖州市	Huzhou	398496	108095	89801	200600
绍兴市	Shaoxing	3387296	2762669	233806	390820
金华市	Jinhua	1185362	752100	214148	219114
衢州市	Quzhou	139152	29488	37838	71826
舟山市	Zhoushan	158124	38466	25752	93906
台州市	Taizhou	1002231	631234	125332	245665
丽水市	Lishui	350866	105484	134413	110969

浙/江/统/计/年/鉴

主要统计指标解释

■ 建筑业增加值

指建筑业企业在报告期内以货币表现的建筑业生产经营活动的最终成果。目前建筑业增加值采用分配法计算，即从收入的角度出发，根据生产要素在生产过程中应得的收入份额计算。具体计算公式为：

建筑业企业增加值＝本年提取的固定资产折旧＋应付工资＋应付福利费＋管理费用中的劳动待业保险金、税金＋工程结算税金及附加＋营业利润－转作奖金的利润。

■ 房屋建筑施工面积

指在报告期内施工的全部房屋建筑面积。包括本期内新开工的、上期施工跨入本期继续施工、上期停建本期复工的房屋建筑面积；不包括上期开工后又停工，本期未施工的房屋建筑面积。

■ 房屋建筑竣工面积

指在报告期内，按照设计所规定的工程内容全部完成，达到了设计规定的交工条件，经有关部门检查验收鉴定合格的房屋建筑面积。

■ 自有施工机械设备年末总台数

指年末本企业（或单位）自有的直接用于工程施工的各种机械设备的台数。但不包括附属辅助生产机械设备、运输机械设备、生产试验机械设备的台数。

■ 自有施工机械设备年末总功率

指年末本企业（或单位）自有的直接用于工程施工的各种机械备年末总功率，按设定能力或查定能力计算。包括施工机械本身的动力和为该机械服务的单独动力设备，如电动机等。但不包括附属辅助生产机械设备、运输机械设备、生产试验机械设备的功率。计量单位用千瓦，动力换算可按1马力＝0.735千瓦折合成千瓦数。电焊机、变压器、锅炉不计算动力。

■ 工程结算收入

指企业（或单位）按工程的分部分项自行完成的建筑产品价值并已与甲方在报告期内办理结算手续的工程价款收入，以及向甲方收取的除工程价款以外的按规定列作营业收入的各种款项，如临时设施费、劳动保险费、施工机械调迁费等以及向甲方收取的各种索赔款。

■ 工程结算利润

指已结算工程实现的利润。如为亏损以“－”号表示。其计算公式为：

工程结算利润＝工程结算收入－工程结算成本－工程结算税金及附加－经营费用

■ 企业总收入

指与企业生产经营直接有关的各项收入，包括工程结算收入和其他业务收入，即：

企业总收入＝工程结算收入＋其他业务收入

ZHEJIANG STATISTICAL YEARBOOK

Explanatory Notes on Main Statistical Indicators

□ Value Added of Construction

refers to the final result of the activities of production and management of construction in monetary terms in the reference period. At present, the value added of construction is calculated with the method of distribution. In other words, it is the sum of incomes of various production factors in the production process. The formula is as follows:

Value added of construction = depreciation of fixed assets in the year + wages payable + welfare expenses payable + insurance premium and tax for waiting for employment in the administrative expenses + taxes and surcharges on project settlement + profit gained from project settlement – profit used as bonus.

□ Floor Space of Buildings Under Construction

refers to floor space of buildings under construction during the reference period, including newly started buildings, buildings started earlier and continued during the reference period, and buildings suspended earlier but restarted during the reference period. Excluded are buildings started and then suspended earlier that have not been restarted during the reference time.

□ Floor Space of Buildings Completed

refers to the floor space of buildings that are completed in the reference period in accordance with the requirements of the design, up to the standard for putting them into use, and have been checked and accepted by concerned departments as qualified ones.

□ Total Number of Machinery and Equipment Owned by the Construction Enterprises(or Units)by the End of Year

refers to the number of machines and equipment which are used directly in constraction owned by the enterprises (or units) it does not include the number of ancilary machinery and equipment for construction, production and transportation.

□ Total Power of Machinery and Equipment Owned by the Construction Enterprises (or Units) by the End of Year

refer to the total power of machinery and equipment owned by the enterprises (or units), used directly in construction by the end of the year, including machinery and equipment for construction, production and transportation. The power of the machinery is calculated on basis of the designed or verified capacity, covering the power of the machinery/equipment and the separate power equipment serving the machinery/equipment (such as electric motors), but excluding welders, transformers and boilers. The unit use for the calculation of power is kilowatt, with horsepower converted to kilowatt by 1horsepower = 0.735 kilowatt.

□ Income from Settlement of Projects

refers to the income received by the construction enterprise/unit from the completed portion of the project through settlement procedures with the contractee during the reference period, and other charges to the contractee as operational costs, such as facility fee, labour insurance premium, moving cost of construction unit, as well as various types of claims to the contractee.

□ Profit from Settlement of Projects

refers to profit realized through settled projects. It is calculated with the following formula:

Profit from Settlement of Projects = Income from Settlement of projects – Settled Cost – Settled Taxes and Other Cost – Business Expense

□ Total Revenue of Enterprises

refers to the sum of income from production and operation of enterprises, including income from settlement of projects and other operational incomes, namely:

Total Revenue of Enterprises = Income from settlement of Projects + Other Operational Incomes

2017
浙江统计年鉴
ZHEJIANG STATISTICAL YEARBOOK

CHAPTER 9

交通运输和邮电通信业
Transportation,Posts and Telecommunications

9-1 运输线路长度(2009-2016 年)
Length of Transportation Routes(2009-2016)

单位:公里(km)

指标	Item	2009	2010	2011	2012	2013	2014	2015	2016
铁路营业里程	**Length of Railways in Operation**	**1665**	**1761**	**1765**	**1765**	**2031**	**2310**	**2527**	**2540**
#复线里程	Double-tracking Length	1065	1164	1167	1185	1453	1744	1969	1983
公路通车里程	**Length of Highways**	**106942**	**110177**	**111776**	**113550**	**115426**	**116367**	**118015**	**119053**
#高速公路	Expressway	3298	3383	3500	3618	3787	3884	3917	4062
一级公路	First Class Highways	4099	4293	4565	4903	5310	5679	6018	6359
二级公路	Second Class Highways	8882	9101	9224	9447	9610	9819	10041	10162
内河通航里程	**Length of Navigable Inland Waterways**	**9704**	**9704**	**9750**	**9739**	**9747**	**9769**	**9769**	**9769**
民用航空航线(条)	**Number of Civil Aviation Routes(line)**	**206**	**217**	**239**	**264**	**334**	**389**	**392**	**481**
#国内航线	Domestic Routes	170	174	194	224	285	319	322	389

注:2006 年起公路通车里程包含村道。
The length of highways is including that of village road since 2006.

9-2 主要港口货物吞吐量(2010-2016 年)
Cargo Handled at Principal Ports(2010-2016)

单位:万吨(10000 tons)

港口名称	Port	2010	2011	2012	2013	2014	2015	2016
沿海港口合计	**Total**	**78846**	**86700**	**92760**	**100591**	**108177**	**109930**	**114202**
宁波-舟山港	Ningbo-zhoushan	63300	69393	74401	80978	87346	88929	92209
温州港	Wenzhou	6408	6950	6997	7379	7901	8490	8406
台州港	Taizhou	4706	5099	5358	5628	6049	6237	6771
嘉兴港	Jiaxing	4432	5258	6004	6605	6880	6273	6817
内河港口合计	**Total**	**33941**	**35673**	**39171**	**37459**	**30894**	**28206**	**26664**
其中:	Include							
杭州港	Hangzhou	8753	8929	9097	9382	10084	9372	7279
湖州港	Huzhou	14357	14668	17840	15312	8487	8052	8664
嘉兴港	Jiaxing	9486	10690	10856	11107	10110	8586	8423

注:2009 年起,湖州港统计范围扩大到了全市。
The data of Huzhou harbar was adjusted since 2009.

9-3 民用车辆拥有量
Number of Civil Vehicles Owned

单位:辆(unit)

指标	Item	合计 Total			#个人 Individual		
		2014	2015	2016	2014	2015	2016
总计	**Total**	**15387832**	**16139934**	**15574032**	**13887192**	**14622585**	**13961745**
汽车	**Vehicles**	**10132136**	**11216283**	**12583458**	**8710803**	**9780084**	**11051678**
载客汽车	Passenger Vehicles	8959921	10124578	11403051	7977515	9104022	10329008
#大型	Large - Sized	63294	62070	66401	1387	743	686
中型	Medium - Sized	56690	41230	38424	20092	11077	8952
小型	Small - Sized	8692178	9888054	11177844	7818446	8974937	10214790
微型	Minicar	147759	133224	120382	137590	117265	104580
#轿车	Cars	6479091	7278196	8103052	5915355	6693931	7500379
载货汽车	Trucks	1115620	1039966	1128714	713594	657573	704518
#重型	Heavy - Sized	155763	152831	172635	33131	27219	28055
中型	Medium - Size	61783	39049	40419	24411	12172	12198
轻型	Light - Sized	883194	833777	904049	643374	605868	654242
微型	Minicar	14880	14309	11611	12678	12314	10023
#普通载货	Ordinary	725774	672920	713237	541531	502804	531960
其它汽车	Others	56595	51739	51693	19694	18489	18152
摩托车	**Motorcycles**	**4927493**	**4639379**	**2688737**	**4895531**	**4607847**	**2662475**
普通	Ordinary	4634552	4380303	2598906	4603455	4349591	2573016
轻便	Lightweigh	292941	259076	89831	292076	258256	89459
拖拉机	**Tractors**	**276618**	**230093**	**242996**	**276618**	**230093**	**242996**
挂车	**Trailers**	**51480**	**54046**	**58720**	**4233**	**4557**	**4592**
其它类型车	**Others**	**105**	**133**	**86**	**7**	**4**	**4**
机动车驾驶员(人)	**Motor Drivers(person)**	**15830542**	**17760872**	**19398278**			
#汽车驾驶员	Automobile Drivers	14220871	16320563	18143538			

9-4 水路运输工具年末实有数
Number of Means Waterway of Transportation(Year-end)

指标	Item	合计 Total 2014	2015	2016	#私人 Individuals 2014	2015	2016
机动船 (艘)	**Motor Vessels (unit)**	**17447**	**16241**	**15904**	**11216**	**9944**	**9586**
净载重量 (吨位)	Dead Weight Tonnage (ton)	23988753	23631797	25836993	2923723	2815415	3568117
载客量 (客位)	Passenger Capacity (seat)	78133	81257	85514	236	192	192
货船 (艘)	Cargo Ships (unit)	16069	14857	14497	11171	9908	9550
净载重量 (吨位)	Dead Weight Tonnage (ton)	23980744	23622801	25826643	2923723	2815415	3568117
客货船 (艘)	Passenger cargo Vessels (unit)	9	9	9			
净载重量 (吨位)	Dead Weight Tonnage (ton)						
载客量 (客位)	Passenger Capacity (seat)	1979	1979	1979			
客船 (艘)	Passenger Ships (unit)	1285	1314	1334	17	16	16
载客量 (客位)	Passenger Capacity (seat)	76154	79278	83535	236	192	192
拖船 (艘)	Tugboats (unit)	84	61	64	28	20	20
驳船 (艘)	**Barges (unit)**	**334**	**75**	**67**	**149**	**17**	**17**
净载重量 (吨位)	Dead Weight Tonnage (tons)	64321	22319	16250	20633	854	854

9－5 客运量和旅客周转量(1978－2016年)
Passenger Traffic and Turnover Volume of Passenger Traffic(1978－2016)

年份 Year	客运量合计(万人) Passenger Traffic Total (10000 persons)	铁路 Railway	公路 Highway	水运 Waterway	民用航空 Civil Aviation	旅客周转量合计(亿人公里) Turnover Volume of Passenger Traffic Total (100 million person－km)	铁路 Railway	公路 Highway	水运 Waterway
1978	20535	1889	12815	5828	3	66.68	29.75	27.60	9.33
1979	23781	2068	15543	6166	4	68.22	24.77	33.26	10.19
1980	28454	2421	19326	6702	5	96.74	43.55	41.70	11.49
1981	32458	2677	22864	6909	8	111.40	49.05	50.25	12.10
1982	35988	2735	26150	7094	9	120.66	50.73	57.28	12.65
1983	37856	2919	28468	6461	8	134.73	57.46	64.54	12.73
1984	40827	3252	30882	6683	10	157.81	66.74	76.86	14.21
1985	52776	3225	39375	10163	13	201.35	75.26	107.23	18.86
1986	57973	3126	45759	9066	22	220.38	78.43	124.91	17.04
1987	61403	3258	49589	8526	30	246.98	83.94	145.85	17.19
1988	64571	3595	52560	8382	34	269.43	93.12	158.81	17.50
1989	59477	3453	48726	7275	23	257.28	87.63	153.87	15.78
1990	60347	3018	51083	6214	32	257.29	75.94	166.87	14.48
1991	64906	3040	56495	5286	85	285.85	80.91	190.95	13.99
1992	71017	3051	62767	5087	112	322.40	87.83	220.68	13.89
1993	91553	3249	83606	4560	138	398.87	98.05	288.10	12.72
1994	100068	3559	92090	4269	150	435.15	108.35	314.95	11.85
1995	109139	3566	101370	3968	235	483.06	109.80	360.09	13.17
1996	114098	3071	107317	3446	264	500.98	98.11	391.65	11.22
1997	115141	2990	108654	3231	266	529.79	101.20	417.77	10.82
1998	118329	3169	111847	3034	279	552.35	106.57	436.34	9.44
1999	118819	3750	111771	3034	264	582.71	140.01	433.50	9.20
2000	124133	3909	116996	2938	290	606.73	148.33	449.51	8.89
2001	132881	4193	126008	2371	309	651.79	164.48	479.53	7.78
2002	135995	4511	128980	2122	382	706.85	180.95	519.20	6.70
2003	140699	4338	133968	1983	410	718.39	181.03	531.63	5.73
2004	150254	5195	142177	2311	571	795.32	216.41	571.50	7.41
2005	160669	5274	152222	2510	663	848.49	222.95	617.87	7.67
2006	174626	5588	165441	2792	805	929.15	241.05	681.39	6.71
2007	189658	5931	179501	3164	1062	1026.50	258.52	761.07	6.91
2008	217209	6448	206111	3494	1156	1118.62	289.76	821.57	7.29
2009	222130	6508	210584	3680	1358	1152.38	291.30	853.63	7.45
2010	228017	7634	215708	3155	1520	1250.74	362.67	882.04	6.03
2011	231900	8439	218415	3466	1580	1296.25	381.66	908.15	6.44
2012	234366	8725	220517	3454	1670	1317.58	390.25	921.18	6.16
2013	136790	10579	121185	3111	1915	1025.10	437.02	582.99	5.09
2014	131486	12821	112915	3581	2169	1056.99	493.37	558.06	5.56
2015	113315	14806	92304	3841	2364	1092.53	541.93	544.76	5.84
2016	107377	17766	83033	3950	2628	1074.99	604.03	465.12	5.84

注：1、民用航空客运量指发送量。
Passenger traffic of civil aviation refers to volume of transmitting passenger.
2、2008 年始公路按新的调查方法进行统计；2013 年起公路、水路按新的口径统计。
The data of highway is adjusted since 2008, The data of highway and waterway are adjusted since 2013.

9－6 货运量和货物周转量(1978－2016 年)
Freight Traffic and Turnover Volume of Freight Traffic(1978－2016)

年份 Year	货运量合计(万吨) Freight Traffic Total (10000 ton)					货物周转量合计(亿吨公里) Turnover Volume of Freight Traffic Total (100 million ton－km)			
		铁路 Railway	公路 Highway	水运 Waterway	民用航空 Civil Aviation		铁路 Railway	公路 Highway	水运 Waterway
1978	8460	1415	2690	4355		164.19	112.77	6.69	44.73
1979	9202	1461	2998	4743		181.29	121.50	7.62	52.17
1980	9577	1523	3012	5042		190.76	126.23	8.25	56.28
1981	9608	1495	3042	5071		192.29	121.27	9.25	61.77
1982	10746	1609	3616	5521		201.83	120.49	11.49	69.85
1983	10877	1681	3728	5468		212.49	123.02	13.58	75.89
1984	11781	1736	3988	6057		232.67	127.59	16.67	88.41
1985	22385	1781	9397	11207		293.54	132.54	33.45	127.55
1986	31775	1893	17680	12202		341.20	135.18	68.14	137.88
1987	32346	1924	19426	10996		369.21	138.07	82.52	148.62
1988	37502	1877	24128	11497		403.96	136.50	96.25	171.21
1989	36358	1911	24354	10093		408.99	146.51	92.75	169.73
1990	33474	1691	22879	8904		400.65	144.43	100.75	155.47
1991	35198	1773	24162	9263		456.00	144.95	136.25	183.80
1992	41115	1915	28957	10243		546.81	167.52	158.83	220.46
1993	49867	1989	36439	11439		617.69	179.58	160.48	277.63
1994	54765	1841	40593	12331		685.41	181.55	171.63	332.23
1995	62287	1914	45052	15321		874.29	186.75	245.16	442.38
1996	63875	1928	47400	14547		900.80	178.92	266.22	455.66
1997	60956	1721	45224	14011		914.54	172.22	262.32	480.00
1998	60369	1726	45338	13305		897.88	173.28	257.11	467.49
1999	64004	1710	45754	16540		1004.10	171.80	256.90	575.40
2000	74884	1955	55008	17921		1199.74	187.16	280.02	732.56
2001	77832	2181	55706	19945		1371.60	206.48	282.53	882.59
2002	90507	2411	63532	24564		1616.61	230.41	293.60	1092.60
2003	103173	2658	70907	29598	10	2047.48	252.92	313.70	1480.86
2004	117312	2887	78540	35871	14	2701.48	288.22	353.62	2059.64
2005	126192	2960	81448	41768	16	3416.90	282.85	372.66	2761.39
2006	140110	3231	89342	47522	15	4363.71	300.74	431.07	3631.9
2007	153334	3447	98742	51129	16	4962.38	336.06	493.64	4132.68
2008	146654	3398	91625	51614	17	5476.25	339.74	1114.50	4022.01
2009	151258	3435	95802	52002	19	5659.78	323.30	1188.70	4147.78
2010	170563	3888	103394	63258	23	7117.04	342.08	1298.71	5476.24
2011	185717	4166	108654	72872	25	8634.82	312.24	1434.82	6887.75
2012	191084	3847	113393	73817	27	9183.30	291.26	1525.59	7366.45
2013	187915	4037	107186	76662	30	8949.57	270.44	1322.13	7357.00
2014	194918	3548	117070	74267	33	9548.09	223.02	1419.43	7905.64
2015	200711	3332	122547	74797	35	9868.98	212.42	1513.92	8142.64
2016	215018	3332	133999	77646	40	9788.76	211.39	1626.78	7950.58

注：2008 年始公路按新的调查方法进行统计;2013 年起公路、水路按新的口径统计。
The data of highway and waterway are adjusted since 2013.

9-7 邮电业务基本情况(1978-2016年) Post and Telecommunications Services(1978-2016)

年份 Year	邮电业务总量(万元) Business Volume of Post and Telecommunications (10000 yuan)	函件(万件) Number of Letters (10000 cases)	订销报刊累计份数(万份) Total Number of Newspaper and Magazine Subscribed (10000 copies)	快递业务量(万件) Express Business (10000 pieces)	城市电话年末户数(户) Number of Urban Telephone Subscribers at Year end (Subscriber)	农村电话年末户数(户) Number of Rural Telephone Subscribers at Year end (Subscriber)
1978	6851	11663	52264		42043	32919
1979	7832	14236	52264		46141	34120
1980	8991	16466	58538		51230	36838
1981	9970	18039	64945		57610	38749
1982	10834	19123	67993		65931	41513
1983	12477	23155	7373		75314	44677
1984	14879	28517	89384		89805	50487
1985	18837	33742	101657		104430	58012
1986	20564	34729	103759		121240	62935
1987	24878	39847	116953		145987	72806
1988	31300	42035	116694		188547	88729
1989	37020	36577	64557		234081	106895
1990	45396	34879	67183		280232	125783
1991	114607	32219	68849		355000	156500
1992	165815	33649	80349		486400	222100
1993	275148	39190	77457		782464	346685
1994	429179	38617	81515		1188163	585589
1995	630167	38678	85226		1666979	936297
1996	865336	37785	90955		1997814	1219930
1997	1129657	34186	98207		2392544	1631650
1998	1577157	33133	102761		2809491	2213890
1999	2190000	29439	107683		3409993	3249300
2000	3240800	30643	106807		4197800	4645000
2001	2799000	34839	116156		5477000	5739000
2002	3634295	37862	114707		7153572	6664178
2003	5047179	74901	116953		9373773	7191544
2004	6771657	73462	110417		11881841	7865948
2005	8303851	69844	112417	5835	14215278	8101240
2006	9720807	73349	117573	7274	15665856	8241649
2007	13270593	74475	124782	8441	16014157	8044271
2008	15454226	75528	131296	9860	14823869	8152032
2009	16663726	83625	137328	14765	13137656	8048195
2010	19719626	84869	147074	24898	12130911	7854547
2011	8979698	84741	154043	49661	11682165	7796637
2012	10240156	77656	164608	81987	11274422	7550455
2013	11786022	65746	183014	141953	10518851	7294643
2014	16844582	59209	175418	245745	11285351	5133713
2015	23921105	45208	174641	383146	11244097	3753470
2016	37153878	33786	140344	598770	10361052	2511243

注：1. 邮电业务总量1978—2000年按1990年不变价计算,2001-2010年按2000年不变价计算,2011年起按2010年不变价计算。
Business volume of post and telecommunications from 1978 to 2000 were calculated at constant price of 1990, at constant price of 2000 from 2001 to 2010, at constant price of 2010 since 2011.
2. 按最新统计口径,自2003年函件包括邮送广告。
The letters include advertisements sent by post according to new statistical scope since 2003.

9－8 邮电企业主要指标(2012－2016 年)
Principal Indicators of Post and Telecommunications Enterprises(2012－2016)

指标		Item		2012	2013	2014	2015	2016
邮电线路长度		**Length of Postal Routes**						
邮路总长度	(公里)	Length of Postal Routes	(km)	1957791	1956181	2570572	2258044	2535220
农村投递路线总长度	(公里)	Rural Delivery Routes	(km)	170167	179220	182704	181748	184694
长途电话电路总数	(2M)	Long－distance Telephone Service Circuits	(2M)		5353171	6686810		
邮运通信工具		**Telecommunications Facilities**						
火车邮厢	(辆)	Postal Railway Carriage	(unit)	6	7	6	7	7
邮政汽车	(辆)	Postal Cars	(unit)	17431	20027	24952	30366	35913
公用电话	(万部)	Public Telephone	(10000 units)	212	207	189		
固定长途电话交换机容量	(路端)	Long－distance Switchboard	(terminal circuit)	851520	851520	851520	851520	851520
本地电话交换机容量	(万门)	Urban Switchboard	(10000 lines)	2791	2613	1769	1132	504
移动电话交换机	(万户)	Mobile Switchboard	(10000 users)	9685	10807	11141	11423	11699
移动电话	(万户)	Mobile Telephone	(10000 users)	6443	7072	7371	7466	7225
移动互联网用户	(万户)	Mobile Internet Users	(10000 users)	4698	4719	5065	5430	6366
固定互联网宽带接入用户	(万户)	Fixed Broadband Internet Access	(10000 users)	1153	1243	1276	1316	2160
长途光缆线路长度	(公里)	Length of Long Distance Optical Fibre Cable	(km)	25001	25801	25744	26299	24040

注：2012 年起邮路总长度和邮政汽车含规模以上快递企业数据。
The Data of Length of Postal Routes and Postal Cars include Courier Companies Above Dsignated Size since 2012。

9－9 邮电通信水平(2012－2016 年)
Level of Post and Telecommunications Services(2012－2016)

指标		Item		2012	2013	2014	2015	2016
每百人平均函件量	(件/百人)	Average Number of Letters Mailed per 100 Persons	(Piece/hundred People)	1420	1198	1076	818	607
每百人平均累计订阅报刊量	(份/百人)	Average Number of Newspaper Subscribed per 100 Persons	(piece/hundred People)	3009	3335	3185	3162	2621
每百人平均包件	(件/百人)	Average Number of Parcels per 100 Persons	(Piece/hundred People)	9.0	9.3	7.8	5.1	2.5
每百人平均快递业务量	(件/百人)	Average amount per one hundred courier business	(Piece/hundred People)	1499	2587	4466	6937	10761
固定电话普及率	(线/百人)	Popularization Rate of Fixed Telephone	(pars/hundred person)	34.2	32.4	30.0	27.2	23.2
移动电话普及率	(部/百人)	Popularization Rate of Mobile Telephone	(pars/hundred person)	117.2	128.7	134.6	135.6	130.4
人均邮政、电信费用支出(按合计总量算)	(元/人)	Per Capital Expenditure of Telecommunications	(yuan/person)	1637	1836	1987	2168	2519
已通电话的乡镇	(个)	Number of Townships with Telephone Communication	(Number)	1341	1324	1321	1350	1378
已通邮的行政村比重	(个)	Number of Villages with Posal Communication	(Percentage)	100	100	100	100	100
设有局所的乡(镇)比重	(%)	Percentage of Townships with Postal Offices	(Percentage)	82.1	89.8	96.4	100.0	100.0

浙/江/统/计/年/鉴

主要统计指标解释

■ 铁路营业里程

又称营业长度，指办理客货运输业务的铁路正线总长度。凡是全线或部分建成双线及以上的线路，以第一线的实际长度计算；复线、站线、段管线、岔线和特殊用途线以及不计算运费的联络线都不计算营业里程。铁路营业里程是反映铁路运输业基础设施发展水平的重要指标，也是计算客货周转量、运输密度和机车车辆运用效率等指标的基础资料。

■ 公路里程

指在一定时期内实际达到《公路工程技术标准JTJ01-88》规定的等级公路，并经公路主管部门正式验收交付使用的公路里程数。其计算单位为：km。它包括大中城市的郊区公路以及通过小城镇街道部分的公路里程，也包括桥梁、渡口的长度，但不包括大中城市的街道、厂矿、林区生产用道和农业生产用道的里程。两条或多条公路共同经由同一路段，只计算一次，不得重复计算里程长度。公路里程是反映公路建设发展规模的重要指标，也是计算运输网密度等指标的基础资料。

■ 内河航道里程

也称"内河通航里程"，是反映内河水运网规模、水平和发展情况的主要指标；是指在一定时期内，能通航运输船舶及排筏的天然河流、湖泊水库、运河及通航渠道的长度。包括全年季节性通航累计三个月以上的航道，但不包括仅供零散流放竹、木排的河道。

■ 货(客)运量

指在一定时期内，各种运输工具实际运送的货物(旅客)数量。是反映运输业为国民经济和人民生活服务的数量指标，也是制定和检查运输生产计划，研究运输发展规模和速度的重要指标。货运按吨计算，客运按人计算。货物不论运输距离长短，货物类别，均按实际重量统计；旅客不论行程远近或票价多少，均按一人一次作为客运量统计。半价票、小孩票也按一人统计。

■ 货物(旅客)周转量

指在一定时期内，由各种运输工具运送的货物(旅客)数量与其相应运输距离的乘积之总和，是反映运输业生产总成果的重要指标，也是编制和检查运输生产计划，计算运输效率、劳动生产率以及核算运输单位成本的主要基础资料。通常以吨公里和人公里为计算单位。计算货物周转量通常按发出站与到达站之间的最短距离，也就是计费距离计算。

■ 沿海主要港口货物吞吐量

指由水运进出沿海主要港区范围，并经过装卸的货物数量，包括邮件及办理托运手续的行李、包裹以及补给运输船舶的燃、物料和淡水。其计量单位为吨。货物吞吐量的货种分类及其主要流向流量，反映了港口在国内外物资交流和对外贸易运输中的地位和作用。吞吐量可以分为进口、出口，又可以分为国内贸易和对外贸易。

■ 邮电业务总量

指以货币表现的邮电部门用于传递信息和提供其他邮电服务的总数量。它综合反映了一定时期邮电工作的总成果，是研究邮电业务量构成和发展趋势的重要指标。它用各种邮电分类业务量，如函件件数、长途电话业务量、市内电话和农村电话的年均户数、订销报刊累计份数等，分别乘以相应的平均单价(不变价)，加总后再加上出租电路和设备的收入、代用户维护电话交换机和线路等设备的收入、其他业务收入求得。

ZHEJIANG STATISTICAL YEARBOOK

Explanatory Notes on Main Statistical Indicators

□ Length of Railways in Operation

refers to the total length of the trunk line under passenger and freight transportation. The calculation is based on the actual length of the first line even if this line has a full or partial double track or more tracks, excluding double tracks, stationsidings, tracks under the charge of stations; branch lines, specialpurpose lines and the non-payable connecting lines. The length of railways in operation is an important indicator to show the development of the intra - structure for the railway transport, and also the essential data to calculate volume of passenger freight transport, traffic density and utilization efficiency of the locomotives and carriages.

□ Length of Highways

refers to the length of highways which are built in conformity with the grades specified by the highway engineering standard formulated by the Ministry of Communications, and have been formally checked and accepted by the departments of highways and put into use. The length of highways includes that of the suburb highways at large and medium - sized cities, highways passing through streets at small cities and towns, and also the length of bridges and ferries. It does not include the length of streets in big and medium - sized cities and highways built for the production purpose at factories, mines, forest areas and agricultural areas. If two or more highways go the same section of the way, the length of the section is only calculated for once and no duplication is allowed. The length of highways is an important indicator to show the development of the highway construction and to provide essential information to calculate the transport network density.

□ Length of Navigable Inland Waterways

refers to the length of the natural rivers, lakes, reservoirs, canals, and ditches open to navigation during a given period, which enables the transport by ships and rafts. It includes the channels open to navigation for over 3 months accumulatively in a year, yet this does not include the river courses which are only used to float odd logs and bamboo rafts.

□ Length of Civil Aviation Routes

refers to the length of all routes for regular civil aviation flights. There are usually two ways to calculate the distance between airports connected by the route length: One is to put the length of all air routes together, called duplicated calculation of the length of the routes; the other is not to allow the duplication in calculation when two or more routes passing the same section. The latter is usually used, as it can precisely show the size of the civil aviation network and indicate the extent of civil aviation serving the national economy and the people.

□ Freight (Passenger) Traffic

refers to the volume of freight (passenger) transported with various means. Freight transport is calculated in tons and passenger traffic is calculated in the number of persons. Despite the type of freight and travelling distance, the freight transport is calculated by the principle that one person can be counted only once in one travel. The passenger who travel with a half - price ticket or a child ticket is also calculated as one person. The freight (passenger) traffic provides a quantitative measure to show how the transport industry serves the national economy and people, and is also an important indicator for planning the transport industry and for studying the development scale and speed of the transport industry.

□ Freight Ton-kilometers (Passenger - kilometers)

refer to the sum of the products of the volume of

EXPLANATORY NOTES ON MAIN STATISTICAL INDICATORS

transported cargo(passengers) multiplying by the transport distance, usually using ton - kilometre and passenger - kilometre as units for measurement. Normally, the shortest distance between the departure station and the destination station (i. e., the payable distance) is the basis to calculate the freight ton - kilometres. This is an important indicator to show the total results of the transport industry, to prepare and examine the transport plan and to measure the efficiency, the labour productivity and the unit cost of transport.

□ Volume of Freight Handled in Major Coastal Ports

refers to the volume of cargo passing in and out the harbor area of the major coastal ports and having been loaded and unloaded. The volume includes that of the postal matters, registered luggages and fuels, materials and fresh water as supplies of the ships. The volume of freight handled may be classfied as import, export, or as domestic trade and foreign trade. The volume of freight handled by type of cargo and by main flow direction reflects the position and function of the ports in the inflow of Chinese and foreign commodities and in the transportation for foreign trade.

□ Business Volume of Post and Telecommunications

refers to the total amount of the imformation delivered and other post and telecommunications services provided by the post and telecommunications departments for the customers. It is derived by first multiplying the business volume of different types, such as number of letters, telegrams, long distance calls, city and rural telephone subscribers and accumulated number of newspapers and journals subscribed and sold, etc. by their respective average unit price (fixed price) and then adding these products together: plus the income from maintenance of telephone exchanges and lines, and the income from other business operations. The business volume of post and telecommunications indicates the total achievements made by the post and telecommunications department during a given period of time in a comprehensive way, and is an important indicator to study the composition and development of the post and telecommunications business.

CHAPTER 10

批发、零售贸易和餐馆业

Wholesale and Retail Trade and Catering Trade

10－1 社会消费品零售总额(1978－2016年)
Total Retail Sales of Consumer Goods by Region(1978－2016)

单位:亿元(100 million yuan)

年份 Year	社会消费品零售总额 Total Retail Sales of Consumer Goods	按地区分 By Rergion			按行业分 By Secter		
		市 City	县 County	县以下 County Level	批发和零售业 Wholesale and Retail Trade	餐饮业 Catering Services	其他 Others
1978	46.86	9.75	14.46	22.65	43.57	1.84	1.45
1979	58.97	11.56	17.68	29.73	55.06	2.28	1.63
1980	74.87	14.99	21.68	38.20	69.62	2.86	2.39
1981	85.99	23.76	17.59	44.64	79.98	3.21	2.80
1982	93.77	25.01	19.57	49.19	86.78	3.45	3.54
1983	104.24	28.06	23.10	53.08	96.93	3.87	3.44
1984	125.82	35.66	27.96	62.20	116.37	4.98	4.47
1985	172.27	55.99	40.74	75.54	157.44	6.56	8.27
1986	203.49	67.15	44.71	91.63	185.26	7.90	10.33
1987	242.58	87.80	45.29	109.49	220.40	9.73	12.45
1988	325.88	132.28	51.23	142.37	298.19	12.55	15.14
1989	346.01	141.80	51.91	152.30	316.71	14.06	15.24
1990	353.75	153.27	48.55	151.93	321.45	15.90	16.40
1991	404.00	184.56	55.79	163.65	366.65	19.07	18.28
1992	493.87	230.23	73.72	189.92	442.64	25.04	26.19
1993	772.11	371.59	112.72	287.80	722.81	40.09	9.21
1994	1133.18	615.40	115.15	402.63	1013.18	55.24	64.76
1995	1472.66	791.45	142.73	538.48	1360.01	85.92	26.73
1996	1776.67	950.80	181.68	644.19	1610.94	115.02	50.71
1997	1951.96	1054.90	193.40	703.66	1759.87	129.88	62.21
1998	2120.78	1150.81	203.92	766.05	1896.93	149.33	74.52
1999	2305.86	1257.49	223.54	824.83	2041.43	188.31	76.12
2000	2553.59	1394.29	250.36	908.94	2235.01	237.67	80.91
2001	2839.59	1594.35	275.10	970.14	2478.04	277.97	83.57
2002	3166.15	1816.22	315.53	1034.40	2736.10	340.34	89.72
2003	3511.26	2224.23	366.42	920.61	2998.92	399.14	113.20
2004	4055.50	2573.23	452.89	1029.38	3525.14	452.78	77.58
2005	4645.85	3056.03	462.00	1127.83	4033.32	534.85	77.69
2006	5357.97	3540.56	522.60	1294.80	4687.61	613.63	56.73
2007	6271.32	4155.19	610.31	1505.83	5488.43	724.04	58.85
2008	7533.30	5021.44	735.99	1775.86	6678.37	804.09	50.85
2009	8666.19	5800.07	843.39	2022.72	7708.05	905.75	52.39
2010	10387.02	9138.46		1248.55	9231.22	1072.46	83.34
2011	12532.80	10547.42		1985.38			
2012	14199.59	11965.63		2233.97			
2013	15970.84	13399.10		2571.73			
2014	17835.34	14933.13		2902.20			
2015	19784.74	16522.56		3262.18			
2016	21970.79	18280.62		3690.17			

注:2010年起社会消费品零售总额由于口径变化,分为"城镇"和"乡村"两部分,分别列入原口径中的"市"和"县以下"中。
The data of total retail sales of consumer goods are adjusted since 2010.

10－2 按登记注册类型分限额以上批发零售贸易业基本情况
Basic Information of Enterprises Above Designated Size in Wholesale and Retail Trades by Types of Registration

指标	Item	法人企业(个) Number of Corporation (unit) 2015	2016	从业人员(人) Persons Employed (person) 2015	2016
总计	**Total**	**16574**	**17317**	**757248**	**745929**
批发业合计	**Wholesale Trade**	**11336**	**11678**	**387872**	**374349**
#国有及国有控股企业	State－owend and State Holding Enterprises	449	447	66992	48849
内资企业	Domestic Funded Enterprises	11084	11397	374111	359779
国有企业	State－owned Enterprises	51	39	18791	8665
集体企业	Collective Owned Enterprises	21	16	1059	814
股份合作企业	Cooperative Enterprises	23	19	395	488
联营企业	Joint Ownership Enterprises				
国有联营企业	State Joint Ownership Enterprises				
集体联营企业	Collective Joint Ownership Enterprises				
其他联营企业	Other Joint Ownership Enterprises				
有限责任公司	Limited Liability Corporations	2123	2095	105140	102171
国有独资公司	State Sole Funded Corporations	109	112	8643	7347
其他有限责任公司	Other Limited Liability Corporations	2014	1983	96497	94824
股份有限公司	Share－holding Corporations Ltd.	161	169	46132	37231
私营企业	Private Enterprises	8650	9007	201392	209641
私营独资企业	Private Funded Enterprises	52	38	722	437
私营合伙企业	Private Partnership Corporations	53	5	546	47
私营有限责任公司	Private Limited Liability Corporations	8454	8873	197255	205952
私营股份有限公司	Private Share－holding Corporations Ltd.	91	91	2869	3205
港、澳、台商投资企业	Enterprises With Funds From Hong Kong, Macao and Taiwan	115	137	8242	9127
合资经营企业	Joint－venture Enterprises	28	35	1693	1995
独资经营企业	Enterprises with Sole Investment	83	92	6417	6773
外商投资企业	Foreign Funded Enterprises	137	144	5519	5443
中外合资经营企业	Joint－venture Enterprises	37	38	1560	1361
中外合作经营企业	Cooperation Enterprises				
外资企业	Enterprises With Sole Foreign Investment	90	95	3464	3563
外商投资股份有限公司	Foreign Invesment Share－holding Corporations Ltd.	5	6	105	115

续表　Continued

指标	Item	法人企业(个) Number of Corporation (unit)		从业人员(人) Persons Employed (person)	
		2015	2016	2015	2016
零售业合计	**Retail Sale Trade**	**5238**	**5639**	**369376**	**371580**
#国有及国有控股企业	State - owend and State Holding Enterprises	412	431	40659	37510
内资企业	Domestic Funded Enterprises	5059	5442	326272	328362
国有企业	State - owned Enterprises	30	31	1783	1636
集体企业	Collective Owned Enterprises	41	39	2046	1918
股份合作企业	Cooperative Enterprises	32	35	603	643
联营企业	Joint Ownership Enterprises	9	9	159	160
国有联营企业	State Joint Ownership Enterprises	1	1	27	27
国有与集体联营企业	Joint State - collective Enterprises	6	5	106	98
其他联营企业	Other Joint Ownership Enterprises	2	3	26	35
有限责任公司	Limited Liability Corporations	1440	1484	135322	129322
国有独资公司	State Sole Funded Corporations	89	91	5877	6596
其他有限责任公司	Other Limited Liability Corporations	1351	1393	129445	122726
股份有限公司	Share - holding Corporations Ltd.	97	124	28783	26450
私营企业	Private Enterprises	3338	3646	156290	167017
私营独资企业	Private Funded Enterprises	137	124	3534	1953
私营合伙企业	Private Partnership Corporations	36	39	2426	2402
私营有限责任公司	Private Limited Liability Corporations	3113	3416	148329	159516
私营股份有限公司	Private Share - holding Corporations Ltd.	52	67	2001	3146
港、澳、台商投资企业	Enterprises With Funds From Hong Kong, Macao and Taiwan	97	114	19138	23151
合资经营企业	Joint - venture Enterprises From Hong Kong, Macao and Taiwan	30	36	6175	10161
合作经营企业	Cooperation Enterprises From Hong Kong, Macao and Taiwan	1	1	312	304
港、澳、台商独资经营企业	Enterprises with Sole Hong Kong, Macao and Taiwan	64	72	12562	12461
港、澳、台商投资股份有限公司	Share - holding Corporations Ltd. with Funds From Hong Kong, Macao and Taiwan	2	3	89	156
外商投资企业	Foreign Funded Enterprises	82	83	23966	20067
中外合资经营企业	Joint - venture Enterprises	20	22	11196	8055
中外合作经营企业	Cooperation Enterprises	1	1	52	54
外资企业	Enterprises With Sole Foreign Investment	57	56	12288	11560

10－3 分行业限额以上批发零售贸易基本情况
Basic Information of Enterprises Above Designated Size in Wholesale and Retail Trade by Sector

指标	Item	法人企业（个）Number of Corporation (unit)		从业人员（人）Persons Employed (person)	
		2015	2016	2015	2016
总计	**Total**	**16574**	**17317**	**757248**	**745929**
批发业	**Wholesale**	**11336**	**11678**	**387872**	**374349**
农、林、牧产品批发	Agriculture, forest, animal husbandry products wholesale	214	205	5170	4778
食品、饮料及烟草制品批发	Food, Beverages, Tobacoo and Its Production	656	651	59712	57595
#米、面制品及食用油批发	Rice, Flour and Its Production, Edible Oil	113	112	6654	5683
烟草制品批发	Tobacoo and Its Production	13	12	7357	7218
纺织、服装及家庭用品批发	Textile, Garments and Articles for Daily Use	3347	3658	117488	118382
#服装批发	Garments	671	676	34379	31748
文化、体育用品及器材批发	Culture, Sports Articles and Equipment	442	470	12601	13705
医药及医疗器材批发	Medicines and Medical Appliances	342	367	28467	32454
矿产品、建材及化工产品批发	Mineral Production, Building Materials and Chemical Production	4403	4354	108194	90150
#煤炭及制品批发	Coal and Related Production	373	335	4943	4710
石油及制品批发	Petroleum and Related Production	479	472	34671	25384
金属及金属矿批发	Metal Materials and Mineral	1669	1611	32488	22540
建材批发	Building Materials	420	397	11927	11220
化肥批发	Fertilizer	72	71	1806	1772
机械设备、五金交电及电子产品批发	Machinery Equipment, Hardware and Electric Production	1545	1626	49988	51226
#汽车批发	Motor Vehicles	124	129	5324	6321
五金产品批发	Hardware products Wholesale	391	399	11228	11749
计算机、软件及辅助设备批发	Computers, Software and Auxiliary Equipment	64	64	1855	1652
贸易经纪与代理	Manage and Agencies in Trade	93	102	1377	1626
其他批发	Others	294	245	4875	4433

续表 Continued

指标	Item	法人企业（个）Number of Corporation（unit）		从业人员（人）Persons Employed（person）	
		2015	2016	2015	2016
零售业	**Retail Sale**	**5238**	**5639**	**369376**	**371580**
综合零售	Synthesizs	486	501	116774	108006
#百货零售	Consumer Goods	197	205	31825	29772
超级市场零售	Supermarkets	234	242	73200	68418
食品、饮料及烟草制品专门零售	Food, Beverages, Tobacoos and Its Production	303	351	13500	15085
纺织、服装及日用品专门零售	Textile Garments and Articles for Daily Use	303	300	31514	27829
#服装零售	Garments Articles	146	150	23558	19932
文化、体育用品及器材专门零售	Culture, Sports Articles and Equipment	234	235	12100	12125
#体育用品及器材零售	Sports Articles	7	7	581	670
#图书报刊零售	Books, newspaper	89	89	5724	5810
医药及医疗器材专门零售	Medicines and Medical Appliances	277	310	24451	27034
#药品零售	Medicines	244	277	23670	26094
汽车、摩托车、燃料及零配件专门零售	Motor Vehicles Motorcycles Fuel	2265	2385	118669	118444
汽车零售	Motor Vehicles	1663	1745	97691	99798
机动车燃料零售	Fuel for Motor Vehicles Use	560	595	19540	17439
家用电器及电子产品专门零售	Household Appliance Electric Production	585	599	26289	26329
#日用家电设备零售	Household Appliance	221	231	9228	8472
计算机、软件及辅助设备零售	Computer, Software and Auxiliary Equipment	151	154	3817	3610
通信设备零售	Communication Equipment	82	83	7861	9103
五金、家具及室内装修材料专门零售	Hardware Furniture Decoration Indoors	192	205	5153	5340
货摊、无店铺及其他零售	Non – shop and Other Retail Sale	593	753	20926	31388
#邮购及电视电话零售	Mail, telephone and TV retail	7	7	865	887

10-4 按登记注册类型分限额以上批发零售贸易业商品销售总额

Total Sales of Enterprises Above Designated Size in Wholesale and Retail Trade by Types of Registration

单位:亿元(100 million yuan)

指标	Item	合计 Total		批发 Wholesale		零售 Retail Sale	
		2015	2016	2015	2016	2015	2016
总计	**Total**	**42058.10**	**44594.66**	**33470.70**	**35747.50**	**8587.41**	**8847.16**
批发业合计	**Wholesale Trade**	**34629.69**	**36346.23**	**32766.49**	**34869.22**	**1863.20**	**1477.02**
#国有及国有控股企业	State - owend and State Holding Enterprises	9422.43	8083.89	8264.85	7343.98	1157.58	739.91
内资企业	Domestic Funded Enterprises	33297.35	34740.98	31453.00	33284.68	1844.35	1456.30
国有企业	State - owned Enterprises	1360.45	974.80	1353.37	967.91	7.08	6.89
集体企业	Collective Owned Enterprises	47.44	36.77	46.70	36.14	0.74	0.63
股份合作企业	Cooperative Enterprises	14.08	12.25	13.90	11.45	0.18	0.80
联营企业	Joint Ownership Enterprises						
国有联营企业	State Joint Ownership Enterprises						
集体联营企业	Collective Joint Ownership Enterprises						
其他联营企业	Other Joint Ownership Enterprises						
有限责任公司	Limited Liability Corporations	13918.84	14972.21	13230.59	14230.14	688.25	742.07
国有独资公司	State Sole Funded Corporations	858.20	1129.09	783.89	1027.92	74.31	101.18
其他有限责任公司	Other Limited Liability Corporations	13060.64	13843.12	12446.70	13202.22	613.94	640.90
股份有限公司	Share - holding Corporations Ltd.	3878.66	2906.87	3085.64	2594.74	793.02	312.13
私营企业	Private Enterprises	14036.30	15794.07	13682.50	15403.08	353.81	390.99
私营独资企业	Private Funded Enterprises	31.23	15.25	28.73	12.46	2.50	2.79
私营合伙企业	Private Partnership Corporations	24.30	2.10	24.23	2.07	0.07	0.03
私营有限责任公司	Private Limited Liability Corporations	13724.63	15515.12	13383.05	15135.71	341.58	379.42
私营股份有限公司	Private Share - holding Corporations Ltd.	256.15	261.60	246.49	252.85	9.65	8.75
港澳台商投资企业	Enterprises With Funds From Hong Kong Macao and Taiwan	633.89	663.17	619.85	644.25	14.05	18.92
合资经营企业	Joint - venture Enterprises	179.56	149.16	176.54	145.97	3.02	3.18
独资经营企业	Enterprises with Sole Investment	444.02	474.22	432.99	459.13	11.03	15.08
外商投资企业	Foreign Funded Enterprises	698.45	942.09	693.64	940.29	4.80	1.79
中外合资经营企业	Joint - venture Enterprises	452.55	626.43	449.32	625.61	3.23	0.82
中外合作经营企业	Cooperation Enterprises						
外资企业	Enterprises With Sole Foreign Investment	229.49	281.13	228.19	280.32	1.30	0.81
外商投资股份有限公司	Foreign Invesment Share - holding Corporations Ltd.	4.14	4.45	4.14	4.45		

续表 Continued

单位:亿元(100 million yuan)

指标	Item	合计 Total 2015	合计 Total 2016	批发 Wholesale 2015	批发 Wholesale 2016	零售 Retail Sale 2015	零售 Retail Sale 2016
零售业合计	**Retail Trade**	**7428.41**	**8248.43**	**704.21**	**878.29**	**6724.20**	**7370.14**
#国有及国有控股企业	State - owend and State Holding Enterprises	1328.56	1441.74	172.06	229.28	1156.50	1212.46
内资企业	Domestic Funded Enterprises	6512.49	7225.85	659.72	828.91	5852.78	6396.94
国有企业	State - owned Enterprises	17.98	19.36	1.93	2.32	16.05	17.03
集体企业	Collective Owned Enterprises	49.61	52.44	13.80	18.25	35.81	34.19
股份合作企业	Cooperative Enterprises	11.24	11.12	0.28	0.34	10.95	10.78
联营企业	Joint Ownership Enterprises	7.39	6.38		0.05	7.39	6.34
国有联营企业	State Joint Ownership Enterprises	1.50	1.46			1.50	1.46
国有与集体联营企业	State - collective Joint Enterprises	5.08	4.06		0.05	5.08	4.01
其他联营企业	Other Joint Ownership Enterprises	0.81	0.86			0.81	0.86
有限责任公司	Limited Liability Corporations	2780.36	3063.90	290.19	343.66	2490.17	2720.23
国有独资公司	State Sole Funded Corporations	114.63	180.74	3.93	37.16	110.70	143.58
其他有限责任公司	Other Limited Liability Corporations	2665.73	2883.16	286.26	306.51	2379.47	2576.65
股份有限公司	Share - holding Corporations Ltd.	790.35	835.13	120.70	153.04	669.65	682.09
私营企业	Private Enterprises	2840.12	3225.78	231.28	309.83	2608.85	2915.95
私营独资企业	Private Funded Enterprises	35.75	22.24	3.07	3.10	32.68	19.14
私营合伙企业	Private Partnership Corporations	19.42	19.73	0.73	0.75	18.69	18.98
私营有限责任公司	Private Limited Liability Corporations	2744.40	3133.76	225.07	300.68	2519.34	2833.08
私营股份有限公司	Private Share - holding Corporations Ltd.	40.56	50.05	2.41	5.30	38.14	44.75
港澳台商投资企业	Enterprises With Funds From Hong Kong Macao and Taiwan	422.55	519.51	19.29	28.48	403.27	491.03
合资经营企业	Joint - venture Enterprises	193.12	233.71	15.09	18.80	178.04	214.91
合作经营企业	Cooperation Enterprises	5.80	3.27			5.80	3.27
独资经营企业	Enterprises with Sole Investment	222.36	278.42	4.20	8.86	218.16	269.56
港、澳、台商投资股份有限公司	Share - holding Corporations Ltd. with Funds From Hong Kong, Macao and Taiwan	1.27	2.00		0.81	1.27	1.19
外商投资企业	Foreign Funded Enterprises	493.36	503.07	25.20	20.90	468.16	482.17
中外合资经营企业	Joint - venture Enterprises	245.20	248.97	23.60	20.28	221.60	228.69
中外合作经营企业	Cooperation Enterprises	0.81	0.78			0.81	0.78
外资企业	Enterprises With Sole Foreign Investment	237.84	244.45	1.61	0.62	236.23	243.83

10-5 分行业限额以上批发零售贸易业销售总额
Total Sales of Enterprises Above Designated Size in Wholesale and Retail Trade by Sector

单位:亿元(100 million yuan)

指标	Item	销售总额 Sales					
		合计 Total		批发 Wholesale		零售 Retail Sale	
		2015	2016	2015	2016	2015	2016
总计	**Total**	**42058.10**	**44594.66**	**33470.70**	**35747.50**	**8587.41**	**8847.16**
批发业	**Wholesale**	**34629.69**	**36346.23**	**32766.49**	**34869.22**	**1863.20**	**1477.02**
农、林、牧产品批发	Agricultural and Animal Production	225.31	256.21	216.22	246.31	9.09	9.90
食品、饮料及烟草制品批发	Food, Beverages, Tobacoo and Its Production	2617.96	2611.77	2561.75	2555.30	56.21	56.47
#米、面制品及食用油批发	Rice, Flour and ItsProduction, Edible Oil	301.98	308.73	290.21	300.98	11.77	7.75
烟草制品批发	Tobacoo and Its Production	993.38	644.40	993.32	629.86	0.06	14.54
纺织、服装及家庭用品批发	Textile, Garments and Articles for Daily Use	5556.80	5565.68	5379.65	5377.93	177.15	187.76
#服装批发	Garments	1464.17	1212.10	1412.51	1192.77	51.66	19.33
文化、体育用品及器材批发	Culture, Sports Articles and Equipment	852.29	827.64	819.19	786.18	33.10	41.46
医药及医疗器材批发	Medicines and Medical Appliances	1336.38	1451.95	940.81	1041.99	395.57	409.96
矿产品、建材及化工产品批发	Mineral Products, Building Materials and Chemical Production	20105.80	20641.31	19009.32	19986.11	1096.49	655.20
#煤炭及制品批发	Coal and Related Production	2030.59	1825.30	1988.72	1804.48	41.87	20.82
石油及制品批发	Petroleurn and Related Production	3771.02	3078.86	2986.95	2830.53	784.06	248.33
金属及金属矿批发	Metal Materials and Mineral	9091.88	9403.56	8869.02	9090.73	222.86	312.82
建材批发	Building Materials	775.86	862.79	745.75	841.53	30.11	21.26
化肥批发	Fertilizer	128.82	97.70	128.23	97.41	0.58	0.29
机械设备、五金交电及电子产品批发	Machinery Equipment, Hardware and Electric Production	3235.02	4166.51	3148.82	4051.73	86.19	114.77
#汽车批发	Motor Vehicles	895.47	1451.25	847.16	1393.26	48.31	57.99
五金产品批发	Household Appliances	451.75	530.19	444.22	521.62	7.53	8.57
计算机、软件及辅助设备批发	Computers, Software and Auxiliary Equipment	92.66	100.28	82.32	89.83	10.34	10.44
贸易经纪与代理	Manage and Agencies in Trade	85.71	93.78	85.09	93.45	0.62	0.33
其他批发	Others	614.43	731.39	605.64	730.23	8.79	1.16

续表 Continued 单位:亿元(100 million yuan)

指标	Item	销售总额 Sales					
		合计 Total		批发 Wholesale		零售 Retail Sale	
		2015	2016	2015	2016	2015	2016
零售业	**Retail Sale**	**7428.41**	**8248.43**	**704.21**	**878.29**	**6724.20**	**7370.14**
综合零售	Synthesizs	1442.21	1442.29	131.98	123.53	1310.23	1318.75
#百货零售	Consumer Goods	633.23	609.86	37.55	33.87	595.68	575.99
超级市场零售	Supermarkets	727.87	745.99	79.22	74.47	648.65	671.52
食品、饮料及烟草制品专门零售	Food,Beverages,Tobacoos and Its Production	118.72	131.87	23.14	29.85	95.58	102.02
纺织、服装及日用品专门零售	Textile Garments and Articles for Daily Use	410.48	358.56	79.99	59.40	330.49	299.16
#服装零售	Garments Articles	274.56	234.22	54.96	27.32	219.60	206.90
文化、体育用品及器材专门零售	Culture,Sports Articles and Equipment	171.77	179.08	13.64	20.03	158.12	159.05
#体育用品及器材零售	Sports Articles	6.49	6.23	1.25	1.82	5.25	4.41
#图书报刊零售	Books	52.87	56.70	0.18	0.50	52.68	56.20
医药及医疗器材专门零售	Medicines and Medical Appliances	330.30	393.02	54.33	75.55	275.97	317.47
#药品零售	Medicines	317.43	377.05	51.37	72.01	266.06	305.04
汽车、摩托车、燃料及零配件专门零售	Motor Vehicles Motorcycles Fuel	4074.67	4511.10	270.93	343.77	3803.74	4167.33
#汽车零售	Motor Vehicles	3087.20	3390.91	146.41	156.27	2940.78	3234.64
机动车燃料零售	Fuel for Motor Vehicles Use	965.28	1094.80	122.99	183.44	842.30	911.36
家用电器及电子产品专门零售	Household Appliance Electric Production	386.30	396.11	66.66	72.41	319.64	323.70
#日用家电设备零售	Household Appliance	146.40	147.02	17.14	22.59	129.26	124.43
计算机、软件及辅助设备零售	Computer,Software and Auxiliary Equipment	51.87	56.00	8.88	8.87	43.00	47.13
通信设备零售	Communication Equipment	110.10	108.91	34.62	30.44	75.47	78.47
五金、家具及室内装修材料专门零售	Hardware Furniture Decoration Indoors	101.16	153.05	26.77	60.22	74.39	92.83
货摊、无店铺及其他零售	Non - shop and Other Retail Sale	392.80	683.34	36.78	93.52	356.04	589.82
#邮购及电视电话零售	Mail Order and Electron Vendition	48.45	15.80	0.39	0.14	48.06	15.65

10-6 限额以上批发零售贸易业商品分类销售额(2013-2016年) Total Sales of Enterprises Above Designated Size(2013-2016)

单位:亿元(100 million yuan)

商品分类	Commodity	合计 Total			
		2013	2014	2015	2016
食品、饮料、烟酒类	Food,Beverage,Tobacco and Liquor	3148.22	3316.95	3536.63	3962.68
肉禽蛋类	Meat,Poultry and Eggs	125.48	146.97	168.79	193.70
其他食品类	Other Food	1144.05	1266.45	1456.30	1857.90
饮料类	Beverages	765.99	728.34	643.35	647.87
烟酒类	Tobacco and Liquor	1112.71	1175.19	1268.19	1263.22
服装鞋帽、针、纺织品类	Garments,Shoes,Hats,Knit and Textile Goods	3192.77	3580.11	4102.66	4493.17
服装类	Garments	1347.21	1506.94	1806.96	1926.27
鞋帽类	Shoes and Hats	357.10	386.71	397.63	425.12
针、纺织品类	Knit and Textile Goods	1488.46	1686.46	1898.04	2141.79
化妆品类	Cosmetics	127.23	134.31	149.01	168.82
金银珠宝类	Jewelry	301.30	375.42	486.44	401.03
日用品类	Articles For Daily Use	934.65	1034.95	1044.17	1118.62
洗涤用品类	Washing	214.26	198.42		
儿童玩具类	Toy For Children	31.43	36.40	35.79	52.54
五金、电料类	Hardware & Electric Materials	367.62	435.26	426.45	456.55
体育、娱乐用品类	Sports and Recreation	42.70	41.42	49.02	53.75
书报杂志类	Newspapers and Magazines	77.57	82.48	98.21	107.23
电子出版物及音像制品类	Electronic Publication and Audiovisual Production	6.57	5.02	7.22	7.90
家用电器及音像器材类	Household Appliances and Audiovisual Equipment	946.64	994.54	1010.46	1144.63
中西药品类	Traditional Chinese & Western Medicines	1228.57	1385.37	1513.34	1648.79
西药	Western Medicines	908.42	1022.15	1115.51	1218.31
中草药及中成药	Chinese Herbal Medicine and Other Traditional Chinese Medicine	217.95	254.56	272.76	287.05
文化办公用品类	Culture and Official Articles	464.39	479.05	522.95	603.57
家具类	Furniture	107.97	153.48	206.98	221.41
通讯器材类	Communication Appliances	276.88	283.36	405.85	626.12
煤炭及制品类	Coal and Related Production	1426.48	1374.73	1416.62	1428.20
木材及制品类	Timber and Related Production	168.32	236.29	390.05	472.11
石油制品及类	Oil and Related Production	4554.47	4668.32	4389.75	4729.99
化工材料及制品及类	Chemical Materials and Related Production	3601.12	4238.95	4402.13	5328.00
化肥类	Fertilizer	152.52	139.17	137.62	112.10
金属材料类	Metal Materials	8895.87	9761.29	9536.02	9413.72
建筑及装潢材料类	Building and Decoration Materials	380.04	542.94	563.54	689.00
机电成品及设备类	Mechanical and Electrical Production and Appliances	779.68	872.78	936.21	985.50
农机类	Agricutural Mechanical Production	8.40	10.20	8.24	8.89
汽车类	Motor Vehicles	3378.35	3812.40	4217.61	5066.00
种子饲料类	Seed and Forage	45.59	40.41	42.54	45.58
棉麻类	Cotton & Ambery	81.16	96.33	93.42	72.05
其他类	Others	1461.44	1924.63	2213.34	2349.66

续表 1 Continued 单位:亿元(100 million yuan)

商品分类	Commodity	批发额 Wholesale			
		2013	2014	2015	2016
食品、饮料、烟酒类	Food, Beverage, Tobacco and Liquor	2498.55	2579.79	2674.87	3011.46
肉禽蛋类	Meat, Poultry and Eggs	64.00	77.76	87.36	103.82
其他食品类	Other Food	713.47	706.02	879.47	1211.53
饮料类	Beverages	702.89	653.31	556.23	554.86
烟酒类	Tobacco and Liquor	1018.19	1073.48	1151.81	1141.26
服装鞋帽、针、纺织品类	Garments, Shoes, Hats, Knit and Textile Goods	2609.70	2892.12	3274.31	3542.87
服装类	Garments	897.79	971.27	1163.41	1185.30
鞋帽类	Shoes and Hats	279.62	300.35	297.56	306.04
针、纺织品类	Knit and Textile Goods	1432.29	1620.49	1813.32	2051.53
化妆品类	Cosmetics	48.54	44.55	48.18	58.92
金银珠宝类	Jewelry	121.01	187.77	276.43	208.45
日用品类	Articles For Daily Use	707.16	784.17	765.15	794.19
洗涤用品类	Washing	156.19	149.37		
儿童玩具类	Toy For Children	22.41	26.67	23.95	35.49
五金、电料类	Hardware & Electric Materials	351.24	407.33	391.07	417.04
体育、娱乐用品类	Sports and Recreation	26.73	24.17	30.32	32.26
书报杂志类	Newspapers and Magazines	32.75	35.74	41.52	44.85
电子出版物及音像制品类	Electronic Publication and Audiovisual Production	4.32	3.01	5.22	5.76
家用电器及音像器材类	Household Appliances and Audiovisual Equipment	645.26	660.16	631.76	734.53
中西药品类	Traditional Chinese & Western Medicines	679.49	741.61	801.40	897.75
西药	Western Medicines	487.96	547.75	595.52	672.85
中草药及中成药	Chinese Herbal Medicine and Other Traditional Chinese Medicine	121.23	130.00	142.19	149.23
文化办公用品类	Culture and Official Articles	392.15	395.17	421.07	464.04
家具类	Furniture	68.31	91.13	122.91	129.35
通讯器材类	Communication Appliances	197.61	199.93	262.98	455.32
煤炭及制品类	Coal and Related Production	1423.92	1370.98	1412.46	1424.19
木材及制品类	Timber and Related Production	167.73	236.29	390.05	472.11
石油制品及类	Oil and Related Production	3323.29	3331.68	3148.95	3504.75
化工材料及制品及类	Chemical Materials and Related Production	3601.12	4238.95	4402.13	5328.00
化肥类	Fertilizer	152.52	139.17	137.62	112.10
金属材料类	Metal Materials	8894.98	9761.29	9536.02	9413.72
建筑及装潢材料类	Building and Decoration Materials	333.51	457.65	443.52	546.25
机电成品及设备类	Mechanical and Electrical Production and Appliances	773.57	860.94	923.08	965.35
农机类	Agricutural Mechanical Production	8.40	10.20	8.24	8.89
汽车类	Motor Vehicles	664.90	838.89	1108.50	1714.74
种子饲料类	Seed and Forage	45.59	40.41	42.54	45.58
棉麻类	Cotton & Ambery	81.16	96.33	93.34	71.78
其他类	Others	1396.27	1844.30	2093.39	2169.63

续表 2 Continued 单位:亿元(100 million yuan)

商品分类	Commodity	零售额 Retail Sale			
		2013	2014	2015	2016
食品、饮料、烟酒类	Food,Beverage,Tobacco and Liquor	649.67	737.16	861.76	951.22
肉禽蛋类	Meat,Poultry and Eggs	61.48	69.21	81.42	89.88
其他食品类	Other Food	430.58	560.42	576.83	646.37
饮料类	Beverages	63.10	75.03	87.12	93.01
烟酒类	Tobacco and Liquor	94.52	101.71	116.38	121.96
服装鞋帽、针、纺织品类	Garments,Shoes,Hats,Knit and Textile Goods	583.07	687.99	828.34	950.30
服装类	Garments	449.42	535.67	643.55	740.96
鞋帽类	Shoes and Hats	77.48	86.36	100.07	119.08
针、纺织品类	Knit and Textile Goods	56.17	65.96	84.72	90.26
化妆品类	Cosmetics	78.69	89.77	100.83	109.90
金银珠宝类	Jewelry	180.29	187.65	210.01	192.57
日用品类	Articles For Daily Use	227.48	250.78	279.02	324.43
洗涤用品类	Washing	58.07	49.05		
儿童玩具类	Toy For Children	9.02	9.72	11.84	17.06
五金、电料类	Hardware & Electric Materials	16.38	27.94	35.39	39.50
体育、娱乐用品类	Sports and Recreation	15.97	17.26	18.70	21.48
书报杂志类	Newspapers and Magazines	44.82	46.73	56.68	62.38
电子出版物及音像制品类	Electronic Publication and Audiovisual Production	2.25	2.01	2.00	2.14
家用电器及音像器材类	Household Appliances and Audiovisual Equipment	301.38	334.38	378.70	410.10
中西药品类	Traditional Chinese & Western Medicines	549.07	643.75	711.94	751.04
西药	Western Medicines	420.46	474.40	519.99	545.46
中草药及中成药	Chinese Herbal Medicine and Other Traditional Chinese Medicine	96.72	124.56	130.57	137.81
文化办公用品类	Culture and Official Articles	72.24	83.89	101.88	139.52
家具类	Furniture	39.66	62.34	84.06	92.06
通讯器材类	Communication Appliances	79.27	83.43	142.87	170.80
煤炭及制品类	Coal and Related Production	2.56	3.74	4.16	4.00
木材及制品类	Timber and Related Production	0.59			
石油制品及类	Oil and Related Production	1231.18	1336.64	1240.79	1225.24
化工材料及制品及类	Chemical Materials and Related Production				
化肥类	Fertilizer				
金属材料类	Metal Materials	0.89			
建筑及装潢材料类	Building and Decoration Materials	46.53	85.28	120.03	142.75
机电成品及设备类	Mechanical and Electrical Production and Appliances	6.11	11.84	13.13	20.15
农机类	Agricutural Mechanical Production				
汽车类	Motor Vehicles	2713.44	2973.51	3109.12	3351.26
种子饲料类	Seed and Forage				
棉麻类	Cotton & Ambery			0.07	0.27
其他类	Others	65.17	80.33	119.95	180.03

10-7 限额以上批发零售贸易企业财务状况(2009-2016年)
Finanical Conditions of Wholesale and Retail Trade Above Designated Siae(2009-2016)

单位:亿元(100 million yuan)

指标	Item	2009	2010	2011	2012	2013	2014	2015	2016
法人企业数(个)	Corporation Units(unit)	8990	10053	11943	12917	14603	15852	16574	17317
从业人员(人)	Employed Persons(person)	447634	516727	601464	641490	691577	739077	757248	758326
流动资产合计	Total Circulating Assets	5926.70	7716.00	10011.10	11186.82	13177.24	14578.67	15011.26	15960.01
固定资产合计	Total Fixed Assets	555.61	620.00	676.23	755.73	947.51	983.27	1052.48	1018.95
资产总计	Total Assets	7661.40	9678.10	12417.10	13925.58	16605.02	18648.98	19422.55	20827.30
负债合计	Total Liabilities	5728.60	7412.80	9650.10	10850.65	12893.32	14525.48	14853.51	15833.63
商品销售收入净额	Net Value of Sales Revenue	15171.80	20927.10	26913.80	29083.68	34510.37	39122.87	37632.81	39951.43
商品销售成本	Cost of Sales	14232.10	19729.80	25435.30	27524.14	32563.71	37049.63	35405.56	37552.61
经营费用	Business Expenses	424.92	546.72	654.62	738.07	831.60	925.63	984.65	1103.55
商品销售税金及附加费	Tax and Extra Charges on Goods Sales	41.64	63.66	74.33	83.06	98.66	107.14	155.71	177.45
主营业务利润	Profits of Major Management	897.11	1134.66	1404.17	1476.47	1739.19	1879.87	1963.40	2221.37
管理费用	Management Expenses	241.54	293.83	353.76	398.49	466.47	514.58	559.67	582.54
财务费用	Financial Expenses	65.87	114.34	183.29	206.29	196.52	224.45	189.82	201.34
利润总额	Total Profits	308.82	376.72	407.73	352.50	493.37	520.93	546.35	699.10
本年应付职工薪酬	Total Wages Payable In the Year			292.02	389.62	421.39	504.63	520.31	580.96

10-8 按登记注册类型分限额以上批发零售贸易企业资产及负债情况(2016年) Assets and Liabilities of Enterprises Above Designated Size in Wholesale and Retail Trade by Types of Registration(2016)

单位:亿元(100 million yuan)

指标	Item	资产合计 Total Assets	固定资产 Fixed assets	流动资产 Circulating assets	负债合计 Total Liabilities	所有者权益合计 Total Creditor's Equity
批发和零售贸易业合计	**Total**	**20827.30**	**1018.95**	**15960.01**	**15833.63**	**4993.66**
批发企业合计	**Wholesale Trade**	**16966.79**	**499.91**	**13345.76**	**12903.33**	**4063.46**
#国有及国有控股	State-owend and State Holding Enterprises	3078.30	120.40	2438.13	2050.44	1027.86
内资企业	Domestic Funded Enterprises	16225.78	478.59	12783.21	12348.23	3877.54
国有企业	State-owned Enterprises	396.67	28.84	343.30	80.15	316.51
集体企业	Collective Owned Enterprises	19.39	1.65	15.73	14.85	4.54
股份合作企业	Cooperative Enterprises	8.31	0.22	7.36	5.62	2.68
联营企业	Joint Ownership Enterprises					
国有联营企业	State Joint Ownership Enterprises					
集体联营企业	Collective Joint Ownership Enterprises					
国有与集体联营企业	State-collective Joint Enterprises					
其他联营企业	Other joint ownership enterprises					
有限责任公司	Limited Liability Corporations	6263.53	158.01	5031.98	4992.32	1271.21
国有独资公司	State Sole Funded Corporations	702.26	36.60	488.88	441.90	260.36
其他有限责任公司	Other Limited Liability Corporations	5561.27	121.42	4543.10	4550.42	1010.85
股份有限公司	Share-holding Corporations Ltd.	2099.66	99.22	1218.23	1216.21	883.45
私营企业	Private Enterprises	7432.34	189.93	6161.75	6035.27	1397.07
私营独资企业	Private Funded Enterprises	5.92	0.61	5.24	5.14	0.79
私营合伙企业	Private Partnership Corporations	0.86	0.01	0.85	0.85	0.02
私营有限责任公司	Private Limited Liability Corporations	7253.12	185.61	6039.31	5914.08	1339.04
私营股份有限公司	Enterprises With Funds From Hong Kong Macao and Taiwan	172.44	3.70	116.35	115.21	57.23
港澳台商投资企业	Enterprises With Funds From Hong Kong Macao and Taiwan	401.26	12.17	316.93	282.03	119.23
与港澳台合资经营企业	Joint-venture Enterprises	87.78	4.25	62.90	66.33	21.45
港澳台商独资企业	Enterprises with Sole Hong Kong, Macao and Taiwan	306.58	7.85	247.40	214.30	92.28
外商投资企业	Foreign Funded Enterprises	339.76	9.15	245.61	273.07	66.69
中外合资经营企业	Joint-venture Enterprises	194.47	1.54	119.32	161.49	32.98
中外合作经营企业	Cooperation Enterprises					
外资企业	Enterprises With Sole Foreign Investment	136.66	7.51	117.92	104.46	32.20
外商投资股份有限企业	Foreign Invesment Share-holding Corporations Ltd.	1.94		1.87	1.72	0.22

续表 Continued　　单位:亿元(100 million yuan)

指标	Item	资产合计 Total Assets	固定资产 Fixed assets	流动资产 Circulating assets	负债合计 Total Liabilities	所有者权益合计 Total Creditor's Equity
零售企业总计	**Retail Sale**	**3860.50**	**519.04**	**2614.25**	**2930.30**	**930.20**
#国有及国有控股	State－owend and State Holding Enterprises	576.28	91.97	325.02	359.06	217.23
内资企业	Domestic Funded Enterprises	3263.18	406.10	2258.68	2538.83	724.35
国有企业	State－owned Enterprises	15.87	3.74	7.27	10.72	5.15
集体企业	Collective Owned Enterprises	12.12	2.15	7.69	7.66	4.46
股份合作企业	Cooperative Enterprises	3.61	0.47	2.59	2.80	0.81
联营企业	Joint Ownership Enterprises	1.21	0.15	0.98	0.32	0.89
国有联营企业	State Joint Ownership Enterprises	0.27	0.04	0.23	0.02	0.25
集体联营	Collective Joint Ownership Enterprises					
国有与集体联营企业	State－collective Joint Enterprises	0.69	0.08	0.61	0.27	0.42
其他联营企业	Other Joint Ownership Enterprises	0.25	0.03	0.14	0.03	0.22
有限责任公司	Limited Liability Corporations	1343.41	165.06	952.65	1048.33	295.08
国有独资公司	State Sole Funded Corporations	92.08	19.49	53.54	75.70	16.37
其他有限责任公司	Other Limited Liability Corporations	1251.33	145.57	899.11	972.62	278.71
股份有限公司	Share－holding Corporations Ltd.	435.07	66.52	190.86	269.89	165.18
私营企业	Private Enterprises	1447.02	166.47	1094.49	1197.12	249.90
私营独资企业	Private Funded Enterprises	8.18	1.42	6.12	5.48	2.70
私营合伙企业	Private Partnership Corporations	11.42	1.59	7.04	9.38	2.04
私营有限责任公司	Private Limited Liability Corporations	1401.00	161.51	1060.28	1165.12	235.87
私营股份有限公司	Private Share－holding Corporations Ltd.	26.42	1.95	21.05	17.13	9.29
港澳台商投资企业	Funded by Entrepreneurs From Hong Kong Macao and Taiwan	302.45	63.85	154.25	181.93	120.53
与港澳台商合资经营	Joint－venture Enterprises	142.83	40.16	69.58	78.96	63.87
与港澳台商合作经营	Cooperation Enterprises From Hong Kong,Macao and Taiwan	2.83	0.41	1.69	0.22	2.61
港澳台独资企业	Enterprises with Sole Hong Kong, Macao and Taiwan	152.83	23.01	80.11	99.45	53.38
港澳台商股份有限公司	Share－holding Corporations Ltd. with Funds From Hong Kong, Macao and Taiwan	3.57	0.21	2.62	3.09	0.48
外商投资企业	Foreign Funded Enterprises	294.87	49.09	201.32	209.55	85.33
中外合资经营企业	Joint－venture Enterprises	73.05	22.49	42.00	52.92	20.13
中外合作经营企业	Cooperation Enterprises	1.14	0.13	0.57	0.21	0.93
外资企业	Enterprises With Sole Foreign Investment	217.05	25.99	155.76	152.30	64.75
外商投资股份有限公司	Foreign Invesment Share－holding Corporations Ltd.	3.02	0.35	2.52	2.62	0.40

10-9 分行业限额以上批发零售贸易企业资产及负债情况(2016年)
Assets and Liabilities of Enterprises Retail Trade by Types of Registration(2016)

单位:亿元(100 million yuan)

指标	Item	资产合计 Total Assets	固定资产 Fixed	流动资产 Circulating	负债合计 Total Liabilities	所有者权益合计 Total Creditor's Equity
批发企业合计	**Wholesale**	**16966.79**	**499.91**	**13345.76**	**12903.33**	**4063.46**
农、林、牧产品批发	Agricultural and Animal Production	174.58	12.67	117.77	133.69	40.89
食品、饮料及烟草制品批发	Food, Beverages, Tobacoo and Its Production	1419.85	74.35	1104.81	835.89	583.96
米、面制品及食用油批发	Rice, Flour and Its Production, Edible Oil	355.18	17.99	232.40	312.05	43.13
烟草制品批发	Tobacoo and Its Production	402.03	26.93	358.51	66.27	335.75
纺织、服装及日用品批发	Textile, Garments and Articles for Daily Use	2829.99	80.93	2365.13	2243.94	586.06
服装批发	Garments	745.52	22.14	544.97	579.73	165.79
文化、体育用品及器材批发	Culture, Sports Articles and Equipment	455.04	11.44	389.47	355.94	99.10
医药及医疗器材批发	Medicines and Medical Appliances	710.84	25.68	575.10	470.94	239.90
矿产品、建材及化工产品批发	Mineral Products, Building Materials and Chemical Production	9272.02	238.36	7106.49	7266.24	2005.79
#煤炭及制品批发	Coal and Related Production	765.87	12.78	577.15	655.46	110.41
石油及制品批发	Petroleurn and Related Production	1133.51	56.45	872.32	902.11	231.40
金属及金属矿批发	Metal Materials and Mineral	4273.96	57.38	3359.04	3421.61	852.35
建材批发	Building Materials	578.22	14.87	460.29	447.72	130.50
化肥批发	Fertilizer	93.85	3.77	70.74	68.24	25.61
机械设备、五金交电及电子产品批发	Machinery Equipment, Hardware and Electric Production	1843.75	43.85	1489.16	1383.96	459.79
#汽车批发	Motor Vehicles	376.04	4.40	357.71	367.61	8.43
五金产品批发	Household Appliances	261.02	12.18	209.41	165.85	95.18
计算机、软件及辅助设备批发	Computers, Software and Auxiliary Equipment	39.11	0.48	35.48	31.28	7.82
贸易经纪与代理	Manage and Agencies in Trade	43.79	1.28	39.01	35.75	8.03
其他批发	Others	216.93	11.34	158.81	176.99	39.94

续表 Continued 单位:亿元(100 million yuan)

指标	Item	资产合计 Total Assets	固定资产 Fixed	流动资产 Circulating	负债合计 Total Liabilities	所有者权益合计 Total Creditor's Equity
零售业合计	**Retail Sale**	**3860.50**	**519.04**	**2614.25**	**2930.30**	**930.20**
综合零售	Synthesizs	1053.25	195.98	589.00	746.37	306.88
#百货零售	Consumer Goods	675.52	129.47	342.13	421.75	253.78
超级市场零售	Supermarkets	352.21	61.69	230.83	301.37	50.85
食品、饮料及烟草制品专门零售	Food, Beverages, Tobacoos and Its Production	80.23	11.30	48.45	50.27	29.95
纺织、服装及日用品专门零售	Textile Garments and Articles for Daily Use	260.90	28.25	176.98	203.90	56.99
#服装零售	Garments Articles	195.40	23.81	129.13	161.61	33.79
文化、体育用品及器材专门零售	Culture, Sports Articles and Equipment	159.58	23.50	115.98	94.57	65.01
#体育用品及器材零售	Sports Articles	2.90	0.10	2.72	2.26	0.65
图书报刊零售	Books	85.68	20.34	49.95	43.45	42.23
医药及医疗器材专门零售	Medicines and Medical Appliances	213.12	11.60	155.87	158.24	54.88
#药品零售	Medicines	169.44	9.31	148.87	133.32	36.11
汽车、摩托车、燃料及零配件专门零售	Motor Vehicles Motorcycles Fuel	1543.00	186.54	1112.09	1256.26	286.74
汽车零售	Motor Vehicles	1241.54	135.00	949.92	1050.75	190.78
机动车燃料零售	Fuel for Motor Vehicles Use	291.10	50.79	153.76	199.33	91.77
家用电器及电子产品专门零售	Household Appliance Electric Production	188.22	11.16	153.78	142.76	45.46
#日用家电设备零售	Household Appliance	77.87	4.98	62.28	61.41	16.47
计算机、软件及辅助设备零售	Computer, Software and Auxiliary Equipment	25.21	0.77	21.37	12.34	12.87
通信设备零售	Communication Equipment	44.28	2.23	38.09	35.52	8.77
五金、家具及室内装修材料专门零售	Hardware Furniture Decoration Indoors	81.54	24.91	40.80	62.51	19.02
货摊、无店铺及其他零售	Non - shop and Other Retail Sale	280.68	25.80	221.30	215.41	65.27
#邮购及电视、电话零售	Mail, telephone and TV retail	6.19	0.11	5.72	2.35	3.84

10－10 按登记注册类型分限额以上批发零售贸易企业主要财务指标情况(2016 年) Main Financial Indicators of Enterprises Above Designated Size in Wholesale and Retail Trade by Types of Regidtration(2016)

单位:亿元(100 million yuan)

指标	Item	主营业务收入 Revenue in Main Business	主营业务成本 Cost in Main Business	主营业务税金及附加 Tax and Extra Changes in Main Business	主营业务利润 Profits in Main Business	销售费用 Sales Expenses
批发和零售贸易业合计	**Total**	**39951.43**	**37552.61**	**177.45**	**2221.37**	**1103.55**
批发企业合计	**Wholesale Trade**	**32872.22**	**31209.56**	**156.81**	**1505.85**	**668.90**
#国有及国有控股	State－owned and State Holding Enterprises	7238.77	6778.25	125.00	335.52	89.89
内资企业	Domestic Funded Enterprises	31374.66	29790.49	148.46	1435.71	621.50
国有企业	State－owned Enterprises	823.92	575.70	107.65	140.57	13.20
集体企业	Collective Owned Enterprises	32.07	27.77	0.05	4.25	0.74
股份合作企业	Cooperative Enterprises	10.59	9.94	0.02	0.62	0.27
联营企业	Joint Ownership Enterprises					
国有联营企业	State Joint Ownership Enterprises					
集体联营企业	Collective Joint Ownership Enterprises					
国有与集体联营企业	State－collective Joint Enterprises					
其他联营企业	Other Joint Ownership Enterprises					
有限责任公司	Limited Liability Corporations	13397.36	12839.73	23.63	534.00	226.98
国有独资公司	State Sole Funded Corporations	1008.65	959.28	10.58	38.79	10.79
其他有限责任公司	Other Limited Liability Corporations	12388.71	11880.45	13.05	495.22	216.19
股份有限公司	Share－holding Corporations Ltd.	2675.54	2547.12	1.91	126.51	72.16
私营企业	Private Enterprises	14391.96	13747.73	15.18	629.04	308.06
私营独资企业	Private Funded Enterprises	13.71	12.94	0.02	0.75	0.21
私营合伙企业	Private Partnership Corporations	1.98	1.91		0.07	
私营有限责任公司	Private Limited Liability Corporations	14140.60	13512.75	14.93	612.92	302.59
私营股份有限公司	Private Share－holding Corporations Ltd.	235.67	220.14	0.22	15.31	5.26
港、澳、台商投资企业	Enterprises With Funds From Hong Kong, Macao and Taiwan	611.98	566.35	0.81	44.82	28.56
港澳台商合资经营企业	Joint－venture Enterprises	130.51	122.98	0.12	7.42	9.33
港澳台商独资经营企业	Enterprises with Sole Hong－Kong,Macao and Taiwan	446.75	410.14	0.63	35.98	18.23
外商投资企业	Foreign Funded Enterprises	885.58	852.72	7.54	25.32	18.84
中外合资经营企业	Joint－venture Enterprises	588.00	574.26	0.25	13.49	9.80
中外合作经营企业	Cooperation Enterprises					
外商企业	Enterprises With Sole Foreign Investment	263.95	245.98	7.27	10.70	8.14
外商投资股份有限公司	Foreign Invesment Share－holding Corporations Ltd.	4.50	4.24		0.27	0.16

续表 1 Continued 单位:亿元(100 million yuan)

指标	Item	主营业务收入 Revenue in Main Business	主营业务成本 Cost in Main Business	主营业务税金及附加 Tax and Extra Changes in Main Business	主营业务利润 Profits in Main Business	销售费用 Sales Expenses
零售企业总计	**Retail Sale**	**7079.21**	**6343.06**	**20.64**	**715.52**	**434.65**
#国有及国有控股	State－owend and State－holding Enterprises	1203.24	1095.78	2.74	104.71	55.16
内资企业	Domestic Funded Enterprises	6220.87	5609.29	16.66	594.92	355.38
国有企业	State－owned Enterprises	17.64	14.98	0.05	2.61	1.24
集体企业	Collective Owned Enterprises	19.77	16.79	0.11	2.87	1.39
股份合作企业	Cooperative Enterprises	9.69	8.02	0.03	1.63	0.60
联营企业	Joint Ownership Enterprises	5.51	4.26	0.03	1.22	0.20
国有联营企业	State Joint Ownership Enterprises	1.25	0.89	0.01	0.35	0.06
集体联营企业	Collective Joint Ownership Enterprises	3.47	2.74	0.02	0.71	0.12
国有与集体联营企业	State－collective Joint Enterprises	0.79	0.62		0.17	0.03
其他联营企业	Other Joint Ownership Enterprises	2619.88	2345.06	7.13	267.69	165.44
有限责任公司	Limited Liability Corporations	145.19	128.39	0.23	16.57	8.27
国有独资公司	State Sole Funded Corporations	2474.69	2216.67	6.89	251.13	157.17
其他有限责任公司	Other Limited Liability Corporations	707.82	648.07	1.68	58.07	37.54
股份有限公司	Share－holding Corporations Ltd.	2829.15	2562.36	7.63	259.16	148.76
私营企业	Private Enterprises	20.09	17.26	0.07	2.76	0.84
私营独资企业	Private Funded Enterprises	17.45	14.95	0.07	2.43	1.89
私营合伙企业	Private Partnership Corporations	2749.00	2492.63	7.27	249.09	144.00
私营有限责任公司	Private Limited Liability Corporations	42.61	37.52	0.21	4.88	2.02
私营股份有限公司	Private Share－holding Corporations Ltd.	11.41	9.73	0.02	1.66	0.21
其他企业	others	423.77	352.60	2.35	68.82	44.04
港澳台商投资企业	Enterprises With Funds From Hong Kong Macao and Taiwan	182.98	152.96	0.95	29.06	15.27
与港澳台商合资经营	Joint－venture Enterprises	3.49	2.84	0.01	0.64	0.15
与港澳台商合作经营	Cooperation Enterprises From Hong Kong, Macao and Taiwan	234.01	194.46	1.37	38.19	28.37
港澳台商独资经营	Enterprises with Sole Hong－Kong, Macao and Taiwan	2.35	1.67	0.01	0.67	0.21
港澳台商投资股份有限公司	Share－holding Corporations Ltd. with Funds From Hong Kong, Macao and Taiwan	0.93	0.67	0.01	0.26	0.03
外商投资企业	Foreign Funded Enterprises	434.58	381.17	1.63	51.77	35.23
中外合资经营企业	Joint－venture Enterprises	208.35	190.48	0.53	17.34	15.17
中外合作经营企业	Cooperation Enterprises	0.80	0.59	0.02	0.20	0.17
外商企业	Enterprises With Sole Foreign Investment	216.83	182.49	1.08	33.26	19.25
外商投资股份有限公司	Foreign Invesment Share－holding Corporations Ltd.	7.30	6.64	0.01	0.66	0.23

续表 2 Continued 单位:亿元(100 million yuan)

指标	Item	管理费用 Managemen Expenses	财务费用 Financial Expenses	利润总额 Profits	应付职工薪酬(本年贷方累计发生额) Total Wages Pagable in the Year	本年应交增值税 Value added tases payab in the year
批发和零售贸易业合计	**Total**	**582.54**	**19.37**	**699.10**	**580.96**	**454.65**
批发企业合计	**Wholesale Trade**	**371.49**	**12.64**	**567.85**	**336.80**	**354.45**
#国有及国有控股	State – owned and State Holding Enterprises	74.27	3.00	234.58	73.37	183.14
内资企业	Domestic Funded Enterprises	350.78	12.06	556.26	322.07	346.35
国有企业	State – owned Enterprises	27.00	0.85	113.48	25.98	39.96
集体企业	Collective Owned Enterprises	0.61	0.01	0.22	0.49	0.07
股份合作企业	Cooperative Enterprises	0.22	0.01	0.13	0.18	0.09
联营企业	Joint Ownership Enterprises					
国有联营企业	State Joint Ownership Enterprises					
集体联营企业	Collective Joint Ownership Enterprises					
国有与集体联营企业	State – collective Joint Enterprises					
其他联营企业	Other Joint Ownership Enterprises					
有限责任公司	Limited Liability Corporations	118.41	4.52	221.77	110.05	182.18
国有独资公司	State Sole Funded Corporations	14.18	0.44	32.18	12.66	92.26
其他有限责任公司	Other Limited Liability Corporations	104.24	4.07	189.58	97.39	89.91
股份有限公司	Share – holding Corporations Ltd.	29.82	1.29	89.01	32.60	12.60
私营企业	Private Enterprises	174.52	5.38	131.18	152.46	111.35
私营独资企业	Private Funded Enterprises	0.19	0.01	0.29	0.19	0.14
私营合伙企业	Private Partnership Corporations	0.05		0.02	0.02	0.01
私营有限责任公司	Private Limited Liability Corporations	171.08	5.28	124.56	149.83	110.03
私营股份有限公司	Private Share – holding Corporations Ltd.	3.19	0.09	6.32	2.42	1.18
港、澳、台商投资企业	Enterprises With Funds From Hong Kong, Macao and Taiwan	14.18	0.32	2.45	9.03	5.39
港澳台商合资经营企业	Joint – venture Enterprises	2.10	0.08	–3.43	1.99	0.49
港澳台商独资经营企业	Enterprises with Sole Hong – Kong, Macao and Taiwan	11.96	0.24	5.02	6.79	4.66
外商投资企业	Foreign Funded Enterprises	6.52	0.25	9.14	5.70	2.71
中外合资经营企业	Joint – venture Enterprises	1.49	0.11	5.41	1.51	0.45
中外合作经营企业	Cooperation Enterprises					
外商企业	Enterprises With Sole Foreign Investment	4.83	0.11	3.56	3.78	1.54
外商投资股份有限公司	Foreign Invesment Share – holding Corporations Ltd.	0.06		0.06	0.09	0.55

续表 3 Continued 单位:亿元(100 million yuan)

指标	Item	管理费用 Managemen Expenses	财务费用 Financial Expenses	利润总额 Profits	应付职工薪酬(本年贷方累计发生额) Total Wages Pagable in the Year	本年应交增值税 Value added tases payab in the year
零售企业总计	**Retail Sale**	**211.06**	**6.74**	**131.25**	**244.15**	**100.20**
#国有及国有控股	State - owend and State - holding Enterprises	21.85	0.81	45.44	34.29	14.78
内资企业	Domestic Funded Enterprises	175.35	5.47	104.70	206.15	85.65
国有企业	State - owned Enterprises	0.92	0.03	1.06	1.17	0.29
集体企业	Collective Owned Enterprises	1.15	0.03	0.93	1.11	0.37
股份合作企业	Cooperative Enterprises	0.38	0.03	0.65	0.33	0.22
联营企业	Joint Ownership Enterprises	0.04	0.01	1.00	0.12	0.20
国有联营企业	State Joint Ownership Enterprises			0.29	0.03	0.06
集体联营企业	Collective Joint Ownership Enterprises	0.02		0.58	0.08	0.12
国有与集体联营企业	State - collective Joint Enterprises	0.02		0.13	0.02	0.02
其他联营企业	Other Joint Ownership Enterprises	68.13	2.42	60.13	93.42	38.65
有限责任公司	Limited Liability Corporations	4.29	0.15	6.69	6.45	1.55
国有独资公司	State Sole Funded Corporations	63.84	2.27	53.44	86.97	37.10
其他有限责任公司	Other Limited Liability Corporations	16.13	0.62	16.46	20.14	8.08
股份有限公司	Share - holding Corporations Ltd.	88.29	2.34	23.33	89.38	37.80
私营企业	Private Enterprises	0.81	0.02	1.03	0.80	0.31
私营独资企业	Private Funded Enterprises	0.60	0.02	0.49	0.92	0.33
私营合伙企业	Private Partnership Corporations	84.67	2.25	20.26	85.79	36.46
私营有限责任公司	Private Limited Liability Corporations	2.21	0.05	1.54	1.87	0.70
私营股份有限公司	Private Share - holding Corporations Ltd.	0.31	0.01	1.15	0.49	0.04
其他企业	others	19.59	0.67	14.92	21.83	7.19
港澳台商投资企业	Enterprises With Funds From Hong Kong Macao and Taiwan	9.33	0.39	9.88	8.49	3.42
与港澳台商合资经营	Joint - venture Enterprises	0.35	0.04	0.14	0.21	0.07
与港澳台商合作经营	Cooperation Enterprises From Hong Kong, Macao and Taiwan	9.71	0.20	4.56	13.03	3.66
港澳台商独资经营	Enterprises with Sole Hong - Kong, Macao and Taiwan	0.21	0.03	0.11	0.09	0.02
港澳台商投资股份有限公司	Share - holding Corporations Ltd. with Funds From Hong Kong, Macao and Taiwan			0.22	0.01	0.02
外商投资企业	Foreign Funded Enterprises	16.11	0.60	11.63	16.17	7.36
中外合资经营企业	Joint - venture Enterprises	4.06	0.22	4.13	6.83	2.34
中外合作经营企业	Cooperation Enterprises			0.03	0.04	0.02
外商企业	Enterprises With Sole Foreign Investment	11.80	0.36	7.46	9.06	4.94
外商投资股份有限公司	Foreign Invesment Share - holding Corporations Ltd.	0.21	0.01	0.14	0.14	0.03

10－11 分行业限额以上批发零售贸易企业主要财务指标情况(2016 年)
Main Financial Indicators of Enterprises Above Designated Size in Wholesale and Retail Trade by Sector(2016)

单位:亿元(100 million yuan)

指标	Item	主营业务收入 Revenue in Main Business	主营业务成本 Cost in Main Business	主营业务税金及附加 Tax and Extra Changes in Main Business	主营业务利润 Profits in Main Business	销售费用 Sales Expenses
批发企业合计	**Wholesale**	**32872.22**	**31209.56**	**156.81**	**1505.85**	**668.90**
农、林、牧产品批发	Agriculture, forest, animal husbandry products wholesale	222.80	214.55	0.37	7.88	3.82
食品、饮料及烟草制品批发	Food, Beverages, Tobacoo and Its Products	2291.86	1870.64	120.52	300.70	109.68
#米、面制品及食用油批发	Rice, Flour and Its Products, Edible Oil	276.83	270.47	0.17	6.19	5.78
烟草制品批发	Tobacoo and Its Products	859.18	588.82	117.72	152.64	13.40
纺织、服装及日用品批发	Textile, Garments and Articles for Daily Use	5218.44	4818.80	6.11	393.53	195.96
#服装批发	Garments	1136.81	1045.27	1.00	90.53	44.85
文化、体育用品及器材批发	Culture, Sports Articles and Equipment	763.22	719.23	0.77	43.21	19.73
医药及医疗器材批发	Medicines and Medical Appliances	1273.69	1156.04	2.31	115.34	55.77
矿产品、建材及化工产品批发	Mineral Products, Building Materials and Chemical Products	18508.02	18040.48	15.52	452.02	172.85
#煤炭及制品批发	Coal and Related Products	1599.14	1557.65	1.51	39.98	17.46
石油及制品批发	Petroleurn and Related Products	2793.44	2710.06	4.91	78.46	35.56
金属及金属矿批发	Metal Materials and Mineral	8456.23	8303.24	4.31	148.68	48.93
建材批发	Building Materials	764.55	712.90	1.21	50.44	14.84
化肥批发	Fertilizer	89.82	85.25	0.14	4.43	2.33
机械设备、五金交电及电子产品批发	Machinery Equipment, Hardware and Electric Products	3797.55	3611.90	10.18	175.47	103.36
#汽车批发	Motor Vehicles	1304.57	1265.50	0.54	38.53	40.99
五金产品批发	Hardware products Wholesale	499.49	464.74	0.39	34.36	14.07
计算机、软件及辅助设备批发	Computers, Software and Auxiliary Equipment	91.29	87.98	0.09	3.22	1.26
贸易经纪与代理	Manage and Agencies in Trade	116.56	112.10	0.20	4.27	2.26
其他批发	Others	680.08	665.81	0.83	13.44	5.48

续表 1 Continued 单位:亿元(100 million yuan)

指标	Item	主营业务收入 Revenue in Main Business	主营业务成本 Cost in Main Business	主营业务税金及附加 Tax and Extra Changes in Main Business	主营业务利润 Profits in Main Business	销售费用 Sales Expenses
零售企业合计	**Retail Sale**	**7079.21**	**6343.06**	**20.64**	**715.52**	**434.65**
综合零售	Synthesizs	1175.78	1003.73	6.75	165.31	125.26
#百货零售	Consumer Goods	480.58	401.38	4.45	74.75	37.08
超级市场零售	Supermarkets	643.84	558.05	2.12	83.67	81.84
食品、饮料及烟草制品专门零售	Food,Beverages,Tobacoos and Its Products	121.70	105.29	0.59	15.82	9.40
纺织服装及日用品专门零售	Textile Garments and Articles for Daily Use	298.64	227.11	2.13	69.41	46.16
#服装零售	Garments Articles	186.22	132.91	1.48	51.82	35.37
文化、体育用品及器材专门零售	Culture,Sports Articles and Equipment	155.34	128.47	1.05	25.82	12.41
#体育用品及器材零售	Sports Articles	5.69	4.58	0.02	1.10	0.82
图书报刊零售	Books,newspaper	50.91	38.92	0.02	11.97	5.70
医药及医疗器材专门零售	Medicines and Medical Appliances	341.53	303.57	0.78	37.18	19.28
#药品零售	Medicines	327.62	292.14	0.72	34.76	18.51
汽车、摩托车、燃料及零配件专门零售	Motor Vehicles Motorcycles Fuel	3925.32	3681.21	6.51	237.60	116.24
#汽车零售	Motor Vehicles	2987.05	2825.93	4.84	156.27	80.73
机动车燃料零售	Fuel for Motor Vehicles Use	915.82	834.83	1.61	79.38	34.57
家用电器及电子产品专门零售	Household Appliance Electric Products	354.47	319.37	0.78	34.32	22.40
#日用家电设备零售	Household Appliances Retail	132.67	118.13	0.32	14.21	10.50
计算机、软件及辅助设备零售	Computer,Software and Auxiliary Equipment	49.68	45.98	0.08	3.61	1.19
通信设备零售	Communication Equipment	98.27	89.18	0.20	8.89	5.64
五金、家具及室内装修材料专门零售	Hardware Furniture Decoration Indoors	108.40	97.64	0.52	10.23	4.26
货摊、无店铺及其他零售	Stalls, No Satores and Other Retail	598.04	476.67	1.55	119.83	79.23
#邮购及电视、电话零售	Mail, telephone and TV retail	14.81	11.89	0.05	2.87	1.64

续表 2 Continued 单位:亿元(100 million yuan)

指标	Item	管理费用 Manage-ment Expenses	财务费用 Financial Expenses	利润总额 Profits	应付职工薪酬 Total Wages Pagable in the Year	本年应交增值税 Value Added Tases payable in the year
批发企业合计	**Wholesale**	**371.49**	**151.16**	**567.85**	**336.80**	**354.45**
农、林、牧产品批发	Agriculture, forest, animal husbandry products wholesale	4.32	3.24	2.98	3.58	0.59
食品、饮料及烟草制品批发	Food, Beverages, Tobacoo and Its Products	58.73	-0.10	170.97	72.28	62.29
#米、面制品及食用油批发	Rice, Flour and Its Products, Edible Oil	5.43	8.91	-5.26	4.76	0.59
烟草制品批发	Tobacoo and Its Products	27.89	-12.19	124.26	27.19	43.88
纺织、服装及日用品批发	Textile, Garments and Articles for Daily Use	95.87	26.56	111.31	91.71	57.23
#服装批发	Garments	29.06	11.00	20.69	27.06	4.80
文化、体育用品及器材批发	Culture, Sports Articles and Equipment	12.85	3.17	10.19	10.12	8.91
医药及医疗器材批发	Medicines and Medical Appliances	26.68	6.87	38.19	24.87	16.95
矿产品、建材及化工产品批发	Mineral Products, Building Materials and Chemical Products	116.87	101.16	192.42	90.60	171.96
#煤炭及制品批发	Coal and Related Products	8.46	10.64	11.01	4.67	9.87
石油及制品批发	Petroleurn and Related Products	15.55	7.45	40.50	16.82	38.80
金属及金属矿批发	Metal Materials and Mineral	37.00	48.32	69.81	34.98	102.31
建材批发	Building Materials	20.99	5.45	15.60	7.89	5.16
化肥批发	Fertilizer	1.73	0.55	4.61	1.46	0.35
机械设备、五金交电及电子产品批发	Machinery Equipment, Hardware and Electric Products	47.77	6.44	41.44	40.24	30.88
#汽车批发	Motor Vehicles	3.42	0.53	-4.86	5.19	2.31
五金产品批发	Hardware products Wholesale	10.43	0.17	12.38	9.33	1.79
计算机、软件及辅助设备批发	Computers, Software and Auxiliary Equipment	1.14	0.40	0.55	0.96	0.44
贸易经纪与代理	Manage and Agencies in Trade	1.53	0.06	0.98	0.99	0.13
其他批发	Others	6.88	3.77	-0.64	2.41	5.51

续表 3 Continued 单位:亿元(100 million yuan)

指标	Item	管理费用 Manage－ment Expenses	财务费用 Financial Expenses	利润总额 Profits	应付职工薪酬 Total Wages Pagable in the Year	本年应交增值税 Value Added Tases payable in the year
零售企业合计	**Retail Sale**	**211.06**	**50.17**	**131.25**	**244.15**	**100.20**
综合零售	Synthesizs	56.07	7.40	32.71	67.53	16.45
#百货零售	Consumer Goods	34.79	6.16	24.02	20.30	8.38
超级市场零售	Supermarkets	18.83	0.96	8.98	43.07	7.12
食品、饮料及烟草制品专门零售	Food,Beverages,Tobacoos and Its Products	5.41	1.10	2.22	7.78	1.77
纺织服装及日用品专门零售	Textile Garments and Articles for Daily Use	18.08	3.70	7.47	19.90	9.10
#服装零售	Garments Articles	13.45	3.09	4.00	15.24	6.93
文化、体育用品及器材专门零售	Culture,Sports Articles and Equipment	7.11	0.47	7.71	9.33	2.11
#体育用品及器材零售	Sports Articles	0.21		0.16	0.39	0.13
图书报刊零售	Books,newspaper	4.15	-0.49	4.07	6.15	0.17
医药及医疗器材专门零售	Medicines and Medical Appliances	11.43	2.02	7.53	14.43	5.06
#药品零售	Medicines	9.95	1.70	6.34	13.58	4.70
汽车、摩托车、燃料及零配件专门零售	Motor Vehicles Motorcycles Fuel	73.88	28.97	52.52	86.32	47.46
#汽车零售	Motor Vehicles	62.70	26.81	11.79	69.94	35.24
机动车燃料零售	Fuel for Motor Vehicles Use	10.32	2.15	40.36	15.59	11.83
家用电器及电子产品专门零售	Household Appliance Electric Products	11.02	1.99	3.07	13.15	4.90
#日用家电设备零售	Household Appliances Retail	3.60	0.74	0.31	5.10	1.99
计算机、软件及辅助设备零售	Computer,Software and Auxiliary Equipment	1.53	0.07	1.05	1.74	0.74
通信设备零售	Communication Equipment	3.61	0.68	1.51	3.80	1.22
五金、家具及室内装修材料专门零售	Hardware Furniture Decoration Indoors	4.36	1.35	1.50	2.71	1.21
货摊、无店铺及其他零售	Stalls, No Satores and Other Retail	23.70	3.17	16.52	23.01	12.13
#邮购及电视、电话零售	Mail, telephone and TV retail	0.48	-0.03	0.81	0.70	0.28

10－12 限额以上住宿餐饮业基本情况(2016 年)
Main Indicator of Hotels and Catering Services Above Designated Size(2016)

单位:亿元(100 million yuan)

指标	Item	法人企业(个) Number of Corporation (unit)	从业人员数(人) Persons Employed (person)	营业额 Business Volume
总计	**Total**	**2804**	**261365**	**606.47**
住宿业	**Hotels**	**1278**	**131827**	**292.96**
#国有及国有控股	State－owend and State Holding Enterprises	16	1405	2.55
按登记注册类型分组	**By Registration**			
内资企业	Domestic Funded Enterprises	1216	117742	249.84
国有企业	State－owned Enterprises	69	8513	17.30
集体企业	Collective owned Enterprises	19	1510	2.86
股份合作企业	Cooperative Enterprises	6	209	0.48
联营企业	Joint Ownership Enterprises	3	335	0.65
国有联营企业	State Joint Ownership Enterprises			
集体联营企业	Collective Joint Ownership Enterprises	1	206	0.11
国有与集体联营企业	Joint State－collective Enterprises	2	129	0.53
有限责任公司	Limited Liability Corporations	364	51830	114.53
国有独资公司	State Sole Funded Corporations	25	4764	9.86
其他有限责任公司	Other Limited Liability Corporations	339	47066	104.67
股份有限公司	Share－holding Corporations Ltd.	15	3136	7.10
私营企业	Private Enterprises	739	52155	106.86
私营独资企业	Private Funded Enterprises	65	2301	3.64
私营合伙企业	Private Partnership Corporations	33	1276	1.95
私营有限责任公司	Private Limited Liability Corporations	622	47111	98.76
私营股份有限公司	Private Share－holding Corporations Ltd.	19	1467	2.52
其他企业	others	1	54	0.06
港、澳、台商投资企业	Enterprises With Funds From Hong Kong, Macao and Taiwan	35	10201	34.31
合资经营企业	Joint－venture Enterprises From Hong Kong, Macao and Taiwan	14	4716	16.66
合作经营企业	Cooperation Enterprises From Hong Kong, Macao and Taiwan	2	63	0.12
独资经营企业	Enterprises with Sole Hong Kong, Macao and Taiwan	16	3900	13.21
外商投资企业	Foreign Funded Enterprises	27	3884	8.80
中外合资经营企业	Joint－venture Enterprises	10	2265	5.07
外资企业	Enterprises With Sole Foreign Investment	14	1297	3.19
外商投资股份有限公司	Foreign Invesment Share－holding Corporations Ltd.	1	24	0.07
按住宿行业中类分组	By Category			
旅游饭店	Restaurant for Tourism	832	111948	250.67
一般旅馆	Ordinary Hotels	430	19186	41.10
其他住宿服务	Others	16	693	1.18

续表 Continued

单位:亿元(100 million yuan)

指标	Item	法人企业(个) Number of Corporation (unit)	从业人员数(人) Persons Employed (person)	营业额 Business Volume
餐饮业	**Catering Services**	**1526**	**129538**	**313.51**
#国有及国有控股	State - owend and State Holding Enterprises	36	8509	18.15
按登记注册类型分组	By Registration			
内资企业	Domestic Funded Enterprises	1497	104392	247.72
国有企业	State - owned Enterprises	10	569	3.91
集体企业	Collective owned Enterprises	2	44	0.07
股份合作企业	Cooperative Enterprises	4	506	1.66
有限责任公司	Limited Liability Corporations	232	25343	57.62
国有独资公司	State Sole Funded Corporations	9	2699	3.27
其他有限责任公司	Other Limited Liability Corporations	223	22644	54.35
股份有限公司	Share - holding Corporations Ltd.	16	3810	9.56
私营企业	Private Enterprises	1227	73791	174.56
私营独资企业	Private Funded Enterprises	242	7420	15.22
私营合伙企业	Private Partnership Corporations	43	2196	4.66
私营有限责任公司	Private Limited Liability Corporations	927	63315	152.85
私营股份有限公司	Private Share - holding Corporations Ltd.	15	860	1.83
其他企业	Others	5	277	0.29
港、澳、台商投资企业	Enterprises With Funds From Hong Kong, Macao and Taiwan	17	3956	8.52
合资经营企业	Joint - venture Enterprises From Hong Kong, Macao and Taiwan	7	1339	2.75
合作经营企业	Cooperation Enterprises From Hong Kong, Macao and Taiwan			
独资经营企业	Enterprises with Sole Hong Kong, Macao and Taiwan	9	2544	5.69
外商投资企业	Foreign Funded Enterprises	12	21190	57.28
中外合资经营企业	Joint - venture Enterprises	4	15727	45.20
中外合作经营企业	Cooperation Enterprises	7	5431	12.00
外资企业	Enterprises With Sole Foreign Investment	1	32	0.08
按餐饮行业中类分组	**By Category**			
正餐服务	Dinner Services	1409	96601	228.19
快餐服务	Snack Services	53	27744	71.43
饮料及冷饮服务	Beverages and Cold Drink Services	21	836	1.98
其他餐饮服务	Others	43	4357	11.92

10－13 限额以上餐饮企业财务状况(2010－2016年)

Financial Indicators of Enterprises in Catering Serveices Above Designated Size(2010－2016)

单位:亿元(100 million yuan)

指标	Item	2010	2011	2012	2013	2014	2015	2016
法人企业数(个)	Corporation Unit(unit)	1003	1179	1273	1506	1544	1554	1526
从业人员(人)	Employed Persons(person)	129524	162017	144237	136523	131722	129407	128213
流动资产合计	Total Circulating Assets	98.02	117.63	131.00	122.77	124.78	129.68	140.71
固定资产合计	Total Fixed Assets	64.61	87.81	99.72	109.21	119.43	120.82	122.10
资产总计	Total Assets	204.26	266.74	290.19	299.61	312.97	340.46	354.38
负债合计	Total Liabilities	151.01	196.20	222.15	235.70	252.00	267.18	278.78
主营业务收入	Businese Income	210.05	264.72	276.61	257.59	263.66	281.42	302.01
主营业务成本	Business Cost	109.92	143.24	143.56	134.08	132.88	142.00	157.39
营业费用	Business Expenses	58.82	65.31	77.47	77.17	80.49	81.95	86.34
主营业务税金及附加	Sale Tax and Extra Charges of Major Management	11.38	14.22	14.77	13.64	13.77	14.25	6.78
主营业务利润	Profits of Major Management	88.70	107.26	118.28	109.87	117.01	125.17	137.85
管理费用	Management Expenses	20.75	30.50	35.20	34.97	36.57	38.20	40.44
财务费用	Financial Expenses	3.41	5.61	7.17	6.25	5.87	6.43	5.80
利润总额	Total Profits	8.97	8.75	3.81	-4.69	-1.14	3.03	13.01
本年应付工资总额	Total Wages Payable in this year		43.91	46.05	49.31	50.25	52.48	57.22
本年应付福利费总额	Total Welfare Expenses Payable in this year	0.99						

10－14 限额以上住宿餐饮企业资产负债情况(2016 年)
Assets and Liabilities of Hotel and Catering Services Above Designated Size(2016)

单位:亿元(100 million yuan)

指标	Item	资产合计 Total Assets	固定资产 Fixed Assets	流动资产 Circulating Assets	负债合计 Total Liabilities	所有者权益合计 Total Creditor's Equity
总计	**Total**	**1270.60**	**489.63**	**456.42**	**1001.70**	**268.90**
住宿业	**Hotels**	**916.22**	**367.53**	**315.71**	**722.92**	**193.30**
#国有及国有控股	State－owend and State－holding Enterprises	6.85	3.87	1.67	5.79	1.06
按登记注册类型分组	**by Registration**					
内资企业	Domestic Funded Enterprises	747.33	290.78	252.19	597.73	149.59
国有企业	State－owned Enterprises	39.12	15.19	16.14	15.08	24.04
集体企业	Collective Owned Enterprises	5.71	2.89	1.58	4.17	1.54
股份合作企业	Cooperative Enterprises	1.20	0.47	0.47	0.80	0.40
联营企业	Joint Ownership Enterprises	0.98	0.31	0.67	0.18	0.80
国有联营企业	State Joint Ownership Enterprises					
集体联营企业	Collective Joint Ownership Enterprises	0.33	0.17	0.15	0.08	0.25
国有与集体联营企业	State－collective Joint Enterprises	0.65	0.14	0.52	0.10	0.55
有限责任公司	Limited Liability Corporations	409.07	176.91	128.23	318.54	90.53
国有独资公司	State Sole Funded Corporations	23.40	13.31	5.31	14.80	8.60
其他有限责任公司	Other Limited Liability Corporations	385.67	163.61	122.92	303.74	81.93
股份有限公司	Share－holding Corporations Ltd.	24.52	7.85	10.16	17.39	7.13
私营企业	Private Enterprises	266.67	87.15	94.90	241.54	25.13
私营独资企业	Private Funded Enterprises	5.99	2.43	2.12	4.35	1.64
私营合伙企业	Private Funded Corporations	3.64	0.70	1.51	3.02	0.62
私营有限责任公司	Private Limited liability Corporations	251.53	81.54	89.23	226.53	25.00
私营股份有限公司	Private Share－holding Corporations Ltd.	5.52	2.47	2.05	7.64	－2.13
其他企业	Others Enterprises	0.05	0.02	0.04	0.02	0.03
港澳台商投资企业	Enterprises With Funds From Hong Kong Macao and Taiwan	119.11	60.55	41.67	82.54	36.57
合资经营企业	Joint－venture Enterprises	48.01	17.42	25.24	28.00	20.01
合作经营企业	Cooperation Enterprises From Hong Kong, Macao and Taiwan	0.62	0.53	0.02	0.73	－0.11
独资经营企业	Enterprises with Sole Hong Kong, Macao and Taiwan	56.58	33.53	12.07	44.47	12.11
外商投资企业	Foreign Funded Enterprises	49.78	16.20	21.84	42.65	7.13
中外合资经营企业	Joint－venture Enterprises	27.08	11.10	12.26	24.30	2.79
外资企业	Enterprises With Sole Foreign Investment	21.84	3.59	10.27	18.11	3.72
外商投资股份有限公司	Foreign Invesment Share－holding Corporations Ltd.	0.07		0.06		0.07

续表 1　Continued　　单位:亿元(100 million yuan)

指标	Item	资产合计 Total Assets	固定资产 Fixed Assets	流动资产 Circulating Assets	负债合计 Total Liabilities	所有者权益合计 Total Creditor's Equity
按住宿行业中类分组	**By Category**					
旅游饭店	Restaurant for Tourism	831.87	333.32	287.79	658.61	173.26
一般旅馆	Ordinary Hotels	83.46	33.99	27.50	63.66	19.80
其他住宿服务	Others	0.89	0.23	0.42	0.65	0.24
餐饮业	**Catering Services**	**354.38**	**122.10**	**140.71**	**278.78**	**75.61**
#国有及国有控股	State－owend and State－holding Enterprises	21.87	5.26	11.71	13.63	8.24
按登记注册类型分组	**By Registration**					
内资企业	Domestic Funded Enterprises	305.75	98.42	128.25	238.38	67.37
国有企业	State－owned Enterprises	1.82	0.39	1.29	1.22	0.60
集体企业	Collective Owned Enterprises	0.01		0.01	0.02	－0.01
股份合作企业	Cooperative Enterprises	0.83	0.66	0.17	0.37	0.46
有限责任公司	Limited Liability Corporations	80.46	29.80	33.88	70.68	9.78
国有独资公司	State Sole Funded Corporations	2.11	0.77	1.11	1.39	0.73
其他有限责任公司	Other Limited Liability Corporations	78.35	29.04	32.77	69.30	9.05
股份有限公司	Share－holding Corporations Ltd.	14.03	3.61	5.78	6.16	7.87
私营企业	Private Enterprises	208.11	63.64	86.96	159.86	48.25
私营独资企业	Private Funded Enterprises	8.00	3.17	3.04	3.64	4.36
私营合伙企业	Private Partnership Corporations	3.16	0.89	1.32	1.54	1.62
私营有限责任公司	Catering Services	195.95	59.39	82.04	153.71	42.24
私营股份有限公司	Private Share－holding Corporations Ltd.	1.01	0.19	0.56	0.96	0.05
其他	Others	0.47	0.30	0.16	0.06	0.40
港澳台商投资企业	Funded by Entrepreneurs From Hong Kong Macao and Taiwan	20.06	10.85	4.95	15.52	4.54
合资经营企业	Joint－venture Enterprises	1.62	0.13	0.88	0.67	0.95
独资经营企业	Enterprises with Sole Hong Kong,Macao and Taiwan	17.77	10.72	4.01	14.18	3.59
外商投资企业	Foreign Funded Enterprises	28.57	12.83	7.52	24.87	3.70
中外合资经营企业	Joint－venture Enterprises	21.80	10.35	5.32	15.00	6.80
中外合作经营企业	Cooperation Enterprises	6.74	2.48	2.18	9.86	－3.12
外商独资企业	Enterprises With Sole Foreign Investment	0.03		0.01	0.01	0.02
按餐饮行业中类分组	**By Category**					
正餐服务	Dinner Services	310.62	111.87	124.57	245.99	64.62
快餐服务	Snack Services	35.33	8.70	10.05	27.96	7.37
饮料及冷饮服务	Beverages and Cold Drink Services	1.04	0.11	0.75	0.35	0.69
其他餐饮服务	Others	7.39	1.42	5.34	4.48	2.92

续表 2 Continued 单位:亿元(100 million yuan)

指标	Item	主营业务收入 Revenue in Main Business	主营业务成本 Cost in Main Business	主营业务税金及附加 Tax and Extra Changes in Main Business	营业费用 Management Cost
总计	**Total**	**587.53**	**253.18**	**14.17**	**180.30**
住宿业	**Hotels**	**285.52**	**95.79**	**7.40**	**93.96**
#国有及国有控股	State－owend and State－holding Enterprises	2.48	1.28	0.06	0.77
按登记注册类型分组	**by Registration**				
内资企业	Domestic Funded Enterprises	241.16	82.86	6.15	82.10
国有企业	State－owned Enterprises	16.72	5.54	0.44	5.90
集体企业	Collective Owned Enterprises	2.89	0.80	0.09	1.20
股份合作企业	Cooperative Enterprises	0.47	0.14	0.01	0.20
联营企业	Joint Ownership Enterprises	0.61	0.20	0.01	0.18
国有联营企业	State Joint Ownership Enterprises				
集体联营企业	Collective Joint Ownership Enterprises	0.10	0.07		
国有与集体联营企业	State－collective Joint Enterprises	0.51	0.13	0.01	0.18
有限责任公司	Limited Liability Corporations	110.84	35.67	2.74	38.17
国有独资公司	State Sole Funded Corporations	9.49	3.65	0.19	2.83
其他有限责任公司	Other Limited Liability Corporations	101.36	32.03	2.55	35.35
股份有限公司	Share－holding Corporations Ltd.	6.63	2.06	0.14	2.38
私营企业	Private Enterprises	102.94	38.39	2.72	34.08
私营独资企业	Private Funded Enterprises	3.55	1.85	0.12	0.71
私营合伙企业	Private Funded Corporations	1.88	1.00	0.06	0.46
私营有限责任公司	Private Limited liability Corporations	95.08	34.90	2.48	31.74
私营股份有限公司	Private Share－holding Corporations Ltd.	2.42	0.64	0.06	1.16
其他企业	Others Enterprises	0.06	0.05		
港澳台商投资企业	Enterprises With Funds From Hong Kong Macao and Taiwan	35.88	10.07	1.05	9.52
合资经营企业	Joint－venture Enterprises	16.16	4.06	0.50	3.73
合作经营企业	Cooperation Enterprises From Hong Kong,Macao and Taiwan	0.11	0.02		0.08
独资经营企业	Enterprises with Sole Hong Kong,Macao and Taiwan	13.19	3.31	0.33	3.85
外商投资企业	Foreign Funded Enterprises	8.48	2.86	0.20	2.34
中外合资经营企业	Joint－venture Enterprises	4.92	1.97	0.12	1.05
外资企业	Enterprises With Sole Foreign Investment	3.04	0.83	0.07	1.08
外商投资股份有限公司	Foreign Invesment Share－holding Corporations Ltd.	0.07			0.06

续表 3 Continued 单位:亿元(100 million yuan)

指标	Item	主营业务收入 Revenue in Main Business	主营业务成本 Cost in Main Business	主营业务税金及附加 Tax and Extra Changes in Main Business	营业费用 Management Cost
按住宿行业中类分组	**By Category**				
旅游饭店	Restaurant for Tourism	244.48	80.24	6.33	80.71
一般旅馆	Ordinary Hotels	39.90	15.14	1.05	12.80
其他住宿服务	Others	1.14	0.41	0.02	0.45
餐饮业	**Catering Services**	**302.01**	**157.39**	**6.78**	**86.34**
#国有及国有控股	State－owend and State－holding Enterprises	17.28	8.89	0.25	4.90
按登记注册类型分组	**By Registration**				
内资企业	Domestic Funded Enterprises	239.46	130.35	5.50	65.10
国有企业	State－owned Enterprises	3.86	2.11	0.03	0.26
集体企业	Collective Owned Enterprises	0.07	0.04		0.02
股份合作企业	Cooperative Enterprises	1.65	1.19	0.06	0.16
有限责任公司	Limited Liability Corporations	55.61	27.50	1.12	17.91
国有独资公司	State Sole Funded Corporations	3.13	1.98	0.06	0.52
其他有限责任公司	Other Limited Liability Corporations	52.48	25.52	1.06	17.40
股份有限公司	Share－holding Corporations Ltd.	8.93	4.32	0.18	2.99
私营企业	Private Enterprises	168.99	94.94	4.09	43.72
私营独资企业	Private Funded Enterprises	15.01	9.37	0.43	2.10
私营合伙企业	Private Partnership Corporations	4.27	2.60	0.12	0.89
私营有限责任公司	Catering Services	148.12	82.00	3.49	40.29
私营股份有限公司	Private Share－holding Corporations Ltd.	1.59	0.98	0.05	0.43
其他	Others	0.29	0.21	0.02	0.04
港澳台商投资企业	Funded by Entrepreneurs From Hong Kong Macao and Taiwan	8.02	2.76	0.17	3.66
合资经营企业	Joint－venture Enterprises	2.61	0.79	0.06	1.24
独资经营企业	Enterprises with Sole Hong Kong,Macao and Taiwan	5.32	1.90	0.11	2.42
外商投资企业	Foreign Funded Enterprises	54.53	24.28	1.11	17.57
中外合资经营企业	Joint－venture Enterprises	43.56	20.28	0.93	11.50
中外合作经营企业	Cooperation Enterprises	10.89	3.95	0.18	6.00
外商独资企业	Enterprises With Sole Foreign Investment	0.09	0.04		0.08
按餐饮行业中类分组	**By Category**				
正餐服务	Dinner Services	220.65	116.53	5.30	62.08
快餐服务	Snack Services	68.20	32.53	1.28	21.70
饮料及冷饮服务	Beverages and Cold Drink Services	1.87	0.82	0.04	0.41
其他餐饮服务	Others	11.28	7.50	0.16	2.15

续表 4 Continued 单位:亿元(100 million yuan)

指标	Item	管理费用 Management Expenses	财务费用 Financial Expenses	利润总额 Profits	本年应付工资薪酬(本年贷方累计发生额) Total Wages Pagable in the year
总计	**Total**	**127.74**	**24.77**	**2.83**	**127.65**
住宿业	**Hotels**	**87.30**	**18.97**	**-10.18**	**70.43**
#国有及国有控股	State - owend and State - holding Enterprises	0.68	0.13	-0.42	0.67
按登记注册类型分组	**by Registration**				
内资企业	Domestic Funded Enterprises	74.39	14.76	-12.40	61.13
国有企业	State - owned Enterprises	5.46	0.08	-0.21	5.81
集体企业	Collective Owned Enterprises	0.86	0.01	-0.04	0.77
股份合作企业	Cooperative Enterprises	0.11	0.04	-0.02	0.11
联营企业	Joint Ownership Enterprises	0.15	-0.01	0.08	0.22
国有联营企业	State Joint Ownership Enterprises				
集体联营企业	Collective Joint Ownership Enterprises			0.03	0.04
国有与集体联营企业	State - collective Joint Enterprises	0.15	-0.01	0.05	0.18
有限责任公司	Limited Liability Corporations	36.97	8.06	-7.63	29.57
国有独资公司	State Sole Funded Corporations	3.06	0.55	-0.44	3.00
其他有限责任公司	Other Limited Liability Corporations	33.91	7.51	-7.19	26.57
股份有限公司	Share - holding Corporations Ltd.	1.88	0.59	-0.15	2.16
私营企业	Private Enterprises	28.96	5.98	-4.43	22.47
私营独资企业	Private Funded Enterprises	0.63	0.12	0.13	0.74
私营合伙企业	Private Funded Corporations	0.32	0.06	0.01	0.44
私营有限责任公司	Private Limited liability Corporations	27.33	5.67	-4.40	20.64
私营股份有限公司	Private Share - holding Corporations Ltd.	0.68	0.13	-0.18	0.65
其他企业	Others Enterprises				0.01
港澳台商投资企业	Enterprises With Funds From Hong Kong Macao and Taiwan	9.90	3.46	2.82	7.27
合资经营企业	Joint - venture Enterprises	4.29	1.38	2.67	3.07
合作经营企业	Cooperation Enterprises From Hong Kong, Macao and Taiwan	0.02	0.01		0.02
独资经营企业	Enterprises with Sole Hong Kong, Macao and Taiwan	4.93	1.97	-0.87	3.27
外商投资企业	Foreign Funded Enterprises	3.01	0.76	-0.60	2.03
中外合资经营企业	Joint - venture Enterprises	1.66	0.48	-0.29	1.05
外资企业	Enterprises With Sole Foreign Investment	1.07	0.18	-0.20	0.79
外商投资股份有限公司	Foreign Invesment Share - holding Corporations Ltd.	0.01			0.01

续表 5 Continued 单位:亿元(100 million yuan)

指标	Item	管理费用 Management Expenses	财务费用 Financial Expenses	利润总额 Profits	本年应付工资薪酬(本年贷方累计发生额) Total Wages Pagable in the year
按住宿行业中类分组	**By Category**				
旅游饭店	Restaurant for Tourism	75.70	17.56	-9.31	60.93
一般旅馆	Ordinary Hotels	11.40	1.40	-0.93	9.21
其他住宿服务	Others	0.20	0.01	0.06	0.28
餐饮业	**Catering Services**	**40.44**	**5.80**	**13.01**	**57.22**
#国有及国有控股	State - owend and State - holding Enterprises	2.13	0.16	3.70	5.02
按登记注册类型分组	**By Registration**				
内资企业	Domestic Funded Enterprises	32.74	5.09	7.58	44.55
国有企业	State - owned Enterprises	0.50	0.13	0.86	0.54
集体企业	Collective Owned Enterprises	0.01			0.02
股份合作企业	Cooperative Enterprises	0.12	0.03	0.10	0.23
有限责任公司	Limited Liability Corporations	8.02	1.31	0.54	11.05
国有独资公司	State Sole Funded Corporations	0.40		0.15	1.14
其他有限责任公司	Other Limited Liability Corporations	7.63	1.31	0.40	9.92
股份有限公司	Share - holding Corporations Ltd.	1.25	0.04	2.77	2.55
私营企业	Private Enterprises	22.72	3.58	3.28	29.98
私营独资企业	Private Funded Enterprises	1.67	0.10	1.23	2.60
私营合伙企业	Private Partnership Corporations	0.51	0.12	0.06	0.75
私营有限责任公司	Catering Services	20.31	3.35	2.05	26.32
私营股份有限公司	Private Share - holding Corporations Ltd.	0.23	0.01	-0.06	0.31
其他	Others	0.11		0.02	0.16
港澳台商投资企业	Funded by Enterpreneurs From Hong Kong Macao and Taiwan	1.30	0.49	-0.21	1.76
合资经营企业	Joint - venture Enterprises	0.27		0.34	0.61
独资经营企业	Enterprises with Sole Hong Kong, Macao and Taiwan	1.00	0.48	-0.55	1.13
外商投资企业	Foreign Funded Enterprises	6.40	0.22	5.64	10.92
中外合资经营企业	Joint - venture Enterprises	5.50	-0.05	5.86	8.34
中外合作经营企业	Cooperation Enterprises	0.89	0.27	-0.18	2.55
外商独资企业	Enterprises With Sole Foreign Investment			-0.04	0.03
按餐饮行业中类分组	**By Category**				
正餐服务	Dinner Services	32.96	5.39	5.60	42.13
快餐服务	Snack Services	5.97	0.36	6.74	12.75
饮料及冷饮服务	Beverages and Cold Drink Services	0.53		0.10	0.25
其他餐饮服务	Others	0.98	0.05	0.58	2.09

10－15 商品交易市场情况(1978－2016年)
Basic Conditions of Business Markets of Commodity(1978－2016)

年份 Year	交易市场数(个) Business Markets (unit)	10亿元以上(个) Above 1000 Million Yuan (unit)	100亿元以上(个) Above 10000 Million Yuan (unit)	商品市场成交额(亿元) Transaction (100b million yuan)
1978	1051			8.6
1979	1322			11.3
1980	1415			12.2
1981	1656			14.7
1982	1736			18.1
1983	1788			21.6
1984	2241			26.9
1985	2345			44.0
1986	3653			59.1
1987	3706			80.9
1988	3632			96.3
1989	3669			149.0
1990	3797			161.9
1991	3802			204.6
1992	3865			321.3
1993	4127			651.2
1994	4207			1480.5
1995	4349			2165.7
1996	4388	57	3	2545.3
1997	4488	57	2	2798.0
1998	4619	58	2	3209.6
1999	4347	69	3	3606.0
2000	4348	68	4	4023.0
2001	4278	78	6	4652.0
2002	4193	77	6	4997.0
2003	4036	93	9	5591.0
2004	4049	114	9	6384.0
2005	4008	120	10	7173.0
2006	4064	125	13	8247.0
2007	4096	133	15	9325.0
2008	4087	139	15	9794.0
2009	4194	180	18	10744.9
2010	4146	202	22	12717.3
2011	4212	210	25	14500.0
2012	4297	233	31	15816.6
2013	4316	225	38	17800.0
2014	4321	225	33	19500.0
2015	4243	243	33	20500.0
2016	3951	294	32	20500.0

10－16 亿元以上商品交易市场成交情况
Basic Conditions of Business Markets of Commodity Above 100 Million Yuan

单位：万元(10000 yuan)

指标	Item	摊位数量(个) Number of Stall(unit)			成交额 Value		
		2014	2015	2016	2014	2015	2016
总计	**Total**	**466119**	**445835**	**446033**	**155249661**	**161314431**	**165405467**
食品、饮料、烟酒类	Food, Beverage, Tobacco and Liquor	139589	123234	113593	34855965	37500364	35633850
服装鞋帽、针、纺织品类	Garments, Shoes, Hats, Knit and Textile Goods	141746	141723	139638	40017654	42416239	45396675
化妆品类	Cosmetics	2496	2494	2317	474033	501868	514814
金银珠宝类	Jewelry	1786	1557	4525	1917432	2119255	2845449
日用品类	Articles For Daily Use	24145	23135	20290	6016601	6421182	3966069
五金、电料类	Hardware & Electric Materials	18680	18094	15643	4948770	5092741	5945779
体育、娱乐用品类	Sports and Recreation	1270	1103	1056	285692	321009	190673
书报杂志类	Newspapers and Magazines	226	206	156	53772	54109	40339
电子出版物及音像制品类	Electronic Publication and Audiovisual Production	85	66	117	22569	29955	33291
家用电器和音像器材类	Household Appliances and Audiovisual Equipment	3324	3272	2883	430819	436875	885085
中西药品类	Traditional Chinese & Western Medicines	1324	1327	1350	241548	227686	261866
#中草药及中成药	Chinese Herbal Medicine and Other Traditional Chinese Medicine	1236	899	1267	217552	107892	226398
文化办公用品类	Culture and Official Articles	10906	9685	8892	1537831	1442027	1409725
家具类	Furniture	13929	13825	17816	2629676	2545511	3894021
通讯器材类	Communication Appliances	2758	2628	2662	315185	301599	301339
煤炭及制品类	Coal and Related Production	72	69	64	1688077	1004548	634361
木材及制品类	Timber and Related Production	4969	4347	4263	1347348	1170743	1176516
石油及制品类	Oil and Related Production	70	74	125	2100453	2741401	1567101
化工材料及制品类	Chemical Materials and Related Production	4228	4313	4415	8917291	8522343	8767086
金属材料类	Metal Materials	15827	14982	12377	22401259	21311756	18614146
建筑及装潢材料类	Building and Decoration Materials	28904	29057	30053	5541930	5925434	5890689
机电成品及设备类	Mechanical and Electrical Products and Appliances	8911	4592	4416	2387960	2320829	2403846
#农机类	Agricutural Mechanical Production	11	11	11	4300	2060	1570
汽车类	Motor Vehicles	12242	12175	12047	11151991	12531424	13760357
种子饲料类	Seed and Forage	179	183	141	41121	45571	25077
棉麻类	Cotton & Ambery	196	751	661	643100	1062427	997148
其他类	Others	28257	32943	37793	5281584	5267535	6844182

10－17 个体经济发展情况
Developments in Individual Economy

项目	Item	2013	2014	2015	2016
户数(户)	**Number of Households(household)**	**2592246**	**2843733**	**3177454**	**3526088**
农、林、牧、渔业	Farming,Forestry,Animal Husbandry and Fishery	30080	40772	50244	59295
采矿业	Ming and Quarrying	430	402	372	351
制造业	Manufacturing	471377	511071	562778	597647
电力、燃气及水的生产和供应业	Production and Supply of Electricity,Gas and Water	450	424	424	449
建筑业	Construction	6096	6410	7450	9940
交通运输、仓储和邮政业	Transport,Storage and Post	83326	86013	90963	96607
信息传输、计算机服务和软件业	Information Transmission,Computer Services and Software	4307	4811	5472	6180
批发和零售业	Wholesale and Retail Trade	1566472	1687008	1833561	1974257
住宿和餐饮业	Hotels and Catering Services	158088	199362	268630	362098
房地产业	Real Estate	6201	6476	6978	8481
租赁和商务服务业	Leasing and Services and Other Services	35212	43257	51297	60793
居民服务和其他服务业	Resident Services and Other Services	202973	228316	266038	311260
卫生、社会保障和社会福利业	Health Care,Social Securities and Social Welfare	2764	3148	3840	4671
文化、体育和娱乐业	Culture,Sports and Recreation	13760	14881	17294	19629
其他行业	Others	10710	11382	12113	14430
从业人员(人)	**Number of Employed Persons(person)**	**5380824**	**6253197**	**7247995**	**8002985**
农、林、牧、渔业	Farming,Forestry,Animal Husbandry and Fishery	89011	122512	151539	206611
采矿业	Ming and Quarrying	2037	1877	1707	1548
制造业	Manufacturing	1666704	1906985	2051105	2187626
电力、燃气及水的生产和供应业	Production and Supply of Electricity,Gas and Water	1050	988	948	978
建筑业	Construction	20347	21928	25461	35689
交通运输、仓储和邮政业	Transport,Storage and Post	109954	117058	139460	162550
信息传输、计算机服务和软件业	Information Transmission,Computer Service and Software	7468	8179	10525	10640
批发和零售业	Wholesale and Retail Sale Trade	2416126	2751170	3178996	3352335
住宿和餐饮业	Hotels and Catering Services	434108	538795	740670	979135
房地产业	Real Estate	22993	23514	24642	26852
租赁和商务服务业	Leasing and Services and Other Services	108500	124371	143603	128954
居民服务和其他服务业	Resident Services and Other Services	433712	559838	687869	806332
卫生、社会保障和社会福利业	Health Care,Social Securities and Social Welfare	6888	7751	9500	11115
文化、体育和娱乐业	Culture,Sports and Recreation	39626	43722	53470	58227
其他行业	Others	22300	24509	28500	34393

10－18 私营经济发展情况
Developments of Private－owned Economy

项目	Item	2013	2014	2015	2016
户数(户)	**Number of Households(household)**	**936330**	**1112630**	**1292107**	**1521441**
农、林、牧、渔业	Farming,Forestry,Animal Husbandry and Fishery	19462	24695	27229	29691
采矿业	Ming and Quarrying	829	846	877	876
制造业	Manufacturing	355799	391476	415493	442948
电力、燃气及水的生产和供应业	Production and Supply of Electricity,Gas and Water	2444	2555	2838	3456
建筑业	Construction	34989	43231	50661	60240
交通运输、仓储和邮政业	Transport,Storage and Post	17218	20199	23899	30256
信息传输、计算机服务和软件业	Information Transmission,Computer Service and Software	23042	30337	44215	64091
批发和零售业	Wholesale and Retail Trade	299659	367323	427229	505918
住宿和餐饮业	Hotels and Catering Services	13021	15572	18085	21046
房地产业	Real Estate	19702	21753	24155	28403
租赁和商务服务业	Leasing and Services and Other Services	74786	96451	126207	163594
居民服务和其他服务业	Resident Services and Other Services	24929	30221	37584	40869
卫生、社会保障和社会福利业	Health Care,Social Securities and Social Welfare	1142	1467	2024	2966
文化、体育和娱乐业	Culture,Sports and Recreation	7362	10866	16619	25465
其他行业	Others	41946	55638	74992	101622
从业人员(人)	**Number of Employed Persons(person)**	**10337454**	**11212457**	**14363975**	**14683860**
农、林、牧、渔业	Farming,Forestry,Animal Husbandry and Fishery	124909	155778	170964	160014
采矿业	Ming and Quarrying	17330	17265	17957	17685
制造业	Manufacturing	6034142	5964740	6564672	6600428
电力、燃气及水的生产和供应业	Production and Supply of Electricity,Gas and Water	23587	26021	28316	30732
建筑业	Construction	563860	612570	1153330	1167303
交通运输、仓储和邮政业	Transport,Storage and Post	134803	151002	185832	197541
信息传输、计算机服务和软件业	Information Transmission,Computer Service and Software	148768	192729	299336	321719
批发和零售业	Wholesale and Retail Sale Trade	1917720	2379473	3108272	2916719
住宿和餐饮业	Hotels and Catering Services	146371	148547	171424	175215
房地产业	Real Estate	150589	161350	191928	499442
租赁和商务服务业	Leasing Services and Other Services	554165	716848	1550338	1562332
居民服务和其他服务业	Resident Services and Other Services	152910	183963	235122	263782
卫生、社会保障和社会福利业	Health Care,Social Securities and Social Welfare	10069	12609	16615	22378
文化、体育和娱乐业	Culture,Sports and Recreation	55109	80951	119902	146147
其他行业	Others	303122	408611	549967	602423

10－19 个体和私营经济发展情况(2016 年)
Developments on Individual an d Private－owned Economy(2016)

项目	Item	个体 Individuals	#城镇 Urban Areas	私营 Privates	#城镇 Urban Areas
户数(户)	**Number of Households(household)**	**3526088**	**2305560**	**1521441**	**1047857**
农、林、牧、渔业	Farming,Forestry,Animal Husbandry and Fishery	59295	26236	29691	14467
采矿业	Ming and Quarrying	351	165	876	354
制造业	Manufacturing	597647	268659	442948	211766
电力、燃气及水的生产和供应业	Production and Supply of Electricity,Gas and Water	449	174	3456	1637
建筑业	Construction	9940	5733	60240	43137
交通运输、仓储和邮政业	Transport,Storage and Post	96607	61501	30256	19149
信息传输、计算机服务和软件业	Information Transmission,Computer Service and Software	6180	4560	64091	55358
批发和零售业	Wholesale and Retail Sale Trade	1974257	1362826	505918	393436
住宿和餐饮业	Hotels and Catering Services	362098	267435	21046	15804
房地产业	Real Estate	8481	7603	28403	21305
租赁和商务服务业	Leasing and Services and Other Services	60793	46405	163594	138032
居民服务和其他服务业	Resident Services and Other Services	311260	226477	40869	30973
卫生、社会保障和社会福利业	Health Care,Social Securities and Social Welfare	4671	3695	2966	2083
文化、体育和娱乐业	Culture,Sports and Recreation	19629	13432	25465	21043
其他行业	Others	14430	10659	101622	79313
从业人员(人)	**Number of Employed(person)**	**8002985**	**5195898**	**14683860**	**8669317**
农、林、牧、渔业	Farming,Forestry,Animal Husbandry and Fishery	206611	103221	160014	73172
采矿业	Ming and Quarrying	1548	645	17685	4723
制造业	Manufacturing	2187626	1010240	6600428	2744970
电力、燃气及水的生产和供应业	Production and Supply of Electricity,Gas and Water	978	383	30732	16898
建筑业	Construction	35689	18671	1167303	637536
交通运输、仓储和邮政业	Transport,Storage and Post	162550	115020	197541	123558
信息传输、计算机服务和软件业	Information Transmission,Computer Service and Software	10640	7928	321719	278698
批发和零售业	Wholesale and Retail Sale Trade	3352335	2394156	2916719	2324574
住宿和餐饮业	Hotels and Catering Services	979135	738371	175215	134713
房地产业	Real Estate	26852	25318	499442	140493
租赁和商务服务业	Leasing and Services and Other Services	128954	102038	1562332	1405507
居民服务和其他服务业	Resident Services and Other Services	806332	602707	263782	211261
卫生、社会保障和社会福利业	Health Care,Social Securities and Social Welfare	11115	8987	22378	17030
文化、体育和娱乐业	Culture,Sports and Recreation	58227	42064	146147	120580
其他行业	Others	34393	26149	602423	435604

10－20 限额以上服务业企业主要经济指标(2016 年)
Main Indicators of Service Enterprises Above Designated Size(2016)

单位:亿元(100 million yuan)

项目	Item	单位数(个) Number of Enterprises (unit)	资产总计 Total assets	固定资产原价 Original value of fixed assets	本年折旧 This Year Depreciation
总　　计	**Total**	**9828**	**33802.26**	**8854.04**	**525.71**
按登记注册类型分	**By Registered Type**				
国有企业	State－owned	338	1123.17	259.81	13.20
集体企业	Collective Owned	124	299.04	98.93	4.01
股份合作企业	Share－cooperations	34	78.23	59.94	1.48
联营企业	Joint	6	9.09	2.78	0.15
有限责任公司	Limited Liability Corporations	3211	19166.21	4454.98	231.82
股份有限公司	Share－holding Corporations Ltd.	344	3207.37	1393.53	79.73
私营企业	Private	5320	4283.92	1131.05	78.74
其他企业	Others	85	53.15	18.90	1.09
港澳台商投资企业	Investment from HongKong, Macao and Taiwan	189	4557.67	969.90	86.81
外商投资企业	Investment from Foreign	177	1024.41	464.22	28.67
按国民经济行业分	**by Sector**				
交通运输、仓储和邮政业	Transportation,Storage and Post	2907	6323.58	3319.42	166.16
信息传输、软件和信息技术服务业	Information Transmission,Software and Information Technology Services	1106	7938.89	2379.05	200.95
金融业	Finance				
房地产业(除房地产开发经营)	Real Estate	699	2659.69	389.18	18.02
租赁和商务服务业	Renting and Business Services	2097	12530.10	1778.02	85.27
科学研究和技术服务业	Scientific Research and Technical Services	1247	1492.84	239.93	16.52
水利、环境和公共设施管理业	Water Conservancy,Environment and Public Utility	381	1248.76	397.99	16.33
居民服务、修理和其他服务业	Service for the Residents ,Repair and Others	318	67.43	19.93	1.68
教育	Education	220	67.80	39.26	2.82
卫生和社会工作	Health Care and Social Work	246	151.99	67.09	4.54
文化、体育和娱乐业	Culture,Sports and Recreation	607	1321.17	224.16	13.42

续表 1 Continued

单位:亿元(100 million yuan)

项目	Item	负债合计 Total Liabilities	所有者权益 Owner's Equity	营业收入 The Business revenue	主营业务收入 Revenues in Main Business
总　计	**Total**	**17448.61**	**16353.64**	**10883.30**	**10656.40**
按登记注册类型分	**By Registered Type**				
国有企业	State – owned	423.94	699.24	419.27	402.42
集体企业	Collective Owned	137.90	161.14	48.74	46.43
股份合作企业	Share – cooperations	27.03	51.19	12.37	12.25
联营企业	Joint	6.00	3.09	3.24	3.13
有限责任公司	Limited Liability Corporations	10472.57	8693.64	3670.60	3576.84
股份有限公司	Share – holding Corporations Ltd.	1685.95	1521.42	879.97	861.11
私营企业	Private	2516.44	1767.47	2884.29	2847.14
其他企业	Others	24.97	28.18	45.80	44.76
港澳台商投资企业	Investment from HongKong, Macao and Taiwan	1628.76	2928.91	1878.21	1827.56
外商投资企业	Investment from Foreign	525.04	499.36	1040.83	1034.77
按国民经济行业分	**by Sector**				
交通运输、仓储和邮政业	Transportation, Storage and Post	3578.09	2745.49	2430.95	2368.34
信息传输、软件和信息技术服务业	Information Transmission, Software and Information Technology Services	3232.77	4706.12	4378.41	4309.04
金融业	Finance				
房地产业(除房地产开发经营)	Real Estate	1629.82	1029.87	325.82	311.52
租赁和商务服务业	Renting and Business Services	6657.00	5873.10	1903.81	1853.83
科学研究和技术服务业	Scientific Research and Technical Services	888.96	603.88	977.06	969.24
水利、环境和公共设施管理业	Water Conservancy, Environment and Public Utility	722.32	526.44	271.73	261.20
居民服务、修理和其他服务业	Service for the Residents, Repair and Others	40.69	26.74	56.13	54.74
教育	Education	35.93	31.87	51.93	49.68
卫生和社会工作	Health Care and Social Work	85.65	66.35	125.78	125.19
文化、体育和娱乐业	Culture, Sports and Recreation	577.38	743.79	361.68	353.61

续表 2 Continued 单位:亿元(100 million yuan)

项目	Item	营业成本 Costs in Business	主营业务成本 Costs in Main Business	税金及附加 Sales Taxes and Extra Charges in Business	主营业务税金及附加 Sales Taxes and Extra Charges in Main Business
总　　计	**Total**	**7340.17**	**7224.83**	**85.22**	**81.70**
按登记注册类型分	**By Registered Type**				
国有企业	State - owned	305.58	300.21	3.27	3.14
集体企业	Collective Owned	22.56	21.32	2.55	2.52
股份合作企业	Share - cooperations	5.77	5.77	0.76	0.76
联营企业	Joint	2.40	2.40	0.02	0.01
有限责任公司	Limited Liability Corporations	2711.52	2653.51	30.56	28.99
股份有限公司	Share - holding Corporations Ltd.	551.03	545.22	10.44	9.94
私营企业	Private	2235.74	2213.55	20.74	20.41
其他企业	Others	29.31	29.29	0.31	0.31
港澳台商投资企业	Investment from HongKong, Macao and Taiwan	548.08	529.53	13.66	12.90
外商投资企业	Investment from Foreign	928.18	924.04	2.92	2.72
按国民经济行业分	**by Sector**				
交通运输、仓储和邮政业	Transportation, Storage and Post	2068.34	2027.29	11.65	11.23
信息传输、软件和信息技术服务业	Information Transmission, Software and Information Technology Services	2405.28	2373.95	20.91	19.27
金融业	Finance				
房地产业(除房地产开发经营)	Real Estate	206.58	201.11	10.16	9.76
租赁和商务服务业	Renting and Business Services	1372.27	1347.56	27.17	26.40
科学研究和技术服务业	Scientific Research and Technical Services	728.49	725.53	6.12	6.08
水利、环境和公共设施管理业	Water Conservancy, Environment and Public Utility	186.99	183.12	3.97	3.86
居民服务、修理和其他服务业	Service for the Residents , Repair and Others	38.00	37.12	0.76	0.76
教育	Education	32.61	30.62	0.77	0.76
卫生和社会工作	Health Care and Social Work	81.18	80.96	0.10	0.10
文化、体育和娱乐业	Culture, Sports and Recreation	220.44	217.57	3.61	3.49

续表 3 Continued 单位:亿元(100 million yuan)

项目	Item	销售费用 Sales Charges	管理费用 Managemer Expenses	税金 Taxes	财务费用 Financial Expenses	营业利润 Operating Profits
总计	**Total**	**566.18**	**1360.29**	**22.23**	**143.82**	**1683.38**
按登记注册类型分	**By Registered Type**					
国有企业	State - owned	15.19	54.31	0.86	-7.47	58.10
集体企业	Collective Owned	2.61	14.41	0.36	0.57	12.62
股份合作企业	Share - cooperations	0.66	3.36	0.08	-0.10	2.48
联营企业	Joint	0.16	0.50			0.17
有限责任公司	Limited Liability Corporations	178.10	395.39	10.11	164.20	348.94
股份有限公司	Share - holding Corporations Ltd.	74.57	107.30	2.83	10.25	155.18
私营企业	Private	143.72	327.88	4.55	37.69	170.95
其他企业	Others	2.61	8.32	0.03	-0.07	5.32
港澳台商投资企业	Investment from HongKong, Macao and Taiwan	122.65	414.64	2.21	-65.88	884.00
外商投资企业	Investment from Foreign	25.91	34.17	1.20	4.64	45.61
按国民经济行业分	**by Sector**					
交通运输、仓储和邮政业	Transportation, Storage and Post	47.18	172.39	5.85	76.67	63.69
信息传输、软件和信息技术服务业	Information Transmission, Software and Information Technology Services	305.23	687.10	3.53	-71.83	1071.49
金融业	Finance					
房地产业(除房地产开发经营)	Real Estate	22.92	49.47	2.82	13.20	30.66
租赁和商务服务业	Renting and Business Services	85.93	199.70	6.36	109.00	314.27
科学研究和技术服务业	Scientific Research and Technical Services	30.24	134.18	1.22	0.72	84.45
水利、环境和公共设施管理业	Water Conservancy, Environment and Public Utility	19.79	30.82	0.92	11.75	24.72
居民服务、修理和其他服务业	Service for the Residents, Repair and Others	5.85	9.40	0.25	0.31	1.91
教育	Education	4.27	9.69	0.11	0.46	4.35
卫生和社会工作	Health Care and Social Work	11.16	24.29	0.14	1.40	8.04
文化、体育和娱乐业	Culture, Sports and Recreation	33.61	43.27	1.03	2.12	79.80

续表 4 Continued 单位:亿元(100 million yuan)

项目	Item	利润总额 Profits	应交所得税 Income tax payable	应付职工薪酬 Total Wages Pagable	应交增值税 Value Added Taxes Payable	从事服务业活动的从业人员平均人数(万人) Number of Employed Persons Engaged in Service Industry (10000 persons)
总　计	**Total**	**1886.23**	**249.81**	**1727.71**	**244.44**	**178.49**
按登记注册类型分	**By Registered Type**					
国有企业	State – owned	65.93	4.59	113.63	10.13	11.81
集体企业	Collective Owned	13.61	1.80	10.71	1.34	1.03
股份合作企业	Share – cooperations	2.22	0.05	2.01	0.34	0.31
联营企业	Joint	0.18	0.03	0.91	0.03	0.07
有限责任公司	Limited Liability Corporations	476.92	62.22	620.40	77.75	64.92
股份有限公司	Share – holding Corporations Ltd.	174.22	31.70	153.69	21.96	14.34
私营企业	Private	195.69	37.45	471.50	53.17	72.39
其他企业	Others	5.36	0.58	12.80	0.72	1.18
港澳台商投资企业	Investment from HongKong, Macao and Taiwan	895.04	100.75	288.90	68.81	8.79
外商投资企业	Investment from Foreign	57.06	10.64	53.15	10.19	3.65
按国民经济行业分	**by Sector**					
交通运输、仓储和邮政业	Transportation, Storage and Post	160.18	46.82	367.64	39.30	40.03
信息传输、软件和信息技术服务业	Information Transmission, Software and Information Technology Services	1102.81	118.58	500.47	124.81	23.15
金融业	Finance					
房地产业(除房地产开发经营)	Real Estate	39.11	8.73	105.06	6.85	20.55
租赁和商务服务业	Renting and Business Services	351.67	41.02	372.96	32.18	54.91
科学研究和技术服务业	Scientific Research and Technical Services	91.59	16.70	214.67	24.06	18.34
水利、环境和公共设施管理业	Water Conservancy, Environment and Public Utility	32.30	6.47	47.35	4.48	7.05
居民服务、修理和其他服务业	Service for the Residents, Repair and Others	2.30	0.66	19.43	1.54	3.93
教育	Education	4.69	0.84	18.20	0.79	2.64
卫生和社会工作	Health Care and Social Work	8.20	2.29	33.85	0.03	3.54
文化、体育和娱乐业	Culture, Sports and Recreation	93.39	7.71	48.09	10.40	4.34

注：限额以上服务业单位统计不包括批发零售业，住宿餐饮业，房地产开发业，银行、保险和证券业。
Above designated size services unit statistics do not include wholesale and retail trade, hotel and restaurant industry, the real estate development industry, banking, insurance and securities industries.

10-21 限额以上服务业非企业单位主要经济指标(2016年)
Main Indicators of Services Non-Enterprise Units Above Designated Size(2016)

单位:亿元(100 million yuan)

项目	Item	单位数(个) Number of Enterprises (unit)	从业人员平均人数(万人) Average Number of Employed Persons(10000 persons)	年末资产 Total assets At the End of Year	固定资产原价 Original Value of Fixed Assets	收入合计 Total revenue
总计	**Total**	**9717**	**140.85**	**10110.13**	**4743.53**	**6282.03**
按国民经济行业分	**by Sector**					
交通运输、仓储和邮政业	Transportation, Storage and Post	117	1.34	108.51	55.56	91.76
信息传输、软件和信息技术服务业	Information Transmission, Software and Information Technology Services	82	0.52	64.74	31.87	18.28
房地产业(除房地产开发经营)	Real Estate	69	0.23	73.96	13.03	7.78
租赁和商务服务业	Renting and Business Services	186	0.66	243.41	55.15	37.64
科学研究和技术服务业	Scientific Research and Technical Services	384	2.72	896.64	142.43	194.73
水利、环境和公共设施管理业	Water Conservancy, Environment and Public Utility	355	4.40	503.97	116.74	214.50
居民服务、修理和其他服务业	Service for the Residents , Repair and Others	94	0.34	26.36	10.57	11.59
教育	Education	3307	49.14	3017.20	1832.70	1296.70
卫生和社会工作	Health Care and Social Work	1551	38.60	1882.16	1158.15	1844.15
文化、体育和娱乐业	Culture, Sports and Recreation	512	2.78	252.39	147.29	92.62
公共管理、社会保障和社会组织	Public management, social security and social organization	3060	40.11	3040.79	1180.03	2472.28

续表 Continued 单位:亿元(100 million yuan)

项目	Item	支出合计 Total expenditure	工资福利支出 Wages and welfare expenses	商品和服务支出 Goods and services spending	对个人和家庭的补助 For individual and family allowance
总计	**Total**	**6172.88**	**1962.36**	**2118.36**	**519.37**
按国民经济行业分	**by Sector**				
交通运输、仓储和邮政业	Transportation, Storage and Post	83.88	15.96	8.06	3.24
信息传输、软件和信息技术服务业	Information Transmission, Software and Information Technology Services	18.08	6.19	6.92	0.94
房地产业(除房地产开发经营)	Real Estate	6.83	2.70	1.55	0.75
租赁和商务服务业	Renting and Business Services	32.85	7.25	13.67	2.82
科学研究和技术服务业	Scientific Research and Technical Services	165.73	38.15	44.09	11.60
水利、环境和公共设施管理业	Water Conservancy, Environment and Public Utility	228.88	43.37	55.16	7.27
居民服务、修理和其他服务业	Service for the Residents, Repair and Others	10.46	3.38	5.50	0.51
教育	Education	1264.96	666.26	292.03	159.48
卫生和社会工作	Health Care and Social Work	1807.03	584.32	1030.74	72.28
文化、体育和娱乐业	Culture, Sports and Recreation	94.58	32.34	33.85	7.04
公共管理、社会保障和社会组织	Public management, social security and social organization	2459.60	562.45	626.78	253.43

浙/江/统/计/年/鉴

主要统计指标解释

■ 社会消费品零售总额

指各种经济类型的批发零售贸易业、餐饮业和除制造业和农业外的其他行业对城乡居民和社会集团的消费品零售额。这个指标反映通过各种商品流通渠道向居民和社会集团供应的生活消费品来满足他们生活需要，是研究人民生活，社会消费品购买力、货币流通等问题的重要指标。社会消费品零售总额包括:(1)售给城乡居民作为生活用的商品和修建房屋用的建筑材料;(2)售给社会集团的各种办公用品和公用消费品;(3)售给机关、团体、学校、部队、企业、事业单位的职工食堂和旅店(招待所)附设专门供本店旅客食用，不对外营业的食堂的各种食品、燃料;企业、单位和国营农场直接售给本单位职工和职工食堂的自己生产的产品;(4)售给部队干部、战士生活用的粮食、副食品、衣着品、日用品、燃料;(5)售给来华的外国人、华侨、港澳(台)同胞的消费品;(6)居民自费购买的中、西药品、中药材及医疗用品;(7)报社、出版社直接售给居民和社会集团的报纸、图书、杂志、集邮公司出售的新、旧纪念邮票、特种邮票、首日封、集邮册、集邮工具等;(8)旧货寄售商店自购、自销部分的商品;(9)煤气公司、液化石油气站售给居民和社会集团的煤气灶具和罐装液化石油气。不包括售给国民经济各部门企业、事业单位(包括国有经济的农场)生产经营用的各种原材料、燃料、设备、工具等和售给批发零售贸易业、餐饮业作为转卖用的商品、旧货寄售商店受托寄售卖出的商品、服务业的营业收入、邮局出售邮票的收入、自来水、电力、煤气生产(供应)单位的产品供应收入。

■ 商品销售总额

指对本企业(单位)以外的单位和个人出售(包括对国(境)外直接出口)的商品。这个指标反映批发零售贸易业在国内市场上销售商品以及出口商品的总量。商品销售总额包括:(1)售给城乡居民和社会集团消费用的商品;(2)售给工业、农业、建筑业、运输邮电业、批发零售贸易业、餐饮业、服务业等作为生产、经营使用的商品;(3)售给批发零售贸易业作为转卖或加工后转卖的商品;(4)对国(境)外直接出口的商品。不包括:出售本企业(单位)自用的废旧包装用品，未通过买卖行为付出的商品，经本单位介绍，由买卖双方直接结算，本单位只收取手续费的业务，购货退回的商品以及商品损耗和损失等。

■ 消费品市场成交额

指在全国消费品交易市场成交的全部商品金额。消费品市场包括农副产品市场和工业消费品市场。

■ 亿元商品交易市场成交额

年成交额达到亿元以上，经工商部门批准，专门从事商品批发、零售业务活动的市场，其市场所有摊位销售总额称为亿元商品交易市场成交额。

■ 连锁企业(或称连锁店、连锁公司)

指在核心企业或总店的领导下，由分散的、经营同类商品或服务的企业或活动单位，采取共同方针，实行集中采购和分散销售的有机结合，通过规范化经营，实行集中采购和分散销售的有机结合，通过规范化经营，实现规模效益的经济联合组织形式。一般连锁店应由若干个分店组成。其经营特征:(1)经营同类商品;(2)使用统一商号;(3)统一采购配送，采购与销售相分离(部分商品可根据物流合理和保质保鲜原则，由供应商直接送货到门店，其余均由总部统一配送)。

连锁门店包括下列两种形式:

直营连锁:指正规连锁。连锁门店均由总部独资或控股开设，在总部的直接领导下统一经营。

加盟连锁:指特许连锁。各连锁门店(被特许人)通过合同形式，取得使用总部(特许人)商标、商号、经营技术和销售总部开发的商品的特许权，各加盟连锁门店为独立法人，在总部指导下统一经营。

ZHEJIANG STATISTICAL YEARBOOK

Explanatory Notes on Main Statistical Indicators

□ Total Retail Sales of Consumer Goods

refer to the sum of retail sales of consumer goods by the establishments in wholesale trade, retail sale trade, catering trade and other industries except manufacturing and agriculture of different types of ownership, to urban and rural residents and social groups. This indicator is used to show the supply of consumers goods through various channels to households and institutions to meet their demands, and is therefore very important for the study of the issues on people's livelihood, on the purchasing power of consumer goods and on the circulation of money. The retail sales of consumer goods include: (1) commodities sold to urban and rural residents for residential use and building materials sold to them for the construction or repair of houses; (2) food and fuels sold to canteens of institutions, enterprises, schools, military units and to canteens of hotels and hostels that only serve their guests, and commodities produced by enterprises, institutions or state farms and sold directly to their employees or their canteens; (3) grain and non-staple food, clothing, daily articles and fuels sold to military personnel; (4) consumer goods sold to foreigners, overseas Chinese, and Chinese compatriots from Taiwan, Hong Kong and Macao during their stay in the mainland of China; (5) Chinese and western medicines, herbs and medical facilities purchased by residents; (6) newspapers, books and magazines directly sold to residents and social groups by publishers, new and old commemorative stamps, special stamps, first-day covers, stamp albums and other stamp-collection articles sold by stamp companies; (7) consumer goods purchased and then sold by second-hand shops; (8) stoves and other heating facilities and liquified gas sold by gas companies to households and institutions. Excluded under this heading are: raw materials, fuels, equipment, tools sold to enterprises, institutions and state farms for production purpose; commodities sold to trade establishments for re-selling; commissioned sales at second-hand shops; operational income of urban public utilities; stamps sold at post offices; income of water, power, gas production and supply establishments from the supply of their products.

□ Total Sales of Commodities

refer to selling of commodities by the establishments to other establishments and individuals (including direct export). This indicator is used to show the total value of sales of commodities at domestic markets and export. The total sales include: (1) commodities sold to urban and rural residents and social groups for their consumption; (2) commodities sold to establishments in industry, agriculture, construction, transportation, post and telecommunications, wholesale and retail trades, catering trade and public utility for their production and operation; (3) commodities sold to wholesale and retail establishments for re-selling, with or without further processing; and (4) commodities for direct export to other countries. Excluded are selling of waste packaging materials used by the establishments (units) themselves, commodities transferred without buying or selling procedures, commission income from brokerage in transactions whose settlement is directly handled by buyers and sellers, rejected commodities in the purchase, loss in commodities, etc.

□ Volume of Transaction at Consumer Goods Markets

refers to the value of transaction of all goods at consumer goods markets in the country, including both markets for farm and sideline products and for industrial consumption goods.

□ Volume of Transaction at Large Commodity Markets (with transaction value over 100 million yuan)

refers to markets approved by the industrial and commercial administration departments, which specialize in wholesale and retail of modities with transaction value

EXPLANATORY NOTES ON MAIN STATISTICAL INDICATORS

over 100 million yuan. The stall of sales of all sellers in the markets makes up the transaction value of the markets.

□ Chain Enterprises (also called chain stores or called corporations)

refer to a form of joint economic entities unit which scattered enterprises or establishments engaged in pithing homogeneous commodities or services, with the central leadership of core enterprise or headquarters and guided by policies, conduct centralized purchase and distributed selling commodities, in order to gain better efficiency through standardized operation. Consisting of a number of branch stores the chain stores have in general following features: (1) homogeneous commodities, (2) unique name of stores, (3) centralized purchase and delivery which is separated from the headquarters cept some items which, from logistics, quality or considerations, might be delivered by the suppliers directy.

Chain stores have two categories:

(a) Chain stores under direct management: These are chain stores invested or controlled by the headquarters operate under the direct and unified management from the headquarters.

(b) Chain stores through license arrangement: These are contracts, chain stores (their owners) obtain licenses from the headquarters to use designated trade marks, names, operates know - how, and to sell the commodity developed by the headquarters. Under this arrangement. Each store in the chairs an independent legal entity and operates under the guidance the headquarters.

2017
浙江统计年鉴
ZHEJIANG STATISTICAL YEARBOOK

对外经济贸易和旅游
Foreign Economy and Trade,Tourism

11－1 进出口总值(1986－2016年)
Total Value of Imports and Exports(1986－2016)

单位:万美元、万元(USD 10000,RMB 10000)

年份 Year	进出口总值 Total Value of Imports and Exports	出口 Export	#一般贸易 Ordinary Trade	进口 Import	#一般贸易 Ordinary Trade
1986	129291	109128		20163	
1987	149984	123406		26578	
1988	198628	149004		49624	
1989	251387	187222		64165	
1990	277342	218881		58461	
1991	385052	290628		94424	
1992	499907	357127	258763	142780	48230
1993	673269	432313	326388	240956	78690
1994	899144	608657	474070	290487	75292
1995	1151230	769782	593336	381448	92160
1996	1254126	804147	572545	449979	102558
1997	1427732	1011113	739172	416619	106496
1998	1485382	1086623	820244	398759	148712
1999	1830540	1287125	1001423	543415	314525
2000	2783265	1944279	1540108	838986	528135
2001	3279969	2297747	1825752	982222	635302
2002	4195650	2941102	2426940	1254548	859007
2003	6141083	4159499	3418932	1981584	1361717
2004	8521312	5814638	4674761	2706674	1665622
2005	10739123	7680353	6023916	3058770	1858590
2006	13914686	10089427	7731170	3825259	2143288
2007	17685633	12827293	9935900	4858341	2922772
2008	21110927	15426700	12185303	5684227	3440144
2009	18773488	13301032	10664403	5472456	3744581
2010	25353311	18046487	14500708	7306824	4943317
2011	30937777	21634949	17648423	9302827	6534332
2012	31240276	22451854	17968381	8788421	6243733
2013	33578871	24874624	19629669	8704246	6320295
2014	35504894	27332897	21676500	8171997	5819584
2015	215621649	171701752	133571930	43919897	32301600
2016	222020808	176664804	139364170	45356004	34807096

注：2015年起以人民币为计价单位,以后各表同。
The data of this table is valued ta RMB since 2015,The same applies to the tables following.

11－2 出口总值分类表(2010－2016 年)
Total Value of Exports by Category(2010－2016)

单位:万美元、万元(USD 10000,RMB 10000)

项目	Item	2010	2011	2012	2013	2014	2015	2016
出口总值	**Export**	**18046487**	**21634949**	**22451854**	**24874624**	**27332897**	**171701752**	**176664804**
#机电产品	Electrical and Mechanical Products	7912485	9242116	9589938	10155084	11249163	72317490	74904798
总值中:	**Among Total**							
国有企业	State－owned Enterprises	1822803	2113709	2058912	1932966	1954347	10811052	9641795
三资企业	Foreign Funded Enterprises	5813723	6528698	6298252	6206415	6258027	35133806	33219739
集体企业	Collective Owned Enterprises	1107903	1178390	1029500	936231	898275	5139242	4964105
私营企业	Private Enterprises	9259160	11758106	13000168	15726403	18147611	120207379	128468988
其他企业	Others	42898	56047	65022	72609	74637	410274	370177
总值中:	**Among Total**							
工业制成品	Manufactured Goods	17412873	20743661	21443210	23841361	26401846	166515263	171550015
初级产品	Primary Goods	633613	891288	1008644	1033263	931051	5186489	5114789

注: 2015 年起以人民币为计价单位。The data of this table is valued ta RMB since 2015.

11－3 进口总值分类表(2010－2016 年)
Total Value of Imports by Category(2010－2016)

单位:万美元、万元(USD 10000,RMB 10000)

项目	Item	2010	2011	2012	2013	2014	2015	2016
进口总值	**Total**	**7306824**	**9302827**	**8788421**	**8704246**	**8171997**	**43919897**	**45356004**
#机电产品	Electrical and Mechanical Production	1631207	1803721	1590660	1495148	1450632	8225716	8535271
总值中:	**Among Total**							
国有企业	State－owned Enterprises	847264	1036810	904531	961541	933934	4807373	5712719
三资企业	Foreign Funded Enterprises	3425816	4263893	4021255	3770510	3419079	17049377	16428866
集体企业	Collective Owned Enterprises	690342	795269	663920	476642	401151	2039608	1937108
私营企业	Private Enterprises	2333907	3196934	3185058	3476978	3381090	20009685	21263480
其他企业	Others	9494	9921	13656	18575	36743	13852	13831
总值中:	**Among Total**							
工业制成品	Manufactured Goods	5388682	6510300	6042550	5849765	5387537	29070712	28883406
初级产品	Primary Goods	1918142	2792527	2745871	2854482	2784460	14849185	16472599

注: 2015 年起以人民币为计价单位。The data of this table is valued ta RMB since 2015.

11－4 浙江省与各国(地区)的进出口总额
Zhejiang's Foreign Trade with Related Countries (Regions)

单位:万美元、万元(USD 10000,RMB 10000)

国别(地区)	Country(Region)	出口 Exports 2014	2015	2016	进口 Imports 2014	2015	2016
总值	**Total**	**27332897**	**171701752**	**176664804**	**8171997**	**43919897**	**45356004**
#亚太经济合作组织	APEC	12400727	78388958	81498822	5586460	29282555	30751466
亚洲	**Asia**	**9346981**	**60567330**	**61610804**	**4591532**	**24214466**	**24538351**
#中国香港	Hong Kong,China	582427	3488489	2653602	21479	126509	97999
日本	Japan	1270734	7373559	7473988	929573	4931437	4968122
中国台湾	Taiwan,China	282431	1949866	1770005	984643	4942783	4448614
韩国	Korea Rep	626939	4002403	4454419	733583	3542183	4049347
东南亚联盟	The Association of Southeast Asian Nations	2269887	15018877	16144464	1049681	5553416	5863366
非洲	**Africa**	**2204026**	**14355671**	**13894941**	**289358**	**1873670**	**1473573**
欧洲	**Europe**	**7517554**	**43580012**	**45987804**	**1174833**	**6347549**	**7182055**
#欧洲联盟	EU	6267058	37614491	39473095	965760	5390992	5843660
#英国	United Kingdom	993179	6719551	7010163	83735	558956	620238
德国	Germany	1241591	7047670	7235138	318775	1625478	1738776
意大利	Italy	606804	3613252	3752856	97813	541756	607809
法国	France	530660	3134258	3269476	126547	802209	906638
比利时	Belgium	289003	1727783	1698524	69674	313850	301145
#俄罗斯	Russia	932948	4184868	4450017	116856	600710	977444
拉丁美洲	**Latin America**	**2546075**	**15472339**	**15203813**	**652842**	**3396398**	**3690743**
北美洲	**North America**	**5073970**	**33313020**	**35423580**	**779077**	**4694686**	**4678407**
#美国	United States	4615276	30415245	32496267	620381	3791734	3813283
加拿大	Canada	458367	2896456	2923932	158694	902564	865108
大洋洲	**Oceania**	**644292**	**4413381**	**4543863**	**684147**	**3391793**	**3785214**
#澳大利亚	Australia	522515	3377960	3395755	542459	2644988	3009856

注：2015 年起以人民币为计价单位。The data of this table is valued ta RMB since 2015.

11－5 进出口货物分贸易方式总值表(2013－2016 年)
Total Value of Imports and Exports by Type(2013－2016)

单位:万美元、万元(USD 10000,RMB 10000)

贸易方式	Type	出 口 Exports				进 口 Imports			
		2013	2014	2015	2016	2013	2014	2015	2016
总值	Total	24874624	27332897	171701752	176664804	8704246	8171997	43919897	45356004
一般贸易	Ordinary Trade	19629669	21676500	133571930	139364170	6320295	5819584	32301600	34807096
补偿贸易	Compensation Trade			57713	59313			166	9310
来料加工装配贸易	Processing and Assembling Raw Material Supplied by Foreign Firms	223983	208910	1272020	1323016	130813	115269	698516	719051
进料加工贸易	Processing Imported Raw Materials	2999990	3055632	16996083	15617431	1313982	1297359	6089019	5365010
外商投资企业作为投资进口的设备	Imported Equipment as Investment of Foreign Enterprises					80445	35140	103431	75899
出料加工贸易	Processing Exported Raw Materials	12				34	11		
保税监管场所进出境货物	Bonded cargo entry and exit monitoring sites	364683	245681	1084005	962113	637453	684757	3280497	3411921
海关特殊监管区域物流货物	Customs supervision of goods logistics	101086	108422	937606	519420	199433	202360	1353212	863066
国家间、国际组织无偿援助和赠送物资	Assistant Goods From International Organization	513	669	12839	900				
华侨、港澳台同胞、外籍华人捐赠物资	Assistant Goods From Overseas Chinese Compatriots from Hong Kong, Macao and Taiwan					137		412	600
来料加工装配进口的设备	Assembling Imported Equipment					318	135	2747	4033
对外承包工程出口货物	Exported Commodities for Contracted Projects	16104	12663	87393	96692				
其他	Others	1538583	2024420	17682163	18721748	21337	17382	90298	100017

注：2015 年起以人民币为计价单位。The data of this table is valued ta RMB since 2015.

11－6 出口主要商品情况(2012－2016年)
Statistics on Export of Commodities(2012－2016)

单位:万美元、万元(USD 10000,RMB 10000)

项目名称	Item	2012	2013	2014	2015	2016
机电产品	Electrical and Mechanical Products	9589938	10155084	11249163	72317490	74904798
高新技术产品	High－tech Production	1480117	1427065	1550037	10434847	11117144
农副产品	Farm Production	971841	1005141	1028031	6155095	6241266
服装及衣着附件	Garments and Related Production	2854395	3188259	3327578	20069479	19618625
纺织纱线、织物及制品	Spinning,Textile and Related Production	3126421	3536825	3768787	22546319	22938780
鞋类	Shoes	755695	888177	951918	5813056	5701199
家具及其零件	Furniture and Related Parts	807384	892432	1009468	6457152	6734852
塑料制品	Plastic Articles	489003	652103	807430	5849017	6177697
自动数据处理设备及其部件	Automatic Data Processing Equipment and Related Parts	130479	127315	140200	691989	732538
灯具、照明装置及类似品	Lamps & Lanterns and Lighting Installation	327029	410897	579170	3962062	4226125
箱包及类似容器	Bags	322729	412970	468806	2983874	3070241
汽车零件	Parts of Moter Vehicles	465458	638298	691537	4209510	4484943
钢材	Steel	282509	336089	448163	2563463	2691523
床垫、寝具及类似品	Mattress and Beddings	206287	220256	227112	1417681	1530731
船舶	Seawater Aquatic Production	570711	344798	302482	2118460	1647538
医药品	Medical and Pharmaceutical Production	211528	222688	240651	1475831	1600246
电线和电缆	Electric Wire and Cables	249921	261117	292372	1652737	1684141
水海产品	Freshwater and Seawater Aquatic Production	174833	189409	199776	1139148	1210765
通断及保护电路装置	Equipment for Switching or Protecting Electrical Circuits	254062	278894	326886	2213713	2399130
钢铁或铜制标准紧固件	Standard Parts Made by Iron & Steel or Copper	195170	198361	214523	1250947	1287784

注：2015年起以人民币为计价单位。The data of this table is valued ta RMB since 2015.

11-7 进口主要商品情况(2012-2016 年)
Statistics on Import of Commodities(2012-2016)

单位:万美元、万元(USD 10000,RMB 10000)

商品名称	Item	2012	2013	2014	2015	2016
机电产品	Electrical and Mechanical Production	1590660	1495148	1450632	8225716	8535271
高新技术产品	High-tech Production	875158	766405	820211	4719462	5280752
农副产品	Farm Production	736390	737500	783812	5162973	5503729
钢材	Steed Production	118269	90487	94277	495473	508450
初级形状的塑料	Plastics of Primary Forms	654046	678670	655355	3729517	3752299
对苯二甲酸	Telephthatic Acid	253296	95134	15674	31824	17986
纺织机械及零件	Textile Machinery and Related Parts	97100	104539	90451	445134	348999
未锻造的铜及铜材	Unwrought Copper	309164	277777	265669	1220946	1126553
自动数据处理设备及其部件	Automatic Data Processing Equipment and Related Parts	15867	15079	17361	131310	139966
液晶显示板	LCD Panel	288467	212126	191737	799634	657498
原油	Crude Oil	129337	66714	154982	718577	435735
集成电路	Integrated Circuit	160040	172127	214903	1502065	1687147
苯乙烯	Styrene	98381	150535	92318	594174	629859
铁矿砂及其精矿	Iron ore in Sand Form and Refined ore	655343	772378	627337	2223142	2914691
橡胶或塑料加工机械及零件	Machinery Parts for Processing Rubber and Plastics	40105	31491	25573	100114	134582
金属加工机床	Processing Machine Tools	58634	57844	49413	259053	315576
纸浆	Paper Pulp	185388	162708	163050	1023902	1015196
乙二醇	Glycol	288388	262932	182533	989561	693244
原木	Log	91151	87066	141027	931006	912033
计量检测分析自控仪器及器具	Automatic Instruments for Measurement Examination Analysis	63821	66834	71933	407937	510309
成品油	Processed Oil	427057	499066	375832	1669593	1635280

注:2015 年起以人民币为计价单位。The data of this table is valued ta RMB since 2015.

11－8 利用外资协议合同(项目)和金额(1979－2016年)

Total Amount of Foreign Capital Utilized Through the Signed Agreements and Contracts (1979－2016)

年份 Year	协议合同(项目)(个) Projects(unit)			协议金额(万美元) Value(USD 10000)		
	合计 Total	对外借款 Foreign Loans	外商直接投资 Direct Foreign Investment	合计 Total	对外借款 Foreign Loans	外商直接投资 Direct Foreign Investment
1979				1120		
1980	4		4	620		138
1981	1	1		749	385	
1982	1		1	552		1
1983	2		2	440		94
1984	25	2	23	8506	4005	3955
1985	58	3	55	9154	4352	3650
1986	33	3	30	5224	2414	2307
1987	68	29	39	14291	7745	4525
1988	185	33	152	26815	14865	11326
1989	226	41	185	37107	23910	12212
1990	296	2	294	24792	11274	13313
1991	592	7	585	37480	5634	31728
1992	2343	5	2338	324084	32076	290922
1993	4497	10	4487	404330	29274	374562
1994	2537	9	2528	321573	27839	289317
1995	1861	25	1836	422153	92950	325031
1996	1243	35	1208	429083	107750	312866
1997	888	36	852	486522	294123	121008
1998	1013	48	965	225795	41999	183390
1999	1154	41	1113	302839	85528	214793
2000	1742	100	1642	306977	56029	250948
2001	2311	1	2310	717502	209462	501588
2002	3364		3364	720846	38453	678912
2003	4442		4442	1317478	108301	1205014
2004	3824		3824	1567591	106407	1456066
2005	3396		3396	1858137	209649	1612667
2006	3583		3583	2175249	192344	1910261
2007	2919		2919	2585485	271271	2040043
2008	1858		1858	2115422	290101	1781995
2009	1738		1738	1761290	142406	1601785
2010	1944		1944	2313902	260493	2004666
2011	1691		1691	2637868	579475	2058393
2012	1597		1597	2666132	558919	2107213
2013	1572		1572	2438359		2438359
2014	1550		1550	2441203		2441203
2015	1778		1778	2782198		
2016	2145		2145	2808140		2808140

11－9 实际利用外资金额(1984－2016年)
Amount of Foreign Capital Actually Used(1984－2016)

单位:万美元(USD 10000)

年份	合计 Total	对外借款 Foreign Loans	外商直接投资 Direct Foreign Investment	其他投资 Others
1984	4887	4005	252	630
1985	6452	4352	1634	466
1986	4891	2414	1853	624
1987	11360	7745	2337	1278
1988	18124	14419	2957	748
1989	26918	21503	5181	234
1990	16235	11305	4844	86
1991	17186	7947	9162	77
1992	40971	10496	29398	1077
1993	121991	18226	103271	494
1994	137073	22038	114449	586
1995	153965	27692	125775	498
1996	238313	77825	152021	8467
1997	306641	84905	150345	71391
1998	241656	109448	131802	406
1999	252499	97036	153262	2201
2000	248919	87022	161266	631
2001	451934	223301	221162	7471
2002	469547	148515	316002	5030
2003	757824	207160	544936	5728
2004	974631	298657	668128	7846
2005	1393826	582049	772271	39506
2006	1450582	486127	888935	75520
2007	1432049	119126	1036576	276347
2008	1244995	192632	1007294	45069
2009	1087685	74715	993974	18996
2010	1322584	172425	1100175	49984
2011	1539807	353257	1166601	19949
2012	1622327	287791	1306926	27610
2013	1415898		1415898	
2014	1579725		1579725	
2015	1696024		1696024	
2016	1757748		1757748	

11－10 按行业分的外商直接投资
Foreign Direct Investment

单位：万美元（USD 10000）

指标	Item	项目 Number of Projects (unit)		合同外资 Compact of Foreign Captial		实际利用外资 Foreign Investments Actually Used	
		2015	2016	2015	2016	2015	2016
总计	**Total**	**1778**	**2145**	**2782198**	**2808140**	**1696024**	**1757748**
合资企业	Joint Enterprises	430	491	555316	449327	444171	351953
独资企业	Foreign Enterprises	1325	1637	2058970	2082913	1137887	1231486
第一产业	Primary Industry	13	26	10657	41703	9002	12886
第二产业	Secondary Industry	399	401	1025283	963426	719328	715602
#制造业	Manufacturing	372	366	951649	919342	694289	678914
纺织业	Textile Industry	18	11	36180	12787	23531	21428
化学原料及化学制品制造业	Raw Chemical Materials and Chemical Products	16	19	43796	83523	38886	111393
医药制造业	Medical and Pharmaceutical Products	5	10	41834	19552	32816	11093
通用设备制造业	Ordinary Machinery	57	42	99441	96612	48754	43986
专用设备制造业	For Special Purpose Equipment Manufacturing	30	37	36209	29097	18067	27732
通信设备、计算机及其他电子设备制造业	Telecommunications Equipment, Computer and Other Electronic Equipment Manufacturing	32	37	55505	190684	47083	69780
#电力、燃气及水的生产和供应业	Electricity, Gas and Water Production and Supply	21	17	68717	19127	12815	27460
#建筑业	Construction	5	15	4956	22421	5123	8913
第三产业	Tertiary Industry	1366	1718	1745932	1803011	967694	1029260
#交通运输、仓储和邮政业	Transport, Storage and Post	31	25	93684	61603	34959	63185
信息传输、计算机服务和软件业	Information Transmission, Computer Services and Software	131	135	212120	179144	111570	123043
批发和零售业	Wholesale and Retail Trade	626	953	334124	496355	127107	213827
住宿和餐饮业	Hotels and Catering Services	22	45	5876	3806	5167	2352
金融业	Banking	46	32	248325	255702	82075	130296
房地产业	Real Estate	29	25	261946	55350	303721	213121
租赁和商务服务业	Renting and Business Services	209	190	258014	303985	134057	117777
科学研究、技术服务和地质勘查业	Scientific Research, Technic Service and Geological Prospecting	228	273	280876	368000	138560	148221
水利、环境和公共设施管理业	Water Conservancy, Environment and Public Utility	3	4	14413	8884	10775	8101
居民服务和其他服务业	Service for the Residents and Other	28	15	26113	22754	6391	7989
教育	Education	2	7	21	1395		124
卫生、社会保障和社会福利业	Health Care, Sports and Social Welfare	3	5	7895	39355	10508	
文化、体育和娱乐业	Culture, Sports and Entertainment	8	9	2525	6678	2804	1224

11－11 按国别(地区)分的外商直接投资
Foreign Direct Investment by Country(Region)

国别 (地区)	Country (Region)	项目(个) Number of Projects (unit)		合同外资金额 (万美元) Agreements of Foreign Capital (USD 10000)		实际利用外资 (万美元) Foreign Capital Actually Used (USD 10000)	
		2015	2016	2015	2016	2015	2016
总计	**Total**	**1778**	**2145**	**2782198**	**2808140**	**1696024**	**1757748**
#中国香港	Hong Kong, China	805	836	1851212	1976557	1069575	1131357
中国台湾	Taiwan, China	118	118	49759	36519	5639	17110
日本	Japan	28	31	16851	12467	27630	40337
新加坡	Singapore	56	34	110350	27446	44238	40721
韩国	Korea Rep	71	96	32189	28827	12294	16875
英国	United Kingdom	26	29	51600	22473	33499	5132
法国	France	14	11	3277	24763	1151	22122
德国	Germany	27	35	104687	39678	97435	37450
意大利	Italy	18	18	5176	7775	4582	4899
美国	United States	135	139	91697	118978	49349	31511
加拿大	Canada	32	32	16184	1324	3262	3143
澳大利亚	Australia	24	34	22179	6785	15063	4826
维尔京群岛	Virgin Islands	37	29	151016	111231	63166	102212

注：年末实有企业指在工商行政管理部门登记注册的外商投资企业。
The number of Foreign - invested enterprises at year - end refer to the enterprises registered at Industry and Commerce Administrative Department.

11－12 对外经济合作情况(2010－2016)
Labour Services Contracted Projects with Foreign and Regions(2010－2016)

项目		Item		2010	2011	2012	2013	2014	2015	2016
新签对外承包工程和劳务合作合同额	(万美元)	Amount of Newly Signed Contracts	(USD 10000)	246106	295438	361220	464707	423539	587412	553693
对外承包工程和劳务合作营业额	(万美元)	Business Income	(USD 10000)	291076	302693	382974	440266	533922	618719	683295
对外承包工程和劳务合作在年底在外人数	(人)	Population in Foreign Countries and Regions	(person)	26261	17836	27149	27923	31279	32234	33921
境外投资企业数	(个)	Number of Enterprises Investing Abroad	(unit)	630	568	634	568	577	760	803
境外企业中方投资额	(万美元)	Amount of Investing Abroad	(USD 10000)	336008	344551	389236	551648	581489	539701	1689363

11－13 国际旅游发展情况(1979－2016年)
Development of International Tourism(1979－2016)

单位:人(person)

年份 Year	入境旅游者人数(人) International Tourists	#外国人 Foreigners	#港澳台同胞 Compatriots from Hong Kong, Macao and Taiwan, China	旅游创汇收入(万美元) Foreign Exchange Earnings (USD 10000)
1979	93094	49021	42901	
1980	138877	68583	68218	
1981	171710	102088	67005	
1982	180271	109309	67972	
1983	184287	114524	64618	1458
1984	213098	131977	73916	1900
1985	272870	178282	84621	2519
1986	293968	190695	90501	4175
1987	330062	206192	104005	4289
1988	392672	169782	182901	5624
1989	294062	84800	187607	3568
1990	496218	116429	342248	5440
1991	554091	176605	351881	7489
1992	685367	234282	403458	10210
1993	728408	289559	393251	11679
1994	612689	329529	261226	18055
1995	672717	366491	283353	23591
1996	729012	412970	293000	29184
1997	811468	453449	328430	34495
1998	819615	414273	364074	36122
1999	947788	506650	408454	41009
2000	1125898	643840	482058	51397
2001	1469502	818686	650816	70693
2002	2041761	1214635	827126	92763
2003	1817986	1069318	748668	87249
2004	2766680	1776392	990288	130047
2005	3480089	2328941	1151148	171626
2006	4272786	2817266	1455520	213490
2007	5111789	3436358	1675431	270790
2008	5396682	3661293	1735389	302408
2009	5706385	3776024	906547	322358
2010	6847102	4474054	2373048	393020
2011	7736908	5150408	2586500	454173
2012	8659290	5705072	2954218	515174
2013	8662817	5765720	2897097	539293
2014	9310301	6144460	3165841	575348
2015	10120384	6722552	1570727	678847
2016	11203019	7316202	3886817	743063

注：1979－1999年旅游者人数中包括华侨。
Total Tourists number from 1979－1999 in this table included Overseas Chinese.

11－14 旅游事业发展情况(2010－2016年) Development of Tourism(2010－2016)

项目	Item	2010	2011	2012	2013	2014	2015	2016
国内旅游	**Domestic Tourism**							
人数(万人次)	Number of Touris (10000 person－times)	29500	34295	39124	43439	47875	52532	57300
收入(亿元)	Earnings(100 million yuan)	3046	3785	4476	5202	5947	6720	7600
入境旅游	**International Tourism**							
人数合计(人次)	Total(person－time)	6847102	7736908	8659290	8662817	9310301	10120384	11203019
#外国人	Foreigners	4474054	5150408	5705072	5765720	6144460	6722552	7316202
港澳同胞	Compatriots from Hong Kong and Macao, China	1085362	1173601	1334035	1363811	1485451	1570727	1871789
台湾同胞	Compatriots from Taiwan, China	1287686	1412899	1620183	1533286	1680390	1827105	2015028
创汇收入(万美元)	**Foreign Exchange Earnings(USD 10000)**	**393020**	**454173**	**515174**	**539293**	**575348**	**678847**	**743063**

11－15 接待入境旅游者人数(2010－2016 年)
Reception and Tourism Departments(2010－2016)

单位:人次(person－time)

国别(地区)	Country(Region)	2010	2011	2012	2013	2014	2015	2016
日本	Japan	708286	773145	717114	567087	515107	531329	552598
韩国	Korea Rep	714301	790920	838539	857061	955953	1103341	1168191
马来西亚	Malaysia	238386	259275	263866	267461	257037	255174	268975
美国	United States	338155	388266	419638	441632	450717	485003	555743
新加坡	Singapore	160493	167125	168995	180420	195472	204909	204592
泰国	Thailand	104606	113853	125147	131264	134234	148543	168613
德国	Germany	136780	161516	158434	205304	221007	226266	246935
意大利	Italy	124211	156184	194011	227382	250023	281502	300172
法国	France	120369	140761	123699	171045	184472	203637	232813
印度尼西亚	Indonesia	79815	83225	85869	80659	79890	81134	88534
澳大利亚	Australia	93118	102934	115200	120212	121192	127899	143038
英国	United Kingdom	107092	124179	135582	169887	186097	194909	225166
印度	India	85319	91729	110701	115530	126043	165778	200255
菲律宾	Philippines	51418	55099	61038	60639	56034	69264	74537
加拿大	Canada	102507	110807	121858	125987	121996	126603	158602
西班牙	Spain	76984	92656	121332	121215	121430	149311	149413
荷兰	Netherlands	53506	63018	19878	67309	67075	74562	86305
俄罗斯	Russia	93631	113778	62749	116026	121211	110206	106592
瑞典	Sweden	27929	28657	8052	23049	20907	21101	25694
瑞士	Switzerland	26721	26026	28171	29393	32424	31578	36006
新西兰	New Zealand	25126	32411	35208	36530	37642	39945	53840
中国香港	Hong Kong,China	855220	924711	1032449	1022083	1097730	1143473	1326690
中国澳门	Macao,China	230142	248990	301586	341728	387721	427254	545099
中国台湾	Taiwan,China	1287686	1412899	1620183	1533286	1680390	1827105	2015028

浙/江/统/计/年/鉴

主要统计指标解释

■ 利用外资

指我国各级政府、部门、企业和其他经济组织通过对外借款、吸收外商直接投资以及用其他方式筹措的境外现汇、设备、技术等。

■ 对外借款

指通过对外正式签订借款协议，从境外筹措的资金，包括外国政府贷款、国际金融组织贷款、外国银行商业贷款、出口信贷以及对外发行债券等。1996 年及以前还包括对外发行股票。

■ 外商直接投资

是指外国企业和经济组织或个人（包括华侨、港澳台胞以及我国在境外注册的企业）按我国有关政策、法规，用现汇、实物、技术等在我国境内开办外商独资企业、与我国境内的企业或经济组织共同举办中外合资经营企业、合作经营企业或作合作开发资源的投资（包括外商投资收益的再投资）。

■ 外商其他投资

指除对外借款和外商直接投资以外的各种利用外资的形式。包括企业在境内外股票市场公开发行的以外币计价的股票（目前主要是在香港证券市场发行的 H 股和在境内证券市场发行的 B 股）发行价总额，国际租赁进口设备的应付款，补偿贸易中外商提供的进口设备、技术、物料的价款，加工装配贸易中外商提供的进口设备、物料的价款。

■ 对外劳承包工程及劳务合作

包括对外承包工程、对外劳务合作及对外设计咨询。其中对外承包工作指各对外承包公司以招标议标承包方式承揽的下列业务：(1)承包国外工程建设项目，(2)承包我国对外经授项目，(3)承包我国驻外机构的工程建设项目，(4)承包我国境内利用外资进行建设的工程项目，(5)与外国承包公司合营或联合承包工程项目时我国公司分包部分，(6)对外承包兼营的房屋开发业务。对外承包工程的营业额是以货币表现的本期内完成的对外承包工程的工作量，包括以前年度签订的合同和本年度新签订的合同在报告期内完成的工作量。对外劳务合作指以收取工资的形式向业主或承包商提供技术和劳动服务的活动。我国对外承包公司在境外开办的合营企业，中国公司同时又提供劳务的，其劳务部分也纳入劳务合作统计。劳务合作营业额按报告期内向雇主提交的结算数（包括工资、加班费和奖金等）统计。对外设计咨询指以服务成果向业主收费的技术服务项目。包括承担地形地貌测绘，地质资源勘探与普查，建设区域规划，提供设计文件、图纸、生产工艺技术资料和工程技术经济咨询，工程项目的可行性考察、研究和评估，进行技术指导和培训人员等；也包括承担国（境）内利用外资进行建设的工程项目的上述规定的设计咨询项目的收取外币部分。

■ 旅游人数

指来我国参观、访问、旅行、探亲、访友、休养、考察、参加会议和从事经济、科技、文化、教育、体育、宗教等活动的外国人、华侨、港澳和台湾同胞的人数。不包括外国在我国的常住机构，如领使馆、通讯社、企业办事处的工作人员；来我国常驻的外国专家、留学生以及在岸逗留不过夜人员。

■ 国际旅游（外汇）收入

指入境旅游的外国人、华侨、港澳台同胞在中国大陆旅游过程中发生的一切旅游支出。

ZHEJIANG STATISTICAL YEARBOOK

Explanatory Notes on Main Statistical Indicators

□ Utilization of Foreign Capital

refers to remittance, equipment and technology financed from abroad, by loans, foreign direct investment and other forms undertaken by the Chinese governments at all levels, by various departments, enterprises and other economic units.

□ Foreign Borrowings

refer to funds borrowed from abroad through formal signing of borrowing agreements with foreign institutions, including loans of foreign governments, loans of international financial institutions, commercial loans of foreign banks, export credit, and funds raised by Chinese bonds (and shares before 1996) issued abroad.

□ Foreign Direct Investment

refers to the investments inside China by foreign enterprises and economic organizations or individuals (including overseas Chinese, compatriots from Hong Kong and Macao, and Chinese enterprises registered abroad), following the relevant policies and laws of China, for the establishment of ventures exclusively with foreign own investment, si no - foreign joint ventures and cooperative enterprises or for co - operative exploration of resources with enterprises or economic organizations in China. It includes the re - investment of the foreign entrepreneurs with the profits gained from the investment.

□ Other Foreign Investment

refers to all forms of utilization of foreign capitals other than foreign borrowings and foreign direct investment. It includes the total value of stock shares in foreign currencies issued by enterprises at domestic or foreign stock exchanges (now mainly consisting of H shares issued at Hong Kong Security Market and B shares issued at domestic security markets), rent payable for the imported equipment through international leasing arrangement, cost of imported equipment, technology and materials provided by foreign counterparts in compensation trade and processing and assembly trade.

□ Overseas Contracted Project and Overseas Labour Services

It includes Overseas Contracted Project 、Overseas Labour Services and Overseas Design and Consultation Services. Overseas Contracted Project refers to projects undertaken by Chinese contractors (project contracting companies) through bidding process. They include: (1) overseas civil engineering construction projects financed by foreign investors; (2) overseas projects financed by the Chinese government through its foreign aid programs; (3) construction projects of Chinese diplomatic missions, trade offices and other institutions stationed abroad; (4) construction projects in China financed by foreign investment; (5) sub - contracted projects to be taken by Chinese contractors through a joint umbrella project with foreign contractor (s); (6) housing development projects. The business income from international contracted projects is the work volume of contracted projects completed during the reference period, expressed in monetary terms, including completed work on projects signed in previous years. Overseas Labour Services refer to the activities of providing technology and labour services to employers or contractors in the forms of receiving salaries and wages. Labour services providing by contractual joint ventures of Chinese international contracting corporations should be included in the statistics of service co - operation with foreign countries. The business income of labour service cooperation is the income in the form of wages and salaries, overtime pay, bonuses and other remuneration received from the employers during the reference period. Overseas Design and Consultation Services refer to projects with income for technical services provided to overseas operators. It includes geographic and topographic mapping, geological resource prospecting and survey, planning of construction areas, provision of design documents, blueprints, materials on production process and techniques, as well as engineering, technical and economic consultation, and feasibility study, research and evaluation of projects. Also included under this category are the above - mentioned services of foreign - financed projects in China that are paid in foreign currencies.

EXPLANATORY NOTES ON MAIN STATISTICAL INDICATORS

□ Number of Tourists

refers to the number of foreigners, overseas Chinese, and compatriots from Hong Kong, Macao and Taiwan coming to China for sightseeing, visits, tours, family reunions, vacations, study tours and other activities of an economic, scientific and technological, cultural, physical culture and religious nature. This does not include the number of employees of foreign organizations stationed in China such as embassies, consulates, news agencies, the offices of corporations and enterprises and foreign experts and students resi-ding in China and the persons staying briefly in China but not for passing the night .

□ Foreign Exchange Earnings from International Tourism

refer to the total expenditures of the foreigners, overseas Chinese, compatriots from Hong Kong, Macao and Taiwan in the process of their tourism in the mainland of China.

2017
浙江统计年鉴
ZHEJIANG STATISTICAL YEARBOOK

财政、金融和保险
Public Finance,Banking and Insurance

12－1 一般预算总收入和总支出(1978－2016年)
Total Financial Budgettary Revenue and Expenditure(1978－2016)

单位:亿元(100 million yuan)

年份 Year	总收入 Total Revenue	#地方 The local	总支出 Total Expenditure	#一般公共服务支出 Expenditure on Public Service	#教育支出 Expenditure on Education	#城乡社区事务支出 Expenditure Urban and Lural Community Affairs	#农林水事务支出 Expenditure on Agriculture, Forestry and Land Reclamation, and Water Conservancy Affairs
1978	27.45		17.43				
1979	25.87		17.74				
1980	31.13		17.34				
1981	34.34		17.12				
1982	36.64		18.88				
1983	41.79		21.94				
1984	46.67		28.80				
1985	58.25		37.40				
1986	68.61		50.96				
1987	76.36		51.24				
1988	85.55		63.14				
1989	98.21		74.77				
1990	101.59		80.23				
1991	108.94		88.43				
1992	118.36		95.31				
1993	166.64		125.04				
1994	209.39	94.63	153.03				
1995	248.50	116.82	180.29				
1996	291.75	139.63	213.71				
1997	340.52	157.33	240.16				
1998	401.80	198.10	286.81				
1999	477.40	245.47	344.04				
2000	658.42	342.77	431.30				
2001	917.76	418.00	597.30				
2002	1166.58	566.85	749.90				
2003	1468.89	706.56	896.77				
2004	1805.16	900.99	1062.94				
2005	2115.36	1066.60	1265.53				
2006	2567.66	1298.20	1471.86	272.88	310.77	127.37	114.03
2007	3239.89	1649.50	1806.79	328.91	383.89	154.63	142.15
2008	3730.06	1933.39	2208.58	372.46	453.99	193.95	177.42
2009	4122.04	2142.51	2653.35	397.69	519.33	224.61	236.08
2010	4895.41	2608.47	3207.88	434.29	606.54	272.30	290.37
2011	5925.00	3150.80	3842.59	471.55	751.42	338.43	373.32
2012	6408.49	3441.23	4161.88	503.61	877.86	307.82	408.20
2013	6908.41	3796.92	4730.47	538.88	950.07	332.93	513.03
2014	7521.70	4122.02	5159.57	527.74	1030.99	389.01	524.59
2015	8549.47	4809.94	6645.98	584.45	1264.93	541.21	739.08
2016	9225.07	5301.98	6974.25	660.26	1300.03	788.93	722.41

12－2 地方一般预算收入和支出(2012－2016 年)
The Local Financial Budgetary Revenue and Expenditure(2012－2016)

单位:亿元(100 million yuan)

项目	Item	2012	2013	2014	2015	2016
一般预算收入合计	**The Amout of Tax Revenue**	**3441.23**	**3796.92**	**4122.02**	**4809.94**	**5301.98**
税收收入小计	The Amount of Tax Revenue	3227.77	3545.66	3853.96	4168.22	4540.08
国内增值税(25%部分)	Value－added Taxe(25%)	507.57	651.67	743.40	809.91	1472.21
营业税	Business Taxe	1063.49	1069.97	1086.58	1201.33	678.78
企业所得税	Company Income Tax	536.97	565.88	635.25	662.21	704.87
个人所得税	Personal Income Tax	178.93	193.84	217.54	265.74	317.10
城市维护建设税	City Maintenance and Construction Tax	218.09	232.58	246.61	274.92	300.65
房产税	Tax on Real Estates	126.94	134.11	158.43	179.98	184.30
契税	Contract Tax	192.72	254.20	267.09	243.37	304.79
其它地方各税	Others	403.06	443.40	499.06	530.75	577.39
非税收入小计	The Amount of Non Tax Revenue	213.46	251.26	268.06	641.72	761.89
排污费收入	Fee on Sewage Treatment	8.45	9.78	8.52	11.55	9.84
教育费附加收入	Extra Charge for Education	103.70	109.23	116.94	128.00	140.26
行政事业性收费收入	Adiministrative Fees Income	33.60	34.71	33.90	43.47	49.00
罚没收入	Penalty and Confiscatory Income	83.32	97.80	93.64	107.76	123.40
其它收入	Others	38.51	52.88	72.41	415.02	504.08
国有企业计划亏损补贴	Subsidies for the Loss of State－owned Enterprises	－54.12	－53.13	－57.35	－64.07	－64.69
一般预算支出合计	**The Local Financial Budgetary Expenditure**	**4161.88**	**4730.47**	**5159.57**	**6645.98**	**6974.25**
一般公共服务	Public Service	503.61	538.88	527.74	584.45	660.26
公共安全	Public Safe	319.03	347.78	370.69	423.55	518.58
教育	Education	877.86	950.07	1030.99	1264.93	1300.03
科学技术	Science and Technology	165.98	191.87	207.99	250.79	269.04
文化体育与传媒	Culture, Physical Culture and the Media	94.18	106.00	115.36	165.38	158.72
社会保障和就业	Social Security and Employment	345.44	397.06	435.54	541.70	631.19
医疗卫生	Medical and Health Sevice	305.91	350.73	433.80	485.50	542.44
环境保护	Environment Protect	77.70	98.14	120.65	167.89	161.40
城乡社区事务	Urban and Rural Community Affairs	307.82	332.93	389.01	541.21	788.93
农林水事务	Agriculture, Forestry and Land Reclamation and Water Conservancy Affairs	408.20	513.03	524.59	739.08	722.41
交通运输	Transportation	287.64	372.51	388.33	553.65	463.75
工业商业等事务	Industrial and Business Affairs	296.72	331.90	358.09	637.20	399.43
其他支出	Others	171.80	199.58	256.79	290.63	358.07

12－3 金融机构存贷款年末余额(1978－2016年)
Deposits and Loans of Financial Institutions(year－end,1978－2016)

单位:亿元(100 million yuan)

年份 Year	全部金融机构本外币存款余额 Deposits	全部金融机构人民币存款余额 RMB Deposits	住户本外币存款年末余额 Residents Deposits	住户人民币存款年末余额 Residents RMB Deposits	全部金融机构本外币贷款余额 Loans	全部金融机构人民币贷款余额 RMB Loans
1978		35.79		7.73		48.90
1979		44.92		11.79		54.91
1980		60.74		16.95		73.30
1981		74.26		21.47		85.85
1982		88.20		28.52		97.88
1983		108.14		37.34		109.42
1984		143.17		49.58		161.39
1985		185.66		67.73		210.81
1986		248.68		97.92		288.97
1987		306.44		129.12		365.87
1988		354.26		144.03		433.41
1989		441.13		214.98		505.48
1990		606.01		306.74		618.14
1991		789.64		402.09		749.93
1992		1036.72		514.44		972.09
1993		1316.53		664.64		1247.76
1994		1910.98		990.26		1627.87
1995		2623.60		1377.22		2103.65
1996		3400.19		1844.74		2584.09
1997		4297.07		2293.55		3273.73
1998		5264.21		2847.29		3897.12
1999		6273.15		3261.34		4650.50
2000		7299.57		3594.65		5423.52
2001		8823.12		4262.38		6482.22
2002	11899.34	11242.84	5700.77	5233.73	8791.38	8612.81
2003	15415.67	14758.15	6889.28	6452.21	12418.60	12014.28
2004	17855.05	17236.62	7741.65	7364.06	14982.54	14350.75
2005	21117.94	20494.16	9123.12	8746.02	17122.14	16557.67
2006	25005.92	24413.94	10801.70	10473.47	20757.83	20153.94
2007	29030.34	28504.46	11381.16	11160.73	24939.89	24144.42
2008	35481.20	34806.43	14804.54	14501.49	29649.22	28958.36
2009	45112.01	44336.49	18169.41	17833.44	39223.91	37997.98
2010	54482.29	53441.45	21093.62	20612.16	46938.54	45288.07
2011	60893.14	59727.91	23945.23	23470.25	53239.34	51276.64
2012	66679.08	64886.28	26902.40	26406.81	59509.12	56982.64
2013	73732.36	71986.58	29360.48	28922.97	65338.54	62597.56
2014	79241.90	77145.38	31167.48	30666.41	71361.00	68566.32
2015	90301.61	87393.30	34787.31	34218.62	76466.32	74070.20
2016	99530.29	96438.16	38755.05	38077.05	81804.50	79926.05

注：1、2008年起含外资金融机构。Data of this table include foreign financial institutions since 2008.
2、2015年起金融机构存贷款余额指标口径有所调整；住户存款年末余额2015年前为城乡居民储蓄存款年末余额。The data of deposits and loans are adjusted since 2015, the data of residents´deposits refer to the data of household savings before 2015.

12－4 金融机构人民币信贷收支表(资金来源,2011－2014年)
Credit Funds Balance Sheet of Financial Institution(RMB, Sources of Funds, 2011－2014)

单位:亿元(100 million yuan)

项目	ALL Sources	2011	2012	2013	2014
资金来源合计	**All Sources**	**70238.78**	**70161.91**	**78329.64**	**89112.22**
各项存款	**Deposits**	**59727.91**	**64886.28**	**71986.58**	**77145.38**
单位存款	Corporate Deposits	32890.75	34697.37	37839.62	40142.55
个人存款	Individual Deposits	24013.70	26955.13	30231.46	32050.98
财政性存款	Fiscal Deposits	1324.24	1404.57	1553.70	1799.79
临时性存款	Temporay Drposits	89.76	121.81	107.53	94.21
委托存款	Commission Deposits	114.63	158.66	260.62	383.12
其他存款	Other Deposits	1294.83	1548.74	1993.67	2674.72
金融债券	**Bonds**	**172.10**	**362.28**	**463.93**	**555.84**
中长期借款	**Medium－term and Long－term Borrowings**	**115.51**	**170.77**	**214.97**	**260.18**
应付及暂收款	**Accounts Payable and Temporary Collection of Money**	**1435.02**	**1607.93**	**1948.73**	**2367.66**
其中:应付利息	Interst Payable	551.65	744.13	1013.63	1261.32
同业往来	**Interbank Fund Transfer**	**414.05**	**510.48**	**1007.41**	**2791.30**
系统内资金往来	**Current of Bankroll in System**				**825.38**
外汇买卖	**Foreign Exchange Trading**	**10548.78**	**5578.18**	**7830.54**	**11311.68**
其中:结售汇	Exchange Settlement	10369.37	5267.14	7567.47	11143.76
各项准备	**ALL Reserves**	**940.22**	**1253.37**	**1495.31**	**1825.60**
其中:贷款损失准备金	Loan Loss Reserve	926.99	1231.33	1469.23	1788.44
所有者权益	**Creditor's Equity**	**2661.07**	**2938.49**	**3299.20**	**3522.59**
其中:实收资本	Paid－in Capital	554.92	674.43	841.05	936.33
其他	**Others**	**－5775.87**	**－7145.86**	**－9917.05**	**－11493.38**

注:本表含外资金融机构。
Data of this table include foreign financial institutions

12－5 金融机构人民币信贷收支表(资金运用,2008－2014年)
Credit Funds Balance Sheet of Financial Institution(RMB,Use of Funds,2008－2014)

(年末全余额)单位:亿元(year－end)(100 million yuan)

项目	Item	2008	2009	2010	2011	2012	2013	2014
资金运用合计	**All Uses**	**34872.15**	**44008.27**	**52283.57**	**70238.78**	**70161.91**	**78329.64**	**89112.22**
各项贷款	**Loans**	**28958.36**	**37997.98**	**45288.07**	**51276.64**	**56982.64**	**62597.56**	**68566.32**
短期贷款	Short－term Loans	17057.62	21382.81	25715.19	30818.25	34864.43	37600.99	38258.33
中长期贷款	Medium－term & Long－term Loans	10610.95	15100.77	18468.99	19354.38	20347.65	23242.76	27677.74
融资租赁	Circulating Funds Tenancy	141.57	210.00	298.14	394.33	493.75	574.62	686.40
委托贷款	Commission Loans	78.83	113.46	170.58				
票据融资	Circulating Funds of Bills	1046.89	1152.61	607.25	639.96	1061.56	969.64	1714.82
各项垫款	Paying in Advance	22.50	38.33	27.51	50.14	198.82	195.66	217.34
境外贷款	External Loan			0.40	19.58	16.44	13.90	11.70
有价证券	**Securities**	**1074.64**	**1654.94**	**1908.49**	**1289.50**	**1579.31**	**2082.16**	**2683.69**
股权及其他投资	**Eqnity and other Investments**				**437.20**	**1153.55**	**2384.90**	**3872.43**
应收及预付款	**Collectable Account and Advance Payment**	**577.60**	**583.50**	**450.88**	**853.98**	**564.46**	**1059.44**	**1033.55**
同业往来	**Interbank Fund Transfer**	**47.25**	**38.27**	**74.61**	**133.51**	**351.51**	**871.44**	**540.04**
系统内资金往来	**Current of bankroll in system**	**3475.39**			**4806.48**	**3012.22**	**396.99**	
行内资金往来	**Inside－bank Transaction**		**2975.53**	**4245.72**				
外汇占款	**Purchase of Foreign Excharges**	**57.10**	**－1.75**	**－561.45**	**10379.73**	**5330.31**	**7673.61**	**11083.94**
固定资产	**Fitness Assets**	**432.79**	**489.82**	**536.01**	**628.88**	**720.79**	**764.57**	**806.51**
库存现金	**Storage Cash**	**247.02**	**269.97**	**335.91**	**429.07**	**463.79**	**494.15**	**520.92**
投资性房地产	Investment Property			5.33	3.80	3.32	4.82	4.82

注：1.2008年起含外资金融机构。Data of this table include foreign financial institutions since 2008.
2.2010年起按照新的分类方式设置贷款指标。Loans were grouped by new item since 2010.
3.2011年前有价证券为有价证券及投资。Data of Securities include securities and investment before 2011.

12－6 金融机构人民币信贷收支表
Credit Funds Balance Sheet of Financial Institution

单位:亿元(100 million yuan)

项目	Item	2015	2016
资金来源合计	**ALL Sources**	**91188.06**	**104902.66**
各项存款	**Deposits**	**87393.30**	**96438.16**
境内存款	Domestic Deposit	87120.62	96151.89
住户存款	Household Deposits	34218.62	38077.05
活期存款	Current Deposits	13586.27	16148.69
定期及其他存款	Regular and other Deposits	20632.35	21928.36
非金融企业存款	Non Financial Enterprise Deposits	29364.86	32338.64
广义政府存款	General Government Deposits	15125.75	17463.25
非银行业金融机构存款	Non Banking Financial Institutions Deposits	8411.39	8272.94
境外存款	Offshore Deposits	272.68	286.27
金融债券	**Bonds**	**861.39**	**1077.49**
卖出回购资产	**Sell Assets Repurchased**	**34.74**	**40.89**
借款及非银行金融机构拆入	**Borrowing and non Bank Financial Institutions Borrowing**	**3.12**	**16.07**
其他	**Others**	**2895.49**	**7330.05**
资金运用合计	**All Uses**	**91188.06**	**104902.66**
各项贷款	**Loans**	**74070.20**	**79926.05**
境内贷款	Domestic Loans	74039.41	79851.14
住户贷款	Household Loans	23532.38	27834.26
短期贷款	Short－term Loans	11414.84	11299.02
中长期贷款	Medium－term &Long－term Loans	12117.54	16535.24
非金融企业及机团体贷款	Non Financial Enterprise and Government Agency Loans	50482.24	51978.44
非银行业金融机构贷款	Non Banking Financial Institutions Loans	24.79	38.44
境外贷款	Offshore Loans	30.79	74.91
债券投资	**Bond Investment**	**5748.95**	**6787.12**
股权及其他投资	**Equity and other Investment**	**7343.85**	**10270.78**
买入返售资产	**Buy Assets Repurchased**	**124.16**	**185.27**
存放非银行业金融机构款项	**Deposit of non Banking Financial Institutions**	**13.63**	**32.90**
联行往来(净)	**Interbank Transactions(net)**	**2298.78**	**5782.61**
外汇买卖	**Foreign exchange trading**	**－132.48**	
应收及预付款	**Collectable Account and advance Payment**	**886.31**	**1038.28**
投资性房地产	**Investment Property**	**4.65**	**7.72**
固定资产	**Fitness Assets**	**829.99**	**871.93**

12－7 保险公司分支机构情况(2016年底)
Basic Statistics on Institution of Insurance Corporations(End of 2016)

单位:(个)(unit)

城市	City	人寿保险 Life Insurance					财产保险 Property Insurance				
		分公司 Companies at City Level	中心支公司 Centers	支公司 Business Branches	营业部 Business Division	营销服务部 Service Division of Business	分公司 Companies at City Level	中心支公司 Centers	支公司 Business Branches	营业部 Business Division	营销服务部 Service Division of Business
合计	**Total**	**62**	**204**	**373**	**97**	**854**	**59**	**224**	**902**	**157**	**861**
杭州市	Hangzhou	44	9	52	18	139	36	18	150	39	149
宁波市	Ningbo	18	8	79	1	85	23	13	183	14	197
温州市	Wenzhou		23	41	15	102		25	100	17	114
嘉兴市	Jiaxing		24	23		95		27	74	3	60
湖州市	Huzhou		18	23	12	60		22	47	14	46
绍兴市	Shaoxing		25	26	12	73		26	74	22	64
金华市	Jinhua		31	38	12	110		32	96	15	77
衢州市	Quzhou		21	20	12	48		12	31	10	25
舟山市	Zhoushan		10	11		24		11	21		31
台州市	Taizhou		25	36	15	80		26	80	15	66
丽水市	Lishui		10	24		38		12	46	8	32

12－8 保险公司主要业务经济技术指标(2010－2016年)
Economic Technical Indicators of Insurance Companies(2010－2016)

单位:亿元(100 million yuan)

项目	Item	2010	2011	2012	2013	2014	2015	2016
保费收入	**Premium**	**834.40**	**879.27**	**984.58**	**1109.91**	**1258.04**	**1435.33**	**1527.32**
财产险	Property Insurance	325.67	387.61	444.45	511.99	584.47	646.72	569.35
#机动车辆保险	Motor Vehicle Insurance	262.14	308.30	352.81	408.09	469.75	522.38	458.46
人身意外伤害险	Unforeseen Human Injury Insurance	20.34	23.88	27.13	30.03	35.43	43.66	45.87
健康险	Health Insurance	30.82	32.81	42.50	54.63	74.16	112.78	198.16
寿险	Life Insurance	457.57	434.97	470.50	513.26	563.97	632.16	713.95
各项赔款和给付	**Settled Claim and Payment**	**216.08**	**256.21**	**342.63**	**451.02**	**474.63**	**558.82**	**517.89**
财产险	Property Insurance	143.93	187.44	250.87	349.26	349.77	379.69	335.26
#机动车辆保险	Motor Vehicle Insurance	120.55	157.12	204.41	272.63	281.17	311.29	279.30
人身意外伤害险	Unforeseen Human Injury Insurance	4.03	4.55	5.09	5.85	6.86	8.70	9.76
健康险	Health Insurance	12.85	15.66	15.93	19.30	25.74	27.62	30.31
寿险	Life Insurance	55.26	48.56	70.74	76.60	92.25	142.81	142.56
退保金	Insurance Withdrawn	71.66	68.06	88.79	117.13	164.36	169.95	133.14
手续费及佣金支出	**Service Charges and Expenditure for Commission**	**61.87**	**61.70**	**67.42**	**79.66**	**100.92**	**136.35**	**189.51**

浙/江/统/计/年/鉴

主要统计指标解释

■ 财政收入

包括:(1) 各项税收　包括增值税、营业税、消费税、土地增值税、城市维护建设税、资源税、城市土地使用税、印花税、固定资产投资方向调节税、个人所得税、企业所得税、农牧业税和耕地占用税等。

(2) 专项收入　包括征收排污费、征收城市水资源费收入、教育费附加收入等。

(3) 其他收入　包括基本建设贷款归还收入、国家能源交通重点建设基金收入、国家预算调节基金等。

(4) 国有企业计划亏损补贴　这项为负收入,冲减财政收入。

■ 财政支出

国家财政将筹集起来的资金进行分配使用,以满足经济建设和各项事业的需要,主要包括:

(1) 一般公共服务
(2) 公共安全
(3) 教育
(4) 科学技术
(5) 文化体育传媒
(6) 社会保障和就业
(7) 医疗卫生
(8) 环境保护
(9) 城乡社区事务
(10) 农林水事务
(11) 交通运输
(12) 工业商业等事务

■ 信贷资金

指金融机构以信用方式积聚和分配的货币资金。金融机构信贷资金的来源有各项存款、金融债券发行、应付及暂收款、对国际金融机构负债、流通中货币、各项准备、所有者权益和其他项目等;信贷资金的运用有各项贷款、有价证券及投资、应收入预付款、委托投资、金银占款、外汇占款、库存现金、财政借款及在国际金融机构中的资产等。

■ 存款

指企业、机关、团体或居民根据资金必须收回的原则,把货币资金存入银行或其他信贷机构保管并取得一定利息的一种信用活动形式。根据存款对象或性质的不同可划分为企业存款、财政存款、机关团体存款、基本建设存款、储蓄存款、农村存款、委托存款、其他存款等科目。它是银行信贷资金的主要来源。

■ 贷款

指银行或其他信贷机构根据资金必须归还的原则,按一定利率,为企业、个人等提供资金的一种信用活动形式。我国银行贷款分为短期贷款、中期流动资金贷款、中长期贷款、信托贷款、融资租赁,委托贷款、票据融资、各项垫款等。

■ 保险公司

在中国境内的、经过保险监督管理部门批准设立,并依法登记注册的各类商业保险公司。

■ 保险金额

指保险人承担赔偿或者给付保险责任的最高限额。

■ 保费

指投保人为取得保险人在约定范围内所承担赔偿责任而支付给保险人的费用。

■ 赔款

指保险人根据保险合同的规定,向被保险人支付的赔偿保险责任损失的金额。

■ 给付

包括死伤医疗给付和满期给付。死伤医疗给付是指保险人根据人寿保险及长期健康保险合同的规定,因被保险人在保险期内发生保险责任范围内的保险事故支付给被保险人(或受益人)的金额。满期给付是指被保险人生存期满,保险人按人寿保险合同规定支付给被保险人的满期保险金额。

ZHEJIANG STATISTICAL YEARBOOK

Explanatory Notes on Main Statistical Indicators

□ Financial Revenue

It includes the following main items:

(1) Various tax revenues, including value added tax, business tax, consumption tax, land value added tax, tax on city maintenance and construction, resources tax, tax on use of urban land, stamp tax, tax on adjustment of the orientation of investment in fixed assets, personal income tax, enterprise income tax, tax on agriculture and animal husbandry and tax on occupancy of cultivated land, etc.

(2) Special revenues, including revenue collected from imposing fee on sewage treatment, revenue collected from imposing fee on urban water resources, and extra – charges for education, etc.

(3) Other revenues, including revenue from the repayment of capital construction loan, the funds for the state key construction projects in energy industry and transportation, and the funds for state budget adjustment, etc.

(4) Planned subsidies for the losses of the state – owned enterprises. This is an item of negative revenue, used to eat up part of the government revenue.

□ Financial Expenditure

refers to the distribution and use of the funds the government finance has raised, so as to meet the needs of economic construction and various causes. It includes the following main items:

(1) Public Service

(2) Pubic Safe

(3) Education

(4) Science and Technology

(5) Culture, Physical Culture and the Media

(6) Social Security and Employment

(7) Medical and Health Service

(8) Environment Protect

(9) Urban and Rural Community Affairs

(10) Agriculture, Forestry and Land Reclamation, and Water Conservancy Affairs

(11) Transportation

(12) Industrial and Business Affairs

□ Credit Funds

refer to the funds issued as loans by banking institutions. The sources of credit funds of the banking institutions included deposits, issue of financial bonds, account – pay – able and temporary gathering, liabilities to international financial institutions, currency in circulation, various reserves, owners' rights and interests and other items. The credit funds can be used in forms of loans, securities and investment, account receivable and advance payment, entrusted investment, gold, foreign exchange, cash on hand, government debt and assets in the international financial institutions.

□ Deposit

is a form of credit by which enterprises, institutions, organizations or households can put money into banks and other credit institutions for safekeeping and interest earning under the principle of free withdrawal. According to different depositors, deposits are divided into enterprise deposits, treasury deposits, deposits of government agencies and organizations, capital construction deposits, savings deposits, rural saving deposits, entrusted deposits and other deposits. Deposits are major sources of the credit funds of banks.

□ Loan

is a form of credit by which banks and other creditinstitutions provide funds at certain interest rate to enterprises and individuals in the light of the principle of unconditional repayment. Loans from Chinese banks include circulating capital loans, fixed assets loans, loans to urban and rural individuals engaged in industrial and

EXPLANATORY NOTES ON MAIN STATISTICAL INDICATORS

commercial business and agricultural loans.

□ Insurance Companies

refer to commercial insurance companies of various forms registered by law and established in China with the approval of insurance regulatory agencies.

□ Amount Insured

refers to the maximum that the insurant will get for the claim of the case insured.

□ Premium

is the fee paid by the insurant to the insurer to obtain the obligation of compensation from the insurance within the agreed terms.

□ Settled Claim

is the compensation paid by the insurer to the insurant in accordance with the insurance contract.

□ Payment

includes payment fordeath, injury or medical teatment and mature payment. Payment for death, injury or medical treatment refers to the money paid to the insurant (or the beneficiary) in accordance with the life or health insurance contract when the insurant encounters accidents within the insured period covered in the contract. Mature payment refers to the mature payment to the insurant in accordance with the life insurance contract at the end of the insured period.

2017

浙江统计年鉴

ZHEJIANG STATISTICAL YEARBOOK

城市建设和环境保护

City Construction and Environment

13－1 城市公用事业(2010－2016年) Urban Public Utilities(2010－2016)

项目		Item		2010	2011	2012	2013	2014	2015	2016
自来水全年供水总量	**(万吨)**	**Annual Supply of Tap Water**	**(10000 tons)**	**270044**	**273591**	**281165**	**304982**	**308411**	**327217**	**329034**
#生活用水量		Water Consumption for Residential Use		122841	130583	134079	140214	145737	155160	159059
人均日生活用水量	(升)	Daily Average Water Consumption for Residential Use Per Capita	(Litres)	185.43	196.30	195.81	192.32	197.01	196.18	187.17
用水普及率	(%)	Percentage of Population with Access to Tap Water	(%)	99.79	99.84	99.88	99.97	99.93	99.95	99.97
公共车辆总数	**(辆.标台)**	**Number of Public Transportation Vehicles**	**(unit. set)**	**21589**	**21927**	**26219**	**29260**	**31890**	**34678**	**37896**
每万人拥有公共车辆	(标台)	Number of Public Transportation Vehicles Owned 10000 Population	(set)	13.10	13.55	13.96	14.64	15.72	16.00	16.27
城市道路面积	**(万平方米)**	**Area of Paved Roads**	**(10000 sq. m)**	**30381**	**31998**	**33575**	**35633**	**37323**	**39293**	**41286**
人均拥有道路面积	(平方米)	Areas of Paved Roads Per Capita	(sq. m)	16.70	17.53	17.88	17.83	18.40	18.12	17.73
排水管道长度	**(公里)**	**Length of Sewer Pipelines**	**(km)**	**26367**	**28103**	**29786**	**33502**	**35960**	**38203**	**40550**
液化石油气供气总量	**(万吨)**	**Total Supply of LPG**	**(10000 tons)**	**87.80**	**80.76**	**77.64**	**82.17**	**70.18**	**69.59**	**75.97**
液化石油气家庭用量	(万吨)	Consumption of LPG for Residential Use	(10000 tons)	55.10	55.02	51.82	53.28	47.86	47.67	53.10
用气普及率	(%)	Percentage of Population with Access to LPG	(%)	99.07	97.06	99.49	99.80	99.81	99.91	99.95
城市绿化覆盖面积	**(公顷)**	**Green Area of City**	**(hectare)**	**91111**	**119131**	**138877**	**144481**	**149641**	**155192**	**172242**
园林绿地面积	(公顷)	Green Areas in Gardens	(hectare)	79459	105200	122723	127927	132619	138039	154314
#公园绿地面积		Public Green Areas		20090	21480	23420	24852	26155	28593	30675
人均公园绿地	(平方米)	Public Green Areas Per Capita	(sq. m)	11.05	11.77	12.47	12.44	12.90	13.19	13.17
公园个数	(个)	Number of Parks	(unit)	914	954	1015	1068	1106	1171	1197
公园面积	(公顷)	Areas of Parks	(hectare)	12631	13511	14803	15165	15949	16655	18213
环境卫生		**Environmental Sanitation**								
污水处理率	(%)	Sewage Treatment Rate	(%)	82.74	85.09	87.50	89.28	90.68	91.95	93.89
生活垃圾清运量	(万吨)	Volume of Living Garbage Disposal	(10000 tons)	954.78	1018.08	1048.01	1123.36	1229.05	1332.63	1433.55

注：2007年起，人均指标统计口径进行了调整，包含暂住人口。2012年起，公共车辆总数包含轨道交通，计量单位改为标台。
The data of Per capita indicators were adjusted since 2007. Number of public transportation vehicles included number of rail transit vehicles sinc 2012.

13－2 自然资源(2012－2016年) Natural Resources(2012－2016)

项目		Item		2012	2013	2014	2015	2016
人口		Population						
年末人口总数	(万人)	Year－end Population	(10000 persons)	4799.34	4826.89	4859.18	4873.34	4910.85
人口密度	(人/平方公里)	Density of Population	(person/sq. km)	471	474	477	462	465
土地		Land						
土地面积	(万平方公里)	Land Area	(10000 sq. km)	10.18	10.18	10.18	10.55	10.55
山区面积	(%)	Mountains Area	(%)	70.4	70.4	70.4		
平原面积	(%)	Plains Area	(%)	23.2	23.2	23.2		
河流湖泊面积	(%)	Rivers Area	(%)	6.4	6.4	6.4		
气候(主要城市)		Climate(Main Cities)						
年平均降雨量	(毫米)	Total Precipitation	(millimeter)	1959.5	1442.8	1635.5	1891.2	1826.0
年平均气温	(摄氏度)	Average Tempreature	(℃)	17.1	17.9	17.6	17.7	18.3
森林		Forest						
林地面积	(万公顷)	Area of Afforetated Land	(10000 hectare)	661.27	660.31	659.77	660.49	660.00
森林覆盖率	(%)	Forest－coverage Rate	(%)	60.82	60.89	60.91	60.96	61.00
林木蓄积量	(万立方米)	Volume of Standing Forests	(10000 cu. m)	28225	29591	31385	33074	34996
水资源		Water Resources						
水资源总量	(亿标立方米)	Hydropower Resources	(100 million cu. m)	1444.79	930.90	1130.69	1405.11	1322.16
总供水量	(亿标立方米)	Total Amount of Water Supply	(100 million cu. m)	222.31	224.75	220.24	211.59	181.15
用水量构成	(%)	Component of Water Use	(%)					
农田灌溉		Farmlands Irrigation		34.10	33.70	33.20	33.91	39.15
农牧渔畜		Agriculture,Animal Husbandry and Fishery		7.00	7.20	6.90	6.09	5.56
工业		Indrstry		27.30	26.10	25.30	24.38	26.70
居民生活		Residential Consumption		12.40	12.40	12.60	13.13	15.62
城镇公共用水		Urban Public Consumption		6.30	6.50	7.30	7.84	9.94
环境配水		Supplement for Environment		10.90	11.80	12.40	12.07	
生态环境用水		Eco－Environmental Water Consumption		2.00	2.30	2.30	2.58	3.03
淡水已养殖面积	(千公顷)	Cultivated Freshwater Area	(1000 hectare)	213.22	213.02	209.89	213.07	202.09
海水已养殖面积	(千公顷)	Cultivated Seawater Area	(1000 hectare)	89.75	89.36	88.18	85.88	88.82
海岸线总长度	(公里)	Length of Mainland Coastline	(km)	6486	6486	6486	6486	6486
矿产资源(保有储量)	(万吨)	Mineral Resources (Ensured Reserves)	(10000 tons)					
铁矿石		Iron Ore		8604	11852	16172	18713	19702
煤		Coal		9309	9309	9309	9309	9306
沸石(矿石)		Zeolite		12754	12764	12752	12785	12817
叶蜡石(矿石)		Pyrophylite		4892	4868	4802	4776	4694
普通萤石		Fluorite		3129	3298	3571	3699	3812
明矾石		Alumstone		16883	16840	16831	16824	16821
水泥用灰岩		Cement Limestone		334000	316281	329123	350997	363867

注：2015年土地面积来源于第二次土地调查。
The data of land area is taken from the second land survey in 2015.

13－3 各市水资源总量(2010－2016年)
Total Amount of Water Resource by City(2010－2016)

单位:亿立方米(100 million cu. m)

城市	City	2010	2011	2012	2013	2014	2015	2016
合　计	**Total**	**1397.61**	**744.21**	**1444.79**	**930.90**	**1130.69**	**1405.11**	**1322.16**
杭州市	Hangzhou	190.40	136.70	221.26	141.15	163.01	239.06	213.10
宁波市	Ningbo	96.22	61.23	129.82	81.03	85.06	126.04	110.54
温州市	Wenzhou	196.47	88.76	183.94	138.08	159.01	155.74	184.66
嘉兴市	Jiaxing	30.04	15.01	36.87	21.70	23.52	38.76	40.61
湖州市	Huzhou	46.30	34.72	56.48	30.19	39.45	60.64	84.32
绍兴市	Shaoxing	75.90	58.58	102.23	67.04	72.40	106.77	80.03
金华市	Jinhua	152.22	80.19	144.34	81.66	115.13	139.17	118.28
衢州市	Quzhou	158.77	81.96	154.15	72.18	120.27	163.73	128.16
舟山市	Zhoushan	7.53	4.26	13.05	5.69	7.94	11.78	11.58
台州市	Taizhou	139.62	63.94	129.58	99.79	112.31	106.18	100.22
丽水市	Lishui	304.13	118.86	273.07	192.40	232.59	257.23	250.66

13－4 各市供水总量(2010－2016年)
Total Amount of Water Supply by City(2010－2016)

单位:亿立方米(100 million cu. m)

城市	City	2010	2011	2012	2013	2014	2015	2016
合　计	**Total**	**220.08**	**222.24**	**222.31**	**224.75**	**220.24**	**186.06**	**186.06**
杭州市	Hangzhou	54.95	56.99	56.45	57.77	57.38	34.79	34.79
宁波市	Ningbo	21.51	22.13	22.21	22.32	22.97	20.66	20.66
温州市	Wenzhou	21.17	20.41	22.66	22.83	21.79	19.13	19.13
嘉兴市	Jiaxing	19.87	19.61	18.99	20.24	19.34	18.96	18.96
湖州市	Huzhou	17.58	18.02	18.01	18.07	16.97	16.50	16.50
绍兴市	Shaoxing	22.53	21.94	21.55	21.10	20.17	18.52	18.52
金华市	Jinhua	19.44	18.91	18.96	18.78	17.88	17.51	17.51
衢州市	Quzhou	13.58	13.92	14.20	14.09	13.91	13.46	13.46
舟山市	Zhoushan	1.37	1.41	1.44	1.49	1.45	1.49	1.49
台州市	Taizhou	19.53	20.05	19.18	19.25	20.03	17.34	17.34
丽水市	Lishui	8.56	8.86	8.66	8.82	8.35	7.70	7.70

注：2015年起,供水总量不含环境配水量。
Total water supply does not include environmental water allocation since 2015.

13－5 主要城市平均气温(2016 年)
Average Temperature in Major Cities(2016)

单位:0.1 摄氏度(0.1℃)

城市名称	City	1月 Jan.	2月 Feb.	3月 Mar.	4月 Apr.	5月 May	6月 June	7月 July	8月 Aug.	9月 Sep.	10月 Oct.	11月 Nov.	12月 Dec.	年平均 Annual Average
杭 州	Hangzhou	50	83	123	177	213	250	305	300	246	204	133	96	182
宁 波	Ningbo	59	79	117	172	211	249	298	292	247	219	144	101	183
温 州	Wenzhou	90	94	128	176	226	259	299	294	258	234	167	134	197
嘉 兴	Jiaxing	47	73	114	166	206	244	300	296	246	207	133	92	177
湖 州	Huzhou	42	71	116	174	207	244	299	298	244	198	126	86	176
绍 兴	Shaoxing	54	85	125	179	219	257	313	303	249	211	140	101	187
金 华	Jinhua	63	92	134	186	227	262	311	307	252	217	144	106	192
衢 州	Quzhou	62	87	127	183	224	258	303	303	250	215	140	101	188
舟 山	Zhoushan	63	73	108	156	200	236	285	286	248	221	150	108	178
丽 水	Lishui	75	88	133	196	242	267	307	300	254	229	153	112	197
临 海	Linhai	72	81	120	176	221	256	297	287	250	226	152	110	187

注：本表由省气象局整理提供。表 13－6 至 13－7 同。
The data on this table are provided by Provincial Meteorological Bureau. Table from 13－6 to 13－7 are the same.

13－6 主要城市降水量(2016 年)
Precipitation in Major Cities(2016)

单位:0.1 毫米(0.1 millimeters)

城市名称	City	1月 Jan.	2月 Feb.	3月 Mar.	4月 Apr.	5月 May	6月 June	7月 July	8月 Aug.	9月 Sep.	10月 Oct.	11月 Nov.	12月 Dec.	全年 Annual Total
杭 州	Hangzhou	1355	306	625	2506	2518	2824	796	1549	2472	1459	939	623	17972
宁 波	Ningbo	1482	411	688	1628	1901	3118	1517	623	4932	956	640	384	18280
温 州	Wenzhou	1549	745	805	2112	1987	1870	1156	1584	4602	1119	1417	134	19050
嘉 兴	Jiaxing	989	277	467	2474	2025	2653	1258	1097	2398	1439	676	434	17187
湖 州	Huzhou	1148	269	558	2337	2428	5882	1875	424	2769	2082	901	454	21127
绍 兴	Shaoxing	1425	306	630	1931	2192	2936	640	1184	2494	1567	706	571	16582
金 华	Jinhua	1200	503	630	2463	2493	4309	732	657	2140	965	755	376	17403
衢 州	Quzhou	1113	453	1113	3576	3497	4777	217	344	1911	1309	957	344	19665
舟 山	Zhoushan	1113	446	670	2106	2432	3367	591	724	2633	2057	1025	884	18048
丽 水	Lishui	1208	547	757	2277	2148	3010	406	700	3805	1066	1216	254	17394
临 海	Linhai	1056	545	541	1350	1836	2194	401	1314	3807	1742	625	444	15855

13－7 主要城市日照时数(2016 年)
Sunshine Hours in Major Cities(2016)

单位:0.1 小时(0.1hours)

城市名称	City	1月 Jan.	2月 Feb.	3月 Mar.	4月 Apr.	5月 May	6月 June	7月 July	8月 Aug.	9月 Sep.	10月 Oct.	11月 Nov.	12月 Dec.	全年 Annual Total
杭　州	Hangzhou	678	1436	1281	1067	1266	1059	2141	2586	1208	337	803	1379	15223
宁　波	Ningbo	832	1650	1434	1063	1192	1022	2126	2558	853	412	761	1049	14952
温　州	Wenzhou	452	1185	1259	639	1011	990	2209	2008	1221	618	924	779	12995
嘉　兴	Jiaxing	791	1729	1429	1257	1382	1033	1945	2785	1211	404	799	1233	15998
湖　州	Huzhou	766	1748	1432	1279	1303	1032	2008	2767	1441	459	859	1417	16511
绍　兴	Shaoxing	847	1723	1461	1155	1314	1027	2068	2540	1226	318	722	1170	15571
金　华	Jinhua	485	1462	1328	768	1193	1433	2248	2483	1140	383	854	1384	15161
衢　州	Quzhou	448	1592	1507	697	1012	997	2180	2548	1498	381	617	1199	14676
舟　山	Zhoushan	938	1738	1548	1236	1232	1139	2452	2851	1158	675	929	1228	17124
丽　水	Lishui	440	1083	1185	719	1183	1227	2241	2042	1038	412	613	741	12924
临　海	Linhai	876	1696	1534	909	1408	1473	2505	2508	1314	803	947	1439	17412

13－8 环境保护机构和人员情况(2016 年)
Institutions and Personnel on Environmental Protection(2016)

项目	Item	合计 Total	环保局 Environ－ment Protection Bureau	环境监察 Environ－mental monitoring	监测站 Monitoring Station	科研所 Research Insti－tutions	其他 Others
机构数(个)	**Number of Institutions(unit)**	**636**	**103**	**87**	**86**	**7**	**353**
年末实有人数(人)	Number of Personnel(person)	6962	1345	2057	2308	185	1067
各类专业技术人员	All kinds of professional and technical personnel	3914	142	253	2285	177	1057
#高级职称	Senior Titles	1012	41	45	540	68	318
中级职称	Medium Titles	1567	67	112	1010	52	326

注：1、环保局、环境监测及监测站均为县级以上单位;科研所包含省市县三级单位。
Environmental protection bureau, environmental monitoring and monitoring stations are all units above the county level. Research institution contains three units of province and city and county level.
2、环保局机构数包括市局派出各分局。环境监察实有人数不包括环保分局、环保所、执法中队。
The number of institutions includ the each branch sent by Environmental Protection Bureau. Number of Personnel of environmental monitoring don't include those in the each branch.

13－9 废水排放及处理利用情况(2010－2016 年)
Discharging and Using of Industrial Waste Water(2010－2016)

单位:万吨(10000 tons)

项目	Item	2010	2011	2012	2013	2014	2015	2016
废水排放总量	**Waste Water Discharged**	**422618**	**420417**	**420960**	**419120**	**418262**	**433822**	**430857**
工业	Industry	184506	182425	175416	163674	149380	147353	129913
城镇生活及其他	For Living and Others	237740	237592	245049	254972	268360	285847	300216
集中式治理设施污水排放	Centralized Treatment Facilities	372	400	495	474	521	622	728
工业重复用水率(%)	**Rate of Water Utilized Repeatedly in Industry(%)**	**57.40**	**63.30**	**66.70**	**65.40**	**83.40**	**78.23**	

13－10 工业废气排放及处理利用情况(2010－2016 年) Discharge and Useage of Industrial Waste Gas(2010－2016)

项目		Item		2010	2011	2012	2013	2014	2015	2016
工业废气排放总量	**(亿标立方米)**	**Total Volume of Industrial Waste Gas Discharged**	**(100 million cu. m)**	**24435**	**24940**	**23967**	**24565**	**26958**	**26841**	**22185**
燃料燃烧废气排放总量	(亿标立方米)	Waste Gas in the Process of Fuel Burning	(100 million cu. m)	16472						
生产工艺废气排放量	(亿标立方米)	Volume of Waste Gas from the Process of Production	(100 million cu. m)	7963						
二氧化硫排放量	**(万吨)**	**Volume of Industrial SO2 Discharged**	**(10000 tons)**	**66.5**	**64.7**	**61.1**	**57.9**	**56.0**	**52.4**	**24.5**
氮氧化物排放量	**(万吨)**	**Volume of Industrial Nitrogen Oxide Discharged**	**(10000 tons)**	**69.4**	**69.1**	**63.5**	**57.3**	**51.9**	**45.9**	**23.2**
烟(粉)尘排放总量	**(万吨)**	**Volume of Industrial Smoke (Powder) Dust Discharged**	**(10000 tons)**	**43.3**	**30.2**	**23.3**	**29.7**	**35.9**	**31.1**	**16.3**

注：2016 年起污染物排放量核算方法进行了调整。The method of pollutant discharge calculation is adjusted since 2016.

13－11 工业固体废物排放及处理利用情况(2009－2016 年) Discharge and Treatment of Industrial Solid Wastes(2009－2016)

单位:万吨(10000 tons)

项目	Item	2009	2010	2011	2012	2013	2014	2015	2016
工业固体废物产生量	**Volume of Industrial Solid Wastes Produced**	**3910**	**4843**	**4529**	**4542**	**4404**	**4700**	**4678**	**4496**
工业固体废物排放量	Volume of Industrial Solid Wastes Discharged	0.78	2.54	0.34	0.40				0.28
工业固体废物综合利用量	Volume of Industrial Solid Wastes Utilized	3586	3983	4129	4111	4123	4365	4338	4040
工业固体废物贮存总量	Volume of Industrial Solid Wastes Accumulated	74.70	134.90	45.30	69.30	53.80	52.6	43.7	40.1
工业固体废物处置量	Volume of Industrial Solid Wastes Consumed	256	299	362	366	248	295	312	459
工业固体废物综合利用率(%)	Comprehensive utilization ratio of Industrial Solid Wastes(%)	91.55	82.07	91.07	90.45	93.24	92.75	92.55	89.34

浙/江/统/计/年/鉴

主要统计指标解释

■ 工业废水排放量

指经过企业厂区所有排放口排到企业外部的工业废水量。包括生产废水、外排的直接冷却水、超标排放的矿井地下水和与工业废水混排的厂区生活污水，不包括外排的间接冷却水(清污不分流的间按冷却水应计算在内)。

■ 工业废水排放达标量

指各项指标都达到国家或地方排放标准的外排工业废水量，包括未经处理外排达标的和经过处理后外排达标的两部分。国家排放标准见 GB8978-88。

■ 工业废气排放量

指企业厂区内燃料燃烧和生产工艺过程中产生的各种排入空气的含有污染物的气体的总量，以标准状态(273K，101325Pa)计。

■ 工业固体废物产生量

指企业在生产过程中产生的固体状、半固体状和高浓度液体状废弃物的总量，包括危险废物、冶炼废渣、粉煤灰、炉渣、煤矸石、尾矿、放射性废物和其他废物等；不包括矿山开采的剥离废石和掘进废石(煤矸石和呈酸性或碱性的废石除外)。酸性或碱性废石是指采掘的废石其流经水、雨淋水的 pH 值小于 4 或 pH 值大于 10.5 者。

■ 工业固体废物综合利用量

指通过回收、加工、循环、交换等方式，从固体废物中提取或者使其转化为可以利用的资源、能源和其他原材料的固体废物量(包括当年利用往年的工业固体废物累计贮存量)。如用作农业肥料、生产建筑材料、筑路等。综合利用量由原产生固体废物的单位统计。

ZHEJIANG STATISTICAL YEARBOOK

Explanatory Notes on Main Statistical Indicators

□ Volume of Industrial Waste Water Discharged

refers to the volume of industrial waste water discharged, through all outlets, to the outside of industrial enterprises, including waste water produced, direct - cooling water, underground water from mines that does not meet the standard of discharge, and the domestic sewage mixed up with industrial waste water when discharged, but excluding discharged indirect - cooling water.

□ Volume of Waste Water up to the Standard for Discharge

refers to the volume of discharged industrial waste water that, with or without treatment, has come up to the national or local standards for discharge.

□ Volume of Waste Gas Emission

refers to waste gas emitted from burning of fuels and from production process in the area of the factory, and is measured by 10000 standard cubic metres each year under normal condition.

□ Volume of Industrial Solid Wastes Produced

refers to the total volume of solid, semi - solid or highconcentration liquid residue produced by industrial enterprises in their production process, including dangerous wastes, residues from melting, slag, powdered coal ash, gangue, chemical residues, tailings, radioactive residues and other residues, but excluding stripped or dug stones in mining (except gangue and acid or alkali stones which are stones washed or soaked by water with a pH value smaller than 4 or larger than 10.5.)

□ Volume of Industrial Solid Wastes Utilized in a Comprehensive Way

refers to the volume of solid wastes from which useful materials can be extracted or which can be changed to be utilizable resources, energy or other materials, including the volume of industrial solid wastes stored up in the previous years and utilized in the current year, such as the solid wastes utilized as fertilizers, building materials, for making roads or for other purpose. Statistical data on utilization of industrial solid wastes are collected by solid wastes producing units.

2017 浙江统计年鉴

ZHEJIANG STATISTICAL YEARBOOK

教育、科技、专利、测绘和标准计量

Education,Science,Patent,Surveying and Mapping and Standard Calculating

14－1 高等学校基本情况(1978－2016 年)
Basic Statistics on Institutions of Higher Education(1978－2016)

年份 Year	学校数（所） Number of Schools (unit)	招生数（人） New Students Enrollment (penson)		在校学生数（人） Students Enrollment (person)		毕业生数（人） Graduates (person)		教职员工数（人） Number of School Staff and Workers (person)	
		本专科 Regular College Course and Specialized Subject	研究生 Graduates	本专科 Regular College Course and Specialized Subject	研究生 Graduates	本专科 Regular College Course and Specialized Subject	研究生 Graduates		#专任教师 Teachers
1978	20	14241		24223		3743		11961	5389
1979	20	9498		32227		1013		13889	6275
1980	22	9387		37815		3710		15619	6886
1981	22	9208		41020		5852		16365	6933
1982	22	10162		36088		14968		18181	7701
1983	24	12750		39008		10411		19274	8219
1984	27	15030		44883		9002		20431	8690
1985	35	19026		52688		11044		22497	9908
1986	37	17877		57352		13027		24723	10804
1987	37	18190		60072		15017		25620	11223
1988	37	19364		60419		18712		26472	11578
1989	37	18270		61045		17323		26772	11574
1990	37	18264		60327		18417		26787	11578
1991	36	18651		59822		18175		27004	11208
1992	35	21217		62226		18267		27821	11105
1993	36	27716		73586		15971		27898	11148
1994	37	30482		87428		17895		28212	11345
1995	37	28094		92857		22443		28194	11491
1996	36	30541		96480		27133		28107	11530
1997	35	33145		102302		26386		28123	11595
1998	32	36668	2155	113543	5991	24296		28327	11816
1999	36	59300	3216	151318	7460	30561	1578	30532	13140
2000	35	93516	4130	212375	9895	32477	1600	40037	18981
2001	38	120195	5577	293078	13237	37230	1882	44347	22168
2002	60	152470	6111	393145	16297	48431	2645	48481	25993
2003	64	173519	6863	484639	19269	78685	3514	48691	29945
2004	68	195617	8029	572759	22062	103123	4858	60833	35766
2005	67	215362	9577	651307	25637	133051	5558	58924	38402
2006	68	237157	10996	719869	27125	162531	8731	69730	42143
2007	77	249749	12326	777982	31409	183863	7387	73704	45622
2008	77	265696	13691	832224	35812	203203	8944	75986	47795
2009	78	261361	16184	866496	43381	218226	7941	77852	49516
2010	80	260111	16575	884867	47991	233741	11156	79785	50969
2011	104	271285	17565	907482	51846	238448	13046	81384	52296
2012	105	280824	18748	932292	54369	247537	15112	83843	54154
2013	106	283353	19535	959629	57801	244860	15592	85381	56000
2014	108	284285	20164	978216	60511	253708	16535	87375	58076
2015	108	287809	21496	991149	63528	263981	17117	88744	59472
2016	108	288798	22246	996143	67232	273342	17801	90214	60477

注：2011 年包含独立学院。
The data since 2011 include independent College.

14－2 中等职业学校基本情况(1978－2016年)
Basic Statistics on Secondary Professional Schools(1978－2016)

年份 Year	学校数（所） Number of Schools (unit)	招生数（万人） New Students Enrolled (10000 persons)	在校学生数（万人） Students Enrolled (10000 persons)	毕业生数（万人） Graduates (10000 persons)	教职员工数（万人） Staff and Workers (10000 persons)	#专任教师 Teachers
1978	73	1.29	2.79	0.14	0.54	0.24
1979	75	1.24	3.42	0.61	0.55	0.30
1980	81	1.13	3.10	1.44	0.67	0.33
1981	83	1.16	2.67	1.59	0.75	0.35
1982	92	1.19	2.77	1.08	0.85	0.39
1983	96	1.30	3.07	0.98	0.87	0.41
1984	104	1.64	3.66	1.16	0.96	0.44
1985	119	1.99	4.36	1.29	1.12	0.49
1986	130	2.14	5.22	1.27	1.25	0.58
1987	134	2.26	5.79	1.66	1.34	0.65
1988	136	2.31	6.31	1.81	1.40	0.70
1989	140	2.31	6.61	2.02	1.49	0.72
1990	141	2.23	6.67	2.12	1.50	0.73
1991	141	2.41	6.77	2.29	1.52	0.72
1992	142	2.72	7.20	2.27	1.54	0.72
1993	144	3.59	8.48	2.28	1.55	0.72
1994	155	4.92	10.87	2.32	1.58	0.74
1995	158	6.00	13.91	2.90	1.61	0.78
1996	161	7.30	17.72	3.44	1.63	0.80
1997	151	5.68	15.74	3.99	1.64	0.81
1998	150	5.65	16.70	4.58	1.60	0.79
1999	149	5.16	16.52	5.08	1.49	0.78
2000	86	3.54	14.80	5.08	0.97	0.53
2001	82	3.10	12.93	4.77	0.57	0.31
2002	62	4.22	12.25	4.67	0.59	0.34
2003	57	4.67	12.07	4.12	0.60	0.36
2004	53	4.33	12.81	3.22	0.57	0.37
2005	51	4.36	12.94	3.83	0.55	0.37
2006	49	3.39	11.36	4.10	0.50	0.37
2007	402	21.38	63.13	20.56	3.36	2.69
2008	392	21.09	59.36	20.84	3.32	2.69
2009	377	22.81	59.02	19.21	3.32	2.72
2010	358	22.62	60.64	17.29	3.35	2.77
2011	338	22.09	61.59	17.39	3.49	2.91
2012	319	18.89	58.40	19.06	3.58	3.04
2013	300	17.84	54.76	19.33	3.62	3.10
2014	274	16.73	50.60	18.97	3.64	3.16
2015	258	17.74	49.97	16.82	3.65	3.21
2016	239	17.85	49.98	15.98	3.64	3.23

注：2007年起数据口径调整为职业高中和普通中等专业学校.
The data scope were adjusted since 2007, including the vocational high schools and the general secondary specialized schools.

14－3 普通高等教育分类情况(2016年)
Institutions of Higher Education by Type(2016)

分类	Item	学校数(所) Number of Schools (unit)	本、专科学生(人) Regular College Course and Specialized Subject (person)			教职员工数(人) Number of Schools Staff and Workers (person)	
			毕业生数 Graduates	招生数 New Students Enrolled	在校学生数 Students Enrolled		#专任教师 Teachers
总计	**Total**	**108**	**273342**	**288798**	**996143**	**90214**	**60477**
普通本科	**Institutions of Higher Education**	**59**	**146241**	**153675**	**610706**	**65848**	**43703**
#民办本科	Private Institutions	25	60541	61054	245966	16211	12254
#独立学院	Indenpendency Institutions	21	40520	40308	163847	10597	8097
高职(高专)院校	**Higher(Colleges) Professional Institutions**	**49**	**127101**	**135123**	**385437**	**24366**	**16774**
#民办	Private Higher Professional Institutions	10	21765	24005	66638	4265	2970

14－4 各级成人教育基本情况
Adult Education by Level

类别	Item	学校数(所) Schools (Unit)			毕(结)业生数(万人) Graduates (10000 persons)			在校学生数(万人) Students Enrollment (10000 persons)		
		2014	2015	2016	2014	2015	2016	2014	2015	2016
成人高等学历教育	**Adult Higher Education**	**9**	**9**	**9**	**11.38**	**11.84**	**12.40**	**28.53**	**27.48**	**24.11**
广播电视大学	Radio and TV Universities	2	2	2	0.40	0.53	0.50	1.57	1.59	1.39
职工高等学校	Schools of Higher Education for Staff and Workers	4	4	4	0.24	0.16	0.21	0.41	0.45	0.36
教育学院	Pedagogical Colleges	3	3	3	0.27	0.32	0.31	0.83	0.68	0.54
普通高校	Institutions of Higher Education	74	74	73	10.48	10.83	11.38	25.73	24.76	21.81
成人中等学历教育	**Secondary Education for Adults**	**30**	**28**	**23**	**1.30**	**1.15**	**1.01**	**2.78**	**2.39**	**2.09**
成人中学	**Secondary Schools for Adults**	**256**	**272**	**257**	**9.93**	**3.36**	**2.58**	**12.64**	**4.14**	**2.71**
成人技术培训学校	**Technical Training Schools for Adults**	**4371**	**4119**	**3958**	**281.49**	**291.80**	**339.78**	**265.65**	**274.34**	**320.44**
成人初等学校	**Primary Schools for Adults**	**337**	**429**	**344**	**13.62**	**15.11**	**9.37**	**12.70**	**12.26**	**7.84**

注：2014年起指标成人初等学校口径有所变化。The Iindicator caliber of primary schools for adults had been changed since 2014.

14-5 技工学校基本情况(1980-2016年)
Basic Statistics on Technical Schools(1980-2016)

年份 Year	学校数 (所) Number of Schools (unit)	在校学生数 (人) Students Enrolled (person)	毕业生数 (人) Graduates (person)	招生数 (人) New Students Enrolled (person)	教职员工数 (人) Number of School Staff and Workers (person)
1980	140	17093	5895	5139	2709
1981	139	12180	8718	4115	4462
1982	141	9386	5798	3813	3987
1983	142	8536	3935	4260	4266
1984	101	11152	2696	6110	4673
1985	94	14065	4138	6790	5146
1986	94	17122	3529	6717	5936
1987	92	19006	4663	6907	5960
1988	91	18243	6121	6125	5881
1989	94	17323	6377	6060	4464
1990	96	16365	5815	6176	5826
1991	94	18230	5083	7489	6131
1992	98	21663	5414	9480	6373
1993	99	31998	7523	14204	6541
1994	102	38658	10523	17603	6993
1995	104	15149	12140	20852	7273
1996	107	49246	15415	20438	7335
1997	107	56633	13709	24026	6758
1998	106	62052	17268	23916	6560
1999	99	63128	18081	22681	6197
2000	95	60968	21029	22630	7204
2001	97	59068	20410	23983	5914
2002	96	62572	17684	27123	5774
2003	87	70650	15933	33494	5616
2004	83	88652	19062	40536	6335
2005	79	97783	21954	39406	5441
2006	76	101968	25444	39318	7128
2007	72	95295	22940	35323	6348
2008	71	97072	23944	35621	6316
2009	68	103862	26374	37892	5785
2010	68	108791	26328	39120	6875
2011	68	113036	25681	39173	7660
2012	66	106085	26618	35537	8431
2013	66	118587	27273	37351	8877
2014	71	121196	33376	39893	10059
2015	71	122661	34419	42372	10194
2016	78	137923	33880	47800	11229

14－6 特殊教育情况(1980－2016年)
Basic Statistics on Special Education(1980－2016)

年份 Year	学校数 (所) Number of Schools (unit)	在校学生数 (人) Students Enrolled (person)	毕业生数 (人) Graduates (person)	招生数 (人) New Students Enrolled (person)	教职员工数 (人) Number of School Staff and Workers (person)	#专任教师 Teachers
1980	7	1293	73	203	174	116
1981	7	1347	109	204	177	117
1982	7	1407	118	224	186	136
1983	8	1478	129	271	225	162
1984	11	1668	81	340	258	186
1985	13	1784	150	380	311	231
1986	15	1979	125	412	334	242
1987	18	2303	128	553	410	294
1988	24	2621	201	641	507	370
1989	32	2985	135	594	600	435
1990	43	3443	222	832	729	555
1991	46	3963	142	784	847	639
1992	47	6907	346	918	963	735
1993	53	13202	548	4288	1081	824
1994	55	18038	1172	2774	1291	1003
1995	56	23690	1791	2831	1433	1130
1996	60	22691	1778	2261	1462	1169
1997	61	23919	2190	2306	1419	1154
1998	63	22812	3086	2486	1453	1172
1999	62	21840	3315	2437	1382	1120
2000	62	19749	3701	2445	1396	1139
2001	64	19358	2783	2593	1385	1068
2002	64	16484	2603	2158	1424	1122
2003	63	15357	2561	1947	1445	1133
2004	62	14195	2124	1663	1475	1194
2005	62	12889	1782	1465	1531	1233
2006	63	12160	1717	1535	1576	1281
2007	63	12993	1567	1612	1603	1326
2008	64	12924	1603	1864	1680	1413
2009	64	12268	1649	1751	1605	1351
2010	67	13010	1718	1904	1837	1586
2011	78	13048	1544	2174	2095	1794
2012	79	14425	1550	2741	2185	1915
2013	82	16327	1777	2812	2331	2038
2014	84	15884	2101	2444	2422	2132
2015	86	16236	2367	2418	2538	2266
2016	84	16660	2598	2567	2656	2379

14－7 普通中学基本情况(1978－2016年)
Basic Statistics on Regular Secondary Schools(1978－2016)

年份 Year	学校数 (所) Number of Schools (unit)	招生数 (万人) New Students Enrolled (10000 persons)	在校学生数 (万人) Students Enrolled (10000 persons)	毕业生数 (万人) Graduates (10000 persons)	教职员工数 (万人) Workers and Staff (10000 persons)	#专任教师 Teachers
1978	4097	83.92	214.65	83.59	12.29	9.94
1979	3680	72.29	181.12	80.45	11.04	9.04
1980	3391	64.67	170.04	49.05	11.45	8.53
1981	3243	61.03	155.75	50.75	10.88	8.07
1982	3115	59.93	151.08	44.01	10.34	7.89
1983	3161	61.28	154.91	39.43	10.44	7.90
1984	3199	61.95	166.13	39.50	10.56	7.87
1985	3235	63.29	177.46	41.84	10.94	8.24
1986	3296	65.09	184.04	47.49	11.14	8.41
1987	3346	62.41	182.95	50.19	11.26	8.56
1988	3389	54.34	169.74	52.04	11.53	8.83
1989	3384	58.19	163.34	52.09	11.76	8.95
1990	3353	64.78	169.62	49.92	11.59	8.98
1991	3381	66.01	180.75	46.02	11.87	9.24
1992	3283	66.14	188.38	49.55	12.17	9.53
1993	3259	63.08	185.02	55.67	12.36	9.73
1994	3315	72.82	194.02	56.88	12.72	10.12
1995	3255	80.67	210.54	58.84	13.37	10.77
1996	3240	75.03	223.64	57.41	14.15	11.55
1997	3186	71.92	222.74	68.10	14.74	12.19
1998	3128	76.23	217.67	75.49	15.11	12.52
1999	2995	85.72	228.15	69.91	15.78	13.14
2000	2940	92.51	249.55	66.83	16.52	13.93
2001	2900	89.34	263.00	71.57	17.70	14.73
2002	2781	92.10	270.30	81.36	18.25	15.33
2003	2695	90.99	270.07	88.09	18.78	15.83
2004	2609	84.72	266.14	86.48	19.17	16.29
2005	2524	86.45	261.08	89.71	19.49	16.69
2006	2459	91.93	262.32	88.60	19.82	17.01
2007	2404	90.14	266.55	82.99	20.05	17.34
2008	2377	90.40	269.80	83.40	20.36	17.76
2009	2353	85.47	262.27	87.73	20.56	18.02
2010	2314	83.30	255.15	85.97	20.82	18.29
2011	2314	80.03	244.50	85.30	21.05	18.26
2012	2306	78.85	236.88	81.15	21.15	18.34
2013	2296	77.76	232.24	78.19	21.14	18.29
2014	2280	75.60	228.99	75.72	21.31	18.47
2015	2275	74.87	225.27	74.93	21.44	18.66
2016	2291	79.04	226.87	74.23	21.77	18.98

14-8 小学基本情况(1978-2016年)
Basic Statistics on Primary Schools(1978-2016)

年份 Year	学校数 (万所) Number of Schools (unit)	招生数 (万人) New Students Enrolled (10000 persons)	在校学生数 (万人) Students Enrolled (10000 persons)	毕业生数 (万人) Graduates (10000 persons)	教职员工数 (万人) Workers and Staff (10000 persons)	#专任教师 Teachers	小学学龄儿童入学率 (%) Percentage of Schoolage Children Enrolled(%)
1978	4.45	104.85	501.43	81.56	18.07	17.35	97.60
1979	4.26	86.44	486.77	72.47	18.38	17.54	97.40
1980	4.17	83.58	482.42	71.07	18.45	17.26	97.00
1981	4.10	74.19	459.83	78.66	17.66	16.50	97.20
1982	3.94	70.63	430.59	81.06	17.09	15.94	97.00
1983	3.82	70.20	407.20	83.03	16.44	15.25	97.40
1984	3.75	70.10	395.46	76.47	16.08	14.82	97.80
1985	3.65	67.78	384.91	75.34	16.09	14.62	98.10
1986	3.56	69.38	378.09	72.15	15.84	14.42	98.30
1987	3.45	57.33	365.15	67.32	15.55	14.16	98.60
1988	3.36	63.19	366.04	58.54	15.78	14.39	98.90
1989	3.27	72.30	375.73	60.16	16.11	14.65	99.10
1990	3.18	64.60	372.43	65.81	14.88	13.46	99.30
1991	2.97	57.85	362.64	65.64	14.97	13.50	99.30
1992	2.73	57.90	355.21	63.74	15.10	13.63	99.40
1993	2.53	64.74	359.23	59.33	15.23	13.77	99.50
1994	2.37	72.71	366.15	66.20	15.46	13.98	99.70
1995	2.26	66.19	362.98	70.01	15.84	14.34	99.70
1996	2.14	63.84	363.80	63.90	16.30	14.85	99.80
1997	1.97	61.39	368.57	57.72	16.84	15.40	99.88
1998	1.69	56.19	365.23	59.59	17.17	15.69	99.92
1999	1.38	65.46	363.31	67.83	17.53	16.00	99.95
2000	1.18	61.58	353.76	71.58	17.57	16.04	99.93
2001	1.00	58.45	346.28	66.66	17.64	15.99	99.97
2002	0.90	57.78	343.75	64.48	17.65	16.01	99.99
2003	0.77	52.45	340.29	59.78	17.54	15.91	99.98
2004	0.67	51.42	344.31	53.24	17.61	16.01	99.99
2005	0.61	48.96	342.40	55.25	17.79	16.22	99.99
2006	0.55	52.99	339.43	62.04	17.98	16.38	99.99
2007	0.48	54.85	335.46	62.81	18.12	16.56	99.99
2008	0.44	55.78	332.28	62.48	18.28	16.78	99.99
2009	0.41	53.91	325.14	57.24	18.45	17.01	99.99
2010	0.40	60.21	333.33	54.13	18.61	17.19	99.99
2011	0.38	62.88	344.06	51.78	18.53	17.44	99.99
2012	0.37	60.72	346.73	53.83	19.03	17.95	99.99
2013	0.34	60.75	349.58	54.04	19.44	18.35	99.99
2014	0.33	59.81	354.50	53.75	20.19	19.04	99.99
2015	0.33	59.88	356.99	52.73	20.50	19.48	99.99
2016	0.33	59.51	355.02	56.95	20.92	20.00	99.99

14－9 幼儿园基本情况(1979－2016年)
Basic Statistics on Kindergartens(1979－2016)

年份 Year	园数 (所) Number of Kindergartens (unit)	班数 (个) Number of Classes (unit)	在园幼儿数 (万人) Number of Children Enrolled (10000 persons)	教职员工数 (人) Staff and Workers (person)	#专任教师 Teachers
1979	3100	8908	28.34	13400	10095
1980	7067	14951	43.39	20601	17473
1981	5235	14605	41.97	20737	17473
1982	6409	14916	44.52	22209	18212
1983	6120	15440	47.19	23198	18839
1984	11511	20043	60.65	28735	24074
1985	12468	21902	65.41	30801	26180
1986	12375	24286	71.90	34210	29012
1987	13366	25980	81.25	37548	31680
1988	12590	26048	80.32	38205	32261
1989	12153	26277	74.85	38955	32703
1990	11824	26684	75.16	39859	33556
1991	11242	28308	85.72	41706	34425
1992	9860	29035	94.30	41052	34024
1993	9179	29396	97.63	43522	35887
1994	11705	31178	99.33	48006	39453
1995	11794	31530	99.43	49377	40220
1996	11915	32654	98.95	50389	40678
1997	12920	34637	100.21	54459	43503
1998	14068	37270	105.90	58867	46500
1999	14864	38637	108.38	61549	47902
2000	15073	41271	112.45	67773	51168
2001	12501	43167	115.13	72593	48195
2002	11920	44483	117.61	75000	49442
2003	11560	44651	117.96	83022	54056
2004	11367	46490	127.85	91772	58732
2005	11472	47153	132.22	98629	62679
2006	11437	48666	138.91	106202	67046
2007	10411	51048	147.78	115965	73164
2008	10212	53755	159.34	127635	79741
2009	10067	55922	167.06	139977	87271
2010	9863	60856	183.05	157174	95101
2011	9649	63850	187.14	168497	100019
2012	9573	65192	188.63	180518	107289
2013	9209	64058	186.88	190186	110251
2014	8871	64112	185.75	200295	112297
2015	8908	66323	190.16	212385	116415
2016	8771	66232	191.82	223377	119957

14－10 各级学校女学生和女教师数(2008－2016年)
Female Students and Teachers by Level of Schools(2008－2016)

类别	Gategory	2008	2009	2010	2011	2012	2013	2014	2015	2016
女学生数 （万人）	Number of Female Students (10000 persons)	354.29	349.60	352.35	355.04	353.10	352.16	352.06	351.33	350.88
普通高等学校	Institutions of Higher Education	43.15	45.17	46.61	48.59	50.72	52.79	54.26	54.79	54.65
中等职业学校	Specialized Secondary Schools	30.42	30.10	30.63	30.99	29.08	26.63	24.36	23.59	23.12
普通中学	Regular Secondary Schools	128.52	125.26	122.31	117.42	114.13	111.86	110.37	108.65	109.68
小学	Primary Schools	152.21	149.07	152.80	158.04	159.17	160.88	163.07	164.30	163.43
女学生占学生总数 （%）	Percentage of Female Students to Total Students (%)	47.34	47.45	47.77	47.69	47.80	47.87	47.92	47.88	47.83
普通高等学校	Institutions of Higher Education	51.85	52.13	52.67	53.55	54.40	55.01	55.46	55.27	54.86
中等职业学校	Specialized Secondary Schools	48.16	47.95	47.70	47.53	47.02	46.02	45.64	45.05	44.40
普通中学	Regular Secondary Schools	47.63	47.76	47.94	48.02	48.18	48.17	48.20	48.23	48.34
小学	Primary Schools	45.81	45.85	45.84	45.93	45.91	46.02	46.00	46.02	46.03
女教师数 （万人）	Number of Female Teachers (10000 persons)	23.83	24.45	25.07	25.59	26.40	27.06	28.01	28.85	29.80
普通高等学校	Institutions of Higher Education	2.08	2.17	2.26	2.32	2.42	2.51	2.63	2.70	2.75
中等职业学校	Specialized Secondary Schools	1.59	1.58	1.60	1.64	1.73	1.78	1.77	1.81	1.84
普通中学	Regular Secondary Schools	9.11	9.36	9.60	9.71	9.82	9.91	10.11	10.34	10.64
小学	Primary Schools	11.06	11.34	11.61	11.92	12.43	12.86	13.50	14.00	14.57
女教师占教师总数 （%）	Percentage of Female Teachers to Total Teachers (%)	56.16	56.81	57.50	58.12	58.76	59.46	60.16	60.89	61.65
普通高等学校	Institutions of Higher Education	43.53	43.84	44.41	44.31	44.65	44.89	45.28	45.37	45.51
中等职业学校	Specialized Secondary Schools	51.16	51.63	52.41	53.04	53.53	54.26	54.49	55.05	55.76
普通中学	Regular Secondary Schools	51.27	51.94	52.51	53.18	53.53	54.22	54.73	55.40	56.06
小学	Primary Schools	65.86	66.67	67.55	68.38	69.24	70.10	70.92	71.87	72.86

14-11 每万人口中在校学生数和构成(1979-2016年)
Students Enrollment Per 10 Thousand Population and Its Composition(1979-2016)

年份 Year	各级学校在校学生占全省人口(%) Students Enrollment as Percentage of Total Population(%)	平均每万人口中 Number of Students Per 10000 Population			大、中、小学生占学生总数 Students of Different Level as Percentage of Total Students(%)		
		大学生(人) University and College Students (person)	中学生(人) Secondary School Students (person)	小学生(人) Primary School Students (person)	大学生(人) University and College Students (person)	中学生(人) Secondary School Students (person)	小学生(人) Primary School Students (person)
1979	17.79	8.50	486.60	1283.56	0.5	27.4	72.2
1980	17.27	9.88	456.50	1260.71	0.6	26.4	73.0
1981	16.11	10.60	412.65	1187.73	0.7	25.6	73.7
1982	15.01	9.20	394.84	1097.23	0.6	26.3	73.1
1983	14.43	9.84	405.18	1027.48	0.7	28.1	71.2
1984	14.38	11.24	436.36	990.36	0.8	30.3	68.9
1985	14.37	13.08	469.11	955.22	0.9	32.6	66.5
1986	14.29	14.09	486.19	928.95	1.0	34.0	65.0
1987	13.80	14.58	479.78	886.03	1.1	34.8	64.2
1988	13.36	14.49	443.83	877.83	1.1	33.2	65.7
1989	13.32	14.50	424.92	892.71	1.1	31.9	67.0
1990	13.33	14.25	439.14	879.43	1.1	32.9	66.0
1991	13.29	14.04	463.63	850.99	1.1	34.9	64.0
1992	13.25	14.52	481.58	828.79	1.1	36.3	62.6
1993	13.28	17.06	477.71	832.84	1.3	36.0	62.7
1994	13.72	20.14	508.46	843.42	1.5	37.0	61.5
1995	14.07	21.25	554.97	830.70	1.5	39.5	59.0
1996	14.37	21.93	588.29	826.80	1.5	41.0	57.5
1997	14.48	23.13	591.39	833.44	1.6	40.8	57.6
1998	14.34	25.52	587.47	821.32	1.8	41.0	57.2
1999	14.58	33.87	611.26	813.24	2.3	41.9	55.8
2000	14.86	47.19	554.41	785.92	3.2	43.9	52.9
2001	14.61	61.97	667.40	732.27	4.3	45.2	50.5
2002	14.94	82.31	691.96	719.69	5.5	46.3	48.2
2003	15.01	99.78	699.06	700.65	6.7	46.6	46.7
2004	15.11	116.29	695.51	699.08	7.7	46.0	46.3
2005	14.97	130.49	668.96	686.05	9.1	44.6	46.3
2006	14.86	141.93	674.74	669.25	9.6	45.4	45.0
2007	14.66	157.02	658.03	650.76	10.7	44.9	44.4
2008	14.54	166.53	650.11	637.48	11.5	44.7	43.8
2009	14.18	172.47	628.70	616.33	12.2	44.3	43.5
2010	13.83	171.28	599.78	612.00	12.4	43.4	44.3
2011	13.86	175.60	580.99	629.80	12.7	41.9	45.4
2012	13.72	180.15	558.49	633.06	13.1	40.7	46.2
2013	13.59	185.05	543.59	630.64	13.6	40.0	46.4
2014	13.62	188.59	529.61	643.61	13.8	38.9	47.3
2015	13.54	190.41	519.06	644.51	14.1	38.3	47.6
2016	13.45	190.23	519.93	635.10	14.1	38.7	47.2

注：从2001年起按常住人口计算。
The data in this table were calculated by resident population since 2001.

14－12 学校教师负担学生数(1979－2016年) Students－Teachers Ratio by Level of Schools(1979－2016)

年份 Year	高等学校 Institutions of Higher Education		中等学校 Secondary Schools		小学 Primary Schools	
	教师数(万人) Number of Teachers (10000 persons)	平均每个教师负担学生(人) Student－Teacher Ratio (person)	教师数(万人) Number of Teachers (10000 persons)	平均每个教师负担学生(人) Student－Teacher Ratio (person)	教师数(万人) Number of Teachers (10000 persons)	平均每个教师负担学生(人) Student－Teacher Ratio (person)
1979	0.63	5.10	9.34	19.80	17.54	27.80
1980	0.69	5.50	8.95	19.50	17.26	28.00
1981	0.69	5.90	8.51	18.80	16.50	27.90
1982	0.77	4.70	8.35	18.60	15.94	27.00
1983	0.82	4.70	8.45	19.00	15.25	26.70
1984	0.87	5.20	8.54	20.40	14.82	26.70
1985	0.99	5.30	9.12	20.70	14.62	26.30
1986	1.08	5.30	9.45	20.90	14.42	26.20
1987	1.12	5.40	9.71	20.40	14.16	25.80
1988	1.16	5.20	10.12	18.30	14.39	25.40
1989	1.16	5.30	10.28	17.40	14.65	25.60
1990	1.16	5.20	10.36	18.00	13.46	27.70
1991	1.12	5.30	10.62	18.60	13.50	26.90
1992	1.11	5.60	10.97	18.80	13.63	26.10
1993	1.11	6.60	11.27	18.30	13.77	26.10
1994	1.13	7.70	11.75	18.80	13.98	26.20
1995	1.15	8.10	12.57	19.30	14.34	25.30
1996	1.15	8.40	13.43	19.30	14.85	24.50
1997	1.16	8.80	13.46	19.40	15.40	23.93
1998	1.18	9.60	14.66	17.80	15.69	23.28
1999	1.31	11.55	15.40	17.73	16.00	22.71
2000	1.90	11.17	14.83	18.24	16.04	22.05
2001	2.22	13.20	17.08	18.48	15.99	21.66
2002	2.60	15.12	18.01	18.35	16.01	21.47
2003	2.99	16.21	18.82	18.04	15.91	21.39
2004	3.58	16.00	19.57	17.50	16.01	21.51
2005	3.84	17.60	19.36	17.04	16.22	21.11
2006	4.21	17.10	20.26	16.40	16.38	20.70
2007	4.56	17.74	20.02	16.47	16.56	20.26
2008	4.78	18.16	20.82	16.28	16.78	19.80
2009	4.95	18.38	21.10	15.72	17.01	19.11
2010	5.10	18.30	21.61	15.12	17.19	19.39
2011	5.23	18.34	21.74	14.60	17.44	19.73
2012	5.42	18.22	21.97	13.92	17.95	19.32
2013	5.60	18.17	22.01	13.58	18.35	19.05
2014	5.81	17.89	22.37	13.04	19.04	18.62
2015	5.95	17.73	22.66	12.69	19.48	18.33
2016	6.05	17.58	23.10	12.58	20.00	17.75

注：2010年起中等学校教师数包括了技工学校专任教师数。
Since 2010 the number of secondary school teachers in technical schools, including the number of full－time teachers.

14－13 R&D经费投入情况(1990－2016)
Basic Statistics on R&D Activities Funds(1990－2016)

单位:亿元(100 million yuan)

年份 Year	研究与试验发展经费支出 Expenditure on R&D	按执行部门分 By Sector				按经费来源分 By Source			
		研究机构 Research and Development Institutions	高等院校 Colleges and Universities	工业企业 Enterprises	其他部门 Others	政府资金 Government Appropriation Funds	企业资金 Self－raised Funds by Enterprises	国外资金 Overseas Capital	其他资金 Other
1990	2.04	0.96	0.51	0.52	0.05				
1991	2.27	0.87	0.69	0.64	0.06				
1992	3.46	1.21	1.25	0.90	0.09				
1993	4.43	1.48	1.77	1.04	0.13				
1994	7.88	1.33	1.82	4.52	0.21				
1995	9.14	1.85	2.42	4.63	0.24				
1996	10.50	2.23	2.43	5.56	0.29				
1997	15.19	2.96	3.04	7.85	1.34				
1998	19.70	3.10	3.00	11.80	1.80				
1999	27.05	3.04	3.71	17.80	2.50				
2000	36.59	3.21	3.33	26.54	3.51	5.73	26.93	0.53	3.40
2001	44.74	3.32	5.09	32.04	4.29	6.59	32.73	0.64	4.78
2002	57.65	2.97	6.58	42.58	5.52	6.77	42.20	0.17	8.51
2003	77.76	4.35	7.88	59.62	5.91	9.46	57.70	0.32	10.28
2004	115.55	4.62	13.33	91.10	6.50	13.78	97.42	0.63	3.72
2005	163.29	11.58	13.90	130.41	7.40	24.12	134.74	0.55	3.88
2006	224.03	12.38	15.99	183.39	12.27	28.00	190.28	1.12	4.63
2007	286.32	13.63	18.18	235.55	18.96	30.94	246.39	2.50	6.49
2008	345.76	13.89	19.15	283.73	28.99	37.08	296.46	4.39	7.83
2009	398.84	12.85	23.91	330.10	31.98	36.63	354.22	2.48	5.51
2010	494.23	15.36	34.55	407.43	36.89	48.00	435.45	3.27	7.53
2011	612.93	18.07	40.81	501.87	52.18	53.56	539.41	9.51	10.45
2012	722.59	21.83	44.72	588.61	67.43	60.41	644.37	3.13	14.68
2013	817.27	24.17	47.28	684.36	61.46	66.16	733.62	2.38	15.12
2014	907.85	27.12	49.76	768.15	62.83	70.65	817.35	2.58	17.27
2015	1011.18	30.28	56.14	853.57	71.19	75.29	911.30	2.00	22.60
2016	1130.63	35.03	54.65	935.79	105.16	78.72	1033.25	2.10	16.56

14－14 R&D 人员投入情况(1990－2016)
R&D Personnel(1990－2016)

单位:万人年(10000 man－year)

年份 Year	研究与试验发展人员 R&D Personnel	按执行部门分 By Sector			
		研究机构 Research and Development Institutions	高等院校 Colleges and Universities	工业企业 Enterprises	其他部门 Others
1990	1.23				
1991	1.30				
1992	1.39				
1993	1.49				
1994	1.56				
1995	1.63				
1996	1.71				
1997	1.76				
1998	2.31				
1999	2.74				
2000	2.86	0.29	0.53	1.62	0.43
2001	3.92	0.27	0.57	2.43	0.65
2002	4.46	0.28	0.77	2.66	0.74
2003	4.96	0.29	0.82	3.13	0.72
2004	5.85	0.28	1.03	3.98	0.56
2005	8.01	0.32	1.06	6.11	0.52
2006	10.81	0.34	1.05	8.80	0.63
2007	13.05	0.45	1.08	10.55	0.96
2008	16.03	0.41	1.13	13.03	1.46
2009	18.51	0.40	1.20	15.09	1.81
2010	22.35	0.42	1.30	18.57	2.05
2011	26.29	0.46	1.29	21.71	2.82
2012	27.81	0.54	1.34	22.86	3.07
2013	31.10	0.51	1.42	26.35	2.82
2014	33.84	0.56	1.41	29.03	2.84
2015	36.47	0.71	1.61	31.67	2.48
2016	37.66	0.71	1.77	32.18	2.99

14－15 县级以上政府部门属研究与开发机构情况(1986－2016年)
Basic Statistics on Research and Development Organizations Attached to Goverment at County Level and Above(1986－2016)

年份 Year	机构数 (个) Institutions (unit)	从事科技活动人员数 (人) Specialized Technical Persons (person)	科技经费收入 (万元) Science and technology fund income (10000 yuan)	政府拨款 Government Appropriations	科技经费支出 (万元) Spending on science and technology (10000 yuan)	#人员费用 Charge for Person
1986	153		14015	8877	12580	3067
1987	152		17721	10431	15234	3001
1988	156		18920	14073	27715	4065
1989	161		24889	11974	25070	4026
1990	163		33801	15801	29169	5123
1991	164		29623	9330	26494	5001
1992	165		40512	14410	37017	6156
1993	162		47139	14289	45206	9001
1994	161		53069	18251	48025	13993
1995	161		62021	11784	59248	15589
1996	161		72172	25110	63407	18189
1997	162		91503	31795	83434	20806
1998	164		126704	47919	107580	23018
1999	160		126740	50194	113565	28392
2000	146		120587	54365	108129	27263
2001	127		89248	51719	82109	26341
2002	110	5470	89540	54571	80771	28286
2003	104	5095	115029	65770	97981	38157
2004	92	4792	116542	80373	102949	34213
2005	99	5798	144821	109676	120907	31646
2006	99	6178	176610	128341	142664	38853
2007	100	6677	211682	155461	167207	44752
2008	98	7123	247818	177210	203732	51972
2009	97	7517	259300	188672	217138	57000
2010	95	7771	281040	205659	250360	60634
2011	94	8247	324294	223070	289858	71232
2012	97	8971	375690	270412	336575	80561
2013	97	9255	412979	309667	369037	92073
2014	97	9199	431374	311697	408097	104341
2015	96	9603	431581	304650	414042	122536
2016	96	9629	487236	358527	444288	138555

注：从事科技活动人员数包括本单位在职科技活动人员，也包括外聘的流动学者和非本单位在读研究生，和表14－18的科技活动人员口径一致。
Specialized technical persons include the on－the－job technical staff in the unit, including external flow scholars and the graduate students outside the unit, same as the table 14－18.

14－16 县级以上政府部门属研究与开发机构课题情况
Basic Statistics on Topics in Research and Development Organizations Attache to Government at County Level and Above

分类	Item	课题数(项) Topics (unit)			投入人员(人年) Persons (Person－year)			投入经费(万元) Funds (10000 yuan)		
		2014	2015	2016	2014	2015	2016	2014	2015	2016
总计	**Total**	**4217**	**4430**	**4353**	**5715**	**6350**	**6197**	**140051**	**152245**	**189743**
按活动类型分	**By Type**									
基础研究	Fundational Research	465	602	660	583	649	725	9637	11566	18607
应用研究	Applied Research	571	759	816	997	1429	1297	26087	37212	45138
试验发展	Experimental Development	1197	1341	1335	1665	2014	2202	42454	47756	65349
R&D 成果应用	Applying of R&D Results	1057	831	701	1369	1059	865	29098	25057	18704
科技服务	Technology Service	927	897	841	1102	1200	1108	32776	30654	41945

14－17 县级以上政府部门属研究与机构科学论文与科技著作
Basic Statistics on Papers in Research and Development Organizations Attached to Government at County Level and Above

单位：篇(paper)

项目	Item	科学论文 Papers of Science			#国外发表 Publishing Abroad			科技著作 Works of Science and Technology		
		2014	2015	2016	2014	2015	2016	2014	2015	2016
合计	**Total**	**4217**	**4458**	**4896**	**923**	**1083**	**1321**	**142**	**161**	**161**
国务院部门属	Attaching to the Sate Council	1180	1427	1506	562	714	900	41	37	39
省属	Attaching to Province	2659	2399	2964	326	331	398	91	96	104
市属	Attaching to City	378	632	426	35	38	23	10	28	18

14－18 县级以上政府部门属研究与开发机构情况(2016 年)
Basic Statistics on Research and Development Organizations Attached to Government at County Level and Above(2016)

项目	Item	机构数(个) Institutions (unit)	从事科技活动人员数(人) Specialized Technical Persons (person)	经费收入(万元) Income (10000 yuan)	#政府拨款 Government Appropriation	经费支出(万元) Expenditures (10000 yuan)	#科技费用 Charge of Science
总计	**Total**	**96**	**9629**	**571703**	**376368**	**532620**	**444288**
按隶属关系分	**By Relationship of Subordination**						
中央	Central Enterprises	10	2888	179954	126535	164215	138321
地方	The Local	86	6741	391749	249833	368405	305968
按机构地域分	**By Region**						
杭州市	Hangzhou	40	5512	389090	240346	357125	291605
宁波市	Ningbo	10	1591	72371	58885	70212	67265
温州市	Wenzhou	14	1289	46921	36931	52116	38588
嘉兴市	Jiaxing	2	328	17843	3791	11688	9738
湖州市	Huzhou	4	183	16545	12165	14492	12593
绍兴市	Shaoxing	2	47	1910	1691	1896	1779
金华市	Jinhua	8	216	7334	6451	6381	6029
衢州市	Quzhou	4	58	2891	2801	2567	2488
舟山市	Zhoushan	5	102	3007	2272	3193	2430
台州市	Taizhou	4	188	9106	6351	8334	7197
丽水市	Lishui	3	115	4685	4685	4617	4576

注：该表中的经费收入和经费支出均指的是全部经费收入和支出。
The data of income and expenditure in the table refers to the data of all financial income and expenditure.

14－19 县级以上政府部门属研究与开发机构课题情况(1986－2016年)
Basic Statistics on Research and Development Organizations Attached to Government at County Level and Above(1986－2016)

年份 Year	课题数(项) Number of Topics (topic)	投入人员(人年) Persons (person－year)	投入经费(万元) Funds (10000 yuan)	人均经费(元/人年) Funds per Capital (yuan/person－year)	课题平均经费(元/项) Funds per Topic (yuan/topic)
1986	2568	6506	3590	5518	13980
1987	3272	6892	4467	6481	13652
1988	3066	7053	5180	7344	16895
1989	3134	7405	5644	7622	18009
1990	3120	6276	5551	8845	17792
1991	3457	5506	4720	8572	13653
1992	3452	5533	6772	12239	19618
1993	2941	4948	7418	14992	25223
1994	2540	4401	9262	21045	36465
1995	2453	4301	10058	23385	41003
1996	2315	4331	12792	29536	55257
1997	2440	4390	17798	40542	72943
1998	2534	5568	25194	45248	99424
1999	2558	5070	26927	53110	105266
2000	1989	4040	29664	73426	149140
2001	1790	2818	21663	76874	121022
2002	1746	2812	23329	89262	133614
2003	1700	2944	30816	104674	181271
2004	1540	2769	42463	153351	275734
2005	2121	3383	58242	172161	274597
2006	2834	3787	65945	174135	232392
2007	3539	4372	82918	189657	234298
2008	3151	4542	92146	202875	292434
2009	3132	4457	101017	226648	322532
2010	3278	4211	113576	269713	346480
2011	3223	4401	123464	280536	383072
2012	3743	5358	133137	248483	355697
2013	4044	5411	129391	239126	319958
2014	4217	5715	140051	245059	332111
2015	4430	6350	152245	239756	343668
2016	4353	6197	189743	306185	435890

14－20 高等学校科技活动情况(1986－2016 年)
Basic Statistics on Scientific Technological Activities on Higher Education(1986－2016)

年份 Year	科技活动机构数(个) Institutions (unit)	科技活动人员(人) Persons Engaged in Scientific and Technological Activities (person)	经费拨入总额(万元) Funds (10000 yuan)	#政府拨款 Government Appropriations	经费支出总额(万元) Expenditures (10000 yuan)	#仪器设备费 Expenditurs for Instrument and Equipment
1986	31	16086	2760	2061	2191	943
1987	32	15363	2954	1836	2557	823
1988	45	19874	3167	1789	2757	639
1989	44	20166	4514	2039	3926	884
1990	45	20267	5320	2773	4068	881
1991	43	20251	6442	3234	5505	1101
1992	58	20597	11083	5250	9996	2128
1993	234	20940	26974	9129	26563	4917
1994	262	20933	25766	8965	24830	3449
1995	259	21098	28731	7522	24805	3067
1996	259	22111	32341	7404	29516	3417
1997	295	22247	38327	10791	34538	4497
1998	433	23092	45677	11598	45008	4592
1999	365	23869	58749	13654	51850	3035
2000	430	28555	81153	23554	74714	8225
2001	534	34716	108576	37059	90486	11448
2002	405	19659	150651	61506	112630	17339
2003	421	21763	178362	67396	136090	19425
2004	203	29031	209249	90951	178960	27796
2005	191	25077	271011	136055	203204	37122
2006	160	25436	314684	170843	257099	53033
2007	161	26496	350014	178132	261104	41679
2008	169	28594	398755	225555	297278	51504
2009	575	53160	449992	242782	391720	72279
2010	471	56822	596839	348846	539237	61563
2011	494	60216	660167	376049	635506	108295
2012	524	62209	718381	410322	686972	98605
2013	595	64507	722863	406115	675602	96108
2014	601	65855	750889	433034	725606	88192
2015	634	74942	847205	498600	751587	86076
2016	717	87309	972426	580644	873965	94396

14－21 高等学校自然科学领域研究与发展课题情况(1986－2016年) Basic Statistics on Topics of Natural Scientific Research and Development in Institutions of Higher Education(1986－2016)

年份 Year	课题数 (项) Number of Topics (topic)	投入人员 (人年) Persons (person－year)	投入经费 (万元) Funds (10000 yuan)	课题平均经费 (元/项) Funds per Topic (yuan/tipic)
1986	1684		2295	13569
1987	1849		2681	14500
1988	2163		2616	12094
1989	2285		3848	16840
1990	2925		4667	15956
1991	3400		5053	14862
1992	4083		7905	19361
1993	4263		12961	30403
1994	4398		17082	38840
1995	4264		16211	38018
1996	4415		17900	40544
1997	4713		23901	50713
1998	5173		24912	48158
1999	5412		25385	46905
2000	5268		29482	55964
2001	6375	3821	40110	62918
2002	8736	4295	37511	42938
2003	13385	6363	90175	67370
2004	16003	8354	154804	96734
2005	18789	8676	133346	70970
2006	19896	8844	126763	63713
2007	19945	8966	150157	75286
2008	21657	9687	192980	89107
2009	22235	9581	210106	94493
2010	22391	10073	346706	154842
2011	22193	9847	351999	158608
2012	23938	9745	342897	143244
2013	25264	9984	385379	152541
2014	25510	9857	424142	166265
2015	28514	10885	436645	153133
2016	32389	11844	424460	131051

14－22 高等学校自然科学领域研究与发展课题情况 Basic Statistics on Topics of Natural Scientific Research and Development in Institutions of Higher Education

项目	Item	课题数(项) Number of Topics (topic)		投入人员(人年) Persons (person)		投入经费(万元) Funds (10000 yuan)		课题平均经费(元) Funds per Topic (yuan)	
		2015	2016	2015	2016	2015	2016	2015	2016
总计	**Total**	**28514**	**32389**	**10885**	**11844**	**436645**	**424460**	**153134**	**131051**
按活动类型分	**By Type of Activities**								
基础研究	Fundational Research	9785	11260	3690	3916	162121	168192	165683	149371
应用研究	Applied Research	14183	15878	5398	5899	199514	179042	140671	112761
试验发展	Experimental Development	1578	1900	620	668	18156	20449	115057	107625
研究与试验发展成果应用	Applying in R&D Results	1520	1571	692	655	29088	29316	191368	186609
科技服务	Technology Service	1448	1780	482	706	27766	27460	191754	154269

14－23 高等学校自然科学领域研究与发展机构科技著作 Scientific and Technical Works of Research and Development Organizations in Institutions of Higher Education

项目	Item	出版科技专著(部) Science and Technology Workers Published (work)				发表学术论文(篇) Academic Papers Published (paper)				#国外及全国性学术刊物 Published in Foreign Academic Publications			
		2013	2014	2015	2016	2013	2014	2015	2016	2013	2014	2015	2016
合计	**Total**	**108**	**117**	**144**	**135**	**31363**	**28334**	**29246**	**33724**	**11914**	**11647**	**13234**	**15126**
自然科学	Natural Sciences	26	23	28	23	7524	6430	6289	7016	3035	2592	3038	3161
工程与技术	Engineering and Technology	42	47	60	78	13307	12022	13659	14414	5907	5816	5917	6539
医学科学	Medical Sciences	33	37	41	27	7770	7260	6641	9650	1888	2131	2888	3991
农业科学	Agricultural Sciences	7	10	15	7	2762	2622	2657	2644	1084	1108	1391	1435

14－24 规模以上工业企业研发活动情况(2014－2016年)
Basic Statistics on R&D Activities of Industrial Enterprises above Designated Size(2014－2016)

单位:亿元(100 million yuan)

项目			2014	2015	2016
有R&D活动的企业数 (个)	Number of Enterprises with R&D Activities	(unit)	12113	13634	14493
企业有研发机构 (个)	Number of R&D Intitutions	(unit)	9049	9737	10137
从业人员年平均人数 (万人)	Average Number of Employed Person	(10000 persons)	709	695	676
研发活动人员 (万人)	Number of Persons with R&D Activities	(10000 persons)	36.23	40.26	41.47
参加项目人员 (万人)	Number of Persons with R&D Projects	(10000 persons)	34.48	39.09	40.72
企业内部的日常研发经费支出	Daily Expenditure on R&D Activities of Enterprises		1038.18	1056.62	1188.98
人工费	Labor Costs		334.51	361.59	424.56
原材料费	Material Costs		465.08	465.34	516.29
委托外单位开发经费支出	Expenditure on Entrustment		38.69	45.62	46.49
折合全时R&D人员 (万人年)	Full－time Equivalent of R&D Personnel	(10000 man－year)	29.03	31.67	32.18
R&D经费支出	Expenditure on R&D Activities		768.15	853.57	935.79
新产品开发经费支出	Expenditure on New Product Development		896.05	898.93	1004.16
新产品产值	Output of New Product		18769.89	21283.88	23444.86
新产品销售收入	Sales income of New Porduct		16507.86	18839.14	21396.83
出口	Export		3493.62	3728.68	4210.39
专利申请数 (项)	Number of Patent Application	(item)	77135	72730	78729
发明专利 (项)	Patent of Invention	(item)	16824	16819	19280
拥有发明专利数 (项)	Owning Invention Patent	(item)	28235	31642	38661
技术改造经费支出	Expenditure for Technology Transform		278.09	233.72	191.90
引进境外技术经费支出	Expenditure for Acquisition of Abroad Technology		12.47	12.16	9.33
引进境外技术的消化吸收经费支出	Expenditure for Assimilation of Abroad Technology		4.87	3.57	3.53
购买境内技术经费支出	Expenditure for Purchasing of Domestic Technology		14.43	20.63	14.41

14－25 规模以上工业企业研发活动情况(2016 年)
Basic Statistics on R&D Activities of Industrial Enterprises above Designated Size(2016)

项目	Item	有 R&D 活动的企业数（个）Number of Enterprises with R&D Activities (unit)	企业办研发机构（个）Number of R&D Intitutios (unit)	企业办机构仪器设备原价（万元）Value of Instrument and Equipment Owned by Intitutions (10000 yuan)
总计	**Total**	**14493**	**10137**	**6127125**
按企业规模分	**By Size**			
大型企业	Large－sized Industrial Enterprises	468	636	1881364
中型企业	Medium－sized Industrial Enterprises	2583	2380	2189035
小型企业	Small－sized Enterprises	11299	7055	2014338
微型企业	Micro enterprises	143	66	42389
按登记注册类型分	**By Registered Type**			
内资企业	Domestic Funded Enterprises	12431	8524	4603122
国有企业	State－owned Enterprises	16	10	6499
集体	Collective Owned Enterprises	7	5	993
股份合作企业	Cooperative Enterprises	83	45	9712
联营企业	Joint Ownership Enterprises	1		
有限责任公司	Limited Liability Corporations	2348	1669	1313918
股份有限公司	Share－holding Corporations Ltd.	757	848	1153251
私营企业	Private Enterprises	9218	5945	2118453
其他企业	Other Enterprises	1	2	297
港、澳、台商投资企业	Enterprises With Funds From Hong Kong, Macao and Taiwan	1122	872	900671
合资经营企业	Joint－venture Enterprises	635	506	523901
合作经营企业	Cooperation Enterprises	21	19	9643
港、澳、台商独资经营企业	Enterprises with Sole Investment	441	327	313327
港、澳、台商投资股份有限公司	Share－holding Corporations Ltd	18	14	52469
其他港澳台投资企业	Other Enterprises	7	6	1331
外商投资企业	Foreign Funded Enterprises	940	741	623332
中外合资经营企业	Joint－venture Enterprises	531	426	350038
中外合作经营企业	Cooperation Enterprises	13	10	2492
外资企业	Enterprises With Sole Foreign Investment	375	287	251048
外商投资股份有限公司	Foreign Invesment Share－holding Corporations Ltd.	15	15	18997
其他外商投资企业	Other Enterprises	6	3	758
按隶属关系分	**By Jurisdiction of Management**			
中央企业	Central Enterprises	37	37	82620
地方企业	Local Enterprise	14456	10100	6044505

R&D 人员（人年）R&D Personnel (man - year)	R&D 经费支出（万元）Expenditure on R&D Activities (10000 yuan)	新产品开发经费支出（万元）Expenditure on New Product Development (10000 yuan)	新产品销售收入（万元）Sales income of New Porduct (10000 yuan)	发明专利申请数（项）Number of Patent Invention Application (item)	有效发明专利数（项）Number of Owning Invention Patent (item)
321845	**9357877**	**10041634**	**213968302**	**19280**	**38661**
87542	2975246	3407844	82897382	5212	11025
106172	3018390	3122786	68317302	5352	11668
127370	3330761	3484316	62057711	8602	15651
762	33481	26689	695907	114	317
250705	7117209	7552616	163558749	14938	28339
700	11200	10965	158600	680	840
52	1636	1068	21859	6	10
752	18865	17702	229682	47	94
2	44	44			
64951	2033507	2169701	53781906	4021	7456
47805	1429545	1538343	27596422	2598	6604
136433	3622303	3814473	81769326	7586	13329
10	109	320	953		6
42060	1346487	1481146	26095866	2691	6529
19196	551725	606458	15607695	876	1738
502	13416	12788	313423	9	36
15426	550845	622019	8190080	1342	4373
6751	224348	234081	1832666	460	368
185	6154	5800	152003	4	14
29080	894181	1007873	24313686	1651	3793
17601	528789	631486	15837142	1008	2163
149	4496	3920	57177	3	6
10439	335497	345629	7787658	613	1530
796	24072	25582	616436	25	75
95	1327	1255	15274	2	19
1760	63894	56364	1009492	825	1213
320085	9293983	9985270	212958810	18455	37448

14－26 大中型工业企业研发活动情况(2016 年)
Basic Statistics on R&D Activities of Large and Medium sized Industrial Enterprises(2016)

项目	Item	企业数(个) Number of Enterprises (unit)	有 R&D 活动的企业数(个) Number of Enterprises with R&D Activities (unit)	企业办研发机构(个) Number of R&D Intitutions (unit)
总计	**Total**	**4745**	**3051**	**3016**
按登记注册类型分	**By Status of Registration**			
内资企业	Domestic Funded Enterprises	3493	2324	2326
国有企业	State－owned Enterprises	39	9	7
集体	Collective Owned Enterprises	2		
股份合作企业	Cooperative Enterprises	10	3	7
有限责任公司	Limited Liability Corporations	919	638	611
股份有限公司	Share－holding Corporations Ltd.	412	371	526
私营企业	Private Enterprises	2109	1303	1175
其他企业	Others	2		
港、澳、台商投资企业	Funded by Enterpreneurs From Hong Kong Macao and Taiwan	666	408	386
合资经营企业	Joint－venture Enterprises	370	235	226
合作经营企业	Cooperation Enterprises From Hong Kong ,Macao and Taiwan	12	9	5
港、澳、台商独资经营企业	Enterprises with Sole Hong Kong,Macao and Taiwan	257	148	140
港、澳、台商投资股份有限公司	Share－holding Corporations Ltd. with Funds From Hong Kong,Macao and Taiwan	22	14	13
其他港澳台投资企业	Other Hong Kong, Macao and Taiwan investment	5.00	2.00	2.00
外商投资企业	Foreign Funded Enterprises	586	319	304
中外合资经营企业	Joint－venture Enterprises	306	184	176
中外合作经营企业	Cooperation Enterprises	5	3	3
外资企业	Enterprises With Sole Foreign Investment	261	121	115
外商投资股份有限公司	Foreign Invesment Share－holding Corporations Ltd.	12	9	10
其他外商投资企业	Other foreign investment	2	2	
按隶属关系分	**By Relationship**			
中央企业	Central Enterprises	39	18	24
地方企业	Local Enterprises	4706	3033	2992

企业办机构仪器设备原价(万元) Original Value of Machines (10000 yuan)	R&D人员(人年) Number of Persons with R&D Activities (man-year)	R&D经费支出(万元) Expenditure on R&D Activities (10000 yuan)	新产品开发经费支出(万元) Expenditure on New Product Development (10000 yuan)	新产品销售收入(万元) Sales income of New Product (10000 yuan)	发明专利申请数(项) Number of Patent Applications (item)	有效发明专利数(项) Patent of Inventions Owned (item)
4070399	**193714**	**5993635**	**6530630**	**151214684**	**10564**	**22693**
2951389	140951	4230155	4546029	110577230	7513	15251
6313	608	10131	9630	148318	653	815
5459	183	4621	4647	58354	4	49
872391	42785	1425137	1535123	42386816	2706	4621
1013061	40610	1237579	1332759	24303050	1951	5213
1054165	56765	1552688	1663870	43680692	2199	4553
704631	32210	1087359	1205824	20789612	2057	5342
384003	13521	401330	448481	12251697	553	1050
6422	268	7206	4393	185550	3	4
261849	11648	452479	517686	6423001	1052	3930
52171	6623	221425	230595	1811390	445	350
184.90	151.00	4917.40	4670.20	117974.80	4.00	8.00
414380	20553	676122	778776	19847842	994	2100
243504	12863	408988	502673	13424560	705	1462
952	61	1280	1230	29808		3
151507	6887	243580	250661	5821802	266	577
18418	724	22083	23387	571672	23	58
	17	190	825			
30853	1317	43631	33211	647561	723	939
4039546	192397	5950005	6497418	150567122	9841	21754

14－27 大中型工业企业研发活动情况(2014－2016年)

Basic Statistics on R&D Activities of Large and Medium sized Industrial Enterprises (2014－2016)

单位:亿元(100 million yuan)

项目		Item		2014	2015	2016
企业数	(个)	Number of Enterprises	(Number)	5007	4792	4745
有R&D活动企业数	(个)	Number of Enterprises with R&D Activities	(Number)	2784	2931	3051
企业有研发机构	(个)	Number of R&D Intitutions	(Number)	2890	2929	3016
从业人员年平均人数	(万人)	Average Number of Employed Person	(10000 persons)	353.35	341.21	335.11
R&D活动人员	(万人)	Number of Persons with R&D Activities	(10000 persons)	21.52	23.58	24.24
参加项目人员	(万人)	Number of Persons with R&D Projects	(10000 persons)	20.47	22.81	23.81
企业内部的日常研发经费支出		Daily Expenditure on R&D Activities of Enterprises		655.42	666.62	767.82
人工费		Labor Costs		216.94	233.48	278.94
原材料费		Material Costs		287.99	286.99	324.87
委托外单位开发经费支出		Expenditure on Entrustment		29.94	37.97	37.90
折合全时R&D人员	(万人年)	Full－time Equivalent of R&D Personnel	(person－year)	17.85	19.25	19.37
R&D经费支出		Expenditure on R&D Activities		484.76	542.56	599.36
新产品开发经费支出		Expenditure on New Product Development		572.11	572.32	653.06
新产品产值		Output of New Product		13072.46	14647.11	16264.20
新产品销售收入		Sales income of New Porduct		11666.65	13252.27	15121.47
出口		Export		2521.91	2661.17	3066.27
专利申请数	(项)	Patent Application	(nape)	33184	33758	39073
发明专利	(项)	Patent of Invention	(nape)	8237	8517	10564
拥有发明专利数	(项)	Owning Invention Patent	(nape)	15210	18160	22693
技术改造经费支出		Expenditure for Technology Transform		218.70	188.30	155.79
引进境外技术经费支出		Expenditure for Acquisition of Abroad Technology		6.17	9.14	8.14
引进境外技术的消化吸收经费支出		Expenditure for Assimilation of Abroad Technology		3.92	3.15	3.28
购买境内技术经费支出		Expenditure for Purchasing of Domestic Technology		8.84	14.01	9.80

14－28 科协系统科技活动情况
Basic Statistics on Scientific and Technological Activities

项目		Item		科协合计 Total Associations with Science and Technology System		省科协 Associations at province Level		市科协 Associations at City level		县级科协 Associations at County Level	
				2015	2016	2015	2016	2015	2016	2015	2016
机构数	**(个)**	**Institutions**	**(unit)**	**104**	**104**	**1**	**1**	**11**	**11**	**92**	**92**
人员数	**(人)**	**Personnel**	**(person)**	**1716**	**1578**	**244**	**235**	**469**	**540**	**1003**	**803**
学术活动		**Academic Activities**									
学术会议		Academic Meetings									
次数	(次)	Number	(time)	734	937	6	2	523	572	205	363
参加人数	(人)	Participants	(person)	101981	101796	4200	5300	52702	57182	45079	39314
干部教育培训		Cadre education and training									
办培训班	(个)	Training Classes	(class)	650	132	6	2	14	21	630	109
结业人数	(人次)	People Graduated	(person－time)	19820	7735	1800	233	770	1036	17250	6466
科普活动		Activities for Popular Science									
宣讲活动	(次)	Propaganda Activity	(time)	11070	14016	113	122	2176	3019	8781	10875
受众	(人次)	Audience	(time)	8546589	8357748	2482000	2730000	1617575	1842667	4447014	3785081
出版		**Publications**									
编著科技图书	(种)	Books Edited	(kind)	125	178	5	5	28	29	92	144
年发行总量	(册)	Number of Annual Published	(copy)	1282000	1064696	50000	50000	543800	339400	688200	675296

14－29 科协系统省级学会情况(2010－2016年)
Basic Statistics on Academy in Science Systems(2010－2016)

项目		Item		2010	2011	2012	2013	2014	2015	2016
机构数	**(个)**	**Institutions**	**(unit)**	**160**	**162**	**162**	**165**	**169**	**170**	**173**
会员数	**(人)**	**Personnel**	**(person)**	**171028**	**181803**	**200156**	**197578**	**219027**	**231067**	**220897**
学术活动		**Academic Activities**								
学术会议		Domestic Academic Meetings								
次数	(次)	Number	(Time)	587	656	768	771	927	1105	1058
参加人数	(人)	Participants	(person)	79565	88064	95156	100846	127614	173171	182818
交流论文数	(篇)	Papers Presented	(paperr)	16959	21940	27289	14873	33283	35226	39773
科技培训		Training								
继续教育	(个)	Continuing Education	(unit)	363	388	234	253	344	443	334
结业人数	(人次)	Number of Students Graduated	(Time)	46121	49922	28115	35343	51386	82564	59965
科普活动		Activities for Popular Science								
宣讲活动	(次)	Propaganda Activity	(Time)	734	874	909	937	1455	1967	1254
受众人数	(人次)	Audience Numbers	(Time)	335215	374632	263943	265364	323308	352079	1984109
青少年科技竞赛次数	(次)	Teenagers Participating in Science technology Competitions	(Time)	31	32	58	61	39	48	49
出版		Publications								
主办科技期刊	(种)	Journals by held	(kind)	47	45	50	58	54	56	53
年发行总数	(册)	Number of Copies Distributed	(cope)	1614535	1137611	2212513	981607	2144011	2109891	995120
编著科技图书	(种)	Academic Newspaper	(kind)	5	11	44	44	51	51	70
年发行总量	(册)	Number of Copies Distributed	(cope)	53100	40400	150300	167000	291400	306300	362232

14－30 专利申请量和授权量(2009－2016年)
Patent Applications Accepted and Approved(2009－2016)

项目	Item	2009	2010	2011	2012	2013	2014	2015	2016
申请量合计(项)	**Number of Patent Applications Accepted(item)**	**108563**	**120782**	**177081**	**249373**	**294014**	**261434**	**307263**	**393147**
发明	Inventions	15655	18024	24745	33265	42744	52405	67674	93254
实用新型	Utility Models	40436	50249	75875	108599	127122	116011	150172	199244
外观设计	Outward Designs	52472	52509	76461	107509	124148	93018	89417	100649
授权量合计(项)	**Number of Patent Applications Approved(item)**	**79945**	**114643**	**130190**	**188431**	**202350**	**188544**	**234983**	**221456**
发明	Inventions	4818	6409	9135	11459	11139	13372	23345	26576
实用新型	Utility Models	25295	47615	56030	84897	106238	99508	124465	123744
外观设计	Outward Designs	49832	60616	65025	92075	84973	75664	87173	71136

14－31 测绘部门主要指标完成情况(2009－2016年)
Major Indicators of Surveying and Mapping Department(2009－2016)

项目	Item	2009	2010	2011	2012	2013	2014	2015	2016
基础测绘经费总投入 (万元)	Gross Investment on Surveying and Mapping (10000 yuan)	30656	35920	34496	40576	50675	74789	71238	67943
测绘服务总值 (亿元)	Gross Output Value (100 million yuan)	12.83	15.13	25.10	27.95	32.39	33.64	37.43	50.40
年末测绘人数 (人)	Personnel (person)	9686	10295	10774	11742	12488	14587	16061	18576
1:1万地形图测制与更新 (幅)	1:10000 Topographic Maps and Updated (Suit)	1446	1819	1473	1657	1639	1502	1446	1446
1:5千地形图测制与更新 (幅)	1:5000 Topographic Maps and Updated (Suit)		124	338	162	165			
提供各种比例尺地形图 (张)	Topographic Maps of All Kinds (Piece)	72404	53470	108450	87825	149968	107833	82869	49795

14－32 标准计量和质量监督情况
Basic Statistics on Standard Measuring and Quality Supervising

项目		Item		2014	2015	2016
国家质检中心	（家）	Number of National Quality Inspection Center	(unit)	40	44	49
省级质检中心	（家）	Number of Provincial Quality Inspection Center	(unit)	92	96	100
各级政府质量奖获奖企业数	（家）	Number of Government Quality Award Winning Enterprises at All Levels	(unit)	1309	1590	1712
浙江名牌产品数	（个）	Number of Famous Brand Products in Zhejiang	(unit)	2508	2618	2605
纳入全省质量信用信息平台的企业数	（家）	Number of Enterprises Included in the Provincial Quality Credit Information Platform	(unit)	51892	54012	50432
纳入全省质量信用信息平台的信息数	（条）	Number of Information Included in the Provincial Quality Credit Information Platform	(item)	209445	218013	203104
现行有效地方标准数	（项）	Number of Effective Local Standards	(item)	667	611	623
企业产品标准自我声明公开数	（项）	Number of Product Standards by Enterprises	(item)	2334	23805	62180
依法设置的计量检定机构数	（所）	Number of Metrological Verification Institutions	(unit)	74	74	76
省级检定机构数	（所）	Provincial Level	(unit)	1	1	1
市级检定机构数	（所）	City level	(unit)	12	12	12
县(市、区)级检定机构数	（所）	County(District) Level	(unit)	61	61	63
依法授权的计量检定机构数	（个）	Number of Metrological Verification Institutions Authorized in accordance with the Law	(unit)	61	61	51
省级授权机构数	（个）	Provincial Level	(unit)	8	8	8
市级授权机构数	（个）	City level	(unit)	53	53	43
全省最高等级社会公用计量标准数	（个）	Number of Social Common Measurement Standards by Highest Level	(unit)	167	172	200
全省其他等级社会公用计量标准数	（个）	Number of Social Common Measurement Standards at Other Levels	(unit)	2248	3063	3176
强制检定计量器具实际检出数	（万台件）	Actual Quantity Checked by Measurement Implement Tested Compulsively	(10000 units)	1221.77	759.29	643.18
全省检验检测机构数	（个）	Number of Provincial Inspection and Testing Institutions	(unit)	1475	1558	1674
产品质量监督检验受检企业数	（个）	Number of Enterprises Passed Quality Check	(unit)	20424	19660	17960
特种设备综合检验机构数	（个）	Number of Comprehensive Inspection Institutions for Special Equipment	(unit)	16	16	18
省特种设备检验机构数	（个）	Provincial Level	(unit)	1	1	1
市特种设备检验机构数	（个）	City level	(unit)	11	11	11
行业特种设备检验机构数	（个）	Sector	(unit)	4	4	6
固定资产总值	（万元）	Value of Fixed Assets	(10000 yuan)	354849	481274	578220
打击假冒伪劣案件立案数	（个）	Number of Fake and Shoddy Cases Registered	(unit)	4709	4510	4365

注：固定资产总值自2015年起含工商、食药、质监三局部分合并数据。
Data of Value of Fixed Assets Contains the Part of the Consolidated Data from Industrial and Commercial Administrative Bureau, Food and Drug Administrative Bureau and Administrative Bureau of Quality Supervision, Inspection and Quarantine since 2015.

14－33 按行业分的事业单位专业技术人员(2016年) Specialized Technical Personnel in Enterprises by Sector(2016)

单位:人(person)

项目	Item	总数 Total	高级岗位 Senior		中级岗位 Medium	
			四级及以上 The forth and above	五至七级 The fifth to seventh	八至九级 The eighth to ninth	十级 The tenth
总计	**Total**	**879201**	**17686**	**137888**	**210159**	**157950**
农、林、牧、渔业	Farming, Forestry, Animal Husbandry and Fishery	19128	209	2101	4940	3389
采矿业	Mining and Quarrying					
制造业	Manufacturing					
电力、热力、燃气及水生产和供应业	Electricity, Heat, Gas and Water Production and Supply					
建筑业	Construction	2776	43	617	615	494
批发和零售业	Wholesale and Retail Sale Trade					
交通运输、仓储和邮政业	Transport, Storage and Post	8025	72	1420	1845	1635
住宿和餐饮业	Hotels and Catering Services	206		3	36	20
信息传输、软件和信息技术服务业	Information Transmission, Software and Information Technology	893	10	133	175	186
金融业	Finance	458		17	20	155
房地产业	Real Estate	1172	5	161	320	195
租赁和商务服务业	Leasing and Commercial Services	580	1	24	99	101
科学研究和技术服务业	Scientific Research and Technic Services	16258	921	4470	3317	3487
水利、环境和公共设施管理业	Water Conservancy, Environment and Public Facilities Management	15351	270	2709	3463	2758
居民服务、修理和其他服务业	Resident Services, Repair and Other Services	949	6	68	181	170
教育	Education	488914	6221	90556	141169	89570
卫生和社会工作	Health Care and Social Work	256724	9051	28571	39468	43538
文化、体育和娱乐业	Culture, Sports and Recreation	24719	747	3477	5573	4689
公共管理、社会保障和社会组织	Public Management, Social Security and Social Organization	43048	130	3561	8938	7563

续表 Continued 单位:人(person)

项目	Item	按职务分 By Post			
		初级岗位 Junior			
		十一级 The eleventh	十二级 The twelvth	十三级 The thirteenth	其他 Others
总计	**Total**	**105562**	**170076**	**48687**	**31193**
农、林、牧、渔业	Farming, Forestry, Animal Husbandry and Fishery	2851	3802	1364	472
采矿业	Mining and Quarrying				
制造业	Manufacturing				
电力、热力、燃气及水生产和供应业	Electricity, Heat, Gas and Water Production and Supply				
建筑业	Construction	354	526	80	47
批发和零售业	Wholesale and Retail Sale Trade				
交通运输、仓储和邮政业	Transport, Storage and Post	975	1490	360	228
住宿和餐饮业	Hotels and Catering Services	40	36	31	40
信息传输、软件和信息技术服务业	Information Transmission, Software and Information Technology	155	157	41	36
金融业	Finance	23	34	203	6
房地产业	Real Estate	164	232	81	14
租赁和商务服务业	Leasing and Commercial Services	105	154	65	31
科学研究和技术服务业	Scientific Research and Technic Services	1223	2183	315	342
水利、环境和公共设施管理业	Water Conservancy, Environment and Public Facilities Management	1977	3148	710	316
居民服务、修理和其他服务业	Resident Services, Repair and Other Services	131	257	107	29
教育	Education	58666	80321	8529	13882
卫生和社会工作	Health Care and Social Work	28931	61649	31724	13792
文化、体育和娱乐业	Culture, Sports and Recreation	3397	4544	1546	746
公共管理、社会保障和社会组织	Public Management, Social Security and Social Organization	6570	11543	3531	1212

14－34 按行业分的企业单位专业技术人员(2016 年)
Specialized Technical Personnel in Enterprises by Sector(2016)

单位:人(person)

项目	Item	总数 Total	按职务分 By Post				
			高级职务 Senior	#正高级职务 Chief Senior	中级职务 Medium	初级职务 Junior	未聘任专业技术职务 Not Appointed
总计	**Total**	**139373**	**10470**	**207**	**35241**	**55095**	**38567**
农、林、牧、渔业	Farming, Forestry, Animal Husbandry and Fishery	1199	87	3	323	682	107
采矿业	Mining and Quarrying	544	58		217	244	25
制造业	Manufacturing	21053	1895	15	5722	8052	5384
电力、热力、燃气及水生产和供应业	Electricity, Heat, Gas and Water Production and Supply	15959	1233	3	4390	7884	2452
建筑业	Construction	17426	1707		4648	7085	3986
批发和零售业	Wholesale and Retail Sale Trade	16400	491	5	2586	5916	7407
交通运输、仓储和邮政业	Transportation, Storage and Post	23582	2154	2	6459	11003	3966
住宿和餐饮业	Hotels and Catering Services	1297	45		252	521	479
信息传输、软件和信息技术服务业	Information Transmission, Software and Information Technology	3188	41		232	409	2506
金融业	Finance	11072	238		2728	3343	4763
房地产业	Real Estate	4559	486	2	1762	1591	720
租赁和商务服务业	Leasing and Commercial Services	2348	151		749	1054	394
科学研究和技术服务业	Scientific Research and Technic Services	3935	641	24	1409	1126	759
水利、环境和公共设施管理业	Water Conservancy, Environment and Public Facilities Management	4913	417	1	1488	2423	585
居民服务、修理和其他服务业	Resident Services, Repair and Other Services	2475	83		568	1521	303
教育	Education	215	19	9	139	57	
卫生和社会工作	Health Care and Social Work	1299	155	13	448	603	93
文化、体育与娱乐业	Culture, Sports and Recreation	7909	569	130	1121	1581	4638
公共管理、社会保障和社会组织	Public Management ,Social Security and Social Organization						

续表 Continued 单位:人(person)

项目	Item	按专业分 By Occupation #工程技术人员 Engineering	#农业技术人员 Agriculture	#科学技术人员 Scientific Research	#卫生技术人员 Medical Professionals	#教学人员 Teaching	#其他专技人员 Others
总计	**Total**	**65104**	**739**	**571**	**3138**	**597**	**69224**
农、林、牧、渔业	Farming, Forestry, Animal Husbandry and Fishery	421	238	3	4	5	528
采矿业	Mining and Quarrying	269			9		266
制造业	Manufacturing	13458	99	173	249	221	6853
电力、热力、燃气及水生产和供应业	Electricity, Heat, Gas and Water Production and Supply	9957	9	2	13	4	5974
建筑业	Construction	14506		1		10	2909
批发和零售业	Wholesale and Retail Sale Trade	873	225	1	999	8	14294
交通运输、仓储和邮政业	Transportation, Storage and Post	11393	139	17	110	94	11829
住宿和餐饮业	Hotels and Catering Services	212		1	2	1	1081
信息传输、软件和信息技术服务业	Information Transmission, Software and Information Technology	1669		102	1		1416
金融业	Finance	437			3	40	10592
房地产业	Real Estate	2452	4			8	2095
租赁和商务服务业	Leasing and Commercial Services	515			22	6	1805
科学研究和技术服务业	Scientific Research and Technic Services	3289	1	270	5	3	367
水利、环境和公共设施管理业	Water Conservancy, Environment and Public Facilities Management	3220	19	1		5	1668
居民服务、修理和其他服务业	Resident Services, Repair and Other Services	805	5		531	6	1128
教育	Education	11			4	174	26
卫生和社会工作	Health Care and Social Work	33			1184	8	74
文化、体育与娱乐业	Culture, Sports and Recreation	1584			2	4	6319
公共管理、社会保障和社会组织	Public Management, Social Security and Social Organization						

浙/江/统/计/年/鉴

主要统计指标解释

■ 普通高等学校

指按照国家规定的设置标准和审批程序批准举办,通过国家统一招生考试,招收高中毕业生为主要培养对象,实施高等教育的全日制大学、独立设置的学院和高等专科学校、短期职业大学。

■ 成人高等学校

指按照国家有关规定审批,招收通过全国成人高教统一招生考试的具有高中毕业或同等学历的在职从业人员利用脱产、半脱产、业余或函授等多种形式对其实施高等学历教育,培养高等教育专科或本科毕业水平的专门人才,修业年限、课程设置和总学时数均按高等学历教育要求付诸实施的学校。包括广播电视大学、职工高等学校、农民高等学校、管理干部学院、教育学院、独立设置的函授学院等。

■ 小学学龄儿童入学率

指调查范围内已入小学学习的学龄儿童占校内外学龄儿童总数(包括弱智儿童在内,但不包括盲聋哑儿童)的比重。计算公式

$$\text{小学学龄儿童入学率}=\frac{\text{已入学的小学学龄儿童数}}{\text{校内外小学学龄儿童总数}}\times 100\%$$

■ 独立研究与开发机构

指有明确的任务和研究方向,有一定学术水平的业务骨干和一定数量的研究人员,具有研究、开发、开展学术工作的基本条件,主要进行科学研究与技术开发活动,并且在行政上有独立的组织形式,财务上独立核算盈亏,有权与其他单位签订合同,在银行有单独户头的单位。包括国务院各部门、中国科学院、中国社会科学院和各省、自治区、直辖市以及地(市)以上(含地,市)各部门所属的国有独立的科学研究与技术开发机构。

■ 科学家和工程师

指具有大学本科及以上学历的和不具备上述学历但有高、中级职称的人员。

ZHEJIANG STATISTICAL YEARBOOK

Explanatory Notes on Main Statistical Indicators

□ Regular Institutions of Higher Education

refer to educational establishments set up according to the government evaluation and approval procedures, enrolling graduates from senior secondary schools and providing higher education courses and training for senior professionals. They include full-time universities, colleges, high professional schools and short-term professional universities.

□ Institutions of Higher Education for Adults

refer to educational establishments, set up in line with relevant rules approved by the government, enrolling staff and workers with senior secondary school or equivalent education, and providing higher education courses in many forms of full-time, part-time, spare-time, or correspondence for adults. Professionals thus trained receive a qualification equivalent to graduates studying regular courses at regular universities, colleges and professional colleges. Institutions of higher learning for adults include Radio and TV universities, schools of high education for staff and workers and peasants, colleges for management cadres, pedagogical colleges, independent correspondence colleges.

□ Enrollment Rate of Primary School-age Children

refers to the proportion of school-age children enrolled at schools to the total number of school-age children both in and outside schools (including retarded children, but excluding blind, deaf and mute children). The formula is:

$$\text{Enrollment Rate of Primary School-age Children} = \frac{\text{Total Primary School-age Children at Schools}}{\text{Total Primary School-age Children Both at and Outside Schools}} \times 100\%$$

□ Independent Research and Development Institutions

refer to the state-owned insitutions which have direct mission and research purpose, a certain number of core member with higher research level and a certain number of research personnel, favorable conditions for R&D and engaging in scientific rese arch and technological development. The institutions also have their own indepen dent organization and finance, authority to sign contracts with other units, with their own accounts in banks. Independent research and development institutions include the institutions attached to central government agencies, Chinese Acade my of Sciences. Chinese Academy of Social Sciences and the institutions attached to local governments.

□ Scientists and Engineers

refer to persons who have completed university or higher education or obtained titles of senior and middle-level professional positions.

2017
浙江统计年鉴
ZHEJIANG STATISTICAL YEARBOOK

CHAPTER 15

文化、体育和卫生
Culture,Sports and Public Health

15 - 1 文化部门文化、艺术、文物机构数(1978 - 2016 年)
Number of Institutions for Culture, Arts and Heritage (1978 - 2016)

单位:个(unit)

年份 Year	电影放映单位 Film Projection Units	艺术表演团体 Art Performance Troupes	文化馆、站 Cultural Centers, Stations	#文化馆 Cultural Centers	公共图书馆 Public Libraries	博物馆 Museums
1978	4375	128	1125	76	63	19
1979	4320	161	1332	79	69	17
1980	4218	170	1659	79	69	19
1981	4126	147	1753	79	70	20
1982	4095	135	2124	82	73	20
1983	4625	131	2954	86	73	20
1984	5242	133	3607	91	74	21
1985	5592	126	3598	93	76	21
1986	5375	122	3617	95	78	35
1987	5089	112	3619	93	80	40
1988	4896	98	3501	87	80	45
1989	4673	90	3547	87	80	47
1990	4580	90	3554	85	80	51
1991	4436	91	3695	85	80	55
1992	4050	89	2065	84	80	55
1993	3600	89	2033	84	81	58
1994	3327	87	2010	84	82	58
1995	3029	83	1974	83	81	59
1996	2817	85	2114	83	81	61
1997	2766	86	2014	83	81	63
1998	2723	82	2016	83	82	68
1999	2381	82	1956	84	83	69
2000	2129	79	1932	84	83	65
2001	1868	80	1640	86	83	69
2002	1984	80	1676	86	83	70
2003	83	77	1650	87	83	70
2004	1758	71	1634	87	84	73
2005	1505	68	1592	87	90	73
2006	1829	68	1593	87	92	72
2007	1626	71	1582	87	93	75
2008		71	1593	87	94	81
2009	100	72	1613	88	96	90
2010	136	70	1612	89	97	90
2011	160	77	1449	104	97	89
2012	196	65	1447	102	97	103
2013	263	60	1432	102	98	103
2014	325	57	1420	102	98	105
2015	418	57	1417	102	100	108
2016	520	59	1466	102	102	111

注：1、2003 年电影放映单位为发行机构数,2009 年起为城市影院数。
2、2011 年"群艺馆"更名为"文化馆",2011 年之前"文化馆"单位数未包括"群艺馆"。
The film projection units in 2003 refer to publishing institutions, as it refers to the number of urban theater since 2009.
"Art House" was renamed "Museum" in 2011, before 2011 the number of "Museum" did not include the number of "Mass Art".

15－2 文化和文物部门机构人员数(2016 年)
Number of Cultural and Cultural Relics Department Intitutions and Persons(2016)

单位:个、人(unit、person)

类别	Category	总计 Total		执行事业会计制度 According to the Institution Accounting System		执行企业会计制度 According to the Enterprise Accounting System		隶属文化部门 Subordination to Cultural Department	
		机构数 Institution	人数 Persons	机构数 Institutions	人数 Persons	机构数 Institutions	人数 Persons	机构数 Institution	人数 Persons
总计	**Total**	**18596**	**180741**	**2301**	**28435**	**16295**	**152306**	**2246**	**30340**
文化部门	Cultural Department	18153	171635	1872	19530	16281	152105	1971	22967
艺术表演团体	Art Performance Troupes	1245	39071	45	2759	1200	36312	59	3892
其中:公有制艺术表演团体	Public－owned	63	4025	45	2759	18	1266	59	3892
艺术表演场馆	Art Performance Venue	326	5811	46	623	280	5188	68	1377
其中:公有制艺术表演场馆	Public－owned	76	1495	46	623	30	872	68	1377
公共图书馆	Public Library	102	3616	102	3616			101	3608
文化馆	Cultural Center	102	2224	102	2224			102	2224
文化站	Cultural Station	1364	5194	1364	5194			1363	5194
其中:乡镇综合文化站	Multi－use Culture Station of Township	957	3451	957	3451			957	3451
艺术展览创作机构	Art Exhibition and Creative Organization	10	147	10	147			9	133
其中:美术馆	Art Gallery	7	129	7	129			7	129
艺术教育业	Art Education	6	1219	6	1219			6	1219
文化科研机构	Cultural Scientific Research Institutions	6	132	6	132			6	132
文化市场经营机构	Cultural Market Management Organization	14733	108921			14733	108921		
文化行政主管部门	Administrative Department of Culture	103	2522	103	2522			103	2522
其他文化机构	Other Cultural Institutions	156	2778	88	1094	68	1684	154	2666
其中:文化市场执法机构	Law Enforcement Agencies	59	889	59	889			59	889
文物部门	Cultural Relics Department	443	9106	429	8905	14	201	275	7373
博物馆	Museum	275	4960	275	4960			111	3284
文物保护管理机构	Cultural Relics Protection Administration	94	2816	94	2816			92	2806
文物科研机构	Cultural Relics Scientific Research Institution	5	162	5	162			5	162
文物商店	Cultural Relics Store	9	82			9	82	9	82
其他文物机构	Other	60	1086	55	967	5	119	58	1039

15-3 电影放映情况(2009-2016年)
Considions of Film Projection(2009-2016)

项目	Item	2009	2010	2011	2012	2013	2014	2015	2016
城市影院数 (个)	**Number of Urban Theaters (unit)**	**100**	**136**	**160**	**196**	**263**	**325**	**418**	**520**
放映场次 (万场)	Number of Projection (10000 shows)	43	69	108	151	232	305	422	596
观众人数 (万人次)	Number of Audiences(10000 person-times)	1299	2021	2624	3440	4862	6426	9696	10017
放映收入 (万元)	Projection Income (10000 yuan)	42144	71450	97533	137500	180368	236817	349204	345700

注：2009年之前为电影放映单位。
The data of urban theaters refers to the data of projection units before 2009.

15-4 文化馆(站)业务活动和经费情况
Basic Statistics on Activities and Expenditures of Cultural Centers

项目	Item	总计 Total 2014	2015	2016	文化馆 Cultural Centers 2014	2015	2016	文化站 Cultural Stations 2014	2015	2016
单位数 (个)	**Number of Units (unit)**	**1420**	**1417**	**1466**	**102**	**102**	**102**	**1318**	**1315**	**1364**
举办展览 (个)	Number of Exhibitions (unit)	8918	10043	11524	1827	1915	2318	7091	8128	9206
组织文艺活动 (次)	Entertainment Activities (Times)	53039	67323	78833	11893	12262	17546	41146	55061	61287
举办训练班班次 (次)	Number of Training Classes (Times)	36555	43279	53268	13665	16423	20712	22890	26856	32556
培训人次 (千人次)	Persons Training Courses (1000 person-times)	2485	2940	3679	864	920	1221	1621	2020	2459
由本馆(站)指导单位	Units Responsible for Guilding Centers(Stations)									
群众业余文艺团队 (个)	Part time Art Groups (Number)	38803	35713	34872	3843	7505	7283	34960	28208	27589
总支出 (万元)	Total Expenditures (10000 yuan)	180824	193532	211327	60044	70372	73418	120780	123160	137909
#事业支出 (万元)	Operating Expenditures (10000 yuan)	80952	98066	107820	36546	41980	45822	44405	56086	61999

15－5 博物馆、文物保护管理单位基本情况
Basic Statistics on Museums and Cultural Relic Protiction & Management Agencies

项目		Item		博物馆 Museums			文物保护管理单位 Protection & Management Agencies		
				2014	2015	2016	2014	2015	2016
单位数	**（个）**	**Number of Units**	**（unit）**	**105**	**108**	**111**	**91**	**94**	**92**
藏　品	**（件）**	**Number of Collections**	**（case）**	**780671**	**863491**	**912418**	**75159**	**102618**	**90822**
#一级品		Grade One		2242	2549	2611	231	232	218
业务活动		**Vocational Activities**							
陈列、展览	（个）	Number of Displays(Exhibitions)	（unit）	1153	1277	1317	183	195	223
参观人数	（万人次）	Number of Visitors	（10000 person－times）	3657	3871	4397	1271	1645	1927
本年收入	**（万元）**	**Total Income**	**（10000 yuan）**	**81700**	**104253**	**126872**	**73872**	**109196**	**202360**
本年支出	**（万元）**	**Total Expenditure**	**（10000 yuan）**	**85849**	**102269**	**116969**	**74577**	**104237**	**119348**
固定资产原值	**（万元）**	**Original Value of Fixed Assets**	**（10000 yuan）**	**164130**	**184641**	**199346**	**97948**	**198583**	**187395**

15－6 公共图书馆基本情况（2009－2016年）
Basic Statistics on Public Libraries(2009－2016)

项目		Item		2009	2010	2011	2012	2013	2014	2015	2016
单位数	**（个）**	**Number of Units**	**（unit）**	**96**	**97**	**97**	**97**	**98**	**98**	**100**	**102**
从业人员	（人）	Staff and Workers	（person）	2646	3040	3091	3096	3273	3483	3577	3616
总藏量	**（万册件）**	**Total Collections**	**（10000 volume－tome）**	**3552**	**3761**	**3964**	**4539**	**5165**	**5634**	**6250**	**6969**
有效借书证数	（万个）	Number of Library Cards Borrowed	（10000 units）	139	177	203	241	322	926	1639	845
书刊文献外借人次	（万人次）	Number of Persons Borrowing Books and Papers	（10000 person－times）	1214	1376	1766	1677	1912	1953	2253	2706
书刊文献外借册次	（万册次）	Number of Books and Papers Borrowed by the Readers	（10000 volume－times）	2785	2924	3660	3900	3919	4936	5727	6520
经费总支出	**（万元）**	**Total Expenditure**	**（10000 yuan）**	**44880**	**47316**	**56470**	**73446**	**76969**	**83152**	**100338**	**108932**
本年新购藏量	（万册）	Number of Books Purchased During the Year	（10000 volumes）	321	337	450	628	480	437	643	711
固定资产原值	**（万元）**	**Original Value of Fixed Assets**	**（10000 yuan）**	**119547**	**128663**	**142779**	**167655**	**191237**	**207624**	**232383**	**273537**
实际使用房建筑面积	（万平方米）	Space of Actual Building Area	（10000 sq. m）	56	58	63	69	75	86	95	106
阅览室座席数	**（千个）**	**Seating Capacity of Reading Rooms**	**（1000 seats）**	**35**	**35**	**36**	**40**	**42**	**51**	**61**	**65**

注：总藏量未包含电子图书。
The data of total collections does not include electronic books.

15－7 报纸和杂志出版数量
Number of Newspaper and Magazines Published

项目	Item	种数(种) Number of Publications (kind)			总印量 (万册、万份) Total Printed Copies (10000 Copies)			总印张 (千印张) Total Printed Sheets (1000 sheets)		
		2014	2015	2016	2014	2015	2016	2014	2015	2016
报纸	**Newspaper**	**69**	**63**	**67**	**337367**	**283634**	**261658**	**14795017**	**11494028**	**9621082**
综合报	Synthetical Newspapers	40	46	42	280217	245602	217784	13259916	10478050	8664513
专业报	Special Newspapers	29	17	17	57150	38032	33003	1535101	1015978	747707
杂志	**Magazines**	**225**	**226**	**226**	**7765**	**7719**	**7690**	**376511**	**357995**	**336176**
综合	Synthesis	21	21	21	23	24	23	1600	1625	1566
哲学、社会科学	Philosophy and Social Science	47	48	48	2038	1962	1997	109329	103259	106398
自然科学技术	Natural Science and Technology	109	109	109	493	455	442	28035	26656	25946
文化教育	Culture and Education	32	32	32	4561	4652	4773	181977	173881	177382
文学艺术	Literature and Arts	16	16	16	650	626	454	55571	52574	24885

15－8 图书出版数量
Number of Books Published

项目	Item	本版图书种数(种) Number of Publications (kind)		租型图书种数(种) Number of Publications for Lease (kind)		总印数 (万册、万份) Total Printed Copies (10000 Copies)		总印张 (千印张) Total Printed Sheets (10000 sheets)	
		2015	2016	2015	2016	2015	2016	2015	2016
图书总计	**Total**	**13711**	**14165**	**355**	**454**	**36663**	**39894**	**2588099**	**2911230**
使用《中国标准书号》部分合计	Publications with"China Standard Book Number"	13665	14084	355	454	36491	39726	2579835	2896039
#哲学	Philosophy	128	123			63	97	8610	13268
社会科学总论	General Social Science	213	230			115	100	17807	14123
文化、科学、教育、体育	Culture, Science, Education and Sports	7633	7347	354	414	27917	30628	1833519	2072145
文学	Literature	1629	1978			4503	5190	387329	442891
艺术	Arts	1412	1558			795	745	64088	68797
自然科学总论	General Natural Science	33	44			25	30	3385	4018
不使用《中国标准书号》部分合计	Publications without"China Standard Book Number"	46	81			172	169	8264	15191

15-9 电视节目制作情况(2008-2016年) Prodiction of Television Programs(2008-2016)

项目		Item		2008	2009	2010	2011	2012	2013	2014	2015	2016
基本情况		Basic Statistics										
省市级电视台	(座)	Television Station	(set)	12	12	12	12	12	12	12	12	12
电视节目套数	(套)	Sets of Television Programs	(set)	114	114	115	116	116	116	117	118	118
电视发射台及转播台	(座)	Number of TV Transmission Stations and Relaying Stations at 1 kw and Higher Level	(set)	110	104	98	97	97	100	100	176	164
播出时间	(小时)	Broadcasting Hours (Hour/per week)	(hour)	679332	700188	712130	722035	733784	738055	755633	753757	755972
新闻资讯节目		News and Informating Programs		75456	75452	82533	86552	94558	98587	103248	109730	116754
专题服务节目		Special Subject Service Programs		63925	64751	66995	72850	73588	84682	93206	93996	104435
综艺益智节目		Programs of General Entertainment		33734	32120	35839	38317	38789	32970	31496	35552	36906
影视剧节目		Movie and Teleplay Programs		302801	313022	319215	322303	329109	322553	324315	322198	305808
广告节目		Advertisement		109865	122910	122267	122537	123652	122328	126074	117372	119556
其他节目		Other Programs		93551	91931	85280	79475	74085	66935	77292	74906	72511
电视人口覆盖率	(%)	Viewer Rating	(%)	99.13	99.27	99.35	99.38	99.60	99.64	99.65	99.69	99.72
中央电视台(一套节目)	(%)	CCTV -1	(%)	98.34	98.42	98.52	98.63	98.91	99.00	99.01	99.06	99.71
浙江电视台(一套节目)	(%)	ZJTV -1	(%)	98.47	98.60	98.72	98.70	99.16	99.24	99.26	99.29	99.66
有线电视入户率	(%)	Rate of Households with Cable Television	(%)	66.93	69.61	74.13	82.78	83.89	98.65	92.43	95.83	92.92

15-10 广播节目制作情况(2008-2016年)
Prodiction of Broadcasting Programs(2008-2016)

项目		Item		2008	2009	2010	2011	2012	2013	2014	2015	2016
基本情况		Basic Stations										
省市级广播电台	(座)	Broadcasting Stations	(set)	12	12	12	12	12	12	12	12	12
广播节目套数	(套)	Sets of Broadcasting Programs	(set)	106	106	107	107	108	110	111	113	113
中短波广播发射台和转播台	(座)	Number of Broadcasting Transmission Stations and Relaying Stations	(set)	36	37	37	37	36	36	36	37	36
县级广播电视台	(个)	Number of Broadcast Stations at County and Higher Level	(unit)	66	66	66	66	66	66	66	66	66
广播人口综合覆盖率	(%)	Listener Rating	(%)	98.92	99.09	99.17	99.20	99.54	99.56	99.57	99.60	99.65
中央人民广播电台第一套节目	(%)	Channel 1,Central People Broadcasting Station	(%)	98.05	98.13	98.26	98.40	98.81	98.81	98.82	99.86	99.47
浙江电台第一套节目	(%)	Zhejiang Channel 1	(%)	98.31	98.45	98.61	98.56	98.97	99.02	99.03	99.09	99.44
全年公共广播节目播出时间	(小时)	Broadcasting Hours Per Day	(hours)	687024	694857	709854	713198	714622	740977	749740	761835	778581
新闻资讯类节目		News Programs		127897	127753	123775	140654	145666	156168	157189	157933	168161
专题服务类节目		Special Subject Programs		147620	145694	158029	176263	174486	188969	185000	185974	179690
综艺类节目		Programs of Entertainment		161767	177756	179135	178555	179916	177619	173893	175431	175715
广播剧类节目		Educational Programs		23859	24279	25821	26072	26662	28500	27580	28619	26688
广告类		Advertisement		78723	76959	74354	72488	72741	73229	75670	77090	78293
其他类节目		Service Programs		147158	142413	148739	119166	115105	116492	130406	136786	150032

15－11 体委系统职工人数(2016年)
Number of Staff and Workers in Sports Commissions(2016)

单位:人(person)

类别	Category	总计 Total	体育行政机关 Sports Commis－sion Organization	运动项目管理部门 Sports Manag－ement	职业运动技术学院 Profes－sional Sports and Technical Colleges	体育运动学校 Physical Education and Sports Schools	竞技(业余)体校 Amateur Sports Schools	体育场所 Public Sports Places	训练基地 Training bases	体育科研机构 Sports Science Research Institutions	其他事业单位 Others
总计	**Total**	**5566**	**882**	**676**	**1161**	**501**	**937**	**641**	**69**	**23**	**676**
公务员	Government Office Worker	711	711								
运动员	Athletes	1033		447	586						
专职教练员(教练员)	Full-time Coaches	1023		59	172	195	489	21	32		55
专职教师(文化教师)	Full-time Teachers	438			66	148	180	9			35
科研人员	Scientific and Technical Personnel	36			11	7	2		1	12	3
医务人员	Medical Personnel	54		1	37	5	4	4	1		2
管理人员	Administrative Personnel	1047		51	154	87	129	263	26	3	334
工勤人员	workers	358	65	11	121	19	18	102	2	1	19
其他人员	Others	866	106	107	14	40	115	242	7	7	228

注：业余体校包括重点业余体校和普通业余体校。
Sparetime sports schools included key and ordinary spare schools.

15－12 等级运动员、裁判员人数(2009－2016)
Number of Athletes and Referees in Different Levels(2009－2016)

单位:人(person)

项目	Item	2009	2010	2011	2012	2013	2014	2015	2016
等级运动员	Number of Athletes in Grades	2408	2032	1950	2889	2256	2496	2420	3684
国际级健将	International Master of Sports	4	15	9	12	10	10	16	10
国家级健将	National Master of Sports	39	65	122	126	85	75	125	119
一级	First Grade Sportsmen	277	472	633	517	545	622	922	489
二级	Second Grade Sportsmen	2088	1480	1186	2234	1616	1789	1357	3066
等级裁判员	Number of Referees in Grades	2196	1619	1671	1430	1958	2332	2108	
国际裁判员	International Referees		1				1		
国家级裁判员	National Referees		38	26	58	5	5	4	
一级	First Grade Referees	390	417	214	247	676	667	813	12
二级	Second Grade Referees	1806	1163	1431	1125	1277	1659	1291	1036

15－13 运动员分项获奖情况(2010－2016 年)
Awards Own by Athletes by Item(2010－2016)

单位:项(Item)

项目	Item	世界冠军 World Championships							亚洲冠军 Asia Championships		
		2010	2011	2012	2013	2014	2015	2016	2010	2011	2012
合计	**Total**	**11**	**15**	**17**	**12**	**14**	**13**	**14**	**36**	**7**	**31**
举重	Weightlifting	2			2	2			8		
游泳	Swimming	3	7	3		4	1		13		9
田径	Track and Field								2	2	2
棋类	Chess				3	1	4	2	2		3
羽毛球	Badminton				2	3	4				3
射击	Shooting	1	1		2				1	1	3
拳击	Boxing		1					4	2		
体操	Gymnastics			1					1		1
皮划艇	Canoe/Kayak										
其他	Others	5	6	13	3	4	4	8	7	4	10

续表 Continued

单位:项(Item)

项目	Item	亚洲冠军 Asia				全国冠军 National Championships						
		2013	2014	2015	2016	2010	2011	2012	2013	2014	2015	2016
合计	**Total**	**20**	**39**	**203**	**208**	**204**	**376**	**418**	**391**	**376**	**418**	**391**
举重	Weightlifting		3	6	1		47	45	33	47	45	33
游泳	Swimming		10	30	24	37	60	104	88	60	104	88
田径	Track and Field	5	4	11	6	4	21	29	21	21	29	21
棋类	Chess	1	2		2		6	16	8	6	16	8
羽毛球	Badminton	3	4	1	2	1	6	7	1	6	7	1
射击	Shooting	4	5	1	10	1	13	9	7	13	9	7
拳击	Boxing			6	3	2	1	1	3	1	1	3
体操	Gymnastics			1	1	2	22	21	29	22	21	29
皮划艇	Canoe/Kayak			8	7		20	20	22	20	20	22
其他	Others	7	11	139	152	157	180	166	179	180	166	179

15 - 14 群众体育活动和新建体育场地情况
Basic Statistics on Activities of Mass Sports and Number of Newly - built Sports Ground

项目	Item	2009	2010	2011	2012	2013	2014	2015	2016
群众体育活动	**Activities of Mass Sports**								
#省级 (次)	Provincial Level (item)	62	117	79	211	494	650	519	564
参加人数 (万人)	Number of active persons (10000 persons)	35	34	7	13	145	44	2841	18
#市级 (次)	City level (item)	591	692	1195	1319	2446	2771	2370	3747
参加人数 (万人)	Number of active persons (10000 persons)	49	113	97	51	204	190	209	302
#县级 (次)	County level (item)	6647	7073	5532	7616	11747	13017	13704	18572
参加人数 (万人)	Number of active persons (10000 persons)	213	234	200	298	1818	684	911	1182
国民体质监测	**Monitor Wational constitution**								
站点数 (个)	Sites (unit)	759	572	592	597	1934	1126	2092	2511
累计受测人员数 (万人)	Accumulative persons involved monitoring (10000 persons)	43.9	57.6	62.3	71.6	109.0	140.2	288.9	361.9
本年受测人员数 (万人)	Persons involved monitoring this year (10000 persons)	11.7	16.5	15.0	15.6	37.4	4.2	15.9	19.2
测试达标人员数 (万人)	Number of persons reached the Standards (10000 persons)	10.2	14.6	13.4	14.1	7.0	3.9	19.4	17.8
测试达标率 (%)	Attainment rate (%)	87.1	88.7	88.9	89.9	89.5	92.8	90.4	92.7
体育俱乐部	**Sport Club**								
个数 (个)	Number of Sport Club (unit)	1044	1157	1378	1944	2886	771	854	2077
#国家级 (个)	National level (unit)						48	26	85
#省级 (个)	Provincial level (unit)	508	516	493	788	700	1009	735	1465
教练员 (人)	Coach (person)	1572	2132	2454	2685	4928	5584	3529	6965
会员数 (万人)	Club members (10000 persons)	13.4	15.8	13.9	17.4	54.0	65.6	67.0	114.3
年组织活动参加人数 (万人)	Number of active persons (10000 persons)	113.8	49.5	35.3	36.6	128.4	152.6	162.0	313.9
政府命名群众体育场地	**Sports Ground**								
数量 (个)	Number of Sports Ground (unit)	288	347	89	913	1640	3364	2347	7749
占地面积 (千平方米)	Area of Sports Ground (1000 sq. m)	677	755	690	2071	2941	2928	2874	25224
场地面积 (千平方米)	Space of sports Ground (1000 sq. m)	564	305	409	1556	2071	2139	2024	18800

15－15 卫生事业情况(2010－2016年)
Statistics on Health Undertakings(2010－2016)

项目	Item	2010	2011	2012	2013	2014	2015	2016
卫生机构数合计(个)	**Total Number of Health Institutions(unit)**	**29941**	**30515**	**30267**	**30060**	**30360**	**31139**	**31548**
医院	Hospital	687	731	782	843	935	1049	1131
疗养院	Sanatoriam	14	12	16	18	14	13	15
社区卫生服务中心(站)	Center of Community Service	6105	6526	6622	6264	6166	6020	5870
卫生院	Commune Hospital	1550	1205	1151	1146	1148	1199	1201
门诊部	Clinics	712	746	822	917	1060	1247	1390
诊所医务室卫生所	Consulting Room	6634	6879	7253	7824	8257	9098	9673
专科防治所站	Specialized Prevention Station	25	25	22	25	20	16	16
疾控中心防疫站	Sanitation and Antiepidemic Institutions	101	100	99	100	100	101	101
#卫生防疫站	Sanitaion Station							
妇幼保健机构	Maternity and Child Care Institutions	87	85	86	87	89	88	87
卫生监督所	Sanitation Supervisory Station	100	100	100	103	103	103	103
医学科学研究机构	Research Institutions of Medical Science	8	8	7	7	7	7	7
医学在职培训机构	Training Institutions	47	44	44	42	42	41	41
村卫生室	Clinics by Village	13643	13851	13091	12504	12042	11867	11677
其他卫生机构	Others	228	203	172	180	377	290	236
床位合计数(张)	**Total Beds(bed)**	**184097**	**194759**	**213267**	**230056**	**245752**	**272503**	**290388**
#医院	Hospital	150986	162905	180722	197096	213451	239444	255279
社区服务中心(站)	Center of Community Service	6219	9425	8463	7775	7120	7413	7286
卫生院	Commune Hospital	18339	14274	14893	15207	15481	15697	17162
门诊部	Clinics	495	268	496	428	370	277	239
妇幼保健机构	Maternity and Child Care Institutions	5491	5845	6568	6794	7194	7549	7985
专科防治所站	Specialized Prevention Sation	722	610	634	241	224	204	104
其他卫生机构	Others	1845	1432	1491	2515	1912	1919	2333
卫生人员合计(人)	**Persons Engaged in Health Institutions(persons)**	**352883**	**374157**	**399930**	**427215**	**455704**	**491172**	**523632**
卫生技术人员	Medical Technical Personnel	288491	306922	328660	352393	375542	405458	432393
医生	Doctors	120444	124497	129998	138289	145698	158056	168167
其他技术人员	Others	13856	15014	16068	16812	18127	18793	20444
管理人员	Management Personnel	14492	14015	13599	14075	15173	17142	18455
工勤人员	Logistics Workers	25049	27373	31825	34990	38327	41609	44326
乡村医生和卫生员	Doctors and Health Workers in Rural Area	10995	10833	9778	8945	8535	8170	8014
在卫生技术人员中	Among them							
执业医师	Licenced Doctors	99375	103554	109484	117370	124648	135772	144998
执业助理医师	Licenced Assistant Doctors	21069	20943	20514	20919	21050	22284	23169
注册护士	Registered Nurses	99615	109275	121313	132705	145135	159945	174486
药剂人员	Medical Pharmacists	19168	20339	21613	23036	24452	25763	26871
检验人员	Laboratory Technicians	15614	16126	16950	18047	19372	20477	21975
其他	Others	33650	36685	38786	40316	40885	41217	40894
平均每千人口拥有卫生技术人员(按常住人口计算)	Number of Medical Technical Personnel Per 1000 Population(Calculated by Number of Permanent population)	5.30	5.62	6.00	6.41	6.82	7.32	7.74
#医生	Doctors	2.21	2.28	2.37	2.52	2.65	2.85	3.01
平均每千人口拥有卫生技术人员(按户籍人口计算)	Number of Medical Technical Personnel Per 1000 Population(Calculated by Number of Household population)	6.08	6.42	6.85	7.30	7.73	8.32	8.81
#医生	Doctors	2.54	2.60	2.71	2.86	3.00	3.24	3.42

注：自2010年开始，卫生机构中包含村卫生室，卫生人员中包含乡村医生和卫生员。
Since 2010, health agencies are included in the village clinics, health personnel include rural doctors and health workers.

15－16 医院诊疗次数和入院人数(2016 年)
Number of Hospital Patients(2016)

类别	Type	机构数(个) Number of Institu－tions (unit)	诊疗人次数(万人次) Total Number of Patients Treate (10000 person－times)	#门、急诊 Out－Patients and Emer－gency Patients	入院人数(人) Hospital Admiss－ions (person)	每百门急诊次入院人数(人) Hospital Admiss－ions Per 100 Patient－time (person)
医院合计	**Hospitals**	**1131**	**25357**	**25177**	**7835422**	**3.11**
综合医院	**General Hospitals**	**505**	**17538**	**17412**	**5752064**	**3.30**
中医医院	**Hospitals of Chinese Medicine**	**152**	**4582**	**4558**	**1001568**	**2.20**
中西医结合医院	**Hospitals which Integrate Traditional Chinese Therapeutics with Western Therapeutics**	**31**	**665**	**656**	**160321**	**2.44**
专科医院	**Specialized Hospitals**	**411**	**2557**	**2538**	**907022**	**3.57**
传染病院	Hospitals for Infectious Diseases	3	77	77	32475	4.21
精神病院	Mental Hospitals	65	402	401	138890	3.46
肿瘤医院	Tumor Hospitals	6	103	103	140569	13.64
眼科病院	Ophthalmology Hospitals	33	195	195	76766	3.92
妇幼保健院	**Hospitals for Maternity and Children Care**	**59**	**1755**	**1717**	**474290**	**2.76**
社区卫生服务中心	**Center of Community Service**	**467**	**8826**	**8471**	**63172**	**0.07**
卫生院	**Rural Hospitals**	**1201**	**9457**	**9223**	**307268**	**0.33**
门诊部	**Clinics**	**1390**	**1577**	**1405**	**1718**	

15－17 医疗机构病床使用情况(2016 年)
Utilization of Beds of Medical Institutions(2016)

类别	Type	入院人数(人) Hospital Admissions (person)	病床使用率(%) Utilization Rate of Beds (%)	病床周转次数(次) Turnover of Beds (time)	出院者平均住院日(日) Average Hospitalization Period (day)
合计	**Total**	**8713641**	**85.3**	**31.7**	**9.7**
#医院	Hospital	7835422	89.1	32.3	9.9
#社区卫生服务中心	Center of Community Service	63172	40.8	9.3	15.7
#卫生院	Rural Hospitals	307268	49.3	18.9	9.0

15-18 县(区)村卫生室基本情况
Basic Conditions of Rual Clinics on Country

项目		Item		总计 Total		村办 Villiage-run		乡卫生院设点 Township-run	
				2015	2016	2015	2016	2015	2016
机构数	(个)		(Number)	11867	11677	7339	7239	1297	1322
执业(助理)医师	(个)		(Number)	5789	5711	3981	3953		
注册护士	(人)	Registered Nurse	(person)	926	943	704	688		
乡村医生和卫生员	(人)	Rural Doctors and Health Workers	(person)	8170	8014	5348	5209	601	608
乡村医生数	(人)		(person)	7761	7596	5127	4990	560	575
卫生员	(人)		(person)	409	418	221	219	41	33
年内培训人次数	(人次)	Training Number	(Times)	25445	27186	16987	17992	1723	1758
当年考核合格的乡村医生数	(人)	Doctor Number	(person)	4626	4516	3104	3010	375	394
年总收入	(千元)		(1000 yuan)	133441	137390	86184	90340	10097	10263
#上级补助收入				13760	14578	9034	9784	1714	1709
村或集体补助收入				92	117	82	101	3	5
医疗和药品收入				201560	118081	131054	77540	14232	8381
年总支出	(千元)		(1000 yuan)	119829	123739	78492	82562	9090	9395
#人员经费				43837	43749	28634	28937	3065	3097
药品支出				69681	73279	45607	48854	5746	5997
诊疗人次数	(万人)	Patients Treated	(10000 persons)	3996.5	4048.4	2617.2	2703.5	227.6	209.2
其中:出诊人次数	(万人)	Include:Out Number	(10000 persons)	96.6	79.5	60.6	52.8	10.5	7.8
报告疑似传染病例数	(数)	Report ill case Number	(number)	5514	2243	5106	1843	25	39
参加乡镇卫生院例会次数	(次)	Attend meeting	(Times)	90822	90203	60030	60449	7559	7421

按设置/主办单位分 By Ownership						按行医方式分 By Type					
联合办 Combination		私人办 Privata - run		其他 Others		中医 Chinese Medicine		西医 Western Medicine		中西医结合 Combining Chinese Medicine With Western Medicine	
2015	2016	2015	2016	2015	2016	2015	2016	2015	2016	2015	2016
164	157	2056	2009	1011	950	215	217	8764	8589	2888	2870
104	103	1008	987	696	668	192	187	2721	2861	2876	2663
7	8	153	178	62	69	19	16	428	542	479	385
81	80	1526	1521	614	596	80	99	6889	6647	1201	1268
81	80	1423	1398	570	553	68	76	6661	6405	1032	1115
		103	123	44	43	12	23	228	242	169	153
204	306	4695	4987	1836	2143	482	678	20096	20253	4867	6255
18	28	819	771	310	313	39	49	4040	3812	547	655
1826	1737	24666	25273	10670	9778	2725	2618	88409	91948	42307	42823
105	115	2191	2185	716	784	143	202	10877	11185	2741	3191
		2	6	5	5	1		75	91	17	26
3030	1611	36926	21835	16317	8714	4313	2325	131521	78037	65726	37719
1634	1558	21216	21756	9397	8469	2397	2303	80020	83529	37412	37907
656	608	8158	8119	3324	2988	784	800	30071	30140	12982	12809
969	917	11988	12606	5372	4906	1416	1374	45714	49182	22552	22723
56.3	50.5	753.3	766.6	341.8	318.5	83.7	77.7	2703.8	2794.2	1209.0	1176.5
0.3	0.2	19.3	13.1	5.9	5.6	1.8	1.1	73.1	63.8	21.7	14.5
73	61	239	205	71	95	58	30	1513	1363	3943	850
647	581	17002	16532	5584	5220	1259	1360	71556	70436	18007	18407

15－19 城市和农村前十位疾病死亡原因和构成
Main 10 Causes of Death by Diseases in Urban and Rural Areas

2015				2016			
位次 No.	城市死因	Cause of Death in Urban Area	占死亡总数(%) As % of Total Death	位次 No.	城市死因	Cause of Death in Urban Area	占死亡总数(%) As % of Total Death
1	恶性肿瘤	Malignant Tumour	30.16	1	恶性肿瘤	Malignant Tumour	30.27
2	脑血管病	Cerebrovasular Disease	18.06	2	脑血管病	Cerebrovasular Disease	18.62
3	呼吸系统疾病	Respiratory Disease	15.31	3	呼吸系统疾病	Respiratory Disease	14.54
4	心脏病	Heart Trouble	14.25	4	心脏病	Heart Trouble	13.79
5	损伤和中毒	Trauma and Toxicosis	8.24	5	损伤和中毒	Trauma and Toxicosis	8.55
6	内分泌、营养和代谢的其他疾病	Other Diseases of Endocrine, Nutrilion and Supersession	2.77	6	内分泌、营养和代谢的其他疾病	Other Diseases of Endocrine, Nutrilion and Supersession	2.99
7	消化系统疾病	Disease of Digestion System	1.95	7	神经系统疾病	Mental Disease	1.96
8	神经系统疾病	Mental Disease	1.93	8	消化系统疾病	Disease of Digestion System	1.93
9	传染病和寄生虫病	Infections and Parasite Disease	1.11	9	泌尿生殖系统疾病	Urinary Disease	1.13
10	泌尿生殖系统疾病	Urinary Disease	1.1	10	传染病和寄生虫病	Infections and Parasite Disease	1.05
	合计	Total	94.88		合计	Total	94.83

2015				2016			
位次 No.	农村死因	Cause of Death in Rural Area	占死亡总数(%) As % of Total Death	位次 No.	农村死因	Cause of Death in Rural Area	占死亡总数(%) As % of Total Death
1	恶性肿瘤	Malignant Tumour	28.91	1	恶性肿瘤	Malignant Tumour	28.68
2	脑血管病	Cerebrovasular Disease	18.76	2	脑血管病	Cerebrovasular Disease	18.85
3	呼吸系统疾病	Respiratory Disease	14.94	3	呼吸系统疾病	Respiratory Disease	14.61
4	心脏病	Heart Trouble	13.65	4	心脏病	Heart Trouble	13.63
5	损伤和中毒	Trauma and Toxicosis	9.34	5	损伤和中毒	Trauma and Toxicosis	9.74
6	神经系统疾病	Mental Disease	2.49	6	内分泌、营养和代谢的其他疾病	Other Diseases of Endocrine, Nutrilion and Supersession	2.8
7	内分泌、营养和代谢的其他疾病	Other Diseases of Endocrine, Nutrilion and Supersession	2.26	7	消化系统疾病	Disease of Digestion System	2.28
8	消化系统疾病	Disease of Digestion System	2.25	8	神经系统疾病	Mental Disease	2.22
9	传染病和寄生虫病	Infections and Parasite Disease	1.2	9	传染病和寄生虫病	Infections and Parasite Disease	1.13
10	泌尿生殖系统疾病	Urinary Disease	1.15	10	泌尿生殖系统疾病	Urinary Disease	1.12
	合计	Total	94.95		合计	Total	95.06

浙/江/统/计/年/鉴

主要统计指标解释

■ 文化事业机构

指从事专业文化工作和为专业文化工作服务的独立建制的单独核算的单位。不包括这些单位另外举办独立核算的其他机构和各部门的业余文化组织。

■ 艺术表演团体

指从事戏曲、音乐、舞蹈、杂技等专业艺术表演，有独立帐户，实行单独核算的团体。不包括半工半艺、半农半艺和民间职业剧团。

■ 电影放映单位

指具有放映机器设备、固定或不固定的放映场所与专职或兼职的放映技术人员，经有关部门登记批准，经常为一定的观众对象放映电影的机构。包括经批准对外开放进行营业，并与电影发行放映管理机构分帐的专用放映单位和军委系统租片单位。

■ 等级运动员人数

指经考核正式批准授予等级运动员称号的人数。运动员等级分为国际级运动健将、运动健将、一级运动员、二级运动员、三级运动员、少年级运动员 。

■ 等级裁判员人数

指经考核正式批准授予等级裁判员称号的人数。裁判员等级分为国际裁判、国家级裁判、一级裁判、二级裁判、三级裁判。

■ 医院

指名称为医院，设有固定床位能收容病人住院并能为病人提供医疗、护理服务的医疗机构。包括县及县以上医院、农村乡卫生院、其他医院三部分。按所属性质分为卫生部门、工业及其他部门，集体经济单位三类。其中县及县以上医院按业务性质分为综合医院和专科医院。

■ 卫生技术人员

指卫生事业机构支付工资的全部固定职工和合同制职工中现任职务为卫生技术工作的专业人员。包括中医师、西医师、中西医结合高级医师、护师、中药师、西药师、检验师、其他技师、中医士、西医士、护士、助产士、中药剂士、西药剂士 、检验士、其他技士、其他中医、护理员、中药剂员、西药剂员、检验员，其他初级卫生技术人员。

■ 医生

指领取职业医生证书，从事医疗工作的专业人员。分为中医医生、西医医生和助理中西医医生。

ZHEJIANG STATISTICAL YEARBOOK

Explanatory Notes on Main Statistical Indicators

□ Cultural Institutions

refer to units which have their own organizational system and independent accounting system and specialize in or serve cultural development. They exclude other establishments run by these cultural institutions and amateur cultural groups established by various departments.

□ Art Troupe

refers to the troupe which is engaged in drama, opera, music, dance, acrobatics or other art performance, opens independent accounts with banks and has self - supporting accounting system; excluding the troupes which are engaged partly in industrial or agricultural activities, partly in art performance and the professional troupes organized by the people.

□ Film Projection Units

refer to units with film projection equipment, full or part - time projectionists, permanent or non - permanent places, approved by related administrative departments to show films regularly for certain groups of audience, including those film projection units which have been approved to give commercial shows and run business with independent accounting system as well as those film - renting units of the military system.

□ Number of Athletes in Grades

refers to the number of at athletes who have been given titles through examination. The titles of athletes include international masters of sports, masters of sports, first - grade, second - grade and third - grade sportsmen and young athletes.

□ Number of Referees in Grades

refers to the number of referees who have been given titles after examination. They are classified as international referees, national referees and referees of the first, second and third grades.

□ Hospitals

refer to medical institutions named as "hospital" with permanent hospital beds, which are able to take in patients and provide them with medical and nursing services. Hospitals are classified into three categories: hospitals at or above the county level, hospitals of rural townships, and other hospitals. According to their ownership, hospitals can be classified into three categories: hospitals under the public health departments, hospitals under industrial and other departments and Collective Owned hospitals. Hospitals at or above county level are divided into comprehensive and specialized hospitals.

□ Medical Technical Personnel

refers to all permanent medical staff and workers employed by medical institutions, including doctors of Chinese and Western medicine, senior doctors who integrate traditional Chinese thrapeutics with Western thrapeutics in practice, senior nurses, pharmacists of Chinese and Western medicine, laboratory specialists, other specialists, paramedics of Chinese and Western medicine, nurses, midwives, druggists in Chinese and Western medicine, laboratory technicians, other technicians, other practitioners of Chinese medicine, nursing attendants, pharmacological workers of Chinese and Western medicine, laboratory workers, and other primary medical personnel.

□ Doctors

refer to qualified professional medical workers approved to practice by public health departments. They are classified into doctors of Chinese medicine, doctors of Western medicine, Assistant Doctors.

2017
浙江统计年鉴
ZHEJIANG STATISTICAL YEARBOOK

档案、司法、社会福利和工会组织
Archives,Judicature,Social Welfare and Labour Union

16－1 档案事业机构和人员数
Number of Persons and Instituions of Archives

项目	Item	机构数（个）Number of Institutions (unit)				专职人员数（人）Full－time Persons (person)			
		2013	2014	2015	2016	203	2014	2015	2016
总计	**Total**	**5344**	**5563**	**5623**	**5859**	**8550**	**6613**	**6857**	**6958**
档案行政管理部门	Administrative Department of Archives	100	100	100	99	1316	1291	1325	1318
档案馆	Archives	114	115	115	114	574	578	632	654
档案室（处、科）	Archive Offices (Sections)	5130	5578	5408	5646	4660	4744	4900	4986

续表 Continued

项目	Item	#女性 Female				#大专以上文化程度 College and Higher Level			
		2013	2014	2015	2016	2013	2014	2015	2016
总计	**Total**	**4448**	**4618**	**4837**	**4853**	**5939**	**6067**	**6334**	**6481**
档案行政管理部门	Administrative Department of Archives	575	566	588	585	1273	1259	1296	1294
档案馆	Archives	288	303	340	347	554	558	619	640
档案室（处、科）	Archive Offices (Sections)	3585	3749	3909	3921	4112	4250	4419	4547

16-2 档案馆档案资料馆藏和利用情况(2006-2016年)
Conditions and Files Stored and Used in the Archives(2006-2016)

项目		Item		2006	2007	2008
馆藏档案		**Archives Stored**				
全　宗	(个)	Whole Volume	(unit)	17377	17772	17888
案　卷	(万卷、件)	Files	(10000 volumes, part)	915	1066	1118
录音录像影片	(盘)	Records, Films on Videotape	(copy)	14020	16824	17801
照　片	(万张)	Pictures	(10000 Pieces)	103.00	135.00	144.94
馆藏资料	**(万册)**	**Number of Material Stored**	**(10000 volumes)**	**107.00**	**114.00**	**116.53**
档案馆面积	**(平方米)**	**Areas of Archives**	**(sq. m)**	**222319**	**268856**	**298709**
#库房建筑面积		Areas of Storerooms		99403	120018	126447
档案资料利用		**Use of Archive Material**				
利用人次	(万人次)	Number of Persons Using Material	(10000 person-times)	20.00	20.00	21.85
利用档案	(万卷、次)	Number of Archives Used	(10000 volume-times)	56.00	63.00	74.75
利用资料	(万册、次)	Number of Material Used	(10000 volume-times)	2.90	3.60	2.69
复　制	(万页)	Copies	(10000 pages)	126.00	80.00	90.66
开放档案		Opening Archives				
全　宗	(个)	Whole Volume	(unit)	9961	10240	10517
案　卷	(万卷)	Files	(10000 volumes, part)	227.00	233.00	256.22

注：2013年起案卷的计量单位改为万卷、件。

2009	2010	2011	2012	2013	2014	2015	2016
18260	18606	19289	19491	19608	20016	20342	20638
1173	1310	1399	1446	2269	2609	2946	3140
23855	23282	24778	29194	32213	36608	39933	40974
158.87	170.00	177.56	185.40	181.00	234.00	251.00	257.00
124.75	**127.00**	**124.95**	**124.22**	**179.45**	**133.00**	**133.00**	**135.00**
318659	**351321**	**399899**	**389569**	**391816**	**468545**	**486864**	**570315**
127168	126535	132358	132231	140090	154880	162963	185242
26.36	27.00	64.06	50.66	47.36	45.00	47.52	47.12
56.09	56.06	186.00	138.49	121.81	142.00	177.52	140.62
3.69	4.00	2.67	7.10	7.15	15.50	5.60	6.78
87.27	102.41	137.11					
10580	11062	11866	11711	11958	12375	12389	12664
282.83	301.96	321.61	328.11	458.23	448.37	446.86	559.42

The unit of files is adjusted since 2013.

16－3 工会、妇联工作情况(2008－2016年)
Basic statistics on Unions and Women Federation(2008－2016)

项目		Item		2008	2009
工会情况		**Basic Statistics on Unions**			
基层工会组织数	(个)	Number of Grass Roots Unions	(unit)	102339	110416
全省已建立工会组织的基层单位职工和会员人数		Membership and Number of Staff and Workers in Grass Roots Unions			
在岗职工人数	(万人)	Number of Staff and Workers	(10000 persons)	1306.58	1415.99
#女职工		Female		580.08	624.35
会员人数	(万人)	Membership	(10000 persons)	1190.04	1307.32
#女会员		Female		537.75	583.74
工会专职干部	(万人)	Full－time Cadres	(10000 persons)	1.34	1.56
提出合理化建议	(万件)	Advanced Rationalization Proposals	(10000 cases)	29.31	27.39
组织职工技术培训数	(万人)	Number of Technical Training for Staff and Workers	(10000 persons)		
建立劳动保护监督检查委员会	(个)	Commissions for Labour protection Supervising and inspecting	(unit)	38637	42657
建立了工会劳动法律监督组织	(个)	Organization of Labor Law Supervision Established by Grass Roots Unions	(unit)	29542	38657
建立劳动争议调解委员会	(个)	Labour dispute mediation Committee	(unit)	35812	46005
劳动争议调解委员会受理劳动争议	(件)	Number of Technical Training for Staff and Workers	(Piece)		
劳动争议调解委员会调解成功劳动争议	(件)	Disputes resolved through mediation by the committees	(Piece)	10411	9653
全省签订综合集体合同数	(件)	Number of Comprehensive Collective Contract	(Piece)		
全省签订工作专项集体合同数	(件)	Number of Special Collective Contract	(Piece)		
参加工会开展的职工医疗互助活动人数	(万人)	Number of Workers Who Take Part in the Employee Medical Assistance Activities	(10000 persons)		
妇联工作情况		**Condition of the Women Federation**			
妇联的基层组织数	(个)	Number of Grass Roots Women Federation	(unit)	33604	34503
接受技术培训人数	(万人)	Number of Women Participating in Technical Training	(10000 persons)	75.30	53.30
创建巾帼文明岗数量	(个)	Number of Posts	(unit)	2891	2665
评选巾帼建功标兵数量	(人)	Number of Persons	(person)	1078	814
来信来访处理情况		Treatment of the Letters From the People and the Persons Coming to Visit			
女职工劳动保护信访案件	(件)	Petition Letter and Visit Cases about Women Laber Protection	(Piece)	678	897
侵犯妇女财产权利信访案件	(件)	Petition Letter and Visit Cases about Woman's Property Right be Violated	(Piece)	3136	1581
文明家庭户数	(万户)	Civilized family households	(10000 households)	150.79	46.76

注：1. 自2011年起接受技术培训人数统计口径有调整。
The data of number of women participating in technical training was adjusted since 2011.

2010	2011	2012	2013	2014	2015	2016
117501	134706	143885	149865	153220	151330	150155
1569.35	1770.70	2011.04	2098.18	2142.20	2097.11	2119.73
687.79	778.49	862.39	891.27	905.40	885.30	890.73
1468.97	1669.22	1925.75	2010.34	2055.20	2027.83	20565.11
652.65	739.90	831.71	865.38	880.30	864.98	872.33
1.38	1.80	1.75	1.26	1.40	1.51	1.49
34.14	36.00	46.53	42.12	90.30	51.95	36.26
				49.80	52.40	37.01
48577	66083	70031	88385	102998	101724	104568
45075	53883	57646	68971	7286	72450	77183
53437	63753	62278	83380	92207	95704	96653
				21489	16078	9705
6421	10459	8733	12668	12513	11303	5724
				116206	129603	124209
				114088	126777	121722
				422	699	736
34337	33508	33548	33993	35209	32780	33465
70.33	38.68	25.94	38.09	24.31	32.69	78.04
2423	2437	1955	3385	2249	2312	1505
912	864	885	961	782	652	718
1022	505	453	379	357	111	67
1487	892	1034	901	860	787	475
30.95	815.57	815.18	882.31	1047.22	1165.00	1134.56

2. 自 2011 年起文明家庭户数统计口径有调整。The data of civilized family households was adjusted since 2011.

16－4 律师、公证及调解工作基本情况(2008－2016 年)
Basic Statistics on Lawyers, Notarization and Mediation(2008－2016)

项目		Item		2008	2009
律师工作		**Lawyers**			
律师事务所	(个)	Number of Law Offices	(unit)	700	787
律师工作人员	(人)	Number of Lawyers	(person)	10441	11917
聘请担任常年法律顾问单位	(处)	Number of Units with Permanent Legal Advisors	(solum)	27727	28144
民事诉讼代理	(件)	Agent of Civil Cases	(Piece)	140515	168615
刑事辩护及代理	(件)	Defending and Agent of Criminal Cases	(Piece)	44836	24813
非诉讼法律事务	(件)	Agent of Non litigious Legal Affairs	(Piece)	18212	14541
解答法律咨询	(人次)	Legal Advisory Services	(Times)	203023	245373
代写法律事务文书	(件)	Agent of Legal Document Written on Behalf of Clients	(Piece)	34102	22374
公证工作		Notarization			
公证处	(个)	Number of Notary Offices	(unit)	93	92
公证人员	(人)	Notarial Personnel	(person)	940	957
#公证员	(人)	Notaries		346	365
公证员助理	(人)	Assistant Notaries		321	306
办理国内公证文书	(件)	Number of Domestic Notarized Documents	(case)	360655	447429
#经济合同公证	(件)	Notarized Business Contracts	(case)	134058	167300
人民调解工作		**People's Mediation**			
专职司法助理员	(人)	Number of Full－time Judicial Assistants	(person)	3051	3269
人民调解委员会	(个)	Number of People's Mediation Committees	(unit)	47779	47056
调解人员	(人)	Number of Mediators	(person)	175616	175849
调解民事纠纷	(件)	Number of Civil Disputes Mediated	(case)	295042	357388
法律援助机构	(个)	Assistance Institution of Law	(unit)	102	102
工作人员	(人)	Staff and Workers	(person)	461	461
承办案件总数	(件)	Number of Cases Accepted	(case)	28408	37730
受援人总数	(人)	Number of Persons Being Assisted	(person)	45263	44509

2010	2011	2012	2013	2014	2015	2016
868	957	1021	1072	1158	1269	1348
12994	14623	15698	16657	18680	20115	22201
33076	35941	63978	37623	39614	42472	41295
152714	158360	173321	181043	226327	274484	310155
28410	25576	27396	23992	32733	37155	43934
16645	18364	15949	16716	16120	18618	19316
191413	196616	190738	201693	201913	221203	124574
23091	20927	20201	21688	19384	17504	11163
92	92	92	92	92	92	92
1044	1133	1186	1252	1305	1284	1337
383	395	408	410	418	450	467
378	443	447	509	489	444	473
486654	483449	494958	606423	497469	552671	626542
192312	190298	199471	169214	115332	115094	120196
5005	3527	4533	3598	3533	3522	3421
46688	45805	45050	44032	42731	42136	41180
174422	174570	173677	170704	158310	156698	153955
408744	492858	562072	601314	598686	589883	590448
102	102	102	103	102	103	103
511	501	530	529	540	530	517
41811	44917	58965	75129	84383	92667	99149
47210	53153	73053	84921	98292	105057	101528

16－5 涉外公证文书分类(2008－2016 年)
Foreign－Related Notarial Documents by Type(2008－2016)

单位:件(case)

项目	Item	2008	2009	2010	2011	2012	2013	2014	2015	2016
合　　计	**Total**	**211895**	**210341**	**200432**	**199146**	**197025**	**214091**	**208748**	**211641**	**199420**
收养子女	Children Adoption	51	113	100	91	90	61	78	54	57
遗　　嘱	Testaments	8	20	4	9	5	2	7	4	7
出　　生	Births	38897	39385	35439	34653	33656	33655	32128	34000	27254
死　　亡	Deaths	683	739	577	521	537	486	619	572	458
生存、居住	Survival and Residence	618	692	793	902	671	728	748	404	315
学　　历	Schooling	6750	6372	5755	5632	5180	5804	3633	2157	2160
经　　历	Personal Histories	1177	1064	1021	616	906	689	505	108	79
婚姻状况	Marriages	13779	14983	12805	14428	12237	9525	8775	5105	4865
亲属关系	Kinship	19122	19354	20409	21143	18574	18283	20207	22649	22972
继 承 权	Rights of Inheritance	769	530	18	103	55	144	441	50	107
受、未受刑事处分	Criminal Records & Uncriminal Records	27131	27883	20334	18139	15876	16530	16055	18697	18783
声 明 书	Declarations	5540	5069	6938	7087	5591	6823	5924	5984	5857
委 托 书	Trust Deeds	2976	3689	3728	4075	2752	4239	4367	3733	3245
文本相符	Confirmation of Copies and Photo－offset Copies to Originals	29910	27685	29626	30909	35323	43700	41423	40589	35894
签名印鉴属实	Confirmation of Signatures and Seals	32726	30301	31381	29503	19376	15904	23051	13157	15545
其　　他	Others	31758	32462	31504	31335	46196	57518	25262	20667	6751

16－6 调解民间纠纷分类(2008－2016 年)
Civil Disputes Mediated by Type(2008－2016)

单位:件(case)

分类	Item	2008	2009	2010	2011	2012	2013	2014	2015	2016
合　　计	**Total**	**295042**	**357388**	**408744**	**492858**	**562072**	**601314**	**598686**	**589883**	**590448**
婚　　姻	Marriages	32962	40078	45628	52534	50762	51544	53516	52286	54213
邻　　里	Neighbor Disputes	64030	75971	88362	99751	103940	102239	103261	98119	105644
合　　同	Contracts	11631	14176	15369	14851	17146	18421	21734	22962	23258
损害赔偿	Compensation for Damages	69230	91245	60703	60728	57361	65421	70811	74776	75280
劳　　动	Labour Dispates	29201	31620	32529	36342	34956	34692	35437	34978	33401
村务管理	Management of Rural Business	4659	4750	3687	5205	5479	6935	4338	2506	3125
土地承包	Contracts of Land	9634	10643	13268	15744	15485	15330	15976	13630	7020
征地拆迁	Land Expropriating and Rehouse	10556	12570	18113	14753	12733	14525	13372	8850	8703
计划生育	Family Planning	1321	1329	1031	671	1029	531			
施工扰民	Fazing Civilian with Construction	3010	3482			4242				
房屋、宅基地	Housing and Housing Sites	15877	20355	22931	24610	24092	21413	19495	16283	16442
其　　他	Others	42931	51169	107123	167669	234847	90239	85134	76935	263362

16－7 国内公证文书分类(2008－2016年)
Domestic Notarial Documents by type(2008－2016)

单位:件(case)

分类	Item	2008	2009	2010	2011	2012	2013	2014	2015	2016
总计	**Domestic Notarial Documents**	**360655**	**447429**	**486654**	**483449**	**494958**	**606423**	**497469**	**342629**	**470801**
经济公证	**Notarized Documents on Economic Affairs**	**134058**	**167300**	**192312**	**190298**	**199471**	**51167**	**27793**	**19957**	**26256**
购　　销	Purchases and Sales of Products	274	181	382	45	25				
联　　营	Joint Business	296	4	13	2	23				
拍　　卖	Auctions	2768	3956	3744	5545	3785	5225	3947	1115	3083
贷　　款	Loans	78866	103315	115540	118531	119889				
担　　保	Guarantees	691	218	264	69	277	3715	2464	768	246
招标、投标	Bidding	8728	9908	12485	11144	11876	15929	13871	13157	14513
科技协作	Coordination of Science and Technology	1	85	11		1				
供 用 电	Supply and Use of Electric Power			40						
劳务合同	Labor Contracts	316	154	278	63	307	14	9	19	19
建筑工程承包	Construction Project Contracts	1300	863	1467	1220	902	1915	993	979	980
工商服务业承包	Industrial and Commercial Service Contracts	697	1041	647	529	431				
农林牧副渔业承包	Farming, Forestry, Animal Husbandry, Sideline Production and Fishery Contracts	260	266	160	79	147				
财产租赁	Property Leases	312	73	931	23	61				
企业租赁	Enterprise Leases	12	8	2	10	45				
资产经营责任制	System of Asset Business Responsibility			105	70	64				
还款协议	Repayment Agreement	673	509	555	416	649	444	85	94	52
土地使用权出让转让	Transferring or Renting the Use Right of Land	4059	4274	4182	3368	2823	2267	1600	1420	1806
其他经济合同	Other Business Contracts	5207	4980	7476	6909	10072	20409	3630	1597	3747
法人(代表人)资格	Legal Person (Agent) Identification	311	508	463	674	589				
法人委托书	Legal Person Trust Deeds	10430	14059	15147	13936	12806				
公司章程	Corporation Constitutions	86	85	75	4	22	3	5	10	13
执行许可证明	Operating Permits	810	879	880	820	1393	1246	1189	798	1797
其　　他	Others	17961	21934	27465	26841	33284				

续表 Continued 单位:件(case)

分类	Item	2008	2009	2010	2011	2012	2013	2014	2015	2016
民事公证	**Notarized Documents on Civil Relations**	**226597**	**280129**	**294342**	**293151**	**295487**	**331288**	**284913**	**322672**	**415080**
收　　养	Child Adoption	58	373	228	158	103	90	94	83	80
解除收养	Adoption Renouncements	281	8	133	8	6				
继 承 权	Rights of Inheritance	22868	30123	32178	38220	38131	44907		53953	61752
遗　　嘱	Testaments	5851	6322	6406	6098	4889	4897	4066	3549	4358
产　　权	Property Rights	4251	2240	2748	2478	2106				
亲属关系	Kinship	1131	1327	2133	2631	3036	2518	2160	1958	1766
死　　亡	Death Certificates	81	100	778	83	126	89	76	75	82
房屋买卖	Purchases and Sales Of Houses	6103	13061	8874	6725	5970				
房屋租赁	House Leases	343	232	134	799	226				
留学协议	Foreign Study Contracts	143	71	114	154	272	456	946	1084	1337
遗赠扶养协议	Donations and Family Fostering	180	543	698	260	270	578	506	857	719
委 托 书	Trust Deeds	60208	108375	109487	96067	88395	111539	81922	63353	80481
赠 与 书	Presentation Documents	4681	6005	6663	6725	7496	6287	2131	1108	765
声 明 书	Declarations	10002	15881	14443	15867	16359	22853	23424	22666	21829
现场监督	Field Supervision	38285	12545	11242	32181	13877	52645	47172	38954	45476
文本相符	Confirmation of Copies and Photo－offset Copies to Originals	5828	4165	4682	6372	17820	21366	16576	20676	26530
签名印鉴属实	Confirmation of Signatures and Seals	3834	8457	10494	14094	19738	40968	42405	94611	142054
宅基地使用权	Rights to Housing Site	1137	572	417	204	183				
证据保全	Evidence Preservation	9873	10307	12504	11945	11813	10379	13026	16721	23935
拆迁协议	Housing Demolition Agreements	5243	6259	11500	2956	3951	11716	6232	3024	3916
计划生育协议	Birth Control Contracts	24	16	13	4	12				
夫妻财产协议	Property Agreements Between Spouses	3626	5976	5267	4371	3879				
其他民事协议	Other Civil Agreements	12824	12318	12004	13403	13477				
其　　他	Others	29742	34853	41202	31348	43352				

16－8 司法公证文书
Judicial Notarial Document

单位:件(case)

分类	Item	2015	2016
总计	**Total**	**552671**	**626542**
合同(协议)	**Contract (Agreement)**	**115094**	**120196**
买卖合同	Business Contract	5898	7884
赠与合同	Gift contract	8492	5768
借款合同	Loan Contract	59052	58622
租赁合同	Lease Contract	5309	10513
承揽合同	Contract of Undertaking	9	5
建设工程合同	Construction Contract	979	980
委托合同	Commission Contract	676	463
担保合同	Contract of Guarantee	676	1361
土地使用权合同	Land Use Right Contract	1420	1806
知识产权合同	Intellectual Property Contract	15	10
承包合同	Contract	137	35
企业经营合同	Contract for Corporate Operations	5	1
劳动(劳务)合同	Labor (Service) Contract	19	19
其他合同	Other Contracts	1597	3747
合伙协议	Partnership Agreement	24	187
财产分割协议	Property Separation Agreement	8343	8521
财产约定协议	Property Agreement	3950	3851
扶养协议	Maintenance Agreement	857	719
出国留学协议	Study Abroad Agreement	1084	1337
拆迁安置协议	Resettlement Agreement	3024	3916
赔偿协议	Compensation Agreement	7	29
还款协议	Repayment Agreement	94	52
其他	Other Agreement	13427	10177
单方法律行为	**Unilateral Juristic Act**	**93361**	**109713**
委托	Entrust	63353	80481
声明	Statement	22666	21829
赠与	Gift	1108	765
遗嘱	Will	3549	4358
保证(担保)	Guarantee	768	246
承诺(要约)	Commitment (Offer)	894	686
其他	Other	1023	1348

续表 Continued

单位:件(case)

分类	Item	2015	2016
现场监督	**On－the－spot Supervision**	**38954**	**45476**
招标投标	Bidding and Tendering	13157	14513
拍卖	Auction	1115	3083
开奖、评选	The lottery,Discuss and Elect	546	556
公司会议	Company Meeting	23	25
抽签(摇号)	Draw	16519	22183
其他	Other	7594	5116
其他有法律意义事实	**Other Llegal Facts**	**435**	**552**
出生	Birth	111	208
死亡	Death	75	82
生存、居住	Live	14	20
学历(学位)	Education Background (Degree)	19	32
经历	Experience	53	90
职务(职称)	Job Title(Professional Technical Title)	13	1
其他	Other	150	118
继承	**Succession document**	**53953**	**61752**
保全证据	**Preserve Evidence**	**16721**	**23935**
公司章程	**Articles of Association**	**10**	**13**
组织资格	**Organizational Qualification**	**331**	**378**
财产权	**Property**	**26**	**13**
身份	**Identity**	**978**	**1334**
收养关系	**Adoptive Relationship**	**83**	**80**
婚姻状况	**Marital Status**	**102**	**144**
亲属关系	**Relationship**	**1958**	**1766**
有无违法犯罪记录	**Having or not Having Illegal and Criminal Record**	**1500**	**2026**
证书(执照)	**Certificate (Licence)**	**3134**	**4771**
签名(印鉴)	**Signature (Seal)**	**94611**	**142054**
文本相符	**Text Matching**	**20676**	**26530**
赋予执行效力	**Give Effect to Execution**	**81749**	**59973**
执行证书	**Execution Certificate**	**798**	**1797**
抵押登记	**Mortgage Registration**	**16456**	**17940**
提存	**Deposit**	**242**	**339**
保管	**Safekeeping**	**39**	**107**
其他	**Other**	**11460**	**5024**

16－9 社会福利事业单位基本情况(2008－2016年)
Basic Statiatics on Social Welfare Institutions(2008－2016)

项目		Item		2008	2009	2010	2011	2012	2013	2014	2015	2016
提供住宿的社会服务机构	(个)	A Social Service Provider that Provides Accommodation	(unit)	1591	1633	1695	1863	1979	2089	2030	1348	1422
床位数	(万张)	Hospital Beds	(10000 bed)	15.49	17.25	19.42	21.80	24.92	27.96	29.82	22.92	38.40
收养人数	(万人)	Number of Persons Adopted	(10000 persons)	9.87	10.40	10.88	11.96	12.70	14.04	14.22	10.20	11.10
福利企业单位数	(个)	Number of Social Welfare Enterprises and Institutions	(unit)	2771	2769	2708	2664	2574	2123	1934	1724	1608
福利企业单位全部职工人数	(万人)	Total Number of Staff and Workers Engaged in Welfare Institutions	(10000 persons)	26.67	26.53	26.71	27.03	25.64	22.33	20.40	17.16	16.20
#残疾人数		Number of Disabled Persons		10.34	10.00	10.00	9.88	9.78	7.36	6.75	6.04	5.64
殡葬事业单位数	(个)	Funeral and Interment Services Institutions	(unit)	220	226	240	240	251	217	225	225	225

注：本表中的指标从2014年起口径有所变化。
The Iindicator caliber of the table has been changed since 2014.

16－10 享受国家抚恤、补助及救济人员情况(2008－2016年)
Pensons Enjoying Subsidy and Commiseration of Country(2008－2016)

单位：人、户(persons, household)

项目	Item	2008	2009	2010	2011	2012	2013	2014	2015	2016
享受定期抚恤人数	Number of Persons Receiving Periodical Commiseration	5486	5478	5501	5382	5419	4872	4897	4758	4426
革命伤残人员抚恤人数	Number of Persons Receiving Disability Commiseration	22458	22255	22004	21879	22232	22285	22246	22369	22598
享受定期补助优抚对象数	Number of Persons Receiving Periodical Subsidies	91379	90299	90653	119449	182445	235293	249113	271970	279624
#在乡复员军人数	Rural Demobilized Soldier	36447	33972	31910	29711	27418	23048	20736	18517	16284
在乡退伍军人数	Rural Veteran	29995	29543	30780	34688	26224	23536	20193	17948	16398
社会困难户得到国家临时救济人数	Number of Persons in Poor Households Receiving Temporary Government Relief Funds	166894	182088	138000	213895	157164	138637	139545	246636	370201

注：2012年起社会困难户得到国家临时救济人数计量单位为户次。
The data of number of persons in poor households receiving temporary government relief funds was adjusted since 2012.

16－11 最低生活保障和救济情况(2008－2016年) Basic Statistics of Lowest Cost－of－Living and Relief(2008－2016)

项目		Item		2008	2009	2010	2011	2012	2013	2014	2015	2016
最低生活保障人数	(万人)	Number of Person Receiving Lowest Cost－of－Living	(10000 persons)	70.08	70.40	70.67	71.09	68.56	66.05	60.78	67.54	82.26
#城镇		In Urban Areas		9.28	9.33	8.98	8.76	7.85	7.18	6.43	7.32	10.89
#农村(含五保)		In Rural Areas (Including Beneficiaries)		60.80	61.08	61.70	62.33	60.71	58.87	54.35	60.22	71.37
保障资金总额	(亿元)	Amount of Security Money	(100 million yuan)	10.68	12.15	14.71	18.98	22.19	24.32	24.41	26.44	35.10
#城镇		In Urban Areas		2.73	2.97	3.44	4.17	4.37	4.38	4.20	4.49	6.35
#农村(不含五保)		In Rural Areas (Including Beneficiaries)		7.95	9.18	11.27	14.81	17.82	19.94	20.21	21.95	28.75
医疗救助支出	(亿元)	Expenditure of Medical Care Relief	(100 million yuan)	4.19	5.10	6.03	6.50	7.72	9.23	9.68	10.45	12.38
自然灾害救济支出	(亿元)	Expenditure of Natural Disasters Relief	(100 million yuan)	1.55	1.28	1.12	1.73	2.37	3.32	2.28	3.80	3.60

注：农村最低生活保障人数中包含了农村五保供养人数。
Number of Persons Receiving Lowest Cost－of－Living in Rural Areas include Number of Persons with Livlihood Guaranteed in Five Aspects.

16－12 内地居民婚姻登记情况(2008－2016年) Conditions of Marriages(2008－2016)

项目		Item		2008	2009	2010	2011	2012	2013	2014	2015	2016
准予登记结婚数	**(对)**	**Registered Marriages**	**(couple)**	**413774**	**427614**	**431568**	**440931**	**441984**	**422174**	**436802**	**392478**	**366823**
初婚数	(人)	First Marriages	(person)	750003	755950	757741	775973	770792	712969	732704	648666	605781
恢复结婚数	(对)	Resume Marriages	(couple)	4670	5856	7527	8796	10229	11758	10305	10619	13195
再婚数	(人)	Remarriages	(person)	77545	99278	105395	105889	113176	131379	140900	136290	127865
男	(人)	Male	(person)	36021	47832	48384	51631	53731	69154	67692	66321	62457
女	(人)	Female	(person)	41524	51446	57011	54258	59445	62225	73208	69969	65408
准予登记离婚数	**(对)**	**Divorces Approved**	**(couple)**	**73689**	**82902**	**87671**	**90442**	**98082**	**108097**	**111040**	**115062**	**122870**
内地居民登记离婚	(对)	Mainland residents to register a divorce	(couple)	73361	82541	87309	90024	97628	107546	110637	114669	122483
涉外及华侨、港澳台居民登记离婚	(对)	Concerning foreign affairs and overseas Chinese, Hong Kong, Macao and Taiwan residents to register a divorce	(couple)	328	361	362	418	454	551	403	393	387

浙/江/统/计/年/鉴

主要统计指标解释

■ 社会福利事业单位

指集中收养社会孤老,残,幼的机构。包括由民政部门管理的社会福利院、儿童福利院、精神病人福利院和城镇集体办的福利院,以及农村集体举办的敬老院。

■ 社会福利事业单位收养人数

包括民政部门管理和城镇及农村集体举办的社会福利事业单位中收养的老人,少年儿童,缺乏生活自理能力的残疾人员和精神病人。

■ 社会福利企业单位

指以安置城镇有一定劳动能力的盲,聋,哑和肢体残疾人员就业为目的,享受国家减免税待遇的国有或集体经济性质的企业。包括福利工厂、福利商业服务业、假肢厂和安置农场等单位。

■ 律师

指受聘参加法律顾问处工作,提任法律顾问、刑(民)事代理人、刑事辩护人、办理非诉讼事件、解答法律询问、代定法律事务文书等主要从事律师业务的专职法律工作者和兼职律师。

■ 公证人员

指在国家公证机关依法办理公证事务的司法人员。包括公证员、助理公证员和在公证员和在公证处工作的其他人员。

■ 办理公证文书

指公证处在一定时期内办结的公证文书件数。公证文书系按司法部规定或批准的格式制作。包括国内公证和涉外公证两部分。其中国内公证分为经济合同公证和民事法律关系公证两大类。

■ 调解人员

在人民调解委员会担负调解民间一般民事纠纷和轻微违法行为所引起和纠纷的工作人员。包括调解委员会的委员和调解小组的调解员。

■ 调解民间纠纷

指调解委员会依照法律规定,根据自愿原则,用说服教育的方法调解民间发生的有关民事权利和义务的争执,促成当事双方达到协议和谅解,解决纠纷。包括婚姻家庭纠纷,财产权益纠纷等。不包括法院受理调解的民事案件数。

■ 受理劳动争议案件数

是指劳动争议仲裁委员会根据国家有关规定,对劳动争议当事人的申请予以审查,符合受理条件而正式立案,准备处理的劳动争议案件数。

■ 离休、退休、通职人员

指正式办理了离休、退休、退职手续,并享受相应的离休、退休、退职待遇的人员。

■ 保险福利费用

指企业、事业、机关单位在工资以外实际支付给职工和离休、退休、退职人员个人以及用于集体的劳动保险和福利费用。

ZHEJIANG STATISTICAL YEARBOOK

Explanatory Notes on Main Statistical Indicators

□ Social Welfare Institutions

refer to institutions taking care of old people without children, handicapped people and orphans. They include social welfare institutions run by civil affairs departments, children's welfare institutions social welfare institutions for mental patients, and Collective Owned old people's homes in tual areas.

□ Number of People Taken in by Social Welfare Institutions

refers to the number of old people, children, totally dependent handicapped people and mental patiens taken in by scoial welfare institutions run by civil affairs departments and those run by collective units in urban and rural aress.

□ Social Welfare Enterprises

are Collective Owned enterprises which employ the blind, deaf-mute,. and other handicapped people who are able to work in cities and towns and enjoy exemption from state taxes, including welfare plants, welfare commercial services, artificial limb plants and farms, etc.

□ Lawyers

are legal workers who are employed full-time by legal counseling firms to act as legal advisres, agents in criminal or civil lawsuits, or defenders in criminal lawsuits, or to handle non-litigious legal affairs, to advise on matters of law or to write legal papers for others. Both full-time and part-time lawyers are included.

□ Notary Personnel

refers to judicial workers of the state notary offices handing notarization work according to law. They include notaries, assistant notaries, and other people working for notary offices.

□ Notarized Documents

refer to the documents settled by notary offices in a year . The notarial documents are drawn up in accordance with the regulations of the Ministry of Justice, including domestic documents and foreign-related documents. Domestic documents are divided into two major categoriees, documents on economic contracts and documents on civil legal relations.

□ Mediators

refer to workers on people's mediation committees responsible for mediating in civil dispites and cases of slight infraction of the law. They include members of the mediation committees and mediators of mediation groups.

□ Mediation of Civil Disputes

refers to mediation committees' work in mediating in civi ldisputes concerning civil rights and duties through persuasion and education in accordance with the provisions of law on a voluntary basis, so as to solve disputes by helping the parties involved come to an agreement and understanding. These disputes include divorce cases and disputes over property ownership, but exclude the civil cases to be handled by the court.

□ Number of Labour Dispute Cases Accepted

refers to the number of cases of labour dispute submitted that, after being reviewed by the labour dispute arbitration committees in line with the relevant state regulations, are accepted and registered for trearment.

□ Retired or Resigned Personnel

refers to the persons who have formally gone through the formalities for their retorement or quitting work and enjoy the corresponding treatments.

□ Insurance and welfare funds

refers to labour insurance and welfare fund paid by enterprises, organizations and institutions to their staff and workers as well as retired and resigned in addition to their wages and salaries.

2017

浙江统计年鉴

ZHEJIANG STATISTICAL YEARBOOK

各市、县国民经济主要经济指标

Major Indicators of National Economy by City,Prefecture and County

17－1 各市土地面积和行政区划(2016 年)
Land Area and Administrative Divisions by City (2016)

城市	City	土地面积（平方公里）Land Area (sq. km)	市辖区（个）Districts Under City Administration (unit)	县(县级市)（个）Counties (Cities) (unit)	建制镇（个）Towns (unit)	乡（个）Townships (unit)	村（个）Villages (unit)
浙东北	**Eastern and Northern Region**	**46190**	**24**	**21**	**328**	**59**	**8849**
杭州市	Hangzhou	16596	9	4	75	23	2043
宁波市	Ningbo	9816	6	4	75	10	2519
嘉兴市	Jiaxing	4223	2	5	43		787
湖州市	Huzhou	5820	2	3	39	6	1003
绍兴市	Shaoxing	8279	3	3	79	15	2170
舟山市	Zhoushan	1456	2	2	17	5	327
浙西南	**Western and Southern Region**	**58605**	**12**	**32**	**327**	**215**	**18719**
温州市	Wenzhou	12088	4	7	93	26	5406
金华市	Jinhua	10942	2	7	76	36	4460
衢州市	Quzhou	8845	2	4	44	39	1483
台州市	Taizhou	9411	3	6	61	24	4645
丽水市	Lishui	17324	1	8	53	90	2725

17-2 各市国民经济主要指标(2016年)
Main Indicators of National Economy by City (2016)

城市	City	年末常住人口(万人) Total Population with Permanent Residence (10000 persons)	生产总值(亿元) Gross Domestic Product (100 million yuan)	第一产业 Primary Industry	第二产业 Secondary Industry	第三产业 Tertiary Industry
浙东北	**Eastern and Northern Region**	**3079.80**	**32176.93**	**1204.96**	**14594.55**	**16377.42**
杭州市	Hangzhou	918.80	11313.72	304.21	4120.93	6888.59
宁波市	Ningbo	787.50	8686.49	302.06	4455.34	3929.10
嘉兴市	Jiaxing	461.40	3862.11	136.91	2010.50	1714.70
湖州市	Huzhou	297.50	2284.37	127.42	1099.47	1057.49
绍兴市	Shaoxing	498.80	4789.03	207.66	2398.27	2183.11
舟山市	Zhoushan	115.80	1241.20	126.71	510.04	604.45
浙西南	**Western and Southern Region**	**2510.20**	**15146.98**	**725.87**	**6543.67**	**7877.44**
温州市	Wenzhou	917.50	5101.56	139.56	2096.45	2865.55
金华市	Jinhua	552.00	3684.94	148.32	1643.43	1893.19
其中:义乌市	Yiwu	128.04	1131.80	22.31	401.23	708.26
衢州市	Quzhou	216.20	1251.59	88.23	564.58	598.78
台州市	Taizhou	608.00	3898.66	254.14	1695.80	1948.73
丽水市	Lishui	216.50	1210.24	95.63	543.42	571.19

续表1 Continued

城市	City	工业 Industry	人均生产总值(元) Per Capita GDP (yuan)	全社会就业人员年末数(万人) Total Employed Persons by year-end (10000 persons)	社会消费品零售总额(亿元) Total Retail Sales of Consumer Goods (100 million yuan)
浙东北	**Eastern and Northern Region**	**13045.61**		**2136.56**	**13791.93**
杭州市	Hangzhou	3726.20	124286	676.95	5176.20
宁波市	Ningbo	3980.68	110656	520.00	3667.63
嘉兴市	Jiaxing	1825.91	83968	329.73	1638.49
湖州市	Huzhou	998.28	77110	187.11	1068.86
绍兴市	Shaoxing	2094.70	96204	348.07	1783.34
舟山市	Zhoushan	419.85	107463	74.70	457.40
浙西南	**Western and Southern Region**	**5569.31**		**1600.38**	**8178.86**
温州市	Wenzhou	1743.59	55779	574.00	3006.90
金华市	Jinhua	1422.75	67158	347.31	1977.87
其中:义乌市	Yiwu	345.15	89146	94.95	586.36
衢州市	Quzhou	473.76	58281	132.02	609.31
台州市	Taizhou	1469.10	64287	404.36	2013.14
丽水市	Lishui	460.12	56238	142.69	571.64

续表 2 Continued

城市	City	固定资产投资（亿元）Investment in Fixed Assets (100 million yuan)	出口总额（亿美元）Exports (USD 100 million)	财政总收入（亿元）Total Financial Revenue (100 million yuan)	地方财政收入（亿元）Local Financial Revenue (100 million yuan)
浙东北	**Eastern and Northern Region**	**19379.76**	**1807.05**	**6541.76**	**3626.66**
杭州市	Hangzhou	5842.42	502.59	2558.41	1402.38
宁波市	Ningbo	4961.39	660.97	2145.72	1114.54
嘉兴市	Jiaxing	2790.16	235.07	673.37	387.93
湖州市	Huzhou	1592.18	90.16	360.89	211.18
绍兴市	Shaoxing	2882.48	255.64	630.08	390.30
舟山市	Zhoushan	1311.14	62.63	173.29	120.32
浙西南	**Western and Southern Region**	**10085.77**	**871.69**	**2182.88**	**1327.42**
温州市	Wenzhou	3905.74	160.77	723.96	439.87
金华市	Jinhua	2084.01	471.75	555.19	338.14
其中:义乌市	Yiwu	581.67	333.94	130.69	81.79
衢州市	Quzhou	981.74	30.26	155.03	102.56
台州市	Taizhou	2272.63	177.33	583.83	343.28
丽水市	Lishui	841.65	31.58	164.87	103.57

续表 3 Continued

城市	City	地方财政支出（亿元）Local Financial Expenditure (100million yuan)	城乡居民储蓄存款年末余额（亿元）Savings Deposits of Urban and Rural Residents (100 million yuan)	城镇居民人均可支配收入(元) Per Capita Disposable Income of Urban Residents (yuan)	农村居民人均可支配收入(元) Per Capita Disposable Income of Rural Residents (yuan)
浙东北	**Eastern and Northern Region**	**4131.00**	**23114.06**		
杭州市	Hangzhou	1404.00	8313.13	52185	27908
宁波市	Ningbo	1289.00	5689.44	51560	28572
嘉兴市	Jiaxing	442.00	3245.59	48926	28997
湖州市	Huzhou	289.00	1744.76	45794	26508
绍兴市	Shaoxing	456.00	3405.27	50305	27744
舟山市	Zhoushan	251.00	715.86	48423	28308
浙西南	**Western and Southern Region**	**2333.00**	**14845.33**		
温州市	Wenzhou	667.00	5135.75	47785	22985
金华市	Jinhua	542.00	3938.67	46554	21896
其中:义乌市	Yiwu	114.00	1339.81	60773	30571
衢州市	Quzhou	268.00	992.76	36188	18421
台州市	Taizhou	514.00	3593.39	47162	23164
丽水市	Lishui	342.00	1184.76	35968	16459

注：人均生产总值按常住人口计算，以后各表同。
Per Capita GDP is calculated by population with permanent residence. The same applies to the relevant tables following.

17－3 全社会就业人员数(2016 年底)
Total Employed Persons (end of 2016)

单位:万人(10000 persons)

城市	City	全社会就业人员数 Total Employed Persons	第一产业 Primary Industry	第二产业 Secondary Industry	第三产业 Tertiary Industry
浙东北	**Eastern and Northern Region**	**2136.56**	**191.01**	**1020.68**	**924.87**
杭州市	Hangzhou	676.95	66.11	261.78	349.06
宁波市	Ningbo	520.00	18.17	271.87	229.96
嘉兴市	Jiaxing	329.73	28.54	182.83	118.36
湖州市	Huzhou	187.11	21.98	95.72	69.41
绍兴市	Shaoxing	348.07	45.70	178.33	124.04
舟山市	Zhoushan	74.70	10.51	30.15	34.04
浙西南	**Western and Southern Region**	**1600.38**	**300.84**	**696.77**	**602.77**
温州市	Wenzhou	574.00	62.00	276.00	236.00
金华市	Jinhua	347.31	68.28	162.56	116.47
其中:义乌市	Yiwu	94.95	5.47	54.80	34.68
衢州市	Quzhou	132.02	49.82	39.58	42.62
台州市	Taizhou	404.36	70.47	181.48	152.41
丽水市	Lishui	142.69	50.27	37.15	55.27

17－4 各市年末城镇就业人员数(2016 年)
Employed Persons in Towns by City (2016)

单位:万人(10000 persons)

城市	City	年末城镇就业人员数 Total Employed Persons in Towns	农、林、牧、渔业 Agriculture	采矿业 Mining and Quarrying	制造业 Manufac－turing	电力、煤气及水的生产和供应业 Electricity, Gas and Water Production and Supply	建筑业 Construction	批发和零售业 Wholesale and Retail Trade
浙东北	**Eastern and Northern Region**	**756.58**	**0.14**	**0.50**	**237.09**	**6.72**	**208.64**	**29.38**
杭州市	Hangzhou	290.13	0.09	0.10	65.19	1.84	79.53	17.26
宁波市	Ningbo	151.86	0.04		63.98	1.37	27.15	5.23
嘉兴市	Jiaxing	80.55	0.05		45.68	1.13	5.35	2.40
湖州市	Huzhou	50.23	0.02	0.11	19.13	0.68	12.75	1.97
绍兴市	Shaoxing	136.83	0.02	0.18	32.87	1.26	76.69	2.52
舟山市	Zhoushan	46.99	1.20	0.11	10.23	0.44	7.17	7.00
浙西南	**Western and Southern Region**	**330.53**	**0.20**	**0.15**	**85.10**	**4.65**	**106.26**	**7.55**
温州市	Wenzhou	104.60	0.05	0.06	30.51	1.49	27.21	2.63
金华市	Jinhua	92.66	0.03	0.03	14.29	0.95	45.82	1.67
其中:义乌市	Yiwu	12.00			1.94	0.17	2.51	0.28
衢州市	Quzhou	20.69	0.02	0.02	6.50	0.43	1.67	0.57
台州市	Taizhou	94.14	0.05	0.01	31.05	1.12	30.91	2.32
丽水市	Lishui	18.44	0.05	0.03	2.74	0.65	0.66	0.36

续表 1 Continued

单位:万人(10000 persons)

城市	City	交通运输、仓储和邮政业 Transport, Storage and Post	住宿、餐饮业 Hotels and Catering Services	信息传输、软件和信息技术服务业 Information Transmission, Software and Information Technology Services	金融业 Finance	房地产业 Real Estate	租赁和商业服务业 Leasing and Commercial Services	科学研究和技术服务业 Scientific Research and Technical Services
浙东北	**Eastern and Northern Region**	**25.09**	**15.08**	**16.88**	**28.17**	**17.56**	**22.52**	**16.14**
杭州市	Hangzhou	11.38	6.67	12.89	12.00	10.96	11.47	11.50
宁波市	Ningbo	5.88	1.38	1.45	8.09	2.48	5.08	1.96
嘉兴市	Jiaxing	1.71	0.80	0.54	2.48	1.84	2.53	1.00
湖州市	Huzhou	0.86	0.84	0.43	2.07	0.63	0.71	0.43
绍兴市	Shaoxing	1.62	0.63	0.47	2.56	0.72	1.10	0.78
舟山市	Zhoushan	3.62	4.77	1.09	0.97	0.92	1.62	0.48
浙西南	**Western and Southern Region**	**8.14**	**2.79**	**2.60**	**18.23**	**3.76**	**5.74**	**2.81**
温州市	Wenzhou	3.30	1.16	0.68	5.63	1.89	2.39	0.91
金华市	Jinhua	2.39	0.64	0.79	3.56	0.82	1.54	0.54
其中:义乌市	Yiwu	0.68	0.18	0.10	0.76	0.36	0.48	0.14
衢州市	Quzhou	0.52	0.19	0.30	2.03	0.07	0.31	0.23
台州市	Taizhou	1.36	0.58	0.55	5.13	0.88	1.07	0.78
丽水市	Lishui	0.57	0.21	0.27	1.88	0.11	0.42	0.35

续表 2 Continued

单位:万人(10000 persons)

城市	City	水利、环境和公共设施管理业 Water Conservancy, Environment and Public Facilities Management	居民服务、修理和其他服务业 Service for the Residents, Repair and Others	教育 Education	卫生和社会工作 Health Care and Social Work	文化、体育和娱乐业 Culture Sports and Recreation	公共管理、社会保障和社会组织 Public Administration, Social Security and Social Organization
浙东北	**Eastern and Northern Region**	**7.37**	**2.78**	**43.32**	**27.37**	**5.11**	**38.46**
杭州市	Hangzhou	2.59	1.08	18.14	11.28	2.44	13.69
宁波市	Ningbo	1.56	0.43	9.09	6.17	0.88	9.63
嘉兴市	Jiaxing	1.05	0.07	5.53	3.38	0.43	4.59
湖州市	Huzhou	0.55	0.04	3.25	2.08	0.34	3.34
绍兴市	Shaoxing	1.05	0.12	5.79	3.37	0.45	4.63
舟山市	Zhoushan	0.57	1.03	1.53	1.10	0.56	2.58
浙西南	**Western and Southern Region**	**3.38**	**0.47**	**28.13**	**16.99**	**2.06**	**31.53**
温州市	Wenzhou	0.64	0.12	9.86	5.48	0.69	9.90
金华市	Jinhua	1.45	0.23	6.26	4.18	0.54	6.94
其中:义乌市	Yiwu	0.22	0.06	1.35	0.87	0.10	1.80
衢州市	Quzhou	0.18	0.02	2.40	1.48	0.18	3.57
台州市	Taizhou	0.71	0.07	6.33	3.93	0.38	6.90
丽水市	Lishui	0.40	0.03	3.29	1.92	0.27	4.23

17－5 各市农、林、牧、渔业总产值(2016年)
Gross Output Value of Farming, Forestry, Animal Husbandry and Fishery by City(2016)

单位:亿元(100 million yuan)

城市	City	农、林、牧、渔业总产值 Total Output Value	农业产值 Farming	林业产值 Forestry	牧业产值 Animal Husbandry	渔业产值 Fishery	农林牧渔业服务业产值 Services
浙东北	**Eastern and Northern Region**	**1965.22**	**956.76**	**119.09**	**266.28**	**572.24**	**50.86**
杭州市	Hangzhou	467.30	271.53	53.19	85.74	43.52	13.32
宁波市	Ningbo	474.73	227.61	14.08	47.67	176.75	8.62
嘉兴市	Jiaxing	230.34	139.39	1.56	47.10	27.55	14.74
湖州市	Huzhou	223.07	99.52	22.13	36.62	54.15	10.65
绍兴市	Shaoxing	317.44	207.69	27.92	45.22	33.98	2.63
舟山市	Zhoushan	252.34	11.02	0.21	3.93	236.29	0.90
浙西南	**Western and Southern Region**	**1202.29**	**570.95**	**54.81**	**205.30**	**353.92**	**17.31**
温州市	Wenzhou	223.11	101.91	5.57	38.20	73.41	4.02
金华市	Jinhua	236.70	147.60	7.10	62.28	13.73	5.99
其中:义乌市	Yiwu	31.94	23.51	0.72	5.67	1.53	0.51
衢州市	Quzhou	145.16	74.70	12.60	48.34	7.69	1.83
台州市	Taizhou	449.47	148.14	6.36	34.56	256.19	4.22
丽水市	Lishui	147.85	98.60	23.18	21.92	2.90	1.25

17－6 各市播种面积(2016年)
Sown Area by City (2016)

城市	City	农作物播种面积(千公顷) Swon Area of Farm Crop (1000 hectares)	#粮食 Grain	#谷物 Cereal	#油料 Oilbearing Crops	#棉花 Cotton	#蔬菜 Vegetable	果用瓜 Melo used as Fruit
浙东北	**Eastern and Northern Region**	**1350.75**	**654.94**	**531.67**	**83.85**	**5.92**	**361.37**	**55.60**
杭州市	Hangzhou	300.59	107.99	77.37	30.09	0.38	96.90	11.54
宁波市	Ningbo	283.22	130.78	96.24	12.15	3.36	79.21	18.90
嘉兴市	Jiaxing	306.68	173.69	154.27	10.79	1.14	87.42	9.77
湖州市	Huzhou	166.71	89.64	80.55	8.72	0.15	37.27	4.11
绍兴市	Shaoxing	275.44	146.21	119.52	20.33	0.77	53.38	9.59
舟山市	Zhoushan	18.10	6.64	3.73	1.76	0.12	7.20	1.68
浙西南	**Western and Southern Region**	**1027.73**	**511.88**	**392.79**	**90.14**	**5.32**	**271.84**	**46.25**
温州市	Wenzhou	222.93	124.25	101.86	9.85	0.04	62.31	10.65
金华市	Jinhua	223.56	99.36	74.28	22.60	3.53	49.87	10.72
其中:义乌市	Yiwu	22.83	8.81	6.63	1.43	0.01	8.35	1.28
衢州市	Quzhou	211.04	106.46	87.39	40.07	1.22	39.95	6.27
台州市	Taizhou	211.04	97.28	75.81	7.89	0.52	72.47	15.56
丽水市	Lishui	159.15	84.53	53.45	9.73	0.01	47.23	3.05

17-7 各市主要农产品产量(2016年) Output of Major Farm Products by City (2016)

单位:吨(ton)

城市	City	粮食 Grain	#谷物 Cereal	油菜籽 Rapeseeds	棉花 Cotton	水果 Fruit	#柑桔 Citrus	茶叶 Tea	蚕茧 Silkworm Cocoons
浙东北	**Eastern and Northern Region**	**4230753**	**3737369**	**156243**	**7792**	**3547904**	**481704**	**100382**	**30968**
杭州市	Hangzhou	635975	514767	57515	599	764081	154580	28150	8146
宁波市	Ningbo	804543	682032	17466	3885	1205419	240614	14223	
嘉兴市	Jiaxing	1169733	1095341	26641	1774	630768	43383	76	13839
湖州市	Huzhou	629723	591720	17789	322	242813	669	10546	7278
绍兴市	Shaoxing	954769	829920	34476	1107	632636	16682	47302	1705
舟山市	Zhoushan	36010	23589	2356	105	72187	25776	85	
浙西南	**Western and Southern Region**	**3163395**	**2697065**	**140491**	**8732**	**3695298**	**1305240**	**71803**	**2125**
温州市	Wenzhou	759474	664617	15103	66	523052	95862	6094	3
金华市	Jinhua	604303	503899	35568	5720	644342	84501	21580	490
其中:义乌市	Yiwu	54228	42617	1943	18	98380	12490	998	11
衢州市	Quzhou	710296	636483	63852	2195	835413	592356	7509	455
台州市	Taizhou	630737	548695	12119	732	1360520	429208	5001	247
丽水市	Lishui	458585	343371	13849	19	331971	103313	31619	930

续表 Continued

单位:吨(ton)

城市	City	生猪年末存栏头数(万头) Year-end Hogs (10000 heads)	牛年末存栏头数(头) Year-end Cattle (head)	羊年末存栏只数(万只) Year-end Sheep and Goats (10000 heads)	肉产量(吨) Output of Meat (ton)	#猪肉 Pork (ton)	禽蛋产量(吨) Poultry Eggs (ton)	牛奶产量(吨) Cow Milk (ton)	水产品产量(吨) Output of Aquatic Production (ton)
浙东北	**Eastern and Northern Region**	**309**	**42986**	**138**	**800838**	**563948**	**275199**	**75519**	**3845328**
杭州市	Hangzhou	127	14720	26	262696	211752	103768	28648	247025
宁波市	Ningbo	60	16745	11	131790	107795	44685	30428	1051203
嘉兴市	Jiaxing	18	1327	51	105695	37745	44410	9776	151632
湖州市	Huzhou	27	2716	38	134442	69509	42102	5098	383076
绍兴市	Shaoxing	72	6943	11	152632	126189	36185	1556	109848
舟山市	Zhoushan	5	535	2	13583	10958	4049	13	1902544
浙西南	**Western and Southern Region**	**295**	**128213**	**44**	**746441**	**580987**	**177290**	**88960**	**2464157**
温州市	Wenzhou	44	38321	15	119529	81233	53107	21894	643576
金华市	Jinhua	78	23073	7	182691	153766	42168	58296	79543
其中:义乌市	Yiwu	2	98		21196	13783	1779		3430
衢州市	Quzhou	73	18284	7	234086	185024	34385	218	66082
台州市	Taizhou	56	23540	7	120869	92748	34571	6983	1653870
丽水市	Lishui	44	24995	9	89266	68216	13059	1569	21086

17－8 各市农业现代化情况(2016年)
Agricultural Modernization by City (2016)

城市	City	农业机械总动力(万千瓦) Total Power of Agricultural Machinery (10000 million kw)	农村用电量(万千瓦小时) Electricity Consumed in Rural Area (10000 million kw. h)	农用化肥施用量(折纯)(吨) Consumption of Chemical Fertilizers (pure) (ton)	机耕面积(千公顷) Area Ploughed by Tractors (1000 hectares)	有效灌溉面积(千公顷) Irrigated Area (1000 hectares)
浙东北	**Eastern and Northern Region**	**1276.87**	**6566796**	**455828**	**827.47**	**836.37**
杭州市	Hangzhou	283.72	1099435	94408	158.72	156.56
宁波市	Ningbo	301.86	1770555	106184	223.15	178.14
嘉兴市	Jiaxing	133.99	1281683	100457	151.77	183.87
湖州市	Huzhou	168.26	375805	42928	111.10	137.23
绍兴市	Shaoxing	233.44	1896752	107471	174.31	165.35
舟山市	Zhoushan	155.61	142566	4380	8.42	15.22
浙西南	**Western and Southern Region**	**1027.30**	**2694141**	**388944**	**579.95**	**609.94**
温州市	Wenzhou	212.01	892322	80377	145.18	115.17
金华市	Jinhua	257.73	544809	100372	123.26	168.03
其中:义乌市	Yiwu	26.54	116311	12187	9.81	18.12
衢州市	Quzhou	155.24	104272	63248	115.96	104.17
台州市	Taizhou	293.05	1090873	87777	130.26	124.74
丽水市	Lishui	109.27	61865	57170	65.29	97.83

17－9 各市规模以上工业企业单位数(2016 年)
Number of Industrial Enterprises Above Designated Size by City (2016)

单位:个(unit)

城市	City	工业企业单位数 Number of Enterprises	内资企业 Domestic－funded Enterprises	港澳台商投资企业 Enterprises with Investment from Hong Kong, Macao and Taiwan	外商投资企业 Enterprises with Foreign Investment
浙东北	**Eastern and Northern Region**	**25632**	**20943**	**2480**	**2209**
杭州市	Hangzhou	5684	4738	435	511
宁波市	Ningbo	7286	5678	881	727
嘉兴市	Jiaxing	5051	4021	503	527
湖州市	Huzhou	2806	2387	228	191
绍兴市	Shaoxing	4430	3764	427	239
舟山市	Zhoushan	375	355	6	14
浙西南	**Eastern and Northern Region**	**14505**	**13872**	**297**	**336**
温州市	Wenzhou	4871	4705	67	99
金华市	Jinhua	3968	3751	114	103
其中:义乌市	Yiwu	761	718	30	13
衢州市	Quzhou	933	888	16	29
台州市	Taizhou	3618	3443	87	88
丽水市	Lishui	1115	1085	13	17

17－10 各市规模以上工业总产值(2016 年)
Gross Output Value of Industry by City Above Designated Size (2016)

单位:亿元(100 million yuan)

城市	City	工业总产值 Gross Output Value of Industry	内资企业 Domestic－fundec Enterprises	港澳台商投资企业 Enterprises with Investment from Hong Kong, Macao and Taiwan	外商投资企业 Enterprises with Foreign Investment
浙东北	**Eastern and Northern Region**	**51109.24**	**37387.44**	**7264.74**	**6457.06**
杭州市	Hangzhou	12420.96	9138.14	1405.67	1877.15
宁波市	Ningbo	14500.24	9810.71	2954.11	1735.42
嘉兴市	Jiaxing	7882.94	5433.95	939.72	1509.27
湖州市	Huzhou	4606.05	3516.38	601.83	487.84
绍兴市	Shaoxing	9826.94	7770.71	1349.97	706.25
舟山市	Zhoushan	1872.11	1717.55	13.43	141.13
浙西南	**Western and Southern Region**	**17391.34**	**16080.89**	**538.87**	**771.57**
温州市	Wenzhou	5229.58	4869.09	115.23	245.26
金华市	Jinhua	4705.77	4367.43	221.29	117.06
其中:义乌市	Yiwu	773.56	691.18	69.45	12.93
衢州市	Quzhou	1581.95	1447.11	20.39	114.45
台州市	Taizhou	4084.04	3658.26	142.92	282.85
丽水市	Lishui	1790.01	1739.01	39.04	11.96

17－11 各市工业企业经济指标(2016 年) Main Indicators of Industrial Enterprises by City (2016)

单位:亿元(100 million yuan)

城市	City	从业人员平均人数(万人) Average Number o Employed Persons (10000 persons)	流动资产年平均余额 Annual Average Balance of Circulating Assets	固定资产净值年平均余额 Annual Average Balance of Net Value of Fixed Assets	主营业务收入 Revenues in Main Business
浙东北	**Eastern and Northern Region**	**459.83**	**28681.20**	**13482.30**	**48681.76**
杭州市	Hangzhou	107.42	8502.92	3041.27	12367.54
宁波市	Ningbo	146.82	7851.35	3863.95	13639.11
嘉兴市	Jiaxing	84.20	4270.23	2941.56	7589.37
湖州市	Huzhou	37.55	2077.89	1087.98	4367.93
绍兴市	Shaoxing	75.83	5154.19	2004.76	9337.98
舟山市	Zhoushan	8.01	824.63	542.79	1379.82
浙西南	**Western and Southern Region**	**229.15**	**9442.42**	**4481.00**	**16124.27**
温州市	Wenzhou	75.42	2715.42	1042.42	4594.24
金华市	Jinhua	61.11	2574.09	1192.89	4370.87
其中:义乌市	Yiwu	11.81	474.14	248.85	720.49
衢州市	Quzhou	14.76	915.75	595.48	1590.49
台州市	Taizhou	61.06	2503.01	1252.96	3794.15
丽水市	Lishui	16.80	734.15	397.24	1774.53

续表 Continued

单位:亿元(100 million yuan)

城市	City	利税总额 Total Profits and Taxes	产品销售税金及附加 Sales Tax and Extra Charges	本年应交增值税 Tax Payable of Value Added	利润总额 Total Profits
浙东北	**Eastern and Northern Region**	**5585.25**	**763.76**	**1432.92**	**3388.57**
杭州市	Hangzhou	1652.96	283.50	423.40	946.06
宁波市	Ningbo	1786.03	365.35	403.79	1016.89
嘉兴市	Jiaxing	788.26	38.11	239.56	510.59
湖州市	Huzhou	447.73	31.63	120.84	295.26
绍兴市	Shaoxing	858.55	40.91	225.54	592.10
舟山市	Zhoushan	51.71	4.26	19.78	27.67
浙西南	**Western and Southern Region**	**1674.22**	**90.44**	**532.47**	**1051.31**
温州市	Wenzhou	467.42	25.58	158.71	283.13
金华市	Jinhua	446.56	24.64	148.09	273.83
其中:义乌市	Yiwu	79.80	3.82	26.07	49.91
衢州市	Quzhou	155.22	7.75	50.12	97.35
台州市	Taizhou	414.86	24.85	130.20	259.81
丽水市	Lishui	190.15	7.62	45.34	137.19

17－12 各市客运量和货运量(2016 年)
Passenger Traffic and Freight Traffic by City (2016)

城市	City	客运量(万人) Passenger Traffic (10000 persons)			货运量(万吨) Freight Traffic (10000 tons)		
		公路 Highways	水运 Waterways	航空 Civil Aviation	公路 Highways	水运 Waterways	航空 Civil Aviation
浙东北	**Eastern and Northern Region**	**30441**	**3595.16**	**2481.51**	**89131**	**59818**	**63.96**
杭州市	Hangzhou	12282	584.00	1622.22	25194	4673	48.80
宁波市	Ningbo	4813	170.10	779.20	25635	18229	15.13
嘉兴市	Jiaxing	3000	48.00		11306	8762	
湖州市	Huzhou	4925	80.92		8618	5908	
绍兴市	Shaoxing	2957	123.66		11134	1313	
舟山市	Zhoushan	2464	2588.48	80.09	7244	20932	0.03
浙西南	**Western and Southern Region**	**52412**	**354.51**	**616.84**	**44866**	**14729**	**6.45**
温州市	Wenzhou	22125	30.44	438.03	9678	3277	4.66
金华市	Jinhua	12235	1.25	122.67	8723	9	1.38
其中:义乌市	Yiwu	1869		122.67	2545		1.38
衢州市	Quzhou	4913	4.30	20.82	9975	4	0.06
台州市	Taizhou	9895	209.00	35.32	11658	11213	0.35
丽水市	Lishui	3244	109.52		4832	225	

17－13 各市公路里程、邮电通信和用电量情况(2016 年) Length of Highways,Posts and Telecommunications and Electricity by City (2016)

城市	City	境内公路里程(公里) Length of Highways (km)	#高速公路 Expressway	民用汽车拥有量(辆) Civil Motor Vehicles (unit)	固定电话用户(万户) Telephone Subscribers (10000 subscribers)	年末移动电话用户数(万户) Number of Mobile Telephones Subscribers (10000 subscribers)
浙东北	**Eastern and Northern Region**	**54000.95**	**2271.37**	**7694095**	**856.33**	**4953.48**
杭州市	Hangzhou	16306.00	632.00	2341536	265.70	1734.41
宁波市	Ningbo	9837.90	495.80	2379915	238.00	1209.83
嘉兴市	Jiaxing	8117.00	393.00	1052699	110.46	608.41
湖州市	Huzhou	7724.00	289.00	642262	81.87	456.19
绍兴市	Shaoxing	10067.67	419.57	1104557	127.48	782.54
舟山市	Zhoushan	1948.38	42.00	173126	32.82	162.10
浙西南	**Western and Southern Region**	**57375.50**	**1790.01**	**5233843**	**435.64**	**3362.25**
温州市	Wenzhou	8485.00	297.00	1782753	156.74	1115.33
金华市	Jinhua	12574.00	354.00	1471211	98.57	946.13
其中:义乌市	Yiwu	1436.00	54.00	455337	30.04	280.25
衢州市	Quzhou	8374.00	422.00	331083	37.03	224.64
台州市	Taizhou	12578.00	297.91	1327839	106.81	770.84
丽水市	Lishui	15364.50	419.10	320957	36.49	305.31

续表 Continued

城市	City	国际互联网用户数(万户) Users of International Computer Network (10000 subscribers)	电信业务收入(万元) Telecom Business Income (10000 yuan)	全年用电量(亿千瓦小时) Total Electricity Consumption (100 million kw. h)	#工业用电 Industrial Consumption	#城乡居民生活用电 Residential Consumption
浙东北	**Eastern and Northern Region**	**1288.94**	**4988332**	**2423.55**	**1727.97**	**293.06**
杭州市	Hangzhou	443.57	1908315	678.29	401.55	107.30
宁波市	Ningbo	336.00	1189948	646.54	476.74	74.92
嘉兴市	Jiaxing	164.11	879175	453.10	368.50	36.24
湖州市	Huzhou	118.49	326084	222.20	165.73	26.19
绍兴市	Shaoxing	180.92	541104	374.51	291.98	39.24
舟山市	Zhoushan	45.85	143706	48.91	23.47	9.17
浙西南	**Western and Southern Region**	**856.36**	**3012239**	**1202.64**	**786.39**	**223.54**
温州市	Wenzhou	321.16	1183336	378.32	226.81	89.76
金华市	Jinhua	206.61	771357	309.75	208.10	46.61
其中:义乌市	Yiwu	64.17	257291	79.97	46.98	10.94
衢州市	Quzhou	53.87	167720	143.48	110.63	15.22
台州市	Taizhou	208.46	705566	282.15	183.43	55.51
丽水市	Lishui	66.26	184260	88.93	57.41	16.43

17－14 各市固定资产投资(2016年)
Investment in Fixed Assets by City (2016)

单位:亿元(100 million yuan)

城市	City	固定资产投资 Inventment in Fixed Assets	第一产业 Primary Industry	第二产业 Secondary Industry	第三产业 Tertiary Industry
浙东北	**Eastern and Northern Region**	**19379.76**	**147.36**	**5925.87**	**13306.54**
杭州市	Hangzhou	5842.42	39.36	886.90	4916.16
宁波市	Ningbo	4961.39	19.88	1470.50	3471.01
嘉兴市	Jiaxing	2790.16	38.19	1225.73	1526.24
湖州市	Huzhou	1592.18	11.28	679.68	901.22
绍兴市	Shaoxing	2882.48	30.05	1300.84	1551.59
舟山市	Zhoushan	1311.14	8.59	362.23	940.32
浙西南	**Western and Southern Region**	**10085.77**	**213.67**	**3164.27**	**6707.83**
温州市	Wenzhou	3905.74	110.57	960.08	2835.08
金华市	Jinhua	2084.01	15.05	749.95	1319.02
其中:义乌市	Yiwu	581.67	6.67	128.98	446.01
衢州市	Quzhou	981.74	39.10	365.96	576.67
台州市	Taizhou	2272.63	19.96	877.93	1374.75
丽水市	Lishui	841.65	28.99	210.35	602.31

续表 Continued 单位:亿元(100 million yuan)

城市	City	#房地产开发投资 Real Estate Development	#住宅 Residential Buildings	新增固定资产 Newly Increased Fixed Assets	商品房屋销售面积(万平方米) Floor Space of Commerical Houses Sold (10000 sq. m)	商品房屋销售额 Total Value of Commerical Houses Sold
浙东北	**Eastern and Northern Region**	**5442.44**	**3416.88**	**12800.03**	**6290.38**	**7188.62**
杭州市	Hangzhou	2606.41	1559.98	3201.05	2326.69	3665.48
宁波市	Ningbo	1270.33	792.68	3714.18	1336.95	1501.14
嘉兴市	Jiaxing	478.40	334.84	2200.33	1144.62	872.93
湖州市	Huzhou	274.22	175.82	1000.54	557.01	386.87
绍兴市	Shaoxing	641.19	431.35	1969.43	772.61	614.19
舟山市	Zhoushan	171.89	122.21	714.50	152.50	148.01
浙西南	**Western and Southern Region**	**2026.92**	**1389.76**	**6546.18**	**2346.36**	**2416.48**
温州市	Wenzhou	902.01	672.17	2956.40	773.85	1011.79
金华市	Jinhua	408.85	259.17	1175.26	425.71	406.42
其中:义乌市	Yiwu	121.12	55.42	342.11	69.65	104.75
衢州市	Quzhou	124.25	84.07	602.20	244.10	184.78
台州市	Taizhou	424.21	263.29	1242.02	662.06	605.77
丽水市	Lishui	167.61	111.06	570.30	240.64	207.71

17－15 各市国内贸易情况(2016 年)
The Situation of Domestic Trade by City (2016)

城市	City	社会消费品零售总额(亿元) Total Retail Sales of Consumer Goods (100 million yuan)	限额以上批发、零售贸易业商品销售总额(亿元) Total Sales of Wholesale and Retailsale Trade Above Designated Size (100 million yuan)	限额以上批发零售企业数(个) Number of Wholesale and retail enterprises above the Designated Size (unit)	零售 Retail
浙东北	**Eastern and Northern Region**	**13791.93**	**37531.53**	**12324**	**3509**
杭州市	Hangzhou	5176.20	15006.59	4134	1345
宁波市	Ningbo	3667.63	13488.19	3545	817
嘉兴市	Jiaxing	1638.49	2091.02	1543	401
湖州市	Huzhou	1068.86	2722.06	696	276
绍兴市	Shaoxing	1783.34	2741.00	2072	575
舟山市	Zhoushan	457.40	1482.66	334	95
浙西南	**Western and Southern Region**	**8178.86**	**7198.67**	**4951**	**2146**
温州市	Wenzhou	3006.90	3187.77	2141	718
金华市	Jinhua	1977.87	1526.81	1152	557
其中:义乌市	Yiwu	586.36	331.51	318	134
衢州市	Quzhou	609.31	403.57	364	198
台州市	Taizhou	2013.14	1535.88	1012	463
丽水市	Lishui	571.64	544.65	282	210

17－16 各市外贸及利用外资情况(2016 年)
The Situation of Foreign Trade and the Use of Foreign Capital by City(2016)

城市	City	进口总额(亿美元) Total imports (100 million USD)	出口总额(亿美元) Total exports (100 million USD)	外国和港澳台地区在华直接投资 Foreign Funded Enterprises and Enterprises Funded by Entrepreneurs from Hong Kong, Macao & Taiwan	
				新签项目(合同)数(个) Newly Signed Contracts(unit)	实际使用外资金额(万美元) Amount of Foreign Capital Actually Use (USD 10000)
浙东北	**Eastern and Northern Region**	**619.38**	**1807.05**	**1607**	**1642667**
杭州市	Hangzhou	177.34	502.59	462	720915
宁波市	Ningbo	288.27	660.97	458	451333
嘉兴市	Jiaxing	78.41	235.07	275	269240
湖州市	Huzhou	12.07	90.16	110	100131
绍兴市	Shaoxing	20.41	255.64	277	80031
舟山市	Zhoushan	42.89	62.63	25	21017
浙西南	**Western and Southern Region**	**67.43**	**871.69**	**544**	**120581**
温州市	Wenzhou	20.05	160.77	61	24330
金华市	Jinhua	11.39	471.75	400	34329
其中:义乌市	Yiwu	4.20	333.94	365	9344
衢州市	Quzhou	12.09	30.26	11	6109
台州市	Taizhou	21.36	177.33	36	33683
丽水市	Lishui	2.53	31.58	36	22130

17－17 各市国际旅游事业情况(2016 年)
International Tourism by City (2016)

城市	City	海外游客人数(人) Total Number of International Tourists (person)	#外国人 Foreigners	#港澳台同胞 Compatriots from Hong Kong Macao and Taiwan, China	国际旅游收入(万美元) Total International Income From Tourism (USD 10000)
浙东北	**Eastern and Northern Region**	**8154768**	**5119070**	**3035598**	**511270**
杭州市	Hangzhou	3632300	2556200	1076000	314944
宁波市	Ningbo	1734926	930971	803955	91745
嘉兴市	Jiaxing	707318	439912	267406	21657
湖州市	Huzhou	916233	526508	389725	35758
绍兴市	Shaoxing	824744	481934	342810	29825
舟山市	Zhoushan	339247	183545	155702	17341
浙西南	**Western and Southern Region**	**3007208**	**2238174**	**769214**	**229713**
温州市	Wenzhou	1210288	805903	404385	60378
金华市	Jinhua	1127404	927387	200017	64802
其中:义乌市	Yiwu	876603	812321	64282	57020
衢州市	Quzhou	131968	46746	85222	5958
台州市	Taizhou	192350	148828	43702	6478
丽水市	Lishui	345198	309310	35888	92097

17－18 各市财政收支情况(2016 年)
Total Financial Revenve and Expenditure by City (2016)

单位:万元(10000 yuan)

城市	City	财政总收入(亿元) Total Financial Revenue (100 million)	地方财政预算内收入 Total Local Government Budgetary Financial Revenue	地方财政预算内支出 Total Local Government Financial Expenditures	#一般性公共服务支出 Expenses for Public Service	#教育支出 Expenses for Education
浙东北	**Eastern and Northern Region**	**6541.76**	**36266626**	**41310137**	**3713607**	**7255122**
杭州市	Hangzhou	2558.41	14023826	14043065	1125425	2530114
宁波市	Ningbo	2145.72	11145409	12892601	1165047	1983694
嘉兴市	Jiaxing	673.37	3879341	4421926	405198	897234
湖州市	Huzhou	360.89	2111792	2886169	289235	581217
绍兴市	Shaoxing	630.08	3903010	4560959	442852	971151
舟山市	Zhoushan	173.29	1203248	2505417	285850	291712
浙西南	**Western and Southern Region**	**2182.88**	**13274194**	**23332650**	**2504372**	**4740657**
温州市	Wenzhou	723.96	4398744	6667495	803075	1624404
金华市	Jinhua	555.19	3381394	5423599	523552	988721
其中:义乌市	Yiwu	130.69	817904	1144001	122391	200559
衢州市	Quzhou	155.03	1025553	2680843	276083	453017
台州市	Taizhou	583.83	3432835	5143996	556074	1084686
丽水市	Lishui	164.87	1035668	3416717	345588	589829

17－19 各市金融情况(2016 年)
Finace by City(2016)

单位:亿元(100 million yuan)

城市	City	金融机构年末存款余额 Deposits	城乡居民储蓄年末余额 Residents' Savings Deposits	金融机构年末贷款余额 Loans
浙东北	**Eastern and Northern Region**	**67888.82**	**23114.06**	**56792.36**
杭州市	Hangzhou	32514.64	8313.13	25464.83
宁波市	Ningbo	16196.01	5689.44	15806.76
嘉兴市	Jiaxing	6630.22	3245.59	5185.23
湖州市	Huzhou	3476.80	1744.76	2740.36
绍兴市	Shaoxing	7263.31	3405.27	6111.17
舟山市	Zhoushan	1807.83	715.86	1484.01
浙西南	**Western and Southern Region**	**28549.35**	**14845.33**	**23133.69**
温州市	Wenzhou	10213.31	5135.75	8011.47
金华市	Jinhua	7478.31	3938.67	6167.40
其中:义乌市	Yiwu	2617.04	1339.81	2063.28
衢州市	Quzhou	1896.63	992.76	1652.45
台州市	Taizhou	6923.22	3593.39	5758.92
丽水市	Lishui	2037.87	1184.76	1543.45

17-20 各市社会保险福利情况(2016年)
Basic Statistics on Social Insurance & Welfare by City (2016)

单位:万人(10000 persons)

城市	City	城镇职工基本养老保险参保人数 Staff and Workers in Urban Area Participating in the Basic Retirement Security Program	城镇居民基本医疗保险参保人数 Urban Households Participating in the Basic Health Care Program	失业保险人数 Persons Participating in the Unemployment Insurance Program
浙东北	**Eastern and Northern Region**	**1556.17**	**2111.13**	**969.44**
杭州市	Hangzhou	575.98	897.53	374.16
宁波市	Ningbo	412.08	336.13	262.48
嘉兴市	Jiaxing	161.99	386.94	118.73
湖州市	Huzhou	135.55	147.52	65.61
绍兴市	Shaoxing	211.23	286.40	127.1
舟山市	Zhoushan	59.34	56.65	21.41
浙西南	**Western and Southern Region**	**817.74**	**1784.56**	**346.18**
温州市	Wenzhou	245.65	596.56	112.90
金华市	Jinhua	184.70	341.28	80.25
其中:义乌市	Yiwu	46.83	43.13	17.56
衢州市	Quzhou	72.96	176.70	26.60
台州市	Taizhou	193.87	474.44	103.59
丽水市	Lishui	73.73	195.57	22.83

续表 Continued

单位:万人(10000 persons)

城市	City	社会福利院数(个) Social Welfare Homes(unit)	社会福利院床位数(张) Beds of Social Welfare Homes(bed)	社区服务设施数(个) Number of Community Service Facilities Established in Urban Areas (unit)	居民最低生活保障线以下人数(人) Residents under Minimum Life Guarantee Relief (person)
浙东北	**Eastern and Northern Region**	**1016**	**190531**	**11993**	**53553**
杭州市	Hangzhou	333	67293	1066	21796
宁波市	Ningbo	272	53049	3482	8916
嘉兴市	Jiaxing	5	2425	2023	5540
湖州市	Huzhou	100	17348	2237	6265
绍兴市	Shaoxing	213	40171	2498	9054
舟山市	Zhoushan	93	10245	687	1982
浙西南	**Western and Southern Region**	**697**	**100715**	**14808**	**44625**
温州市	Wenzhou	77	13680	3230	14936
金华市	Jinhua	9	3112	4033	3120
其中:义乌市	Yiwu	1	108	648	79
衢州市	Quzhou	121	19912	324	5455
台州市	Taizhou	354	46386	5203	13606
丽水市	Lishui	136	17625	2018	7508

17 - 21 各市各类学校在校学生数(2016 年)
Student Enrollment by Type of School and by City (2016)

城市	City	高等学校(人) Institutions of Higher Education (person)	中等职业学校(人) Vocational Secondary Schools (person)	普通中学(万人) Regular Secondary Schools (10000 persons)	小学(万人) Primary Schools (10000 persons)
浙东北	**Eastern and Northern Region**	**790029**	**307693**	**113.69**	**173.65**
杭州市	Hangzhou	427978	107735	32.62	54.30
宁波市	Ningbo	155144	65725	27.82	47.70
嘉兴市	Jiaxing	65441	48224	15.84	24.65
湖州市	Huzhou	26668	28349	11.09	15.79
绍兴市	Shaoxing	90277	49763	23.18	26.41
舟山市	Zhoushan	24521	7897	3.14	4.80
浙西南	**Western and Southern Region**	**189427**	**278637**	**113.20**	**181.35**
温州市	Wenzhou	86276	69106	37.10	62.73
金华市	Jinhua	34566	71579	24.75	41.23
其中:义乌市	Yiwu		14519	4.57	10.11
衢州市	Quzhou	13523	28145	11.05	13.82
台州市	Taizhou	34205	79843	29.49	46.92
丽水市	Lishui	20857	29964	10.81	16.65

17 - 22 各市专利申请(2016 年)
Patent Application by City (2016)

城市	City	专利申请受理量(项) Patent Application Accepted (item)	专利申请授权量(项) Patent Application Approved (item)	#发明 Invention
浙东北	**Eastern and Nortern Region**	**271755**	**145703**	**20765**
杭州市	Hangzhou	73546	41052	8647
宁波市	Ningbo	68244	40792	5669
嘉兴市	Jiaxing	32208	19957	1654
湖州市	Huzhou	23271	13695	2544
绍兴市	Shaoxing	70942	28371	1754
舟山市	Zhoushan	3544	1836	497
浙西南	**Western and Soutern Region**	**121475**	**75767**	**5808**
温州市	Wenzhou	51213	29931	2463
金华市	Jinhua	26488	16873	1101
其中:义乌市	Yiwu	5298	3101	274
衢州市	Quzhou	7908	3943	384
台州市	Taizhou	27921	20075	1534
丽水市	Lishui	7945	4945	326

17－23 各市文化和卫生事业主要指标(2016 年)
Main Indicators of Culture and Public Healthy by City (2016)

城市	City	体育场馆数（个）Number of Sports Grounds and Gymnasiums (unit)	剧场、影剧院数（个）Number of Theaters and Music Halls (unit)	公共图书馆图书藏量（千册件）Total Collections of Books in Public Libraries (1000 copies)	医院卫生院数（个）Number of Health Institutions (unit)	医院卫生院床位数（张）Number of Beds in Health Institutions (bed)	医生数（人）Doctors (person)
浙东北	**Eastern and Northern Region**	**526**	**320**	**44912**	**1167**	**164283**	**99638**
杭州市	Hangzhou	152	121	21373	365	64557	38172
宁波市	Ningbo	222	78	7573	251	33412	22941
嘉兴市	Jiaxing	62	38	7871	144	23283	10408
湖州市	Huzhou	49	26	2077	146	12836	7619
绍兴市	Shaoxing	24	42	4174	193	25225	14171
舟山市	Zhoushan	17	15	1844	68	4970	6327
浙西南	**Western and Southern Region**	**274**	**146**	**23094**	**1382**	**112003**	**71294**
温州市	Wenzhou	36	9	10124	403	35086	24976
金华市	Jinhua	143	48	3713	282	26930	15630
其中:义乌市	Yiwu	30	17	813	38	4660	3127
衢州市	Quzhou	30	14	1766	183	11948	6780
台州市	Taizhou	55	53	5492	271	25656	16637
丽水市	Lishui	10	22	1999	243	12383	7271

17-24 各市、县国民经济主要指标(2016 年)
Main Indicators of National Economy by City and Country (2016)

市县名称	City and County	土地面积(平方公里) Land Area (sq. km)	年末常住人口(万人) Total Population with Permanen Residence (10000 persons)	生产总值(亿元) Gross Domestic Product (100 million yuan)	第一产业 Primary Industry	第二产业 Secondary Industry	第三产业 Tertiary Industry
杭州市区	Hangzhou District	4876	737.99	9835.48	170.43	3406.99	6258.06
萧山区	Xiaoshan	1163	157.20	1954.18	67.63	927.92	958.62
余杭区	Yuhang	1222	135.90	1447.84	49.71	493.07	905.06
富阳区	Fuyang	1808	73.64	712.65	44.79	330.00	337.87
临安市	Linan	3124	58.85	518.76	42.24	260.58	215.94
建德市	Jiande	2364	44.70	350.43	32.75	176.00	141.67
桐庐县	Tonglu	1780	42.30	373.40	24.48	196.28	152.63
淳安县	Chunan	4452	34.96	235.65	34.29	81.08	120.28
宁波市区	Ningbo District	3730	412.20	5574.66	93.57	2737.10	2743.99
鄞州区	Yinzhou	814	125.70	1358.83	24.71	523.22	810.90
奉化区	Fenhua	1268	51.00	494.15	30.02	300.89	163.24
余姚市	Yuyao	1501	104.60	904.75	44.92	507.59	352.24
慈溪市	Cixi	1361	150.10	1276.17	52.68	762.27	461.22
象山县	Xiangshan	1382	52.50	444.22	67.00	197.17	180.06
宁海县	Ninghai	1843	68.10	486.69	43.90	251.22	191.58
温州市区	Wenzhou District	1311	301.13	2054.72	17.63	911.10	1125.99
洞头区	Dongtou	231	10.01	79.92	6.04	30.15	43.73
瑞安市	Ruian	1350	141.92	795.02	22.27	349.95	422.80
乐清市	Yueqing	1385	141.85	861.52	21.46	417.36	422.71
永嘉县	Yongjia	2677	82.69	365.15	14.28	182.19	168.68
平阳县	Pingyang	1042	78.53	375.25	15.97	153.17	206.11
苍南县	Cangnan	1253	122.89	462.51	31.93	182.71	247.87
文成县	Wenchen	1296	23.59	79.49	8.44	22.73	48.32
泰顺县	Taishun	1768	24.90	81.68	7.84	24.20	49.64
嘉兴市区	Jiaxing District	987	124.18	970.41	30.11	436.47	503.83
平湖市	Pinghu	554	68.61	528.68	15.19	305.68	207.80
海宁市	Haining	863	83.50	767.92	21.68	414.74	331.50
桐乡市	Tongxiang	727	83.44	717.95	26.90	359.63	331.42
嘉善县	Jiashan	507	57.25	461.65	22.41	252.54	186.70
海盐县	Haiyan	585	44.42	414.90	20.63	246.08	148.19
湖州市区	Huzhou District	1565	132.97	1011.17	45.53	463.31	502.33
德清县	Deqing	938	50.48	433.67	21.72	228.41	183.55
长兴县	ChangXing	1431	65.97	509.21	33.19	258.82	217.20
安吉县	Anji	1886	48.08	330.31	26.97	148.94	154.41
绍兴市区	Shaoxing District	2965	273.83	2801.84	94.77	1368.92	1338.15
柯桥区	keqiao	1066	97.56	1259.75	35.74	659.69	564.31
上虞区	Shangyu	1406	79.03	788.04	45.36	423.02	319.66

续表 1 Continued

市县名称	City and County	土地面积（平方公里）Land Area (sq. km)	年末常住人口（万人）Total Population with Permanen Residence (10000 persons)	生产总值（亿元）Gross Domestic Product (100 million yuan)	第一产业 Primary Industry	第二产业 Secondary Industry	第三产业 Tertiary Industry
诸暨市	Zhuji	2311	117.67	1120.05	51.88	592.61	475.56
嵊州市	Shengzhou	1789	68.81	485.39	38.61	241.78	205.00
新昌县	Xinchang	1214	38.49	380.00	22.41	195.53	162.07
金华市区	Jinhua District	2049	113.53	693.13	34.08	255.07	403.98
金东区	JIndong	658	35.67	171.38	14.66	80.06	76.66
兰溪市	Lanxi	1312	56.51	308.47	26.22	158.83	123.42
东阳市	Dongyang	1747	83.34	506.49	18.61	239.62	248.26
义乌市	Yiwu	1105	128.04	1131.80	22.31	401.23	708.26
永康市	Yongkang	1047	74.94	527.00	8.80	315.85	202.35
武义县	Wuyi	1568	35.93	220.06	16.20	113.19	90.66
浦江县	Pujiang	918	41.82	214.10	10.72	120.47	82.92
磐安县	Panan	1195	17.89	83.88	11.39	39.15	33.35
衢州市区	Quzhou District	2354	82.54	528.47	30.64	236.76	261.07
江山市	Jiangshan	2019	47.47	273.88	22.02	134.39	117.46
常山县	Changshan	1097	24.68	119.23	8.27	49.77	61.19
开化县	Kaihua	2231	24.79	114.24	12.73	41.95	59.55
龙游县	Longyou	1143	36.71	211.20	14.57	102.61	94.02
舟山市区	Zhoushan District	1034	88.08	908.17	63.77	377.48	466.92
岱山县	Daishan	325	20.36	234.44	36.05	119.47	78.92
嵊泗县	Shengsi	97	7.36	98.62	26.89	13.70	58.03
台州市区	Taizhou District	1536	194.40	1412.53	50.94	603.88	757.71
温岭市	Wenling	836	137.00	899.14	69.58	366.44	463.12
临海市	Linhai	2171	104.70	530.62	44.37	229.24	257.01
玉环县	Yuhuan	378	62.90	469.58	32.77	247.97	188.84
三门县	Sanmen	1072	34.00	186.02	27.47	67.90	90.66
天台县	Tiantai	1426	39.80	207.05	13.65	87.42	105.99
仙居县	Xianju	1992	35.20	190.10	15.35	78.82	95.92
丽水市区	Lishui District	1502	47.43	306.15	18.07	114.45	173.62
龙泉市	Longquan	3059	23.65	118.80	13.86	49.26	55.67
青田县	Qingtian	2493	35.03	213.25	8.17	119.98	85.10
云和县	Yunhe	984	11.39	59.59	4.62	29.87	25.10
庆元县	Qingyuan	1898	13.75	62.53	7.93	25.97	28.62
缙云县	Jinyun	1494	36.51	206.07	10.69	109.81	85.57
遂昌县	Suichang	2539	19.02	97.48	11.23	36.82	49.43
松阳县	Songyang	1406	18.94	94.73	14.09	42.09	38.56
景宁自治县	Jingning	1949	10.78	49.07	6.96	14.09	28.02

续表 2 Continued

市县名称	City and County	工业 Industry Industry	人均生产总值（元） Per - capita GDP (yuan)	社会消费品零售总额（亿元） Total Retail Sales of Consumer Goods (100 million yuan)	固定资产投资（亿元） Investment in Fixed Assets (100 million yuan)	财政总收入（亿元） Total Financia Revenue (100 million yuan)
杭州市区	Hangzhou District	3081.64	134798	4658.12	4957.27	2384.42
萧山区	Xiaoshan	859.62	124748	635.04	1078.32	345.99
余杭区	Yuhang	453.54	110611	433.16	1040.32	400.03
富阳区	Fuyang	299.38	96966	222.45	404.39	97.17
临安市	Linan	241.14	88232	174.08	265.97	64.79
建德市	Jiande	157.61	78439	115.26	205.32	38.87
桐庐县	Tonglu	179.82	88379	147.84	253.50	43.04
淳安县	Chunan	65.99	67454	80.90	160.36	27.29
宁波市区	Ningbo District	2438.51	135769	2397.23	3078.73	1619.04
鄞州	Yinzhou	457.11	115075	655.51	772.66	338.45
奉化区	Fenhua	279.97	97178	146.35	208.02	62.61
余姚市	Yuyao	461.50	86954	390.17	584.97	139.11
慈溪市	Cixi	711.89	85135	518.88	807.78	244.93
象山县	Xiangshan	147.41	84694	171.08	178.32	62.61
宁海县	Ninghai	221.38	71572	190.27	311.59	80.04
温州市区	Wenzhou District	718.93	47486	1577.41	1410.84	332.46
洞头区	Dongtou	17.28	83598	28.72	154.55	11.51
瑞安市	Ruian	312.56	56298	351.75	564.15	98.01
乐清市	Yueqing	386.07	60489	355.69	631.56	128.19
永嘉县	Yongjia	147.83	44379	157.83	311.45	49.09
平阳县	Pingyang	124.98	47866	175.17	384.12	43.89
苍南县	Cangnan	142.92	37849	308.77	456.37	51.66
文成县	Wenchen	13.50	33802	38.57	72.02	10.00
泰顺县	Taishun	10.14	33014	41.71	75.22	10.66
嘉兴市区	Jiaxing District	390.63	78576	449.84	760.86	213.71
平湖市	Pinghu	292.32	77073	181.66	365.48	99.10
海宁市	Haining	361.36	92270	370.22	555.43	123.88
桐乡市	Tongxiang	319.31	86266	327.87	480.61	100.45
嘉善县	Jiashan	232.04	80771	184.54	336.52	73.17
海盐县	Haiyan	233.92	93551	124.37	291.25	63.06
湖州市区	Huzhou District	414.15	76369	544.63	693.00	148.70
德清县	Deqing	212.48	86198	151.31	304.71	72.79
长兴县	ChangXing	233.57	77492	231.82	407.75	79.08
安吉县	Anji	138.07	69073	141.11	186.71	60.33
绍兴市区	Shaoxing District	1182.46	102575	974.43	1701.23	416.05
柯桥区	keqiao	578.76	129391	260.91	746.67	165.21
上虞区	Shangyu	366.93	99841	301.81	548.12	103.72

续表 3 Continued

市县名称	City and County	工业 Industry Industry	人均生产总值(元) Per - capita GDP (yuan)	社会消费品零售总额(亿元) Total Retail Sales of Consumer Goods (100 million yuan)	固定资产投资(亿元) Investment in Fixed Assets (100 million yuan)	财政总收入(亿元) Total Financia Revenue (100 million yuan)
诸暨市	Zhuji	506.95	95413	395.20	741.05	112.59
嵊州市	Shengzhou	221.75	70571	257.23	269.12	48.78
新昌县	Xinchang	183.55	98754	156.48	171.08	52.65
金华市区	Jinhua District	208.56	61804	562.47	453.71	136.65
金东区	JIndong	61.29	49281	133.99	164.35	29.70
兰溪市	Lanxi	147.77	54660	135.02	200.69	37.39
东阳市	Dongyang	185.70	60873	250.46	295.64	92.40
义乌市	Yiwu	345.15	89146	586.36	581.67	130.69
永康市	Yongkang	296.51	70762	209.19	239.28	81.84
武义县	Wuyi	100.37	61391	90.41	127.58	37.46
浦江县	Pujiang	108.24	51227	111.36	121.97	25.00
磐安县	Panan	30.44	47033	32.59	63.47	13.75
衢州市区	Quzhou District	201.20	64613	235.45	407.33	85.23
江山市	Jiangshan	120.29	57556	113.76	191.62	24.10
常山县	Changshan	38.82	48636	60.92	127.13	12.72
开化县	Kaihua	26.95	46249	70.67	94.31	12.90
龙游县	Longyou	87.34	57781	128.51	161.35	20.08
舟山市区	Zhoushan District	310.34	103395	355.19	1055.68	144.12
岱山县	Daishan	105.45	115601	69.73	169.04	20.73
嵊泗县	Shengsi	6.30	133546	32.48	86.42	8.44
台州市区	Taizhou District	534.89	72961	811.65	771.86	248.49
温岭市	Wenling	304.82	65273	526.76	428.80	103.20
临海市	Linhai	196.12	50777	223.29	321.53	76.42
玉环县	Yuhuan	231.00	74834	170.01	194.94	74.34
三门县	Sanmen	50.25	55282	86.87	149.39	24.77
天台县	Tiantai	74.25	52684	106.51	195.72	29.89
仙居县	Xianju	65.14	54391	88.05	210.39	26.71
丽水市区	Lishui District	91.62	65068	184.62	214.77	65.23
龙泉市	Longquan	39.45	50469	52.44	101.77	11.32
青田县	Qingtian	108.75	61322	87.12	124.77	24.17
云和县	Yunhe	24.70	52714	25.89	46.57	7.62
庆元县	Qingyuan	20.14	45507	32.05	53.55	6.33
缙云县	Jinyun	98.46	56629	74.54	120.77	18.36
遂昌县	Suichang	31.46	51521	48.01	63.03	11.42
松阳县	Songyang	36.27	50470	39.07	63.42	8.86
景宁自治县	Jingning	8.28	45792	27.90	52.98	11.54

续表 4 Continued

市县名称	City and County	地方财政收入（亿元）Local Financial Revenue (100 million yuan)	地方财政支出（亿元）Local Financial Expendi-ture (100 million yuan)	城乡居民储蓄存款年末余额（亿元）Savings Deposits of Urban and Rural Residents (100 million yuan)	城镇居民人均可支配收入（元）Per Capita Disposable Income of Urban Residents (yuan)	农村居民人均可支配收入（元）Per Capita Disposable Income of Rural Residents (yuan)
杭州市区	Hangzhou District	1324.98	1242.87	7456.70		
萧山区	Xiaoshan	195.16	204.55	1439.90	55712	31849
余杭区	Yuhang	244.29	221.50	990.44	53215	31608
富阳区	Fuyang	57.61	66.16	409.64	47339	27236
临安市	Linan	37.34	60.17	265.90	44858	25849
建德市	Jiande	22.71	41.19	219.80	41531	21896
桐庐县	Tonglu	26.17	40.94	220.60	42496	24619
淳安县	Chunan	17.36	60.07	150.14	36708	16110
宁波市区	Ningbo District	777.37	857.66	3384.09	55151	30343
鄞州	Yinzhou	207.78	202.85	966.50		
奉化区	Fenhua	37.05	63.07	297.62	45371	25885
余姚市	Yuyao	81.16	93.69	736.98	48831	28589
慈溪市	Cixi	132.10	145.72	1072.93	50828	29547
象山县	Xiangshan	38.07	61.37	238.69	46836	26113
宁海县	Ninghai	48.79	67.76	256.76	47702	26233
温州市区	Wenzhou District	203.69	221.98	2316.97		
洞头区	Dongtou	6.52	20.34	33.29	37827	19907
瑞安市	Ruian	59.05	92.80	771.61	50904	25570
乐清市	Yueqing	72.23	86.21	738.37	50263	26943
永嘉县	Yongjia	29.59	60.86	358.82	38246	18391
平阳县	Pingyang	27.77	54.70	305.21	39628	18861
苍南县	Cangnan	31.82	70.13	390.29	39729	18470
文成县	Wenchen	7.92	41.23	157.15	32747	14414
泰顺县	Taishun	7.81	38.85	97.33	31337	14130
嘉兴市区	Jiaxing District	124.16	152.67	919.06	44101	27807
平湖市	Pinghu	56.79	56.41	383.66	49775	29028
海宁市	Haining	72.00	78.09	646.75	51954	30200
桐乡市	Tongxiang	58.00	64.01	626.27	48020	29623
嘉善县	Jiashan	41.80	47.51	379.00	50021	29514
海盐县	Haiyan	35.18	43.51	290.85	50216	29606
湖州市区	Huzhou District	87.83	127.92	912.26		
德清县	Deqing	42.03	46.04	290.65	46444	27140
长兴县	ChangXing	45.46	57.46	304.58	46026	26909
安吉县	Anji	35.85	57.19	237.27	44358	25477
绍兴市区	Shaoxing District	255.56	265.81	2089.19		
柯桥区	keqiao	106.02	98.95	813.01	54410	31490
上虞区	Shangyu	59.65	65.03	537.03	50910	27089

续表 5 Continued

市县名称	City and County	地方财政收入（亿元）Local Financial Revenue (100 million yuan)	地方财政支出（亿元）Local Financial Expendi-ture (100 million yuan)	城乡居民储蓄存款年末余额（亿元）Savings Deposits of Urban and Rural Residents (100 million yuan)	城镇居民人均可支配收入（元）Per Capita Disposable Income of Urban Residents (yuan)	农村居民人均可支配收入（元）Per Capita Disposable Income of Rural Residents (yuan)
诸暨市	Zhuji	71.79	97.24	712.16	53547	30224
嵊州市	Shengzhou	32.01	51.63	390.62	48062	24521
新昌县	Xinchang	30.94	41.42	213.31	47045	23555
金华市区	Jinhua District	82.05	136.87	679.43		
金东区	JIndong	19.10	24.31		38120	21029
兰溪市	Lanxi	22.65	39.46	232.00	35041	16608
东阳市	Dongyang	56.26	71.42	565.83	44542	24556
义乌市	Yiwu	81.79	114.40	1339.81	60773	30571
永康市	Yongkang	48.53	67.89	627.88	46463	23625
武义县	Wuyi	22.04	44.54	206.26	32894	14834
浦江县	Pujiang	16.61	42.51	207.64	38413	17857
磐安县	Panan	8.22	25.27	79.82	32472	14656
衢州市区	Quzhou District	55.10	107.51	389.51	38140	17698
江山市	Jiangshan	15.86	42.00	246.04	38080	19956
常山县	Changshan	9.40	35.15	98.81	30742	16713
开化县	Kaihua	8.16	41.29	102.64	29013	14371
龙游县	Longyou	14.04	42.13	155.74	37334	18621
舟山市区	Zhoushan District	99.51	188.79	566.91		
岱山县	Daishan	14.09	38.15	107.07	42965	28366
嵊泗县	Shengsi	6.73	23.60	41.89	43191	27380
台州市区	Taizhou District	145.19	166.29	1493.02	52318	24592
温岭市	Wenling	61.69	94.34	791.85	48941	25922
临海市	Linhai	44.92	86.67	481.06	43332	22932
玉环县	Yuhuan	42.62	54.39	314.00	55979	27446
三门县	Sanmen	15.58	32.90	130.66	37908	20428
天台县	Tiantai	17.04	36.50	197.46	38526	18947
仙居县	Xianju	16.25	43.31	185.36	34072	17453
丽水市区	Lishui District	39.10	74.24	285.35	38507	21260
龙泉市	Longquan	7.86	36.01	98.46	37406	17497
青田县	Qingtian	16.00	42.50	355.92	36996	18830
云和县	Yunhe	4.66	20.75	47.90	33785	15420
庆元县	Qingyuan	3.91	26.74	58.41	31243	14244
缙云县	Jinyun	12.15	37.67	146.50	35299	16130
遂昌县	Suichang	7.80	34.80	74.62	36955	15545
松阳县	Songyang	5.86	34.46	77.00	31250	14501
景宁自治县	Jingning	6.23	34.51	40.61	30899	14989

注：人均生产总值按常住人口计算，以后各表同。
Per Capita GDP is calculated by population with permanent residence. The same applies to the relevant tables following.

17－25 各市、县全社会就业人员数(2016 年底)
Total Employed Persons by City and County (End of 2016)

单位:万人(10000 persons)

市县名称	City and County	全社会就业人员数 Total Employed Persons	第一产业 Primary Industry	第二产业 Secondary Industry	第三产业 Tertiary Industry
杭州市区	Hangzhou District	533.80	30.58	204.40	298.82
萧山区	Xiaoshan	114.90	12.11	65.89	36.90
余杭区	Yuhang	82.76	8.10	42.70	31.96
富阳区	Fuyang	48.37	8.90	24.69	14.78
临安市	Linan	40.06	8.38	19.79	11.89
建德市	Jiande	26.98	9.73	8.78	8.47
桐庐县	Tonglu	28.02	5.94	10.72	11.35
淳安县	Chunan	23.89	11.16	4.13	8.60
宁波市区	NiBo District				
鄞州区	Yinzhou	87.47	3.31	43.08	41.08
奉化区	Fenhua	35.80	5.33	18.35	12.12
余姚市	Yuyao	67.71	4.72	34.57	28.42
慈溪市	Cixi	82.00	9.70	47.90	24.40
象山县	Xiangshan	37.44	7.72	17.10	12.62
宁海县	Ninghai	48.00	8.00	21.90	18.10
温州市区	WenZhou District	142.00	7.00	75.00	60.00
洞头区	Dongtou	5.00	1.00	2.00	2.00
瑞安市	Ruian	70.00	4.00	38.00	29.00
乐清市	Yueqing	76.00	12.00	31.00	33.00
永嘉县	Yongjia	54.00	14.00	23.00	17.00
平阳县	Pingyang	46.00	12.00	19.00	15.00
苍南县	Cangnan	64.00	17.00	26.00	21.00
文成县	Wenchen	17.00	5.00	4.00	7.00
泰顺县	Taishun	17.00	5.00	9.00	3.00
嘉兴市区	JiXing District	85.68	7.51	42.18	35.99
平湖市	Pinghu	43.17	3.37	25.66	14.14
海宁市	Haining	63.78	4.81	37.60	21.36
桐乡市	Tongxiang	67.50	4.72	37.55	25.23
嘉善县	Jiashan	39.33	4.05	22.17	13.11
海盐县	Haiyan	30.28	4.08	17.68	8.53
湖州市区	District	82.90	9.15	40.81	32.94
德清县	Deqing	31.91	3.62	18.09	10.20
长兴县	ChangXing	42.48	4.98	22.69	14.81
安吉县	Anji	29.82	4.23	14.13	11.46
绍兴市区	ShaoXing District				
柯桥区	keqiao	69.53	4.00	43.17	22.36
上虞区	Shangyu	55.73	8.25	30.15	17.33

续表 Continued　　单位:万人(10000 persons)

市县名称	City and County	全社会就业人员数 Total Employed Persons	第一产业 Primary Industry	第二产业 Secondary Industry	第三产业 Tertiary Industry
诸暨市	Zhuji	81.59	13.03	45.98	22.58
嵊州市	Shengzhou	47.27	10.52	23.86	12.89
新昌县	Xinchang	24.08	6.11	10.76	7.21
金华市区	JinHua District	71.50	7.09	36.08	28.33
金东区	JIndong	22.89	7.74	8.50	6.65
兰溪市	Lanxi	36.01	8.87	15.59	11.55
东阳市	Dongyang	52.64	9.03	26.27	17.34
义乌市	Yiwu	94.95	5.47	54.80	34.68
永康市	Yongkang	49.60	8.13	29.60	11.87
武义县	Wuyi	20.42	4.44	10.29	5.69
浦江县	Pujiang	30.78	6.48	14.99	9.31
磐安县	Panan	11.99	5.31	5.09	1.59
衢州市区	QuZhou District	49.37	19.47	14.06	15.84
江山市	Jiangshan	26.45	9.37	10.66	6.42
常山县	Changshan	16.01	3.13	7.60	5.27
开化县	Kaihua	15.41	6.70	4.16	4.55
龙游县	Longyou	23.83	8.41	8.06	7.36
舟山市区	ZhouShan District	56.70	6.06	21.21	29.42
岱山县	Daishan	13.01	2.81	4.77	5.43
嵊泗县	Shengsi	4.75	1.17	0.73	2.85
台州市区	TaiZhou District	125.03	15.09	67.87	42.07
温岭市	Wenling	93.58	17.57	42.83	33.18
临海市	Linhai	62.16	16.92	36.34	8.90
玉环县	Yuhuan	41.27	3.51	26.70	11.06
三门县	Sanmen	21.07	5.48	9.69	5.90
天台县	Tiantai	22.36	8.36	6.67	7.33
仙居县	Xianju	20.69	6.75	8.22	5.72
丽水市区	LiShui District	29.37	6.40	9.78	13.19
龙泉市	Longquan	16.05	5.99	4.52	5.54
青田县	Qingtian	18.91	6.42	5.89	6.60
云和县	Yunhe	8.05	2.00	2.83	3.22
庆元县	Qingyuan	8.02	3.83	1.80	2.39
缙云县	Jinyun	26.60	9.24	5.99	11.37
遂昌县	Suichang	12.64	5.02	3.52	4.10
松阳县	Songyang	12.90	4.66	4.55	3.69
景宁自治县	Jingning	6.08	3.31	0.90	1.87

17－26 各市、县年末单位就业人员数(2016 年底)
Employed Persons in Towns by City and County (End of 2016)

单位:人(person)

市县名称	City and County	年末城镇就业人员数 Total Employed Persons in Towns	农、林、牧、渔业 Agriculture	采矿业 Mining and Quarrying	制造业 Manufac－turing	电力、煤气及水的生产和供应业 Electricity, Gas and Water Production and Supply	建筑业 Construction	批发和零售业 Wholesale and Retail Trade	交通运输、仓储和邮政业 Transport, Storage and Post
杭州市区	Hangzhou District	2619163	480	602	533195	13709	750147	163063	106471
萧山区	Xiaoshan	524869	55	70	182475	4059	223050	12304	15122
余杭区	Yuhang	249756	341		103135	2234	23816	11772	12507
富阳区	Fuyang	120193	34	532	42169	2154	30713	3688	2916
临安市	Linan	83594	22	141	38341	978	13841	1746	1945
建德市	Jiande	42516	69	183	15705	1063	2295	906	1260
桐庐县	Tonglu	46326	20	88	20532	922	301	1913	1193
淳安县	Chunan	36830	331		3936	530	5320	4242	1844
宁波市区	Ningbo District	927021	133		437248	7192	45358	42534	49916
鄞州区	Yinzhou	210049			73499	1459	2156	10799	7197
奉化区	Fenhua	51732	18		25891	579	417	1345	1880
余姚市	Yuyao	119500	39		75558	1890		1807	2491
慈溪市	Cixi	123832	147		69702	1423	1517	5853	2735
象山县	Xiangshan	287848			30961	1134	224177	1093	1928
宁海县	Ninghai	60424	70		26289	2104	476	1042	1762
温州市区	Wenzhou District	384167			73586	8511	71401	14393	22221
洞头区	Dongtou	9020			673	265	424	210	591
瑞安市	Ruian	115818			47079	851	21820	2239	2450
乐清市	Yueqing	182832	35		88408	1371	41166	2624	3134
永嘉县	Yongjia	96264	50		43655	564	24553	1058	1630
平阳县	Pingyang	102089	96	59	35452	1506	31382	2297	1108
苍南县	Cangnan	102866	10	487	16510	1010	46936	2399	1759
文成县	Wenchen	17259	281		143	745	4453	492	400
泰顺县	Taishun	44739		75	257	346	30345	838	305
嘉兴市区	Jiaxing District	287007	117		131783	2917	33029	11878	7798
平湖市	Pinghu	123784	155		87282	2727	552	2027	2965
海宁市	Haining	112778	21		70695	1672	426	2732	2399
桐乡市	Tongxiang	120284	153		63919	1735	14549	2813	1650
嘉善县	Jiashan	100417	12		73826	988	889	3046	1341
海盐县	Haiyan	61188	32		29309	1279	4057	1500	994
湖州市区	Huzhou District	268868	159	611	73063	2557	93870	11360	6037
德清县	Deqing	87704	12		52922	800	7834	4191	887
长兴县	ChangXing	79442		490	37995	2336	12806	2515	625
安吉县	Anji	66243	31		27358	1060	12998	1620	1088
绍兴市区	Shaoxing District	886469	24	1513	216847	10024	492694	17025	12329
柯桥区	keqiao	346334	9	2	76259	3752	224947	3055	3396
上虞区	Shangyu	231713	8		80109	2519	114168	3833	979

续表 1 Continued　　　　单位:人(person)

市县名称	City and County	年末城镇就业人员数 Total Employed Persons in Towns	农、林、牧、渔业 Agriculture	采矿业 Mining and Quarrying	制造业 Manufac - turing	电力、煤气及水的生产和供应业 Electricity, Gas and Water Production and Supply	建筑业 Construction	批发和零售业 Wholesale and Retail Trade	交通运输、仓储和邮政业 Transport, Storage and Post
诸暨市	Zhuji	367154	74	291	61018	1009	253859	5751	1794
嵊州市	Shengzhou	53356	26		25219	884	4004	1163	1279
新昌县	Xinchang	61272	32		25634	648	16315	1246	822
金华市区	Jinhua District	160884	143		33431	2668	26682	8302	10058
金东区	JIndong	25439	6		6853		269	1410	297
兰溪市	Lanxi	54789	14	193	19973	1509	7997	1004	1655
东阳市	Dongyang	447058	17		34685	1262	371067	1761	1504
义乌市	Yiwu	119984			19379	1654	25147	2756	6839
永康市	Yongkang	53940	46		14389	1035	4137	1775	1354
武义县	Wuyi	24448	40		6641	745	1187	425	1072
浦江县	Pujiang	27913	15		7742	605	673	331	961
磐安县	Panan	37607		67	6686	68	21326	314	502
衢州市区	Quzhou District	120085	21		41375	1867	8502	3729	4212
江山市	Jiangshan	25344			7973	898	907	397	26
常山县	Changshan	15812		9	3171	506	1521	209	65
开化县	Kaihua	13472	223		1958	427	217	189	428
龙游县	Longyou	32142		164	10572	598	5599	1145	472
舟山市区	Zhoushan District	363700	9800	1000	87600	3400	49000	54600	31300
岱山县	Daishan	83400	2000	800	22400	1100	8900	12900	8900
嵊泗县	Shengsi	29900	5600	600	2100	600	1200	3500	1500
台州市区	Taizhou District	400577	323		135236	4950	108568	12786	7122
温岭市	Wenling	147963			46246	1380	55162	3110	1138
临海市	Linhai	163081	95		40822	1462	80794	2790	2572
玉环县	Yuhuan	91123	5		61503	834	5090	1753	1085
三门县	Sanmen	31178	52		5606	725	10933	284	473
天台县	Tiantai	60142	34		10649	1144	28127	549	859
仙居县	Xianju	47340		92	10483	747	20380	1971	312
丽水市区	Lishui District	61119	47		5744	1823	790	1907	2454
龙泉市	Longquan	16037	32		660	739	207	520	663
青田县	Qingtian	22222	63	179	6616	499	107	228	190
云和县	Yunhe	11808	21		1444	622	1747	238	386
庆元县	Qingyuan	10992	174		995	661	129	70	402
缙云县	Jinyun	19638	44		3301	518	582	306	316
遂昌县	Suichang	20387	93	120	7607	677	883	94	287
松阳县	Songyang	12030	40	23	691	421	741	104	573
景宁自治县	Jingning	10121	12		366	524	1384	136	383

续表 2 Continued 单位:人(person)

市县名称	City and County	住宿、餐饮业 Hotels and Catering Services	信息传输、软件和信息技术服务业 Information Transmission, Software and Information Technology Services	金融业 Finance	房地产业 Real Estate	租赁和商业服务业 Leasing and Commercial Services	科学研究和技术服务业 Scientific Research and Technical Services
杭州市区	Hangzhou District	62435	127467	114730	105582	109299	113231
萧山区	Xiaoshan	4008	1564	4614	9393	7715	1881
余杭区	Yuhang	2046	19376	3184	9965	8575	5275
富阳区	Fuyang	434	750	2318	1742	3150	1018
临安市	Linan	577	320	950	1209	1495	616
建德市	Jiande	74	344	2325	783	1022	400
桐庐县	Tonglu	527	390	1155	787	1418	391
淳安县	Chunan	2928	378	853	1026	1095	295
宁波市区	Ningbo District	10240	12758	73023	22292	43294	15640
鄞州区	Yinzhou	3728	417	22573	7201	22928	2934
奉化区	Fenhua	38	227	1372	344	2561	473
余姚市	Yuyao	1481	772	2296	768	1234	1074
慈溪市	Cixi	1224	305	2895	435	1526	1807
象山县	Xiangshan	517	508	1321	653	2795	509
宁海县	Ninghai	302	167	1355	674	1944	547
温州市区	Wenzhou District	6306	5547	50567	12091	12850	6179
洞头区	Dongtou		77	239	216	524	181
瑞安市	Ruian	1428	115	970	1719	3150	686
乐清市	Yueqing	1594	418	1128	1464	4118	924
永嘉县	Yongjia	530	149	710	631	387	446
平阳县	Pingyang	389	269	843	837	1244	457
苍南县	Cangnan	638		1087	1880	965	237
文成县	Wenchen	396	198	612	211	499	56
泰顺县	Taishun	299	125	406	104	732	90
嘉兴市区	Jiaxing District	3571	3830	21235	9782	6972	6603
平湖市	Pinghu	1266	461	633	1066	2671	426
海宁市	Haining	1101	314	917	3026	3844	1355
桐乡市	Tongxiang	736	364	886	1533	4707	598
嘉善县	Jiashan	648	154	664	910	983	477
海盐县	Haiyan	635	276	472	2041	6156	512
湖州市区	Huzhou District	5939	3503	17855	4417	5385	3091
德清县	Deqing	1205	568	737	565	665	597
长兴县	ChangXing	608	247	936	540	312	300
安吉县	Anji	600		1175	810	739	283
绍兴市区	Shaoxing District	4701	4166	23003	4791	8472	6301
柯桥区	keqiao	437	156	2471	1942	2072	2128
上虞区	Shangyu	1334	506	1377	859	3069	825

续表 3 Continued 单位:人(person)

市县名称	City and County	住宿、餐饮业 Hotels and Catering Services	信息传输、软件和信息技术服务业 Information Transmission, Software and Information Technology Services	金融业 Finance	房地产业 Real Estate	租赁和商业服务业 Leasing and Commercial Services	科学研究和技术服务业 Scientific Research and Technical Services
诸暨市	Zhuji	1075	363	1179	1785	820	884
嵊州市	Shengzhou	426		841	350	445	286
新昌县	Xinchang	83	198	572	311	1306	302
金华市区	Jinhua District	1343	4527	13604	2999	5286	2325
金东区	JIndong		1888	1478	221	2957	449
兰溪市	Lanxi	25	430	2593	480	644	255
东阳市	Dongyang	1886	472	4650	370	1619	275
义乌市	Yiwu	1823	993	7556	3561	4829	1416
永康市	Yongkang	645	857	3832	439	1657	478
武义县	Wuyi	26	388	969	68	460	327
浦江县	Pujiang	194	211	1803	183	682	163
磐安县	Panan	481		546	51	263	186
衢州市区	Quzhou District	887	2609	18474	383	1703	1490
江山市	Jiangshan	313	180	597	55	138	216
常山县	Changshan	689	140	300	100	83	118
开化县	Kaihua	44		418	76	373	114
龙游县	Longyou		80	515	72	756	329
舟山市区	Zhoushan District	27000	3300	8300	8100	13300	4400
岱山县	Daishan	4500	500	800	800	3400	500
嵊泗县	Shengsi	4200	300	600	1000	1500	200
台州市区	Taizhou District	2303	4641	45179	4727	5680	3297
温岭市	Wenling	1135	318	3205	936	2275	604
临海市	Linhai	511	287	1185	676	910	2921
玉环县	Yuhuan	1199		595	741	882	123
三门县	Sanmen		135	590	441	53	137
天台县	Tiantai	655	131	105	785	547	590
仙居县	Xianju	31	14	461	457	391	147
丽水市区	Lishui District	1057	1876	14784	372	1609	1771
龙泉市	Longquan	480	134	762	167	376	225
青田县	Qingtian		205	405	55	592	194
云和县	Yunhe	29	82	388	25	400	111
庆元县	Qingyuan		146	512	35	75	169
缙云县	Jinyun	176		463	83	108	184
遂昌县	Suichang	341	155	577	205	791	378
松阳县	Songyang	25	72	512	99	197	292
景宁自治县	Jingning		74	436	12	74	158

续表 4 Continued 单位:人(person)

市县名称	City and County	水利、环境和公共设施管理业 Water Conservancy, Environment and Public Facilities Management	居民服务、修理和其他服务业 Service for the Residents, Repair and Others	教育 Education	卫生和社会工作 Health Care and Social Work	文化、体育和娱乐业 Culture Sports and Recreation	公共管理、社会保障和社会组织 Public Administration, Social Security and Social Organization
杭州市区	Hangzhou District	21495	10641	155265	96379	23225	111747
萧山区	Xiaoshan	3190	272	24045	13263	1184	16605
余杭区	Yuhang	1261	624	18320	8562	941	17822
富阳区	Fuyang	1863	156	12099	5355	764	8338
临安市	Linan	1059	58	8766	4295	360	6875
建德市	Jiande	1239	44	5227	3683	267	5627
桐庐县	Tonglu	1005	81	5745	4205	283	5370
淳安县	Chunan	1077	4	4297	2882	272	5520
宁波市区	Ningbo District	9803	3798	52829	39214	4931	56818
鄞州区	Yinzhou	2719	2091	15460	10880	1854	22154
奉化区	Fenhua	1005	48	4797	3805	552	6380
余姚市	Yuyao	734	268	10892	6411	301	11484
慈溪市	Cixi	2357	169	12009	7459	1966	10303
象山县	Xiangshan	1042	36	6768	4064	1114	9228
宁海县	Ninghai	1646	64	8434	4586	527	8435
温州市区	Wenzhou District	2472	357	32881	26552	3377	34876
洞头区	Dongtou	203	4	1618	694	177	2924
瑞安市	Ruian	1639	179	12497	7657	698	10641
乐清市	Yueqing	716	331	15210	5944	1142	13105
永嘉县	Yongjia	90	52	9281	2980	278	9220
平阳县	Pingyang	510	79	10261	3960	506	10834
苍南县	Cangnan	429	120	11970	4720	464	11245
文成县	Wenchen	195	14	2491	1425	234	4414
泰顺县	Taishun	351	26	3980	1595	241	4624
嘉兴市区	Jiaxing District	2387	388	16554	12873	1597	13693
平湖市	Pinghu	1091	51	7227	4053	752	8379
海宁市	Haining	1000	75	10657	5478	703	6363
桐乡市	Tongxiang	4595	73	10000	5230	339	6404
嘉善县	Jiashan	977	59	5710	3311	507	5915
海盐县	Haiyan	443	51	5141	2807	357	5126
湖州市区	Huzhou District	2370	168	14214	10317	982	12970
德清县	Deqing	1301	153	5615	3268	451	5933
长兴县	ChangXing	909	40	7538	3984	684	6577
安吉县	Anji	901	23	5100	3184	1316	7957
绍兴市区	Shaoxing District	5811	710	30112	18425	3033	26488
柯桥区	keqiao	2253	87	8465	5653	905	8345
上虞区	Shangyu	2198	392	7355	4270	426	7486

续表 5 Continued 单位:人(person)

市县名称	City and County	水利、环境和公共设施管理业 Water Conservancy, Environment and Public Facilities Management	居民服务、修理和其他服务业 Service for the Residents, Repair and Others	教育 Education	卫生和社会工作 Health Care and Social Work	文化、体育和娱乐业 Culture Sports and Recreation	公共管理、社会保障和社会组织 Public Administration, Social Security and Social Organization
诸暨市	Zhuji	3294	300	16747	7585	609	8717
嵊州市	Shengzhou	532	143	6770	4679	549	5760
新昌县	Xinchang	853	78	4237	2974	334	5327
金华市区	Jinhua District	2242	1207	17268	11523	2096	15180
金东区	JIndong	404	37	4108	976		4086
兰溪市	Lanxi	1457	46	7025	3593	415	5481
东阳市	Dongyang	3431	51	7889	6600	876	8643
义乌市	Yiwu	2231	627	13466	8698	983	18026
永康市	Yongkang	2737	60	6708	4996	356	8439
武义县	Wuyi	869	135	3737	2415	222	4722
浦江县	Pujiang	1126	53	4358	2782	259	5772
磐安县	Panan	412	117	2125	1179	167	3117
衢州市区	Quzhou District	1038	74	10357	7009	952	15403
江山市	Jiangshan	227	30	4527	2816	150	5894
常山县	Changshan	166	28	2552	1518	170	4467
开化县	Kaihua	121	34	2909	1689	321	3931
龙游县	Longyou	206	34	3643	1780	200	5977
舟山市区	Zhoushan District	4500	10100	9600	7400	5300	25400
岱山县	Daishan	600	4300	2300	1500	1500	5700
嵊泗县	Shengsi	600	1000	900	1300	500	2700
台州市区	Taizhou District	3877	254	19409	14252	1868	26105
温岭市	Wenling	439	148	12273	7800	378	11416
临海市	Linhai	281	81	11792	6267	416	9219
玉环县	Yuhuan	848	41	5741	3191	348	7144
三门县	Sanmen	4	30	3936	2154	272	5353
天台县	Tiantai	1388	71	5761	3236	129	5382
仙居县	Xianju	257	51	4422	2370	347	4407
丽水市区	Lishui District	850	48	7604	7508	1079	9796
龙泉市	Longquan	290	29	4019	1582	168	4984
青田县	Qingtian	682	44	4799	1901	196	5267
云和县	Yunhe	379	72	1732	889	141	3102
庆元县	Qingyuan	269	25	2524	1136	93	3577
缙云县	Jinyun	402	35	5121	2555	267	5177
遂昌县	Suichang	606	27	2589	1337	250	3370
松阳县	Songyang	169	34	2740	1443	243	3611
景宁自治县	Jingning	363	13	1732	805	264	3385

17－27 各市、县农、林、牧、渔业总产值(2016年)
Gross Output Value of Farming, Forestry, Animal Husbandry and Fishery by City and County (2016)

单位:万元(10000 yuan)

市县名称	City and County	农、林、牧、渔业总产值 Total Output Value of Agriculture	农业产值 Farming	林业产值 Forestry	牧业产值 Animal Husbandry	渔业产值 Fishery	农林牧渔业服务业产值 Services
杭州市区	Hangzhou District	3532182	2092485	319072	603853	406070	110702
萧山区	Xiaoshan	1111942	665018	15891	270601	118018	42414
余杭区	Yuhang	785108	450865	82365	57288	149990	44600
富阳区	Fuyang	642331	371241	100706	140688	23639	6057
建德市	Jiande	524199	324200	29182	137260	20960	12597
桐庐县	Tonglu	365044	215661	53474	63951	23455	8503
临安市	Linan	616613	298591	183601	116314	8194	9913
淳安县	Chunan	487716	322228	66163	66728	25101	7496
宁波市区	Ningbo District	1435445	886822	63574	146994	305460	32595
鄞州区	Yinzhou	362172	258306	8277	20026	65684	9879
奉化区	Fenhua	499033	198728	35825	76914	180922	6644
余姚市	Yuyao	697786	482730	38235	103754	58485	14582
慈溪市	Cixi	785401	497558	4335	97705	163441	22362
象山县	Xiangshan	1234247	221765	14648	63772	920896	13166
宁海县	Ninghai	594440	187234	20052	64457	319197	3500
温州市区	Wenzhou District	307358	128274	2455	51698	123118	1813
瑞安市	Ruian	370448	144670	4099	49669	166296	5714
乐清市	Yueqing	329744	142470	1417	66326	104255	15276
永嘉县	Yongjia	210852	139710	11750	47177	9380	2835
平阳县	Pingyang	286728	104481	11043	66893	99010	5301
苍南县	Cangnan	489213	180699	9377	62244	230023	6870
文成县	Wenchen	122068	98368	8831	12191	1342	1336
泰顺县	Taishun	114680	80388	6775	25771	712	1034
嘉兴市区	Jiaxing District	524994	294350	1302	123959	82318	23065
海宁市	Haining	342704	209941	3842	65201	38392	25328
平湖市	Pinghu	236183	148550	1530	25772	32819	27512
嘉善县	Jiashan	464711	337792	386	56645	55494	14394
海盐县	Haiyan	309218	167380	5227	83015	31459	22137
桐乡市	Tongxiang	425636	235929	3293	116452	34979	34983
湖州市区	Huzhou District	799076	239021	28455	181177	295090	55333
德清县	Deqing	414183	75301	49923	104761	152494	31704
长兴县	ChangXing	609872	420129	50211	54601	70765	14166
安吉县	Anji	407570	260789	92717	25649	23113	5302
绍兴市区	Shaoxing District	1484578	936507	97464	202914	233811	13882
柯桥区	Keqiao	525770	340494	46385	81664	53664	3563
上虞区	Shangyu	734847	462500	43841	94996	125627	7883

续表 Continued 单位:万元(10000 yuan)

市县名称	City and County	农、林、牧、渔业总产值 Total Output Value of Agriculture	农业产值 Farming	林业产值 Forestry	牧业产值 Animal Husbandry	渔业产值 Fishery	农林牧渔业服务业产值 Services
诸暨市	Zhuji	805863	476739	100883	127561	95102	5578
嵊州市	Shengzhou	576093	417735	51710	97720	6050	2878
新昌县	Xinchang	307869	245955	29118	23963	4874	3959
金华市区	Jinhua District	610705	311736	14026	231529	34413	19001
金东区	JIndong	265155	159151	1878	87459	13712	2955
兰溪市	Lanxi	451801	223266	3418	163257	53219	8641
东阳市	Dongyang	285686	209057	12432	43539	9889	10769
义乌市	Yiwu	319413	235118	7175	56747	15320	5053
永康市	Yongkang	130372	91226	2882	16347	13463	6454
武义县	Wuyi	252968	169201	11548	59447	6896	5876
浦江县	Pujiang	150254	102670	3191	38532	3678	2183
磐安县	Panan	165825	133684	16338	13431	405	1967
衢州市区	Quzhou District	487948	264340	38130	149347	30087	6044
江山市	Jiangshan	384914	184026	20113	163798	13317	3660
常山县	Changshan	128931	77441	18410	23696	6045	3339
开化县	Kaihua	185069	128710	29919	17419	6821	2200
龙游县	Longyou	264688	92457	19420	129166	20606	3039
舟山市区	Zhoushan District	1292510	89520	1135	31963	1164008	5884
岱山县	Daishan	781271	19241	871	6386	753818	955
嵊泗县	Shengsi	449668	1403	114	972	445029	2150
台州市区	Taizhou District	876028	390827	4040	63503	410976	6682
玉环县	Yuhuan	618481	67547	1082	15721	527334	6797
三门县	Sanmen	548981	104662	3674	33472	406944	229
天台县	Tiantai	207706	138297	14421	49791	3964	1233
仙居县	Xianju	236599	162957	22158	44109	5609	1766
温岭市	Wenling	1276805	279780	447	50052	923505	23021
临海市	Linhai	730073	337327	17768	88908	283610	2460
丽水市区	Lishui District	272122	197518	23098	41451	7050	3005
龙泉市	Longquan	222398	142220	45468	31327	2174	1209
青田县	Qingtian	125205	76539	17202	20793	9345	1326
云和县	Yunhe	74579	57227	5814	7982	1375	2181
庆元县	Qingyuan	121069	71774	37182	9601	2010	502
缙云县	Jinyun	163652	101113	19248	40140	2010	1141
遂昌县	Suichang	179734	109740	43317	23513	1867	1297
松阳县	Songyang	209894	154803	24324	28613	1530	624
景宁县	Jingning	109828	75101	16175	15761	1593	1198

17－28 各市、县农作物播种面积(2016年)
Sown Area by City and County (2016)

单位:千公顷(1000 hectares)

县市名称	City and County	农作物播种面积 Sown Area of Farm Crops	#粮食 Grain	#谷物 Cereal	油料 Oil－bearing Crops	棉花 Cotton	蔬菜 Vegetables	#果用瓜 Melon Used as Fruit
杭州市区	Hangzhou District	176.84	57.98	44.14	12.41	0.17	65.09	5.73
萧山区	Xiaoshan	77.10	23.37	14.82	4.23	0.13	27.46	2.00
余杭区	Yuhang	48.37	15.92	13.79	0.95	0.04	22.86	1.40
富阳区	Fuyang	44.28	17.84	14.75	7.17		10.33	2.09
建德市	Jiande	34.64	14.90	10.74	4.45	0.07	8.42	2.60
桐庐县	Tonglu	24.42	9.15	6.81	3.94		6.56	1.41
临安市	Linan	26.35	9.10	6.52	1.80		7.69	0.90
淳安县	Chunan	38.35	16.85	9.16	7.49	0.14	9.15	0.92
宁波市区	Ningbo District	97.60	44.35	36.21	1.47	0.05	21.96	5.38
鄞州区	Yinzhou	29.16	15.09	13.56	0.34	0.01	8.07	1.39
奉化区	Fenhua	22.36	11.83	8.65	0.38		2.50	0.80
余姚市	Yuyao	56.07	28.94	24.73	1.72	0.11	17.25	1.95
慈溪市	Cixi	75.81	25.87	12.90	6.61	2.45	27.95	7.24
象山县	Xiangshan	26.00	13.22	10.03	1.08	0.09	8.06	1.81
宁海县	Ninghai	27.75	18.41	12.37	1.26	0.66	3.99	2.52
温州市区	Wenzhou District	24.33	9.29	6.29	0.96		11.90	0.88
瑞安市	Ruian	31.93	16.57	15.51	1.61		10.17	2.65
乐清市	Yueqing	32.77	22.37	19.89	1.22	0.03	6.22	1.28
永嘉县	Yongjia	28.13	16.83	13.30	2.63		5.81	1.27
平阳县	Pingyang	32.56	19.86	16.33	1.32		6.66	1.92
苍南县	Cangnan	38.81	22.95	20.08	0.64		10.89	1.94
文成县	Wenchen	17.86	8.23	5.15	0.48		6.04	0.60
泰顺县	Taishun	16.55	8.16	5.31	1.00		4.62	0.12
嘉兴市区	Jiaxing District	79.17	43.94	38.90	1.80	0.23	26.50	3.25
海宁市	Haining	44.63	20.57	16.58	3.92	0.16	12.35	1.30
平湖市	Pinghu	47.09	36.22	34.44	1.30	0.19	7.30	0.76
嘉善县	Jiashan	40.22	21.05	19.67	0.57		15.04	2.31
海盐县	Haiyan	38.33	27.16	24.83	1.12	0.27	7.72	1.07
桐乡市	Tongxiang	57.25	24.75	19.86	2.07	0.30	18.51	1.09
湖州市区	Huzhou District	53.68	31.85	29.72	2.90	0.05	13.47	1.12
德清县	Deqing	14.55	8.61	6.55	0.37	0.07	3.53	0.65
长兴县	ChangXing	69.08	33.45	29.85	4.52	0.02	13.20	1.12
安吉县	Anji	29.41	15.73	14.43	0.93	0.01	7.08	1.23
绍兴市区	Shaoxing District	120.46	66.30	58.89	8.83	0.54	28.87	4.46
柯桥区	keqiao	35.35	16.50	14.34	2.37	0.02	9.58	1.11
上虞区	Shangyu	67.24	39.73	34.86	5.43	0.50	15.54	2.72

续表 Continued 单位:千公顷(1000 hectares)

县市名称	City and County	农作物播种面积 Sown Area of Farm Crops	#粮食 Grain	#谷物 Cereal	油料 Oil-bearing Crops	棉花 Cotton	蔬菜 Vegetables	#果用瓜 Melon Used as Fruit
诸暨市	Zhuji	71.91	43.70	34.70	3.63	0.01	7.41	2.47
嵊州市	Shengzhou	58.36	26.21	19.65	3.29	0.11	11.80	2.02
新昌县	Xinchang	24.71	10.00	6.28	4.58	0.10	5.30	0.64
金华市区	Jinhua District	45.28	17.09	13.99	4.24	0.38	9.03	2.63
金东区	JIndong	15.22	3.10	1.36	0.90	0.10	5.01	1.46
兰溪市	Lanxi	43.29	19.87	14.07	8.58	2.93	6.85	1.52
东阳市	Dongyang	37.42	19.81	16.36	1.98	0.10	7.18	1.53
义乌市	Yiwu	22.83	8.81	6.63	1.43	0.01	8.35	1.28
永康市	Yongkang	16.79	8.69	7.24	0.90	0.01	4.68	0.95
武义县	Wuyi	24.29	12.42	8.99	2.47	0.01	5.53	0.88
浦江县	Pujiang	17.81	6.87	4.44	2.61	0.09	4.82	1.15
磐安县	Panan	15.85	5.81	2.57	0.39		3.43	0.79
衢州市区	Quzhou District	64.92	27.46	21.82	9.56	0.04	17.38	3.48
江山市	Jiangshan	51.05	29.24	25.52	9.52	0.43	8.49	0.62
常山县	Changshan	20.78	10.90	8.32	4.03	0.05	3.92	0.63
开化县	Kaihua	30.89	13.54	10.07	7.74	0.04	5.93	0.83
龙游县	Longyou	43.41	25.33	21.66	9.22	0.67	4.23	0.72
舟山市区	Zhoushan District	14.69	5.60	3.24	1.39	0.12	5.52	1.39
岱山县	Daishan	3.17	1.00	0.49	0.37		1.47	0.29
嵊泗县	Shengsi	0.25	0.04				0.21	0.01
台州市区	Taizhou District	44.94	17.66	13.39	0.18	0.05	20.16	3.53
玉环县	Yuhuan	8.33	2.20	1.01	0.76	0.11	3.87	1.11
三门县	Sanmen	19.10	8.44	6.33	0.57	0.10	6.36	3.01
天台县	Tiantai	25.93	13.09	10.81	1.86	0.05	6.92	0.91
仙居县	Xianju	28.40	14.08	10.47	2.46		6.74	0.97
温岭市	Wenling	44.75	21.94	17.18	0.53	0.12	15.18	3.48
临海市	Linhai	40.38	20.64	16.93	1.52	0.08	13.25	2.54
丽水市区	Lishui District	22.91	8.86	3.70	1.39		10.37	1.09
龙泉市	Longquan	25.44	14.79	11.52	1.24		6.41	0.18
青田县	Qingtian	17.10	10.05	6.01	0.73	0.01	4.57	0.49
云和县	Yunhe	6.15	3.99	2.53	0.14		1.51	0.18
庆元县	Qingyuan	12.25	8.59	6.48	0.08		2.93	0.10
缙云县	Jinyun	20.18	10.00	6.51	1.74	0.01	6.61	0.50
遂昌县	Suichang	22.09	11.54	7.06	2.56		5.07	0.15
松阳县	Songyang	18.00	9.42	5.30	1.55		4.65	0.10
景宁县	Jingning	15.04	7.29	4.35	0.30		5.11	0.26

17－29 各市、县主要农产品产量(2016 年)
Output of Major Farm Products by City and County (2016)

单位:吨(ton)

县市名称	City and County	粮食 Grain	#谷物 Cereal	油菜籽 Rapeseeds	棉花 Cotton	水果 Fruit	#柑桔 Citrus	茶叶 Tea	蚕茧 Silkworm Cocoons
杭州市区	Hangzhou District	364780	308289	26174	291	316898	4338	15662	1675
萧山区	Xiaoshan	127900	95456	8117	204	117384	439	585	
余杭区	Yuhang	112419	103449	1735	87	77121	626	8056	138
富阳区	Fuyang	119605	104854	16232		115853	3083	6469	1537
建德市	Jiande	88765	73409	8610	102	199157	91704	2617	891
桐庐县	Tonglu	54527	44606	6256		86529	2579	3096	1743
临安市	Linan	54478	41198	3414		53763	220	2409	1188
淳安县	Chunan	73425	47265	13061	206	107734	55739	4366	2649
宁波市区	Ningbo District	295546	264304	1132	46	334187	51435	3914	
鄞州区	Yinzhou	102630	95921	279	10	99741	22760	965	
奉化区	Fenhua	75561	65315	139		67738	8841	1202	
余姚市	Yuyao	194461	176448	3225	135	186228	2054	4796	
慈溪市	Cixi	115777	75077	11018	2815	331794	3990	70	
象山县	Xiangshan	91795	79593	818	78	189454	115250	930	
宁海县	Ninghai	106964	86610	1273	811	163756	67885	4513	
温州市区	Wenzhou District	55962	42718	1864		73427	35069	43	
瑞安市	Ruian	105521	101502	2363	15	94632	11235	86	
乐清市	Yueqing	141998	132333	1774	47	60962	7259	155	
永嘉县	Yongjia	103017	87633	3720	2	89743	16272	601	
平阳县	Pingyang	118805	104166	2342		66661	7252	772	3
苍南县	Cangnan	138512	128605	1025		67545	17794	800	
文成县	Wenchen	50796	35047	698		44824	676	408	
泰顺县	Taishun	44863	32613	1317	2	25258	305	3229	
嘉兴市区	Jiaxing District	304041	284898	4251	310	217540	708		920
海宁市	Haining	140286	123790	10021	286	120876	23231		3583
平湖市	Pinghu	242932	237698	3181	276	34013	1258		1
嘉善县	Jiashan	144854	140612	1264	5	98964	3469		
海盐县	Haiyan	173081	164574	2678	583	87757	14122	76	1162
桐乡市	Tongxiang	164539	143769	5246	314	71618	595		8173
湖州市区	Huzhou District	248502	238376	7017	59	47912	119	447	4241
德清县	Deqing	58953	49272	745	224	24037	48	1291	1777
长兴县	ChangXing	223509	210240	8632	31	126240	461	4503	988
安吉县	Anji	98759	93832	1395	8	44624	41	4305	272
绍兴市区	Shaoxing District	434627	401423	18712	786	305109	2099	10532	554
柯桥区	keqiao	114087	103853	4845	54	53957	407	7183	10
上虞区	Shangyu	250245	228825	11218	675	224052	1683	2557	544

续表 1 Continued 单位:吨(ton)

县市名称	City and County	粮食 Grain	#谷物 Cereal	油菜籽 Rapeseeds	棉花 Cotton	水果 Fruit	#柑桔 Citrus	茶叶 Tea	蚕茧 Silkworm Cocoons
诸暨市	Zhuji	300165	255895	5584	18	156102	5146	12730	323
嵊州市	Shengzhou	161010	127782	4092	135	136691	9087	18154	442
新昌县	Xinchang	59260	42219	6088	168	34734	350	5886	386
金华市区	Jinhua District	103659	89889	6480	666	152175	29234	1849	6
金东区	JIndong	17484	8918	1239	133	109199	24178	52	6
兰溪市	Lanxi	117743	97605	14981	4760	86824	13488	1792	155
东阳市	Dongyang	120067	107878	2662	129	96781	13874	1399	9
义乌市	Yiwu	54228	42617	1943	18	98380	12490	998	11
永康市	Yongkang	59419	53509	1204	21	59582	7548	21	69
武义县	Wuyi	74400	63099	3651	19	52118	6455	12205	206
浦江县	Pujiang	42533	31943	4398	107	79520	1361	1137	19
磐安县	Panan	32254	17359	249		18962	51	2179	15
衢州市区	Quzhou District	180742	157859	14821	42	507455	370082	1276	44
江山市	Jiangshan	199522	185444	14369	710	53941	21214	1422	
常山县	Changshan	68735	59563	6772	72	163855	137129	215	36
开化县	Kaihua	96936	82038	11750	40	27347	3586	2003	375
龙游县	Longyou	164361	151579	16140	1331	82815	60345	2593	
舟山市区	Zhoushan District	30990	20895	1916	105	61659	22667	45	
岱山县	Daishan	4850	2694	440		10338	2999	40	
嵊泗县	Shengsi	172				190	110		
台州市区	Taizhou District	110342	96158	194	75	282516	79579	53	
玉环县	Yuhuan	12775	7774	1310	215	87037	33650	9	
三门县	Sanmen	52307	45397	718	148	155576	67145	723	
天台县	Tiantai	83628	74332	2616	39	86089	19774	2544	55
仙居县	Xianju	91473	76742	4115		98517	5930	500	62
温岭市	Wenling	142801	124436	723	140	274230	13355	76	35
临海市	Linhai	139734	124539	2443	115	376555	209775	1096	95
丽水市区	Lishui District	40513	23365	1928		132445	44590	1838	
龙泉市	Longquan	87283	76117	1415		9562	2011	1894	
青田县	Qingtian	52928	36518	1022	9	63214	26701	195	
云和县	Yunhe	20747	15771	262		7999	896	907	
庆元县	Qingyuan	49498	41571	97		13521	8829	521	
缙云县	Jinyun	55818	41183	2975	9	53760	2303	2175	924
遂昌县	Suichang	62648	46653	3384		8097	858	9951	
松阳县	Songyang	50329	33401	2507	1	32360	13820	11913	6
景宁县	Jingning	38821	28792	259		11013	3305	2225	

续表 2　Continued　　单位:吨(ton)

县市名称	City and County	生猪年末存栏头数(万头) Year - end Hogs (10000 heads)	牛年末存栏头数(头) Year - end Cattle (head)	羊年末存栏只数(万只) Year - end Sheep and Goats (10000 heads)	肉产量(吨) Output of Meat (ton)	#猪肉(吨) Pork (ton)	禽蛋产量(吨) Poultry Eggs (ton)	牛奶产量(吨) Cow Milk (ton)	水产品产量(吨) Output of Aquatic Production (ton)
杭州市区	Hangzhou District	82	6113	19	167918	133086	18466	18041	209086
萧山区	Xiaoshan	66	2844	6	103799	93016	1826	10651	68959
余杭区	Yuhang	4	380	4	19080	8439	4806		58311
富阳区	Fuyang	12	1673	3	43887	31364	11732		13166
建德市	Jiande	8	1903	2	26722	18924	68125	3481	10735
桐庐县	Tonglu	7	1707	1	14170	11584	4781		8922
临安市	Linan	17	3538	4	35650	31167	6391	7126	5051
淳安县	Chunan	14	1459	1	18236	16991	6005		13231
宁波市区	Ningbo District	13	7362	2	34687	28462	13833	18180	216415
鄞州区	Yinzhou	1	505		4413	3942	1256		13796
奉化区	Fenhua	10	1573	1	18285	15709	8869	1511	156887
余姚市	Yuyao	16	2739	2	37356	28570	6706	6512	23484
慈溪市	Cixi	17	686	5	31183	26201	9394	2190	47498
象山县	Xiangshan	6	892	2	12063	10479	8576		606292
宁海县	Ninghai	8	5066	1	16501	14083	6176	3546	157514
温州市区	Wenzhou District	3	2322	1	19070	9041	6761	3003	191807
瑞安市	Ruian	3	3776	1	17157	13482	5448	2390	95683
乐清市	Yueqing	11	5805	1	19103	13878	15061	4045	69392
永嘉县	Yongjia	5	10676	5	14927	9948	3688	319	3609
平阳县	Pingyang	7	4993	2	17242	12414	9123	4197	67682
苍南县	Cangnan	10	5104	3	17908	13998	11768	2530	213890
文成县	Wenchen		2421	1	3741	584	630	7	961
泰顺县	Taishun	5	3224	1	10381	7888	628	5403	552
嘉兴市区	Jiaxing District	6	1010	5	21739	12904	6286	6086	50051
海宁市	Haining	2		17	21102	2938	2897		21559
平湖市	Pinghu	1	72	1	5024	2828	2631	2890	21989
嘉善县	Jiashan		245	1	9381	6693	6474	800	26372
海盐县	Haiyan	5		6	27149	6188	3280		14766
桐乡市	Tongxiang	4		20	21300	6194	22842		16895
湖州市区	Huzhou District	12	118	19	75271	27567	17652		193406
德清县	Deqing	7	1491	8	33848	26473	14204	5098	123115
长兴县	ChangXing	4	667	9	15970	8964	9419		52170
安吉县	Anji	4	440	2	9353	6505	827		14385
绍兴市区	Shaoxing District	34	488	4	58875	50546	11347		79225
柯桥区	keqiao	13	173	1	24852	21660	6843		19648
上虞区	Shangyu	18	308	2	28022	23732	4106		41345

续表 3 Continued 单位:吨(ton)

县市名称	City and County	生猪年末存栏头数(万头) Year-end Hogs (10000 heads)	牛年末存栏头数(头) Year-end Cattle (head)	羊年末存栏只数(万只) Year-end Sheep and Goats (10000 heads)	肉产量(吨) Output of Meat (ton)	#猪肉(吨) Pork (ton)	禽蛋产量(吨) Poultry Eggs (ton)	牛奶产量(吨) Cow Milk (ton)	水产品产量(吨) Output of Aquatic Production (ton)
诸暨市	Zhuji	15	2852	3	51100	40713	18909		23100
嵊州市	Shengzhou	20	2829	3	36837	30120	4469	1556	4670
新昌县	Xinchang	4	774		5820	4810	1460		2853
金华市区	Jinhua District	34	17546	1	66357	58614	15871	56011	20455
金东区	JIndong	10	5206		29666	25145	10060	17479	7461
兰溪市	Lanxi	22	2193	2	36893	30720	15867	956	21033
东阳市	Dongyang	5	934	1	13046	11155	3323		9607
义乌市	Yiwu	2	98		21196	13783	1779		3430
永康市	Yongkang	2	170		3576	2713	995	6	14282
武义县	Wuyi	6	1206	1	22916	20738	1621	1299	6843
浦江县	Pujiang	4	563	1	14193	12001	1297		3664
磐安县	Panan	2	363		4514	4042	1415	24	229
衢州市区	Quzhou District	17	7694	3	67106	54079	10177	194	21773
江山市	Jiangshan	21	4499	1	60855	45181	11996		14184
常山县	Changshan	4	2557	1	12131	7339	3338	24	5912
开化县	Kaihua	5	903		9114	7748	1027		4813
龙游县	Longyou	26	2631	1	84880	70677	7847		19400
舟山市区	Zhoushan District	5	459	1	11229	9083	3763	13	1078519
岱山县	Daishan		64		1890	1436	277		439852
嵊泗县	Shengsi		12		464	439	9		384173
台州市区	Taizhou District	7	2769	1	21064	17923	8398	3971	343660
玉环县	Yuhuan	2	671	1	7378	5064	1295		291853
三门县	Sanmen	6	1563	1	10502	8908	5681	30	252036
天台县	Tiantai	13	6607	1	19907	9249	2517	17	2830
仙居县	Xianju	7	5918	1	14344	11476	2931	1014	4312
温岭市	Wenling	10	1893	1	18762	14047	9923	236	624293
临海市	Linhai	10	4119	2	28912	26081	3826	1715	134886
丽水市区	Lishui District	6	1262	1	15432	10576	3460	264	4190
龙泉市	Longquan	8	2350	1	14476	11039	308	548	2990
青田县	Qingtian	6	7253	2	11112	9624	627		3835
云和县	Yunhe	2	2017		3135	2404	825	26	1617
庆元县	Qingyuan	3	2267	1	3991	2990	359		739
缙云县	Jinyun	5	1328	3	13409	8047	4264	16	2653
遂昌县	Suichang	6	2829		8941	7987	1117		1483
松阳县	Songyang	6	2106		12797	10985	1563	715	2230
景宁县	Jingning	3	3583	1	5973	4564	536		1349

17－30 各市、县农业现代化情况(2016 年)
Agricultural Modernization by City and County (2016)

市县名称	City and County	农业机械总动力(千瓦) Total Power of Agricultural Machinery (kw)	农村用电量(万千瓦小时) Electricity Consumed in Rural Areas (10000 kw.h)	农用化肥施用量(折纯)(吨) Consumption of Chemical Fertilizers (pure) (ton)	机耕面积(千公顷) Area Ploughed by Tractors (1000 hectares)	有效灌溉面积(千公顷) Irrigated Area (1000 hectares)
杭州市区	Hangzhou District	1674009	881181	45816	97.41	96.68
萧山区	Xiaoshan	501706	178354	20735	37.40	44.05
余杭区	Yuhang	431911	211843	12619	19.22	26.78
富阳区	Fuyang	377085	420605	10159	20.06	22.53
建德市	Jiande	289629	21943	17874	22.91	15.79
桐庐县	Tonglu	174614	62425	10193	9.44	14.71
临安市	Linan	391882	119941	13373	16.98	19.92
淳安县	Chunan	307059	13945	7152	11.98	9.46
宁波市区	Ningbo District	574521	573211	47372	51.73	66.59
鄞州区	Yinzhou	331342	144530	9337	36.38	24.66
奉化区	Fenhua	276538	129854	19529	11.35	20.40
余姚市	Yuyao	621577	282806	13931	50.23	39.74
慈溪市	Cixi	433518	729594	25081	63.78	38.88
象山县	Xiangshan	800541	63225	10350	21.55	16.58
宁海县	Ninghai	311936	121719	9450	24.51	16.35
温州市区	Wenzhou District	378729	247282	8282	13.75	10.89
瑞安市	Ruian	382365	96961	13670	29.04	19.49
乐清市	Yueqing	289004	111068	12720	28.34	17.65
永嘉县	Yongjia	170655	237418	12471	16.52	14.40
平阳县	Pingyang	268753	104080	11873	24.12	14.99
苍南县	Cangnan	491189	77230	8065	21.52	19.74
文成县	Wenchen	72288	9966	5636	6.62	8.60
泰顺县	Taishun	67090	8317	7660	5.26	9.41
嘉兴市区	Jiaxing District	272426	232946	25869	39.92	38.13
海宁市	Haining	213593	163010	8015	18.77	33.65
平湖市	Pinghu	216486	257340	22102	26.21	23.13
嘉善县	Jiashan	226953	184015	9394	25.59	24.19
海盐县	Haiyan	135875	145400	15653	18.32	25.77
桐乡市	Tongxiang	274529	298972	19424	22.96	39.00
湖州市区	Huzhou District	560500	157634	12513	40.33	54.59
德清县	Deqing	346734	133205	4244	8.15	23.94
长兴县	ChangXing	396332	58905	14881	43.66	38.18
安吉县	Anji	379022	26061	11290	18.95	20.52
绍兴市区	Shaoxing District	868418	1264407	44855	96.98	69.56
柯桥区	keqiao	261962	981331	6274	20.82	14.38
上虞区	Shangyu	415908	175975	32960	53.28	45.18

续表 Continued

市县名称	City and County	农业机械总动力（千瓦）Total Power of Agricultural Machinery (kw)	农村用电量（万千瓦小时）Electricity Consumed in Rural Areas (10000 kw.h)	农用化肥施用量（折纯）（吨）Consumption of Chemical Fertilizers (pure) (ton)	机耕面积（千公顷）Area Ploughed by Tractors (1000 hectares)	有效灌溉面积（千公顷）Irrigated Area (1000 hectares)
诸暨市	Zhuji	861271	485668	27815	44.73	44.03
嵊州市	Shengzhou	398458	98265	23260	25.27	39.36
新昌县	Xinchang	206274	48412	11541	7.34	12.40
金华市区	Jinhua District	570672	70326	26467	25.96	42.38
金东区	JIndong	251439	36773	14886	6.72	14.64
兰溪市	Lanxi	314891	118974	23859	28.44	35.69
东阳市	Dongyang	500650	132418	9274	21.67	22.57
义乌市	Yiwu	265355	116311	12187	9.81	18.12
永康市	Yongkang	327333	58213	8127	6.33	15.91
武义县	Wuyi	204744	16614	12744	22.44	14.95
浦江县	Pujiang	138192	22845	3898	4.34	13.62
磐安县	Panan	255441	9108	3816	4.27	4.79
衢州市区	Quzhou District	523471	32599	20016	27.39	31.47
江山市	Jiangshan	409547	27083	13942	28.91	23.79
常山县	Changshan	125578	21189	9219	15.61	13.10
开化县	Kaihua	175963	8426	6249	15.39	12.25
龙游县	Longyou	317883	14975	13822	28.65	23.56
舟山市区	Zhoushan District	726708	125166	3153	6.90	12.76
岱山县	Daishan	595710	13780	1203	1.46	2.43
嵊泗县	Shengsi	233632	3620	24	0.06	0.03
台州市区	Taizhou District	433334	409955	28890	25.19	28.24
玉环县	Yuhuan	241666	97631	2346	3.73	6.34
三门县	Sanmen	282492	46297	6403	12.75	12.89
天台县	Tiantai	160513	33719	6520	10.59	13.68
仙居县	Xianju	223207	36588	4800	19.40	13.60
温岭市	Wenling	1126816	275756	16909	26.26	21.50
临海市	Linhai	462430	190927	21909	32.34	28.49
丽水市区	Lishui District	141978	4478	10888	9.89	11.72
龙泉市	Longquan	202292	7917	6813	11.59	16.11
青田县	Qingtian	70966	14310	279	4.75	9.08
云和县	Yunhe	70685	1686	558	2.60	6.37
庆元县	Qingyuan	102088	2630	6984	7.04	13.88
缙云县	Jinyun	155964	15000	7027	13.27	15.34
遂昌县	Suichang	112759	6378	8959	6.82	9.00
松阳县	Songyang	145348	6831	11203	5.64	9.63
景宁县	Jingning	90648	2635	4459	3.68	6.70

17-31 各市、县规模以上工业企业单位数(2016年)
Number of Industrial Enterprises Above Designated Size by City and County (2016)

单位:个(unit)

市县名称	City and County	工业企业单位数 Number of Enterprises	内资企业 Domestic - Funded Enterprises	港澳台商投资企业 Enterprises with Investment from Hong Kong, Macao and Taiwan	外商投资企业 Enterprises with Foreign Investment
杭州市区	Hangzhou District	4235	3404	370	461
萧山区	Xiaoshan	1605	1296	162	147
余杭区	Yuhang	1152	981	81	90
富阳区	Fuyang	641	569	35	37
临安市	Linan	605	571	17	17
建德市	Jiande	344	333	5	6
桐庐县	Tonglu	379	318	40	21
淳安县	Chunan	121	112	3	6
宁波市区	Ningbo District	3735	2714	540	481
鄞州区	Yinzhou	1016	826	113	77
奉化区	Fenhua	431	354	32	45
余姚市	Yuyao	1170	930	154	86
慈溪市	Cixi	1383	1193	108	82
象山县	Xiangshan	493	424	28	41
宁海县	Ninghai	505	417	51	37
温州市区	Wenzhou District	1556	1472	28	56
洞头区	Dongtou	33	31	2	
瑞安市	Ruian	1054	1036	4	14
乐清市	Yueqing	1121	1100	10	11
永嘉县	Yongjia	357	346	6	5
平阳县	Pingyang	346	326	11	9
苍南县	Cangnan	384	373	8	3
文成县	Wenchen	28	27		1
泰顺县	Taishun	25	25		
嘉兴市区	Jiaxing District	980	742	94	144
平湖市	Pinghu	640	457	69	114
海宁市	Haining	1111	950	92	69
桐乡市	Tongxiang	1128	928	134	66
嘉善县	Jiashan	717	528	80	109
海盐县	Haiyan	475	416	34	25
湖州市区	District	1025	885	72	68
德清县	Deqing	697	541	99	57
长兴县	ChangXing	689	625	26	38
安吉县	Anji	395	336	31	28
绍兴市区	Shaoxing District	2496	2069	280	147
柯桥区	keqiao	1240	1081	113	46
上虞区	Shangyu	723	594	87	42

续表 Continued　　单位:个(unit)

市县名称	City and County	工业企业单位数 Number of Enterprises	内资企业 Domestic - Funded Enterprises	港澳台商投资企业 Enterprises with Investment from Hong Kong, Macao and Taiwan	外商投资企业 Enterprises with Foreign Investment
诸暨市	Zhuji	1127	1004	68	55
嵊州市	Shengzhou	579	485	68	26
新昌县	Xinchang	228	206	11	11
金华市区	Jinhua District	649	577	43	29
金东区	JIndong	286	276	7	3
兰溪市	Lanxi	462	441	10	11
东阳市	Dongyang	529	511	5	13
义乌市	Yiwu	761	718	30	13
永康市	Yongkang	629	612	8	9
武义县	Wuyi	470	459	2	9
浦江县	Pujiang	337	308	13	16
磐安县	Panan	131	125	3	3
衢州市区	Quzhou District	287	266	5	16
江山市	Jiangshan	277	265	5	7
常山县	Changshan	106	103	1	2
开化县	Kaihua	70	68	2	
龙游县	Longyou	193	186	3	4
舟山市区	Taizhou District	300	288	4	8
岱山县	Daishan	62	54	2	6
嵊泗县	Shengsi	13	13		
台州市	Taizhou District	1116	1061	28	27
温岭市	Wenling	869	840	11	18
临海市	Linhai	462	428	22	12
玉环县	Yuhuan	734	701	18	15
三门县	Sanmen	159	151	1	7
天台县	Tiantai	140	132	2	6
仙居县	Xianju	138	130	5	3
丽水市区	Lishui District	209	202	3	4
龙泉市	Longquan	189	186	1	2
青田县	Qingtian	180	172	3	5
云和县	Yunhe	47	46		1
庆元县	Qingyuan	68	67	1	
缙云县	Jinyun	237	235	2	
遂昌县	Suichang	53	47	2	4
松阳县	Songyang	108	107	1	
景宁自治县	Jingning	24	23		1

17－32 各市、县规模以上工业总产值(2016 年)
Gross Output Value of Industry Above Designated Size by City and County (2016)

单位:亿元(100 million yuan)

市县名称	City and County	工业总产值 Gross Output Value of Industry	内资企业 Domestic－Funded Enterprises	港澳台商投资企业 Enterprises with Investment from Hong Kong, Macao and Taiwan	外商投资企业 Enterprises with Foreign Investment
杭州市区	Hangzhou District	10568.83	7468.95	1305.68	1794.20
萧山区	Xiaoshan	3750.91	2845.76	563.66	341.50
余杭区	Yuhang	1461.49	1193.42	109.46	158.62
富阳区	Fuyang	1176.74	1035.39	34.68	106.67
临安市	Linan	697.33	664.12	15.70	17.51
建德市	Jiande	424.25	401.24	9.39	13.62
桐庐县	Tonglu	478.54	375.73	70.98	31.82
淳安县	Chunan	252.02	228.10	3.92	20.00
宁波市区	Ningbo District	9444.11	5872.12	2424.32	1147.67
鄞州区	Yinzhou	1625.17	1170.88	364.80	89.50
奉化区	Fenhua	554.20	443.58	67.98	42.63
余姚市	Yuyao	1438.77	981.50	229.01	228.25
慈溪市	Cixi	2350.20	1883.89	194.53	271.79
象山县	Xiangshan	598.36	483.85	54.09	60.42
宁海县	Ninghai	668.80	589.35	52.16	27.29
温州市区	Wenzhou District	1778.21	1659.02	33.99	85.20
洞头区	Dongtou	57.36	55.18	2.18	
瑞安市	Ruian	969.06	912.04	7.72	49.30
乐清市	Yueqing	1376.61	1282.71	18.69	75.21
永嘉县	Yongjia	397.22	387.18	6.59	3.45
平阳县	Pingyang	327.68	284.26	13.11	30.31
苍南县	Cangnan	337.44	300.93	35.13	1.39
文成县	Wenchen	25.53	25.14		0.39
泰顺县	Taishun	17.82	17.82		
嘉兴市区	Jiaxing District	1796.33	1144.83	185.46	466.04
平湖市	Pinghu	1333.01	765.63	152.79	414.60
海宁市	Haining	1466.69	1056.51	255.37	154.81
桐乡市	Tongxiang	1365.90	1104.03	161.68	100.19
嘉善县	Jiashan	1093.98	640.19	111.95	341.84
海盐县	Haiyan	827.02	722.77	72.46	31.80
湖州市区	Huzhou District	1672.90	1353.70	147.69	171.51
德清县	Deqing	1156.62	760.88	295.81	99.93
长兴县	ChangXing	1242.73	957.76	101.86	183.11
安吉县	Anji	533.81	444.04	56.47	33.29
绍兴市区	Shaoxing District	6437.76	4926.46	1050.13	461.17
柯桥区	keqiao	3438.76	2684.06	496.06	258.64
上虞区	Shangyu	1821.55	1399.01	315.13	107.41

续表 Continued 单位:亿元(100 million yuan)

市县名称	City and County	工业总产值 Gross Output Value of Industry	内资企业 Domestic - Funded Enterprises	港澳台商投资企业 Enterprises with Investment from Hong Kong, Macao and Taiwan	外商投资企业 Enterprises with Foreign Investment
诸暨市	Zhuji	2307.85	1948.57	162.22	197.06
嵊州市	Shengzhou	468.74	325.50	102.39	40.84
新昌县	Xinchang	612.60	570.19	35.23	7.18
金华市区	Jinhua District	624.38	500.02	96.42	27.95
金东区	JIndong	191.36	186.65	3.67	1.04
兰溪市	Lanxi	824.51	786.52	8.81	29.19
东阳市	Dongyang	549.76	533.70	7.72	8.34
义乌市	Yiwu	773.56	691.18	69.45	12.93
永康市	Yongkang	1032.30	1014.29	9.77	8.24
武义县	Wuyi	462.24	449.77	3.21	9.26
浦江县	Pujiang	363.39	321.22	24.60	17.57
磐安县	Panan	75.62	70.73	1.31	3.58
衢州市区	Quzhou District	711.27	633.03	4.11	74.12
江山市	Jiangshan	353.44	337.86	3.41	12.17
常山县	Changshan	102.60	99.89	1.35	1.35
开化县	Kaihua	104.45	97.05	7.40	
龙游县	Longyou	310.19	279.28	4.11	26.80
舟山市区	Zhoushan District	1459.16	1414.50	11.52	33.13
岱山县	Daishan	404.68	294.77	1.90	108.00
嵊泗县	Shengsi	8.28	8.28		
台州市区	Taizhou District	1421.39	1281.26	44.89	95.24
温岭市	Wenling	720.37	657.84	34.50	28.03
临海市	Linhai	770.55	682.24	27.84	60.46
玉环县	Yuhuan	641.41	541.28	23.49	76.64
三门县	Sanmen	187.80	176.92	0.26	10.62
天台县	Tiantai	191.53	177.66	3.05	10.82
仙居县	Xianju	150.99	141.07	8.89	1.03
丽水市区	Lishui District	399.05	393.99	1.53	3.53
龙泉市	Longquan	162.50	160.93	0.32	1.24
青田县	Qingtian	387.71	357.33	26.93	3.45
云和县	Yunhe	74.28	73.98		0.30
庆元县	Qingyuan	67.67	66.25	1.42	
缙云县	Jinyun	366.91	364.83	2.08	
遂昌县	Suichang	141.68	132.51	6.51	2.66
松阳县	Songyang	177.27	177.02	0.25	
景宁自治县	Jingning	12.93	12.16		0.78

17－33 各市、县工业企业经济指标(2016 年)
Main Indicators of Industrial Enterprises by City and County (2016)

单位:亿元(100 million yuan)

市县名称	City and County	从业人员平均人数(万人) Average Number of Employed Persons (10000 persons)	流动资产合计 Circulating Assets	固定资产净值合计 Net Value of Fixed Assets	主营业务收入 Revenues in Main Business
杭州市区	Hangzhou District	89.81	7525.54	2619.20	10587.76
萧山区	Xiaoshan	31.43	2499.78	1031.57	3670.00
余杭区	Yuhang	19.41	1023.05	390.63	1446.63
富阳区	Fuyang	9.33	880.30	312.85	1152.82
临安市	Linan	7.62	508.86	153.07	675.44
建德市	Jiande	3.66	161.68	118.15	411.06
桐庐县	Tonglu	4.58	235.69	103.31	450.94
淳安县	Chunan	1.75	71.14	47.54	242.35
宁波市区	Ningbo District	80.44	5013.84	2669.02	8904.46
鄞州区	Yinzhou	18.06	986.27	322.31	1577.97
奉化区	Fenhua	8.27	377.31	133.92	515.84
余姚市	Yuyao	20.35	802.93	290.70	1331.75
慈溪市	Cixi	28.99	1227.25	462.31	2243.73
象山县	Xiangshan	7.16	373.54	188.11	526.20
宁海县	Ninghai	9.88	433.80	253.80	632.96
温州市区	Wenzhou District	28.29	775.20	319.93	1440.60
洞头区	Dongtou	0.41	19.46	8.26	100.33
瑞安市	Ruian	14.18	430.95	151.32	860.55
乐清市	Yueqing	16.95	913.69	273.10	1244.93
永嘉县	Yongjia	6.65	284.30	79.12	380.91
平阳县	Pingyang	5.02	133.69	72.72	311.48
苍南县	Cangnan	3.87	162.09	115.36	318.00
文成县	Wenchen	0.23	9.40	26.04	22.62
泰顺县	Taishun	0.22	6.09	4.84	15.16
嘉兴市区	Jiaxing District	20.44	1043.06	559.38	1757.03
平湖市	Pinghu	14.96	699.47	612.29	1317.36
海宁市	Haining	16.16	863.07	422.34	1411.94
桐乡市	Tongxiang	13.31	669.80	458.77	1332.58
嘉善县	Jiashan	12.70	533.87	228.27	982.73
海盐县	Haiyan	6.63	460.96	660.50	787.72
湖州市区	Huzhou District	13.69	884.39	399.00	1601.06
德清县	Deqing	8.94	409.45	193.14	1098.34
长兴县	ChangXing	8.30	565.40	358.18	1152.13
安吉县	Anji	6.62	218.64	137.65	516.40
绍兴市区	Shaoxing District	47.48	3116.44	1436.67	6113.90
柯桥区	keqiao	22.69	1320.01	611.43	3300.94
上虞区	Shangyu	14.10	1163.77	433.35	1652.98

续表 Continued 单位:亿元(100 million yuan)

市县名称	City and County	从业人员平均人数(万人) Average Number of Employed Persons (10000 persons)	流动资产合计 Circulating Assets	固定资产净值合计 Net Value of Fixed Assets	主营业务收入 Revenues in Main Business
诸暨市	Zhuji	15.59	1243.01	326.61	2183.57
嵊州市	Shengzhou	6.71	272.97	107.42	451.10
新昌县	Xinchang	6.06	521.77	134.07	589.41
金华市区	Jinhua District	9.22	482.37	179.73	585.73
金东区	JIndong	3.12	130.90	49.76	173.46
兰溪市	Lanxi	5.95	335.59	213.18	746.34
东阳市	Dongyang	8.28	279.43	148.88	498.55
义乌市	Yiwu	11.81	474.14	248.85	720.49
永康市	Yongkang	12.62	606.53	237.07	1003.28
武义县	Wuyi	6.80	204.48	77.78	406.96
浦江县	Pujiang	4.78	144.64	64.02	340.17
磐安县	Panan	1.65	46.93	23.39	69.35
衢州市区	Quzhou District	6.51	488.50	300.90	799.35
江山市	Jiangshan	3.39	149.35	97.35	327.10
常山县	Changshan	1.35	45.68	53.29	87.50
开化县	Kaihua	0.69	101.96	35.35	98.03
龙游县	Longyou	2.83	130.25	108.59	278.51
舟山市区	Zhoushan District	6.51	558.02	402.75	1147.31
岱山县	Daishan	1.46	262.69	136.61	224.64
嵊泗县	Shengsi	0.04	3.92	3.42	7.87
台州市区	Taizhou District	20.39	1015.13	404.57	1369.76
温岭市	Wenling	12.25	347.24	144.79	650.58
临海市	Linhai	9.92	449.60	204.00	690.01
玉环县	Yuhuan	10.85	337.19	230.79	595.80
三门县	Sanmen	2.68	122.02	119.50	178.99
天台县	Tiantai	2.41	134.13	60.33	178.14
仙居县	Xianju	2.56	97.69	88.97	130.87
丽水市区	Lishui District	4.20	279.98	97.67	514.73
龙泉市	Longquan	1.90	55.54	33.44	142.17
青田县	Qingtian	3.20	149.99	109.05	353.79
云和县	Yunhe	0.70	12.00	14.76	71.18
庆元县	Qingyuan	0.90	20.97	16.60	62.62
缙云县	Jinyun	3.20	120.81	48.76	345.53
遂昌县	Suichang	1.10	48.85	39.88	107.38
松阳县	Songyang	1.40	38.08	30.09	165.43
景宁自治县	Jingning	0.20	7.92	6.99	11.69

17-34 各市、县客运量和货运量(2016年)
Passenger Traffic and Freight Traffic by City and County (2016)

市县名称	City and County	客运量(万人) Passenger Traffic (10000 persons)		货运量(万吨) Freight Traffic (10000 tons)	
		公路 Highways	水运 Waterways	公路 Highways	水运 Waterways
杭州市区	Hangzhou District	9264	294	22573	4364
萧山区	Xiaoshan	474	21	3686	1552
余杭区	Yuhang	317		1073	1415
富阳区	Fuyang	1038		733	485
临安市	Linan	539	36	520	83
建德市	Jiande	973	13	778	58
桐庐县	Tonglu	812	23	991	142
淳安县	Chunan	694	218	332	26
宁波市区	Ningbo District	2540	33	22622	14793
鄞州区	Yinzhou	874	11	3361	844
奉化区	Fenhua	556		1571	321
余姚市	Yuyao	308	1	1012	6
慈溪市	Cixi	612		856	
象山县	Xiangshan	1184	89	323	2368
宁海县	Ninghai	169	48	822	1061
温州市区	Wenzhou District	2453	6	5470	1814
洞头区	Dongtou	528	5	53	1304
瑞安市	Ruian	2457	6	1072	176
乐清市	Yueqing	5534		883	741
永嘉县	Yongjia	2886		1032	183
平阳县	Pingyang	2966	16	421	87
苍南县	Cangnan	3718		712	276
文成县	Wenchen	985	2	71	
泰顺县	Taishun	1126		17	
嘉兴市区	Jiaxing District	761	48	3104	2596
平湖市	Pinghu	528		2743	1146
海宁市	Haining	311		1106	750
桐乡市	Tongxiang	495		1272	1609
嘉善县	Jiashan	691		2182	1378
海盐县	Haiyan	214		899	1283
湖州市区	Huzhou District	2208	11	3426	1636
德清县	Deqing	936	31	847	479
长兴县	ChangXing	635	39	3114	2622
安吉县	Anji	1146		1231	1172
绍兴市区	Shaoxing District	1206	64	6289	791
柯桥区	keqiao	278	62	2884	132
上虞区	Shangyu	352		1832	400

续表 Continued

市县名称	City and County	客运量(万人) Passenger Traffic (10000 persons)		货运量(万吨) Freight Traffic (10000 tons)	
		公路 Highways	水运 Waterways	公路 Highways	水运 Waterways
诸暨市	Zhuji	332	56	2357	494
嵊州市	Shengzhou	626		1577	29
新昌县	Xinchang	793	4	912	
金华市区	Jinhua District	3455	1	1565	
金东区	JIndong				
兰溪市	Lanxi				9
东阳市	Dongyang	1751		927	
义乌市	Yiwu	1869		2545	
永康市	Yongkang	2057		1630	
武义县	Wuyi	834		501	
浦江县	Pujiang	787		519	
磐安县	Panan	353		368	
衢州市区	Quzhou District	1981	3	3888	
江山市	Jiangshan	990		2834	
常山县	Changshan	505		1055	
开化县	Kaihua	661		705	
龙游县	Longyou	776	1	1493	4
舟山市区	Zhoushan District	2025	1937	5251	15328
岱山县	Daishan	291	445	1917	3447
嵊泗县	Shengsi	148	206	76	2157
台州市区	Taizhou District	1362	14	5850	6389
温岭市	Wenling	3162		1642	2022
临海市	Linhai	343		1683	508
玉环县	Yuhuan	2159	195	1202	1439
三门县	Sanmen	917		346	854
天台县	Tiantai	995		517	
仙居县	Xianju	957		418	
丽水市区	Lishui District	886	90	2745	
龙泉市	Longquan	299	1	241	
青田县	Qingtian	674		301	220
云和县	Yunhe	169	18	192	
庆元县	Qingyuan	130		251	
缙云县	Jinyun	536		307	
遂昌县	Suichang	272		264	
松阳县	Songyang	156		394	
景宁自治县	Jingning	122		137	5

17－35 各市、县公路里程邮电通信和用电量情况(2016年)
Length of Highways, Posts and Telecommunications, Electricity Consumption by City and County (2016)

市县名称	City and County	境内公路里程(公里) Length of Highways (km)	#高速公路 Expressway	民用汽车拥有量(辆) Civilb Motor Vehicles (unit)	固定电话用户(万户) Telephone Subscribers (10000 subscribers)	年末移动电话用户数(万户) Number of Mobile Telephones Subscribers (10000 subscribers)
杭州市区	Hangzhou District	6845	379	2098672	236.67	1527.26
萧山区	Xiaoshan	2406	125	399518	46.50	243.38
余杭区	Yuhang	2350	122	309600	23.73	203.19
富阳区	Fuyang	1947	37	119157	10.58	90.45
临安市	Linan	2933	104	99076	9.54	73.71
建德市	Jiande	1961	107	49182	6.66	46.77
桐庐县	Tonglu	1826	29	63650	6.89	51.56
淳安县	Chunan	2741	13	30956	5.94	35.11
宁波市区	Ningbo District	4719	300	1334477	137.07	689.05
鄞州区	Yinzhou	1984	144	391857	41.50	192.90
奉化区	Fenghua	1326	55	143709	16.97	82.57
余姚市	Yuyao	1941	42	315065	28.80	164.18
慈溪市	Cixi	1604	82	460029	42.68	189.94
象山县	Xiangshan	1359	22	131275	13.25	79.56
宁海县	Ninghai	1625	51	139069	12.48	84.09
温州市区	Wenzhou District	1227	53	642912	66.67	431.58
洞头区	Dongtou	209		14619	1.48	11.56
瑞安市	Ruian	1372	15	334403	22.27	167.99
乐清市	Yueqing	1061	68	247320	25.26	162.52
永嘉县	Yongjia	1306	110	186019	12.44	90.59
平阳县	Pingyang	685	27	120804	8.36	84.94
苍南县	Cangnan	928	24	178550	15.93	134.86
文成县	Wenchen	810		35943	1.95	18.47
泰顺县	Taishun	1096		36802	2.42	24.38
嘉兴市区	Jiaxing District	1637	125	314469	35.63	196.40
平湖市	Pinghu	1251	46	122733	12.27	74.57
海宁市	Haining	1420	101	192900	21.61	101.61
桐乡市	Tongxiang	2039	44	212581	17.80	117.53
嘉善县	Jiashan	780	37	109885	12.99	71.13
海盐县	Haiyan	991	40	100131	10.16	47.18
湖州市区	Huzhou District	2232	121	300040	42.97	246.97
德清县	Deqing	1154	44	105843	11.99	66.19
长兴县	Changxing	2165	89	125705	13.84	76.67
安吉县	Anji	2172	35	110674	13.08	66.35
绍兴市区	Shaoxing District	3681	149	647922	76.19	
柯桥区	keqiao	1424	23	234864	26.65	138.31
上虞区	Shangyu	1582	87	146115	19.04	105.54

续表 1 Continued

市县名称	City and County	境内公路里程(公里) Length of Highways (km)	#高速公路 Expressway	民用汽车拥有量(辆) Civilb Motor Vehicles (unit)	固定电话用户(万户) Telephone Subscribers (10000 subscribers)	年末移动电话用户数(万户) Number of Mobile Telephones Subscribers (10000 subscribers)
诸暨市	Zhuji	2710	131	265171	29.95	164.73
嵊州市	Shengzhou	2316	100	115123	14.36	91.97
新昌县	Xinchang	1360	40	73489	6.99	57.87
金华市区	Jinhua District	2710	73	271950	21.24	211.07
金东区	JIndong	1143	50			
兰溪市	Lanxi	1423	15	89107	7.16	60.78
东阳市	Dongyang	2367	95	209847	13.61	124.65
义乌市	Yiwu	1436	54	455337	30.04	280.25
永康市	Yongkang	1170	58	247550	10.44	137.25
武义县	Wuyi	1379	26	76933	4.84	53.15
浦江县	Pujiang	867	13	93059	5.20	57.94
磐安县	Panan	1222	20	27428	6.04	21.05
衢州市区	Quzhou District	2370	65	136341	18.39	97.05
江山市	Jiangshan	1839	76	79190	6.74	45.64
常山县	Changshan	1046	89	33099	3.03	23.73
开化县	Kaihua	1593	112	33398	2.64	23.80
龙游县	Longyou	1525	80	49055	6.23	34.43
舟山市区	Zhoushan District	1356	42	147893	26.45	130.75
岱山县	Daishan	416		19168	4.46	21.75
嵊泗县	Shengsi	177		6065	1.91	9.61
台州市区	Taizhou District	2486	34	537575	43.27	272.81
温岭市	Wenling	1967	11	296450	21.35	178.08
临海市	Linhai	2335	85	186064	12.52	116.38
玉环县	Yuhuan	676		118726	13.15	79.89
三门县	Sanmen	1297	21	51379	4.82	35.81
天台县	Tiantai	1949	42	69776	6.94	46.26
仙居县	Xianju	1869	106	67869	4.76	41.60
丽水市区	Lishui District	1352	69	92073	11.38	82.97
龙泉市	Longquan	2533	89	3686	2.86	31.81
青田县	Qingtian	2404	67	38365	5.90	42.33
云和县	Yunhe	888	44	17037	1.42	17.15
庆元县	Qingyuan	1552	21	16890	1.82	19.05
缙云县	Jinyun	1437	35	54254	6.39	46.50
遂昌县	Suichang	1778	29	23109	2.68	24.78
松阳县	Songyang	1508	53	27681	2.76	25.29
景宁自治县	Jingning	1913	12	13893	1.29	15.44

续表 2 Continued

市县名称	City and County	电信业务收入（万元）Telecom Business Income (10000 yuan)	全年用电量（万千瓦小时）Total Electricity Consumption (10000 kw. h)	#工业用电 Industrial Consumption	#城乡居民生活用电 Residential Consumption
杭州市区	Hangzhou District	1760215	5839636	3370405	930289
萧山区	Xiaoshan	218000	2205587	1761788	175219
余杭区	Yuhang	180000	840097	480739	166942
富阳区	Fuyang	69700	761639	625329	73184
临安市	Linan	54700	314925	215427	52567
建德市	Jiande	31700	292328	231608	31071
桐庐县	Tonglu	38100	212783	135559	37498
淳安县	Chunan	23600	123228	62500	21576
宁波市区	Ningbo District	742904	4165873	3068195	425765
鄞州区	Yinzhou	193516			
奉化区	Fenghua	69278	297042	206420	45934
余姚市	Yuyao	112699	807720	623380	91418
慈溪市	Cixi	190388	974681	753048	125624
象山县	Xiangshan		216473	118991	49749
宁海县	Ninghai	74679	300662	203817	56605
温州市区	Wenzhou District	531785	1402420	822428	283681
洞头区	Dongtou	10004	27857	9369	9895
瑞安市	Ruian	158644	668793	446733	151235
乐清市	Yueqing	174070	561732	319514	156178
永嘉县	Yongjia	82170	256966	150027	66741
平阳县	Pingyang	75824	297723	180416	76249
苍南县	Cangnan	123747	514689	318544	132731
文成县	Wenchen	13758	42292	18065	14365
泰顺县	Taishun	21097	38595	12397	16470
嘉兴市区	Jiaxing District	337208	1173723	897341	100936
平湖市	Pinghu	95793	704386	615962	44485
海宁市	Haining	141213	793748	636793	65134
桐乡市	Tongxiang	148285	874958	721782	70020
嘉善县	Jiashan	94379	533450	432509	49873
海盐县	Haiyan	62298	454256	385167	31949
湖州市区	Huzhou District	167252	922584	647036	115727
德清县	Deqing	50788	369052	282311	40623
长兴县	Changxing	55814	682643	571162	59661
安吉县	Anji	51611	247702	156796	45861
绍兴市区	Shaoxing District	349653	2514027	2002498	220141
柯桥区	keqiao	105508	1283401	1106864	78351
上虞区	Shangyu	68375	523406	404238	56045

续表 3 Continued

市县名称	City and County	电信业务收入（万元）Telecom Business Income (10000 yuan)	全年用电量（万千瓦小时）Total Electricity Consumption (10000 kw.h)	#工业用电 Industrial Consumption	#城乡居民生活用电 Residential Consumption
诸暨市	Zhuji	106813	734428	560721	88905
嵊州市	Shengzhou	51990	251843	166195	52592
新昌县	Xinchang	32647	191691	137251	30802
金华市区	Jinhua District	188822	575175	327841	110857
金东区	JIndong		212288	137576	29608
兰溪市	Lanxi	39413	409167	342057	38708
东阳市	Dongyang	95466	413040	268637	77356
义乌市	Yiwu	257291	799681	469822	109372
永康市	Yongkang	98057	432078	323295	66636
武义县	Wuyi	36059	214164	163524	25934
浦江县	Pujiang	43383	189074	139550	27354
磐安县	Panan	12866	43392	24552	9861
衢州市区	Quzhou District	84296	803183	663982	62204
江山市	Jiangshan	28239	219243	151826	30567
常山县	Changshan	15338	123442	93415	16814
开化县	Kaihua	15426	73272	41646	16664
龙游县	Longyou	24421	209112	148821	25996
舟山市区	Zhoushan District	126394	363629	174393	72345
岱山县	Daishan	11611	82394	54161	13784
嵊泗县	Shengsi	5701	43089	6120	5585
台州市区	Taizhou District	299509	1058562	692503	184652
温岭市	Wenling	145740	539352	322263	137610
临海市	Linhai	89246	412319	275792	81088
玉环县	Yuhuan	73359	407110	307892	64370
三门县	Sanmen	30302	153962	80960	26104
天台县	Tiantai	34933	122770	68699	33593
仙居县	Xianju	32477	103193	56689	27722
丽水市区	Lishui District	66535	203990	108648	39934
龙泉市	Longquan	16670	59171	28443	17435
青田县	Qingtian	25355	126256	75868	30775
云和县	Yunhe	9001	112430	96715	8826
庆元县	Qingyuan	9325	30038	14358	7801
缙云县	Jinyun	24759	163220	120887	27038
遂昌县	Suichang	13000	81950	59010	12434
松阳县	Songyang	11580	58526	34594	12911
景宁自治县	Jingning	8036	17978	4728	7161

17－36 各市、县固定资产投资(2016 年)
Investment in Fixed Assets by City and County (2016)

单位:亿元(100 million yuan)

市县名称	City and County	固定资产投资 Investment in Fixes Assets	第一产业 Primary Industry	第二产业 Secondary Industry	第三产业 Tertiary Industry
杭州市区	Hangzhou District	4957.27	3.19	619.24	4334.85
萧山区	Xiaoshan	1078.32	0.05	197.56	880.71
余杭区	Yuhang	1040.32		100.21	940.11
富阳区	Fuyang	404.39	3.14	176.32	224.94
临安市	Linan	265.97	16.80	69.39	179.77
建德市	Jiande	205.32	5.73	82.56	117.02
桐庐县	Tonglu	253.50	8.44	82.79	162.27
淳安县	Chunan	160.36	5.20	32.92	122.24
宁波市区	Ningbo District	3078.73	5.89	721.91	2350.93
鄞州区	Yinzhou	772.66	0.15	115.73	656.78
奉化区	Fenghua	208.02	1.63	46.03	160.36
余姚市	Yuyao	584.97	0.84	278.13	306.00
慈溪市	Cixi	807.78	4.68	324.98	478.13
象山县	Xiangshan	178.32	0.49	60.12	117.71
宁海县	Ninghai	311.59	7.98	85.36	218.25
温州市区	Wenzhou District	1410.84	16.50	253.62	1140.72
洞头区	Dontou	154.55	3.64	21.14	129.77
瑞安市	Ruian	564.15	3.64	198.58	361.93
乐清市	Yueqing	631.56	11.66	255.62	364.28
永嘉县	Yongjia	311.45	20.92	61.67	228.86
平阳县	Pingyang	384.12	15.24	78.87	290.02
苍南县	Cangnan	456.37	25.19	104.33	326.85
文成县	Wencheng	72.02	8.80	4.34	58.87
泰顺县	taishun	75.22	8.62	3.04	63.56
嘉兴市区	Jiaxing District	760.86	12.64	256.91	491.31
平湖市	Pinghu	365.48	2.76	182.29	180.44
海宁市	Haining	555.43	7.55	252.25	295.62
桐乡市	Tongxiang	480.61	4.98	210.23	265.40
嘉善县	Jiashan	336.52	4.49	172.67	159.37
海盐县	Haiyan	291.25	5.77	151.38	134.10
湖州市区	Huzhou District	693.00		251.05	441.95
德清县	Deqing	304.71	3.39	152.86	148.47
长兴县	Changxing	407.75	7.70	182.77	217.29
安吉县	Anji	186.71	0.20	93.01	93.51
绍兴市区	Shaoxing District	1701.23	14.09	770.76	942.12
柯桥区	keqiao	746.67	1.42	340.13	390.67
上虞区	Shangyu	548.12	12.43	310.34	225.35

续表 1 Continued 单位:亿元(100 million yuan)

市县名称	City and County	固定资产投资 Investment in Fixes Assets	第一产业 Primary Industry	第二产业 Secondary Industry	第三产业 Tertiary Industry
诸暨市	Zhuji	741.05	8.93	325.31	406.82
嵊州市	Shengzhou	269.12	6.76	133.65	113.52
新昌县	Xinchang	171.08	0.27	71.13	89.13
金华市区	Jinhua District	453.71	0.51	152.05	301.15
金东区	JIndong	164.35		37.27	127.08
兰溪市	Lanxi	200.69	1.68	107.02	91.99
东阳市	Dongyang	295.64	1.38	129.32	164.93
义乌市	Yiwu	581.67	6.67	128.98	446.01
永康市	Yongkang	239.28		93.88	145.40
武义县	Wuyi	127.58	0.79	51.75	75.04
浦江县	Pujiang	121.97	0.39	63.79	57.80
磐安县	Panan	63.47	3.63	23.15	36.68
衢州市区	Quzhou District	407.33	18.52	131.73	257.08
江山市	Jiangshan	191.62	5.52	88.72	97.38
常山县	Changshan	127.13	10.83	46.67	69.63
开化县	Kaihua	94.31	1.32	23.03	69.96
龙游县	Longyou	161.35	2.91	75.82	82.62
舟山市区	District	1055.68	3.52	281.96	770.20
岱山县	Daishan	169.04	3.85	76.76	88.43
嵊泗县	Shengsi	86.42	1.22	3.51	81.69
台州市区	Taizhou District	771.86	6.39	223.48	541.99
温岭市	Wenling	428.80	4.03	160.32	264.44
临海市	Linhai	321.53	1.21	158.90	161.41
玉环县	Yuhuan	194.94	0.58	70.94	123.43
三门县	Sanmen	149.39	0.70	92.66	56.04
天台县	Tiantai	195.72	5.04	80.01	110.66
仙居县	Xianju	210.39	2.01	91.61	116.77
丽水市区	Lishui District	214.77	5.45	38.14	171.18
龙泉市	Longquan	101.77	5.18	26.54	70.05
青田县	Qingtian	124.77	0.33	43.68	80.76
云和县	Yunhe	46.57	1.98	11.62	32.98
庆元县	Qingyuan	53.55	0.24	14.89	38.43
缙云县	Jinyun	120.77	7.30	29.14	84.33
遂昌县	Suichang	63.03	3.61	18.61	40.82
松阳县	Songyang	63.42	2.13	23.18	38.12
景宁自治县	Jingning	52.98	2.78	4.57	45.64

续表 2　Continued　　单位:亿元(100 million yuan)

市县名称	City and County	#房地产开发投资 Real Estate	#住宅 Residential Buildings	新增固定资产 Newly Increased Fixed Assets	商品房屋销售面积(万平方米) Floor Space of Commercial Houses Sold (10000 sq. m)	商品房屋销售额(亿元) Total Value of Commercial Houses
杭州市区	Hangzhou District	2432.54	1438.98	2574.42	2058.66	3443.13
萧山区	Xiaoshan	391.83	259.94	791.00	393.01	584.08
余杭区	Yuhang	586.91	386.30	399.90	679.87	805.03
富阳区	Fuyang	107.31	60.02	280.68	110.62	128.43
临安市	Linan	75.69	57.96	178.83	127.14	106.36
建德市	Jiande	24.52	14.85	164.92	33.89	31.02
桐庐县	Tonglu	34.01	23.20	187.35	63.85	48.38
淳安县	Chunan	39.65	24.99	95.53	43.14	36.59
宁波市区	Ningbo District	952.66	589.71	2193.79	906.61	1167.90
鄞州区	Yinzhou	414.71	272.20	440.95	349.88	581.54
奉化区	Fenghua	49.02	26.43	120.47	64.17	51.38
余姚市	Yuyao	90.27	57.16	553.97	125.97	101.90
慈溪市	Cixi	118.18	81.74	606.61	177.26	118.74
象山县	Xiangshan	49.76	34.41	117.52	66.27	60.19
宁海县	Ninghai	59.46	29.66	242.29	60.84	52.41
温州市区	Wenzhou District	388.80	306.10	915.52	279.06	513.73
洞头区	Dontou	2.88	2.40	75.80	5.33	3.94
瑞安市	Ruian	153.58	115.79	334.12	104.41	146.09
乐清市	Yueqing	94.11	64.31	464.60	131.38	112.55
永嘉县	Yongjia	104.54	74.39	331.25	68.57	75.04
平阳县	Pingyang	35.63	26.36	368.50	88.22	71.87
苍南县	Cangnan	86.05	58.36	373.84	73.65	72.60
文成县	Wencheng	18.82	14.47	65.58	13.95	9.42
泰顺县	taishun	20.47	12.38	102.99	14.60	10.49
嘉兴市区	Jiaxing District	173.31	114.30	562.84	449.18	338.57
平湖市	Pinghu	50.62	35.81	265.89	125.25	91.05
海宁市	Haining	72.25	54.33	481.46	139.25	110.51
桐乡市	Tongxiang	78.56	54.00	355.32	165.01	138.80
嘉善县	Jiashan	78.09	55.79	275.34	184.22	139.27
海盐县	Haiyan	25.57	20.61	259.48	81.72	54.73
湖州市区	Huzhou District	157.42	102.57	384.65	281.34	210.15
德清县	Deqing	31.84	20.85	221.74	117.91	76.20
长兴县	Changxing	55.68	27.70	316.31	85.01	48.85
安吉县	Anji	29.28	24.69	77.84	72.75	51.67
绍兴市区	Shaoxing District	368.52	245.14	1240.86	444.36	377.38
柯桥区	keqiao	156.83	96.91	495.01	185.73	150.86
上虞区	Shangyu	91.70	49.86	436.69	110.48	90.39

续表 3 Continued 单位:亿元(100 million yuan)

市县名称	City and County	#房地产开发投资 Real Estate	#住宅 Residential Buildings	新增固定资产 Newly Increased Fixed Assets	商品房屋销售面积(万平方米) Floor Space of Commercial Houses Sold (10000 sq. m)	商品房屋销售额(亿元) Total Value of Commercial Houses
诸暨市	Zhuji	176.29	115.56	509.69	184.96	130.64
嵊州市	Shengzhou	58.54	41.73	133.55	84.84	69.30
新昌县	Xinchang	37.84	28.91	85.34	58.45	36.88
金华市区	Jinhua District	123.61	93.08	160.39	163.08	143.58
金东区	JIndong	47.84	29.02	65.71	65.65	47.99
兰溪市	Lanxi	26.89	17.12	97.97	44.32	29.67
东阳市	Dongyang	51.70	26.30	167.98	65.07	53.76
义乌市	Yiwu	121.12	55.42	342.11	69.65	104.75
永康市	Yongkang	39.05	32.81	176.90	29.82	31.72
武义县	Wuyi	15.09	9.76	86.94	20.40	16.60
浦江县	Pujiang	22.29	18.26	100.50	25.14	21.41
磐安县	Panan	9.10	6.42	42.45	8.24	4.92
衢州市区	Quzhou District	67.58	46.22	223.58	126.02	104.68
江山市	Jiangshan	17.26	13.84	149.56	48.89	27.86
常山县	Changshan	16.85	11.73	61.59	25.14	16.87
开化县	Kaihua	11.67	3.06	60.35	20.35	17.11
龙游县	Longyou	10.89	9.23	107.12	23.70	18.26
舟山市区	District	167.03	119.40	566.79	135.40	135.24
岱山县	Daishan	1.46	1.30	107.51	15.20	10.90
嵊泗县	Shengsi	3.39	1.51	40.19	1.90	1.87
台州市区	Taizhou District	221.49	123.65	343.18	279.63	257.78
温岭市	Wenling	64.82	47.87	326.85	133.92	135.95
临海市	Linhai	49.95	40.11	234.81	83.79	74.28
玉环县	Yuhuan	25.27	10.80	96.47	62.55	59.55
三门县	Sanmen	17.55	10.66	87.33	28.80	18.26
天台县	Tiantai	22.53	13.83	84.96	38.47	31.66
仙居县	Xianju	22.60	16.37	68.42	34.91	28.29
丽水市区	Lishui District	76.22	52.87	170.75	115.00	114.45
龙泉市	Longquan	12.18	7.05	66.09	16.22	11.60
青田县	Qingtian	31.25	24.17	81.17	28.46	18.25
云和县	Yunhe	3.65	2.03	27.14	4.29	1.87
庆元县	Qingyuan	2.74	1.74	28.88	3.86	3.97
缙云县	Jinyun	11.27	5.45	84.56	33.48	30.11
遂昌县	Suichang	13.19	8.04	40.95	16.90	10.48
松阳县	Songyang	7.92	3.47	41.14	8.94	6.73
景宁自治县	Jingning	9.18	6.23	29.61	13.50	10.24

17-39 各市、县财政收支情况(2016年)
Total Financial Revenue and Expenditure by City and County (2016)

单位:亿元(100 million yuan)

市县名称	City and County	财政总收入 Total Financial Revenue	地方财政预算内收入 Total Local Government Budgetary Financial Revenue	地方财政预算内支出 Total Local Government Financial Expenditures	一般性公共服务支出 Expenses for Public Service	#教育事业费 Expenses for Education
杭州市区	Hangzhou District	2384.42	1324.98	1242.87	98.07	222.44
萧山区	Xiaoshan	345.99	195.16	204.55	15.79	43.36
余杭区	Yuhang	400.03	244.29	221.50	17.12	37.33
富阳区	Fuyang	97.17	57.61	66.16	7.10	17.67
临安市	Linan	64.79	37.34	60.17	5.15	13.00
建德市	Jiande	38.87	22.71	41.19	3.71	8.69
桐庐县	Tonglu	43.04	26.17	40.94	2.59	9.82
淳安县	Chunan	27.29	17.36	60.07	5.62	8.89
宁波市区	Ningbo District	1619.04	777.37	857.66	74.64	116.82
鄞州区	Yinzhou	338.45	207.78	202.85	16.23	30.44
奉化区	Fenhua	62.61	37.05	63.07	7.18	11.22
余姚市	Yuyao	139.11	81.16	93.69	9.39	17.71
慈溪市	Cixi	244.93	132.10	145.72	11.88	28.39
象山县	Xiangshan	62.61	38.07	61.37	6.66	10.68
宁海县	Ninghai	80.04	48.79	67.76	6.77	13.55
温州市区	Wenzhou District	332.46	203.69	221.98	32.28	53.84
洞头区	Dongtou	11.51	6.52	20.34	3.29	3.40
瑞安市	Ruian	98.01	59.05	92.80	8.77	22.37
乐清市	Yueqing	128.19	72.23	86.21	7.82	22.28
永嘉县	Yongjia	49.09	29.59	60.86	6.95	16.98
平阳县	Pingyang	43.89	27.77	54.70	5.51	12.50
苍南县	Cangnan	51.66	31.82	70.13	10.43	20.12
文成县	Wenchen	10.00	7.92	41.23	4.22	7.64
泰顺县	Taishun	10.66	7.81	38.85	4.33	6.71
嘉兴市区	Jiaxing District	213.71	124.16	152.67	13.16	21.10
平湖市	Pinghu	99.10	56.79	56.41	6.01	12.19
海宁市	Haining	123.88	72.00	78.09	6.64	18.59
桐乡市	Tongxiang	100.45	58.00	64.01	5.55	16.38
嘉善县	Jiashan	73.17	41.80	47.51	5.47	10.33
海盐县	Haiyan	63.06	35.18	43.51	3.69	11.13
湖州市区	Huzhou District	148.70	87.83	127.92	12.14	22.12
德清县	Deqing	72.79	42.03	46.04	5.19	10.30
长兴县	ChangXing	79.08	45.46	57.46	4.97	12.17
安吉县	Anji	60.33	35.85	57.19	6.62	13.53
绍兴市区	Shaoxing District	416.05	255.56	265.81	28.32	52.95
柯桥区	keqiao	165.21	106.02	98.95	8.85	19.34
上虞区	Shangyu	103.72	59.65	65.03	8.11	13.52

续表 Continued

单位:亿元(100 million yuan)

市县名称	City and County	财政总收入 Total Financial Revenue	地方财政预算内收入 Total Local Government Budgetary Financial Revenue	地方财政预算内支出 Total Local Government Financial Expenditures	一般性公共服务支出 Expenses for Public Service	#教育事业费 Expenses for Education
诸暨市	Zhuji	112.59	71.79	97.24	7.66	21.54
嵊州市	Shengzhou	48.78	32.01	51.63	3.85	12.70
新昌县	Xinchang	52.65	30.94	41.42	4.45	9.93
金华市区	Jinhua District	136.65	82.05	136.87	14.25	20.49
金东区	JIndong	29.70	19.10	24.31	3.10	4.05
兰溪市	Lanxi	37.39	22.65	39.46	3.80	9.69
东阳市	Dongyang	92.40	56.26	71.42	4.64	14.50
义乌市	Yiwu	130.69	81.79	114.40	12.24	20.06
永康市	Yongkang	81.84	48.53	67.89	7.51	14.61
武义县	Wuyi	37.46	22.04	44.54	3.92	7.41
浦江县	Pujiang	25.00	16.61	42.51	2.83	7.04
磐安县	Panan	13.75	8.22	25.27	3.17	5.08
衢州市区	Quzhou District	85.23	55.10	107.51	13.27	16.28
江山市	Jiangshan	24.10	15.86	42.00	4.17	9.81
常山县	Changshan	12.72	9.40	35.15	3.18	6.03
开化县	Kaihua	12.90	8.16	41.29	3.55	5.45
龙游县	Longyou	20.08	14.04	42.13	3.44	7.73
舟山市区	Zhoushan District	144.12	99.51	188.79	21.96	22.42
岱山县	Daishan	20.73	14.09	38.15	3.73	4.23
嵊泗县	Shengsi	8.44	6.73	23.60	2.89	2.53
台州市区	Taizhou District	248.49	145.19	166.29	20.58	35.51
温岭市	Wenling	103.20	61.69	94.34	9.22	20.88
临海市	Linhai	76.42	44.92	86.67	6.90	18.10
玉环县	Yuhuan	74.34	42.62	54.39	6.64	9.77
三门县	Sanmen	24.77	15.58	32.90	3.89	6.39
天台县	Tiantai	29.89	17.04	36.50	4.40	10.12
仙居县	Xianju	26.71	16.25	43.31	3.97	7.70
丽水市区	Lishui District	65.23	39.10	74.24	8.72	13.01
龙泉市	Longquan	11.32	7.86	36.01	2.86	5.46
青田县	Qingtian	24.17	16.00	42.50	4.24	8.16
云和县	Yunhe	7.62	4.66	20.75	2.35	3.07
庆元县	Qingyuan	6.33	3.91	26.74	2.86	4.61
缙云县	Jinyun	18.36	12.15	37.67	3.39	8.70
遂昌县	Suichang	11.42	7.80	34.80	3.08	5.31
松阳县	Songyang	8.86	5.86	34.46	3.09	5.76
景宁自治县县	Jingning	11.54	6.23	34.51	3.96	4.91

17－40 各市、县金融业、社会保险、福利情况(2016年)
Basic Statistics on Finace and Social Insurance and Welfare by City and County (2016)

市县名称	City and County	金融机构年末存款余额(亿元) Deposits in Financial Institutions (100 million yuan)	#城乡居民储蓄存款年末余额(亿元) Savings Deposit of Urban and Rural Residents (100 million yuan)	金融机构年末贷款余额(亿元) Loans in Financial Institutions (100 million yuan)	城镇职工基本养老保险参保人数(万人) Staff and Workers in Urban Area Participating in the Basic Retirement Security Program (10000 Persons)	城镇居民基本医疗保险参保人数(万人) Urban Households Participating in the Basic Health Care Program (10000 Persons)
杭州市区	Hangzhou District	30931.65	7456.70	24267.04	506.92	719.31
萧山区	Xiaoshan	3413.28	1439.90	2966.35	93.33	126.63
余杭区	Yuhang	2272.02	990.44	1538.16	72.16	103.40
富阳区	Fuyang	912.58	409.64	1063.82	39.97	68.72
临安市	Linan	556.34	265.90	436.23	24.44	52.71
建德市	Jiande	343.81	219.80	242.88	18.03	45.04
桐庐县	Tonglu	397.99	220.60	332.08	16.87	40.27
淳安县	Chunan	284.86	150.14	186.60	9.72	40.20
宁波市区	Ningbo District	11943.41	3384.09	11492.44	235.77	108.37
鄞州区	Yinzhou	2039.90	966.50	1810.96	69.31	40.79
奉化区	Fenhua	540.69	297.62	542.80	22.67	30.19
余姚市	Yuyao	1339.96	736.98	1185.14	47.19	50.08
慈溪市	Cixi	1812.76	1072.93	1762.48	59.43	67.87
象山县	Xiangshan	518.39	238.69	666.21	22.92	34.53
宁海县	Ninghai	581.49	256.76	700.49	24.10	45.09
温州市区	Wenzhou District	5871.36	2316.97	4118.58	93.47	94.22
洞头区	Dongtou	70.93	33.29	61.79	2.86	10.33
瑞安市	Ruian	1179.54	771.61	994.08	47.63	79.38
乐清市	Yueqing	1208.08	738.37	1113.01	30.55	97.72
永嘉县	Yongjia	542.13	358.82	487.65	20.39	79.95
平阳县	Pingyang	455.72	305.21	422.65	23.70	68.54
苍南县	Cangnan	568.78	390.29	673.90	22.65	108.02
文成县	Wenchen	234.98	157.15	102.12	3.16	35.35
泰顺县	Taishun	152.73	97.33	99.50	4.09	33.38
嘉兴市区	Jiaxing District	2290.38	919.06	1788.30	48.67	100.23
平湖市	Pinghu	793.46	383.66	543.78	26.47	53.73
海宁市	Haining	1191.17	646.75	939.77	26.08	77.08
桐乡市	Tongxiang	1112.29	626.27	841.93	27.64	75.07
嘉善县	Jiashan	709.24	379.00	537.29	18.44	43.52
海盐县	Haiyan	533.68	290.85	534.16	14.68	37.30
湖州市区	Huzhou District	1796.71	912.26	1298.55	52.86	65.71
德清县	Deqing	574.23	290.65	486.85	29.00	19.70
长兴县	ChangXing	639.25	304.58	525.14	29.19	33.06
安吉县	Anji	466.61	237.27	429.82	24.50	29.05
绍兴市区	Shaoxing District	4922.31	2089.19	4063.11	130.66	134.06
柯桥区	keqiao	1703.35	813.01	1215.44	44.94	40.72
上虞区	Shangyu	1070.47	537.03	837.96	34.09	45.04

续表 1 Continued

市县名称	City and County	金融机构年末存款余额（亿元）Deposits in Financial Institutions (100 million yuan)	#城乡居民储蓄存款年末余额（亿元）Savings Deposit of Urban and Rural Residents (100 million yuan)	金融机构年末贷款余额（亿元）Loans in Financial Institutions (100 million yuan)	城镇职工基本养老保险参保人数（万人）Staff and Workers in Urban Area Participating in the Basic Retirement Security Program (10000 Persons)	城镇居民基本医疗保险参保人数（万人）Urban Households Participating in the Basic Health Care Program (10000 Persons)
诸暨市	Zhuji	1232.16	712.16	1188.98	39.34	77.73
嵊州市	Shengzhou	658.92	390.62	516.69	24.95	49.25
新昌县	Xinchang	449.92	213.31	342.40	16.29	25.33
金华市区	Jinhua District	1608.32	679.43	1413.93	48.55	66.49
金东区	JIndong					
兰溪市	Lanxi	394.61	232.00	356.46	15.18	46.50
东阳市	Dongyang	993.86	565.83	724.85	28.81	64.19
义乌市	Yiwu	2617.04	1339.81	2063.28	46.83	43.13
永康市	Yongkang	1043.49	627.88	901.16	19.14	46.61
武义县	Wuyi	340.69	206.26	333.92	10.73	26.83
浦江县	Pujiang	329.05	207.64	260.55	8.98	29.80
磐安县	Panan	151.26	79.82	113.24	6.48	17.73
衢州市区	Quzhou District	859.59	389.51	842.86	33.38	52.54
江山市	Jiangshan	394.51	246.04	302.27	15.29	45.66
常山县	Changshan	186.30	98.81	146.31	7.84	22.56
开化县	Kaihua	188.59	102.64	134.54	6.44	27.39
龙游县	Longyou	267.65	155.74	226.46	10.01	28.56
舟山市区	Zhoushan District	1519.68	566.91	1351.05	45.96	40.62
岱山县	Daishan	212.29	107.07	96.36	9.68	12.16
嵊泗县	Shengsi	75.86	41.89	36.60	3.70	3.86
台州市区	Taizhou District	3210.53	1493.02	2730.96	76.40	125.19
温岭市	Wenling	1429.24	791.85	1084.41	34.01	98.19
临海市	Linhai	837.72	481.06	669.90	26.27	95.83
玉环县	Yuhuan	559.97	314.00	422.75	17.33	33.61
三门县	Sanmen	238.18	130.66	314.63	11.39	34.63
天台县	Tiantai	318.51	197.46	273.33	18.36	47.62
仙居县	Xianju	329.07	185.36	262.93	10.11	39.37
丽水市区	Lishui District	621.34	285.35	572.10	19.53	30.06
龙泉市	Longquan	157.76	98.46	131.87	8.08	23.13
青田县	Qingtian	468.42	355.92	223.32	10.08	29.83
云和县	Yunhe	90.86	47.90	68.44	3.98	8.79
庆元县	Qingyuan	102.96	58.41	83.70	4.68	16.33
缙云县	Jinyun	234.16	146.50	192.09	11.34	37.08
遂昌县	Suichang	134.98	74.62	105.15	5.94	18.00
松阳县	Songyang	133.69	77.00	97.30	6.47	19.51
景宁自治县	Jingning	93.68	40.61	69.47	3.64	12.84

续表 2 Continued

市县名称	City and County	失业保险人数（万人）Persons Participating in the Unemployment Insurance Program (10000 persons)	社会福利院数（个）Social Welfare Homes (unit)	社会福利院床位数（张）Beds of Social Welfare Homes (bed)	社区服务设施数（个）Number of Community Service Facilities Established in Urban Areas (unit)	居民最低生活保障线以下人数（人）Residents under Minimum Life Guarantee Relief (person)
杭州市区	Hangzhou District	344.33	211	50933	991	18760
萧山区	Xiaoshan	48.21	46	11011	173	3776
余杭区	Yuhang	42.98	33	8349	161	2965
富阳区	Fuyang	19.20	31	4656	28	414
临安市	Linan	10.38	32	4559	17	432
建德市	Jiande	7.68	33	4313	27	919
桐庐县	Tonglu	6.88	26	3556	19	1100
淳安县	Chunan	4.88	31	3932	12	585
宁波市区	Ningbo District	177.69	144	29986	1548	6992
鄞州区	Yinzhou	48.35	58	10716	357	1861
奉化区	Fenhua	10.53	31	4336	272	696
余姚市	Yuyao	23.00	31	6874	624	584
慈溪市	Cixi	28.28	20	5675	403	453
象山县	Xiangshan	10.89	57	5632	506	337
宁海县	Ninghai	12.10	20	4882	401	550
温州市区	Wenzhou District	51.09	42	9220	790	7309
洞头区	Dongtou	0.73	9	530	117	53
瑞安市	Ruian	16.93	3	678	434	2004
乐清市	Yueqing	16.66	4	771	575	418
永嘉县	Yongjia	9.12	16	976	123	958
平阳县	Pingyang	8.12	3	40	712	1302
苍南县	Cangnan	8.66	1	57	49	2357
文成县	Wenchen	1.13	1	48	101	302
泰顺县	Taishun	1.19	7	1890	446	286
嘉兴市区	Jiaxing District	35.87	1	550	415	1600
平湖市	Pinghu	20.15			337	1554
海宁市	Haining	20.65	2	970	328	728
桐乡市	Tongxiang	17.62	2	905	315	570
嘉善县	Jiashan	12.71			251	627
海盐县	Haiyan	11.72			377	461
湖州市区	Huzhou District	26.78	18	5547	472	2880
德清县	Deqing	14.74	23	3808	182	668
长兴县	ChangXing	13.07	32	5081	1374	1891
安吉县	Anji	11.02	27	2912	209	826
绍兴市区	Shaoxing District	84.86	78	19621	1067	7500
柯桥区	keqiao	25.09	17	6225	294	3320
上虞区	Shangyu	18.27	27	7008	424	1865

续表 3 Continued

市县名称	City and County	失业保险人数（万人）Persons Participating in the Unemployment Insurance Program (10000 persons)	社会福利院数（个）Social Welfare Homes (unit)	社会福利院床位数（张）Beds of Social Welfare Homes (bed)	社区服务设施数（个）Number of Community Service Facilities Established in Urban Areas (unit)	居民最低生活保障线以下人数（人）Residents under Minimum Life Guarantee Relief (person)
诸暨市	Zhuji	20.29	46	9272	522	615
嵊州市	Shengzhou	12.12	67	7268	480	667
新昌县	Xinchang	9.78	22	4010	429	272
金华市区	Jinhua District	25.29	2	152	934	1177
金东区	JIndong				399	156
兰溪市	Lanxi	7.45	1	312	515	579
东阳市	Dongyang	11.87	1	320	343	199
义乌市	Yiwu	17.56	1	108	648	79
永康市	Yongkang	8.71	1	1210	733	231
武义县	Wuyi	3.78	1	390	368	247
浦江县	Pujiang	3.83	1	320	367	426
磐安县	Panan	1.77	1	300	125	182
衢州市区	Quzhou District	13.58	37	6802	187	2568
江山市	Jiangshan	4.78	30	4216	50	883
常山县	Changshan	2.41	22	3391	28	938
开化县	Kaihua	2.04	19	2446	39	648
龙游县	Longyou	3.80	13	3057	20	418
舟山市区	Zhoushan District	17.67	58	7719	453	1407
岱山县	Daishan	2.75	22	2025	113	278
嵊泗县	Shengsi	1.00	13	501	121	297
台州市区	Taizhou District	40.79	88	13115	1080	5495
温岭市	Wenling	19.32	73	10052	1366	588
临海市	Linhai	17.55	70	9200	686	915
玉环县	Yuhuan	9.61	26	3234	584	5547
三门县	Sanmen	4.53	38	3043	595	283
天台县	Tiantai	6.09	37	4234	462	597
仙居县	Xianju	5.71	22	3508	430	181
丽水市区	Lishui District	8.77	18	3251	260	1258
龙泉市	Longquan	2.14	13	1876	282	320
青田县	Qingtian	2.71	24	3015	272	752
云和县	Yunhe	1.04	6	864	111	3635
庆元县	Qingyuan	0.69	11	1263	223	348
缙云县	Jinyun	3.51	26	3094	278	155
遂昌县	Suichang	1.70	13	1688	232	212
松阳县	Songyang	1.06	15	1530	199	213
景宁自治县	Jingning	1.20	10	1044	161	615

17－41 各市、县各类学校在校学生数(2016 年)
Student Enrollment by Type of School ,City and County (2016)

市县名称	City and County	高等学校（人）Institutions of Higher Education (person)	中等职业学校（人）Specialized Secondary Schools (person)	普通中学（万人）Regular Secondary Schools (10000 persons)	小学（万人）Primary Schools (10000 persons)
杭州市区	Hangzhou District	406031	94046	25.75	45.32
萧山区	Xiaoshan	25899	14355	6.51	10.55
余杭区	Yuhang	32093	11175	4.75	9.17
富阳区	Fuyang	4749	7532	3.22	4.44
临安市	Linan	14419	4393	2.03	2.97
建德市	Jiande		3014	1.83	2.07
桐庐县	Tonglu	7528	2879	1.50	2.37
淳安县	Chunan		3403	1.51	1.57
宁波市区	Ningbo District		30793	12.49	21.36
鄞州区	Yinzhou		11850	4.23	8.15
奉化区	Fenhua		4269	1.92	3.19
余姚市	Yuyao		8694	3.82	6.71
慈溪市	Cixi		10271	4.55	7.92
象山县	Xiangshan		4361	2.13	3.62
宁海县	Ninghai		7337	2.91	4.91
温州市区	Wenzhou District	86276	20608	9.16	17.64
洞头区	Dongtou		669	0.44	0.72
瑞安市	Ruian		10982	5.50	9.31
乐清市	Yueqing		8771	5.89	10.35
永嘉县	Yongjia		7533	4.45	6.32
平阳县	Pingyang		9007	4.00	5.90
苍南县	Cangnan		9242	5.83	9.62
文成县	Wenchen		1119	0.93	1.58
泰顺县	Taishun		1844	1.34	2.01
嘉兴市区	Jiaxing District	55650	14184	4.72	7.56
平湖市	Pinghu		6941	1.86	2.77
海宁市	Haining	9791	9947	2.71	4.26
桐乡市	Tongxiang		8524	3.12	4.43
嘉善县	Jiashan		3875	1.82	3.26
海盐县	Haiyan		4753	1.61	2.36
湖州市区	Huzhou District	26668	10072	4.48	6.98
德清县	Deqing		3520	1.85	2.45
长兴县	ChangXing		9534	2.66	3.54
安吉县	Anji		5223	2.10	2.82
绍兴市区	Shaoxing District	84157	28683	11.00	13.98
柯桥区	keqiao	11861	10086	3.73	4.70
上虞区	Shangyu		6886	3.41	3.89

续表 Continued

市县名称	City and County	高等学校（人）Institutions of Higher Education (person)	中等职业学校（人）Specialized Secondary Schools (person)	普通中学（万人）Regular Secondary Schools (10000 persons)	小学（万人）Primary Schools (10000 persons)
诸暨市	Zhuji	6120	10518	7.21	6.63
嵊州市	Shengzhou		6348	2.91	3.36
新昌县	Xinchang		4214	2.06	2.44
金华市区	Jinhua District	34566	29459	5.55	7.80
金东区	JIndong		6583	0.95	2.19
兰溪市	Lanxi		5273	2.55	3.31
东阳市	Dongyang		6762	4.40	6.81
义乌市	Yiwu		14519	4.57	10.11
永康市	Yongkang		7133	3.35	6.27
武义县	Wuyi		2479	1.39	2.69
浦江县	Pujiang		4490	1.99	3.07
磐安县	Panan		1464	0.95	1.17
衢州市区	Quzhou District	13523	14367	3.98	5.05
江山市	Jiangshan		6295	2.76	3.27
常山县	Changshan		2029	1.30	1.71
开化县	Kaihua		1729	1.38	1.79
龙游县	Longyou		3725	1.63	2.00
舟山市区	Zhoushan District	24521	7300	2.48	3.86
岱山县	Daishan		459	0.46	0.68
嵊泗县	Shengsi		138	0.20	0.26
台州市区	Taizhou District	23073	25016	8.76	14.21
温岭市	Wenling		12292	5.39	9.22
临海市	Linhai	11132	20592	5.67	8.52
玉环县	Yuhuan		4419	2.14	4.77
三门县	Sanmen		4455	1.76	2.81
天台县	Tiantai		6256	2.95	3.58
仙居县	Xianju		6813	2.82	3.82
丽水市区	Lishui District	20857	6376	2.25	3.61
龙泉市	Longquan		3674	1.14	1.67
青田县	Qingtian		4370	1.72	3.16
云和县	Yunhe		1939	0.45	0.80
庆元县	Qingyuan		2001	0.73	1.05
缙云县	Jinyun		5341	2.16	3.01
遂昌县	Suichang		2395	0.85	1.15
松阳县	Songyang		2338	0.93	1.30
景宁自治县	Jingning		1530	0.57	0.89

17－42 各市、县专利申请(2016 年)
Patent Application by City and County (2016)

市县名称	City and County	专利申请受理量(项) Patent Application Accepted (item)	专利申请授权量(项) Patent Application Approved (item)	#发明 Invention
杭州市区	Hangzhou District	66797	37156	8326
萧山区	Xiaoshan	5678	4085	677
余杭区	Yuhang	12027	6687	607
富阳区	Fuyang	3149	1959	255
临安市	Linan	2251	1114	197
建德市	Jiande	1365	692	56
桐庐县	Tonglu	2595	1799	49
淳安县	Chunan	538	291	19
宁波市区	Ningbo District	37361	21525	3799
鄞州区	Yinzhou	20774	12223	1509
奉化区	Fenghua	2173	1337	171
余姚市	Yuyao	7317	4968	677
慈溪市	Cixi	13373	7600	672
象山县	Xiangshan	3606	2175	134
宁海县	Ninghai	4414	3187	216
温州市区	Wenzhou District	22316	12776	1154
洞头区	Dongtou	284	159	13
瑞安市	Ruian	9747	5238	435
乐清市	Yueqing	9171	6130	576
永嘉县	Yongjia	2441	1710	123
平阳县	Pingyang	3223	1906	79
苍南县	Cangnan	2652	1593	56
文成县	Wencheng	1188	171	26
泰顺县	Taishun	475	163	14
嘉兴市区	Jiaxing District	7578	4957	441
平湖市	Pinghu	4655	2735	260
海宁市	Haining	5947	2995	320
桐乡市	Tongxiang	5307	2728	325
嘉善县	Jiashan	5594	4681	181
海盐县	Haiyan	3127	1861	127
湖州市区	Huzhou District	8873	5134	789
德清县	Deqing	4058	2942	698
长兴县	Changxing	6182	3100	802
安吉县	Anji	4158	2519	255
绍兴市区	Shaoxing District	25359	11646	797
柯桥区	keqiao	10915	4542	170
上虞区	Shangyu	5960	3611	284

续表 Continued

市县名称	City and County	专利申请受理量（项）Patent Application Accepted (item)	专利申请授权量（项）Patent Application Approved (item)	#发明 Invention
诸暨市	Zhuji	26863	9473	497
嵊州市	Shengzhou	4364	2553	156
新昌县	Xinchang	14356	4699	304
金华市区	Jinhua District	4876	2732	408
金东区	JIndong	1717	904	79
兰溪市	Lanxi	1524	1099	70
东阳市	Dongyang	2644	1802	152
义乌市	Yiwu	5298	3101	274
永康市	Yongkang	7715	5523	90
武义县	Wuyi	1859	1072	27
浦江县	Pujiang	1847	1085	65
磐安县	Panan	725	459	15
衢州市区	Quzhou District	4119	1977	288
江山市	Jiangshan	2021	946	42
常山县	Changshan	638	395	17
开化县	Kaihua	516	313	13
龙游县	Longyou	614	312	24
舟山市区	Zhoushan District	3087	1500	475
岱山县	Daishan	307	232	15
嵊泗县	Shengsi	150	104	7
台州市区	Taizhou District	12621	9497	630
温岭市	Wenling	6289	4539	253
临海市	Linhai	2722	2232	317
玉环县	Yuhuan	3044	1992	183
三门县	Sanmen	1172	604	44
天台县	Tiantai	1398	788	51
仙居县	Xianju	675	423	56
丽水市区	Lishui District	1635	982	133
龙泉市	Longquan	1032	566	34
青田县	Qingtian	1106	623	38
云和县	Yunhe	921	822	3
庆元县	Qingyuan	538	422	47
缙云县	Jinyun	1214	631	34
遂昌县	Suichang	788	345	21
松阳县	Songyang	401	326	8
景宁自治县	Jingning	310	228	8

17－43 各市、县文化和卫生事业主要指标(2016 年)
The Culture and Public Health by City and county (2016)

市县名称	City and County	体育场馆数（个）Number of Sports and Gymnsiums (unit)	剧场和影剧院数（个）Number of Theaters and Music Halls (unit)	公共图书馆图书藏量（千册件）Total Collections of Books in Public Libraries (1000 copies)	医院卫生院数（个）Number of Health Institutions (unit)	医院卫生院床位数（张）Number of Beds in Health Institutions (bed)	医生数（人）Doctors (person)
杭州市区	Hangzhou District	118	105	19034	235	56560	33344
萧山区	Xiaoshan	37	17	2793	51	8688	4298
余杭区	Yuhang	12	14	848	20	3915	3217
富阳区	Fuyang	9	7	468	23	2339	2025
临安市	Linan	11	6	645	51	2576	1531
建德市	Jiande	6	3	662	30	2097	1160
桐庐县	Tonglu	7	5	605	21	1753	1187
淳安县	Chunan	10	2	427	28	1571	950
宁波市区	Ningbo District	132	47	5628	106	20321	12961
鄞州区	Yinzhou	39	11	1485	33	4780	3691
奉化区	Fenhua	15	4	195	31	2424	1319
余姚市	Yuyao	38	10	575	24	3141	2340
慈溪市	Cixi	30	11	621	33	3784	3477
象山县	Xiangshan	10	5	392	28	2021	1309
宁海县	Ninghai	12	5	356	29	1721	1535
温州市区	Wenzhou District	12	4	5861	107	16288	9670
洞头区	Dongtou	1	1	261	8	221	217
瑞安市	Ruian	3	1	786	39	3690	3546
乐清市	Yueqing	7	1	578	54	3664	3606
永嘉县	Yongjia	3		441	54	2942	2032
平阳县	Pingyang	2		583	36	2582	2195
苍南县	Cangnan	3		1150	60	4171	2604
文成县	Wenchen	3	1	458	14	693	597
泰顺县	Taishun	3	1	265	39	1056	726
嘉兴市区	Jiaxing District	18	14	2362	44	8718	3720
平湖市	Pinghu	6	3	938	17	3035	1199
海宁市	Haining	8	5	1629	22	4034	1783
桐乡市	Tongxiang	12	7	1282	24	3428	1715
嘉善县	Jiashan	10	5	947	17	2093	1000
海盐县	Haiyan	8	4	713	20	1975	991
湖州市区	Huzhou District	12	16	813	54	6617	3754
德清县	Deqing	16	2	403	26	1467	1175
长兴县	ChangXing	5	5	347	40	2926	1595
安吉县	Anji	5	3	240	26	1826	1095
绍兴市区	Shaoxing District	16	22	2876	96	14205	7719
柯桥区	keqiao	4	6	441	26	4075	2636
上虞区	Shangyu	3	6	557	31	3131	1909

续表 Continued

市县名称	City and County	体育场馆数(个) Number of Sports and Gymnsiums (unit)	剧场和影剧院数(个) Number of Theaters and Music Halls (unit)	公共图书馆图书藏量(千册件) Total Collections of Books in Public Libraries (1000 copies)	医院卫生院数(个) Number of Health Institutions (unit)	医院卫生院床位数(张) Number of Beds in Health Institutions (bed)	医生数(人) Doctors (person)
诸暨市	Zhuji	3	12	427	42	5329	3555
嵊州市	Shengzhou	3	4	554	32	3247	1583
新昌县	Xinchang	2	4	317	23	2444	1314
金华市区	Jinhua District	46	11	943	73	8434	4148
金东区	JIndong	10	2	69	18	259	528
兰溪市	Lanxi	10	2	290	36	2279	1428
东阳市	Dongyang	15	6	377	29	4346	2533
义乌市	Yiwu	30	17	813	38	4660	3127
永康市	Yongkang	15	7	447	27	2739	1862
武义县	Wuyi	8	3	303	26	1329	897
浦江县	Pujiang	11	1	309	27	2296	1165
磐安县	Panan	8	1	231	26	847	470
衢州市区	Quzhou District	13	9	795	60	5727	3094
江山市	Jiangshan	3	1	249	25	2269	1269
常山县	Changshan	1	1	286	20	1035	731
开化县	Kaihua	7	1	278	40	1270	772
龙游县	Longyou	6	2	158	38	1647	914
舟山市区	Zhoushan District	10	12	1435	49	4205	5216
岱山县	Daishan	5	2	280	10	490	780
嵊泗县	Shengsi	2	1	129	9	275	331
台州市区	Taizhou District	22	20	2795	71	8250	5665
温岭市	Wenling	9	11	861	51	5043	3381
临海市	Linhai	18	8	517	80	5023	2910
玉环县	Yuhuan	6	4	340	14	1837	1141
三门县	Sanmen	6	3	319	17	1400	951
天台县	Tiantai	9	3	226	16	2283	1399
仙居县	Xianju	7	4	434	22	1820	1190
丽水市区	Lishui District	1	5	377	34	4723	2424
龙泉市	Longquan	1	2	204	39	1135	870
青田县	Qingtian	1	2	262	38	1216	886
云和县	Yunhe	1	2	179	11	545	364
庆元县	Qingyuan	1	2	124	20	595	406
缙云县	Jinyun	1	3	356	24	1901	951
遂昌县	Suichang	1	3	165	23	765	503
松阳县	Songyang	1	1	218	29	864	513
景宁自治县	Jingning	1	2	114	25	639	354

2017
浙江统计年鉴
ZHEJIANG STATISTICAL YEARBOOK

附 录
Appendix

附表1 各季消费者信心指数（2016年）

指标	1季度	2季度	3季度	4季度
按地区分				
杭州	107.19	113.95	114.37	116.87
宁波	108.61	108.05	113.03	115.25
温州	100.47	103.20	117.56	114.03
嘉兴	109.57	113.68	114.11	118.97
湖州	116.72	116.71	120.62	125.25
绍兴	105.76	105.85	115.52	117.73
金华	102.64	104.01	109.18	114.06
衢州	102.27	105.48	114.35	111.63
舟山	106.02	109.25	104.56	111.08
台州	106.85	112.22	115.74	124.64
丽水	112.11	112.21	117.47	126.89
全省	106.90	109.38	114.42	117.55
按城乡分				
城市	106.87	109.55	114.87	118.06
农村	106.97	109.11	113.74	116.79
按年龄分				
18-20	118.53	127.38	123.41	132.39
21-30	109.29	113.91	116.85	118.97
31-40	102.71	103.37	113.44	112.86
41-50	99.17	101.14	107.08	111.69
51-60	104.66	108.02	110.18	118.04
61以上	127.11	122.55	128.94	132.16
按就业状况分				
全职工作	106.10	108.11	114.88	116.32
非全职工作	102.19	107.25	105.92	114.43
离退休	120.43	121.64	124.07	129.30
不工作	99.57	105.03	104.00	114.04

附表2 各季就业信心指数（2016年）

指标	1季度	2季度	3季度	4季度
按地区分				
杭州	106.25	113.60	118.17	122.37
宁波	108.45	108.11	116.33	120.87
温州	99.99	104.11	118.98	111.41
嘉兴	107.63	111.12	117.20	122.70
湖州	117.35	116.35	121.54	128.05
绍兴	101.61	101.20	112.43	118.15
金华	102.97	103.34	110.36	114.87
衢州	99.35	103.02	115.53	112.76
舟山	105.27	107.45	103.79	112.95
台州	105.65	115.30	120.60	131.50
丽水	110.81	110.72	121.38	131.05
全省	105.82	108.57	116.24	120.31
按城乡分				
城市	106.31	108.51	116.47	120.42
农村	105.08	108.65	115.90	120.15
按年龄分				
18-20	116.56	124.00	126.18	132.01
21-30	110.24	115.63	121.48	123.98
31-40	102.42	105.01	118.02	117.22
41-50	96.40	97.58	106.88	112.99
51-60	102.83	102.89	108.10	120.21
61以上	123.04	120.44	124.38	130.45
按就业状况分				
全职工作	105.33	108.02	117.80	119.62
非全职工作	99.97	106.70	107.09	118.70
离退休	116.66	118.49	120.14	126.89
不工作	101.65	102.10	104.46	118.65

附表3 各季收入信心指数（2016年）

指标	1季度	2季度	3季度	4季度
按地区分				
杭州	109.74	117.35	113.27	113.81
宁波	109.88	111.69	111.54	111.83
温州	103.15	104.49	118.60	118.45
嘉兴	113.20	117.64	113.39	117.72
湖州	116.93	118.23	123.77	125.21
绍兴	110.39	111.20	119.31	119.13
金华	103.41	106.22	109.01	114.65
衢州	105.77	109.55	115.05	110.07
舟山	110.25	114.25	107.45	112.99
台州	108.71	111.82	113.37	120.80
丽水	114.41	116.46	116.13	125.11
全省	109.37	112.46	114.64	116.95
按城乡分				
城市	108.74	112.80	115.30	117.74
农村	110.33	111.95	113.64	115.75
按年龄分				
18-20	123.82	131.59	124.09	135.04
21-30	110.54	115.70	114.22	116.15
31-40	104.74	104.83	112.56	111.55
41-50	102.64	106.15	108.53	111.68
51-60	106.59	113.50	112.47	118.27
61以上	131.64	126.02	134.33	135.08
按就业状况分				
全职工作	108.46	110.90	114.38	115.14
非全职工作	104.47	109.98	106.20	112.81
离退休	124.94	126.16	128.96	133.04
不工作	99.73	108.37	104.09	112.56

附表4 产业集聚区主要指标（2016年）

集聚区简称	投产企业数（个）	世界500强企业数（个）	企业资产总额（亿元）	重点规划面积（平方公里）	主导和重点产业比重	
					产业名称	比重（%）
合 计	4901	61	15206	1061	主导+重点	
杭州大江东	261	18	1104	69.0	新能源运输装备	66.1
杭州城西科创	667	1	3379.2	69.4	科技服务	20.2
宁波杭州湾	314	13	1114.9	72.0	汽车制造	89.3
宁波梅山国际物流	264	6	814.6	68.2	国际商贸与金融创新	96.0
温州瓯江口	140	0	555.0	59.7	临港制造	73.5
嘉兴现代服务业	224	8	511.0	60.1	科技服务业	61.2
湖州南太湖	206	2	568.7	72.7	节能环保	33.1
绍兴滨海	439	1	1218.0	82.0	生物医药	26.4
金华新兴	537	0	551.5	78.0	电子商务	48.1
衢州绿色	171	2	749.4	67.4	新材料产业	55.5
舟山海洋	306	0	1660.9	98.0	船舶与海洋制造	70.9
台州湾循环经济	422	2	900.5	86.7	装备制造	57.9
丽水生态	245	0	218.1	67.0	节能环保	70.8
义乌商贸服务业	280	6	1221.9	53.2	商贸服务	76.2
浙南沿海	425	2	638.3	57.8	交通运输装备制造	51.4

续表1　单位：亿元

集聚区名称	固定资产投资额		#第二产业投资额		#第三产业投资额	
	2015	2016	2015	2016	2015	2016
合　计	3449.9	4017.3	1628.1	1622.2	1677.1	2341.6
杭州大江东	210.7	228.4	174.0	89.6	24.7	136.7
杭州城西科创	296.3	366.9	31.9	44.1	264.4	322.8
宁波杭州湾	363.1	418.2	255.6	211.0	22.8	168.6
宁波梅山国际物流	201.8	235.1	63.2	50.1	138.1	185.0
温州瓯江口	91.3	117.0	17.3	28.5	74.0	88.5
嘉兴现代服务业	187.8	219.0	48.4	49.8	139.4	169.1
湖州南太湖	213.0	247.8	102.1	109.4	110.9	138.4
绍兴滨海	321.5	387.5	206.9	248.8	107.8	128.4
金华新兴	195.0	235.5	110.6	131.0	56.4	126.7
衢州绿色	137.6	149.6	117.0	122.3	20.6	27.3
舟山海洋	492.0	551.1	145.4	153.4	346.4	396.7
台州湾循环经济	267.9	312.2	166.3	173.3	101.5	136.0
丽水生态	84.2	99.0	43.8	49.8	28.0	39.0
义乌商贸服务业	207.1	249.6	38.3	39.6	168.8	210.0
浙南沿海	180.8	200.5	107.3	121.5	73.5	68.4

续表2

集聚区简称	实际引进内资（亿元）		实际到位外资(亿美元）		1亿元以上内资项目（个）	
	2015	2016	2015	2016	2015	2016
合 计	1245.4	1467.4	30.5	31.6	329	356
杭州大江东	57.5	66.9	5.9	6.6	18	8
杭州城西科创	73.9	63.6	4.2	3.2	20	15
宁波杭州湾	117.6	151.0	3.0	2.4	19	32
宁波梅山国际物流	105.3	106.0	2.8	2.1	34	29
温州瓯江口	50.8	69.4	0.0	0.0	3	6
嘉兴现代服务业	35.9	79.5	3.1	3.5	12	17
湖州南太湖	64.8	95.0	5.5	6.0	29	52
绍兴滨海	68.6	113.8	3.3	2.4	43	45
金华新兴	79.9	43.2	0.5	0.8	35	9
衢州绿色	53.8	68.7	0.2	0.2	27	41
舟山海洋	227.9	253.8	0.8	1.9	17	19
台州湾循环经济	80.6	96.7	0.0	0.5	34	36
丽水生态	83.9	79.5	0.7	0.7	27	30
义乌商贸服务业	41.9	42.6	0.2	0.6	6	4
浙南沿海	103.1	137.9	0.5	0.7	5	13

续表3

集聚区简称	科技活动经费支出（亿元)		年末科技活动人数（人）		国家和省级千人计划引进数（人）	
	2015	2016	2015	2016	2015	2016
合 计	121.3	327.2	47323	69414	326	424
杭州大江东	10.5	15.3	3044	4174	2	13
杭州城西科创	17.9	166.0	6919	17156	99	113
宁波杭州湾	17.7	40.3	6627	8605	18	26
宁波梅山国际物流	1.5	5.3	883	868	27	31
温州瓯江口	3.1	4.1	1807	2254	1	3
嘉兴现代服务业	5.3	8.9	1905	2440	20	30
湖州南太湖	6.2	8.4	2200	3089	12	33
绍兴滨海	11.2	16.6	4061	5414	21	24
金华新兴	5.5	8.6	2705	3742	11	12
衢州绿色	8.6	11.1	3466	3636	38	42
舟山海洋	8.1	9.8	1519	2247	5	11
台州湾循环经济	12.4	16.2	5168	6699	32	36
丽水生态	3.5	4.2	1476	2080	11	11
义乌商贸服务业	1.8	2.5	727	1230	24	31
浙南沿海	8.1	9.9	4816	5780	5	8

续表4

单位：亿元

集聚区简称	二、三产业增加值		工业总产值		工业新产品产值	
	2015	2016	2015	2016	2015	2016
合 计	2185.0	3004.2	6601.3	7946.0	2632.1	3507.3
杭州大江东	127.2	201.2	629.6	1013.4	326.1	598.2
杭州城西科创	578.6	1013.7	475.2	518.9	228.4	233.0
宁波杭州湾	228.0	283.2	902.8	1100.0	618.4	723.4
宁波梅山国际物流	63.1	89.0	66.3	157.0	43.6	120.0
温州瓯江口	37.2	47.8	163.0	198.4	41.0	58.4
嘉兴现代服务业	85.0	99.4	205.4	242.8	124.4	160.5
湖州南太湖	88.8	109.9	297.8	356.4	179.4	211.1
绍兴滨海	195.2	242.7	791.7	861.2	254.2	303.6
金华新兴	124.8	138.9	579.7	595.4	203.8	243.6
衢州绿色	124.0	143.6	526.3	612.9	171.4	206.4
舟山海洋	191.8	234.7	708.0	826.8	89.5	126.6
台州湾循环经济	123.7	137.4	595.0	681.4	183.3	288.6
丽水生态	47.8	67.2	239.0	275.6	55.9	84.2
义乌商贸服务业	63.9	71.3	57.9	62.5	21.9	26.7
浙南沿海	106.1	124.1	363.7	443.4	90.7	123.2

续表5　　单位：亿元

集聚区简称	工业战略性新兴产业产值		出口交货值		服务业营业收入	
	2015	2016	2015	2016	2015	2016
合 计	2632.5	3658.8	937.1	1044.8	4692.4	6997.0
杭州大江东	285.4	280.1	39.8	49.0	154.3	171.0
杭州城西科创	177.3	274.0	68.2	87.3	1483.5	2494.7
宁波杭州湾	655.7	814.9	85.8	89.9	163.4	231.0
宁波梅山国际物流	42.2	120.8	6.5	7.7	1344.0	1953.3
温州瓯江口	58.9	67.4	9.7	13.1	30.6	27.1
嘉兴现代服务业	127.0	157.6	24.9	24.8	220.7	284.6
湖州南太湖	112.5	127.2	32.4	34.1	84.9	95.4
绍兴滨海	255.8	333.5	139.2	144.7	166.4	176.2
金华新兴	118.9	133.9	102.2	100.0	61.3	70.8
衢州绿色	244.4	287.6	28.7	42.5	35.9	36.2
舟山海洋	190.1	627.5	173.9	201.2	658.9	984.6
台州湾循环经济	238.1	276.6	131.2	141.9	64.5	68.7
丽水生态	31.3	48.5	14.4	15.2	31.3	40.2
义乌商贸服务业	15.5	17.1	19.1	22.1	112.1	232.9
浙南沿海	79.5	92.3	61.2	71.5	80.6	130.4

续表6 单位：亿元

集聚区简称	企业税收收入		企业利税总额		企业利润总额	
	2015	2016	2015	2016	2015	2016
合 计	368.8	465.3	1034.7	1641.3	807.7	1240.7
杭州大江东	31.0	17.6	56.1	107.0	31.9	64.8
杭州城西科创	115.2	155.0	481.5	822.6	457.2	725.5
宁波杭州湾	56.8	82.3	109.9	174.7	68.0	113.3
宁波梅山国际物流	17.9	21.6	34.6	76.3	30.1	50.9
温州瓯江口	8.3	8.9	13.5	15.4	5.9	5.9
嘉兴现代服务业	11.2	16.0	34.3	38.4	24.7	26.7
湖州南太湖	13.4	13.8	36.2	45.4	24.3	34.3
绍兴滨海	24.3	29.3	68.4	90.1	48.8	64.2
金华新兴	13.5	14.0	37.4	41.4	20.6	20.9
衢州绿色	11.7	13.3	28.1	45.1	14.7	26.7
舟山海洋	19.6	22.3	10.4	30.0	-4.8	7.3
台州湾循环经济	20.3	23.0	40.2	46.6	23.7	25.7
丽水生态	4.5	5.5	27.9	34.6	20.8	26.6
义乌商贸服务业	21.0	24.8	26.8	29.9	21.9	22.1
浙南沿海		18.0	29.7	44.0	19.9	25.9

续表7

集聚区简称	从业人员（万人）		第二产业从业人员（万人）		劳动报酬总额（亿元）	
	2015	2016	2015	2016	2015	2016
合 计	80.6	92.5	68.0	78.4	442.5	567.5
杭州大江东	4.0	6.3	3.9	6.3	24.3	41.6
杭州城西科创	9.3	11.8	6.8	8.4	77.0	114.2
宁波杭州湾	9.3	9.6	7.0	7.4	54.4	63.8
宁波梅山国际物流	2.5	2.8	1.4	1.7	13.0	17.5
温州瓯江口	1.9	2.3	1.9	2.3	8.5	11.1
嘉兴现代服务业	4.1	6.3	2.5	4.7	21.6	34.3
湖州南太湖	2.8	3.6	2.4	3.1	15.3	20.4
绍兴滨海	9.1	9.8	8.6	9.2	47.6	55.5
金华新兴	6.9	6.8	6.5	6.4	28.9	30.8
衢州绿色	5.2	5.6	5.0	5.5	26.2	31.6
舟山海洋	4.2	4.2	3.3	3.1	22.8	24.8
台州湾循环经济	8.0	8.6	7.8	8.4	39.1	45.9
丽水生态	2.7	3.3	2.5	2.8	13.8	17.6
义乌商贸服务业	2.4	2.5	1.0	1.1	11.0	14.2
浙南沿海	8.4	9.1	7.4	8.0	38.8	44.2

附表5 浙江省投入产出表（2012年）

（按当年生产价格计算） 单位:万元

投入＼产出	中间使用						
	农林牧渔产品和服务	煤炭采选产品	石油和天然气开采产品	金属矿采选产品	非金属矿和其他矿采选产品	食品和烟草	纺织品
农林牧渔产品和服务	1396063	5	0	54	573	7149348	3472504
煤炭采选产品	0	27667	0	5002	19226	82037	404027
石油和天然气开采产品	0	0	0	28	0	18895	50425
金属矿采选产品	0	0	0	139539	0	0	0
非金属矿和其他矿采选产品	12232	0	0	383	353799	21328	2424
食品和烟草	2043203	13	0	128	993	6309325	102378
纺织品	0	1	0	97	63	29508	25809984
纺织服装鞋帽皮革羽绒及其制品	0	509	0	1152	5578	27786	134260
木材加工品和家具	17367	1148	0	291	1445	9192	288987
造纸印刷和文教体育用品	0	108	0	1027	5125	1062471	440250
石油、炼焦产品和核燃料加工品	81103	64	0	3221	79041	134283	252455
化学产品	1667670	12	0	17693	86210	1831243	14516912
非金属矿物制品	38161	2	0	438	15185	398951	34871
金属冶炼和压延加工品	7528	0	0	41865	8738	35927	228416
金属制品	541367	0	0	2504	3461	305408	95026
通用设备	0	4	0	5974	25074	89085	338254
专用设备	1496650	0	0	39692	33768	32221	84396
交通运输设备	15732	0	0	942	1392	11192	6005
电气机械和器材	0	0	0	2054	28619	26687	147017
通信设备、计算机和其他电子设备	0	1	0	124	298	4957	55932
仪器仪表	0	757	0	440	1989	8282	43652
其他制造产品	0	0	0	4	0	1263	8761
废品废料	0	24	0	9	15306	6676	20936
金属制品、机械和设备修理服务	20925	114	0	4889	30687	72256	211437
电力、热力的生产和供应	104398	2700	0	33498	173157	997661	2645835
燃气生产和供应	0	0	0	40	0	16800	2121
水的生产和供应	0	58	0	110	1988	28169	61355
建筑	0	89	0	124	438	15171	16108
批发和零售	433572	904	0	9352	27241	1354642	5453069
交通运输、仓储和邮政	64996	3757	0	8511	172257	829565	702581
住宿和餐饮	0	291	0	2636	19195	136093	150448
信息传输、软件和信息技术服务	0	7204	0	5472	38172	198979	639962
金融	568488	1080	0	9772	43416	736525	1580337
房地产	0	16	0	34	2849	12056	31841
租赁和商务服务	13187	94	0	7758	30644	575355	300315
科学研究和技术服务	106099	577	0	1614	8866	28680	53740
水利、环境和公共设施管理	64337	33	0	276	2405	9620	14302
居民服务、修理和其他服务	80746	290	0	1123	24655	56708	33009
教育	0	165	0	262	2987	12476	12425
卫生和社会工作	228656	0	0	0	0	0	0
文化、体育和娱乐	0	63	0	642	5428	23170	35899
公共管理、社会保障和社会组织	905419	3	0	641	206	9904	5829
中间投入合计	**9907899**	**47753**	**0**	**349415**	**1270474**	**22709895**	**58488485**
劳动者报酬	16080600	14711	0	34698	106457	2091874	4390140
生产税净额	-739500	39469	0	11576	227275	2249800	1725328
固定资产折旧	1337700	2216	0	7763	48326	760352	1912424
营业盈余	0	-23274	0	73199	152215	2694552	5749159
增加值合计	**16678800**	**33122**	**0**	**127236**	**534273**	**7796578**	**13777051**
总投入	**26586699**	**80875**	**0**	**476651**	**1804747**	**30506473**	**72265536**

续 1

投入 \ 产出	中间使用						
	纺织服装鞋帽皮革羽绒及其制品	木材加工品和家具	造纸印刷和文教体育用品	石油、炼焦产品和核燃料加工品	化学产品	非金属矿物制品	金属冶炼和压延加工品
农林牧渔产品和服务	648372	1157540	688064	156	2045259	874	614
煤炭采选产品	59867	34396	370547	96901	946063	1113102	893296
石油和天然气开采产品	3805	10807	8947	10343055	2614113	179253	131095
金属矿采选产品	0	718	92018	0	67289	123551	2926670
非金属矿和其他矿采选产品	191	3659	18209	6	222244	1832234	63263
食品和烟草	210420	52715	169218	3329	564658	26525	5855
纺织品	13080895	466932	1004859	1901	1557325	51365	8924
纺织服装鞋帽皮革羽绒及其制品	10897387	351324	201427	3962	380497	58571	28235
木材加工品和家具	87787	5914069	836188	2760	198008	43290	18762
造纸印刷和文教体育用品	866545	503246	11985592	1910	1718300	347350	145708
石油、炼焦产品和核燃料加工品	237412	83540	212236	1031158	4443294	366450	579956
化学产品	3893964	1306191	3782300	373681	64572070	1395910	261574
非金属矿物制品	52792	232035	218952	1389	1373536	4883378	295849
金属冶炼和压延加工品	112076	739370	2026149	1129	1124321	753993	31741466
金属制品	160784	430355	716733	2759	657406	122583	116601
通用设备	188214	249678	324820	7574	911204	136562	285982
专用设备	68263	237765	95737	1929	358557	181526	735606
交通运输设备	29614	5096	33446	463	17565	28157	85694
电气机械和器材	21386	105326	336780	2784	531679	120258	143387
通信设备、计算机和其他电子设备	32172	4455	68985	424	105761	36364	15197
仪器仪表	3702	303	14235	8612	79529	26586	24311
其他制造产品	293205	2889	2093	41	8269	5744	4342
废品废料	18512	17459	1189516	1997	394932	412255	3146769
金属制品、机械和设备修理服务	148763	74460	168123	6130	541969	163885	202404
电力、热力的生产和供应	705118	361486	1614240	62286	4936915	1424319	2015091
燃气生产和供应	0	261	4124	0	4015	3593	32560
水的生产和供应	26380	23278	24109	1189	69707	20253	32357
建筑	18433	7056	15614	1225	50543	19798	15408
批发和零售	3696849	708910	1184724	635947	3051311	923133	815508
交通运输、仓储和邮政	642655	517119	691747	154667	2478381	1051673	637680
住宿和餐饮	156558	82897	146337	2804	557639	124798	83818
信息传输、软件和信息技术服务	661640	184087	296903	5161	557642	146938	167465
金融	997492	409568	1013889	86367	3701512	974984	1504257
房地产	69577	29001	68075	438	63136	30324	24915
租赁和商务服务	525885	218166	279639	49048	1584489	234843	146830
科学研究和技术服务	67650	39286	45574	955	371593	23727	36137
水利、环境和公共设施管理	13481	6398	12978	256	31851	12999	12750
居民服务、修理和其他服务	71610	27701	52751	2414	311982	53003	28472
教育	20138	9949	20648	949	33554	8289	8051
卫生和社会工作	0	0	0	0	0	0	0
文化、体育和娱乐	30666	16503	28946	446	83778	23036	18622
公共管理、社会保障和社会组织	8950	2741	9754	60	18673	3724	5293
中间投入合计	**38829210**	**14628735**	**30075226**	**12898262**	**103340569**	**17489200**	**47446774**
劳动者报酬	5144293	1777054	3130821	177557	6940732	1588601	2007930
生产税净额	1206153	1306184	2069803	1663080	3931657	1140704	1104493
固定资产折旧	901555	377000	1287452	216005	4340173	760172	1446284
营业盈余	3563511	983707	1652768	264643	8318483	1511669	3796172
增加值合计	**10815512**	**4443945**	**8140844**	**2321285**	**23531045**	**5001146**	**8354879**
总投入	**49644722**	**19072680**	**38216070**	**15219547**	**126871614**	**22490346**	**55801653**

续 2

投入＼产出	中间使用						
	金属制品	通用设备	专用设备	交通运输设备	电气机械和器材	通信设备、计算机和其他电子设备	仪器仪表
农林牧渔产品和服务	60454	754	487	1288	1132	884	65
煤炭采选产品	74162	42122	15110	43525	12717	10850	1223
石油和天然气开采产品	55285	23324	8464	45999	32683	1897	140
金属矿采选产品	57762	16045	8537	91338	42734	11469	9028
非金属矿和其他矿采选产品	13311	1735	2108	2117	17748	2275	121
食品和烟草	6470	13219	7047	7127	10658	5433	2122
纺织品	34956	36755	20152	43284	20235	2124	5713
纺织服装鞋帽皮革羽绒及其制品	51384	56279	91614	42125	71788	17755	7718
木材加工品和家具	112601	140085	35129	94653	173838	7743	7251
造纸印刷和文教体育用品	401548	466416	137974	231697	596463	124311	105520
石油、炼焦产品和核燃料加工品	163803	352649	115079	134179	173409	39557	10194
化学产品	1844879	1062183	837787	2071891	3516652	695848	339612
非金属矿物制品	659933	444046	130423	188964	1546591	526332	336076
金属冶炼和压延加工品	11881001	14069646	5453879	6384784	12318318	2546447	378982
金属制品	3374899	2391462	682993	880321	1886980	397090	152197
通用设备	827643	13327408	3102645	3117513	2558220	384919	187210
专用设备	233459	483310	1801083	137020	920259	159936	167544
交通运输设备	18806	452433	34157	17702634	56074	1374	1073
电气机械和器材	437389	3275466	1361951	1575747	15050952	1795086	885749
通信设备、计算机和其他电子设备	114673	900442	429590	355129	2892845	9447944	1238836
仪器仪表	209287	1000443	371903	195203	581920	334219	1212984
其他制造产品	3964	12149	649	1469	125182	984	47622
废品废料	425207	342870	129746	221055	7330	8016	471
金属制品、机械和设备修理服务	88735	185361	49340	182270	86650	47480	15528
电力、热力的生产和供应	1214558	964953	424354	577568	759367	290489	78428
燃气生产和供应	49031	21635	6536	1520	20	222	0
水的生产和供应	30296	22358	11208	15115	13485	11476	2613
建筑	11385	15581	6834	22549	13485	6166	1263
批发和零售	598683	1115857	429788	964959	1364355	870393	228916
交通运输、仓储和邮政	584833	831630	368175	582703	691685	230180	95204
住宿和餐饮	127181	284010	179953	112195	207178	106816	48511
信息传输、软件和信息技术服务	292814	610034	325150	212209	231810	169930	61163
金融	864364	1258482	487022	1096057	1168961	377456	108942
房地产	41175	64049	43805	25358	39896	29940	17165
租赁和商务服务	266131	425094	220099	319358	587942	239786	91514
科学研究和技术服务	144375	207611	85249	120510	198298	34115	32655
水利、环境和公共设施管理	10484	22144	13690	9615	13066	8158	3355
居民服务、修理和其他服务	44692	110108	74645	58830	79902	23685	17164
教育	12212	24821	9454	7559	16135	6113	4589
卫生和社会工作	0	0	0	0	0	0	0
文化、体育和娱乐	21652	53917	27563	19191	29675	15597	7786
公共管理、社会保障和社会组织	5458	10082	4923	3487	11804	1986	3071
中间投入合计	**25470935**	**45138968**	**17546295**	**37900115**	**48128442**	**18992481**	**5915318**
劳动者报酬	2752993	4745198	2252379	4291493	4626243	2037635	819884
生产税净额	2135586	4649801	1205288	1693154	1835834	686545	141832
固定资产折旧	813504	1398054	742424	1349050	1392908	592876	155870
营业盈余	1951589	1989228	3065021	3751714	3764562	2248473	851969
增加值合计	**7653672**	**12782281**	**7265112**	**11085411**	**11619547**	**5565529**	**1969555**
总投入	**33124607**	**57921249**	**24811407**	**48985526**	**59747989**	**24558010**	**7884873**

续3

投入 \ 产出	中间使用						
	其他制造产品	废品废料	金属制品、机械和设备修理服务	电力、热力的生产和供应	燃气生产和供应	水的生产和供应	建筑
农林牧渔产品和服务	28580	52	187	8674	18	1645	1154905
煤炭采选产品	624813	1400	30383	10232604	0	16	590768
石油和天然气开采产品	184	0	4538	736726	1195383	0	380
金属矿采选产品	0	41385	0	0	0	0	0
非金属矿和其他矿采选产品	1256	15983	0	6442	0	1014	1376439
食品和烟草	51627	423	945	2294	75	3252	27987
纺织品	361275	1964	13	71	4	56	13880
纺织服装鞋帽皮革羽绒及其制品	67282	6703	4755	29313	496	10550	294286
木材加工品和家具	47992	5955	455	1908	67	278	1873520
造纸印刷和文教体育用品	132697	14041	9360	28425	967	9949	281471
石油、炼焦产品和核燃料加工品	21537	10542	15135	232176	84	4216	1119950
化学产品	792825	292795	20570	29497	3233	64453	2715332
非金属矿物制品	19384	25929	2271	8427	216	887	16568681
金属冶炼和压延加工品	468393	38027	324575	12251	3136	996	20884105
金属制品	137857	27886	223904	19991	536	1040	2887952
通用设备	67200	10876	110820	209848	4042	16486	637633
专用设备	5470	117	142	22364	60	5653	133046
交通运输设备	1784	1504	4462	837	29	685	38742
电气机械和器材	60384	2976	87624	328637	390	3715	3020125
通信设备、计算机和其他电子设备	10845	307	284	6672	47	1013	133913
仪器仪表	97010	82	25932	54095	4808	21905	35823
其他制造产品	129603	0	1	29	1	2	2613
废品废料	32	2309170	128025	55	3	2750	0
金属制品、机械和设备修理服务	30403	3568	56662	204248	241	101086	33565
电力、热力的生产和供应	186727	96084	55994	16583042	1098	273796	1356072
燃气生产和供应	0	799	0	0	396408	0	6515
水的生产和供应	4722	654	876	32330	66	179844	155223
建筑	1636	1066	0	27120	101	4979	1828110
批发和零售	171542	135646	36445	364787	65705	7041	4340593
交通运输、仓储和邮政	150563	48378	23690	879894	14531	12600	1825522
住宿和餐饮	33287	5564	16773	48820	1925	14235	266957
信息传输、软件和信息技术服务	60382	12642	19408	130178	2727	89618	126787
金融	79555	46920	40367	1927397	25596	198269	2662586
房地产	12268	984	1358	5476	124	2033	32026
租赁和商务服务	79766	8223	21128	186923	10490	45200	677611
科学研究和技术服务	11502	1029	219	44365	259	2794	2609212
水利、环境和公共设施管理	2873	879	1546	16619	158	7526	18446
居民服务、修理和其他服务	8365	1098	2827	47723	285	13788	230814
教育	4248	515	1568	11742	271	2785	55283
卫生和社会工作	0	0	0	0	0	0	0
文化、体育和娱乐	5650	1874	3136	18659	472	6816	186084
公共管理、社会保障和社会组织	1039	241	192	80413	56	873	13879
中间投入合计	**3972558**	**3174281**	**1276570**	**32581072**	**1734108**	**1113844**	**70216836**
劳动者报酬	615870	111227	444111	1263262	33644	248255	12500308
生产税净额	328343	217256	175884	577009	6979	91294	4011211
固定资产折旧	120400	43884	90094	3365990	95937	355671	424584
营业盈余	456770	410460	127972	5314680	158110	-1136	3827000
增加值合计	**1521383**	**782827**	**838061**	**10520941**	**294670**	**694084**	**20763103**
总投入	**5493941**	**3957108**	**2114631**	**43102013**	**2028778**	**1807928**	**90979939**

续4

投入＼产出	中间使用						
	批发和零售	交通运输、仓储和邮政	住宿和餐饮	信息传输、软件和信息技术服务	金融	房地产	租赁和商务服务
农林牧渔产品和服务	110051	658	2093859	1337	7498	486	776081
煤炭采选产品	0	992	0	0	0	0	1
石油和天然气开采产品	0	0	0	0	0	0	0
金属矿采选产品	0	700	28	0	0	0	0
非金属矿和其他矿采选产品	0	601	7	0	0	5	16
食品和烟草	43855	23850	1954590	18017	123565	8465	11217
纺织品	20802	14593	23461	1404	2644	638	934785
纺织服装鞋帽皮革羽绒及其制品	54639	64985	57161	28329	234310	33928	17556
木材加工品和家具	6567	9177	20279	56490	26049	8312	1824
造纸印刷和文教体育用品	219740	191167	504698	1162218	2235335	93768	569235
石油、炼焦产品和核燃料加工品	547100	4257821	53170	60446	120731	28277	705645
化学产品	55511	98224	70406	296273	705541	2278	13618
非金属矿物制品	209	9861	12508	298	0	1268	134
金属冶炼和压延加工品	2108	14579	125	5	3	21	42
金属制品	269731	12264	16367	365	583986	2199	704845
通用设备	19367	57227	168578	16311	285727	44158	34311
专用设备	447	9129	5276	178	16637	4778	27729
交通运输设备	1275	1163844	10464	24115	32523	6554	701616
电气机械和器材	12380	29684	29851	667274	13902	2280	1755862
通信设备、计算机和其他电子设备	10711	8749	23442	1063220	46300	4591	282458
仪器仪表	181	4139	95	299047	0	111	397
其他制造产品	1759	9158	202305	872	4015	2902	1219216
废品废料	0	0	0	0	0	0	0
金属制品、机械和设备修理服务	106203	104870	3388	12496	8315	9414	10916
电力、热力的生产和供应	600416	198764	972577	191829	285211	227360	50712
燃气生产和供应	9072	110725	157756	0	0	6879	2558
水的生产和供应	93397	8946	32465	1628	19748	1466	6634
建筑	45639	39542	22652	6112	122367	13184	11730
批发和零售	1721400	395430	406913	351439	315498	17287	733908
交通运输、仓储和邮政	2452426	10610127	125985	141745	1023734	54267	426141
住宿和餐饮	592643	137561	42201	279109	1238303	116504	152380
信息传输、软件和信息技术服务	1003707	157101	114719	1285638	975342	103798	71441
金融	5870274	3326632	614247	872690	4587089	889580	5751571
房地产	1163639	83097	1098793	89986	735081	286696	62445
租赁和商务服务	4752988	259176	2106029	661078	2066971	988284	580516
科学研究和技术服务	606527	55110	12599	89784	31628	1368	172
水利、环境和公共设施管理	50749	24135	1756	17380	128285	8930	9819
居民服务、修理和其他服务	401006	214481	154253	25818	74262	6776	93921
教育	107108	24086	4722	9337	262634	12648	17244
卫生和社会工作	356051	26496	6980	40	0	0	0
文化、体育和娱乐	121080	40301	245745	72108	320393	34618	25868
公共管理、社会保障和社会组织	23904	5403	4624	35932	35588	7677	124720
中间投入合计	**21454662**	**21803385**	**11375074**	**7840348**	**16669215**	**3031755**	**15889284**
劳动者报酬	8427672	5511071	3859255	3331848	14195296	2255823	2645071
生产税净额	3328864	1684124	1471961	706041	6908419	3890814	605461
固定资产折旧	1666818	4438977	958021	1261018	1194796	279522	972542
营业盈余	19788780	2722659	2296686	3296104	13328893	14664987	2527830
增加值合计	**33212134**	**14356831**	**8585923**	**8595011**	**35627404**	**21091146**	**6750904**
总投入	**54666796**	**36160216**	**19960997**	**16435359**	**52296619**	**24122901**	**22640188**

续5

投入＼产出	中间使用						
	科学研究和技术服务	水利、环境和公共设施管理	居民服务、修理和其他服务	教育	卫生和社会工作	文化、体育和娱乐	公共管理、社会保障和社会组织
农林牧渔产品和服务	253249	526304	63537	41358	5261	8190	0
煤炭采选产品	0	0	0	0	0	6	0
石油和天然气开采产品	0	0	0	0	0	0	0
金属矿采选产品	0	0	39	0	0	0	0
非金属矿和其他矿采选产品	4130	82	39	47	0	52	7
食品和烟草	28444	2538	18520	6921	862	97455	66387
纺织品	78	17470	18194	5301	2	806	19649
纺织服装鞋帽皮革羽绒及其制品	7791	45235	96272	2952	593	11024	12821
木材加工品和家具	25627	18260	74157	131	59	4968	145
造纸印刷和文教体育用品	394618	66904	142600	314119	39665	985568	405251
石油、炼焦产品和核燃料加工品	31574	54728	675851	94769	20254	19513	113429
化学产品	105998	37695	486677	551713	3690627	43394	36513
非金属矿物制品	3548	677	46	13966	138	200	33253
金属冶炼和压延加工品	55234	555	301	231	23	102	0
金属制品	980231	133134	40755	3570	719	14098	6308
通用设备	76874	27204	39544	3762	5093	27799	7450
专用设备	2858	2270	273	988	1464703	250	2524
交通运输设备	113774	17774	24093	262951	8509	11095	244579
电气机械和器材	482271	17124	114231	731	462018	2642	0
通信设备、计算机和其他电子设备	183913	5214	74725	3247	5692	148571	17878
仪器仪表	285658	26216	89835	27269	321	140	62057
其他制造产品	20344	56502	120286	7912	272	1621	0
废品废料	7	0	0	0	0	0	0
金属制品、机械和设备修理服务	75837	9373	2225	29164	7318	7385	17569
电力、热力的生产和供应	94525	136023	104346	147829	117411	87351	204274
燃气生产和供应	92	21242	195218	720	0	4841	0
水的生产和供应	7305	19029	20462	11742	9830	2730	10053
建筑	16871	9531	22177	100522	41658	18197	53162
批发和零售	261208	82726	140320	77286	455455	95143	65890
交通运输、仓储和邮政	590949	48037	121596	258756	69175	66124	310897
住宿和餐饮	780451	38944	101926	329327	22148	77008	440837
信息传输、软件和信息技术服务	97773	15736	59409	181074	23843	41022	248692
金融	254728	160025	233393	553761	22428	226550	185547
房地产	148300	45465	228846	68606	67599	68521	115046
租赁和商务服务	288569	129614	214341	45005	53500	178131	129967
科学研究和技术服务	514726	209	30889	544	452806	67	861
水利、环境和公共设施管理	24691	105767	7455	6479	1543	5279	17244
居民服务、修理和其他服务	46357	45561	30067	1035233	149405	56576	1264082
教育	11746	5729	5023	982438	19032	13951	103387
卫生和社会工作	0	0	0	0	1252061	7649	0
文化、体育和娱乐	71104	13536	19802	80973	16063	191934	251204
公共管理、社会保障和社会组织	10057	1213	2770	12072	10759	2721	355870
中间投入合计	**6351510**	**1943646**	**3620240**	**5263469**	**8496845**	**2528674**	**4802833**
劳动者报酬	1120492	727005	3060815	5990306	3965734	1367722	11071501
生产税净额	217729	99068	291058	36322	19570	223346	356948
固定资产折旧	123662	351882	288054	842462	375677	388635	811944
营业盈余	952574	406952	1323662	36445	1057044	222543	250080
增加值合计	**2414457**	**1584907**	**4963589**	**6905535**	**5418025**	**2202246**	**12490473**
总投入	**8765967**	**3528553**	**8583829**	**12169004**	**13914870**	**4730920**	**17293306**

续6

投入 \ 产出	中间使用合计	最终使用 农村居民	城镇居民	居民消费小计	政府消费	最终消费合计
农林牧渔产品和服务	**21706420**	1350587	10294734	11645321	142243	**11787564**
煤炭采选产品	**15732823**	25475	7276	32751	0	**32751**
石油和天然气开采产品	**15465426**	0	0	0	0	**0**
金属矿采选产品	**3628850**	0	0	0	0	**0**
非金属矿和其他矿采选产品	**3975507**	0	0	0	0	**0**
食品和烟草	**12032125**	5021540	10638544	15660084	0	**15660084**
纺织品	**43612163**	275998	817943	1093941	0	**1093941**
纺织服装鞋帽皮革羽绒及其制品	**13510332**	1407558	8965322	10372880	0	**10372880**
木材加工品和家具	**10172814**	531418	762003	1293421	0	**1293421**
造纸印刷和文教体育用品	**26943357**	126232	1226358	1352590	0	**1352590**
石油、炼焦产品和核燃料加工品	**16680031**	703095	3903958	4607053	0	**4607053**
化学产品	**114187455**	1098125	4163015	5261140	0	**5261140**
非金属矿物制品	**28079805**	627592	713515	1341107	0	**1341107**
金属冶炼和压延加工品	**111658847**	208032	84218	292250	0	**292250**
金属制品	**18988667**	289038	183415	472453	0	**472453**
通用设备	**27938293**	31	118983	119014	0	**119014**
专用设备	**8973613**	0	61911	61911	0	**61911**
交通运输设备	**21173058**	1018287	4413123	5431410	0	**5431410**
电气机械和器材	**32942418**	160984	1911735	2072719	0	**2072719**
通信设备、计算机和其他电子设备	**17735921**	885051	1992083	2877134	0	**2877134**
仪器仪表	**5153478**	9958	322435	332393	0	**332393**
其他制造产品	**2298043**	597376	1435989	2033365	0	**2033365**
废品废料	**8799128**	0	0	0	0	**0**
金属制品、机械和设备修理服务	**3135652**	0	0	0	0	**0**
电力、热力的生产和供应	**41357862**	1135185	1808986	2944171	0	**2944171**
燃气生产和供应	**1055303**	339250	384837	724087	0	**724087**
水的生产和供应	**1014654**	127252	666022	793274	0	**793274**
建筑	**2623626**	255826	0	255826	0	**255826**
批发和零售	**34109775**	1209586	4921976	6131562	0	**6131562**
交通运输、仓储和邮政	**30595136**	506854	2521424	3028278	561076	**3589354**
住宿和餐饮	**7266261**	1536943	9425749	10962692	0	**10962692**
信息传输、软件和信息技术服务	**9633772**	724905	3896940	4621845	0	**4621845**
金融	**45518176**	1367062	5524077	6891139	2745	**6893884**
房地产	**4910039**	579133	1077235	1656368	0	**1656368**
租赁和商务服务	**19599687**	87154	3574690	3661844	370215	**4032059**
科学研究和技术服务	**6073981**	0	0	0	2691986	**2691986**
水利、环境和公共设施管理	**719757**	19319	381345	400664	2030505	**2431169**
居民服务、修理和其他服务	**5056188**	544610	2660492	3205102	0	**3205102**
教育	**1866273**	1147767	3649818	4797585	5712097	**10509682**
卫生和社会工作	**1877933**	1129896	1469922	2599818	9437163	**12036981**
文化、体育和娱乐	**2170000**	311760	1380741	1692501	939026	**2631527**
公共管理、社会保障和社会组织	**1742011**	20100	78000	98100	15453195	**15551295**
中间投入合计	**801714660**	25378979	95438814	120817793	37340251	158158044
劳动者报酬	**147757581**					
生产税净额	**53531763**					
固定资产折旧	**38292678**					
营业盈余	**119528455**					
增加值合计	**359110477**					
总投入	**1160825137**					

续 7

产出 / 投入	最终使用				
	固定资本形成总额	存货增加	资本形成总额合计	出口	国内省外流出
农林牧渔产品和服务	2693080	114728	**2807808**	180684	1650504
煤炭采选产品	0	191998	**191998**	0	62392
石油和天然气开采产品	0	8	**8**	595212	0
金属矿采选产品	0	4504	**4504**	90	3600775
非金属矿和其他矿采选产品	0	60652	**60652**	18132	391744
食品和烟草	0	432064	**432064**	2315462	8843288
纺织品	0	308959	**308959**	23118399	11309259
纺织服装鞋帽皮革羽绒及其制品	0	367258	**367258**	10083554	19279689
木材加工品和家具	352159	166303	**518462**	6929914	2919237
造纸印刷和文教体育用品	27957	343738	**371695**	3832592	9002009
石油、炼焦产品和核燃料加工品	0	654751	**654751**	1770096	7821634
化学产品	0	1571362	**1571362**	17704886	28550107
非金属矿物制品	0	966083	**966083**	1217391	2224182
金属冶炼和压延加工品	0	-476878	**-476878**	3455425	7763158
金属制品	1232785	998671	**2231456**	6527892	6265814
通用设备	9092072	219380	**9311452**	12919023	12857284
专用设备	13199065	73756	**13272821**	4114032	2534447
交通运输设备	1449951	182741	**1632692**	8155519	15948677
电气机械和器材	2339584	207000	**2546584**	14798709	12484337
通信设备、计算机和其他电子设备	1009822	219892	**1229714**	3205826	4346856
仪器仪表	609327	29395	**638722**	2953424	1573489
其他制造产品	0	61026	**61026**	2627220	1354894
废品废料	0	-5700	**-5700**	14552	1038389
金属制品、机械和设备修理服务	0	0	**0**	0	11822
电力、热力的生产和供应	0	0	**0**	0	163648
燃气生产和供应	0	0	**0**	0	249388
水的生产和供应	0	0	**0**	0	0
建筑	88100487	0	**88100487**	0	0
批发和零售	1702453	543111	**2245564**	11637216	12595308
交通运输、仓储和邮政	197928	85078	**283006**	3029129	5084463
住宿和餐饮	0	0	**0**	0	9717379
信息传输、软件和信息技术服务	0	0	**0**	2347693	187743
金融	0	0	**0**	11748	46169
房地产	17556494	0	**17556494**	0	0
租赁和商务服务	0	0	**0**	3094584	0
科学研究和技术服务	0	0	**0**	0	0
水利、环境和公共设施管理	0	0	**0**	0	1923609
居民服务、修理和其他服务	0	0	**0**	0	543904
教育	0	0	**0**	133920	84960
卫生和社会工作	0	0	**0**	102837	0
文化、体育和娱乐	0	0	**0**	91923	2089870
公共管理、社会保障和社会组织	0	0	**0**	0	0
中间投入合计	**139563164**	**7319880**	**146883044**	**146987084**	**194520428**
劳动者报酬					
生产税净额					
固定资产折旧					
营业盈余					
增加值合计					
总投入					

续 8

产出 / 投入	最终使用合计	进口	国内省外流入	总产出
农林牧渔产品和服务	**16426560**	1467573	10078708	**26586699**
煤炭采选产品	**287141**	79243	15859846	**80875**
石油和天然气开采产品	**595220**	775485	15285161	**0**
金属矿采选产品	**3605369**	4880314	1877254	**476651**
非金属矿和其他矿采选产品	**470528**	50068	2591220	**1804747**
食品和烟草	**27250898**	1610427	7166123	**30506473**
纺织品	**35830558**	1194155	5983030	**72265536**
纺织服装鞋帽皮革羽绒及其制品	**40103381**	325025	3643966	**49644722**
木材加工品和家具	**11661034**	983707	1777461	**19072680**
造纸印刷和文教体育用品	**14558886**	1339096	1947077	**38216070**
石油、炼焦产品和核燃料加工品	**14853534**	3139782	13174236	**15219547**
化学产品	**53087495**	17335813	23067523	**126871614**
非金属矿物制品	**5748763**	147266	11190956	**22490346**
金属冶炼和压延加工品	**11033955**	4157922	62733227	**55801653**
金属制品	**15497615**	308813	1052862	**33124607**
通用设备	**35206773**	2098826	3124991	**57921249**
专用设备	**19983211**	1680479	2464938	**24811407**
交通运输设备	**31168298**	196407	3159423	**48985526**
电气机械和器材	**31902349**	2166432	2930346	**59747989**
通信设备、计算机和其他电子设备	**11659530**	399174	4438267	**24558010**
仪器仪表	**5498028**	2392372	374261	**7884873**
其他制造产品	**6076505**	765022	2115585	**5493941**
废品废料	**1047241**	5491121	398140	**3957108**
金属制品、机械和设备修理服务	**11822**	0	1032843	**2114631**
电力、热力的生产和供应	**3107819**	0	1363668	**43102013**
燃气生产和供应	**973475**	0	0	**2028778**
水的生产和供应	**793274**	0	0	**1807928**
建筑	**88356313**	0	0	**90979939**
批发和零售	**32609650**	2315159	9737470	**54666796**
交通运输、仓储和邮政	**11985952**	1443768	4977104	**36160216**
住宿和餐饮	**20680071**	0	7985335	**19960997**
信息传输、软件和信息技术服务	**7157281**	35748	319946	**16435359**
金融	**6951801**	16886	156472	**52296619**
房地产	**19212862**	0	0	**24122901**
租赁和商务服务	**7126643**	4086142	0	**22640188**
科学研究和技术服务	**2691986**	0	0	**8765967**
水利、环境和公共设施管理	**4354778**	0	1545982	**3528553**
居民服务、修理和其他服务	**3749006**	0	221365	**8583829**
教育	**10728562**	201631	224200	**12169004**
卫生和社会工作	**12139818**	102881	0	**13914870**
文化、体育和娱乐	**4813320**	415767	1836633	**4730920**
公共管理、社会保障和社会组织	**15551295**	0	0	**17293306**
中间投入合计	**646548600**	61602504	225835619	1160825137
劳动者报酬				
生产税净额				
固定资产折旧				
营业盈余				
增加值合计				
总投入				

附表6　浙江省投入产出直接消耗系数表（2012年）

投入＼产出	农林牧渔产品和服务	煤炭采选产品	石油和天然气开采产品	金属矿采选产品	非金属矿和其他矿采选产品	食品和烟草	纺织品
农林牧渔产品和服务	0.0525098	0.0000618	0.0000000	0.0001133	0.0003175	0.2343551	0.0480520
煤炭采选产品	0.0000000	0.3420958	0.0000000	0.0104941	0.0106530	0.0026892	0.0055909
石油和天然气开采产品	0.0000000	0.0000000	0.0000000	0.0000587	0.0000000	0.0006194	0.0006978
金属矿采选产品	0.0000000	0.0000000	0.0000000	0.2927488	0.0000000	0.0000000	0.0000000
非金属矿和其他矿采选产品	0.0004601	0.0000000	0.0000000	0.0008035	0.1960380	0.0006991	0.0000335
食品和烟草	0.0768506	0.0001607	0.0000000	0.0002685	0.0005502	0.2068192	0.0014167
纺织品	0.0000000	0.0000124	0.0000000	0.0002035	0.0000349	0.0009673	0.3571548
纺织服装鞋帽皮革羽绒及其制品	0.0000000	0.0062937	0.0000000	0.0024169	0.0030907	0.0009108	0.0018579
木材加工品和家具	0.0006532	0.0141947	0.0000000	0.0006105	0.0008007	0.0003013	0.0039990
造纸印刷和文教体育用品	0.0000000	0.0013354	0.0000000	0.0021546	0.0028397	0.0348277	0.0060921
石油、炼焦产品和核燃料加工品	0.0030505	0.0007913	0.0000000	0.0067576	0.0437962	0.0044018	0.0034934
化学产品	0.0627257	0.0001484	0.0000000	0.0371194	0.0477685	0.0600280	0.2008829
非金属矿物制品	0.0014353	0.0000247	0.0000000	0.0009189	0.0084139	0.0130776	0.0004825
金属冶炼和压延加工品	0.0002831	0.0000000	0.0000000	0.0878316	0.0048417	0.0011777	0.0031608
金属制品	0.0203623	0.0000000	0.0000000	0.0052533	0.0019177	0.0100113	0.0013150
通用设备	0.0000000	0.0000495	0.0000000	0.0125333	0.0138934	0.0029202	0.0046807
专用设备	0.0562932	0.0000000	0.0000000	0.0832727	0.0187107	0.0010562	0.0011679
交通运输设备	0.0005917	0.0000000	0.0000000	0.0019763	0.0007713	0.0003669	0.0000831
电气机械和器材	0.0000000	0.0000000	0.0000000	0.0043092	0.0158576	0.0008748	0.0020344
通信设备、计算机和其他电子设备	0.0000000	0.0000124	0.0000000	0.0002601	0.0001651	0.0001625	0.0007740
仪器仪表	0.0000000	0.0093601	0.0000000	0.0009231	0.0011021	0.0002715	0.0006041
废品废料	0.0000000	0.0000000	0.0000000	0.0000084	0.0000000	0.0000414	0.0001212
废品废料	0.0000000	0.0002968	0.0000000	0.0000189	0.0084810	0.0002188	0.0002897
金属制品、机械和设备修理服务	0.0007870	0.0014096	0.0000000	0.0102570	0.0170035	0.0023685	0.0029258
电力、热力的生产和供应	0.0039267	0.0333849	0.0000000	0.0702778	0.0959453	0.0327033	0.0366127
燃气生产和供应	0.0000000	0.0000000	0.0000000	0.0000839	0.0000000	0.0005507	0.0000294
水的生产和供应	0.0000000	0.0007172	0.0000000	0.0002308	0.0011015	0.0009234	0.0008490
建筑	0.0000000	0.0011005	0.0000000	0.0002601	0.0002427	0.0004973	0.0002229
批发和零售	0.0163079	0.0111777	0.0000000	0.0196202	0.0150941	0.0444051	0.0754588
交通运输、仓储和邮政	0.0024447	0.0464544	0.0000000	0.0178558	0.0954466	0.0271931	0.0097222
住宿和餐饮	0.0000000	0.0035981	0.0000000	0.0055303	0.0106358	0.0044611	0.0020819
信息传输、软件和信息技术服务	0.0000000	0.0890757	0.0000000	0.0114801	0.0211509	0.0065225	0.0088557
金融	0.0213824	0.0133539	0.0000000	0.0205014	0.0240566	0.0241432	0.0218685
房地产	0.0000000	0.0001978	0.0000000	0.0000713	0.0015786	0.0003952	0.0004406
租赁和商务服务	0.0004960	0.0011623	0.0000000	0.0162761	0.0169797	0.0188601	0.0041557
科学研究和技术服务	0.0039907	0.0071345	0.0000000	0.0033861	0.0049126	0.0009401	0.0007436
水利、环境和公共设施管理	0.0024199	0.0004080	0.0000000	0.0005790	0.0013326	0.0003153	0.0001979
居民服务、修理和其他服务	0.0030371	0.0035858	0.0000000	0.0023560	0.0136612	0.0018589	0.0004568
教育	0.0000000	0.0020402	0.0000000	0.0005497	0.0016551	0.0004090	0.0001719
卫生和社会工作	0.0086004	0.0000000	0.0000000	0.0000000	0.0000000	0.0000000	0.0000000
文化、体育和娱乐	0.0000000	0.0007790	0.0000000	0.0013469	0.0030076	0.0007595	0.0004968
公共管理、社会保障和社会组织	0.0340553	0.0000371	0.0000000	0.0013448	0.0001141	0.0003247	0.0000807
中间投入	**0.3726638**	**0.5904544**	**0.0000000**	**0.7330626**	**0.7039624**	**0.7444287**	**0.8093552**
劳动者报酬	0.6048363	0.1818980	0.0000000	0.0727954	0.0589872	0.0685715	0.0607501
生产税净额	−0.0278147	0.4880247	0.0000000	0.0242861	0.1259318	0.0737483	0.0238748
固定资产折旧	0.0503146	0.0274003	0.0000000	0.0162865	0.0267772	0.0249243	0.0264638
营业盈余	0.0000000	−0.2877774	0.0000000	0.1535694	0.0843415	0.0883272	0.0795560
增加值	**0.6273362**	**0.4095456**	**0.0000000**	**0.2669374**	**0.2960376**	**0.2555713**	**0.1906448**
总投入	**1.0000000**	**1.0000000**	**0.0000000**	**1.0000000**	**1.0000000**	**1.0000000**	**1.0000000**

续 1

投入 \ 产出	纺织服装鞋帽皮革羽绒及其制品	木材加工品和家具	造纸印刷和文教体育用品	石油、炼焦产品和核燃料加工品	化学产品	非金属矿物制品	金属冶炼和压延加工品
农林牧渔产品和服务	0.0130602	0.0606910	0.0180046	0.0000102	0.0161207	0.0000389	0.0000110
煤炭采选产品	0.0012059	0.0018034	0.0096961	0.0063669	0.0074569	0.0494924	0.0160084
石油和天然气开采产品	0.0000766	0.0005666	0.0002341	0.6795902	0.0206044	0.0079702	0.0023493
金属矿采选产品	0.0000000	0.0000376	0.0024078	0.0000000	0.0005304	0.0054935	0.0524477
非金属矿和其他矿采选产品	0.0000038	0.0001918	0.0004765	0.0000004	0.0017517	0.0814676	0.0011337
食品和烟草	0.0042385	0.0027639	0.0044279	0.0002187	0.0044506	0.0011794	0.0001049
纺织品	0.2634901	0.0244817	0.0262941	0.0001249	0.0122748	0.0022839	0.0001599
纺织服装鞋帽皮革羽绒及其制品	0.2195075	0.0184203	0.0052707	0.0002603	0.0029991	0.0026043	0.0005060
木材加工品和家具	0.0017683	0.3100806	0.0218805	0.0001813	0.0015607	0.0019248	0.0003362
造纸印刷和文教体育用品	0.0174549	0.0263857	0.3136270	0.0001255	0.0135436	0.0154444	0.0026112
石油、炼焦产品和核燃料加工品	0.0047822	0.0043801	0.0055536	0.0677522	0.0350220	0.0162937	0.0103932
化学产品	0.0784366	0.0684849	0.0989715	0.0245527	0.5089560	0.0620671	0.0046876
非金属矿物制品	0.0010634	0.0121658	0.0057293	0.0000913	0.0108262	0.2171322	0.0053018
金属冶炼和压延加工品	0.0022576	0.0387659	0.0530182	0.0000742	0.0088619	0.0335252	0.5688266
金属制品	0.0032387	0.0225640	0.0187548	0.0001813	0.0051817	0.0054505	0.0020896
通用设备	0.0037912	0.0130909	0.0084996	0.0004976	0.0071821	0.0060720	0.0051250
专用设备	0.0013750	0.0124663	0.0025052	0.0001267	0.0028261	0.0080713	0.0131825
交通运输设备	0.0005965	0.0002672	0.0008752	0.0000304	0.0001384	0.0012520	0.0015357
电气机械和器材	0.0004308	0.0055223	0.0088125	0.0001829	0.0041907	0.0053471	0.0025696
通信设备、计算机和其他电子设备	0.0006480	0.0002336	0.0018051	0.0000279	0.0008336	0.0016169	0.0002723
仪器仪表	0.0000746	0.0000159	0.0003725	0.0005659	0.0006268	0.0011821	0.0004357
废品废料	0.0059061	0.0001515	0.0000548	0.0000027	0.0000652	0.0002554	0.0000778
废品废料	0.0003729	0.0009154	0.0311261	0.0001312	0.0031128	0.0183303	0.0563920
金属制品、机械和设备修理服务	0.0029966	0.0039040	0.0043993	0.0004028	0.0042718	0.0072869	0.0036272
电力、热力的生产和供应	0.0142033	0.0189531	0.0422398	0.0040925	0.0389127	0.0633302	0.0361117
燃气生产和供应	0.0000000	0.0000137	0.0001079	0.0000000	0.0000316	0.0001598	0.0005835
水的生产和供应	0.0005314	0.0012205	0.0006309	0.0000781	0.0005494	0.0009005	0.0005799
建筑	0.0003713	0.0003700	0.0004086	0.0000805	0.0003984	0.0008803	0.0002761
批发和零售	0.0744661	0.0371689	0.0310007	0.0417849	0.0240504	0.0410457	0.0146144
交通运输、仓储和邮政	0.0129451	0.0271131	0.0181009	0.0101624	0.0195346	0.0467611	0.0114276
住宿和餐饮	0.0031536	0.0043464	0.0038292	0.0001842	0.0043953	0.0055490	0.0015021
信息传输、软件和信息技术服务	0.0133275	0.0096519	0.0077691	0.0003391	0.0043953	0.0065334	0.0030011
金融	0.0200926	0.0214741	0.0265304	0.0056747	0.0291753	0.0433512	0.0269572
房地产	0.0014015	0.0015206	0.0017813	0.0000288	0.0004976	0.0013483	0.0004465
租赁和商务服务	0.0105930	0.0114387	0.0073173	0.0032227	0.0124889	0.0104419	0.0026313
科学研究和技术服务	0.0013627	0.0020598	0.0011925	0.0000627	0.0029289	0.0010550	0.0006476
水利、环境和公共设施管理	0.0002715	0.0003355	0.0003396	0.0000168	0.0002510	0.0005780	0.0002285
居民服务、修理和其他服务	0.0014424	0.0014524	0.0013803	0.0001586	0.0024590	0.0023567	0.0005102
教育	0.0004056	0.0005216	0.0005403	0.0000624	0.0002645	0.0003686	0.0001443
卫生和社会工作	0.0000000	0.0000000	0.0000000	0.0000000	0.0000000	0.0000000	0.0000000
文化、体育和娱乐	0.0006177	0.0008653	0.0007574	0.0000293	0.0006603	0.0010243	0.0003337
公共管理、社会保障和社会组织	0.0001803	0.0001437	0.0002552	0.0000039	0.0001472	0.0001656	0.0000949
中间投入	**0.7821418**	**0.7669994**	**0.7869785**	**0.8474800**	**0.8145287**	**0.7776314**	**0.8502754**
劳动者报酬	0.1036222	0.0931727	0.0819242	0.0116664	0.0547067	0.0706348	0.0359833
生产税净额	0.0242957	0.0684846	0.0541605	0.1092726	0.0309893	0.0507197	0.0197932
固定资产折旧	0.0181601	0.0197665	0.0336888	0.0141926	0.0342092	0.0337999	0.0259183
营业盈余	0.0717803	0.0515768	0.0432480	0.0173884	0.0655661	0.0672141	0.0680297
增加值	**0.2178582**	**0.2330006**	**0.2130215**	**0.1525200**	**0.1854713**	**0.2223686**	**0.1497246**
总投入	**1.0000000**	**1.0000000**	**1.0000000**	**1.0000000**	**1.0000000**	**1.0000000**	**1.0000000**

续2

投入 \ 产出	金属制品	通用设备	专用设备	交通运输设备	电气机械和器材	通信设备、计算机和其他电子设备	仪器仪表
农林牧渔产品和服务	0.0018250	0.0000130	0.0000196	0.0000263	0.0000189	0.0000360	0.0000082
煤炭采选产品	0.0022389	0.0007272	0.0006090	0.0008885	0.0002128	0.0004418	0.0001551
石油和天然气开采产品	0.0016690	0.0004027	0.0003411	0.0009390	0.0005470	0.0000772	0.0000178
金属矿采选产品	0.0017438	0.0002770	0.0003441	0.0018646	0.0007152	0.0004670	0.0011450
非金属矿和其他矿采选产品	0.0004018	0.0000300	0.0000850	0.0000432	0.0002970	0.0000926	0.0000153
食品和烟草	0.0001953	0.0002282	0.0002840	0.0001455	0.0001784	0.0002212	0.0002691
纺织品	0.0010553	0.0006346	0.0008122	0.0008836	0.0003387	0.0000865	0.0007246
纺织服装鞋帽皮革羽绒及其制品	0.0015512	0.0009716	0.0036924	0.0008599	0.0012015	0.0007230	0.0009788
木材加工品和家具	0.0033993	0.0024185	0.0014158	0.0019323	0.0029095	0.0003153	0.0009196
造纸印刷和文教体育用品	0.0121223	0.0080526	0.0055609	0.0047299	0.0099830	0.0050619	0.0133826
石油、炼焦产品和核燃料加工品	0.0049451	0.0060884	0.0046381	0.0027392	0.0029023	0.0016108	0.0012929
化学产品	0.0556951	0.0183384	0.0337662	0.0422960	0.0588581	0.0283349	0.0430713
非金属矿物制品	0.0199227	0.0076664	0.0052566	0.0038575	0.0258852	0.0214322	0.0426229
金属冶炼和压延加工品	0.3586760	0.2429099	0.2198134	0.1303402	0.2061713	0.1036911	0.0480644
金属制品	0.1018850	0.0412882	0.0275274	0.0179710	0.0315823	0.0161695	0.0193024
通用设备	0.0249857	0.2300953	0.1250491	0.0636415	0.0428168	0.0156739	0.0237429
专用设备	0.0070479	0.0083443	0.0725909	0.0027972	0.0154023	0.0065126	0.0212488
交通运输设备	0.0005677	0.0078112	0.0013767	0.3613850	0.0009385	0.0000559	0.0001361
电气机械和器材	0.0132044	0.0565503	0.0548921	0.0321676	0.2519073	0.0730957	0.1123352
通信设备、计算机和其他电子设备	0.0034619	0.0155460	0.0173142	0.0072497	0.0484174	0.3847194	0.1571155
仪器仪表	0.0063182	0.0172725	0.0149892	0.0039849	0.0097396	0.0136094	0.1538368
废品废料	0.0001197	0.0002098	0.0000262	0.0000300	0.0020952	0.0000401	0.0060397
废品废料	0.0128366	0.0059196	0.0052293	0.0045127	0.0001227	0.0003264	0.0000597
金属制品、机械和设备修理服务	0.0026788	0.0032002	0.0019886	0.0037209	0.0014503	0.0019334	0.0019693
电力、热力的生产和供应	0.0366663	0.0166597	0.0171032	0.0117906	0.0127095	0.0118287	0.0099466
燃气生产和供应	0.0014802	0.0003735	0.0002634	0.0000310	0.0000003	0.0000090	0.0000000
水的生产和供应	0.0009146	0.0003860	0.0004517	0.0003086	0.0002257	0.0004673	0.0003314
建筑	0.0003437	0.0002690	0.0002754	0.0004603	0.0002257	0.0002511	0.0001602
批发和零售	0.0180737	0.0192651	0.0173222	0.0196989	0.0228352	0.0354423	0.0290323
交通运输、仓储和邮政	0.0176555	0.0143579	0.0148389	0.0118954	0.0115767	0.0093729	0.0120743
住宿和餐饮	0.0038395	0.0049034	0.0072528	0.0022904	0.0034675	0.0043495	0.0061524
信息传输、软件和信息技术服务	0.0088398	0.0105321	0.0131049	0.0043321	0.0038798	0.0069195	0.0077570
金融	0.0260943	0.0217275	0.0196290	0.0223751	0.0195649	0.0153700	0.0138166
房地产	0.0012430	0.0011058	0.0017655	0.0005177	0.0006677	0.0012192	0.0021770
租赁和商务服务	0.0080342	0.0073392	0.0088709	0.0065194	0.0098404	0.0097641	0.0116063
科学研究和技术服务	0.0043585	0.0035844	0.0034359	0.0024601	0.0033189	0.0013892	0.0041415
水利、环境和公共设施管理	0.0003165	0.0003823	0.0005518	0.0001963	0.0002187	0.0003322	0.0004255
居民服务、修理和其他服务	0.0013492	0.0019010	0.0030085	0.0012010	0.0013373	0.0009645	0.0021768
教育	0.0003687	0.0004285	0.0003810	0.0001543	0.0002701	0.0002489	0.0005820
卫生和社会工作	0.0000000	0.0000000	0.0000000	0.0000000	0.0000000	0.0000000	0.0000000
文化、体育和娱乐	0.0006537	0.0009309	0.0011109	0.0003918	0.0004967	0.0006351	0.0009875
公共管理、社会保障和社会组织	0.0001648	0.0001741	0.0001984	0.0000712	0.0001976	0.0000809	0.0003895
中间投入	**0.7689430**	**0.7793162**	**0.7071866**	**0.7737003**	**0.8055240**	**0.7733722**	**0.7502109**
劳动者报酬	0.0831102	0.0819250	0.0907800	0.0876074	0.0774293	0.0829723	0.1039819
生产税净额	0.0644713	0.0802780	0.0485780	0.0345644	0.0307263	0.0279561	0.0179879
固定资产折旧	0.0245589	0.0241372	0.0299227	0.0275398	0.0233131	0.0241419	0.0197682
营业盈余	0.0589166	0.0343437	0.1235327	0.0765882	0.0630073	0.0915576	0.1080511
增加值	**0.2310570**	**0.2206838**	**0.2928134**	**0.2262997**	**0.1944760**	**0.2266278**	**0.2497891**
总投入	**1.0000000**	**1.0000000**	**1.0000000**	**1.0000000**	**1.0000000**	**1.0000000**	**1.0000000**

续3

投入＼产出	其他制造产品	废品废料	金属制品、机械和设备修理服务	电力、热力的生产和供应	燃气生产和供应	水的生产和供应	建筑
农林牧渔产品和服务	0.0052021	0.0000131	0.0000884	0.0002012	0.0000089	0.0009099	0.0126941
煤炭采选产品	0.1137277	0.0003538	0.0143680	0.2374043	0.0000000	0.0000088	0.0064934
石油和天然气开采产品	0.0000335	0.0000000	0.0021460	0.0170926	0.5892133	0.0000000	0.0000042
金属矿采选产品	0.0000000	0.0104584	0.0000000	0.0000000	0.0000000	0.0000000	0.0000000
非金属矿和其他矿采选产品	0.0002286	0.0040391	0.0000000	0.0001495	0.0000000	0.0005609	0.0151290
食品和烟草	0.0093971	0.0001069	0.0004469	0.0000532	0.0000370	0.0017987	0.0003076
纺织品	0.0657588	0.0004963	0.0000061	0.0000016	0.0000020	0.0000310	0.0001526
纺织服装鞋帽皮革羽绒及其制品	0.0122466	0.0016939	0.0022486	0.0006801	0.0002445	0.0058354	0.0032346
木材加工品和家具	0.0087354	0.0015049	0.0002152	0.0000443	0.0000330	0.0001538	0.0205927
造纸印刷和文教体育用品	0.0241533	0.0035483	0.0044263	0.0006595	0.0004766	0.0055030	0.0030938
石油、炼焦产品和核燃料加工品	0.0039201	0.0026641	0.0071573	0.0053867	0.0000414	0.0023320	0.0123099
化学产品	0.1443090	0.0739922	0.0097275	0.0006844	0.0015936	0.0356502	0.0298454
非金属矿物制品	0.0035283	0.0065525	0.0010739	0.0001955	0.0001065	0.0004906	0.1821136
金属冶炼和压延加工品	0.0852563	0.0096098	0.1534901	0.0002842	0.0015458	0.0005509	0.2295463
金属制品	0.0250926	0.0070471	0.1058832	0.0004638	0.0002642	0.0005752	0.0317427
通用设备	0.0122317	0.0027485	0.0524063	0.0048686	0.0019923	0.0091187	0.0070085
专用设备	0.0009956	0.0000296	0.0000672	0.0005189	0.0000296	0.0031268	0.0014624
交通运输设备	0.0003247	0.0003801	0.0021101	0.0000194	0.0000143	0.0003789	0.0004258
电气机械和器材	0.0109910	0.0007521	0.0414370	0.0076246	0.0001922	0.0020548	0.0331955
通信设备、计算机和其他电子设备	0.0019740	0.0000776	0.0001343	0.0001548	0.0000232	0.0005603	0.0014719
仪器仪表	0.0176576	0.0000207	0.0122631	0.0012550	0.0023699	0.0121161	0.0003937
废品废料	0.0235902	0.0000000	0.0000005	0.0000007	0.0000005	0.0000011	0.0000287
废品废料	0.0000058	0.5835499	0.0605425	0.0000013	0.0000015	0.0015211	0.0000000
金属制品、机械和设备修理服务	0.0055339	0.0009017	0.0267952	0.0047387	0.0001188	0.0559126	0.0003689
电力、热力的生产和供应	0.0339878	0.0242814	0.0264793	0.3847394	0.0005412	0.1514419	0.0149052
燃气生产和供应	0.0000000	0.0002019	0.0000000	0.0000000	0.1953925	0.0000000	0.0000716
水的生产和供应	0.0008595	0.0001653	0.0004143	0.0007501	0.0000325	0.0994752	0.0017061
建筑	0.0002978	0.0002694	0.0000000	0.0006292	0.0000498	0.0027540	0.0200936
批发和零售	0.0312239	0.0342791	0.0172347	0.0084633	0.0323865	0.0038945	0.0477093
交通运输、仓储和邮政	0.0274053	0.0122256	0.0112029	0.0204142	0.0071624	0.0069693	0.0200651
住宿和餐饮	0.0060589	0.0014061	0.0079319	0.0011327	0.0009488	0.0078737	0.0029342
信息传输、软件和信息技术服务	0.0109907	0.0031948	0.0091780	0.0030202	0.0013442	0.0495695	0.0013936
金融	0.0144805	0.0118571	0.0190894	0.0447171	0.0126165	0.1096664	0.0292656
房地产	0.0022330	0.0002487	0.0006422	0.0001270	0.0000611	0.0011245	0.0003520
租赁和商务服务	0.0145189	0.0020780	0.0099913	0.0043368	0.0051706	0.0250010	0.0074479
科学研究和技术服务	0.0020936	0.0002600	0.0001036	0.0010293	0.0001277	0.0015454	0.0286790
水利、环境和公共设施管理	0.0005229	0.0002221	0.0007311	0.0003856	0.0000779	0.0041628	0.0002027
居民服务、修理和其他服务	0.0015226	0.0002775	0.0013369	0.0011072	0.0001405	0.0076264	0.0025370
教育	0.0007732	0.0001301	0.0007415	0.0002724	0.0001336	0.0015404	0.0006076
卫生和社会工作	0.0000000	0.0000000	0.0000000	0.0000000	0.0000000	0.0000000	0.0000000
文化、体育和娱乐	0.0010284	0.0004736	0.0014830	0.0004329	0.0002327	0.0037701	0.0020453
公共管理、社会保障和社会组织	0.0001891	0.0000609	0.0000908	0.0018656	0.0000276	0.0004829	0.0001526
中间投入	**0.7230798**	**0.8021719**	**0.6036845**	**0.7559060**	**0.8547549**	**0.6160887**	**0.7717837**
劳动者报酬	0.1120999	0.0281082	0.2100182	0.0293087	0.0165834	0.1373146	0.1373963
生产税净额	0.0597646	0.0549027	0.0831748	0.0133871	0.0034400	0.0504965	0.0440890
固定资产折旧	0.0219151	0.0110899	0.0426051	0.0780936	0.0472881	0.1967285	0.0046668
营业盈余	0.0831407	0.1037273	0.0605174	0.1233047	0.0779336	-0.0006283	0.0420642
增加值	**0.2769202**	**0.1978281**	**0.3963155**	**0.2440940**	**0.1452451**	**0.3839113**	**0.2282163**
总投入	**1.0000000**	**1.0000000**	**1.0000000**	**1.0000000**	**1.0000000**	**1.0000000**	**1.0000000**

续4

投入 \ 产出	批发和零售	交通运输、仓储和邮政	住宿和餐饮	信息传输、软件和信息技术服务	金融	房地产	租赁和商务服务
农林牧渔产品和服务	0.0020131	0.0000182	0.1048975	0.0000813	0.0001434	0.0000201	0.0342789
煤炭采选产品	0.0000000	0.0000274	0.0000000	0.0000000	0.0000000	0.0000000	0.0000000
石油和天然气开采产品	0.0000000	0.0000000	0.0000000	0.0000000	0.0000000	0.0000000	0.0000000
金属矿采选产品	0.0000000	0.0000194	0.0000014	0.0000000	0.0000000	0.0000000	0.0000000
非金属矿和其他矿采选产品	0.0000000	0.0000166	0.0000004	0.0000000	0.0000000	0.0000002	0.0000007
食品和烟草	0.0008022	0.0006596	0.0979205	0.0010962	0.0023628	0.0003509	0.0004954
纺织品	0.0003805	0.0004036	0.0011753	0.0000854	0.0000506	0.0000264	0.0412887
纺织服装鞋帽皮革羽绒及其制品	0.0009995	0.0017971	0.0028636	0.0017237	0.0044804	0.0014065	0.0007754
木材加工品和家具	0.0001201	0.0002538	0.0010159	0.0034371	0.0004981	0.0003446	0.0000806
造纸印刷和文教体育用品	0.0040196	0.0052867	0.0252842	0.0707145	0.0427434	0.0038871	0.0251427
石油、炼焦产品和核燃料加工品	0.0100079	0.1177488	0.0026637	0.0036778	0.0023086	0.0011722	0.0311678
化学产品	0.0010154	0.0027164	0.0035272	0.0180266	0.0134911	0.0000944	0.0006015
非金属矿物制品	0.0000038	0.0002727	0.0006266	0.0000181	0.0000000	0.0000526	0.0000059
金属冶炼和压延加工品	0.0000386	0.0004032	0.0000063	0.0000003	0.0000001	0.0000009	0.0000019
金属制品	0.0049341	0.0003392	0.0008199	0.0000222	0.0111668	0.0000912	0.0311325
通用设备	0.0003543	0.0015826	0.0084454	0.0009924	0.0054636	0.0018305	0.0015155
专用设备	0.0000082	0.0002525	0.0002643	0.0000108	0.0003181	0.0001981	0.0012248
交通运输设备	0.0000233	0.0321858	0.0005242	0.0014673	0.0006219	0.0002717	0.0309898
电气机械和器材	0.0002265	0.0008209	0.0014955	0.0405999	0.0002658	0.0000945	0.0775551
通信设备、计算机和其他电子设备	0.0001959	0.0002420	0.0011744	0.0646910	0.0008853	0.0001903	0.0124760
仪器仪表	0.0000033	0.0001145	0.0000048	0.0181953	0.0000000	0.0000046	0.0000175
废品废料	0.0000322	0.0002533	0.0101350	0.0000531	0.0000768	0.0001203	0.0538518
废品废料	0.0000000	0.0000000	0.0000000	0.0000000	0.0000000	0.0000000	0.0000000
金属制品、机械和设备修理服务	0.0019427	0.0029001	0.0001697	0.0007603	0.0001590	0.0003903	0.0004822
电力、热力的生产和供应	0.0109832	0.0054968	0.0487239	0.0116717	0.0054537	0.0094251	0.0022399
燃气生产和供应	0.0001660	0.0030621	0.0079032	0.0000000	0.0000000	0.0002852	0.0001130
水的生产和供应	0.0017085	0.0002474	0.0016264	0.0000991	0.0003776	0.0000608	0.0002930
建筑	0.0008349	0.0010935	0.0011348	0.0003719	0.0023399	0.0005465	0.0005181
批发和零售	0.0314889	0.0109355	0.0203854	0.0213831	0.0060329	0.0007166	0.0324162
交通运输、仓储和邮政	0.0448613	0.2934199	0.0063116	0.0086244	0.0195755	0.0022496	0.0188223
住宿和餐饮	0.0108410	0.0038042	0.0021142	0.0169822	0.0236785	0.0048296	0.0067305
信息传输、软件和信息技术服务	0.0183605	0.0043446	0.0057472	0.0782239	0.0186502	0.0043029	0.0031555
金融	0.1073828	0.0919970	0.0307724	0.0530983	0.0877129	0.0368770	0.2540425
房地产	0.0212860	0.0022980	0.0550470	0.0054751	0.0140560	0.0118848	0.0027581
租赁和商务服务	0.0869447	0.0071674	0.1055072	0.0402229	0.0395240	0.0409687	0.0256410
科学研究和技术服务	0.0110950	0.0015241	0.0006312	0.0054629	0.0006048	0.0000567	0.0000076
水利、环境和公共设施管理	0.0009283	0.0006674	0.0000880	0.0010575	0.0024530	0.0003702	0.0004337
居民服务、修理和其他服务	0.0073355	0.0059314	0.0077277	0.0015709	0.0014200	0.0002809	0.0041484
教育	0.0019593	0.0006661	0.0002366	0.0005681	0.0050220	0.0005243	0.0007617
卫生和社会工作	0.0065131	0.0007327	0.0003497	0.0000024	0.0000000	0.0000000	0.0000000
文化、体育和娱乐	0.0022149	0.0011145	0.0123113	0.0043874	0.0061265	0.0014351	0.0011426
公共管理、社会保障和社会组织	0.0004373	0.0001494	0.0002317	0.0021863	0.0006805	0.0003182	0.0055088
中间投入	**0.3924624**	**0.6029661**	**0.5698650**	**0.4770415**	**0.3187436**	**0.1256795**	**0.7018177**
劳动者报酬	0.1541644	0.1524070	0.1933398	0.2027244	0.2714381	0.0935138	0.1168308
生产税净额	0.0608937	0.0465739	0.0737419	0.0429587	0.1321007	0.1612913	0.0267428
固定资产折旧	0.0304905	0.1227586	0.0479946	0.0767259	0.0228465	0.0115874	0.0429564
营业盈余	0.3619890	0.0752943	0.1150587	0.2005496	0.2548710	0.6079280	0.1116523
增加值	**0.6075376**	**0.3970339**	**0.4301350**	**0.5229585**	**0.6812564**	**0.8743205**	**0.2981823**
总投入	**1.0000000**	**1.0000000**	**1.0000000**	**1.0000000**	**1.0000000**	**1.0000000**	**1.0000000**

续 5

投入 \ 产出	科学研究和技术服务	水利、环境和公共设施管理	居民服务、修理和其他服务	教育	卫生和社会工作	文化、体育和娱乐	公共管理、社会保障和社会组织	中间使用合计
农林牧渔产品和服务	0.0288900	0.1491558	0.0074019	0.0033986	0.0003781	0.0017312	0.0000000	0.0186991
煤炭采选产品	0.0000000	0.0000000	0.0000000	0.0000000	0.0000000	0.0000013	0.0000000	0.0135531
石油和天然气开采产品	0.0000000	0.0000000	0.0000000	0.0000000	0.0000000	0.0000000	0.0000000	0.0133228
金属矿采选产品	0.0000000	0.0000000	0.0000045	0.0000000	0.0000000	0.0000000	0.0000000	0.0031261
非金属矿和其他矿采选产品	0.0004711	0.0000232	0.0000045	0.0000039	0.0000000	0.0000110	0.0000004	0.0034247
食品和烟草	0.0032448	0.0007193	0.0021575	0.0005687	0.0000619	0.0205996	0.0038389	0.0103651
纺织品	0.0000089	0.0049510	0.0021196	0.0004356	0.0000001	0.0001704	0.0011362	0.0375700
纺织服装鞋帽皮革羽绒及其制品	0.0008888	0.0128197	0.0112155	0.0002426	0.0000426	0.0023302	0.0007414	0.0116386
木材加工品和家具	0.0029235	0.0051749	0.0086392	0.0000108	0.0000042	0.0010501	0.0000084	0.0087634
造纸印刷和文教体育用品	0.0450171	0.0189607	0.0166126	0.0258130	0.0028505	0.2083248	0.0234340	0.0232105
石油、炼焦产品和核燃料加工品	0.0036019	0.0155100	0.0787354	0.0077877	0.0014556	0.0041246	0.0065591	0.0143691
化学产品	0.0120920	0.0106828	0.0566970	0.0453376	0.2652290	0.0091724	0.0021114	0.0983675
非金属矿物制品	0.0004047	0.0001919	0.0000054	0.0011477	0.0000099	0.0000423	0.0019229	0.0241895
金属冶炼和压延加工品	0.0063010	0.0001573	0.0000351	0.0000190	0.0000017	0.0000216	0.0000000	0.0961892
金属制品	0.1118223	0.0377305	0.0047479	0.0002934	0.0000517	0.0029800	0.0003648	0.0163579
通用设备	0.0087696	0.0077097	0.0046068	0.0003091	0.0003660	0.0058760	0.0004308	0.0240676
专用设备	0.0003260	0.0006433	0.0000318	0.0000812	0.1052617	0.0000528	0.0001460	0.0077304
交通运输设备	0.0129791	0.0050372	0.0028068	0.0216083	0.0006115	0.0023452	0.0141430	0.0182397
电气机械和器材	0.0550163	0.0048530	0.0133077	0.0000601	0.0332032	0.0005585	0.0000000	0.0283784
通信设备、计算机和其他电子设备	0.0209803	0.0014777	0.0087053	0.0002668	0.0004091	0.0314043	0.0010338	0.0152787
仪器仪表	0.0325872	0.0074297	0.0104656	0.0022409	0.0000231	0.0000296	0.0035885	0.0044395
废品废料	0.0023208	0.0160128	0.0140131	0.0006502	0.0000195	0.0003426	0.0000000	0.0019797
废品废料	0.0000008	0.0000000	0.0000000	0.0000000	0.0000000	0.0000000	0.0000000	0.0075801
金属制品、机械和设备修理服务	0.0086513	0.0026563	0.0002592	0.0023966	0.0005259	0.0015610	0.0010159	0.0027012
电力、热力的生产和供应	0.0107832	0.0385492	0.0121561	0.0121480	0.0084378	0.0184639	0.0118123	0.0356280
燃气生产和供应	0.0000105	0.0060200	0.0227425	0.0000592	0.0000000	0.0010233	0.0000000	0.0009091
水的生产和供应	0.0008333	0.0053929	0.0023838	0.0009649	0.0007064	0.0005771	0.0005813	0.0008741
建筑	0.0019246	0.0027011	0.0025836	0.0082605	0.0029938	0.0038464	0.0030741	0.0022601
批发和零售	0.0297980	0.0234447	0.0163470	0.0063511	0.0327315	0.0201109	0.0038101	0.0293841
交通运输、仓储和邮政	0.0674140	0.0136138	0.0141657	0.0212635	0.0049713	0.0139770	0.0179779	0.0263564
住宿和餐饮	0.0890319	0.0110368	0.0118742	0.0270628	0.0015917	0.0162776	0.0254918	0.0062596
信息传输、软件和信息技术服务	0.0111537	0.0044596	0.0069210	0.0148799	0.0017135	0.0086710	0.0143808	0.0082991
金融	0.0290587	0.0453515	0.0271898	0.0455059	0.0016118	0.0478871	0.0107294	0.0392119
房地产	0.0169177	0.0128849	0.0266601	0.0056378	0.0048580	0.0144837	0.0066526	0.0042298
租赁和商务服务	0.0329192	0.0367329	0.0249703	0.0036983	0.0038448	0.0376525	0.0075155	0.0168843
科学研究和技术服务	0.0587187	0.0000592	0.0035985	0.0000447	0.0325412	0.0000142	0.0000498	0.0052325
水利、环境和公共设施管理	0.0028167	0.0299746	0.0008685	0.0005324	0.0001109	0.0011159	0.0009971	0.0006200
居民服务、修理和其他服务	0.0052883	0.0129121	0.0035027	0.0850713	0.0107371	0.0119588	0.0730966	0.0043557
教育	0.0013400	0.0016236	0.0005852	0.0807328	0.0013677	0.0029489	0.0059784	0.0016077
卫生和社会工作	0.0000000	0.0000000	0.0000000	0.0000000	0.0899801	0.0016168	0.0000000	0.0016178
文化、体育和娱乐	0.0081114	0.0038361	0.0023069	0.0066540	0.0011544	0.0405701	0.0145261	0.0018694
公共管理、社会保障和社会组织	0.0011473	0.0003438	0.0003227	0.0009920	0.0007732	0.0005752	0.0205785	0.0015007
中间投入	**0.7245647**	**0.5508337**	**0.4217512**	**0.4325308**	**0.6106306**	**0.5344994**	**0.2777279**	**0.6906421**
劳动者报酬	0.1278230	0.2060349	0.3565792	0.4922594	0.2849997	0.2891028	0.6402189	0.1272867
生产税净额	0.0248380	0.0280761	0.0339077	0.0029848	0.0014064	0.0472098	0.0206408	0.0461153
固定资产折旧	0.0141071	0.0997242	0.0335578	0.0692302	0.0269982	0.0821479	0.0469513	0.0329875
营业盈余	0.1086673	0.1153311	0.1542041	0.0029949	0.0759651	0.0470401	0.0144611	0.1029685
增加值	**0.2754353**	**0.4491663**	**0.5782488**	**0.5674692**	**0.3893694**	**0.4655006**	**0.7222721**	**0.3093579**
总投入	**1.0000000**	**1.0000000**	**1.0000000**	**1.0000000**	**1.0000000**	**1.0000000**	**1.0000000**	**1.0000000**

附表7 浙江省投入产出完全消耗系数表（2012年）

投入 \ 产出	农林牧渔产品和服务	煤炭采选产品	石油和天然气开采产品	金属矿采选产品	非金属矿和其他矿采选产品	食品和烟草	纺织品
农林牧渔产品和服务	0.0888857	0.0089775	0.0000000	0.0117013	0.0129070	0.3329311	0.1036027
煤炭采选产品	0.0240687	0.5627603	0.0000000	0.1267423	0.1192526	0.0601428	0.0900254
石油和天然气开采产品	0.0194276	0.0197531	0.0000000	0.0385932	0.0791243	0.0346726	0.0545090
金属矿采选产品	0.0082329	0.0042991	0.0000000	0.4513212	0.0111831	0.0087592	0.0090188
非金属矿和其他矿采选产品	0.0025103	0.0009705	0.0000000	0.0045178	0.2471383	0.0054362	0.0037228
食品和烟草	0.1082712	0.0044525	0.0000000	0.0063445	0.0075451	0.2978088	0.0201612
纺织品	0.0076021	0.0119468	0.0000000	0.0139274	0.0134326	0.0173082	0.5795622
纺织服装鞋帽皮革羽绒及其制品	0.0028082	0.0156191	0.0000000	0.0098170	0.0100013	0.0058681	0.0101178
木材加工品和家具	0.0036756	0.0349705	0.0000000	0.0075085	0.0073447	0.0068515	0.0155103
造纸印刷和文教体育用品	0.0211876	0.0335542	0.0000000	0.0335988	0.0345449	0.0899058	0.0504883
石油、炼焦产品和核燃料加工品	0.0202390	0.0237396	0.0000000	0.0417302	0.1019859	0.0363283	0.0512623
化学产品	0.1907671	0.0463383	0.0000000	0.1810423	0.1849519	0.2609045	0.7063188
非金属矿物制品	0.0103691	0.0058705	0.0000000	0.0141953	0.0223371	0.0307064	0.0159325
金属冶炼和压延加工品	0.1007145	0.0510358	0.0000000	0.4803131	0.1314192	0.1003693	0.1030225
金属制品	0.0352069	0.0095035	0.0000000	0.0299896	0.0200312	0.0349518	0.0209886
通用设备	0.0193020	0.0088862	0.0000000	0.0626132	0.0425943	0.0205391	0.0276028
专用设备	0.0713832	0.0039627	0.0000000	0.1411708	0.0319882	0.0270962	0.0149140
交通运输设备	0.0054612	0.0086644	0.0000000	0.0145794	0.0165276	0.0096196	0.0081563
电气机械和器材	0.0151335	0.0224911	0.0000000	0.0439375	0.0515797	0.0204029	0.0260089
通信设备、计算机和其他电子设备	0.0074365	0.0263702	0.0000000	0.0199044	0.0170653	0.0099393	0.0139371
仪器仪表	0.0037588	0.0228372	0.0000000	0.0105798	0.0085369	0.0044495	0.0061295
其他制造产品	0.0012973	0.0018822	0.0000000	0.0034528	0.0035384	0.0032908	0.0032263
废品废料	0.0201249	0.0125630	0.0000000	0.0766993	0.0540227	0.0274434	0.0279865
金属制品、机械和设备修理服务	0.0037463	0.0047916	0.0000000	0.0212459	0.0267018	0.0076634	0.0111923
电力、热力的生产和供应	0.0468959	0.1079853	0.0000000	0.2387614	0.2460308	0.1221629	0.1727048
燃气生产和供应	0.0007276	0.0009478	0.0000000	0.0014606	0.0019024	0.0018407	0.0009545
水的生产和供应	0.0007087	0.0017962	0.0000000	0.0016662	0.0025952	0.0022717	0.0028635
建筑	0.0007495	0.0024789	0.0000000	0.0016441	0.0016267	0.0016823	0.0016834
批发和零售	0.0400931	0.0377793	0.0000000	0.0662594	0.0529808	0.0918627	0.1625176
交通运输、仓储和邮政	0.0308181	0.1228279	0.0000000	0.0877109	0.2112669	0.0890780	0.0795365
住宿和餐饮	0.0069564	0.0140583	0.0000000	0.0188749	0.0234598	0.0147131	0.0154766
信息传输、软件和信息技术服务	0.0100751	0.1572168	0.0000000	0.0432228	0.0506935	0.0251609	0.0375591
金融	0.0606653	0.0710318	0.0000000	0.1132218	0.1128304	0.1063085	0.1268919
房地产	0.0035305	0.0050753	0.0000000	0.0062772	0.0084853	0.0064611	0.0086104
租赁和商务服务	0.0163384	0.0217542	0.0000000	0.0495296	0.0464948	0.0493095	0.0444973
科学研究和技术服务	0.0073735	0.0144460	0.0000000	0.0100792	0.0107642	0.0065852	0.0079806
水利、环境和公共设施管理	0.0032648	0.0013789	0.0000000	0.0019537	0.0027539	0.0020752	0.0016545
居民服务、修理和其他服务	0.0084876	0.0084387	0.0000000	0.0080616	0.0218617	0.0080561	0.0067480
教育	0.0010451	0.0043596	0.0000000	0.0025217	0.0038519	0.0020195	0.0021367
卫生和社会工作	0.0106086	0.0004660	0.0000000	0.0006711	0.0006920	0.0038872	0.0022188
文化、体育和娱乐	0.0018868	0.0033787	0.0000000	0.0046748	0.0065152	0.0033047	0.0036446
公共管理、社会保障和社会组织	0.0382834	0.0012287	0.0000000	0.0035442	0.0017311	0.0128480	0.0047783

续 1

投入 \ 产出	纺织服装鞋帽皮革羽绒及其制品	木材加工品和家具	造纸印刷和文教体育用品	石油、炼焦产品和核燃料加工品	化学产品	非金属矿物制品	金属冶炼和压延加工品
农林牧渔产品和服务	0.0658067	0.1156017	0.0524378	0.0025928	0.0509431	0.0144752	0.0092237
煤炭采选产品	0.0657621	0.0665495	0.1080887	0.0176063	0.0985972	0.1896666	0.1482541
石油和天然气开采产品	0.0449118	0.0416742	0.0470155	0.7353587	0.1175164	0.0665951	0.0506141
金属矿采选产品	0.0085558	0.0228419	0.0317948	0.0009038	0.0131731	0.0274762	0.1894840
非金属矿和其他矿采选产品	0.0029780	0.0056303	0.0059413	0.0003448	0.0088647	0.1321983	0.0085337
食品和烟草	0.0205751	0.0221740	0.0193675	0.0014084	0.0207576	0.0088655	0.0051666
纺织品	0.5455976	0.0856831	0.0816966	0.0029832	0.0528795	0.0205350	0.0113035
纺织服装鞋帽皮革羽绒及其制品	0.2880095	0.0396113	0.0168617	0.0011941	0.0122191	0.0108752	0.0074355
木材加工品和家具	0.0125018	0.4567832	0.0529701	0.0011369	0.0107099	0.0118758	0.0079712
造纸印刷和文教体育用品	0.0702485	0.0878506	0.4926285	0.0051101	0.0656216	0.0599787	0.0360653
石油、炼焦产品和核燃料加工品	0.0458992	0.0441573	0.0482744	0.0795722	0.1018346	0.0674121	0.0533687
化学产品	0.4874420	0.3270148	0.4153657	0.0609956	1.1245727	0.2487826	0.1366065
非金属矿物制品	0.0138993	0.0355977	0.0262449	0.0015914	0.0355195	0.2893541	0.0263036
金属冶炼和压延加工品	0.0984010	0.2810263	0.3173171	0.0102939	0.1381723	0.2080361	1.4778998
金属制品	0.0224646	0.0566109	0.0498916	0.0025333	0.0272679	0.0245851	0.0235960
通用设备	0.0250502	0.0469492	0.0378862	0.0026846	0.0333236	0.0311824	0.0406192
专用设备	0.0123023	0.0366594	0.0191845	0.0010137	0.0153595	0.0231554	0.0556113
交通运输设备	0.0095435	0.0108935	0.0113970	0.0020082	0.0097227	0.0147069	0.0144461
电气机械和器材	0.0231696	0.0353770	0.0408852	0.0033610	0.0316736	0.0347911	0.0318596
通信设备、计算机和其他电子设备	0.0139042	0.0142257	0.0178492	0.0017621	0.0142517	0.0172343	0.0143127
仪器仪表	0.0051691	0.0058251	0.0066145	0.0013703	0.0065183	0.0085415	0.0077795
其他制造产品	0.0112547	0.0036384	0.0031139	0.0006991	0.0035728	0.0035274	0.0025750
废品废料	0.0274345	0.0568955	0.1636427	0.0029960	0.0449956	0.0983865	0.3451612
金属制品、机械和设备修理服务	0.0108417	0.0120567	0.0135006	0.0011935	0.0132662	0.0174069	0.0152714
电力、热力的生产和供应	0.1265145	0.1247179	0.1896940	0.0160593	0.1786262	0.2193498	0.2185597
燃气生产和供应	0.0009451	0.0012647	0.0014137	0.0001813	0.0011555	0.0016391	0.0026955
水的生产和供应	0.0024885	0.0032643	0.0024754	0.0003145	0.0022479	0.0026753	0.0026025
建筑	0.0018028	0.0017782	0.0019711	0.0003090	0.0019480	0.0026052	0.0019497
批发和零售	0.1740873	0.1017435	0.0965773	0.0508618	0.0837543	0.0927812	0.0765007
交通运输、仓储和邮政	0.0807496	0.1056903	0.0953673	0.0242799	0.0981676	0.1549628	0.0913805
住宿和餐饮	0.0165024	0.0173196	0.0171904	0.0022102	0.0184356	0.0196538	0.0144551
信息传输、软件和信息技术服务	0.0428617	0.0355863	0.0371527	0.0044769	0.0299598	0.0426858	0.0357871
金融	0.1240275	0.1176518	0.1286240	0.0230023	0.1324659	0.1459931	0.1393146
房地产	0.0102075	0.0090596	0.0094204	0.0018367	0.0074018	0.0090553	0.0070612
租赁和商务服务	0.0523522	0.0469499	0.0422606	0.0110445	0.0505360	0.0450444	0.0337390
科学研究和技术服务	0.0081042	0.0085621	0.0075214	0.0012159	0.0102667	0.0074702	0.0066223
水利、环境和公共设施管理	0.0016383	0.0018198	0.0017550	0.0002109	0.0015818	0.0020986	0.0017097
居民服务、修理和其他服务	0.0073982	0.0073810	0.0072311	0.0011692	0.0090869	0.0098424	0.0056929
教育	0.0023997	0.0024692	0.0026586	0.0004235	0.0021960	0.0027455	0.0022284
卫生和社会工作	0.0019461	0.0019196	0.0012774	0.0004098	0.0011739	0.0009415	0.0007203
文化、体育和娱乐	0.0037918	0.0039838	0.0039813	0.0005078	0.0038124	0.0046091	0.0036113
公共管理、社会保障和社会组织	0.0035560	0.0051899	0.0032823	0.0002617	0.0030596	0.0018604	0.0017782

续2

投入 \ 产出	金属制品	通用设备	专用设备	交通运输设备	电气机械和器材	通信设备、计算机和其他电子设备	仪器仪表
农林牧渔产品和服务	0.0147079	0.0114452	0.0116592	0.0118865	0.0139488	0.0117784	0.0137211
煤炭采选产品	0.1100746	0.0885922	0.0798805	0.0750344	0.0888051	0.0723249	0.0699172
石油和天然气开采产品	0.0471147	0.0412930	0.0378830	0.0385562	0.0432956	0.0337778	0.0349766
金属矿采选产品	0.0865214	0.0759830	0.0663057	0.0605201	0.0704326	0.0503556	0.0410364
非金属矿和其他矿采选产品	0.0085264	0.0064499	0.0056295	0.0052244	0.0100013	0.0088300	0.0114342
食品和烟草	0.0066824	0.0062936	0.0064916	0.0060427	0.0070839	0.0064543	0.0074010
纺织品	0.0161338	0.0138586	0.0151496	0.0153468	0.0167466	0.0131740	0.0170657
纺织服装鞋帽皮革羽绒及其制品	0.0083877	0.0073382	0.0105074	0.0070490	0.0083123	0.0066336	0.0074073
木材加工品和家具	0.0125461	0.0113721	0.0089262	0.0106353	0.0127226	0.0069572	0.0088672
造纸印刷和文教体育用品	0.0526088	0.0486238	0.0419499	0.0421646	0.0545382	0.0437276	0.0591879
石油、炼焦产品和核燃料加工品	0.0469458	0.0449340	0.0406712	0.0397199	0.0449178	0.0358561	0.0367603
化学产品	0.2306389	0.1634647	0.1820069	0.2309681	0.2712841	0.1958834	0.2365566
非金属矿物制品	0.0465981	0.0351647	0.0291209	0.0268809	0.0662394	0.0648524	0.0935024
金属冶炼和压延加工品	1.0786925	0.9704924	0.8453974	0.7224496	0.8861314	0.6277190	0.4866475
金属制品	0.1349266	0.0830721	0.0618008	0.0568553	0.0723120	0.0532451	0.0581132
通用设备	0.0643553	0.3345721	0.2048445	0.1566296	0.1068457	0.0650499	0.0792688
专用设备	0.0365769	0.0390655	0.1039779	0.0270542	0.0480627	0.0326912	0.0487605
交通运输设备	0.0124549	0.0265746	0.0142502	0.5768594	0.0135570	0.0100779	0.0105991
电气机械和器材	0.0497685	0.1334087	0.1234340	0.1032717	0.3828432	0.1903987	0.2384941
通信设备、计算机和其他电子设备	0.0239507	0.0619316	0.0609348	0.0416846	0.1263128	0.6582658	0.3346648
仪器仪表	0.0155547	0.0349213	0.0301146	0.0165336	0.0252415	0.0342923	0.1962456
其他制造产品	0.0030329	0.0035404	0.0032507	0.0030183	0.0062199	0.0037869	0.0111560
废品废料	0.1924564	0.1623545	0.1409343	0.1275581	0.1359843	0.0988286	0.0821787
金属制品、机械和设备修理服务	0.0125404	0.0128480	0.0104549	0.0135647	0.0111521	0.0103707	0.0101696
电力、热力的生产和供应	0.1934372	0.1521402	0.1392416	0.1304313	0.1498190	0.1258436	0.1189901
燃气生产和供应	0.0037432	0.0023263	0.0020192	0.0015130	0.0016721	0.0013745	0.0013656
水的生产和供应	0.0028406	0.0021885	0.0020822	0.0019692	0.0020616	0.0022517	0.0019934
建筑	0.0018900	0.0017640	0.0016304	0.0020117	0.0017769	0.0016725	0.0015500
批发和零售	0.0736655	0.0772800	0.0695536	0.0774859	0.0864641	0.1034478	0.0924483
交通运输、仓储和邮政	0.0933995	0.0872875	0.0809045	0.0814470	0.0877775	0.0772057	0.0817519
住宿和餐饮	0.0166192	0.0185661	0.0197760	0.0150939	0.0176931	0.0183987	0.0205115
信息传输、软件和信息技术服务	0.0372262	0.0391440	0.0390773	0.0296497	0.0314992	0.0336121	0.0337470
金融	0.1308968	0.1251931	0.1133033	0.1232972	0.1277813	0.1143183	0.1098425
房地产	0.0079761	0.0082316	0.0084549	0.0071192	0.0079833	0.0089086	0.0099079
租赁和商务服务	0.0388271	0.0398203	0.0389477	0.0388046	0.0456181	0.0468745	0.0481146
科学研究和技术服务	0.0105572	0.0104593	0.0095753	0.0094044	0.0105931	0.0078601	0.0112674
水利、环境和公共设施管理	0.0016818	0.0017678	0.0018170	0.0014735	0.0016226	0.0016858	0.0017643
居民服务、修理和其他服务	0.0064528	0.0072152	0.0079392	0.0063824	0.0070072	0.0062404	0.0078259
教育	0.0023055	0.0023820	0.0021355	0.0019421	0.0022540	0.0021018	0.0024839
卫生和社会工作	0.0007546	0.0007463	0.0006882	0.0007444	0.0008349	0.0009278	0.0008726
文化、体育和娱乐	0.0037693	0.0042049	0.0041304	0.0033700	0.0037669	0.0037939	0.0042132
公共管理、社会保障和社会组织	0.0018824	0.0017340	0.0016778	0.0015154	0.0018791	0.0015667	0.0019862

续3

投入 \ 产出	其他制造产品	废品废料	金属制品、机械和设备修理服务	电力、热力的生产和供应	燃气生产和供应	水的生产和供应	建筑
农林牧渔产品和服务	0.0329180	0.0148642	0.0096946	0.0068987	0.0016775	0.0134922	0.0289586
煤炭采选产品	0.2525911	0.0732548	0.0935619	0.6097997	0.0031726	0.1236802	0.1088556
石油和天然气开采产品	0.0445649	0.0418179	0.0345096	0.0501014	0.7357455	0.0259999	0.0502792
金属矿采选产品	0.0271677	0.0475716	0.0511521	0.0048467	0.0012175	0.0090533	0.0582666
非金属矿和其他矿采选产品	0.0043699	0.0166315	0.0046722	0.0012044	0.0001910	0.0025953	0.0472401
食品和烟草	0.0218795	0.0069290	0.0056946	0.0036766	0.0009131	0.0087711	0.0087830
纺织品	0.1305172	0.0188645	0.0109341	0.0081525	0.0018492	0.0145110	0.0165392
纺织服装鞋帽皮革羽绒及其制品	0.0236509	0.0100805	0.0078212	0.0088344	0.0009248	0.0132864	0.0113220
木材加工品和家具	0.0240170	0.0102457	0.0066846	0.0147951	0.0005144	0.0063350	0.0377138
造纸印刷和文教体育用品	0.0719921	0.0392540	0.0345971	0.0261505	0.0053261	0.0443408	0.0438719
石油、炼焦产品和核燃料加工品	0.0456028	0.0424638	0.0358882	0.0291762	0.0043512	0.0243289	0.0569276
化学产品	0.4302099	0.4171953	0.1304159	0.0394512	0.0110061	0.1379875	0.1909780
非金属矿物制品	0.0209108	0.0307578	0.0198983	0.0054112	0.0011299	0.0094827	0.2538296
金属冶炼和压延加工品	0.3406985	0.1453502	0.6280639	0.0588638	0.0150265	0.1082847	0.7269873
金属制品	0.0475380	0.0314900	0.1405766	0.0106938	0.0025666	0.0217273	0.0604519
通用设备	0.0379952	0.0236164	0.0953328	0.0189100	0.0047788	0.0313224	0.0375036
专用设备	0.0153740	0.0107880	0.0194100	0.0045134	0.0008583	0.0098433	0.0261531
交通运输设备	0.0105992	0.0091424	0.0123729	0.0078384	0.0018383	0.0079995	0.0129299
电气机械和器材	0.0436385	0.0196859	0.0861840	0.0320210	0.0037914	0.0327213	0.0741074
通信设备、计算机和其他电子设备	0.0244377	0.0092350	0.0222061	0.0159697	0.0024624	0.0222170	0.0201215
仪器仪表	0.0293483	0.0040832	0.0226175	0.0127719	0.0039537	0.0230404	0.0083990
其他制造产品	0.0276030	0.0023341	0.0027287	0.0019173	0.0008334	0.0038474	0.0033209
废品废料	0.0603771	1.4314999	0.2461453	0.0133206	0.0028497	0.0349210	0.1199433
金属制品、机械和设备修理服务	0.0130094	0.0078977	0.0341014	0.0107875	0.0005988	0.0680238	0.0105557
电力、热力的生产和供应	0.1560051	0.1617002	0.1372823	0.6791175	0.0062312	0.3189750	0.1535919
燃气生产和供应	0.0012541	0.0014840	0.0014699	0.0008126	0.2430056	0.0009910	0.0017672
水的生产和供应	0.0025411	0.0015571	0.0017929	0.0023025	0.0002098	0.1114989	0.0037543
建筑	0.0017722	0.0017366	0.0011578	0.0024631	0.0002515	0.0044335	0.0221820
批发和零售	0.0863937	0.1164615	0.0617230	0.0367575	0.0446292	0.0329671	0.1057389
交通运输、仓储和邮政	0.1046996	0.0885717	0.0672234	0.1045203	0.0187187	0.0538432	0.1098471
住宿和餐饮	0.0182171	0.0128751	0.0177533	0.0115436	0.0030183	0.0202023	0.0188212
信息传输、软件和信息技术服务	0.0507568	0.0269007	0.0324262	0.0709160	0.0042738	0.0826020	0.0297044
金融	0.1056440	0.1020639	0.0971639	0.1270589	0.0306634	0.1990666	0.1361880
房地产	0.0088555	0.0067029	0.0061885	0.0049991	0.0018675	0.0078916	0.0085523
租赁和商务服务	0.0459424	0.0336509	0.0346872	0.0251752	0.0132095	0.0539662	0.0427523
科学研究和技术服务	0.0090044	0.0055343	0.0049761	0.0083542	0.0009718	0.0056876	0.0369739
水利、环境和公共设施管理	0.0017569	0.0014851	0.0017816	0.0016086	0.0002782	0.0059317	0.0017393
居民服务、修理和其他服务	0.0072145	0.0051877	0.0053212	0.0065709	0.0009460	0.0123673	0.0088155
教育	0.0028591	0.0018224	0.0023021	0.0029420	0.0005105	0.0038399	0.0027484
卫生和社会工作	0.0010279	0.0010565	0.0006015	0.0004227	0.0003529	0.0004279	0.0011363
文化、体育和娱乐	0.0039576	0.0034560	0.0040014	0.0031798	0.0007673	0.0073795	0.0056612
公共管理、社会保障和社会组织	0.0024076	0.0015710	0.0013499	0.0039592	0.0002492	0.0024113	0.0022943

续4

投入＼产出	批发和零售	交通运输、仓储和邮政	住宿和餐饮	信息传输、软件和信息技术服务	金融	房地产	租赁和商务服务
农林牧渔产品和服务	0.0131615	0.0063438	0.1572769	0.0150918	0.0129016	0.0043138	0.0537453
煤炭采选产品	0.0187539	0.0181797	0.0532714	0.0345620	0.0185359	0.0099138	0.0444562
石油和天然气开采产品	0.0233902	0.1333421	0.0266702	0.0205986	0.0142804	0.0050628	0.0452106
金属矿采选产品	0.0039778	0.0052442	0.0065211	0.0120640	0.0050392	0.0014279	0.0159626
非金属矿和其他矿采选产品	0.0007019	0.0008402	0.0017145	0.0022703	0.0009913	0.0002616	0.0023963
食品和烟草	0.0063585	0.0047129	0.1424221	0.0088988	0.0098856	0.0023462	0.0122611
纺织品	0.0125527	0.0079323	0.0207756	0.0165204	0.0131251	0.0055747	0.0840834
纺织服装鞋帽皮革羽绒及其制品	0.0040964	0.0057340	0.0075208	0.0064949	0.0086078	0.0027738	0.0073376
木材加工品和家具	0.0028088	0.0030558	0.0066357	0.0122386	0.0050006	0.0015563	0.0072526
造纸印刷和文教体育用品	0.0318329	0.0302180	0.0704457	0.1368810	0.0850148	0.0145724	0.0796005
石油、炼焦产品和核燃料加工品	0.0307375	0.1880836	0.0231813	0.0231841	0.0167364	0.0058474	0.0582667
化学产品	0.0437158	0.0526259	0.0990567	0.1238219	0.0748011	0.0140742	0.1390013
非金属矿物制品	0.0036904	0.0043276	0.0091942	0.0139240	0.0049438	0.0014154	0.0133892
金属冶炼和压延加工品	0.0476907	0.0617182	0.0771036	0.1428176	0.0580515	0.0170316	0.1947226
金属制品	0.0177506	0.0098746	0.0197823	0.0190832	0.0220849	0.0042917	0.0579542
通用设备	0.0083527	0.0150111	0.0231143	0.0200395	0.0148438	0.0050967	0.0287423
专用设备	0.0040533	0.0035813	0.0140373	0.0089390	0.0039414	0.0013647	0.0137395
交通运输设备	0.0108743	0.0746715	0.0110598	0.0098135	0.0073740	0.0036402	0.0574474
电气机械和器材	0.0199076	0.0135929	0.0268483	0.0922913	0.0142810	0.0076087	0.1285972
通信设备、计算机和其他电子设备	0.0099728	0.0068697	0.0129675	0.1343066	0.0093817	0.0035553	0.0400712
仪器仪表	0.0027877	0.0025431	0.0037683	0.0290275	0.0022649	0.0008188	0.0068554
其他制造产品	0.0066462	0.0022984	0.0181311	0.0046849	0.0038650	0.0029371	0.0593779
废品废料	0.0108127	0.0135657	0.0188357	0.0331283	0.0164135	0.0040009	0.0379370
金属制品、机械和设备修理服务	0.0039150	0.0059960	0.0036467	0.0045426	0.0021548	0.0009987	0.0050762
电力、热力的生产和供应	0.0400932	0.0346546	0.1219609	0.0686308	0.0369597	0.0229921	0.0651188
燃气生产和供应	0.0011654	0.0059966	0.0107444	0.0008339	0.0007711	0.0005514	0.0012354
水的生产和供应	0.0024448	0.0008594	0.0026765	0.0009745	0.0009468	0.0002399	0.0014552
建筑	0.0018008	0.0023402	0.0021691	0.0013338	0.0031740	0.0008527	0.0021096
批发和零售	0.0497802	0.0366002	0.0532294	0.0549701	0.0235018	0.0068631	0.0735859
交通运输、仓储和邮政	0.0856885	0.4361669	0.0449586	0.0461718	0.0472999	0.0106123	0.0717819
住宿和餐饮	0.0199843	0.0122781	0.0107823	0.0273367	0.0304860	0.0075058	0.0214783
信息传输、软件和信息技术服务	0.0297149	0.0153675	0.0209054	0.0984444	0.0289447	0.0081572	0.0241423
金融	0.1773394	0.1712654	0.1135997	0.1218183	0.1370912	0.0612096	0.3460556
房地产	0.0278384	0.0081156	0.0608738	0.0121281	0.0195440	0.0138581	0.0123303
租赁和商务服务	0.1096121	0.0271009	0.1311899	0.0674282	0.0579287	0.0480685	0.0607596
科学研究和技术服务	0.0139572	0.0040331	0.0040945	0.0093616	0.0023712	0.0005984	0.0042710
水利、环境和公共设施管理	0.0018118	0.0016549	0.0012800	0.0020155	0.0031956	0.0006484	0.0020217
居民服务、修理和其他服务	0.0103806	0.0102765	0.0119536	0.0051162	0.0041653	0.0011659	0.0088720
教育	0.0036162	0.0022937	0.0016873	0.0020239	0.0066243	0.0010621	0.0035497
卫生和社会工作	0.0077228	0.0014892	0.0023186	0.0005995	0.0003549	0.0001053	0.0011097
文化、体育和娱乐	0.0046493	0.0034604	0.0149461	0.0072233	0.0083990	0.0022433	0.0050606
公共管理、社会保障和社会组织	0.0019151	0.0009001	0.0070063	0.0037841	0.0018175	0.0008822	0.0084918

续5

投入 \ 产出	科学研究和技术服务	水利、环境和公共设施管理	居民服务、修理和其他服务	教育	卫生和社会工作	文化、体育和娱乐	公共管理、社会保障和社会组织
农林牧渔产品和服务	0.0613484	0.1786477	0.0205921	0.0172903	0.0211619	0.0286806	0.0106435
煤炭采选产品	0.0522762	0.0499548	0.0296835	0.0270736	0.0514457	0.0473757	0.0191030
石油和天然气开采产品	0.0361043	0.0353565	0.0914174	0.0298851	0.0466488	0.0261063	0.0197454
金属矿采选产品	0.0247424	0.0097419	0.0061670	0.0055064	0.0158333	0.0117055	0.0036780
非金属矿和其他矿采选产品	0.0041735	0.0018329	0.0015619	0.0017464	0.0040290	0.0023881	0.0010461
食品和烟草	0.0264089	0.0229139	0.0092016	0.0093317	0.0090686	0.0368690	0.0113537
纺织品	0.0174964	0.0278615	0.0211577	0.0110445	0.0201473	0.0265458	0.0087996
纺织服装鞋帽皮革羽绒及其制品	0.0069471	0.0209113	0.0176761	0.0045989	0.0060890	0.0090316	0.0038557
木材加工品和家具	0.0125255	0.0127493	0.0162488	0.0053412	0.0059539	0.0153519	0.0039271
造纸印刷和文教体育用品	0.1089000	0.0530486	0.0437755	0.0640074	0.0384332	0.3418518	0.0528563
石油、炼焦产品和核燃料加工品	0.0418609	0.0372640	0.1022594	0.0343004	0.0438184	0.0284019	0.0238338
化学产品	0.1468235	0.1149466	0.1728921	0.1558399	0.6640293	0.1470484	0.0471890
非金属矿物制品	0.0209355	0.0092908	0.0081566	0.0093071	0.0183669	0.0120085	0.0066790
金属冶炼和压延加工品	0.3029086	0.1182068	0.0730923	0.0630095	0.1915578	0.1275784	0.0420329
金属制品	0.1564790	0.0599054	0.0164571	0.0103066	0.0253899	0.0235347	0.0070029
通用设备	0.0431522	0.0250803	0.0167699	0.0122014	0.0409304	0.0240837	0.0082477
专用设备	0.0175581	0.0170831	0.0055832	0.0044021	0.1352150	0.0084631	0.0029625
交通运输设备	0.0356100	0.0154226	0.0099115	0.0421948	0.0088296	0.0120308	0.0269656
电气机械和器材	0.1175499	0.0271196	0.0345187	0.0149106	0.0812422	0.0275632	0.0113400
通信设备、计算机和其他电子设备	0.0680779	0.0144428	0.0256679	0.0103864	0.0206483	0.0639179	0.0103389
仪器仪表	0.0486293	0.0133972	0.0157616	0.0065474	0.0087395	0.0045186	0.0070920
其他制造产品	0.0087572	0.0210158	0.0174030	0.0039982	0.0028184	0.0047603	0.0027916
废品废料	0.0597350	0.0249962	0.0164075	0.0167789	0.0390018	0.0469294	0.0114288
金属制品、机械和设备修理服务	0.0152279	0.0066112	0.0031779	0.0052911	0.0071554	0.0064255	0.0027059
电力、热力的生产和供应	0.1004065	0.1087031	0.0555149	0.0567731	0.0978528	0.0956082	0.0419732
燃气生产和供应	0.0026334	0.0088883	0.0289528	0.0034881	0.0012066	0.0025738	0.0027559
水的生产和供应	0.0024236	0.0070159	0.0032820	0.0019910	0.0021219	0.0017403	0.0012497
建筑	0.0034992	0.0037793	0.0033113	0.0101156	0.0045138	0.0051821	0.0039211
批发和零售	0.0770069	0.0541839	0.0430015	0.0280744	0.0788597	0.0592010	0.0183275
交通运输、仓储和邮政	0.1490398	0.0519866	0.0457277	0.0563638	0.0606888	0.0604851	0.0412118
住宿和餐饮	0.1061764	0.0192461	0.0181515	0.0364922	0.0155088	0.0263533	0.0307068
信息传输、软件和信息技术服务	0.0327153	0.0193695	0.0175672	0.0273156	0.0203536	0.0262607	0.0224143
金融	0.1274141	0.1111901	0.0746624	0.0941254	0.0762179	0.1227937	0.0412600
房地产	0.0301470	0.0189755	0.0311681	0.0137275	0.0117399	0.0219355	0.0125403
租赁和商务服务	0.0750279	0.0596074	0.0434382	0.0242507	0.0341938	0.0653146	0.0217494
科学研究和技术服务	0.0676741	0.0038827	0.0063301	0.0027700	0.0435757	0.0036138	0.0017232
水利、环境和公共设施管理	0.0043330	0.0321069	0.0015067	0.0012822	0.0011691	0.0021519	0.0014821
居民服务、修理和其他服务	0.0115458	0.0174373	0.0060947	0.0954027	0.0169914	0.0164677	0.0771879
教育	0.0033120	0.0031297	0.0015665	0.0888487	0.0029910	0.0048479	0.0072546
卫生和社会工作	0.0013147	0.0021365	0.0005533	0.0004409	0.0997033	0.0026099	0.0003067
文化、体育和娱乐	0.0128919	0.0062196	0.0040012	0.0096037	0.0039402	0.0447692	0.0168549
公共管理、社会保障和社会组织	0.0044986	0.0074154	0.0016386	0.0022319	0.0024244	0.0025624	0.0217850

附表8　浙江省乡级以上统计行政区域代码

330000000　浙江省
330100000　杭州市
330101000　市辖区
330102000　上城区
330102001　清波街道
330102003　湖滨街道
330102004　小营街道
330102008　南星街道
330102009　紫阳街道
330102010　望江街道
330103000　下城区
330103001　长庆街道
330103002　武林街道
330103003　天水街道
330103005　潮鸣街道
330103006　朝晖街道
330103007　文晖街道
330103008　东新街道
330103009　石桥街道
330104000　江干区
330104005　凯旋街道
330104006　采荷街道
330104007　闸弄口街道
330104008　四季青街道
330104009　白杨街道
330104010　下沙街道
330104011　彭埠街道
330104012　笕桥街道
330104013　丁兰街道
330104014　九堡街道
330105000　拱墅区
330105001　米市巷街道
330105002　湖墅街道
330105003　小河街道
330105004　和睦街道
330105005　拱宸桥街道
330105007　大关街道
330105008　上塘街道
330105009　祥符街道
330105010　康桥街道
330105011　半山街道
330106000　西湖区
330106002　北山街道
330106004　西溪街道
330106005　翠苑街道
330106007　古荡街道
330106008　西湖街道
330106009　留下街道
330106010　转塘街道
330106011　蒋村街道
330106012　灵隐街道
330106013　文新街道
330106109　三墩镇
330106110　双浦镇
330108000　滨江区
330108001　西兴街道
330108002　长河街道
330108003　浦沿街道
330109000　萧山区
330109001　城厢街道
330109002　北干街道
330109003　蜀山街道
330109004　新塘街道
330109005　靖江街道
330109006　南阳街道
330109007　义蓬街道
330109008　河庄街道
330109009　新湾街道
330109010　临江街道
330109011　前进街道
330109012　闻堰街道
330109013　宁围街道
330109014　新街街道
330109100　楼塔镇
330109101　河上镇
330109102　戴村镇
330109103　浦阳镇
330109104　进化镇
330109105　临浦镇
330109106　义桥镇
330109107　所前镇
330109108　衙前镇
330109113　瓜沥镇
330109115　益农镇
330109120　党湾镇
330109401　萧山经济技术开区
330109403　萧山商业城
330109501　围垦区
330109503　红山农场
330109505　萧山钱江世纪城
330110000　余杭区
330110001　临平街道
330110002　南苑街道
330110003　东湖街道
330110004　星桥街道
330110005　五常街道
330110006　乔司街道
330110007　运河街道
330110008　崇贤街道
330110009　仁和街道
330110010　良渚街道
330110011　闲林街道
330110012　仓前街道
330110013　余杭街道
330110014　中泰街道
330110102　塘栖镇
330110109　径山镇
330110110　瓶窑镇
330110111　鸬鸟镇
330110112　百丈镇
330110113　黄湖镇
330111000　富阳区
330111001　富春街道
330111002　春江街道
330111004　鹿山街道
330111005　东洲街道
330111006　银湖街道
330111100　万市镇
330111101　洞桥镇
330111103　渌渚镇
330111105　永昌镇
330111108　里山镇
330111109　常绿镇
330111110　场口镇
330111111　常安镇
330111112　龙门镇
330111115　新登镇
330111116　胥口镇
330111117　大源镇
330111118　灵桥镇
330111200　新桐乡
330111201　上官乡
330111204　环山乡
330111205　湖源乡
330111206　春建乡
330111207　渔山乡
330122000　桐庐县
330122002　旧县街道
330122003　桐君街道
330122004　城南街道
330122005　凤川街道
330122101　富春江镇
330122102　横村镇
330122109　分水镇
330122110　瑶琳镇
330122112　百江镇
330122113　江南镇
330122201　莪山畲族乡
330122202　钟山乡
330122204　新合乡
330122210　合村乡
330127000　淳安县
330127100　千岛湖镇
330127101　文昌镇
330127102　石林镇
330127103　临岐镇
330127104　威坪镇
330127106　姜家镇
330127107　梓桐镇
330127108　汾口镇
330127109　中洲镇
330127110　大墅镇
330127111　枫树岭镇
330127200　里商乡

330127201	金峰乡	330185111	湍口镇	330206006	柴桥街道	330111110	象山县
330127202	富文乡	330185112	清凉峰镇	330206007	戚家山街道	330111111	丹东街道
330127203	左口乡	330185113	岛石镇	330206008	春晓街道	330111112	丹西街道
330127205	屏门乡	330185115	板桥镇	330206009	梅山街道	330111115	爵溪街道
330127206	瑶山乡	330185116	天目山镇	330206010	郭巨街道	330111116	石浦镇
330127208	王阜乡	330185117	龙岗镇	330206011	白峰街道	330111117	西周镇
330127210	宋村乡	330200000	宁波市	330206401	保税区	330111118	鹤浦镇
330127211	鸠坑乡	330201000	市辖区	330211000	镇海区	330111200	贤庠镇
330127212	浪川乡	330203000	海曙区	330211001	招宝山街道	330111201	墙头镇
330127214	界首乡	330203001	南门街道	330211002	蛟川街道	330111204	泗洲头镇
330127216	安阳乡	330203002	江厦街道	330211003	骆驼街道	330111205	定塘镇
330182000	建德市	330203003	西门街道	330211004	庄市街道	330111206	涂茨镇
330182001	新安江街道	330203004	月湖街道	330211005	贵驷街道	330111207	大徐镇
330182002	洋溪街道	330203005	鼓楼街道	330211100	澥浦镇	330122000	新桥镇
330182003	更楼街道	330203006	白云街道	330211101	九龙湖镇	330122002	东陈乡
330182101	莲花镇	330203007	段塘街道	330212000	鄞州区	330122003	晓塘乡
330182102	乾潭镇	330203008	望春街道	330212001	下应街道	330122004	黄避岙乡
330182104	梅城镇	330204000	江东区	330212002	钟公庙街道	330122005	茅洋乡
330182105	杨村桥镇	330204001	百丈街道	330212003	石碶街道	330122101	高塘岛乡
330182106	下涯镇	330204002	东胜街道	330212004	梅墟街道	330122102	宁海县
330182107	大洋镇	330204003	明楼街道	330212005	中河街道	330122109	跃龙街道
330182108	三都镇	330204004	白鹤街道	330212006	首南街道	330122110	桃源街道
330182109	寿昌镇	330204005	东柳街道	330212007	潘火街道	330122112	梅林街道
330182110	航头镇	330204006	东郊街道	330212100	瞻岐镇	330122113	桥头胡街道
330182111	大慈岩镇	330204007	福明街道	330212101	咸祥镇	330122201	长街镇
330182112	大同镇	330204008	新明街道	330212102	塘溪镇	330122202	力洋镇
330182113	李家镇	330205000	江北区	330212103	东钱湖镇	330122204	一市镇
330182202	钦堂乡	330205001	中马街道	330212104	东吴镇	330122210	岔路镇
330185000	临安市	330205002	白沙街道	330212105	五乡镇	330127000	前童镇
330185002	玲珑街道	330205003	孔浦街道	330212106	邱隘镇	330127100	桑洲镇
330185005	锦南街道	330205004	文教街道	330212108	云龙镇	330127101	黄坛镇
330185006	锦城街道	330205005	甬江街道	330212109	横溪镇	330127102	大佳何镇
330185007	锦北街道	330205006	庄桥街道	330212110	姜山镇	330127103	强蛟镇
330185008	青山湖街道	330205007	洪塘街道	330212113	高桥镇	330127104	西店镇
330185102	高虹镇	330205103	慈城镇	330212114	横街镇	330127106	深甽镇
330185103	太湖源镇	330206000	北仑区	330212115	集士港镇	330127107	胡陈乡
330185104	於潜镇	330206001	大榭街道	330212116	古林镇	330127108	茶院乡
330185106	太阳镇	330206002	新碶街道	330212118	洞桥镇	330127109	越溪乡
330185107	潜川镇	330206003	小港街道	330212119	鄞江镇	330127110	余姚市
330185108	昌化镇	330206004	大碶街道	330212120	章水镇	330127111	梨洲街道
330185109	河桥镇	330206005	霞浦街道	330111109	龙观乡	330127200	凤山街道

330281003	兰江街道	330282402	慈东工业区	330304004	茶山街道	330324400	县特产场场区
330281004	阳明街道	330283000	奉化市	330304005	娄桥街道	330324401	四海山林场
330281005	低塘街道	330283001	锦屏街道	330304006	新桥街道	330324402	正江山林场
330281006	朗霞街道	330283002	岳林街道	330304007	三垟街道	330326000	平阳县
330281100	临山镇	330283003	江口街道	330304008	瞿溪街道	330326100	昆阳镇
330281101	黄家埠镇	330283004	西坞街道	330304009	郭溪街道	330326101	鳌江镇
330281102	小曹娥镇	330283005	萧王庙街道	330304010	潘桥街道	330326102	水头镇
330281103	泗门镇	330283100	溪口镇	330304011	丽岙街道	330326103	萧江镇
330281106	马渚镇	330283103	尚田镇	330304012	仙岩街道	330326105	腾蛟镇
330281108	牟山镇	330283104	莼湖镇	330304108	泽雅镇	330326107	山门镇
330281109	丈亭镇	330283106	裘村镇	330305000	洞头区	330326108	顺溪镇
330281110	三七市镇	330283107	大堰镇	330305001	北岙街道	330326109	南雁镇
330281111	河姆渡镇	330283108	松岙镇	330305002	灵昆街道	330326117	万全镇
330281112	大隐镇	330300000	温州市	330305003	东屏街道	330326118	海西镇
330281113	陆埠镇	330301000	市辖区	330305004	元觉街道	330326119	南麂镇
330281114	梁弄镇	330302000	鹿城区	330305005	霓屿街道	330326120	麻步镇
330281115	大岚镇	330302006	五马街道	330305101	大门镇	330326121	凤卧镇
330281116	四明山镇	330302023	七都街道	330305202	鹿西乡	330326122	怀溪镇
330281201	鹿亭乡	330302024	滨江街道	330324000	永嘉县	330326214	青街畲族乡
330282000	慈溪市	330302025	南汇街道	330324001	东城街道	330326217	闹村乡
330282002	宗汉街道	330302026	松台街道	330324002	北城街道	330326401	滨海新区
330282003	坎墩街道	330302027	双屿街道	330324003	南城街道	330327000	苍南县
330282004	浒山街道	330302028	仰义街道	330324006	三江街道	330327100	灵溪镇
330282005	白沙路街道	330302029	大南街道	330324007	黄田街道	330327101	龙港镇
330282006	古塘街道	330302030	蒲鞋市街道	330324008	乌牛街道	330327103	宜山镇
330282104	掌起镇	330302031	南郊街道	330324009	瓯北街道	330327104	钱库镇
330282107	观海卫镇	330302032	广化街道	330324102	桥头镇	330327107	金乡镇
330282108	附海镇	330302033	丰门街道	330324104	桥下镇	330327112	藻溪镇
330282109	桥头镇	330302102	藤桥镇	330324105	大若岩镇	330327113	桥墩镇
330282110	匡堰镇	330302105	山福镇	330324106	碧莲镇	330327116	矾山镇
330282111	逍林镇	330303000	龙湾区	330324107	巽宅镇	330327117	赤溪镇
330282112	新浦镇	330303001	永中街道	330324108	岩头镇	330327118	马站镇
330282113	胜山镇	330303002	蒲州街道	330324109	枫林镇	330327122	望里镇
330282114	横河镇	330303003	海滨街道	330324110	岩坦镇	330327123	炎亭镇
330282116	崇寿镇	330303004	永兴街道	330324111	沙头镇	330327124	大渔镇
330282118	庵东镇	330303006	状元街道	330324112	鹤盛镇	330327125	莒溪镇
330282120	长河镇	330303007	瑶溪街道	330324113	金溪镇	330327126	南宋镇
330282121	周巷镇	330304000	瓯海区	330324226	云岭乡	330327127	霞关镇
330282123	龙山镇	330304001	景山街道	330324227	茗岙乡	330327128	沿浦镇
330282400	慈溪市农垦场	330304002	梧田街道	330324228	溪下乡	330327216	凤阳畲族乡
330282401	慈溪市林场	330304003	南白象街道	330324229	界坑乡	330327218	岱岭畲族乡

代码	名称
330328000	文成县
330328100	大峃镇
330328101	百丈漈镇
330328102	南田镇
330328103	西坑畲族镇
330328104	黄坦镇
330328105	珊溪镇
330328106	巨屿镇
330328107	玉壶镇
330328108	峃口镇
330328109	周壤镇
330328110	铜铃山镇
330328111	二源镇
330328217	周山畲族乡
330328225	桂山乡
330328226	双桂乡
330328227	平和乡
330328228	公阳乡
330329000	泰顺县
330329100	罗阳镇
330329101	司前畲族镇
330329102	百丈镇
330329103	筱村镇
330329104	泗溪镇
330329105	彭溪镇
330329106	雅阳镇
330329107	仕阳镇
330329109	三魁镇
330329204	竹里畲族乡
330329400	乌岩岭自然保护区
330371000	温州经济技术开发区
330371005	海城街道
330371008	沙城街道
330371009	天河街道
330371011	星海街道
330381000	瑞安市
330381001	安阳街道
330381002	玉海街道
330381003	锦湖街道
330381004	东山街道
330381005	上望街道
330381007	莘塍街道
330381008	汀田街道
330381009	飞云街道
330381010	仙降街道
330381011	南滨街道
330381012	潘岱街道
330381013	云周街道
330381101	塘下镇
330381116	马屿镇
330381120	陶山镇
330381122	湖岭镇
330381125	高楼镇
330381126	桐浦镇
330381127	林川镇
330381128	曹村镇
330381129	平阳坑镇
330381221	芳庄乡
330381222	北麂乡
330382000	乐清市
330382001	城东街道办事处
330382002	乐成街道办事处
330382003	城南街道办事处
330382004	盐盆街道办事处
330382005	翁垟街道办事处
330382006	白石街道办事处
330382007	石帆街道办事处
330382008	天成街道办事处
330382101	大荆镇
330382102	仙溪镇
330382104	雁荡镇
330382105	芙蓉镇
330382106	清江镇
330382108	虹桥镇
330382111	淡溪镇
330382114	柳市镇
330382115	北白象镇
330382121	湖雾镇
330382122	南塘镇
330382123	南岳镇
330382124	蒲岐镇
330382125	磐石镇
330382210	智仁乡
330382211	龙西乡
330382212	岭底乡
330400000	嘉兴市
330401000	市辖区
330402000	南湖区
330402007	建设街道
330402008	解放街道
330402009	新嘉街道
330402010	南湖街道
330402011	新兴街道
330402012	城南街道
330402013	东栅街道
330402014	长水街道
330402015	七星街道
330402100	凤桥镇
330402101	余新镇
330402103	新丰镇
330402105	大桥镇
330411000	秀洲区
330411002	新城街道
330411003	嘉北街道
330411004	塘汇街道
330411005	高照街道
330411101	王江泾镇
330411103	油车港镇
330411104	新塍镇
330411105	王店镇
330411106	洪合镇
330421000	嘉善县
330421001	魏塘街道
330421002	罗星街道
330421003	惠民街道
330421102	大云镇
330421103	西塘镇
330421105	干窑镇
330421107	陶庄镇
330421111	姚庄镇
330421112	天凝镇
330424000	海盐县
330424001	武原街道
330424002	西塘桥街道
330424003	元通街道
330424004	秦山街道
330424101	沈荡镇
330424102	百步镇
330424103	于城镇
330424105	澉浦镇
330424106	通元镇
330481000	海宁市
330481001	硖石街道
330481002	海洲街道
330481003	海昌街道
330481004	马桥街道
330481101	许村镇
330481103	长安镇
330481105	周王庙镇
330481106	丁桥镇
330481107	斜桥镇
330481108	黄湾镇
330481110	盐官镇
330481112	袁花镇
330482000	平湖市
330482001	当湖街道
330482002	钟埭街道
330482003	曹桥街道
330482101	乍浦镇
330482102	新埭镇
330482103	新仓镇
330482106	广陈镇
330482107	林埭镇
330482108	独山港镇
330483000	桐乡市
330483001	梧桐街道
330483002	龙翔街道
330483003	凤鸣街道
330483100	乌镇镇
330483101	濮院镇
330483102	屠甸镇
330483103	石门镇
330483104	河山镇
330483105	洲泉镇

330483106	大麻镇	330521103	洛舍镇	330602001	塔山街道	330604102	上浦镇
330483107	崇福镇	330521104	钟管镇	330602002	府山街道	330604103	汤浦镇
330483108	高桥镇	330521110	雷甸镇	330602003	蕺山街道	330604104	章镇镇
330500000	湖州市	330521113	禹越镇	330602004	北海街道	330604105	下管镇
330501000	市辖区	330521114	新安镇	330602005	城南街道	330604106	丰惠镇
330502000	吴兴区	330521115	莫干山镇	330602006	稽山街道	330604107	永和镇
330502001	月河街道	330522000	长兴县	330602007	迪荡街道	330604108	梁湖镇
330502002	朝阳街道	330522001	雉城街道	330602100	东湖镇	330604109	驿亭镇
330502003	爱山街道	330522002	画溪街道	330602101	灵芝镇	330604110	小越镇
330502004	飞英街道	330522003	太湖街道	330602102	东浦镇	330604111	谢塘镇
330502005	龙泉街道	330522004	龙山街道	330602103	鉴湖镇	330604112	盖北镇
330502006	凤凰街道	330522101	洪桥镇	330602104	皋埠镇	330604113	崧厦镇
330502007	康山街道	330522102	李家巷镇	330602105	马山镇	330604114	沥海镇
330502008	仁皇山街道	330522103	夹浦镇	330602106	斗门镇	330604200	岭南乡
330502009	滨湖街道	330522104	林城镇	330602107	孙端镇	330604201	陈溪乡
330502010	龙溪街道	330522106	虹星桥镇	330602108	富盛镇	330604202	丁宅乡
330502011	杨家埠街道	330522108	小浦镇	330602109	陶堰镇	330624000	新昌县
330502012	环渚街道	330522110	和平镇	330603000	柯桥区	330624001	羽林街道
330502100	织里镇	330522111	泗安镇	330603001	柯桥街道	330624002	南明街道
330502101	八里店镇	330522112	煤山镇	330603002	柯岩街道	330624003	七星街道
330502102	妙西镇	330522200	水口乡	330603003	华舍街道	330624101	澄潭镇
330502104	埭溪镇	330522202	吕山乡	330603004	湖塘街道	330624102	梅渚镇
330502105	东林镇	330523000	安吉县	330603100	齐贤镇	330624104	回山镇
330502200	道场乡	330523001	递铺街道	330603101	钱清镇	330624106	大市聚镇
330503000	南浔区	330523002	昌硕街道	330603103	福全镇	330624107	小将镇
330503100	南浔镇	330523003	灵峰街道	330603104	马鞍镇	330624108	沙溪镇
330503101	双林镇	330523004	孝源街道	330603105	平水镇	330624109	镜岭镇
330503102	练市镇	330523103	鄣吴镇	330603106	安昌镇	330624110	儒岙镇
330503103	善琏镇	330523104	杭垓镇	330603107	王坛镇	330624200	城南乡
330503104	旧馆镇	330523105	孝丰镇	330603108	兰亭镇	330624201	东茗乡
330503105	菱湖镇	330523106	报福镇	330603109	稽东镇	330624203	双彩乡
330503106	和孚镇	330523107	章村镇	330603110	杨汛桥镇	330624205	新林乡
330503107	千金镇	330523108	天荒坪镇	330603111	漓渚镇	330624206	巧英乡
330503108	石淙镇	330523110	梅溪镇	330603114	夏履镇	330681000	诸暨市
330521000	德清县	330523111	天子湖镇	330604000	上虞区	330681001	暨阳街道
330521001	武康街道	330523201	溪龙乡	330604001	百官街道	330681002	浣东街道
330521002	舞阳街道	330523205	上墅乡	330604002	曹娥街道	330681003	陶朱街道
330521003	阜溪街道	330523206	山川乡	330604003	东关街道	330681101	大唐镇
330521004	下渚湖街道	330600000	绍兴市	330604100	道墟镇	330681102	应店街镇
330521101	乾元镇	330601000	市辖区	330604101	长塘镇	330681103	次坞镇
330521102	新市镇	330602000	越城区	330324229	界坑乡	330681104	店口镇

330681105 阮市镇
330681106 直埠镇
330681107 江藻镇
330681108 山下湖镇
330681109 枫桥镇
330681110 赵家镇
330681111 马剑镇
330681112 五泄镇
330681113 草塔镇
330681114 王家井镇
330681115 牌头镇
330681116 同山镇
330681117 安华镇
330681118 街亭镇
330681119 璜山镇
330681120 陈宅镇
330681121 岭北镇
330681122 浬浦镇
330681124 东白湖镇
330681201 东和乡
330683000 嵊州市
330683001 剡湖街道
330683002 三江街道
330683003 鹿山街道
330683004 浦口街道
330683100 甘霖镇
330683101 长乐镇
330683102 崇仁镇
330683103 黄泽镇
330683104 三界镇
330683105 石璜镇
330683106 谷来镇
330683107 仙岩镇
330683108 金庭镇
330683109 北漳镇
330683110 下王镇
330683200 贵门乡
330683201 里南乡
330683202 竹溪乡
330683203 雅璜乡
330683204 王院乡
330683205 通源乡
330683400 嵊州经济开发区
330700000 金华市
330701000 市辖区
330702000 婺城区
330702001 城东街道
330702002 城中街道
330702003 城西街道
330702004 城北街道
330702005 江南街道
330702006 三江街道
330702007 西关街道
330702008 秋滨街道
330702009 新狮街道
330702100 罗店镇
330702101 雅畈镇
330702102 安地镇
330702103 白龙桥镇
330702104 琅琊镇
330702105 蒋堂镇
330702106 汤溪镇
330702107 罗埠镇
330702108 洋埠镇
330702201 乾西乡
330702202 竹马乡
330702203 长山乡
330702204 箬阳乡
330702205 沙畈乡
330702206 塔石乡
330702207 岭上乡
330702208 莘畈乡
330702209 苏孟乡
330703000 金东区
330703001 多湖街道
330703002 东孝街道
330703101 孝顺镇
330703102 傅村镇
330703103 曹宅镇
330703104 澧浦镇
330703105 岭下镇
330703106 江东镇
330703107 塘雅镇
330703108 赤松镇
330703200 源东乡
330723000 武义县
330723001 白洋街道
330723002 壶山街道
330723003 熟溪街道
330723100 柳城畲族镇
330723101 履坦镇
330723102 桐琴镇
330723103 泉溪镇
330723104 新宅镇
330723105 王宅镇
330723106 桃溪镇
330723107 茭道镇
330723200 大田乡
330723201 白姆乡
330723202 俞源乡
330723203 坦洪乡
330723204 西联乡
330723205 三港乡
330723206 大溪口乡
330726000 浦江县
330726001 浦南街道
330726002 仙华街道
330726003 浦阳街道
330726101 黄宅镇
330726102 白马镇
330726103 郑家坞镇
330726104 郑宅镇
330726105 岩头镇
330726106 檀溪镇
330726107 杭坪镇
330726200 大畈乡
330726201 中余乡
330726202 前吴乡
330726203 花桥乡
330726204 虞宅乡
330727000 磐安县
330727100 安文镇
330727101 新渥镇
330727102 尖山镇
330727103 仁川镇
330727104 大盘镇
330727105 方前镇
330727106 玉山镇
330727107 尚湖镇
330727108 冷水镇
330727200 深泽乡
330727201 双峰乡
330727203 双溪乡
330727205 窈川乡
330727206 盘峰乡
330727207 高二乡
330727208 维新乡
330727209 胡宅乡
330727210 万苍乡
330727211 九和乡
330781000 兰溪市
330781001 兰江街道
330781002 云山街道
330781004 永昌街道
330781005 赤溪街道
330781006 女埠街道
330781007 上华街道
330781102 游埠镇
330781104 诸葛镇
330781106 黄店镇
330781108 香溪镇
330781109 马涧镇
330781111 梅江镇
330781112 横溪镇
330781200 灵洞乡
330781203 水亭畲族乡
330781209 柏社乡
330782000 义乌市
330782001 稠城街道
330782002 江东街道
330782003 稠江街道
330782004 北苑街道
330782005 后宅街道
330782006 城西街道

330782007 廿三里街道
330782008 福田街道
330782100 佛堂镇
330782101 赤岸镇
330782102 义亭镇
330782104 上溪镇
330782105 苏溪镇
330782106 大陈镇
330783000 东阳市
330783001 吴宁街道
330783003 南市街道
330783004 白云街道
330783005 江北街道
330783006 城东街道
330783007 六石街道
330783106 巍山镇
330783107 虎鹿镇
330783108 歌山镇
330783109 佐村镇
330783110 东阳江镇
330783112 湖溪镇
330783114 马宅镇
330783116 千祥镇
330783118 南马镇
330783122 画水镇
330783123 横店镇
330783201 三单乡
330784000 永康市
330784001 东城街道
330784002 西城街道
330784003 江南街道
330784105 石柱镇
330784106 前仓镇
330784107 舟山镇
330784108 古山镇
330784109 方岩镇
330784110 龙山镇
330784111 西溪镇
330784112 象珠镇
330784113 唐先镇
330784114 花街镇
330784115 芝英镇
330800000 衢州市
330801000 市辖区
330802000 柯城区
330802005 新新街道
330802006 府山街道
330802007 荷花街道
330802008 信安街道
330802009 白云街道
330802010 双港街道
330802012 衢化街道
330802013 花园街道
330802100 石梁镇
330802101 航埠镇
330802205 黄家乡
330802209 七里乡
330802210 九华乡
330802211 沟溪乡
330802212 华墅乡
330802213 姜家山乡
330802214 万田乡
330802215 石室乡
330803000 衢江区
330803001 樟潭街道
330803002 浮石街道
330803100 上方镇
330803101 峡川镇
330803103 莲花镇
330803109 全旺镇
330803110 大洲镇
330803111 后溪镇
330803112 廿里镇
330803113 湖南镇
330803114 高家镇
330803115 杜泽镇
330803200 灰坪乡
330803202 太真乡
330803203 双桥乡
330803206 周家乡
330803207 云溪乡
330803213 举村乡
330803218 岭洋乡
330803219 黄坛口乡
330822000 常山县
330822001 天马街道
330822002 紫港街道
330822003 金川街道
330822104 白石镇
330822108 招贤镇
330822109 青石镇
330822111 球川镇
330822115 辉埠镇
330822116 芳村镇
330822200 何家乡
330822211 同弓乡
330822213 大桥头乡
330822219 新昌乡
330822221 东案乡
330824000 开化县
330824106 桐村镇
330824107 杨林镇
330824108 苏庄镇
330824109 齐溪镇
330824113 村头镇
330824115 华埠镇
330824116 马金镇
330824117 池淮镇
330824202 中村乡
330824205 长虹乡
330824208 何田乡
330824216 林山乡
330824217 音坑乡
330824218 大溪边乡
330825000 龙游县
330825001 龙洲街道
330825002 东华街道
330825101 湖镇镇
330825102 小南海镇
330825106 詹家镇
330825109 溪口镇
330825110 横山镇
330825111 塔石镇
330825201 罗家乡
330825203 庙下乡
330825207 石佛乡
330825209 社阳乡
330825211 大街乡
330825212 沐尘畲族乡
330825213 模环乡
330881000 江山市
330881001 双塔街道
330881002 虎山街道
330881102 四都镇
330881104 清湖镇
330881105 坛石镇
330881106 大桥镇
330881109 新塘边镇
330881112 廿八都镇
330881113 长台镇
330881116 上余镇
330881118 凤林镇
330881119 峡口镇
330881120 石门镇
330881121 贺村镇
330881201 大陈乡
330881203 碗窑乡
330881207 保安乡
330881213 塘源口乡
330881214 张村乡
330900000 舟山市
330901000 市辖区
330902000 定海区
330902002 昌国街道
330902003 环南街道
330902004 城东街道
330902005 盐仓街道
330902006 临城街道
330902007 岑港街道
330902008 马岙街道
330902009 双桥街道
330902010 小沙街道
330902100 金塘镇
330902104 白泉镇

330902105 干览镇
330903000 普陀区
330903001 沈家门街道
330903003 东港街道
330903004 朱家尖街道
330903005 展茅街道
330903100 六横镇
330903102 虾峙镇
330903104 桃花镇
330903105 东极镇
330903106 普陀山镇
330921000 岱山县
330921100 高亭镇
330921101 东沙镇
330921102 岱东镇
330921103 岱西镇
330921105 长涂镇
330921106 衢山镇
330921200 秀山乡
330922000 嵊泗县
330922100 菜园镇
330922101 嵊山镇
330922102 洋山镇
330922200 五龙乡
330922201 黄龙乡
330922202 枸杞乡
330922203 花鸟乡
331000000 台州市
331001000 市辖区
331002000 椒江区
331002001 海门街道
331002002 白云街道
331002003 葭沚街道
331002004 洪家街道
331002005 三甲街道
331002006 下陈街道
331002007 前所街道
331002008 章安街道
331002101 大陈镇
331002400 椒江农场
331002401 滨海工业区
331002402 月湖新城
331003000 黄岩区
331003001 东城街道
331003002 南城街道
331003003 西城街道
331003004 北城街道
331003005 新前街道
331003006 澄江街道
331003007 江口街道
331003008 高桥街道
331003101 宁溪镇
331003102 北洋镇
331003103 头陀镇
331003107 院桥镇
331003108 沙埠镇
331003200 屿头乡
331003201 上郑乡
331003202 富山乡
331003203 茅畲乡
331003204 上垟乡
331003205 平田乡
331004000 路桥区
331004001 路南街道
331004002 路桥街道
331004003 路北街道
331004004 螺洋街道
331004005 桐屿街道
331004006 峰江街道
331004103 新桥镇
331004104 横街镇
331004106 金清镇
331004107 蓬街镇
331004400 滨海工业城
331004401 滨海新区
331021000 玉环县
331021001 玉城街道
331021002 坎门街道
331021003 大麦屿街道
331021101 清港镇
331021102 楚门镇
331021103 干江镇
331021105 沙门镇
331021106 芦浦镇
331021107 龙溪镇
331021201 鸡山乡
331021202 海山乡
331021400 玉环经济开发区
331022000 三门县
331022001 海游街道
331022002 海润街道
331022003 沙柳街道
331022102 珠岙镇
331022103 亭旁镇
331022105 健跳镇
331022106 横渡镇
331022107 浦坝港镇
331022108 花桥镇
331022205 蛇蟠乡
331023000 天台县
331023001 赤城街道
331023002 始丰街道
331023003 福溪街道
331023101 白鹤镇
331023102 石梁镇
331023104 街头镇
331023105 平桥镇
331023106 坦头镇
331023107 三合镇
331023108 洪畴镇
331023200 三州乡
331023203 龙溪乡
331023204 雷峰乡
331023207 南屏乡
331023209 泳溪乡
331024000 仙居县
331024001 安洲街道
331024002 南峰街道
331024003 福应街道
331024101 横溪镇
331024102 埠头镇
331024103 白塔镇
331024104 田市镇
331024105 官路镇
331024106 下各镇
331024107 朱溪镇
331024200 安岭乡
331024201 溪港乡
331024202 湫山乡
331024203 淡竹乡
331024204 皤滩乡
331024205 上张乡
331024206 步路乡
331024207 广度乡
331024209 大战乡
331024210 双庙乡
331081000 温岭市
331081001 太平街道
331081002 城东街道
331081003 城西街道
331081004 城北街道
331081005 横峰街道
331081100 泽国镇
331081101 大溪镇
331081102 松门镇
331081103 箬横镇
331081104 新河镇
331081105 石塘镇
331081106 滨海镇
331081107 温峤镇
331081108 城南镇
331081109 石桥头镇
331081110 坞根镇
331081400 东部新区
331082000 临海市
331082001 古城街道
331082002 大洋街道
331082003 江南街道
331082004 大田街道
331082005 邵家渡街道
331082100 汛桥镇
331082101 东塍镇
331082103 汇溪镇
331082104 小芝镇

331082105	河头镇
331082106	白水洋镇
331082107	括苍镇
331082108	永丰镇
331082109	尤溪镇
331082110	涌泉镇
331082111	沿江镇
331082112	杜桥镇
331082113	上盘镇
331082114	桃渚镇
331100000	丽水市
331101000	市辖区
331102000	莲都区
331102001	紫金街道办事处
331102002	岩泉街道办事处
331102003	万象街道办事处
331102004	白云街道办事处
331102007	联城街道办事处
331102008	南明山街道办事处
331102100	碧湖镇
331102102	大港头镇
331102103	老竹畲族镇
331102104	雅溪镇
331102200	太平乡
331102201	仙渡乡
331102202	峰源乡
331102204	丽新畲族乡
331102206	黄村乡
331121000	青田县
331121001	鹤城街道
331121002	瓯南街道
331121003	油竹街道
331121101	温溪镇
331121102	东源镇
331121103	高湖镇
331121104	船寮镇
331121105	海口镇
331121106	腊口镇
331121107	北山镇
331121108	山口镇
331121109	仁庄镇
331121200	万山乡
331121201	黄垟乡
331121202	季宅乡
331121203	高市乡
331121204	海溪乡
331121205	章村乡
331121206	祯旺乡
331121207	祯埠乡
331121208	舒桥乡
331121209	巨浦乡
331121211	万阜乡
331121212	方山乡
331121213	汤垟乡
331121214	贵岙乡
331121215	小舟山乡
331121216	吴坑乡
331121217	仁宫乡
331121218	章旦乡
331121219	阜山乡
331121220	石溪乡
331122000	缙云县
331122001	五云街道办事处
331122002	新碧街道办事处
331122003	仙都街道办事处
331122101	壶镇镇
331122102	新建镇
331122103	舒洪镇
331122105	大洋镇
331122106	东渡镇
331122107	东方镇
331122108	大源镇
331122203	七里乡
331122206	前路乡
331122207	三溪乡
331122208	溶江乡
331122209	双溪口乡
331122210	胡源乡
331122211	方溪乡
331122212	石笕乡
331123000	遂昌县
331123001	妙高街道
331123002	云峰街道
331123102	新路湾镇
331123103	北界镇
331123104	金竹镇
331123105	大柘镇
331123106	石练镇
331123107	王村口镇
331123108	黄沙腰镇
331123200	三仁畲族乡
331123201	濂竹乡
331123202	应村乡
331123203	高坪乡
331123204	湖山乡
331123205	蔡源乡
331123206	焦滩乡
331123207	龙洋乡
331123208	柘岱口乡
331123209	西畈乡
331123210	垵口乡
331124000	松阳县
331124001	西屏街道办事处
331124002	水南街道办事处
331124003	望松街道办事处
331124101	古市镇
331124102	玉岩镇
331124103	象溪镇
331124104	大东坝镇
331124105	新兴镇
331124201	叶村乡
331124202	斋坛乡
331124203	三都乡
331124204	竹源乡
331124205	四都乡
331124206	赤寿乡
331124208	樟溪乡
331124211	枫坪乡
331124212	板桥畲族乡
331124213	裕溪乡
331124214	安民乡
331125000	云和县
331125001	浮云街道
331125002	元和街道
331125003	白龙山街道
331125004	凤凰山街道
331125105	崇头镇
331125106	石塘镇
331125107	紧水滩镇
331125201	雾溪畲族乡
331125202	安溪畲族乡
331125206	赤石乡
331126000	庆元县
331126001	松源街道
331126002	濛洲街道
331126003	屏都街道
331126101	黄田镇
331126102	竹口镇
331126104	荷地镇
331126105	左溪镇
331126106	贤良镇
331126107	百山祖镇
331126200	岭头乡
331126201	五大堡乡
331126202	淤上乡
331126203	安南乡
331126204	张村乡
331126205	隆宫乡
331126206	举水乡
331126207	江根乡
331126209	龙溪乡
331126211	官塘乡
331127000	景宁畲族自治县
331127001	红星街道办事处
331127002	鹤溪街道办事处
331127101	渤海镇
331127102	东坑镇
331127103	英川镇
331127104	沙湾镇
331127201	大均乡
331127202	澄照乡
331127203	梅岐乡
331127205	郑坑乡
331127208	大漈乡

331127209 景南乡
331127210 雁溪乡
331127212 鸬鹚乡
331127213 梧桐乡
331127214 标溪乡
331127215 毛垟乡
331127216 秋炉乡
331127217 大地乡
331127218 家地乡
331127219 九龙乡
331181000 龙泉市
331181001 龙渊街道
331181002 西街街道
331181003 剑池街道
331181004 石达石街道
331181100 八都镇
331181101 上垟镇
331181102 小梅镇
331181103 查田镇
331181104 安仁镇
331181105 锦溪镇
331181106 住龙镇
331181107 屏南镇
331181200 兰巨乡
331181202 宝溪乡
331181203 竹垟畲族乡
331181204 道太乡
331181205 岩樟乡
331181206 城北乡
331181207 龙南乡

浙/江/统/计/年/鉴

主要统计指标解释

■ 消费者信心指数(Consumer Confidence Index,CCI)

是反映消费者信心强弱的指标,是综合反映并量化消费者对当前经济形势评价和对经济前景、收入水平、收入预期以及消费心理状态的主观感受,是预测经济走势和消费趋向的一个先行指标,是监测经济周期变化不可缺少的依据。消费者信心指数的取值均在“0-200”之间。“0”表示“极端悲观”,200表示“极端乐观”,“100”为“乐观”和“悲观”的临界值。当信心指数大于100时,表明消费者趋于乐观,越接近200乐观程度越高;小于100时,表明消费者趋于悲观,越接近0悲观程度越深。

■ 就业信心指数

是反映消费者对当前和未来6个月就业形势信心强弱的指标,是消费者信心指数的重要组成部分。就业信心指数由就业信心满意指数和就业信心预期指数加权平均取得。就业信心指数的取值均在“0-200”之间。“0”表示“极端悲观”,200表示“极端乐观”,“100”为“乐观”和“悲观”的临界值。当信心指数大于100时,表明消费者趋于乐观,越接近200乐观程度越高;小于100时,表明消费者趋于悲观,越接近0悲观程度越深。

■ 收入信心指数

是反映消费者对当前和未来6个月家庭收入情况信心强弱的指标,是消费者信心指数的重要组成部分。收入信心指数由收入信心满意指数和收入信心预期指数加权平均取得。收入信心指数的取值均在“0-200”之间。“0”表示“极端悲观”,200表示“极端乐观”,“100”为“乐观”和“悲观”的临界值。当信心指数大于100时,表明消费者趋于乐观,越接近200乐观程度越高;小于100时,表明消费者趋于悲观,越接近0悲观程度越深。

■ 总产出

是我省常住单位在一定时期内生产的所有货物和服务的价值,既包括新增价值,也包括转移价值。它反映常住单位生产活动的总规划。总产出按生产者价格计算。常住单位是指在我国的经济领土内具有经济利益中心的单位。

■ 中间使用

指常住单位在本期生产活动中消耗和使用的非固定资产货物和服务的价值,其中包括国内生产和国外进口的各类货物和服务的价值。

■ 最终使用

指已退出或暂时退出本期生产活动而为最终需求所提供的货物和服务。

■ 总投入

指一定时期内我省常住单位进行生产活动所投入的总费用。

■ 中间投入

指常住单位在生产或提供货物和服务过程中,消耗和使用的所有非固定资产货物和服务的价值。

■ 增加值

指常住单位生产过程创造的新增价值和固定资产的转移价值。它包括固定资产折旧、劳动者报酬、生产税净额和营业盈余。

■ 直接消耗系数

也称为投入系数,记为 $a_{ij}(i,j=1,2,\cdots,n)$,它是指在生产经营过程中第j部门(或产品)的单位总产出所直接消耗的第i部门(或产品)的数量。直接消耗系数的计算主法为:用第j部门的总投入 X_j 去除该部门生产经营中所直接消耗的第i部门的货换或服务的数量 χ_{ij},用公式表示为:

$$\alpha_{ij}=\frac{\chi_{ij}}{X_j} \qquad (i,j=1,2,\cdots,n)$$

■ 完全消耗系数

通常记为 b_{ij},它是指第j部门每提供一个单位最终使用时,对第i部门货物或服务的直接消耗和间接消耗之和。利用直接消耗系数矩阵A计算完全消耗系数矩阵B的公式为:

$$B=(I-A)^{-1}-I$$

中国统计出版社最新图书简目

(仅供参考,以实际出版为准)

统计资料

中国统计年鉴　中国统计摘要　中国发展报告
中国经济普查年鉴　国际统计年鉴　金砖国家联合统计手册
中国-东盟国家统计手册　中国农村统计年鉴　中国县域统计年鉴
中国城市统计年鉴　中国对外直接投资统计公报　中国地区经济监测报告
中国贸易外经统计年鉴　中国零售和餐饮连锁企业统计年鉴　中国商品交易市场统计年鉴
大中型批发零售和住宿餐饮企业统计年鉴　中国农产品价格调查年鉴　中国住户调查年鉴
中国价格统计年鉴　中国能源统计年鉴　全国农产品成本收益资料汇编
中国环境统计年鉴　中国建筑业统计年鉴　国外资源、能源和环境统计资料汇编
中国工业统计年鉴　中国城乡建设统计年鉴　中国县城建设统计年鉴
中国城市建设统计年鉴　中国科技统计年鉴　中国房地产统计年鉴
中国证券期货统计年鉴　中国劳动统计年鉴　中国第三产业统计年鉴
工业企业科技活动资料　中国社会统计年鉴　中国高技术产业统计年鉴
中国人才资源统计报告　中国教育统计年鉴　中国人口和就业统计年鉴
文化及相关产业统计概览　中国文化及相关产业统计年鉴　中国教育经费统计年鉴
中国民族统计年鉴　中国残疾人事业统计年鉴　中国民政统计年鉴
中国乡镇街道行政区域简册　中国基本单位统计年鉴　中国妇女儿童状况统计资料（英）

省级综合统计年鉴系列

北京 天津 河北 山西 内蒙古 辽宁 吉林 黑龙江 上海 江苏 浙江 安徽 福建 江西 山东 河南 湖北 湖南 广东 广西 海南 重庆 四川 贵州 云南 西藏 陕西 甘肃 青海 宁夏 新疆 新疆生产建设兵团

市(县)级综合统计年鉴系列

滨海新区 石家庄 唐山 邯郸 保定 沧州 邢台 廊坊 承德 衡水 秦皇岛 张家口 太原 大同 阳泉 长治 晋城 朔州 晋中 运城 忻州 临汾 吕梁 呼和浩特 呼和浩特新城区 鄂尔多斯 包头 沈阳 大连 长春 吉林 延吉 四平 通化 松原 哈尔滨 齐齐哈尔 黑龙江垦区 上海浦东新区 南京 无锡 徐州 常州 苏州 南通 连云港 淮安 盐城 扬州 镇江 泰州 宿迁 江阴 丹阳 海门 杭州 宁波 温州 嘉兴 湖州 绍兴 金华 衢州 舟山 台州 丽水 合肥 安庆 马鞍山 福州 厦门 宁德 漳州 龙岩 南昌 九江 上饶 新余 抚州 萍乡 赣州 吉安 景德镇 济南 青岛 潍坊 枣庄 日照 滕州 郑州 洛阳 平顶山 三门峡 商丘 信阳 济源 汝州 武汉 十堰 荆州 宜昌 荆门 咸宁 长沙 广州 深圳 惠州 东莞 汕尾 南宁 柳州 桂林 来宾 河池 防城港 海口 三亚 成都 贵阳 黔南 毕节 昆明 西安 咸阳 延安 宝鸡 安康 铜川 汉中 榆林 兰州 庆阳 银川 乌鲁木齐 兵团一师 兵团十师

调查年鉴系列

天津 山西 内蒙古 辽宁 吉林 上海 福建 江西 河南 湖北 湖南 广西 重庆 四川 云南 甘肃 宁夏 新疆

统计方法应用/实用手册

实用SAS统计分析教程　马克威统计分析与数据挖掘应用案例　统计公文知识问答
乡镇统计人员岗位知识培训系列教材：辅助调查员岗位基础知识　乡镇统计人员岗位基础知识
县级统计人员岗位知识培训系列教材：Excel在统计工作中的应用　简明统计分析
地市级统计人员岗位知识培训系列教材：统计报告与演示　Excel在统计工作中的应用

统计通俗读物/统计科普图书

国家统计局核心统计指标变迁　货架上的统计　账本里的统计

重点图书

砥砺奋进的五年——从十八大到十九大　新编英汉汉英统计大词典　中华医学统计百科全书
新常态下的中国服务业：理论与实践　新动能新产业发展报告-2017
挑大学选专业2018—考研择校指南　挑大学选专业2018—高考志愿填报指南